公共传播学文库·研究系列

2004年度国家社会科学基金重点项目
“公共危机事件的传播管理研究”

公共危机传播管理

廖为建　主编

中山大学出版社
·广州·

图书在版编目（CIP）数据

公共危机传播管理/廖为建主编. —广州：中山大学出版社，2011.2
（公共传播学文库・研究系列）
ISBN 978-7-306-03820-3

Ⅰ. 公…　Ⅱ. 廖…　Ⅲ. 紧急事件—传播学—文集　Ⅳ. G206-53

中国版本图书馆 CIP 数据核字（2010）第 248913 号

出 版 人：祁　军
策划编辑：章　伟
责任编辑：章　伟
封面设计：林绵华
责任校对：赵　婷
责任技编：黄少伟
出版发行：中山大学出版社
电　　话：编辑部 020-84111996，84111997，84113349，84110779
　　　　　发行部 020-84111998，84111981，84111160
地　　址：广州市新港西路 135 号
邮　　编：510275　　传　真：020-84036565
网　　址：http：//www.zsup.com.cn　E-mail：zdcbs@mail.sysu.edu.cn
印 刷 者：广州市新明光印刷有限公司
规　　格：787mm×1092mm　1/16　32 印张　677 千字
版次印次：2011 年 2 月第 1 版　2011 年 2 月第 1 次印刷
定　　价：69.80 元

如发现本书因印装质量影响阅读，请与出版社发行部联系调换

目　录

公共危机传播研究：理论与方法

公共危机中的政府：形象与责任

公共危机中的媒体：问题与契机

公共危机中的公众：认知与沟通

公共危机传播研究：理论与方法

公共危机传播中政府、媒体、公众互动关系探析

廖为建　唐　洁*

【摘　要】在媒介产业和技术日益发达的今天，危机传播成为决定危机管理成败的关键因素。政府、媒体和公众是危机传播的三个基本要素，三者相互依存、缺一不可。

本文从法律基础、管理体系、传播行为等方面对政府、媒体、公众间的关系进行分析，并以典型案例为基础，演绎三个系统之间的博弈关系，提出对三者间关系进行自上而下的重构，以实现危机传播中政府、媒体、公众之间的良性互动，进而建立和完善政府危机信息传播机制。这种重构是必然的，也是可能的，公共安全和公共利益是三者关系调整的最终归宿。

【关键词】危机传播　政府　媒体　公众　良性互动

前　言

一、研究背景

从“9·11”恐怖袭击到“非典”，从禽流感到“松花江水污染”，从南方低温雨雪冰冻灾害到四川汶川“5·12”大地震……随着现代化的不断推进、科学技术的高速发展以及全球化进程的加速，人类社会在不断进步的同时，各种问题和矛盾也随之而来，越来越多潜在的或是正在发生的公共危机成为人们不可回避的问题。如何有效预防危机、处理危机以及管理危机，显得日益紧迫。在大众媒介日益发达的今天，信息传播在危机管理中扮演着越来越重要的角色，危机传播管理的研究日益受到重视。

危机传播离不开政府、媒体、公众这三个基本要素，信息将它们联系在一起，三者各自独立发挥作用，同时又相互影响、相互制衡，形成了一个动态的信息传播系统。在我国，随着经济社会的不断发展，公民知情权的诉求也越来越高，受计划经济体制严重影响的传统型信息传播已不能适应危机社会。所以，政府与媒体都面临着彼此关系改善

* 廖为建，中山大学政治与公共事务管理学院公共传播学研究所教授；唐洁，中山大学政治与公共事务管理学院在职研究生。

的局面。在计划经济体制下，国家与社会几乎是合一的，在危机传播过程中并不存在所谓三者之间的互动关系，政府严格控制着媒体，公众单向接受着由政府发出的信息，媒体转化为政府的喉舌。而国家与社会之间关系的变迁、媒介产业的迅速发展等因素使得危机传播中政府、媒体与公众之间的关系发生了根本性的转变，但现行的制度设计下，这种关系的构建并没有跟上时代的步伐。在新的时代背景下，如何对三者之间的关系进行调整，进行有效的危机传播，直接关系到我国危机管理的成效，也关系到和谐社会战略目标的实现。

经过三十年改革开放，目前我国正处于“经济转轨”和“社会转型”的关键时期，同时也进入了危机高发期。自然灾害、生产事故、公共卫生事件以及民族分裂主义、国际恐怖主义等来自方方面面的危机，正逐步成为我国经济社会发展过程中的严峻考验。党的“十七大”报告明确指出，提高危机管理和抗风险能力，事关经济社会发展全局，事关改革发展稳定大局，事关最广大人民群众的根本利益。本文将研究的视线聚焦于当前我国公共危机传播中政府、媒体、公众三者之间的关系，这种关系形成的原因，以及如何对这种关系进行重构。通过进行博弈分析，认为：当前我国公共危机传播中政府、媒体、公众三者之间的均衡关系处在一个较低的水平，而政府管理体制中的各种弊端是问题产生的根本原因，因此，必须从政府层面出发，通过体制改革对这一关系进行自上而下的调整，这是实现三者之间良性互动，维护社会稳定和公共利益的关键。

二、国内外研究综述

（一）国外研究现状

危机现象古已有之，但是危机管理作为一门科学则是在第二次世界大战后的美国开始萌芽，其发端可以说始于1962年的古巴导弹危机，哈佛大学肯尼迪政府学院时任院长埃里森（G. Allison）据此写出的《决策的本质》（*The Essence of Decision*）一书，被认为是“一本危机管理的经典之作”（台湾学者徐立德语）。但之后的很长时间里，危机管理并没有受到很大的重视。直到20世纪80年代后，一些学者开始关注频繁发生的危机事件，比如三哩岛核能发电厂核泄漏事件、强生公司泰勒诺胶囊中毒事件等等。自此，危机管理研究从政治领域拓展到商业领域，但多数是集中在个案研究。在整个20世纪90年代，危机管理的研究迅速发展起来，由最初的个案研究开始进行综合理论研究和模式构建。研究者除了管理学学者，更多的是公共关系和传播学的教授或学者，所以美国有关危机管理的研究，更多的是使用危机传播（crisis communication）这个概念。

综观美国现代危机传播的研究，主要分为六大类①：

第一类，立足于传播学的学科背景，运用传播学的研究方法，重点研究危机传播过程中的传播效果、媒介、受众等变量。其代表人物是美国学者 Kathleen Feam-Banks，他

① 廖为建，李莉．美国现代危机传播研究及其借鉴意义．广州大学学报：社科版，2004（8）．

将危机传播定义为："在危机事件发生之前、之中以及之后，介于组织和其公众之间的传播。"

第二类，立足于管理学的学科背景，将危机传播视为一种特殊的管理活动。其代表人物是 Coombs，他认为危机传播的研究不过是强调危机应对策略的选择，即组织在危机后"说什么"和"做什么"，而这种策略选择本身就属于管理的过程。

第三类，立足于公共关系学的学科背景，认为危机传播就是危机公关。危机公关是指在危机管理过程中借用公共关系手段进行与公众之间的沟通以及处理相关信息，从而弥补形象与声誉的损失。美国学者 Jonathan Bernstein 认为，通过公共关系组织可以与公众进行及时、诚恳的交流与沟通并传达信息和策略，从而稳定、协调和融洽环境。

第四类，运用个案研究的方法，总结危机传播的特征、原则等。美国学者对航空危机传播的研究是个案研究的典型代表。通过大量的案例分析，危机传播研究为防范、处理危机总结并积累了丰富的经验。同时，通过对专门领域的个案进行不间断的跟踪与剖析，使危机传播的研究显示出很强的专门领域特征，具有明确的针对性，而且，个案研究为技巧和理论研究提供了便利和基础。

第五类，在案例研究的基础上逐步发展起来的技巧研究，包括各种危机传播的技巧、方法等，尤其以企业危机管理居多，应用功能强且具有很强的操作意义，使危机传播研究的应用价值得到了比较充分的体现。迈克尔·里杰斯特提出了很多重要的危机传播技巧，其中的"3T"原则最为著名："Tell your own tale"（以我为主提供情况）、"Tell it fast"（尽快提供情况）、"Tell it all"（提供全部情况）。

第六类，理论研究。危机传播的理论研究相对于个案研究和技巧研究显得较为薄弱，它具有多学科交叉的特点，涉及管理学、公共行政学和传播学等诸多学科，目前尚未形成完整的理论系统与框架，不同学科均从各自的视角提出自己的理论体系，包括企业辩护理论、形象修护理论、阶段分析理论、焦点事件理论、卓越理论等。这些理论体现了不同的研究视角，其中既有强调功能救治的，也有重视形象维护的，但它们也都存在一些自身难以克服的缺陷。因此，在全球化、信息化的时代背景下，要将以美国为代表的危机传播理论运用到我国的危机传播管理中，还必须增强各种理论的互通性，以应对更加复杂的危机现象。

（二）我国研究现状

与西方一些发达国家相比，我国学术界对公共危机管理的系统研究起步较晚。20世纪90年代，一些有关的论文陆续出现，如1994年魏加宁发表的论文《危机与危机管理》是国内比较早研究危机管理的文献之一。许文惠、张成福主编的《危机状态下的政府管理》一书于1997年出版，是国内所见到的比较全面、系统地研究危机管理的较早的著作。

2003年"非典"的爆发引发了我国学者对危机管理研究的重视，陆续出版了一些学术论著，其中影响较大的是薛澜等著的《危机管理：转型期中国面临的挑战》一书

（清华大学出版社出版）。与此同时，国内各类学术刊物发表的有关危机管理的论文数量激增，这些论文有的从比较综合、概括的层次对政府公共危机管理进行了论述，更多的则从各自不同的角度对公共危机事件的防范与应对进行了分析。如从社会学角度研究的有沙莲香2003年发表在《河北学刊》上的《“非典”临场下社会功能的民间运作特点》；从法制建设方面进行研究的有莫纪宏2003年发表在《法学论坛》上的《中国紧急状态法的立法状况及特征》；从政府组织机构角度研究的有向良云、刘承良法2004年发表在《理论与改革》上的《危机管理中的政府组织结构创新》；从公共关系角度研究的有徐刚、黄训美2004年发表在《中国行政管理》上的《政府危机管理中的公共关系问题研究》以及王国华、武国江的《新闻媒体在政府危机管理中的作用》，王晓成的《公共关系原则与政府危机管理互动探析》；等等。

综合来看，国内目前对危机传播的研究大体分为以下几类：第一类立足于媒体的角度，对媒体在“非典”报道中的集体失语进行了批判并探讨媒体如何在危机管理中充分发挥其社会功能；第二类立足于政府的角度，提出政府信息披露制度应该改革，构建国家信息安全体制，制定信息公开化法律等问题；第三类立足于公众的角度，集中表现在对“公民知情权”的关注上。这三类研究立足点不同，探讨的核心也有所不同，其中对危机传播中政府、媒体、公众之间的关系并没有进行专门的研究或者论述，因此，深入研究三者之间的关系，以构建与完善我国政府公共危机信息传播机制，还是一块需要开掘的研究领域。

第一章　危机与危机传播的一般理论

一、危机与公共危机

（一）危机概说

正确认识危机是理清危机传播中政府、媒体、公众三者关系的第一步。危机（Crisis）源于希腊语中的 Krinein 一词，原意是指人濒临死亡、游离于生死之间的状态。1980年出版的《辞海》中将危机解释为“潜伏的祸机”、“生死成败的紧要关头”[①]。《朗文当代高级英语辞典》的解释则为“巨大的危险、困难或者情况不明的关键时刻”[②]。在中文中，可以把“危机”一词看作是“危险”和“转机”的复合词，是组织命运“机遇恶化的分水岭”。这些说明，危机的发生必定是对组织的存在与发展产生了不可忽略的影响，如果处理得当，就会成为未来良性发展的坚实基础，但如果处理不当，则危在旦夕。

---

① 夏征农．辞海．上海：上海辞书出版社，1980：458.

② 朗文出版公司词典部编．朗文当代高级英语辞典．朱原等译．上海：商务印书馆，1998：353.

2003年“非典”爆发前后，“危机管理”这门学科被系统地介绍到了国内。从事这门学科研究的学者主要是从组织管理的角度给“危机”下定义：

查尔斯·赫尔曼（Charles Hermann）认为：危机就是一种情景状态，其决策主体的根本目标受到威胁，在改变政策之前可获得的反应时间很有限，其发生也出乎决策主体的意料之外。

尤里埃尔·罗森塔尔（Uriel Rosenthal）等人认为：危机就是对一个社会系统的基本机制和行为准则架构产生严重威胁，并且在事业压力和不确定性极高的情况下必须对其做出关键决策的事件。

斯蒂芬·巴顿（Stephen Barton）认为：危机是一个会引起潜在负面影响的具有不确定性的大事件，这种事件及后果可能对组织及人员、产品、服务、资产和声誉造成一定的损害。

这三种定义都强调了危机的不确定性和负面影响，尤里埃尔·罗森塔尔的定义比较贴切地反映了危机的内涵，它涉及决策者组织（核心单元为政府）所认定的社会基本价值和行为准则架构。而斯蒂芬·巴顿的定义则进一步将危机的影响扩大到组织的声誉，在政治领域可以说影响政府的形象和合法性地位。所以，这也凸现了政府与公众进行沟通的必要性。

目前，国内关于“危机”有不同的称呼，如“突发事件”、“灾难事件”、“紧急事件”等，而为了区别企业等部门危机，又有了“公共危机”、“社会危机”、“突发性公共事件”、“政府危机”等概念。总之，危机就是指在极短的时间内，给决策者组织或社会造成严重损失或形成高度威胁，严重冲击了原有的社会基本价值和行为准则构架，并且要求组织在信息很不充分、事态发展高度不确定的情形下作出快速的关键性决策的事件状态。

（二）危机的分类及公共危机

危机有很多种分类，不同的标准产生不同的划分，一般来说可以把危机划分为下面几种不同的类型：

1. 根据危机产生的动因性质，可分为自然危机（如自然现象、灾难事故等）与人为危机（如恐怖活动、种族冲突等）。

2. 从危机的影响范围看，可以划分为个人危机、家庭危机、组织危机和公共危机。

3. 从危机涉及的范围看，可分为政治危机、经济危机、社会危机和价值危机。

4. 从危机涉及的对象对待危机的态度来看，可将危机分为一致性和冲突性两类。前者指受到危机影响的对象具有相同的利益要求，因而对待危机的态度是一致的，如抗震救灾时就是万众一心的；后者指受到危机影响的对象存在不同的利益取向，如战争等。不过，纯粹的一致性危机或冲突性危机事实上很少见，在一致性危机中有时也潜藏着冲突的可能，而在对抗形式中也存在一定程度的联合。

从上面的危机类型划分可以看出，公共危机影响的范围大，既可能影响到社会大众，还可能影响到整个国际社会。那么如何理解“公共危机”的含义呢？在任生德等编著的《危机处理手册》中对此有比较明确的界定：“凡是在一个国家或地区发生的对公共安全（包括事关大量民众财产和生命等）和社会政治、经济和生活秩序（局部或全部的社会稳定及经济稳定、政治稳定）等构成严重威胁的突发事件或者较长期的危险状态都属于公共利益危机，称之为公共危机。”① 公共危机是需要公共行政管理者做出重要决断，调动本行政区域的一切力量做出共同努力并付出很大成本方能摆脱的困境，通常是对公民和社会生活构成严重威胁的危险局势。2003 年的“非典”、2008 年的“5·12”大地震等，都属于公共危机范畴。本文探讨的危机主要就是指公共危机事件。

二、危机传播

（一）危机传播的定义

在媒介力量越来越强大的时代背景下，危机传播在危机管理中扮演着越来越重要的角色。广义的理解，危机传播包括危机情境下社会中的一切传播活动，但目前的危机传播研究，更多的是偏向于经济管理、公共管理或公共关系学科的“危机管理”或“危机公关”概念下的研究。

国内学者吴予敏将危机传播定义为：“针对社会的危机现象和事件，如何利用大众传媒和其他手段，对社会加以有效控制的信息传播活动。它的目的在于，按照社会传播和新闻传播规律，对危机处理过程进行干预和影响，使危机向好的方向转化。在时间紧、非常态的情况下，大众传媒被更多地运用到危机传播中。”这一定义将危机传播视为一个单向的、缺少参与的过程，忽视了危机中媒体与公众对危机传播和管理进程产生的影响。近年来，美国传播学者还提出三个与危机传播既有联系又有区别的概念，即事务管理传播、风险传播、紧急状态传播，这些都对危机传播的概念体系作了有益的补充。②

根据美国学者 Kathleen Feam-Banks 对危机传播的定义：“在危机事件发生之前、之中和之后，介于组织和其公众之间的传播”③，我们认为，危机传播贯穿于危机管理的整个过程和各个环节中，是指在危机的每个阶段中，以新闻媒体和其他传播渠道为中介，政府与公众之间双向互动的信息传递与沟通行为。其中，政府是危机传播的主体，而媒体则是政府与公众之间的纽带。

（二）危机传播的特征

从危机产生发展的基本过程看，危机传播主要呈现四个方面的主要特征：

---

① 任生德，解冰等．危机处理手册．北京：新世界出版社，2003：10.

② 史安斌．危机传播与新闻发布．广州：南方日报出版社，2004：6.

③ Coombs，W. T. Choosing The Right Words：The Development of Guidelines for The Selection of The “Appropriate” Crisis Response Strategies. *Management Communication Quarterly*，1995（8）.

1. 突发性。危机首先是突发事件，“那些能够预防的危机都只能称为问题，只有那些无法预知的、被忽视的、具有颠覆性的意外事件，才算得上真正的危机”①。危机事件往往是由诸多细小的因素逐渐积累而成的，但由于发生的时间、地点、强度等具有一定的不可预见性，虽然存在预警的可能性，危机事件的发生还是难以预测、来势凶猛，打破了社会正常的运行秩序和人们的心理惯性。例如，在2001年的“9·11事件”中，第一架飞机撞到世贸中心北楼和第二架飞机撞到南楼之间相隔不到20分钟。事件本身的突发性决定了危机传播过程的突发性。在危机发生的初期，相关事实的人际传播、言语传播、大众传播、组织传播等传播链的形成，往往并不以事件主体的意志为转移。

2. 聚合性。危机虽然就其本义来说是“危险”和“转机”并存的一种状态，但危机早期所呈现的则是其破坏性甚至是灾难性，如果不能及时控制，将可能演变为更大范围的社会危机，影响社会稳定和发展全局。危机的传播，常常会导致事态严重恶化，并且呈现热点聚合的效应，与该危机事件有关的方方面面的情况都会成为人们关注和议论的焦点。

3. 迅捷性。现代社会中，由于交通、通信和各种社会生产、配送设施的高度发达，人类交流活动日益频繁，使得危机的扩散往往非常迅速。危机一旦爆发，常常势不可挡，既具有突发性，又具有快速扩散性。特别是网络的高速发展，使危机传播中的信息传递速度和广度超越了以往任何时代。例如，“苏丹红一号”事件，一则新闻波及世界所有的区域；而我国一个媒体报道的“啤酒甲醛超标事件”甚至导致一些国家迅速禁售我国啤酒；等等。

4. 牵连性。危机的牵连性是指危机之间具有相互依存、互为因果的关系，对于某一个危机事件的报道往往会影响到相关的领域，一个危机的爆发可能由于“多米诺骨牌效应”引起连锁反应。牵连性表现为三个方面：一是同质牵连，是指与危机具有相同和类似品质的人、事或者产品受到牵连；二是因果牵连，指某一种危机导致相关危机的爆发；三是扩散牵连，指由于危机造成的心理恐慌使得人们把危机认知扩大到那些根本不存在危机的领域。例如，在2003年5月20日加拿大顶级牛肉的出产省阿尔伯特省确认一头牛患有疯牛病后，整个加拿大的养牛业遭受重创，当年牛肉出口量下降90%；而2003年爆发的“非典”危机对于我国的政治、经济和社会生活的各个方面都产生了深远的影响。

三、危机传播中的三个基本要素

（一）政府

这里所指的“政府”是一个广义的概念，指以政府部门为主体的公共部门的集合，是一个国家内行使国家权力的全部组织体系，包括国家的立法、司法、行政机关等。我

① 劳伦斯·巴顿．组织管理危机．北京：清华大学出版社，2002：3.

国政府与广大人民的利益在根本上是一致的，但在具体的实践中，尤其是随着社会利益的不断分化，他们又存在相对独立的权力地位和利益诉求。在危机传播中，政府会从自己的利益出发，根据内外环境和条件，权衡成本和收益，在众多方案中选择使自己收益最大化的方案来实施对公共危机的管理。在这种情况下，尤其是在一些冲突性的社会危机中，政府往往站到了与公众期待相对立的位置上，与公众展开利益的博弈。

（二）媒体

在危机传播中，媒体是最主要的信息渠道，也是联结政府与公众之间最直接的桥梁和纽带。计划经济时代中，公众所能接触到的媒体非常有限，主要是政府控制下的报纸、广播和电视。在国家垄断了全部社会资源的情况下，媒体只是作为各级政权的衍生物而存在，没有独立的利益诉求，也没有主体性。改革开放以后，尤其是20世纪90年代以来，在整个社会逐渐分化的过程中，媒体的控制体制发生了巨大的变革，产业属性使之获得了独立的经济地位，经济的独立又为媒体在社会事务中独立发挥作用奠定了基础。同时，在媒介技术的推动下，媒体在社会中的影响和地位日益提升，媒体及其从业人员的主体意识、专业意识开始复苏。这些都为媒体在危机传播中与政府进行利益博弈，单独发挥作用提供了空间。

（三）公众

哈贝马斯认为：公众是一个更具包容性的概念，“它的成员是所有私人身份的人们，他们只要拥有财产、受过教育，就能作为读者、听众和观众而通过市场享用那些可以进行讨论的对象”①。这里所指的“公众”，在外延上要更加广一些，主要包括危机传播的所有参与者，他们既是各类危机信息的接收者，同时也是信息的传播者。公众是危机最直接威胁和侵害的对象，因此他们对于相关信息有着极大的渴求。一方面，他们积极主动地通过各种途径寻求与危机相关的信息，作为决策和行动的依据；另一方面，他们也会对各种信息进行印证、评价和传播，最终形成强大的社会舆论压力，监督和批评政府的决策和措施，以及媒体的报道行为。

第二章　危机传播中的政府、媒体与公众

政府、媒体、公众是危机传播中的三个主体。公众依赖政府和媒体为其提供与危机相关的信息作为行动和反应的依据，同时公众对于这些信息的获取并不是消极被动的，他们会积极地通过各种渠道来寻求相关信息，并主动地参与到危机传播过程中来，成为危机传播的重要源头和渠道。政府是危机传播过程中信息资源的掌握者，而媒体则是沟通政府和公众的主要信息渠道。

① 哈贝马斯．公域的结构性变化．J. C. 亚历山大，邓正来译．北京：中央编译出版社，2002：163.

一、政府：从“控制”到“治理”

（一）政府在危机传播中的角色和作用

政府作为公共服务的提供者、公共政策的制定者、公共事务的管理者、公共权力的行使者，在公共危机治理和危机传播中居于主导地位。

在计划经济时代，“全能政治”是支配社会各个领域的指导性原则，政府在危机传播中的角色是绝对的控制者，几乎所有的危机信息传播都必须经过政府的许可。作为公众和媒体来说，基本上都是依赖政府来获取信息，听从政府的指挥和安排。

1978年改革开放是中国政治的重要转折点，标志着革命时代的结束和向一个新的现代化模式转变的开始。① 体现在危机传播中，政府的角色也开始变化，从以前的控制者转变为治理者。所谓“治理”是指“各种公共的或私人的机构管理其共同事务的诸多方式的总和，它是使相互冲突的或不同的利益得以调和并且采取联合行动的持续的过程”②。在政府的这种角色转变过程中，媒体和公众在危机治理和危机传播中参与的重要性日渐彰显。

保障公共安全、捍卫公共利益是任何政府最基本的政治职能。作为政府在社会中承担的职责和功能，“政府职能”具有两重性，包括政治统治职能和社会管理职能。政治统治职能的目的是维护统治阶级的特殊利益，具有阶级性；而社会管理的职能是指为社会的整体利益服务，具有公共性。现代政府政治统治的合法性越来越依赖于社会管理的有效性，从我国的情况来看，党和政府是最广大人民根本利益的代表，其所作所为都是对整个社会高度负责的，所以政府对危机传播等社会事务的管理与其履行政治统治的职能，在出发点和归宿上是一致的，就是最大限度地维护广大人民的利益。但这并不代表政府可以忽视社会管理功能的发挥，而且在社会不断发展的情况下，政府这一职能的发挥以及所产生的社会效果对于政府的合法性变得越来越重要。作为信息资源最主要的掌握者，政府能够也需要对危机传播进行管理，划定界限，进行监督。同时，媒体在危机传播中所产生的一些负面效果，如放大信息引起公众的过分恐慌、记者现场活动阻碍救灾工作、媒体对处理危机的组织或个人过分责难引发社会冲突等等，都为政府管理危机传播提供了现实依据。

（二）计划经济体制下政府对传播的绝对控制

改革开放前的计划经济体制下，政府对危机传播采取的是绝对控制的方式，强调所有的信息传递都必须为政治服务。

新中国成立之初，面临着内忧外患的局面，作为一个新生的社会主义国家，面对着

① 詹姆逊·R. 汤森，布兰特利·沃马克. 中国政治. 顾速，董方译. 南京：江苏人民出版社，2003：252.

② 关于治理的概念，学者们持有不同的看法，全球治理委员会的定义具有代表性和权威性。该委员会于1995年发表了一份题为《我们的全球伙伴关系》的研究报告，在该报告中对治理作了以上界定。

如此复杂的国际环境，必须有一个统一的对外宣传工具，这个任务只有媒体才能完成。

同时，计划经济体制需要在统一意志下完成所有的经济活动，公民的集体精神对实现经济利益主体的单一性有着不同寻常的意义，所以这个时期媒体肩负的首要、也是绝对的使命应是进行统一意志的舆论导向，以维护社会稳定。国有化的体制，决定了媒体高度的单向的意识形态倾向，其宣传和教化作用被强调到近乎唯一的程度。对外是纯粹的宣传工具，对内是舆论引导，只要实现"耳目喉舌"的功能，就完成了它的使命。在这个时代，政府对传播的要求是，对于灾难新闻必须持特别慎重的态度，严格要求灾难新闻必须积极宣传战胜灾难的成绩，反对纯客观地报道灾情。

例如 1976 年 7 月 28 日，河北唐山发生大地震。第二天，《人民日报》采用新华社通稿对这一灾难进行报道，其标题为《河北省唐山、丰南一带发生强烈地震　灾区人民在毛主席革命路线指引下发扬人定胜天的革命精神抗震救灾》。一般来说，当灾难发生的时候，公众想尽快了解的是这场灾难造成的破坏程度、伤亡人数及影响范围等，及时和如实的报道便于灾区尽快得到救助或者可以防范灾情的扩大或再次发生。可是，这则消息对受灾情况讳莫如深，只有一句"震中地区遭到不同程度的损失"，重点却放在了人与灾难作斗争上。直到三年之后的地震学会成立大会上，才首次披露唐山大地震的具体伤亡人数。由此可以看出，在这一时期，政府严格管控着媒体，政府与媒体几乎是合而为一的，公众的知情权被剥夺。

（三）从控制到治理：政府危机传播观念的转变

随着社会的发展，政府传统的危机传播控制手段面对现代社会中的诸多危机越来越失去了效力，"非典"之所以引起人们的关注和研究也在于此。原因主要在两个方面：其一，在"风险社会"的语境下，现代危机有着不同于传统危机的诸多特性，如全球性、扩散性等等，这些特性决定了单凭社会中某一方面的力量，包括政府都无法对公共危机进行化解，在整个社会乃至全球范围内进行协调与合作变得越来越重要；其二，政府对危机传播进行有效控制的前提是对社会资源存在全面的垄断，而这在改革开放后的中国社会不断瓦解。在此基础上，以重视公众的知情权和媒体的报道权、提高公众和媒体在危机传播中的参与度、增强政府决策和信息的透明度为主要内容的改革呼声渐紧，政府迫切感到僵化的信息管理制度并不利于危机的处理和形象的塑造，随之而来的是政府执政理念和方式的不断改进。

1987 年 7 月 18 日，中共中央宣传部、中央对外宣传小组、新华通讯社下发的《关于改进新闻报道若干问题的意见》第五条规定：

> 重大的自然灾害（如地震、水灾等）和灾难性事故，应及时作报道。关于地震、气象、洪水等可能造成重大影响的预报或预测，一般不作公开报道；需要报道时，必须经国务院有关领导部门批准，由新华社统一发布。

由此可以看出，我国政府在新的历史形势下，对危机传播方面的管制开始逐步放松，但新闻送审制度仍然制约了媒体对危机传播的介入。作为信息传播的主要渠道，媒体在报道公共危机事件的时候，仍是如履薄冰。浙江“千岛湖事件”就是一个典型的例子。1994年3月31日，浙江省淳安县“海瑞号”游船被纵火抢劫，船上32人包括24名台湾同胞全部遇难。“公安机关确定，这是一起有预谋、有准备的特大图财害命案，并正式立案侦查。党中央、国务院对此案高度重视，指示公安机关下最大决心，尽最大努力，尽快侦破此案”①，“浙江公安机关经过17个昼夜的艰苦奋斗，破获了此案”②。由此可见，所谓的“千岛湖事件”开始本是一起没有任何政治背景的案件，而且我国政府在救援和侦破过程中也尽心尽力。但是由于政府有关部门封锁事实真相，不允许公开报道，海内外各种猜测丛生，再加上装扮成家属的台湾记者把偷偷采访到的各种消息不断加以传播，使我国政府陷入了非常被动的境地。台湾当局以此为借口提出暂停两岸文化交流活动，抵制赴大陆旅游和两岸的经济交流，“台独”势力也趁机兴风作浪。

鉴于“千岛湖事件”的教训，1994年8月13日中共中央办公厅、国务院办公厅下达《关于国内突发事件对外报道工作的通知》，第一条规定：

> 突发事件包括突然发生的重大社会事件、恶性事故、涉外和涉台港澳事件等的对外报道，要充分考虑事件复杂性、敏感性和报道后可能产生的影响，报道要有利于我国的改革、发展和稳定，有利于维护我国的国际形象，报道必须真实准确，争取时效，把握时机，注重效果。

此后，我国政府对于危机传播的控制进一步松动，对于可能产生国际影响的重大公共危机通常都会在第一时间发出信息。2001年的“法轮功”天安门自焚事件、乌鲁木齐废旧弹药爆炸事件、广西南丹特大矿难等一系列危机事件中，媒体都进行了及时、公开的报道，取得了良好的危机传播效果，满足了公众的知情权，澄清了事实，稳定了人心，在国际舆论中也占据了主动。总的来说，20世纪90年代，我国政府将危机信息传播的主要渠道集中在新华社、《人民日报》、中央电视台等几家主要的中央媒体，尤其是新华社经中央授权统一发布国内重大的危机事件，以避免产生口径不一致的情况。

2003年，中宣部下发《改进和加强国内突发事件新闻报道工作的若干规定》，对危机传播作了更进一步的要求和规定：

> 中央和省级主要新闻媒体要及时、准确、权威地报道突发事件，高度重视互联网上的报道，按照内外有别的原则改进和加强对外报道，发挥主导舆论的作用。其他新闻媒体要注意采用新华社播发的消息通稿和转载（转播）中央主要媒体的报道。
>
> 要高度重视新闻时效，必要时可打破常规及时报道，争取先入为主的效果。负责审稿的党政机关对新闻单位送审的稿件要随到随审，保证发稿时效。

---

① 千岛湖事件．人民网 http：//www.people.com.cn，1994-04-10.

② 千岛湖游船失事原因初步查明．人民日报，1994-04-18.

要控制突发事件报道的数量和规模，防止灾难、事故、案件等报道过于集中。要避免展示和渲染案件细节、伤亡惨状等，防止产生负面效果。

同年，针对春季爆发的“非典”危机，国务院办公厅又公布实施了《突发公共卫生事件应急条例》，其中第二十一条和第二十五条分别规定：任何单位和个人对突发事件，不得隐瞒、缓报、谎报或者授意他人隐瞒、缓报、谎报。信息发布应当及时、准确、全面。

在不断的实践与探索中，我国政府逐渐形成了“有利大局、维护形象”，“宁慢勿抢、准确第一”，“内外有别、统一口径”等危机传播的基本原则。从政府的管理理念来看，逐渐从传统“控制”型向现代“治理”型转变，主要通过具体的法规、条例等对危机传播进行管理，强调信息及时、准确传播的重要性。同时，我们也应该看到这种政治上的“解冻”大多还是出于政治影响和国家形象的考虑，而不是着眼于通过信息传播来提高社会各方面的参与度，促进公共安全和公共利益。

二、媒体：从“缺席”到“复位”

（一）媒体在危机传播中的角色

作为危机传播中最主要的信息沟通渠道，媒体功能发挥的好坏直接影响到危机传播和危机治理的效果。媒体是一把“双刃剑”，李普曼认为，“传播就是把分散的人捆绑在一起的力量，无论好坏吉凶。传播具有造就或摧毁政治秩序的力量”。一方面，媒体受控于国家，是政府手中的工具、传声筒；另一方面，它作为国家权力①的组成部分，以新闻报道和舆论导向的方式控制社会，控制民众。传媒时常都处在“双刃剑”的考验之下，一方面迫于政治“立场”，遵守政府的舆论导向；另一方面遵从新闻的真实性原则，最大限度地满足受众的需要。具体来说，媒体在危机传播过程中主要扮演如下角色：

1. 危机的预警者。媒体作为现代社会信息传播以及公众利益维护的重要手段，其本质特征、功能与传播的优势、手段决定了为全社会成员忠诚地监测环境、守望社会是媒体的首要功能和义不容辞的责任。危机的潜伏期是治理成本最低的阶段，此时，如果媒体能在广泛的信息搜集和对外界环境进行敏锐感知、深入考察的基础上，通过报道对危机进行预警，引起政府和公众的注意并采取相应措施将危机扼杀在萌芽之中，就能够避免巨大的损失。

2. 危机信息的传递者。媒体作为危机传播中联结政府与公众的中介，其报道是各方面进行认识和沟通的桥梁、纽带，尤其是当社会环境出现情况不明的状况，有威胁性

---

① 指国家的软权力。政治学学者也把国家权力分为两种：硬权力（hard power）和软权力（soft power）。硬权力指可以用物质形态来度量的那一部分权力，包括军事实力、领土、人口等；软权力是指无法用物质形态来度量的那部分权力，指国家对信息生产、传播、交流以及对世界产生影响的权力。

或迅速变化时，个人和政府的媒介依赖关系便会更加强烈。[①] 一方面，公众需要媒体所传递的信息作为对危机进行认识的工具，在媒体公信力较强的时候，公众还会把媒体作为权威的信息资源。另一方面，媒体信息还是现代政府进行决策的重要依据。政府通过多级组织传播所获取的信息有时会出现残缺、失真、滞后等情况，甚至有些信息是误导性的。这时，政府就需要以媒体作为了解危机、了解舆情的重要渠道。

3. 社会关系的协调者和舆论引导者。公共危机往往伴随着社会关系的摩擦和矛盾，危机传播的一个重要作用就是要化解社会关系中的矛盾和冲突，在此过程中，媒体应该站在公正、公平的立场上，协助党和政府协调关系、化解矛盾、凝聚人心、维护稳定，减少危机的发生，避免其所带来的巨大伤害。同时，危机状态下的人们的恐惧心理很容易使社会陷入无序失控的状态，给政府的危机治理带来很大挑战。这时，媒体通过传播信息、制造舆论来动员公众理性参与、促进社会团结方面的力量就显得尤其重要。

4. 监督者和反思者。舆论监督是当代媒体的重要功能之一。在公共危机的治理过程中，包括政府部门的决策、对相关当事人的处置、救灾物资的调配和使用等方面都需要媒体的监督，唯有如此才能建立公开、透明的环境，保障公共利益不受损害。同时我们也应当看到，人类文明的许多进步都是建立在对社会危机反思的基础之上的，而媒体以其巨大的传播能力和影响能力为社会的整体反思提供了平台。可以说，借助媒体的反思是所有反思形式中最具有活力和影响力的反思方式，也是最具有普遍意义的反思方式。

（二）我国媒体危机报道的变迁：从缺席到复位

媒体对于危机传播的参与主要是通过危机报道来实现的。从我国危机报道的发展过程来看，主要可以划分为以下几个阶段：

第一阶段：正面报道为主（1957 年以前）

在政府的掌控之下，危机信息“内参化”，缓报甚至不报日渐成为一种习惯，媒体坚持保密或等有了控制结果再报道的原则而对危机不进行预警、报道的情况时有发生。同时，出于对正面宣传效果的追求，逐渐形成了以“正面报道为主”的危机报道模式，“灾难不是新闻，抗灾救灾才是新闻”[②]，如 1954 年长江洪水的报道、为了六十一个阶级弟兄的报道等都是这方面的典型事例。

第二阶段：媒体参与的“禁区”（1957 年至 20 世纪 80 年代）

1957 年以后，由于国内政治环境的非正常化，政府对新闻的控制也开始走向极端和片面。因此，天灾人祸等一些重大社会危机逐渐成了报道“禁区”，要么封锁消息，不予报道；要么只讲抢险救灾，对有关灾祸本身的情况一概回避。例如有关唐山大地震的报道，灾情在当时被隐瞒，直到三年之后才首次披露地震的具体死亡人数。

---

① 梅尔文·德弗勒. 大众传播学绪论. 北京：新华出版社，1990：353.

② 王益民. 中国当代精彩新闻评说. 武汉：武汉大学出版社，1987：51.

第三阶段：从“人本位”到“事本位”的转变（20世纪80年代至90年代）

20世纪80年代，随着思想的解放和政治的开明，以及信息观念的引入，危机报道这块禁区逐渐被打开，其中标志性的事件就是1980年7月22日《人民日报》、《工人日报》对“渤海二号沉船事件”的披露。虽然由于体制的原因，报道迟来了8个月，但它直接导致了当时的石油部部长被解职、国务院作检讨、海洋石油勘探局负责人被判刑，开创了我国新时期舆论监督的先河。[①] 这时，我国的危机报道逐渐从以“人”为本，追求教化层面的意义，转向以“事”为本，追求信息层面的价值。

第四阶段：不断发展（20世纪90年代至今）

在新闻改革不断深入的大背景下，20世纪90年代以后，我国媒体对于各类危机事件报道的时效性和客观性大大增强，报道的数量和质量也大幅提高，呈现出尊重公民知情权、信息更加公开透明、报道内容不断深入和报道方式多样化等趋势。尤其在2003年“非典”危机以后，在政策支持的基调下，国内媒体在危机传播中的介入进一步深入，并在一些重大事件中开始独立发挥作用。

（三）我国媒体在危机传播中存在的问题

在“双重属性”的前提下，媒体徘徊在政府控制和商业驱动之间。从目前情况来看，国内媒体在危机传播方面，尚未确立独立的报道立场和报道原则。

首先，在一些重大的危机事件中，媒体面对来自政府的控制和压力集体失语，或者被动地充当政府的“传声筒”，政治色彩浓厚。这种情况的出现可以归结为两方面的原因，一方面是来自政府对于媒体的控制，另一方面则源于媒体社会责任感及媒体从业人员职业精神和专业意识的缺失与不足。例如在2002年9月14日的南京汤山中毒事件中，进入汤山的主要路口都被封锁，非指定记者一概不准进入，所有媒体都不允许擅自报道汤山事件，而必须采用新华社的通稿。结果导致各大媒体报道千篇一律，所有报道都集中在政府的各种救治、慰问，公安部门对投毒者的抓捕等方面，而对于死者及其家属情况、相关政府部门应负的责任等公众最关心的问题，媒体却基本只字未提。

其次，在商业利益的驱动下，满足公众信息需求越来越成为国内各大媒体一种自觉的追求。但媒体在危机报道的数量上连篇累牍，甚至产生了“失控”的局面，在报道的质量上和报道方式上也令人担忧。主要表现为新闻炒作，新闻的客观性、真实性原则没有被严格遵守，报道方式单一，缺乏理性思考和人文精神，等等。产生这些情况的原因有两点：其一，与政府的危机传播体制有关。当前政府在危机传播的管理方面存在着一些误区，其中很重要的一点就是政府在其认为比较重大的危机方面监管过严，媒体在很多话题上没有介入的空间，但是为了争取受众又不得不进行相关的报道，所以只好在一些边缘性的、不痛不痒的问题上做文章，而政府在这方面的监督机制又不健全，使某些不负责任的媒体有了发挥的空间。最终造成了媒体在一些重要的话题上、本应发挥作

① 顾潜．中西方新闻传播：冲突、交融、共存．上海：复旦大学出版社，2003：125.

用的领域里集体失语，而在另外一些话题上又过于无度，不但不能切实满足公众的信息需求，还造成了公众的恐慌心理。其二，媒体在激烈的市场竞争中，尤其是在面对境外媒体等方面的压力的时候，过分强调商业利益，看重眼前短期利益而忽视了自身的社会责任。

三、公众：从“盲目应激”到“理性参与”

（一）危机中公众的应激反应

危机突发性、破坏性、扩散性等特点极易造成公众的心理危机，这种心理危机是人们心理不安和心理紧张的状态，也是人们应对社会生活激变的一种应激状态。在危机过程中，由于紧张、恐慌、焦虑、愤怒等情绪而引发的应激反应是一种迅速的、冲动的、有一定非理性的行为，与客观环境之间存在着非良性的互动关系。

公众在危机状态下有群体化的特征，群体的理解能力降低，这些特征是公众在危机中产生非理性行为的重要原因。非理性行为突出表现为个体性的“不信”与“排斥”，以及群体性的“轻信”与“盲从”，这些行为可能造成次生危机，不利于政府处理危机。

从众与众从：在社会生活中，个体的观念和行为会在群体的引导或压力下表现出与群体中多数人相一致的行为，就是所谓的“从众（Conformity）”现象。在面对危机时，趋利避害的本能促使人们选择跟随他人来降低自身的风险成本，从而使越来越多的个体在外界的压力下迅速加入到盲目的、非理性的行动中，酿成无法控制的局面，诸如各种踩踏事件、谣言传播等在很大程度上都源于此。而“众从”则是指多数人受到少数人意见的影响而改变原来的态度、立场，转而采取与少数人相一致行为的现象。在危机中受到威胁的时候，人们往往会不知所措，这时，群体中的某个人或少部分人，特别是那些具有一定影响力的人，他们的行为往往被他人效仿，从而使个体行为很快转变为群体行为。

不合作：有些人在危机到来之际对来自外界，尤其是政府的各种警告和建议会采取不合作的态度，影响危机的有效处理，给自己和他人带来无可估量的损失。

逃避和消极应对：在危机应对中，也有一部分公众因为恐惧而选择逃避，不愿意积极参与到危机的治理过程中来，甚至采取各种极端的、非理性的行为来试图摆脱危机。还有一些公众在危机面前产生了消极无助的心理，不采取任何措施，听天由命、无所作为，最终导致错失良机，给自己、给社会带来巨大的危害。

影响公众危机应对非理性行为的因素，既有危机信息的缺乏导致的恐慌与无所适从、危机救援尤其是物质支持的不及时或者不充分等外在因素，也有公众自身的风险意识、责任意识、全局意识不足等内在原因。这些内因和外因对公众行为决策的影响可以用图1来描述。

美国马里兰大学研究中心对受众心理的一项调查表明：受众特别关注“惊人的消

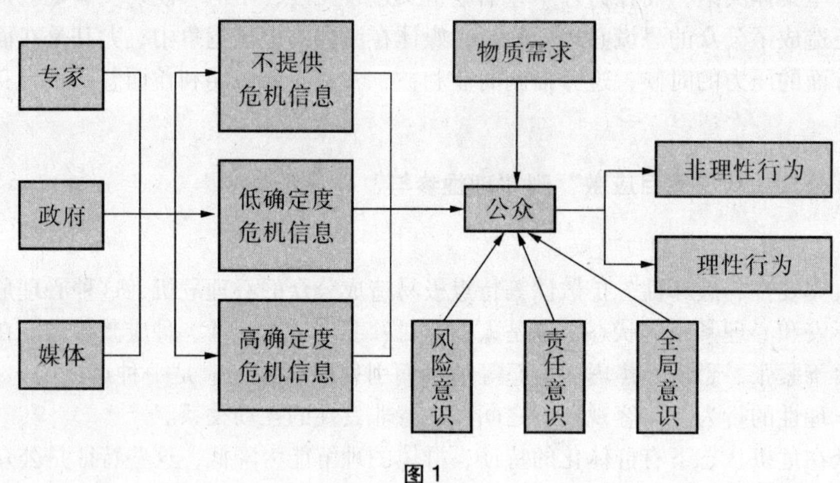

图 1

息的真实性及其潜在的影响性和危害性”，以及“与人类自身‘利害攸关’的新闻”。[①] 南京大学对全国五大城市所作的“非典”调查报告也显示：对“非典”情况表示“非常关心”和“比较关心”的比例分别是 40.8% 与 47.2%，两者合计高达 88%。[②] 由于公共危机直接关系到公众的切身利益，所以信息之于公众有着至关重要的价值，它不仅是人们在危机中行动和决策的重要依据，也是消除公众恐慌心理、推动政府应对措施顺利执行的基本要素。在危机中，信息往往是不充分的、模糊的，但这并不能影响人们对于信息的渴求：一方面，人们希望知道“发生了什么”、“为什么会发生”等一系列与危机相关的信息；另一方面，人们也希望自己所获取的信息从媒体、专家、政府等权威部门那里得到确认。只有如此，人们才能从突如其来的恐慌中清醒过来，理性地采取危机应对措施。

（二）公众在危机信息传播中的参与

公共危机中，无论政府和媒体是否采取应对措施、采取怎样的应对措施，强烈的信息需求都驱使公众从最初不知所措的心理恐慌转而参与到积极的信息传播过程中来。这种参与可以分为两个方面：对于信息的主动获取和对于信息的传播。

首先，从公众对于信息的获取来看，由于危机涉及公众自身的生命财产安全，公众会积极主动地通过各种渠道获取有关危机的信息。在一般情况下，公众对危机信息的获取主要还是希望通过媒体，同时，公众的信息渠道也是多元的。互联网创造性地改变了传统的人际传播模式，而以手机短信为代表的新的传播技术则使人际传播出现了更大众

① 虞达文．新闻心理学．北京：新华出版社，2001：208.

② 南京大学社会学系，南京市舆情调查分析中心．危机让我们走向成熟——来自全国五大城市第二次非典的调查报告．2003（5）.

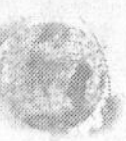

化的趋势。这种传播方式能够被公众中的每个个体直接掌握，突破了官方和传统媒体对危机信息的封锁、控制，而政府在新的信息环境中却显得迟钝、被动，缺乏足够的敏感性和反应能力。当危机时期主渠道信息缺失，公众的信息需求在政府和媒体那里得不到满足的时候，他们就会更加主动地通过人际传播、网络媒体等其他途径获取、选择并互传有关信息。以“非典”为例，在政府实行信息公开之前，2003 年 2 月 8 日广东关于“非典”病情的信息通过电话、手机短信传送 4000 万次，第二天传送 4100 万次，第三天传送 4500 万次。① 同时，互联网上也在传播同样的信息。

其次，从公众对于危机信息的传播来看，不管是善意的还是恶意的，有意的还是无意的，在危机发生的时候，总有部分公众成为危机信息的传播者。随着网络技术的普及和现代通信技术的发展，公众在这方面扮演着越来越重要的角色。例如，1999 年 4 月 15 日，韩国大韩航空公司一架麦道货机于 16 点 04 分从上海虹桥机场起飞升空后仅一分钟，便坠落在上海闵行区的一处建筑工地上。署名“Tiu”的上海网友于 17 点 57 分将一则主题为“飞机坠落”的帖子贴到新浪网站的“谈天说地”论坛中，新浪网于 18 点 11 分以快讯形式在“国内新闻”栏目中报道。新华社在新华网“快讯”栏中发出第一条消息的时间已是 22 点 02 分，而有关报道出现在中央电视台的网站中已是 4 月 16 日的事了。②

危机信息传播中的公众参与程度与危机的形势密切相关，尤其是在媒体的信息来源被剥夺或减少的情况下，不确定性和恐慌感会导致人们更积极地通过非媒介信息源寻找并传播与危机相关的信息，而这些信息并不总是真实客观的。在更多情况下，往往会成为失实信息传播的源头或载体，从而形成谣言四起、小道消息乱飞的混乱局面，导致公众心理的恐慌和社会秩序的混乱，甚至引发更大的危机。

（三）本章小结

在本章的三个部分中，分别对危机传播的三个要素——政府、媒体和公众进行了分析。

首先，在第一部分中对政府在危机传播中的地位、作用进行了考量，并从历时态的角度梳理了我国政府在危机传播方面的理念和体制的变迁。简而言之，就是政府对危机传播逐渐从传统的控制走向现代治理，尊重公众的知情权，及时、准确地发布信息日渐成为政府在对待危机问题上的一个基本理念。

其次，对危机传播过程中国内媒体的角色、地位、表现以及媒体在参与过程中存在的问题进行了简要概括。在我国媒体的发展过程中，政府和市场是左右其表现的两大力量。从目前的情况看，政府的力量更为强大，尤其是在关系国计民生的危机事件中，政府对媒体控制权力的滥用会导致媒体在危机传播中的缺位。同时，在政府监督机制不健

---

① 孙旭培．从 SARS 危机看新闻自由与保守国家秘密．传媒学术网，2005－11－29.

② 闵大洪．值得关注的网上新闻发布．中华新闻报，1999－05－10.

全的情况下，媒体对于商业利益的追逐又会导致危机报道“量”上的失度以及失实、炒作等“质”上的问题。

最后，对公众在危机中的心理、行为特征进行了简单描述，分析了公众从最初的盲目应激到对危机信息传播进行主动参与的基本形成。公众对于危机传播的理性参与能够为政府实施有效的危机治理提供强大的支持和帮助，但这种理性参与必须在政府和媒体提供及时、准确、权威的信息的基础上才能获得实现。

总而言之，在本章中按照自上而下的顺序对危机传播中的政府、媒体和公众进行了纵向和横向的考察，在接下来的一章中，将演绎这三者之间的动态博弈关系。

第三章　政府、媒体与公众的信息博弈

政府、媒体、公众是危机传播中相互依存、相互影响的三方，如果把这三者视为一个集合的概念，就无法回避“博弈论”的讨论，因为集合作为个体组成的集体，集体行为本身就是行动个体的博弈结果。

博弈，可分为静态博弈和动态博弈两种。如果各博弈方可以决策并行动，这种博弈称为“静态博弈”；如果各博弈方不是同时决策，而是先后、依次决策、行动，后者可以观察到先者的选择，并据此作出相应的选择，则称为“动态博弈”。我们认为，政府、媒体、公众之间存在的是一种动态博弈的关系。其中，作为信息的优势方和政策的制定者，政府部门是拥有行动权的一方，而媒体和公众则在政府行动后，根据政策环境和社会环境选择自身的最优策略。当然，媒体和公众也不是完全被动的，他们会通过各种方式对政府施加影响，但这种影响往往是间接的。而作为信息优势方的政府，只要首先做出行动，就能在整个博弈的局势中占据主动权。

一、政府、媒体、公众间的博弈

（一）政府与媒体的博弈

改革开放30年来，我国媒体逐步实现了市场化的特征，获取了一定的独立空间，但政治控制依然存在。国家通过传媒资产的国有化、新闻审查制度等保持了政府对媒体的控制。同时，各级媒体的批准建立权从属于相应的各级党政机关，这使得媒体无法对当地政府形成监督，要按照各级政府的要求来刊载或是屏蔽新闻内容。这种情况从短期来看，政府的形象保住了，而且也降低了政府对危机的治理成本和治理过程中可能出现的负面影响，如公众的一时恐慌、经济的短期损失等等。但从长期来看，这是一个对任何一方都不利的选择。尤其是面对扩散性、非预测性日趋加强的现代危机，政府很难将危机和危机信息置于其掌控之内。信息的不流通一方面会导致社会各方无法采取及时的应对措施，错过危机治理的最佳时机，另一方面也会引发流言、谣言的泛滥，引起公众不必要的恐慌，这些都不利于危机的控制和消除，甚至会进一步促成危机的蔓延和恶化。这时无论是政府还是媒体的利益都会蒙受巨大损失，政府的政绩和形象最终还是受到了更大的影响，而媒体的经济效益和社会效益也受到损害，当然最终付出最大代价的还是公共利益。

从实际情况来看，各级政府并不能够完全屏蔽消息，反而在客观上助长了媒体新闻炒作、夸大事实的不良风气。在目前的危机传播中，媒体受到追逐经济效益和新闻专业主义两方面因素的影响，往往会通过各种策略来突破政府的信息封锁，例如抢先报道、跟风报道等都是媒体主动适应政府控制而进行的。同时，限于"本地主管部门只能管本地新闻媒体"的权力体系，地方政府对于外地媒体的新闻报道往往鞭长莫及，大多只能听之任之。在2003年4月辽宁海城发生的危及三千学生的豆奶中毒事件中，辽宁当地媒体在政府的严格控制下，对此方面的内容很少涉及，而以新华社、《中国青年报》和《法制日报》为代表的北京媒体，则旗帜鲜明地站在学生和家长的立场上，对事件进行了深入而广泛的报道，甚至细致到每个学生和家长不敢说话的小问题上。

如前文所述，在新媒体和境外媒体的激发下，媒体报道危机事件的策略逐渐从"掩盖事实"转变为"揭露事实"和"夸大事实"的混合策略。具体而言，媒体倾向于在短期内，也就是真相大白之前，采取"夸大事实"的策略，在危机报道中炒作、煽情，甚至通过制造媒介事件来吸引公众眼球；而在长期内，媒体则采取"揭露事实"的策略，以维持公信力、提高影响力。

与此同时，如果各级政府在危机传播中采取欺上瞒下、谎报虚报、封锁消息等虚假治理的策略，危机信息公之于众的日期就在各种人为的干扰下不断拖延，这就给媒体"夸大事实"的策略提供了更为广阔的时间和空间，如以下博弈所示（见表1）。

表1　政府与媒体间的博弈

政府与媒体间的博弈	媒体掩盖事实	媒体揭露事实	媒体夸大事实
政府良好治理	(A, C)	(B, A)	(C, B)
政府虚假治理	(C, C)	(D, B)	(E, A)

当政府虚假治理时，媒体夸大事实将造成博弈的最低水平均衡；相反，政府良好治理，媒体揭露事实才能达到高水平均衡。媒体的这些策略选择也会给公共危机治理带来更多的负面效应：媒体热衷于报道的时效性、轰动性，而忽视了新闻的真实性、客观性，甚至成为谣言传播的载体；媒体对于公共危机报道的失实和失度，会加深人们的恐慌心理，促成其非理性的行为，使公共危机进一步恶化；媒体对于危机信息的错误解读，容易导致公众对政府和外部环境的认识产生误导，巨大的公共资源浪费在假想的或者并不严重的危机管理上，"社会资源是有限的，有限的资源放在这部分事故的处理

上，看起来是解决了事故问题，实际上带来了更大的问题”[①]。对这种危机报道本身所带来的负面效应，如果媒体不但不抱着对社会、对公众负责的态度，采取措施认真调查、小心求证，尽量避免其对社会产生的影响，反而采取夸大事实、肆意炒作的策略，就会给社会造成更大的危害，甚至成为危机不断升级的导火索。由此可见，政府的虚假治理导致了媒体的夸大报道，并由此进一步促使危机恶化，危机逐渐脱离了政府的掌控而向外扩散、蔓延，这时政府的控制、封锁已经失效，其带来的巨大后果使得政府不但保全不了政绩，其合法性都会遭到公众的质疑。

（二）媒体与公众的博弈

媒体与公众的博弈无论是地方媒体采取“掩盖事实”的策略，还是其他媒体采取“夸大事实”的策略，都会引发公众在公共危机中的恐慌应对。尤其是应该发言的媒体沉默，而另外一些媒体传递虚假消息的时候，公众处于矛盾的信息环境中就会愈发恐慌。这种恐慌应对主要是对各种流言、谣言，不加辨别地采信和传播。流言是一种信源不明、无法得到确认的消息或言论，它通常发生在社会环境具有较高的不确定性，而正规的传播渠道（如大众传媒等）不畅通或功能减弱的时期。它有两个特点：第一，流言通常是围绕人们比较关心的问题、涉及切身利益的重要问题发生的；第二，来自正式渠道的有证据的信息不足、状况的暧昧性增加，会推动人们通过流言渠道寻求信息。[②]美国心理学家 G. W. 奥尔波特和波斯特曼认为，在一个社会中，流言的流通性 R（Rumour）与问题的重要性 I（Importance）和涉及该问题的证据模糊度 A（Ambiguity）之乘积成正比，即：

$$R = I \times A$$

此后，克罗斯对这一公式进行了补充，认为流言与人的批判能力 C（Critical Ability）有关，两者之间是成反比的关系：

$$R = I \times A / C$$

流言和人们的危机状态分不开。每一次大的社会动荡，都会引起广大社会成员的危机感，出现大量的流言[③]，而信息闭塞的环境则是流言最好的滋生场所。危机发生的时刻是公众信息需求最为强烈的时刻，此时如果政府采取掩盖事实的策略，在“权威”声音缺席的情况下，得不到可靠信息的公众就会转而重视直观看到的现象和从人际传播渠道获取的信息，导致其容易受到各种流言的暗示，丧失基本的理性判断，从而引发危机应对的非理性行动。而此时，如果媒体采用“夸大事实”的策略，就会起到推波助澜的作用，导致不实传闻数量的急剧上升，也增强了不实传闻的感染力，从而使得更多群众在更短时间内成为不实传闻的接受者，成为非理性公众，并裹挟着那些理性公众共

---

① 周汉华．寻找政府职能的边界．经济观察报，2003－04－28.

② 郭庆光．传播学教程．北京：中国人民大学出版社，1999：78.

③ 沙连香．社会心理学．北京：中国人民大学出版社，1987：313.

同造就整个社会的恐慌。如以下博弈所示（见表2）：

表2 媒体与公众间的博弈

媒体与公众间的博弈	公众冷静应对	公众恐慌应对
媒体揭露事实	（B，A）	（D，B）
媒体夸大事实	（C，D）	（A，C）

这种情形造成的后果是：一方面，整个社会遭受重大损失，无论是抢购物资，还是哄抬物价、囤积居奇，都会造成财富缩水、产出降低、信用破产、分配不公等有损整体社会利益的结果；另一方面，“谣言满天、人心惶惶、社会动荡”的局面，如果一再发生，将对政府的公信力产生不利的影响，损害人民对现任政府的信任度。

例如在“非典”前期，公众的非理性应对主要表现为两个方面：一是听信并传播各种流言、谣言。媒体的缺席为各种流言提供了发生、发展直至变异的土壤，各种小道消息在人际传播中愈演愈烈。二是发生抢购风潮，政府的防治措施得不到公众的配合。各种不实传闻以讹传讹，引发了市民的抢购风潮，板蓝根和醋的价格飞涨，甚至一度脱销，盐米等日常生活用品也被疯狂抢购，既影响了正常的生活、市场秩序，也给许多不法商贩以可乘之机。而在山西，由于当地对“非典”的预防救治一直被要求以“绝密”的方式进行，因而防疫人员无法广而告之，取得公众的配合，导致一些疑似患者在太原被隔离以后，竟私自逃离回家。

（三）公众、媒体对政府的反作用

在我国社会不断分化的过程中，一方面，公众依靠政府在危机传播过程中提供信息，并在政府的组织下实现对公共危机的最终解决；另一方面，公众和媒体也会对政府产生反向作用，促使政府对其不合理的行为和策略作出修正。如图2所示：

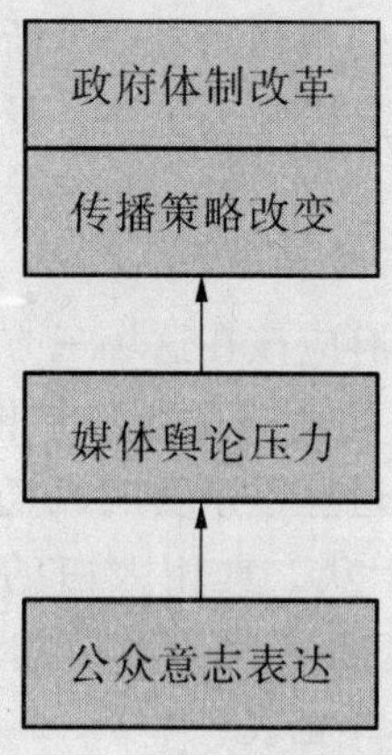

图2 公众、媒体对政府的反作用

从我国目前的情况来看，公众、媒体的这种反向作用主要表现为两个方面：

1. 危机传播中的民意表达推动政府的策略改变。“社会”影响国家制度的一个最基本的机制就是“表达”，这也是社会成员在面对不利于自己的制度安排时所可能采取的最基本的一个策略。但是，对中国这样一个市民社会尚未成熟、国家力量仍然强大的社会来说，公众还不具备表达的结构条件和真正动力。基于这样一种理论认识，在当代中国，“表达”更倾向于通过越来越具备公共领域性质的媒体对于“民意”的集合，使政府感到更多的“舆论压力”，在所谓“舆论压力”下决策，推动政府在危机传播中改变策略，并最终成为促进政府体制改革的动力。

2. 社会实践中的“变通”策略导致政府制度的变迁。从根本上说，政府及其公共权力源于民众，“公民权利本位，政府义务本位”是现代政府及其公共行政合法性的唯一来源和公共行政运作的前提。政府责任实质上是“公仆责任”，这从实质上决定了政府的公共行政活动必然受制于民众的意愿和需求；悖于此，政府将丧失其存在的基本依据。随着当代中国市场经济体制的日益完善和社会结构的不断变迁，公众出于自身利益的需求会转向对公共权力施加压力，要求政府通过体制改革来进行回应，进而要求国家法律予以确认。社会对于政治控制力量的这种反抗，必然导致危机传播体制的改变，随之而来的便是危机传播过程中政府、媒体、公众三者之间博弈关系的不断改进。

2007 年 10 月的“华南虎事件”就是一个公众和媒体向政府施压的典型例子。在长达半年的争辩中，虽然不断有证据显示虎照必然为假，公众强烈要求政府机构进行最后的权威认证，但陕西省林业厅却一直以各种借口拖延、推托，这也使得舆论批评愈演愈烈，政府的公信力受到严重的挑战。正是由于政府机构的危机管理失误，与媒体、公众沟通不当，导致了“华南虎事件”不断升级，从最初的普通社会新闻变成了政治层面的新闻。迫于外界的压力，陕西林业部门在 2008 年 2 月 4 日，就“草率发布发现华南虎的重大信息”发出《向社会公众的致歉信》。虽然信中明显带有公文式的托词，但它至少发出了一个信号：政府权力机构正在向着一个新的方向转变，那就是开始重视外界舆论的批评与质疑，并积极采取相关措施去重建自身的公信力。

二、三方博弈关系的改进

通过上述分析，我们认为，政府应该在这场三方动态博弈中把握主动权，积极发挥“先行作用”，将博弈结果从低水平均衡提高到高水平均衡。

政府的良好治理将助长媒体报道尊重事实的风气。这是因为，在政府勇于曝光、取信于民的策略下，危机信息公之于众、真相大白的日期相当短暂，这就压缩了媒体“夸大事实”的策略空间。换言之，正是地方政府的良好治理，激励了媒体采用倾向于揭露事实的策略，如以下博弈所示（见表 3）。

表3 政府与媒体博弈关系的改进

政府与媒体间的博弈	媒体掩盖事实	媒体揭露事实	媒体夸大事实
政府良好治理	(A，C)	(B，A)	(C，B)
政府虚假治理	(C，C)	(D，B)	(E，A)

媒体倾向于揭露事实的报道策略将引发公众在危机中的冷静应对。这是因为，当媒体报道采用揭露事实的策略，就会削弱不实传闻的数量和感染力，降低非理性公众的人数。特别是在政府良好治理的支持下，公众对媒体和政府必定信任有加，纵然面对危机，也能相应冷静的对待，并配合政府的各项决策和安排，从而避免了不必要的恐慌，实现了高水平均衡，如以下博弈所示（见表4）。

表4 媒体与公众博弈关系的改进

媒体与公众间的博弈	公众冷静应对	公众恐慌应对
媒体揭露事实	(B，A)	(D，B)
媒体夸大事实	(C，D)	(A，C)

尊重事实的报道策略带来了公众冷静应对危机的局面，这正是我们乐意见到的结果：一方面，博弈从原先的静态均衡（A，C）改变为现在的动态均衡（B，A），使整个社会受到了良好保护；另一方面，政通人和、信息公开的局面，对提高政府的支持率、加强公众对政府的认同度和信任感都非常有利，而这一点也为政府有力应对越来越多的现代危机提供了基本保障。

从以上三方动态博弈可见：一个遮遮掩掩、封锁信息、推诿扯皮、权责混乱的政府，将在危机时刻给社会带来更大的混乱和损失；相反，一个勇于承认现实、及时披露信息、快速应对危机、多方通力协作的政府，才是真正的良治政府，是足以赢得公众信任和支持的政府。

三、本章小结

公众依靠政府和媒体提供准确信息作为在危机传播中理性参与的前提。而我国各级政府往往是“报喜不报忧”，在危机传播中无视公众的知情权和媒体的报道权，对问题回避隐瞒，贻误了危机治理的时机，导致问题的扩大化和复杂化。反映在媒体的传播实践上，面对重大危机，媒体在各级政府部门的横加干涉下功能缺位。同时，在商业利益的驱动下，媒体又在政府不加约束的方面大肆渲染、炒作，甚至成为危机产生、蔓延的源头。

本章共分为两部分，首先对危机传播中政府、媒体、公众三者的博弈关系进行了演绎，分析了其低水平均衡状况产生的原因；其次，对三者博弈关系的改进进行了具体描述，提出政府策略的改变是实现高水平均衡的前提，政府先行，对危机传播中政府、媒体、公众之间的关系进行重构是实现三者关系良性互动的必由之路。

第四章　危机传播中政府、媒体、公众关系的重构

美国著名危机管理专家泰德·格尔（Gurr，1981）指出：危机研究的社会目的是最大限度地降低人类悲剧的发生。[①] 具体到我国目前的公共危机传播体制和实践中，就是要对政府、媒体和公众三者之间的关系进行重新建构，无论是政府还是媒体与公众，都必须从自身的情况出发，不断进行改进，以期能够最终建立这种新的合作关系。这是消除信息不对称，在危机传播中实现政府、媒体、公众良性互动的必由之路。

一、关系重构：应对危机的必然选择

政府、媒体、公众在寻求信息最佳传播、维护公共利益、提高社会效益等方面有着高度的一致性，它们在公共危机传播中的良好合作是实现效益最大化的必然选择。在危机传播动态博弈的局势中，政府，尤其是中央政府，作为决策层，是占据主导地位的一方，而媒体和公众通常是根据政府的选择来决定自己的策略。因此，三者关系的改进须首先从政府开始，亦即危机传播体制改革必须政府先行，政府通过内部整合与调整，实现其在管理体制和管理功能上的转型，这种转型的核心价值是公共利益。同时，我们也应当看到，现代社会公共危机传播中的媒体和公众也并非是消极、被动的，他们能够通过各种方式影响和制约政府的行为，间接地对三者间的博弈局势进行调整。

随着政府、媒体和公众的日趋成熟，我们在危机传播中要实现的是三者之间双向对称的传播模式，促使其在信息的交流和反馈中达到动态的平衡，这既是现实的需要，也是现代民主政治发展的必然要求。要实现这一模式，就有必要对这三者的关系进行调整，通过信息的流动将其有机地联系在一起（如图3所示）。

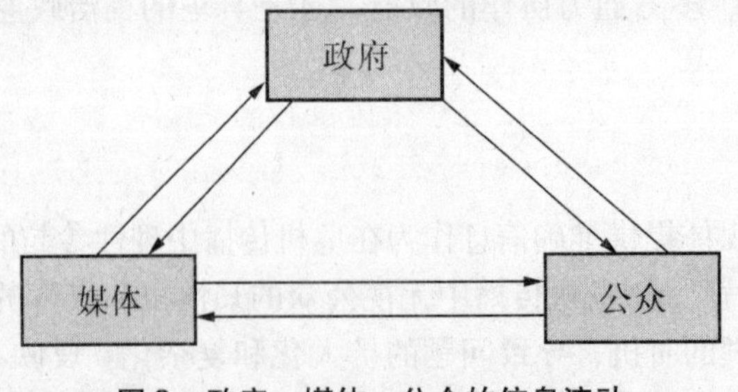

图3　政府、媒体、公众的信息流动

---

① T. 格尔．政治冲突手册：理论与研究．科里尔—麦克米兰出版公司，1981：7.

（一）政府与媒体

政府的媒体体制改革为媒体参与市场竞争、在危机传播中发挥作用提供了广阔的空间。作为媒体来说，在市场化的推动下，其在经营管理上遵循成本最小化、利益最大化的规律来进行新闻生产。媒介在实际运作中，不仅考虑到短期利益，还考虑长期利益；不仅考虑到经济效益，还考虑社会效益；不仅受到市场化的制约，社会结构中的各种关系以及媒介自身的属性、专业意识、职业伦理等也是媒介运行的重要依据。这必然导致媒体在危机传播中及时、如实地进行报道，并受制于政府各种法规政策的合理约束。反之，媒体作为信息传播的职业机构，在公共危机中要帮助政府迅速、有效地传递信息，并进一步引导舆论，动员社会的参与，为政府提供社会的支持。同时，媒体也是政府了解民意的有效途径，其所反映的社情民意和危机信息亦为政府的决策提供了依据，并对政府形成舆论监督，在一定程度上推进了政府的改革进程。

（二）媒体与公众

在危机过程中，公众需要充分的、准确的、真实的信息作为认识和行动的基础。因此，满足公众的知情权，为公众提供专业化的信息服务，是在危机传播中维护公共利益的第一步，而这在现代社会主要依靠媒体来实现。在此基础上，媒体还要为公众意见和利益的表达建立通道，真正发挥公共领域的作用。

（三）公众与政府

在危机面前，强大的政府无疑是应对危机最有效的屏障，但是危机治理的机制运行却根植于一个健康、成熟的社会中。无论政府是否愿意，公众最终都会通过人际传播、组织传播等各种方式参与到危机传播中来，为了保证这种参与的理性，政府要积极、主动地提供充分且准确的信息作为外部支持，保障公众的知情权，引导公众理性参与，同时也要为此提供制度和法律上的保障。

二、政府：构建与完善危机信息传播机制

在危机传播中，政府是信息沟通和管理的指挥者。无论对于公众还是对于媒体来说，政府都是权威且全面信息的提供者，政府在公共危机传播方面的体制、措施对于三者关系的建构将产生举足轻重的作用。

（一）树立与创新政府信息传播理念

为适应当今时代的发展趋势，政府应改革以前陈旧落后的信息传播理念，改变传统“管理行政”的定位，树立“服务行政”的理念，着眼于社会公众的现实利益需要，摒弃以前凡事“报喜不报忧”、“只说不做”的习惯做法，及时为公众提供有效的信息，还社会公众以重大事件的知情权。为此，各级政府还应建立与大众传媒的良性关系，使大众传媒充分发挥其社会公器的作用，同时加强对其新闻与宣传报道的引导与监督，找

到两者之间的平衡点。[①] 在这方面，重要的是处理好政府的舆论引导和舆论监督的关系，在我国的国情下，对舆论的意识形态方面的引导是必要的，但这种引导应以不损害公信力为限。

(二) 在法律、政策等层面为公众和媒体参与公共危机传播提供制度保障

无论是媒体的大众传播还是公众的人际传播都在一次次的公共危机中显示了巨大威力，作为政府来说，最好的办法不是对之实行“封堵”而是进行“疏导”，并从法律层面为社会各方的参与提供保障，让公众和媒体的合理需求和行动真正做到有法可依。在此情形下，《中华人民共和国紧急状态法》、《政府信息公开条例》和《新闻法》的出台备受瞩目。从目前相关的立法进程来看，我国在此方面取得了重大的进步，但根本性的、总体性的法律面世还有待时机成熟。

2004年1月《中华人民共和国紧急状态法》立法研究项目正式启动，并被明确列入了全国人大常委会未来五年的立法规划，2006年1月国务院发布了《国家突发公共事件总体应急预案》，作为全国应急预案体系的总纲和指导预防、处置各类突发公共事件的规范性文件，亦为《紧急状态法》的正式出台进行了铺垫。2007年11月1日，《中华人民共和国突发事件应对法》正式实施，对突发事件的预防与应急准备、监测与预警、应急处置与救援、事后恢复与重建以及法律责任都作了明确规定。

2008年5月1日起实施的《中华人民共和国政府信息公开条例》强调了“公开是原则，不公开是例外”的理念，并明确规定各级人民政府应当加强对信息公开工作的领导，各级人民政府及相关部门应当建立健全本行政机关的政府信息公开工作制度，有力推动政务公开在法制的轨道上开展，也彰显了中国建立透明政府和服务型政府的决心。

对于《新闻法》，经中央批准，我国从1984年就已经着手筹备。1997年4月，国家新闻出版署公布了《新闻出版业2000年至2010年发展规划》，提出“积极推进新闻出版的法制建设，要加快立法工作，加强依法管理，加大执法监督的力度。到2010年新闻出版法制建设要建立以《出版法》、《新闻法》和《著作权法》为主体及与其配套的新闻出版法规体系。”

(三) 完善政府新闻发言人制度和政府咨询制度

完善该制度对新闻公布的内容、程序规定，并在各级政府及其职能部门推行该制度，形成系统化的政府信息传播网络。新闻发言人制度可分为两个类型：其一，专业发言人制度。政府可建立专业的新闻发言处或公共关系部。通过专业机构进行发言人员的专业培训，建立周期性的新闻发布制度，同时这种专业发言人制度还应该包括特殊危机事件中的专家发言人。其二，高官发言人制度。政府制定部门的高级官员定期进行新闻发言。高官发言人有利于树立政府的公信力，尤其在突发性的危机事件中，能体现政府

---

① 方雪琴．信息公开与媒体理性．中州学刊，2004 (11)．

的权威形象。在“非典”事件中，国务院在2003年4月初开始实行的定期新闻发布会采用的就是这种高官发言人制度。在紧急情况下，我国的新闻发言人制度主要表现为临时性的高官发言人方式，对于专业性的机构进行新闻发言的专业发言人制度还有待于建立与完善。

政府咨询制度可以增加公众参政议政的机会，也有利于政府正确决策。咨询制度可以集思广益，减少失误，增加沟通，减少对抗，提高各界的参政意识，增强民众对政府的认同感。咨询系统增加了民众参政议政的机会和渠道，减少了政府的专制色彩，对于政府政策被民众认同与接受起着极好的促进作用。同时，也提高了政府制定政策的准确性与适应性，对于提高行政效率也非常关键。

（四）建立统一的信息采集和分析系统，注重舆情调查

“危机管理依赖于信息交换能力和危机管理者依据收集的信息制订有效行动方针的能力。”① 掌握充足的信息是危机管理的关键因素，也是危机传播的基本前提。我国政府是一个庞大的科层组织系统，从国务院到省、市、县、乡等基层组织，分层分级。其优点在于集中领导，层层节制，在危机爆发时能够及时调动资源；同时这种体制也不可避免地产生诸多负面效应，如组织内部上下沟通不畅从而造成决策的专断草率、信息传递的滞后、信息量的减少甚至失真等。因此，政府应当打破以往危机传播体制中的条块分割，实行信息报道制度，在全国范围内建立起统一的信息采集和分析系统，避免上下不通、自相矛盾的情况发生。同时，要重视公众对于政府传播的意见反馈和利益表达，通过媒体监督、舆情调查等方式尽可能地了解公众的动态、舆论及各种诉求等，为政府的决策和行动提供参考。唯有如此，政府才能真正承担起公共危机传播主导者的角色。

（五）注重在危机传播中的国际合作以及新技术的开发和运用

在危机全球化治理的大背景下，现代公共危机传播中境外媒体和手机、互联网等新技术所带来的冲击和挑战越来越不容小觑。对我国政府而言，一方面是要开展国际合作，更好地实现信息共享，并处理好与境外媒体的关系，塑造良好的政府形象；另一方面就是要注重对媒介新技术的开发和运用，以期达到更好的传播效果。在国与国之间联系日趋紧密而竞争日趋激烈的环境中，政府不但要做好国内的公共危机传播工作，更要面向国际发布信息，加强与国际媒体和公众间的交流和沟通。在危机发生后的第一时间作出反应是政府在国际公共危机传播中占据主动的关键，危机爆发后，只有通过新闻发言人或者政府相关部门及时、主动地发布信息，政府才能在公共危机传播中赢得话语权，并树立起良好的国际形象，最大限度地赢得国际社会的理解和支持。“千岛湖事件”、“非典”危机、“松花江水污染事件”等都是这方面惨痛的教训。

从近几年我国的危机传播来看，政府在新技术的研究和运用方面有了长足的进步，我国从1996年开始实施政府“上网工程”，2006年1月1日中国政府网正式开通，在

---

① 罗伯特·希斯．危机管理．北京：中信出版社，2004：99.

中央政府和公众之间搭起了一座“互通互联”的新桥梁。网上开通了“应急管理”专栏，国内外重大的危机事件和典型案例、政府的工作动态和机构设置、国家应急管理预案和日常的应急演练等在网站上均有体现，这对于增进政府与公众之间的联系，建设更加透明、高效、务实、廉洁的政府，无疑起着重要的推动作用。与此同时，各级政府对其他通讯手段作用的发挥愈渐重视，例如在江西，政府部门通过声讯电话、手机短信等形式向农民发布灾害预警信息，取得了良好的社会效果，但在此方面还存在巨大的发展空间。

（六）合理规范媒体的报道行为，塑造自由、负责的媒体

在危机传播中，媒体的外部效应表现得很突出，表现得好可以促进问题的解决，表现得不好则会成为危机的“助燃剂”。因此，政府必须对其予以合理的规范和引导。我们认为政府不能对媒体采访和报道自由横加干涉，但这并不意味着要对媒体放任自流，尤其是危机关系到社会的安定、公众的利益，乃至整个国家和民族的命运，政府更应在保障媒体的接近权、报道权的前提下，把媒体在危机传播中的行为纳入法制化的轨道进行管理，并对具体情况进行明晰详细的列举和规定。以英国为例，政府非常重视在公共危机传播中与媒体的协作，但媒体并不具有任何特殊的法律地位，对于任何公共危机事件的报道必须严格遵守英国新闻投诉委员会所推行的媒体报道行为准则，如：被采访对象正处于哀痛和震惊状态时，必须以一种同情和谨慎的态度接触采访对象和询问问题，报道时要格外敏感小心，在报道时要符合公众利益等。① 就我国目前的情况而言，当下仍需推行如下几项工作：完善新闻传播的相关法律法规，做到依法治理；成立媒介投诉委员会之类的行业机构，加强媒体的道德规范和纪律约束；及时公布和处理违规的新闻工作者和新闻媒体，将媒体信息传播活动置于社会的监督之下。

（七）努力培养公众的危机意识

在社会正常状态下，开展相关多层次的危机教育，对危机知识进行普及，提高公众应对危机时的心理素质，这是政府危机管理的一项基础工程，同时这种知识的普及和意识的培养反过来又对危机管理和传播起到正面的推动作用，促进了公众参与的能动性和理性。世界上许多国家不仅注重强化公共管理者的危机管理意识，而且不惜斥巨资对国民进行经常性的危机意识教育和培养。② 例如在美国，政府通过政府各部门、社区志愿者、红十字会、计算机网络等各种传播渠道向社会进行预警，发布与危机相关的动态信息，并编制《市民安全应急指南》、《工商企业安全应急指南》等材料为公众和企业、组织提供必要的应对知识。从我国目前的情况来看，整个社会危机意识的缺乏、危机应对的低水平是导致危机扩大化、复杂化的重要因素。因此，政府应将公众危机意识的培养作为反危机战略的一个重要组成部分，通过警示宣传、自救互救培训、学校教育、社会演习等各种方法和手段，最大限度地提升社会整体的危机应对能力。

① 徐剑梅．英国政府与媒体在突发事件中的协作．中国记者，2004（10）．

② 王德迅．国外公共危机管理机制纵横谈．求是，2005（20）．

三、媒体：在危机信息传播中的改进

（一）危机前，媒体要监测环境，进行预警

公共危机管理的目的是“花少量钱预防，而不是花大量钱治疗”。[①] 就效率原则而言，人们希望在危机潜伏期就采取行动，因为此时解决危机的成本最小，社会遭受的损失也最小。因此，进行预警，防微杜渐，防患于未然是危机传播的一个重要任务，这一点与媒体本身监测环境的使命不谋而合。监测环境、告知社会是大众传媒的首要功能，媒介作为社会的“守望者”和专业的信息收集、整理、分析、传播机构，承担危机的预警功能既具有“应然性”，也具有“必然性”。媒介的预警信息来自几个方面：政府、民间组织或科研机构，同时媒体也应根据平时的观察和分析敏锐地发现社会中潜伏的危机。

（二）危机中，媒体应从以下几个方面发挥作用

——及时、准确地传递信息。在危机传播中，媒体主要传递的是两方面的信息：危机的动态信息和相关的科学知识。美国社会学家西布塔尼认为，流言是新闻的替代品。流言止于传播，通过对危机发生的始末进行追踪，让公众及时、充分地了解情况，是避免各种臆想和猜测，消除流言的根本途径。

——发挥协调功能，进行社会动员。危机治理需要一个强有力的政府，也需要社会的认同和配合，更需要社会全体成员的参与。危机时期往往是一个社会关系急剧变化的时期，在此过程中媒体要发挥协调社会关系的功能，为社会的一致行动奠定基础。同时，媒体的报道、解释和引导是公众了解政府的导航员，通过媒体的宣传将政府的各种决策变成所有人的一致行动，形成社会广泛参与的局面，能够大大降低政府政策制定和执行的成本，缩短公共危机发展、蔓延阶段持续的时间，最终降低整个社会的损失。例如在2008年“5·12”汶川大地震后，媒体广泛传播“大爱中国”的理念，呼吁全国人民通过自己的实际行动为解决危机作出贡献，在此基础上，大量志愿者投入到救灾工作中，市民积极献血、捐款、捐物，社会民间力量的参与极大地缓解了政府的压力。

——开展舆论监督。舆论监督是媒体被赋予的新使命，也是中国媒介改革的一个主要内容。危机的治理需要动用大量的人力、物力、财力等公共资源，因此必须建立监督机制，而媒体就是这一机制中的一个环节。虽然危机发生时通常表现为政府、公众的高度团结，但是不可避免地会出现一些麻木不仁、贪污腐败的官员和浑水摸鱼发国难财的个人及组织，媒体强大的舆论压力可以减少上述现象的产生，为危机的解决提供舆论支持。

——教育功能。媒体在危机传播中的教育功能实际上可以分为两类，一类是危机前

---

① 戴维·奥斯本特德·盖布勒．改革政府——企业精神如何改革公营部门．上海：上海译文出版社，1996：205.

传递各种信息和知识，帮助人们规避风险，防范危机；一类是在危机发生过程中，媒体以此为契机对其中反映出来的各种问题进行教育和宣传。由于人们往往对其自身所经历事情的感受比他们接受教育的影响更为深刻，此时媒体如果抓住机会进行引导，就会取得社会常态下难以企及的效果。

（三）危机后，媒体须承担社会反思的功能，增进社会对公共危机事件的认识，推动社会的制度变革

如果媒体能对整个公共危机事件中所暴露出来的各种问题、弊端，以及在危机处理过程中获得的经验、教训进行总结和反思，就能够获得社会各方的重视，真正做到转“危”为“机”，让过去的危机成为社会进步的阶梯。在这里需要说明的是，媒体的反思功能绝不仅仅是媒体从业人员的反思，而是一种社会的整体反思，而媒体正是这种反思的平台。在现代社会大众媒介兴旺发达的背景下，通过媒体表达的反思可以产生巨大的社会影响，并因此影响舆论，进而可能影响公共政策制定和改革的进程。同时，媒体的反思实际上也是在为下一轮的预警功能服务，媒体在为救治现实的公共危机摇旗呐喊的同时，更要通过反思促使政府和公众在今后类似的问题上能够采取正确的应对措施。

四、公众：主动、理性地参与危机信息传播

危机传播必须依靠公众理性的参与，这种参与既推动了信息在社会中的良性循环，为危机传播的有效性提供了重要支持，也有利于整个国家民主的发展和政治认同程度的提高，进一步促成公众对于危机治理的积极参与，最终实现消除危机、减少损失及维护公共利益和公共安全的最终目的。

实践证明，有效的公众参与是公共危机传播和治理的重要环节。从现阶段我国公众对于危机传播的参与来看，主要存在这样几个问题：政府对于信息的传统控制，使得外界信息支持缺位，影响了公众对于公共危机传播的正确参与；公众自身危机意识和参与能力薄弱，缺乏鉴别信息的能力，较易盲听盲信，并将之付诸公共危机传播的实践中，小道消息乱飞、流言飞语泛滥；媒体公信力的薄弱和政府长期以来各种弊病形成的政治认同感降低等因素导致公众对于政府和媒体的信息传递缺乏信任感，表现在具体的行动中就是消极应对和不合作；社会力量的薄弱和权利被漠视，使得公众的声音无法顺利表达，政府与公众之间缺乏良好的信息互动，同时对于政府和媒体的信息传播也没有发挥应有的监督作用。从以上分析中，我们可以看出，在公共危机传播过程中，公众能否实现主动理性的参与主要取决于以下几点。

（一）外界信息的支持

危机传播中，真实、权威的信息是消除人际传播中各种流言、谣言的利器，也是公众做出正确决策和行动的依据。为公众提供足够的信息是其理性参与的基础，但是这并不代表信息越多越好，无论是政府还是媒体在为公众提供信息的时候，还应当注意信息的传递渠道和表达方式及其产生的传播效果。

（二）公众的危机意识

良好、有效的危机传播体系不仅依靠政府和媒体的努力，也取决于公众自身的危机意识和危机应对能力。在现实生活中，很多技术事故和人为灾难的爆发，都与公众以及各种社会组织的危机意识和危机防范能力薄弱有关。从“9·11”恐怖袭击到“非典”疫情、印度洋海啸等大量公共危机事件的应对过程都证明，公众危机意识的强弱、公众危机知识的多寡等都会直接影响到危机传播和治理的最终效果。从我国目前的情况来看，一个具有自主性的“市民社会”尚未形成，但雏形已然存在，对此，有学者将当下我国社会的性质概括为“准市民社会”①。这种“市民社会”的构建以及伴随这一过程而日渐崛起的公众的民主意识、责任意识、参与意识、平等意识、权利意识、法制意识等，为公众参与危机传播和治理提供了根本保证。

（三）社会制度化的保障

公众参与具有两个基本特点：自愿性和选择性。危机来临时，人们倾向于忽略各自的差异性而团结起来，共同行动，对付外来威胁。因此，公众如果能够通过制度的确立获得充分、有效、自由的参与通道，并得到来自政府的正向激励，就能在整个社会达成共识，众志成城，形成全面动员、集体参与、共渡难关的局面，从而提高危机治理效率，降低危机治理成本；反之则会出现“逆向参与”的情况，引致危机的进一步蔓延和恶化，给各方造成严重的损失。

五、本章小结

本章主要是在前几章分析的基础上，结合我国目前的现实情况，对如何改进危机传播中政府、媒体、公众三者之间的关系，提出了有针对性的建议和改进措施。

本章研究的重点是，根据目前我国危机传播中的问题，提出要对政府、媒体和公众的关系进行重构，以实现三者博弈的高水平均衡。首先，论证了这种关系重构的可能性和必然性，提出政府是这个过程中的主导方，其策略的改变必然自上而下地带来媒体、公众策略的重新选择，同时媒体和公众也会通过各种形式反作用于政府，推动政府改革的步伐。同时，针对三者的具体情况，分别展开论述，期望能够通过全社会的不断努力实现我国危机传播中政府、媒体、公众的良性互动，最终实现维护公共安全、保障公共利益的危机治理目标。

结 语

构建社会主义和谐社会是新时期党和政府的重大战略任务。建立健全我国的公共危机传播机制，协调公共危机传播中各个主体之间的关系是预防和化解各种公共危机，维

① 徐建军．社会转型与冲突观念的重构．南京师范大学学报（社科版），1999（1）．

护国家安全稳定，促进经济和社会全面、协调、可持续发展的重要保证，也是社会主义和谐社会建设的题中应有之意。

通过上述章节的分析，我们认为在我国这样一个“政府主导型”的社会中，政府管理体制中的各种弊端是问题产生的根源，因此必须通过自上而下的改革来调整公共危机传播中政府、媒体与公众之间的关系，促使其从低水平均衡向高水平均衡的转变，最终实现公共危机的化解。同时，我们也认为从目前的情况来看，这种改革是应然的也是必然的。公共危机传播的根本落脚点是公共安全和公共利益，公共安全和公共利益不是空洞、抽象的概念，也不是某一个集团或者阶层的特殊利益，它代表每个社会成员的生命权和财产权。在公共危机传播中，把公众的生命和财产安全视为最高的价值选择，满足公众的知情权，为公众和媒体等社会各方的参与提供制度和法律保障，这既是社会发展的必然要求，也是建设现代政治文明的需要。

下面将检讨本文存在的不足，并提出今后需要进一步探讨的几个方面。从方法论来看，本文的不足在于文章仅仅建立在对媒介文本的分析上，未能结合对政府官员和公众的调查和访谈进行综合分析，因此结论可能是不全面的。同时，缺乏关于公共危机传播中政府、媒体、公众决策过程的实证分析。

本文的重点在于探讨公共危机传播中政府、媒体、公众三者关系的基本框架，而其中的具体关系和互动过程还留待于日后的研究进一步完善。此外，本文在对公共危机传播中的政府、媒体和公众进行博弈分析的时候，对三个系统只是进行了比较粗略的划分，未进一步细化和深入探讨这些系统内部在实践过程中更为具体的利益分化和互动关系。

本文的研究目的旨在厘清当代中国公共危机传播中政府、媒体和公众之间到底存在怎样的互动关系，以及现实情境中这种关系存在的问题，所提出的对策只是一些建设性的方案，还有待于在中国改革开放和民主化建设的实践中不断探索和印证。

【参考文献】

1. 迈克尔·里杰斯特. 危机公关. 陈向阳等译. 上海：复旦大学出版社，1995.
2. 戴元光. 传媒、传播、传播学——新闻传播学的价值重构. 上海：上海交通大学出版社，2005.
3. 薛澜，张强，钟开斌. 危机管理——转型中国面临的挑战. 北京：清华大学出版社，2003.
4. 菲克. 危机管理. 韩应宁译. 台北：经济与生活出版事业公司，1987.
5. Herman, Charles F. *International Crises*: *Insights From Behavioral Research.* New York: Free Press, 1972.
6. Rosenthal, Uriel; Charles, Michael T. eds. *Coping with Crises*: *The Management of Desasters*, *Riots and Terrorism.* Springfield: Charles C. Thomsa, 1989.
7. 罗伯特·希斯. 危机管理. 王成，宋炳辉，金瑛译. 北京：中信出版社，2001.
8. 全球治理委员会. 我们的全球伙伴关系. 1995.
9. 赵士林. 论中国媒体的危机报道. 上海：复旦大学出版社，2004.
10. 田中初. 当代中国灾难新闻研究——以新闻实践中的政治控制为视角. 上海：复旦大学出版社，2005.

公共信息危机演变的过程、特点和规律
——对SARS个案的再反思

廖为建　李　莉*

【摘　要】站在后SARS时代的立场上，可以清晰地看出SARS危机实质上是中国在现代情景下首次遇到的一种新型公共危机——公共信息危机。本文运用理论逻辑与现实逻辑相结合的分析方法，从传播者、传播渠道和受众三大传播要素切入，分别对SARS危机的不同侧面进行了深入的传播学省察，全面揭示了公共信息危机演变的过程、特点和规律。

【关键词】公共危机　公共信息　公共信息危机　传播学　SARS

引　言

在后SARS时代，当我们与现实拉开一定距离，再次审视2003年发生的SARS危机时，不难发现在这场危机中，“公共信息”的传播具有非常独特的运作规律与特点。围绕“公共信息”所进行的一系列危机传播活动对公共卫生危机的发生、发展产生了重大影响，公共卫生危机的发展逻辑与公共信息传播的运行逻辑展现出某种相互呼应、“双峰叠韵”的有趣现象，呈现出多姿多彩的画面。

在公共信息传播的主体上，首次突破了政府和媒体划定的传统界限，越出到非政府组织（WHO）和公民个体等其他新型传播主体上，让我们面对面地领略了一番信息化时代的“信息狂飙”。在公共信息传播内容上，先后经历了从全然空白到垄断性发布、再到狂轰滥炸式的发布，既让我们有幸看到了政府议程设置权力的“利维坦”真身，同时也着实让我们体验了一回“信息旋晕”。在公共信息传播渠道上，既有报纸、电视等传统媒体又有手机短信息等新型媒体，既有主流媒体又有非主流媒体；既有可控媒体又有非可控媒体，既有境内媒体又有境外媒体等，可谓“五花八门、五彩缤纷”，在急速变幻的媒体工具与媒体环境中，让我们品味到了政府的笨拙与无奈。

---

* 廖为建，中山大学政治与公共事务管理学院公共传播学研究所教授；李莉，中山大学政治与公共事务管理学院公共传播学研究所研究人员。

显然，SARS 危机是中国在现代情景下首次遇到的一种新型公共危机——公共信息危机。可以预见，在全球化和信息化进程不断加剧的现代情势之下，这一类型的危机将频繁发生。如何深入把握公共信息危机的运行逻辑，进而采取卓有成效的应对措施，将危机带来的损害降到最低，是我们不得不面对的一个重大课题。为此，本文运用理论逻辑与现实逻辑相结合的分析方法，从传播者、传播渠道和受众三大传播要素切入，分别对 SARS 危机的不同侧面进行细致的传播学省察，试图全面揭示出公共信息危机演变的过程、特点和规律，为卓有成效的公共信息危机管理提供基本的学理依据。

公共信息传播中的要素分析

一、公共信息传播的传播者分析

（一）政府

公共危机发生后，公众首先遭遇个人利益的威胁，诸如生命、财产等。按照人民主权理论，政府作为纳税人的保护者，作为公共产品、公共服务的提供者，需要满足公民获取关乎其利益的公共信息的需求。笔者认为，当政府不能提供足够的公共信息时，就会造成两种“供给扭曲”：公共信息供给扭曲（如谣言、传言等）和公共物资供给扭曲（如抢购等）。这两种扭曲都会带来公共秩序的混乱。公共秩序混乱则又呈现出两种表现形式：公众人心混乱和市场混乱（如广州在 2003 年 2 月 8 日出现手机谣言，以及抢购药品恐慌）。作为公共产品的提供者、公共秩序的维护者，政府面对此应扮演什么角色，发挥什么作用就成为其最为重要的决策目标。

以 SARS 危机为例，广州市政府面对谣言和恐慌所进行的决策是于 2 月 11 日召开新闻发布会，公开疫情信息。从政府决策上看，决策目标是明确的；但从决策时间上看，明显具有延滞性。政府的迟钝反应招致市民的不满与批评。具体来看，在 SARS 危机中公共信息的传播呈现三种模式：信息传播缺失模式、单向传播模式和双向非对称传播模式。这三种模式并未随时间推移依次发生，而是交替出现：缺失—单向—缺失—单向—双向非对称。

1. 公共信息传播缺失模式。2 月 11 日之前，地方政府（广州）没有提供公共信息。公共信息传播的缺失主要表现在两方面，一是缺乏“内化性信息（Internalizing）”[①]，这些信息要告知公众的是“组织在危机中处在何种位置”，以及一系列关于组织正面观点的信息，以此达到稳住人心、获取支持的目的。二是缺乏“指导性信息

① Coombs, W. Timothy (2002). Deep and surface threats: conceptual and practical implications for "crisis" vs. "problem". *Public Relations Review*, 28: 339-345.

(Instructing)"①，即组织应向公众传播"如何应对危机"的信息。

2. 公共信息单向传播模式。2 月 11 日之后，地方政府开始解禁，有关疫情的公共信息大量报道。这期间，公共信息的发布主要有广州市政府举行的新闻发布会以及各大报纸进行的通稿报道。《羊城晚报》、《广州日报》、《南方日报》、《南方都市报》都在显著位置或以"特别报道"的形式作了报道。以《南方都市报》为例，2 月 14 日到 2 月 20 日期间发布的有关疫情的公共信息总计达到 39 篇（见图 1）。但显然这个时期的公共信息都是行政体制内部由上至下的单向垂直传播。

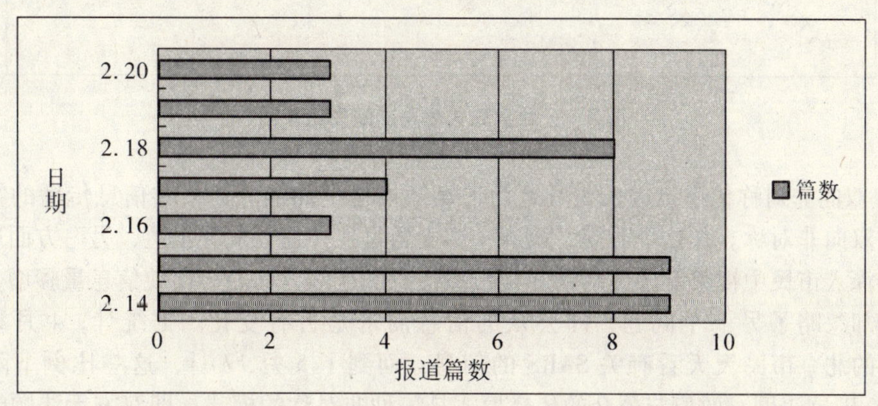

图 1　《南方都市报》2003 年 2 月 14 日—2 月 20 日疫情报道统计图

3. 公共信息传播再次出现缺失模式。至 2 月底，因"两会"召开，政府再次中断公共信息的供给，此状态一直持续到 3 月底；3 月 20 日前没有报道，20 日后，每日不过一篇，已不作为重点。最积极的《南方都市报》3 月份总共发稿 4 条，没有配图。《中国青年报》第一篇报道出现在 2003 年 2 月 11 日，2 月份共 7 篇，包括 1 篇言论，整个 3 月份没有报道。《人民日报》在 4 月 3 日 2 版（要闻版）才有首条有关 SARS 的消息。中央电视台 4 月 1 日前没有报道。②

4. 公共信息再次呈现单向传播模式。4 月伊始，公共信息重开报道，但此时执掌公共信息权力的已成为中央政府；4 月 20 日之后，中央政府提供公共信息的思路发生重大变化，趋于真实、公开、透明。但由公共信息传播缺失到再一次的新闻发布，虽然公共信息公布的内容与速度、频度都发生了明显改变，然而本质上依然是自上而下的单向传播模式。

---

① Coombs, W. Timothy (2002). Deep and surface threats: conceptual and practical implications for "crisis" vs. "problem". *Public Relations Review*, 28: 339 - 345.

② 夏倩芳，叶晓华．从失语到喧哗：2003 年 2 月—5 月国内媒体"SARS 危机"报道跟踪．http://www.sina.com.cn.

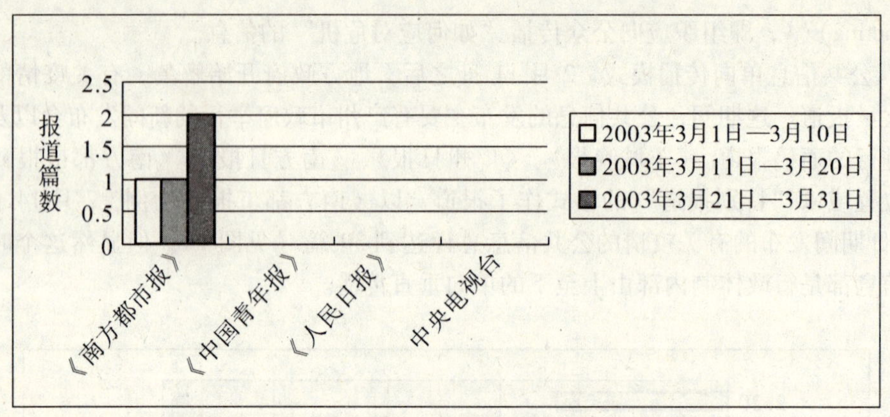

图2　公共信息传播再次缺失比较图

5. 双向非对称传播。进入5月之后，媒体报道全面铺开，公共信息传播的特点则表现为双向非对称。在这个时期，政府一方面通过各种途径放开报道，另一方面通过高层领导深入市民中视察等亲民活动间接传播信息。这两方面的传播使信息量骤增，但此时政府却忽略了另一个问题，即公众的信息需求是否有变化。据统计，4月25日，73.8%的北京市民天天看有关SARS的信息，而到了5月17日，这一比例下降到了66.9%。① 这表明，政府与公众的传播模式是一种非对称的模式，即双方无法顺畅了解各自的需求。

从回顾中可以看到，公共信息作为一种公共产品，其最为重要的权力执掌者是政府。引入市场理论，政府对于公共信息的供给必须受制于公共信息的需求状况。在SARS危机过程中，政府在公共信息的供给方面表现为从供给匮乏（2月11日前）到供不应求（2月11日）再到供大于求（2月11日后）继而再到供给匮乏（2月20日后）。具体以《广州日报》2003年2月11日前后的信息发布为例，2003年1月1日—2月10日，关于SARS的公共信息报道为0篇，公共信息传播严重匮乏；2月11日，广州市政府召开新闻发布会，相关信息为1篇，政府突然公布疫情信息却只有1篇报道，难以满足公众较大的信息需求；2月12日之后，关于疫情的公共信息大幅度增加，从2月12日到2月19日累计报道篇数72篇；2月20日后，关于疫情的公共信息由于“两会”的召开再次中断（参见图3）。

（二）国际力量——世界卫生组织

世界卫生组织（WHO），作为民族国家之外的国际性民间组织，在SARS危机过程中通过自身的力量成为影响民族国家决策的重要的公共信息提供者。在2003年SARS危机中，世界卫生组织所发布的公共信息主要有以下四方面的内容：

① 喻国明，王林．疫情信息传播特点．新浪传媒 http：//www.sina.com.cn．2003－06－06，15：58.

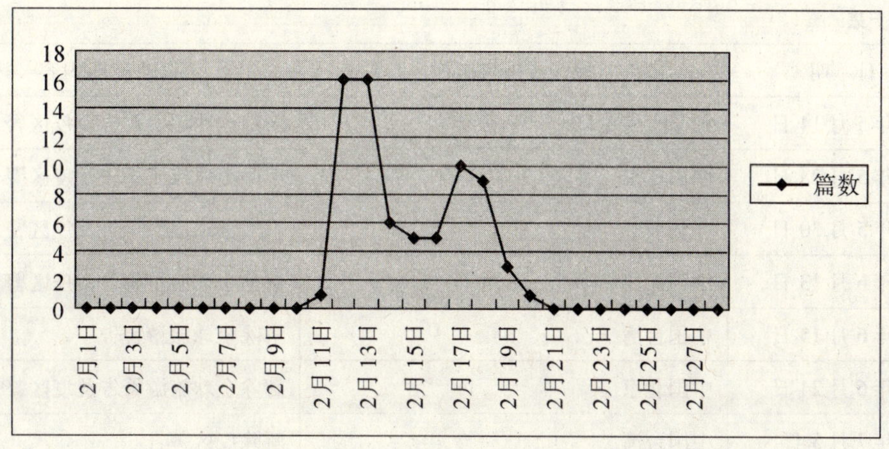

图3 《广州日报》2003年2月1日—2月28日疫情报道篇数统计图

1. 在网站上公开发布相关信息，包括最常规性的“情况更新（Situation Update）”报告，以及疫情分布和有关疫情的各种最新统计数据。世界卫生组织在SARS危机期间，对33个国家和地区进行了疫情统计及信息发布。

2. 召开各个层次的专家会议，直至最高级的世界卫生大会，形成国际性的共识与政策，并向各个国家发布相关信息。如2003年5月20日世界卫生组织在日内瓦总部召开第56届世界卫生大会，大会就SARS危机的应对提出了许多富有建设性的意见，对各疫情爆发地区和国家起到了很好的指导作用。

3. 确定疫区和发布旅游建议的政策，包括宣布与撤销的标准、程序和时机。在SARS危机期间，世界卫生组织共发布了19条旅游和疫区全球警告信息（包括宣布和解除两项），涉及11个国家和地区（见表1）。

表1 WHO发布的有关旅游及疫区警告信息①

日 期	地区或国家名称	WHO发布内容
2003年3月27日	越南河内、加拿大多伦多、新加坡	发布全球旅游警告；宣布为疫区
2003年4月2日	中国广东、香港	发布全球旅游警告；宣布为疫区
2003年4月24日	中国北京、山西、天津、内蒙古、河北	发布全球旅游警告；宣布为疫区
2003年4月28日	越南河内	解除全球旅游警告及疫区警告
2003年5月8日	中国台湾	发布全球旅游警告；宣布为疫区

① 资料统计来源：http：//www. wpro. who. int/public/press_ release/ch_ sars. asp.

续上表

日　期	地区或国家名称	WHO 发布内容
2003 年 5 月 14 日	加拿大多伦多	解除全球旅游警告及疫区警告
2003 年 5 月 23 日	中国广东、香港	解除全球旅游警告及疫区警告
2003 年 5 月 30 日	新加坡	解除全球旅游警告及疫区警告
2003 年 6 月 13 日	中国天津、河北、山西、内蒙古	解除全球旅游警告及疫区警告
2003 年 6 月 15 日	中国台湾	解除全球旅游警告
2003 年 6 月 24 日	中国北京	解除全球旅游警告及疫区警告
2003 年 7 月 5 日	中国台湾	解除疫区警告

4. 向特定地区派遣专家工作小组，同时向有关国家或地区提供知识、技术、信息、资源等方面的协助。例如世界卫生组织曾多次派专家小组到中国视察疫情，并将中国的信息向全球公布。

通过对世界卫生组织发布的相关公共信息的整理，本文认为，世界卫生组织作为这次危机过程中的信息传播主体，具有自身的特点。

世界卫生组织作为公共信息的发布者具有越来越重要的信息发布权力。世界卫生组织具有一项特殊的权力，就是向旅行者提供及时的公共信息，并就疫区发出旅行警告。在这次 SARS 危机期间，世界卫生组织充分发挥了这项功能，及时宣布了一些疫区的旅行警告。我们也注意到，各国各地区在加大控制疫情力度的同时，也都会把争取取消警告作为一项重要的工作。在一些国家和地区有另外一项任务，就是在会议期间积极争取世界卫生组织取消本地疫区的警告。这种警告制度是世界卫生组织在 SARS 疫情中担当强有力监管角色的最集中体现，世界卫生组织在阶段总结 SARS 防治成果的时候也说，向旅行者提供及时的公共信息并发出旅行警告，是被证明有效的。

世界卫生组织作为政府之外的国际组织在公共信息传播方面发挥了非常积极和主动的作用。在面对类似 SARS 这样的全球性危机事件中，非政府组织将成为越来越重要的公共信息传播主体。

（三）个人力量——医生、科学家

在 SARS 危机中，个人成为公共信息的提供者尤其值得关注。作为公共卫生危机，医生和科学家在专业领域具有很强的说服力。

这里就个人举两个例子，一个是钟南山；另一个是蒋彦勇。

钟南山作为 SARS 危机中的专业人士充当着第三方角色，他就危机发布的公共信息具有专业性强、权威性高、可信度大的特点。在危机中，他多次挺身而出，发表意见，如对“衣原体说”的质疑、将“有效控制病情”纠正为“有效遏制”等。

北京301医院军医蒋彦永将医院当时的实际疫情情况通过电子邮件发布给凤凰卫视和中央电视台，从而导致两名高官下台，改变了此次危机的整个进程。他的身份相比钟南山而言，更具个人色彩，凸显出民间个人力量参与公共信息传播的独特作用。

在SARS危机中，个人作为值得关注的公共信息传播者之一，具有如下两个方面的特点。其一，从这两个人的例子可以看出，作为越来越重视个人权利的公民而言，尤其是具备专业权威性的个人，他所提供的公共信息是除政府提供的公共信息之外的非常有益的补充。如果个人是相关领域的专家、学者，作为第三方，其发布的公共信息就会具有更强的客观性。其二，在SARS危机中，个人力量凸显，但能力依然有限。钟南山等个人在SARS危机中发布了非常重要的公共信息，但除了上文所列举的两个个人之外，几乎没有出现更多的个人发布者。这说明在我国现有的体制模式下，个人力量发挥的程度还十分有限。随着我国公民社会的日益发展与进步，在未来将要面临的更多的危机中，个人的传播力量势必增强。

二、公共信息传播的渠道分析

在SARS危机中，公共信息传播的媒介渠道呈现多元格局，既有传统媒体（报纸、电视等），也有新型媒体；既有主流媒体（官方媒体），也有非主流媒体；既有可控性媒体（如报纸等），也有非可控媒体（网络、手机短信等）；既有境内媒体，也有境外媒体（详见表2）。媒介渠道的多元化，促使公众对于公共信息的选择更加具有主动性。

表2　公共信息传播的媒介渠道划分

媒　介	类　型
报纸、电视、广播	传统媒体、主流媒体、可控性媒体
人际传播	传统媒体、非主流媒体、非可控性媒体
网络	新型媒体、非主流媒体、非可控性媒体
手机短信	新型媒体、非主流媒体、非可控性媒体
组织传播	传统媒体、非主流媒体、可控媒体

（一）传播媒介渠道呈现多元格局

在SARS危机中，公共信息传播的媒介渠道突破了传统的广播、报纸、电视等工具，还出现了手机短信、网络等新媒体；境外媒体在危机中成为境内媒体非常必要的补充，大大扩展了公众选择媒体的范围。这也表明公共信息的流动随着国际化的深入发展将更加具有频繁性与共享性；人际传播与组织传播在这次公共危机中也扮演了独特的角色。当主流媒体缺席，权威公共信息供给缺乏时，以口耳传播为特点的人际传播填补了信息真空，出现了相关的传言、流言甚至谣言；而以单位制为基础的组织传播虽然在危机中并未构成主要的传播渠道，但对政府短时间内控制公共信息传播局面起到了必要的作用。这些多元化的媒介渠道对政府单一垄断公共信息格局提出了挑战。

以北京市进行的媒介渠道统计为例，市民了解疫情公共信息的渠道包括上面所列四类媒体，其中电视占34.0%、报纸占24.5%、广播占8.4%；手机（短信）占2.6%、网络占10.5%；人际传播（口耳传播）占9.6%、组织传播（单位传达）占4.9%（如图4所示）。

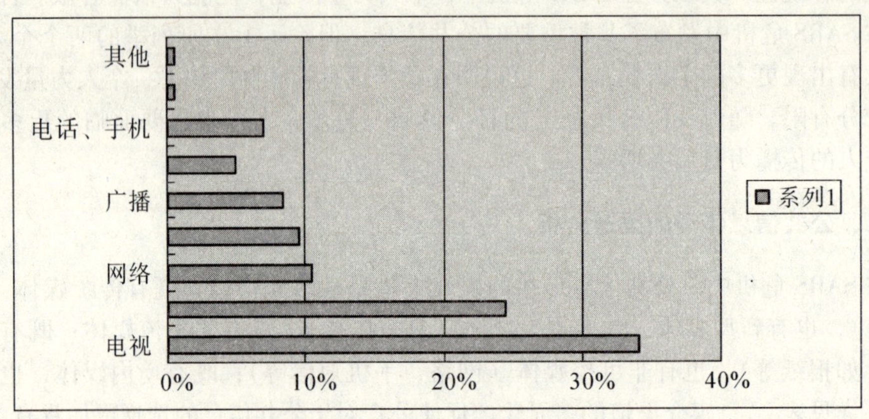

图4 北京市民了解SARS的主要媒介渠道分布①

（二）传统媒介与新型媒介的较量

我国现有媒介体制下，报纸、电视、广播这些传统媒体都是政府的“喉舌”，其进行公共信息发布时受到体制与规则的约束。在SARS危机中，由于政府在早期公共信息传播过程中缺席，传统媒体无法发挥正常的信息发布职能。以手机短信和网络为代表的新型媒介工具填补了信息真空，在一定程度上缓解了政府面临的公共信息危机压力。以手机短信为例，据广东移动的短信流量数据统计：2003年2月8日，4000万条；2月9日，4100万条；2月10日，4500万条。②

新型媒介传播及时、迅速，范围广泛，但与传统媒介相比，其影响的程度较为有限。北京市进行的调查统计发现，危机中公众选择的媒介渠道与平时正常生活中选择的媒介渠道比例基本一致，如在SARS危机中，电视所占的比例为34.0%，在平时正常状态下则占29.8%，比例差异4.2%；报纸所占的比例为24.5%，在正常状况下占

① 喻国明等．突发公共危机背景下的传播路径、效果与策略研究．公共危机启示录——对SARS的多维审视．北京：中国人民大学出版社，2003：116.

② 梁庆寅主编．非典：反思与对策．广州：中山大学出版社，2003：385.

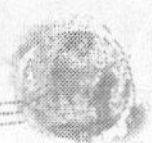

20.8%，比例差异3.7%。[①] 这说明传统媒介在政府发布公共信息方面依然扮演着非常重要的角色。但新型媒介的出现，实际表明随着公民接触新媒介频度的增加，其对于新媒介的信任增加，新型媒介将对传统媒介构成直接挑战。在这种新旧媒介较量的过程中，公共信息的传播将会更加复杂、多元，这也表明公共信息危机出现的可能性将会增多。

（三）境外媒体对境内媒体的压力

由于SARS危机是一场全球性的公共危机，关于SARS危机的各种公共信息就不可能为一个地区或国家垄断。在SARS危机早期，我国政府未能及时、透明地发布有关疫情的公共信息，造成其他国家、地区不能分享公共信息。在这种媒体集体失声、缺位的情况下，境外媒体通过各种途径了解中国疫情并发布公共信息。境外媒体发布的公共信息填补了部分信息真空，这对境内媒体造成较大的压力。

首先，境外媒体对境内媒体造成的压力增加了公众对政府的不信任感。SARS危机期间，我国境内的公众通过人际传播、网络传播等媒介工具了解到境外发布的各种公共信息。尤其是毗邻港澳地区的广东省，由于公众可以接收到香港电视频道，获取境外信息十分便利。据统计，广州市民通过香港媒体获得SARS疫情信息的比例占60.1%[②]。而公众对于境外媒体的信任比例依次为：港澳台媒体，30.5%；国外媒体，4.1%（见图5）。另一方面，当境内媒体失声时，境外媒体进行了连续报道。CNN从3月15日开始连续报道SARS疫情，香港《文汇报》从3月22日到3月31日平均每天报道24次，英文出版的香港《南华早报》从3月17日开始连续报道。[③]

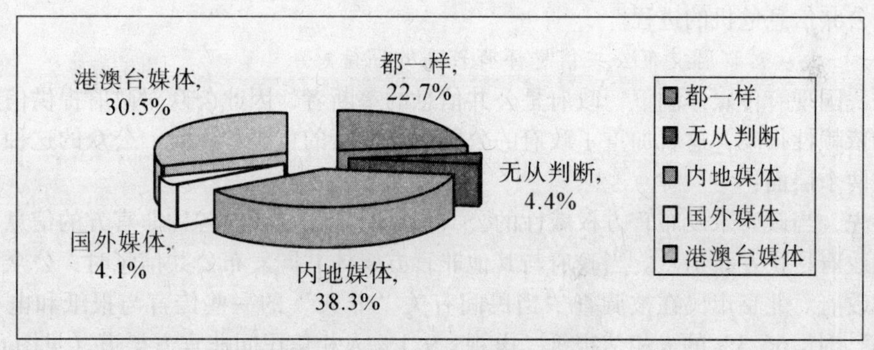

图5 境内外媒体可信度比较[④]

---

① 喻国明等．突发公共危机背景下的传播路径、效果与策略研究．公共危机启示录——对SARS的多维审视．北京：中国人民大学出版社，2003：117.

② 梁庆寅主编．非典：反思与对策．广州：中山大学出版社，2003：374.

③ 张晓群．从缺位到归位——对SARS危机中媒体表现的评价．中华传媒网，2004－12－02，13：55.

④ 梁庆寅主编．非典：反思与对策．广州：中山大学出版社，2003：385.

这种鲜明的对比无疑会增加公众对政府的不满及不信任。据北京市进行的公众对政府行为的评价统计显示，在2003年4月20日中央开放公共信息传播渠道之前，公众对政府的打分是48.8分（百分制）。[①]

其次，境外媒体对境内媒体造成的压力还形成了国际舆论压力和形象压力。由于境内媒体失声，关于中国的疫情信息就有可能被境外媒体歪曲、丑化甚至“妖魔化”。

SARS危机期间，美国《时代》周刊以SARS病人的肺叶透视片与五星红旗叠映，给中国贴上“SARS国家”的标签。[②] 2003年3月30日，BBC的世界新闻网站上刊登评论文章:《SARS疫情——另一场战争》，文章将中国与伊拉克相提并论：“伊拉克和中国多了许多相似的地方，两地都成为新闻中心，一个是战事新闻，一个是病疫新闻；从这里走来的人都不受欢迎：一个是难民，一个是病人；两地都被敌人包围：一个是军队，一个是病毒；各国都劝喻国人不要前往那两个不安全的地方：一个是战场，一个是病院；两地都必须每天向世界报数：一个报死人，一个报病号。”《美国新闻与世界报道》、《经济学家》等在世界有影响力的杂志都用戴口罩的人作为封面，《远东经济评论》在5月10日的封面上甚至直接使用了“中国病毒”这个大标题。[③]

境外媒体对境内媒体造成的压力在SARS危机中凸显，我国政府的形象在这种巨大的公共信息传播压力下遭受了破坏。

三、公共信息传播的受众分析

在公共危机中，公共信息发布的主体——政府、渠道媒介以及受众公众，这三者是一个互为影响的有机体。在SARS危机中，公众对于公共信息传播的心理需求变化直接影响了公共信息危机的进程。

（一）公众对政府发布公共信息怀有较高的期待感

在我国现有传媒体制下，政府是公共信息的垄断者，因此公众对政府提供信息的期待感和依赖性很高，这就加重了政府的公共信息供给的负担和风险。公众的这种期待感表现在两个层面：

首先，当政府未发布官方权威性的公共信息时，公众面对各种非官方的信息，更愿意等待政府尽快发布信息。当政府与其他非官方媒体共同发布公共信息时，公众更倾向于相信政府。北京市民在被调查“当民间有关‘非典’的一些传言与报纸和电视报道不一样”时，66.3%的人相信报纸、电视；9.1%人相信民间非官方渠道（见图6）。

---

① 喻国明等．突发公共危机背景下的传播路径、效果与策略研究．公共危机启示录——对SARS的多维审视．北京：中国人民大学出版社，2003：115.

② 史安斌．危机传播与新闻发布．广州：南方日报出版社，2004：97.

③ 王晓红．全球传播中的媒介生存环境——看境外媒体对中国非典．http：//www.rirt.com.cn/magazine/ml_9.asp.

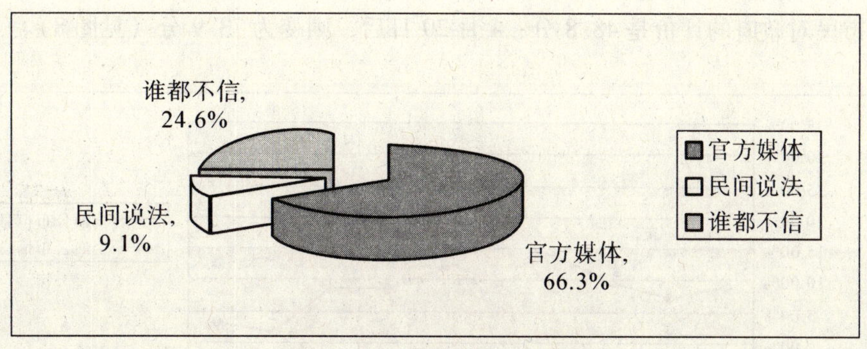

图6 公众更信任官方媒体①

其次，当政府发布信息后，这种期待感会转变为信任感。政府公开公共信息后，公众对于官方权威性公共信息的心理需求就会得到满足，因此对于公共信息的内容信任度很高。以北京市的调查为例，2003 年 4 月 20 日政府公布真实、权威的公共信息后，有 41.6% 的人增加了对政府的信任（见图 7）。

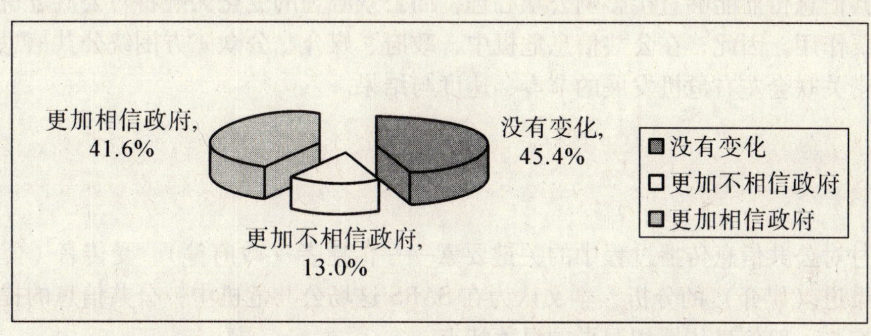

图7 政府公布真实信息后，北京市民对政府的信任度变化统计图②

（二）公众的信息期待感失落，将对政府产生信任危机

现有体制下，公众对政府的信息期待感实质上是一种权威信任感。公众一旦不能及时获取关乎切身利益的公共信息，其期待感就会转变为强烈的失落感，从而丧失对政府权威的信任，引发政府信任危机，甚至合法性危机。

北京市在 2003 年 4 月 20 日前后所做的两次对比调查中发现，公众的信息接收心理会随着政府公共信息是否传播而发生不同变化。4 月 20 日前，政府未全面公开公共信

① 喻国明等．突发公共危机背景下的传播路径、效果与策略研究．公共危机启示录——对 SARS 的多维审视．北京：中国人民大学出版社，2003：117.

② 喻国明等．突发公共危机背景下的传播路径、效果与策略研究．公共危机启示录——对 SARS 的多维审视．北京：中国人民大学出版社，2003：114.

息时，市民对政府的评价是48.8分；4月20日后，则变为73.9分（见图8）。

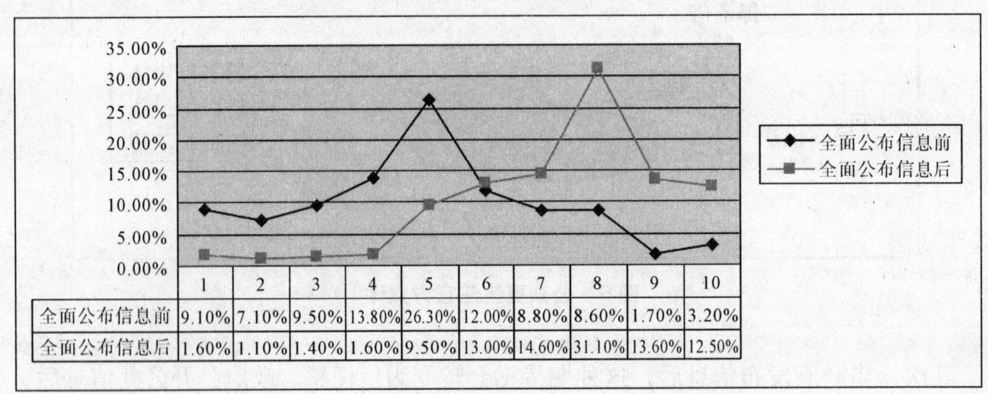

	1	2	3	4	5	6	7	8	9	10
全面公布信息前	9.10%	7.10%	9.50%	13.80%	26.30%	12.00%	8.80%	8.60%	1.70%	3.20%
全面公布信息后	1.60%	1.10%	1.40%	1.60%	9.50%	13.00%	14.60%	31.10%	13.60%	12.50%

图8　北京市民在4月20日前后对政府的评价打分情况统计表①

公众的这种心理变化直接影响了政府能否有效进行公共信息危机管理。危机过程中，公共信息传播能够直接影响公众心理，而公众心理的变化无疑将对公共危机的进程产生重要作用。因此，在公共信息危机中，政府、媒介、公众三方围绕公共信息传播产生的紧密关联会左右危机发展的节奏、速度与结果。

结　论

通过对公共信息传播过程中的关键要素——传播者（政府等）、受传者（公众）以及传播渠道（媒介）的分析，本文认为在SARS这场公共危机中，公共信息的提供与接收均具有与一般信息传播相迥异的显著特点。

第一，公共信息的传播直接影响公共危机的进程发展。按照斯蒂文·芬克提出的危机发展阶段论，危机过程可以分为四个阶段：危机潜在期、危机突发期、危机蔓延期、危机解决期。从上述分析中，我们看到SARS危机中，公共信息的传播呈现缺失—单向—缺失—单向—双向非对称的模式。与此相对应的是公共危机发展的状况，即危机升级—暂时平缓—进一步恶化—出现好转。在危机潜在期和突发期，当公共信息缺失时，公共危机突破了公共卫生危机的界限，迅速扩大升级为舆论危机、抢购危机等；在危机突发期，当公共信息第一次以政府新闻发布会形式发布时，各种舆论危机、抢购危机随即消失，公共危机进入蔓延期。在危机蔓延期，当公共信息再一次缺失时，政府开始面临信任危机，这无疑加速了公共危机的恶化，使蔓延期时间加长、程度加深；当公共信

① 喻国明等．突发公共危机背景下的传播路径、效果与策略研究．公共危机启示录——对SARS的多维审视．北京：中国人民大学出版社，2003：116.

息发布得到全面解禁，内容真实、及时，公众又逐渐恢复对政府的信任，而公共危机的蔓延期也逐渐减短，趋于好转；在进入危机解决期后，公共信息全面报道，数量惊人，加之内容主次不分，“调整性信息（Adjusting）”，“内化性信息（Internalizing）”不足时，危机解决期效果就不明显。因此，公共信息的传播对于这场公共危机的发展构成十分重要的影响。由公共信息提供不足引发的舆论危机、抢购危机和信任危机等都成了公共信息危机的具体内容。

第二，公共信息传播的主体与媒介渠道呈现多元格局。首先，公共信息传播主体突破了政府一元格局，出现了国际组织（WHO）和个人，后者对前者构成了有益补充。其次，公共信息传播渠道多元化。以手机短信、网络为代表的新型媒体开始引人注目，在公共信息传播中发挥了积极作用。随着全球化的深入，境外媒体将对本土媒体构成挑战，这在SARS危机中已初显端倪。传播主体与媒介的多元化格局表明公共危机将越来越受到信息传播的影响与制约，公共信息危机将成为公共危机中越来越值得重视的危机类型。

第三，媒介环境的变化加剧公共信息危机的发展。在我国现有的传媒体制下，公众对公共信息的需求具有较高期望。具体而言，这种需求主要表现在三个方面：其一，需求权威信息；其二，需求自身熟悉的媒介发布的公共信息；其三，需求及时、透明的公共信息。这些公共信息心理需求，要求政府、媒体与公众在危机过程中必须建立良好的互动关系。一方面，媒介工具的变化说明在危机过程中政府必须及时发布公共信息，否则就会引起公众不满与不信任；另一方面，全球性的全球问题也要求媒介必须超越民族国家的地理边界，承担全球性公共信息的发布、传播，实现公共信息的共享，否则就有可能遭受国际舆论压力，损害政府的国际形象。后SARS时代，我们面对愈加频繁爆发的各种危机时，除了熟悉危机处理流程，掌握危机处理技巧外，更为重要的还在于分辨清楚危机的性质、类型及特点。以SARS危机为代表的公共信息危机，揭示了信息是此类危机的关键变量，从这个方面总结信息传播规律，将有利于政府提高管理公共危机的能力。

危机传播新策略
——框架理论

张依依*

【摘 要】本文以两个国外个案为例，列举出框架理论，不论在学理上，还是在实际应用上，都有作为危机传播最新策略的潜力。

当代发生危机的几率日增，危机带来的灾害日大，危机的种类各有不同，处理的方式也各异。本文列举危机方面耳目一新的跨领域观点，及危机传播的跨学科研究，并以个案分析，指出：源自社会学的框架理论，如果恰当的应用在危机传播上，能有出人意表的成效。

【关键词】危机 危机传播 形象修复 框架理论 核电

一、研究缘起

危机，就是危险和转机。现在连外国人也说中文里早已显示，如果危机处理得当，可能就会有机会。但是对于什么是危机，大家的定义却不相同。有人说危机就是突然发生的“大麻烦”，光看报纸标题就知道什么是危机，也有人说危机就是“没有预警的坏宣传”，如果不及早给个说法或出面说明，事态会更严重。有时一开始只是个小事件或意外，处理不善，才变成冲突或危机。① 其实只需从一点就可以判断是否出了危机，即组织的最高负责人有没有出面处理。如果没有，那么通常只是出了状况，发生了问题。但如果发生了“足以（或有潜力）给组织带来不名誉、摧毁其获利、成长，甚至影响其生存”的事件，就是个不折不扣的危机。另有一种说法，即威胁到组织的名声时，就是危机。例如工厂大火是意外，不见得是危机，但如果后续发展伤害到组织名誉，就是危机。② Lerbinger③ 综合各家说法，整理出危机的共同特色，即：突发、不确定和时

---

* 张依依，台湾世新大学公共关系暨广告系副教授。

① Bland, M. (1998). *Communicating out of a crisis.* London: MacMillan Press. 和 Pauchant, T. C. & Mitroff, I. I. (1992) *Transforming the crisis-prone organization.* San Francisco, CA: Jossey-Bass Publishers.

② Lerbinger, O. (1997). *The crisis manager: Facing risk and responsibility.* Hahwah, NJ: Lawrence Erlbaulm. 和 Bland, M. (1998) *Communicating out of a crisis.* London: MacMillan Press.

③ Lerbinger, O. (1997). *The crisis manager: Facing risk and responsibility.* Hahwah, NJ: Lawrence Erlbaulm.

间急迫。

Pauchant & Mitroff ①认为危机“崩溃瓦解，破坏了一个系统，并且威胁其前提、主观自我意识，以及存在的核心价值”。危机是近代社会的产物，虽然古已有之，但于今尤甚。Mitroff ②曾做过一个研究，发现世界自1900年以来，共有29起主要工业意外（所谓“主要”指死亡人数在50—3000人之间），其中半数以上发生于1980—1988九年内。如果处理不好，危机就会对组织有致命的影响，因为获利和生存，正是组织的命脉。③

有鉴于危机对组织或社会的巨大伤害，以及发生危机的次数日益增多，作者拟跳脱传统的危机处理方式，从另一个全新的思维，也就是源自社会学、但在传播学日受重视的“框架理论”的角度，来探讨危机发生时，该如何善用危机传播，拉高事件层次，超脱事件本质，以全新的议题，把组织带到另一场论战，也就是另一个“框架”，使组织能在危机的混战中，在新的框架下，获得喘一口气、休养生息的机会，然后徐图再起。

二、研究动机与方法

本研究是一个崭新的尝试，因为从来没有人指明把框架理论拿来应用在危机处理上，至少名义上没有。但在日常生活里，在台湾每日电视新闻上，却常可看到政治人物或政党不断地为了个人的政治生命或利益，在知道或不知道、有意或无意的状况下，实行着以“框架”来处理危机的事实。说得白一点，就是抛议题，企图转移话题，转移注意力，来解决聚焦在自己身上的危机。但这只是台湾政治界的情形，在商场上，是否也可以这么做？到底什么是框架理论？其学理为何？在国外，在企业界，在非营利事业，或政府单位，有没有以“框架”来处理危机的案例？其成效如何？什么样的危机适合援用框架理论，什么样的危机不适合？使用框架理论处理危机传播时，需要哪些配套措施，才最有效？这是作者感兴趣、且亟欲探究的议题。

本研究拟统合文献探讨及个案研究，针对危机管理，尤其是危机传播部分，做一初探性研究。根据Patton的观点④，文献搜集可以显示前人对相关问题如何处理，也能协助厘清思考，聚焦研究，但是也可能使研究者的思维受限于文献。Patton指出对这个现

---

① Pauchant, T. C. & Mitroff, I. I. (1992). *Transforming the crisis-prone organization.* San Francisco, CA: Jossey-Bass Publishers.

② Mitroff, I. I. (1988). Crisis management: Cutting through the confusion. *Sloan Management Review*, 29: 15. O'Connor, J. (1987). The meaning of crisis. New York: Basil Blackwell. 和 Shrivastava, P. & Mitroff, I. I. (1987). Strategic management of corporate crisis. *Columbia Journal of World Business s*, 22 (3): 5 – 11.

③ Bland, M. (1998). *Communicating out of a crisis.* London: MacMillan Press. 和 Lerbinger, O. (1997). *The crisis manager: Facing risk and responsibility.* Hahwah, NJ: Lawrence Erlbaulm.

④ Patton, M. Q. (1990). *Qualitative evaluation and research methods.* (2nd ed.). Newbury Park, CA: Sage.

象的改善方法，就是一边搜集文献，一边搜集田野资料，两者同时进行，不要有先后，以免漏掉任何可能的信息或看法。据此，本研究一面搜索群籍，分析国外历来有关危机管理和框架理论的文献，一面留意国外文献无数个案里是否有以改变议题策略而成功处理危机的案例，尤其是 Patton① 所说的“特殊成功案例”。根据 Patton 的观点，个案分析在理论上和实际上，都能对研究题目有贡献，尤其对实际决策，更具参考价值。如果个案不止一个，可以分别分析每一个个案，然后再将不同的个案分析比较，归纳出结论。

本研究先以文献探讨方式，整理历来危机传播的相关文献，并把这些文献中，能和框架理论相发明的部分，简单介绍。至于传统上对危机管理的讨论，过去已有太多研究做过介绍，并且不是本文的重点，所以省略。本文强调的是对危机处理的跨学科研究，其架构，依序是：今日危机发生的背景和大环境，危机的种类与跨学科定义，以及公关人、法律人对危机传播的不同看法与反应。随后进入本研究侧重的部分，即近年来语艺（修辞）学者，针对危机传播所研发的策略，选其与框架理论有关者，做一简短介绍。至于框架理论本身，由于较少人明白其内容，更少人注意到它在危机处理上的启示与应用，所以在最后有仔细的介绍。然后才是作者认为国外两个成功的以框架理论处理危机的个案分析、比较，与结论建议。

本研究的目的，在透过分析历来相关文献与成功个案，指出将框架理论应用到危机传播的可行性。如果其他危机也能像政治上的危机一样，纯以言说“框架”援用于实际论战，就可以有效降低压力，改善危机，则框架理论不仅可以补足固有危机处理方式之不足，也可以作为所有公关从业人员及管理阶层在危机传播时的参考策略，甚至作为一项强而有力的秘密武器。本研究冀望能透过文献和案例的分析与归纳，找出既有别于传统又有实质效益的危机传播新策略，以备危机处理，尤其危机传播之所需。

三、文献探讨

（一）近代危机发生的背景与大环境

为什么危机意外事件愈来愈多？大环境的改变，是最主要的原因。所有产品（不光是高科技产品）的生命周期变短，新科技带来的风险加大，政府立法日严，规定日多，竞争加剧，甚至变成全球竞争，消费意识兴起，公民意识增强，动物权力升高，以及其他各种社会运动的崛起，都使得现代危机发生的几率与日俱增，影响也日益加大。②

但在这些表象的下面，还有一些原因，促使危机暴增。首先，第二次世界大战后生长的孩子，都在父母比较溺爱、尊重的环境下成长，这一代人很注重“知的权利”，并

① Patton, M. Q. (1990). *Qualitative evaluation and research methods.* (2nd ed.). Newbury Park, CA: Sage.

② Lerbinger, O. (1997). *The crisis manager: Facing risk and responsibility.* Hahwah, NJ: Lawrence Erlbaulm.

且对威权不再畏惧，加上以 Ralph Nader 为首的消费运动，自 20 世纪 70 年代起便沸沸扬扬地展开，1982 年又发生了有名的强生公司 Tylenol 止痛药危机，使得危机的发生和管理备受注目。如今消费者抵制运动、法律诉讼、压力团体、瑕疵品诉愿、调查式新闻、狗仔媒体盛行，以及前所未有、现在却很流行的“集体诉讼”（Class Action，即受害人合起来一起聘请律师团）日增，赔偿金额又迭创新高，使得危机管理受到空前重视。甚至 ISO 14004，也要求申请者要附上危机处理计划，包含对内和对外传播的紧急处置，才有可能通过检验。[①] 而网络的盛行，也给危机带来新的考验。

现代民众，不管基于对威权的厌倦，对行政的无奈，或吹毛求疵，或失去耐心，总之，对意外事件日乏信任，总认为其中必有人为疏失，应该有祸首，也要有人负责。而行动团体，如环保联盟或绿色和平组织，也日渐茁壮，有固定的人手、器材和经费，也知道怎么争取画面与报道，再加上媒体唯恐天下不乱的本性，更显得整个世界危机重重。近年来又有不少组织，或因精简，或因重整，或因被并购，或因强制退休，使得不少离职员工衔恨在心。劳资纠纷日增，贫富差距日大，恐怖分子的威胁也与日俱增，而无孔不入的媒体，又使得企业和组织有如活在金鱼缸里，经常处于危机的威胁下，这就是今日的大环境。企业唯有兢兢业业，随时有面对危机的心理准备与实质防范，才能确保永续经营。

Stocker[②] 认为日渐提高的标准（如排放标准），日渐降低的品牌忠诚度，日渐精明的消费者，日益发达的传播方式（如网络），日益流行的公司重整和人事委外制度，以及控股公司的增加（公司所有人是控股公司或投资公司而非自然人），都是孕育危机的温床，也是对危机管理的挑战。但挑战还不止于此，如所谓的“媒体审判”现象，就足以先定罪；而现在连律师也知道如何透过媒体，影响民意，以便在庭外拔得头筹，进而在庭内奏捷。所有的一切，都对企业很不利。

此外，全球化也是危机处理的一大挑战，由于每个国家所采用的标准不同，民众的认定也不同，到底要奉行母国较严苛的标准，还是各行其是？这是许多跨国企业此刻所面临的考虑，经济特区的日增，如“北美自由贸易协议（North American Free Trade Agreement，NAFTA）”，更使得问题严重，惩罚也不轻。媒体唯恐天下不乱的本性，对童工、犯人劳力、有毒废弃物的倾倒、贿赂政府官员、虐待员工等问题，将不会轻易放过，杯葛和公议，就是危机影响营销的一大事证，凡此均显示今日的大环境，是多么危机四伏，企业更是动则得咎。

当然，并不是每一种行业，都处于高风险之下，但是有不少行业，如制造业（尤其与环境保护冲突的行业或制药业）、交通业、食品业、旅馆业和建造业，都很容易出

① Bland, M.（1998）. *Communicating out of a crisis.* London: MacMillan Press.

② Stocker, K. P.（1997）. A strategic approach to crisis management. In Caywood, C. L.（ed.）. *The handbook of strategic public relations and integrated communications.* New York, NY: McGraw-Hill: 189 - 206.

人命或爆发危机，也非常需要周全的危机管理。一般而言，制造业的风险好预防，透过安全防范、督察、品管等控管手段，可以有效降低危机的发生，反而是服务业的风险较难逆料。①

危机和议题相类，二者都可能对组织产生威胁，然议题通常萌生在前，如果预先没有管理好，危机就会尾随而来。危机处理通常比议题管理来得迫切，也更需要充分的准备。危机处理非常具挑战性，因为事情发生得突然，信息不足，时间紧迫，新的事故不断，一切混沌不明，让人措手不及，却要在短时间和高压下做一连串决策与处理，这不管对组织或对沟通人员，都是一大考验。如果处理得当，成就感最高，如果处理失当，代价也不小。例如同样是药品致死事件，强生公司的Tylenol止痛药就处理成公关课本的范例，而礼来药厂（Eli Lilly）的Opren风湿症药，却成了危机处理的负面教材。同样是漏油事件，艾克森石油公司（Exxon）的阿拉斯加漏油事件，骂名不断；而隶属英国石油（BP）的American Trader公司，却把加州外海漏油事件处理到很多人连知都不知道，相差何止千万里。②

（二）危机的种类与跨学门定义

高明的危机处理，有赖于高明的策略与沟通技术与深入的研究。Pearson & Clair (1998) 认为危机是跨领域的，应该跨学门研究，但一直很少有人统合其他领域来研究危机。于是他们整合心理学、社会政治学以及科技的相关文献，从更大的层面来看危机及其管理，并列出组织可能发生的各种危机（如表1所示）。

表1　组织可能发生的危机种类

• 勒索事件	• 贿赂
• 恶意并购	• 信息遭破坏
• 千面人事件	• 工作地点爆炸事件
• 交通工具失事	• 恐怖攻击
• 侵犯版权	• 工厂爆炸
• 环境污染	• 性骚扰事件
• 计算机故障或黑客入侵	• 危险气体或物品外泄
• 安全破坏	• 工作人员遭攻击
• 绑票事件	• 消费者攻击

① Stocker, K. P. (1997). A strategic approach to crisis management. In Caywood, C. L. (ed.). *The handbook of strategic public relations and integrated communications.* New York, NY: McGraw-Hill: 189-206.

② Bland, M. (1998). *Communicating out of a crisis.* London: MacMillan Press.

续上表

• 杯葛	• 产品召回
• 与工作有关之他杀事件	• 仿冒危机
• 恶意谣言	• 损害公司总部之天然灾害
• 破坏产品或服务之天然灾害	• 使利益相关人受损之天然灾害
• 破坏组织数据之天然灾害	

资料来源：Pearson & Clair，1998。

Pearson & Clair 先从心理学的文献来分析危机，发现从认知、心理分析，以及创伤的角度来看，组织危机是由认知转而为行为的，例如认定危机是坏事，不确定性高、复杂、情绪起伏大、信息不足、难以应付、对局势无法控制等。这些看法，常可能导致错误，或不理性的决策，甚或酿成大祸。任何心理上的原因，或下意识的因素，再加上人格特质，如精神异常，不信邪、偏执、浮夸、心理投射等，都足以促使组织发生危机。研究显示，员工有类似心理的组织，比正常组织发生危机的可能性多七倍。[①]

此外，从创伤心理经验的角度来看，受害者——任何认为被灾害重创而难以恢复的人——的心理可能会崩溃，因为他/她的认知系统，对世事和人生的概念与了解，或自我定位，都被危机事件彻底摧毁了。例如受害者原先可能认为：坏事不会发生在我身上；我做好人、做好事，就不会倒霉；结果并非如此，以致自我控制与价值崩毁，变得自怨自艾自怜。如此一来，受创者不仅会质疑自我价值与世界观，并且会对原有的组织文化、制度，或所扮演的角色，起根本性的怀疑。看来个人因素和心理定势，在组织危机里占了不小的成分。

其次从社会政治的角度来看，危机属于文化符号和意识形态的问题。此时危机发生，表现在外，是共享意义（shared meaning）的崩解，例如某种正当性，及原先建筑在社会关系上的制度等的崩塌。Turner[②] 认为危机就是一种"文化的倒塌"，原本大家信奉、共同遵守的东西，在某一情况下，突然变得毫无意义。原先所倚仗的框架或架构忽然丧失，使人觉得漂浮；失了方向，以及赖以为生的根本。

哈贝马斯[③]曾从社会政治的角度，就经济系统产生的危机，做过如下的解释：当经济决策者不再能成功控制经济的成长时，理性危机（rationality crisis）就发生了。这股

---

① Pauchant, T. C. & Mitroff, I. I. (1992). *Transforming the crisis-prone organization.* San Francisco, CA: Jossey-Bass Publishers, 1992.

② Turner, B. (1976). The organizational and interorganizational development of disasters. *Administrative Science Quarterly*, 35: 225 – 257.

③ Habermas, J. (1975). *Legitimation crisis.* Boston: Beacon Press. 和 O'Connor, J. (1987). *The meaning of crisis.* New York: Basil Blackwell.

冗长的危机引致了正当性危机，此时跟随者不再对决策者奉若神明，代之以对现代社会架构与制度的全面质疑，最后导致动机危机，个人主义起而代之，而固有的价值规范与集体信仰，也就消失了。哈贝马斯的观点解释了跟从者对领导、社会秩序、传统价值和信仰的危机，此时大众呈现无政府状态，想要加以控制或避免冲突已很困难。

上述观点对组织危机的启示是：所有的危机都代表一种社会架构与现实的崩坏，如飞机失事、漏油事件或丑闻，都是集体信仰的崩坏。[①] 组织在某一决定性事件后，最可能发生领导统御方面的危机，甚至遭到推翻，[②] 组织成员也可能质疑组织的文化与信仰，觉得有必要将之改变。[③] 社会政治的观点似乎意味着，若不在领导与文化方面做番改造，组织不太可能管理好危机。随机权变、角色推演，是防备上述情形的方法，[④] 而适应与改造，似乎是处理危机的不二法则。

Pearson & Clair 认为从多元的观点来看，成功的组织危机管理，应该在导致危机的关键事件发生前，就成功地减小风险。倘若不幸仍然发生危机，就该改善与"利益关系人"（stakeholders，任何足以影响组织运作或受组织运作影响的一群人，在危机时利益关系人绝非单数。[⑤]）的关系，主动与之互动，以便重建个人和集体的共享意义及角色扮演，并协助个人和组织对基本前提的再适应，以及在复原及调适期间情感与行为上的需求。

Pearson & Clair 的观点，对以框架理论来处理危机，有启发意义。以作者看来，所谓"共享意义"的崩解，"文化的倒塌"，其实就是固有"框架"的崩解，此时若能适当的补上新的框架，适时的填补空缺，应能有效管理危机。

如表 1 所示，危机的种类很多，分类法也各不相同，Coombs[⑥] 根据有意、无意以及内部和外部四个面向，把危机分成过失（faux pas）、意外（accidents）、恐怖暴行（terrorism）和犯罪行为（transgressions）四种，并认为民众对于非故意的、来自外部的、

---

① Turner, B. (1976). The organizational and interorganizational development of disasters. *Administrative Science Quarterly*, 35: 225 - 257.

② Hurst, D. K. (1995). *Crisis and renewal.* Boston: Harvard Business School Press. 和 Ice, R. (1991). Corporate publics and rhetorical strategies: The case of Union Carbide's Bhopal crisis. *Management Communication Quarterly*, 4: 341 - 362.

③ Bartunek, J. (1984). Changing the interpretive schemes and organizational restructuring: The example of a religious order. *Administrative Science Quarterly*, 29: 355 - 372. 和 Bartunek, J. (1988). *The dynamics of personal and organizational reframing.* In Quinn, R. E. & Cameron, K. S. (eds.), *Paradox and transformation: Towards a theory of change in organization and management.* Cambridge, MA: Ballinger: 137 - 162.

④ Weick, K. E. (1993). The collapse of sensemaking in organizations. The Mann Gulch disaster. *Administrative Science Quarterly*, 38: 628 - 652.

⑤ Coombs, W. T. (1995). Choosing the right words—The development of guidelines for the selection of the "appropriate" crisis response strategies. *Management Communication Quarterly*, 4: 447 - 476.

⑥ Coombs, W. T. (1995). Choosing the right words—The development of guidelines for the selection of the "appropriate" crisis response strategies. *Management Communication Quarterly*, 4: 447 - 476.

不可逆料的危机事件较能持一个宽恕的态度，反之则否。

Boston 大学公关教授 Lerbinger①，则把危机分成七种：①天然灾害；②科技危机；③冲突危机；④恐怖恶意危机；⑤扭曲的管理价值引发之危机；⑥欺骗危机；⑦管理处置错误之危机。仔细分析这七种危机，可发现危机大部分系人为引起。

Gonza lez-Herrero & Pratt② 则依照生命周期的长短，把危机分成：①攀登型（scalable）；②风潮型（fad）；③循环型（cyclical）三种。西北大学教授 Stocker③（1997），则将危机分成四种：①产品危机；②恐怖主义和随意暴行；③财务、并购、专业伦理问题；④谣言/指控。不管哪种危机，伤害都一样。近代危机尤不可轻视，动辄影响邻国（如切尔诺贝利核能危机事件），或祸延子孙（如“爱河”运河化学物溢出事件），益发衬托出危机处理的重要。

（三）危机传播：传统响应方式 VS. 律师响应方式

危机传播（crisis communication）的目的在于提供开放而又正确的信息以便控制危机。本文对危机传播的定义，指危机时的语艺与对外沟通，包含危机沟通在内。Heath④ 将危机传播定义为“在高度不确定的状况下尽量控制，并力图以合于道德的手法，赢回社会大众的信心”。此时除了力图恢复正常以外，当然还要抢救被危机损毁的形象。Stocker 认为在危机传播时，所谓的 4R 原则，至今仍然适用，就是：

1. Regret（遗憾）：表示遗憾，如果不先表示道歉或遗憾，下面讲的话谁也不想听。这一点虽然和律师的建议不同，但是据研究，真正的损失本来就不在法庭内。

2. Resolution（补救）：告诉大众打算怎么亡羊补牢，将危机减至最低。

3. Reform（改革）：保证类似事件不再发生，并打算如何改善避免。

4. Restitution（偿还）：法律专家不会这么建议，但为了舒缓群众的愤怒，一点补偿是必要的，也是有效的，例如折价券（1997：199—200）。

美国的游说公司和大型公关公司，常有法务人才或律师加入。危机发生时，公关人员与律师，必不可免地要携手共事。很不幸地，基于自身专业与法庭经验，律师通常给企业与“形象”相反的建议。Fitzpatrick⑤ 和 Maureen Rubin 做过一个调查，发现在 2/3 的时候，律师，而非公关人员的建议获得采纳，律师在危机时通常建议组织：①啥也不要说；②说愈少愈好，提供愈少数据愈好；③少说，以私事为由，或推说公司政策或过

① Lerbinger, O. (1997). *The crisis manager: Facing risk and responsibility.* Hahwah, NJ: Lawrence Erlbaulm.

② Gonza lez-Herrero, A. & Pratt. C. B. (1996). An integrated symmetrical model for crisis-communication management. *Journal of Public Relations Research*, 8 (2): 79 – 105.

③ Stocker, K. P. (1997). A strategic approach to crisis management. In Caywood, C. L. (ed.). *The handbook of strategic public relations and integrated communications.* New York, NY: McGraw-Hill: 189 – 206.

④ Heath, R. L. (1994). *Management of corporate communication: From interpersonal contacts to external affairs.*

⑤ Fitzpatrick, K. R. & Rubin, M. S. (1995). Public relations vs. legal strategies in Organizational crisis decisions. *Public Relations Review* (Spring, 1995): 21 – 33.

于敏感所以不能说；④否认有罪，以免日后庭上不利；⑤把责任推卸到他人头上。可以想象，公司负责人会比较倾向律师的建议。但这样做虽有利于诉讼，却先输了“民意法庭”，并且日后在销售上的损失，将大过诉讼赔累。因此 Fitzpatrick 建议公关人员应加强法律相关知识，与法律人员多沟通合作，而公司发言人，也最好兼具公关概念与法律知识，才能把危机传播做到最好。

Fitzpatrick & Rubin① 曾针对发生危机事件的公司做研究，归纳出五种传统公关策略，即：①重申公司立场；②调查指控；③公平应对；④主动承认问题存在；⑤宣布尽快实施补救措施。这种回答方式，有别于上述律师式的回答，也是最为广泛使用的一种响应策略。

（四）语艺学界涉足危机传播

由于危机会毁了组织的形象与口碑，因此每一组织（或个人）出于自卫，莫不在危机沟通时道歉、辩护、解释、合理化、正当化或重塑形象。语艺学家 Coombs② 认为维护形象，与危机沟通密切相关，因为它牵涉到改变民众对已发生的悲剧谁该负责，或对某一组织的印象管理。Coombs 强调，危机沟通时要找出有效的策略，取决于沟通对象为何，属于哪一种危机，证据可信度为何，灾害程度如何，公司过去表现，法律相关考虑等。不同的策略，会导致不同的效果。如果组织过去表现优良，则会有“月晕效果（halo effect）”加持，因而较易获群众信任。

印象管理（impression management）是源于社会心理的一门古老学问，衍生为人际关系的学说。印象管理虽源于个人，但也适用于组织。当人们犯错或碰到危机时，第一个反应，就是提出一个解释，也就是一套帮自己开脱的说法，以改变别人的观感。同样的道理，当组织发生危机时，也有一套类似的言说策略。③ 而在公共关系的范畴里，所谓印象管理，就是形象管理。

语艺大师 Benoit④ 整理“辩解（apologia）”和“面子（facework）”的相关文献，汲取前人成就，增加新项目，建立了一套危机时抢救形象的言说分类，即“形象修复策略（image restoration strategies）”。Benoit 曾将形象修复策略应用于不同的情境、个人

---

① Fitzpatrick, K. R. & Rubin, M. S. (1995). Public relations vs. legal strategies in Organizational crisis decisions. *Public Relations Review* (Spring, 1995): 21 - 33.

② Coombs, W. T. (1995). Choosing the right words—The development of guidelines for the selection of the “appropriate” crisis response strategies. *Management Communication Quarterly*, 4: 447 - 476.

③ Marcus, A. A. & Goodman, R. S. (1991). Victims and shareholders: The dilemmas of presenting corporate policy during a crisis. *Academy of Management Journal*, 34, pp. 281 - 305. 和 Coombs, W. T. (1998). “An analysis framework for crisis situations: Better responses from a better understanding of the situation”. *Journal of Public Relations Research*, 10: 177 - 191.

④ Benoit, W. L. (1995). *Accounts, excuses, and apologies: A theory of image restoration strategies.* Albany: State University of New York Press. 和 Brinson, S. L. & Benoit, W. L. (1996). Dow Corning's image repair strategies in the breast implant crisis. *Communication Quarterly*, 44: 29 - 41.

或组织，如企业、政界、艺人、宗教界与皇室，结果都适用。不论是谁，在危机时基于自卫，几乎都采取 Benoit 所归纳的五大策略中的几项，作为修补形象的响应。Benoit①的这 14 项形象修复策略（分属五大策略）十分出名，历来研究引用、讨论极多，详细类目在此从略。

所谓“辩解”不是道歉，而是面对批评或攻讦时的自我防卫，目的在澄清自我形象。根据 Hearit②，企业在四种状况下，会作出辩解：意外，丑闻，违反产品安全相关规定，或不负社会责任时。换言之，除了意外以外，企业在有错时，都会做出“辩解”。而换个角度来看，这正是“框架”的好时候。作者认为，Benoit 14 项“形象修复理论”中两项辩解子策略：差异化（differentiation）及超脱（transcendence），可以和框架理论相发明。所谓“差异化”，就是区分，或重新定义议题。而“超脱”，则是所有策略里最难的。Ice（1991：344）把超脱定义为“超脱现实问题的抽象原则”，如三哩岛核能事件之后，美国原子能委员会把电力问题，成功地转化为依赖国外原油的问题，就是一种“超脱”。③ 而这正是后面要讨论的两个个案之一（详见后叙）。

（五）框架理论与危机处理

所谓“语艺”，其实不外是“观点（perspective）”的保卫战。如涉及汽车安全带，汽车公司和保险公司的观点就很可能不同。其他可能引起争论的观点如：动物性脂肪、臭氧层、酸雨、致癌物、科技进步及军备等，都是很可以辩论的观点。Heath 认为组织言说的目的不外建立“公共参考框架（public frames of reference）”，争取宰制（dominant）观点，然后化为群众的思想、行动，或有利的公共政策。虽然真理只有一个，但意见、事实和观点则可以有很多，各方可以使用语艺倡议、辩证、谈判、适应、说服、攻击、防御、操弄符号、建构意义、建构诠释框架，以便民众作出理性的判断与决定。而作者认为，危机处理，也可以作如是观。

框架（framing，作名词时，中国大陆译为“心理定格”）源于 1970 年代，和传播学科的议题设定理论有同样的时空背景，也有一定的关联。但到 1990 年代，框架理论有回春的迹象，不仅各学科研究者日多，甚至 2005 年年中，柏克莱大学的教授 George Lakoff 还受邀到华府去教导民主党人框架理论，此事上了《纽约时报》杂志封面④，招致各界议论纷纷，视框架为政治公关的利器，并预测今后美国两大党间，将兴起一波波

---

① Benoit, W. L. (1995). *Accounts, excuses, and apologies: A theory of image restoration strategies.* Albany: State University of New York Press.

② Hearit, K. M. (2001). Corporate apologia: When an organization speaks in defense of itself. In R. L. Heath & Vasquez, G. (eds.), *Handbook of public relations.* Thousand Oaks, CA: Sage: 501 - 512.

③ Dionisopoulos, G. N. & Crable, R. E. (1988). Definitional hegemony as a public relations strategy: The rhetoric of the nuclear power industry after Three Mile Island. *Central States Speech Journal*, 39: 134 - 145.

④ Rodriguez, G. (2005). Three things you need to know about frames. Available: http://eastwikkers.typepad.com/eastwikkers_ /2005/10/three_ things_ yo.html.

框架大战。由于框架理论和语艺有异曲同工之妙，都在用词（口语或文字）上作文章，都长于将“议题”化为“故事”，以利营销，并且后势看好，所以作者认为框架除了倡议以外，也适用于危机传播，并且效果也应该不错。

何谓框架？简言之，框架是每个人依其个人经验，对某种社会情境所下的定义，①也是“人们或组织对事件的主观解释与思考结构”②。社会心理学家 Gamson③ 认为，框架或指界限，如窗格或镜头，代表取材范围；或指诠释社会现象的架构，亦即人们组织事物的原则，其概念类似心理学的“基模（schema 或 schemata）”，是人们整体思考的基础。框架其实是人们针对一连串符号活动所发展出的中心思想，也是意义建构的起源。框架是“组织或个人选取社会事件并加以整理或重组的过程”④，人们藉由框架来建构意义，也透过不同的框架解释社会事件⑤，框架不过就是一种再现的过程⑥。

“框架”的始作俑者，是美国社会学家 Goffman⑦。Goffman 认为社会事物四散各处，彼此没有联结，也没有归属，必须要透过某种符号转换，才能成为有意义、有关联的认知。框架既是动词，也是名词，当它作名词解释时，是人们了解、指认、界定各种事物以及行事的依据和基础；人们本诸框架组织经验，调整行动，否则便遑遑然若有所失，失去了立身处事的准则。⑧ Goffman 强调，框架是一个转化的过程，一种把社会真实，转化为主观思想的凭借。人们靠着它整合信息，了解事实，因此几乎无法避免其形成与存在。例如文本中语句的用法、文字的风格，主旨的选择，事实的陈述或取舍，在显示新闻论述对人、事、物的评价，而背景资料，尤具暗示作用，足以框架真相。希伯来大

---

① 臧国仁（1999）．新闻媒体与消息来源——媒介框架与真实建构之论述．台北：三民书局．

② Gitlin, T.（1980）. The whole world is watching. Berkeley, CA: The University of California Press. 和 Gamson, W. A.（1988）. Political discourse and collective action. In Klamdermans, B. et al.（eds.）. *International Social Movement Research*, Vol. 1. Greenwich, CN: JAI Press. 转引自臧国仁（1999）．新闻媒体与消息来源——媒介框架与真实建构之论述．台北：三民书局．

③ Gamson, W. A.（1992）. *Talking Politics*. Cambridge: University of Cambridge Press.

④ 臧国仁，钟蔚文，黄懿慧（1997）．新闻媒体与公共关系（消息来源）的互动：新闻框架理论的再省．陈韬文、朱立、潘忠党主编．大众传播与市场经济．香港：炉峰学会，p. 147.

⑤ Tuchman, G.（1978）. *Making news: A study in the construction of reality*. New York: Free Press.

⑥ 钟蔚文、臧国仁、陈忆宁、柏松龄、王昭敏（1995）．框架理论再探——以台大女研社 A 片事件为例．台北：政治大学新闻教育六十周年学术研讨会．

⑦ Goffman, E.（1974）. *Frame analysis: An essay on the organization of experience*. Cambridge, MA: Harvard University Press.

⑧ Lawson, R.（1998）. Consumer knowledge structures: Networks and frames. *In Advances in consumer research*. Vol. 25: 334－340. Provo, UT: Association for Consumer Research. 和 Barsalou, L. W.（1992）. Frames, concepts and conceptual fields. In Lehrer, A. & Kittay, E. F.（eds.）. *Frames, fields and concepts and contrasts: New essays in semantic and lexical organization*（pp. 21－74）. Hillsdale, NJ: Lawrence Erlbaum Associates, Inc. 和 Pan, Z. & Kosicki, G. M.（1993）. Framing analysis: An approach to news discourse. *Political Communication*, 10: 55－75. 和 Gerhards, J. & Rucht, D.（1992）. Mesomobilization: Organizing and framing in two protest campaigns in West Germany. *American Journal of Sociology*, 98（3）: 555－595.

学教授 Cohen & Wolfsfeld①，就发现以色列媒体报道以、巴冲突的新闻时，常强调犹太人建国之艰辛，可是巴勒斯坦媒体对相同事件的报道，则强调巴勒斯坦人离家之苦。这就是典型的新闻框架。

至于社会运动，则可用“框架”来连接个人信念与社运目标。社运分子，可以透过新闻媒体之解释与报道，把社运的目标、活动内容、观点及现况，转达给感兴趣或价值理念相同的人，以争取广大的同情与共鸣。② 也有人说所谓框架，就是把意义置放到人们注意力的核心，并把其他意义赶到边缘。也有人说框架就是包装媒体的内容、词汇或说法，以利某种诠释。框架是一门学问，也有操控的影子。好的框架，或谓好的说法，足以改变人们所作的决策、所采取的行动以及思想。

根据 Fairhurst & Sarr③，成功的框架有三个元素：①语言；②思想；③先见（forethought)。他俩也详述了框架的技巧：

1. Metaphor：隐喻的手法，给个新说法，办个新活动，或赋予新意义。
2. Stories：说故事的手法，以生动易记的神话或传奇方式叙述。
3. Traditions：仪式或典礼，每隔一阵子就办一次，以便化为印象。
4. Slogans, jargon and catchphases：易记好用又顺口的口号或标语。
5. Artifacts：具体的意象或事物，有时比语言还有效，更能打动人心。
6. Contracts：对比是很好的策略。
7. Spin：编撰的技术，把一个思想或概念赋予正面或负面意涵。

Lakoff 那场有名的演讲所提到的“框架”，则有三种主要意涵，即：观念（concepts)，包涵（containers）和故事。好的观念易于了解又好记，如“醉不上道”、“两个孩子恰恰好”；“包涵”就比较深一层，如任何加上“三件事”、“八荣八耻”、“十种方法”、“你必须知道的三种减肥秘笈”、“保持青春的五大秘方”之类的叙述，都是一种意欲框架的包涵。至于好的“故事”如何剧力万钧，就更不在话下。然而一个好的框架，并非只靠想象力，而要以消费研究或民意调查为基础，而非建立在孤岛上。

其实框架古已有之，只是于今为甚。在日常生活中，例子不胜枚举，如“赋税减轻（tax relief)”一词，暗示赋税本来加重了人民的负担；又如左翼人士常号称“前进”或“进步”，就暗示右翼人士“落后”或“落伍”；又例如反堕胎人士“Pro-life”的口号，仿佛批评赞成堕胎人士不爱生命，是杀人的刽子手；而赞成堕胎人士“Pro-choice”的口号，又仿佛批评反对者扼杀选择的基本人权。

根据 Lakoff，框架如铁丝，一旦成功的封住了，捆绑了，就不易再松开，会牢牢的

---

① Cohen, A. A. & Wolfsfeld, G. (eds.) (1993). *Framing the Intifida: People and media*. Norwood, NJ: Ablex.

② 臧国仁，钟蔚文（1997). 框架概念与公共关系策略——有关运用媒介框架的探析. 广告学研究. 9：99－130.

③ Fairhurst, G. & Sarr, R. (1996). *The art of Framing*. San Francisco: Jossey-Bass.

系住，要打开它，除非是另一个框架。如果把 Lakoff 这个概念和前面所提到的危机就是“共享意义”的崩解合起来看，正因为原先共享的意义崩解了，原先的框架崩坏了，因此适时的补上新的框架，化解危机，是非常合理且应该的事。

根据 Entman①，框架可以用来：①定义问题；②诊断原因；③作道德判断；④提供解决之道。而作者认为，危机处理，也可做如是观。Hallahan② 认为框架可以用来检视公关策略、信息和受众的反应，是继系统论、语艺批判论之后，一个很有潜力的典范，并指出七种于公关有特殊意义的框架：情境框架、归因框架、风险选择框架、行动框架、议题框架、责任框架和新闻框架。下面作者就针对这七种框架中，与危机传播有关的三种，作进一步的阐释。

Hallahan 所说的第三种“风险选择框架”，是最被广泛研究的一种框架，并且和危机处理也有关系。面对风险时，个人不仅要对归因作评估，还得面对不确定的事物作选择，不是一件容易的事。心理学家 Kahnerman & Tversky③ 强调，人类的决策模式是不理性的，因为他们怕“失去”远超过“得到”；也就是说，人们患失大于患得。Kahnerman & Tversky④ 也发现，如果以“得到”陈述，人们会避险；但如果以“失去”陈述，人们会冒险。

Hallahan 所说的第四种“行动框架”，Levin，Schneider，& Gaeth⑤ 发现如果要得到正面的影响或效果，应该正面框架行动；但如果要避免负面效果，或促使民众不要采取某种负面行动，则应用负面框架。一般而言，负面框架比正面框架来得容易说服人。只有不太需要深思的问题，适合用正面框架；需要深思的问题，则适合用负面框架。以上两种框架对危机传播的启示是，负面陈述或负面框架，效果有时好过正面框架。

Hallahan 所说的第六种“责任框架”，与责任的归属或祸事的肇因有关。事件怎样被框架，当然与责任谁属有关，因此这种框架对危机处理，也别有意义。研究发现⑥，

---

① Entman, R. M. (1993). Framing: Toward clarification of a fractured paradigm. *Journal of Communication*, 43 (4): 51 -58.

② Hallahan, K. (1999). Seven models of framing: Implications for public relations. *Journals of Public Relations Research*, 11 (3): 205 -242.

③ Kahnerman, D. & Tversky, A. (1987). Fairness and assumptions of economics. In Hogarth, R. M. & Reder, M. W. (eds.), *Rational choice: The contrast between economics and psychology* (pp. 101 -116). Chicago: University of Chicago Press.

④ Kahnerman, D. & Tversky, A. (1979). Prospect theory: An analysis of decision under risk. *Econometrica*, 47: 263 -291.

⑤ Levin, I. P.; Schneider, S. L. & Gaeth, G. J. (1998). All frames are not created equal: A typology and critical analysis of framing effects. *Organizational Behavior and Human Decision Process*, 70: 149 -188.

⑥ Wallack, L.; Dorfman, L.; Jernigan, D. & Themba, M. (1993). *Media advocacy and public health.* Power of prevention. Newbury Park, CA: Sage 和 Wallack, L. (1990). *Media advocacy: Promoting health through mass communication.* In Glanz, K. & Lewis, F. M. (eds.), *Health behavior and health education: Theory, research and practice* (pp. 370 -386). San Francisco: Jossey-Bass.

美国人习于把整体社会系统框架为基本上健全，没有大问题，因此喜欢把问题归罪于腐败、愚昧、不负责任的“个人”。这样很容易导致疏忽社会问题，或疏忽社会组织制度上的毛病，结果就是一些本可避免的事件，终究还是发生了。事发后，再以个人疏失造成意外，来框架问题。如：艾滋病、酗酒、受虐儿童、烟害、戒毒以及暴食症，都被框架为个人问题，而非社会问题。而解决方式，通常是药物，重点在纠正“个人”，而非从“社会”层面来杜绝类似事件，这是个很可悲的现象，足以阻止社会进步。但从另一个角度来看，这种框架方法，不失为绝佳的“推卸责任”之法，若在危机发生时采用，可以把危机框架得“振振有词”。

综合上述，足见不管是社会事件、科学报道、公共卫生、风险沟通、政治传播或危机事件，只要框架得法，常可以扭转民意，改变意识形态。框架对公关运作，诚然提供了丰富的想象与技巧。同样的，作者认为框架对危机处理，尤其是危机传播，也别具启示。

下面就依据文献所提供的概念，分析何以作者认为框架理论协助了这两个个案，渡过危机。虽然当时处理的人员，未见得知道框架理论这个名称，不过他们恰恰在危机时，应用框架的概念，移转了视听，成功地扭转了危机。什么是促使这两个个案有别于其他案例成功的原因？是否每一个危机案例都适合框架理论？这正是本研究要探究的目标。

四、个案分析

1979 年 3 月 28 号，位于美国宾州三哩岛隶属于大都会爱迪生（Metropolitan Edison）电力公司核电厂的冷却槽出事了。宾州州长立即宣布疏散所有学童和孕妇，原能委员会的官员为了反应炉炉芯的氢气泡会否爆炸争论不休，危机一触即发。原本被认为绝对不可能发生的事发生了。3 月 30 号，著名电视主播 Walter Cronkite 在节目中讨论炉芯有无融化的可能，使得人心惶惶。由于之前原能会和核电厂曾一再保证核能发电的安全，核能被包装成非常安全的科技，出事率微乎其微，和被陨石撞到差不多，因此这次危机正好自砸招牌，一夕之间摧毁了美国人对核电好不容易建立起来的信心。大抵上，在三哩岛事件发生前，大环境对核能发电是有利的，舒适的。但三哩岛事件之后，一切都不一样了，环境是险峻的，恶劣的，核能安全成为喧腾一时的议题，而核电厂和原能会却无法为自己辩护，因为之前把话说得太满了。核能发电在美国前途着实堪忧①。

在出事后至次年间，全美举办了四十多次民意调查，结果均显示民众对核电支持与否，取决于民调的问题怎么问，如果核电能和安全挂钩，那么核电的前途并不是那么悲观。这个发现和后续的发展，让事后的危机传播，找到了一个出口。如果能够把核能发

① Dionisopoulos, G. N. & Crable, R. E. (1988). Definitional hegemony as a public relations strategy: The rhetoric of the nuclear power industry after Three Mile Island. *Central States Speech Journal*, 39: 134-145.

电和国家生存扯到一块，则事情或者不会那么糟。根据《纽约时报》的报道，核能倡导委员会决定敦请公关公司，创造一个“需要能源”的环境。同时，大规模的媒体宣传、广告、报道与游说，也开始展开，所有相关的公司都加入行列，如奇异电器、西屋电器及公会等。①

三哩岛事件是一个典型的危机事件，但是它非常特殊；没有先例，事发时媒体的报道众说纷纭，而且危机处理中最重要的信任关系，却因为从前的夸大之辞，导致在危机发生那一刻，就被破坏掉了，这使得危机传播益发困难。于是公关专家 Richard Hyde 建议，在这样的情况下，当核能发电回归到原点时，最好的策略，就是“定义霸权（definitional hegemony）”，也就是影响公共视听，掌控议题的定义权②，因为在这个时刻，去辩护或反驳安全问题，已没有功效，所以还不如教大众去思考有关核能和意外的全新参考框架与诠释。于是公关专家重新包装“安全”议题，强调在这次意外里，以及在过去的记录里，既没有人受伤，也没有人死亡，都是媒体报道太过，把人民给吓坏了，危言耸听才是真正的危机所在③。

但最重要的是，公关专家把核能的“需要”和美国对能源的需求框架在一起，并且凸显后者。结果核能“需求”这个新框架成功地取代了核能“安全”这个旧框架，议题被彻底地改变了，“如何为你的工作和家庭提供足够的能源和电力”成为讨论的中心。人们怕失去工作，而工作需要能源，能源影响到每一个人④。

要了解这个恐惧，必须先了解在事故发生的 1979 年，美国位于德黑兰的大使馆恰好被劫，而美国也因此禁止从伊朗进口石油，原油价格立刻上涨，以致美国人必须在加油站前大排长龙等待加油。那正是宣扬核能发电的绝佳机会，而原能会也注意到了。

中东问题戏剧性的发展，凸显了美国原油仰赖外源的问题，而美国，也为此必须仰人鼻息。此时媒体的报道，已经充斥美国成了石油输出国的俘虏，以及苏联如何能在一夕之间，摧毁美国所仰仗的油源等令人恐惧的话题。此时核电已经是众人能接受的必要之恶，因为如果没有它，今后美国人将付出更惨痛的代价，饱尝能源缺乏的苦果，以及经济衰退的窘况。在这更重要的前提相衬之下，核能被包装成了保障人民安全、就业，以及固有生活形态的守护者，也是解决“能源需求”的选项之一。此时连核电相关人士都认为，三哩岛危机固然糟糕，但如果它必须要发生，那么发生在 1979 年还真是

---

① Burnham, D.（1979）. Three Mile Island Accident: A cloud over atomic power. *New York Times*. 23, Sept. 1979: A1, A48.

② Smith, R. S.（1979）. How to plan for crisis communication. *Public Relations Journal*, 35: 17 – 18.

③ Dionisopoulos, G. N. & Crable, R. E.（1988）. Definitional hegemony as a public relations strategy: The rhetoric of the nuclear power industry after Three Mile Island. *Central States Speech Journal*, 39: 134 – 145.

④ Hilgartner, S.; Bell, R. C. & O'Connor, R.（1982）. *Nukespeak: The selling of nuclear technology in American*. San Franscisco: Sierra Club Books.

万幸！①

只是事过境迁之后，相关人士才注意到，当时美国整个核电的发电量，连全美的5%都不到，就算全力发展核电，也无济于事。并且在1970年代，美国的电力需求并不大，当时全美发电的备载能量，足敷最热天气的32%以上，也就是发电机制，足敷所需，没有电力不足的问题。②

根据 Dionisopoulos & Crable③，去定义一件事情，就是去贴标签，拿下诠释权。而所谓"定义霸权"，就是贴标签，重新定义，乃至影响讨论与视听，进而对决策产生影响力。但是从框架的观点来看，语艺学者所谓的"定义霸权"，其实就是传播学者所谓的"框架"。从核电的案例显示，只要能针对情况和大环境的需要，适度地框架、包装危机，就能改变议题及核心讨论，使危机得到缓解。

第二个案例，是美国 Odwalla 饮料公司苹果汁病毒污染的危机，这个案例和公共卫生及安全有关，由于处理得法，协助处理的公关公司曾因而得奖。

1996年10月底，以新鲜、保持原味出名的 Odwalla 饮料公司部分产品被检验出含有 E. coli 0157：H7 病毒，并有人因此而生病，Odwalla 立刻宣布全美回收。11月初，Odwalla 将回收范围扩及胡萝卜汁及蔬菜汁，宣布退款服务和负担受害者的医疗费用，并设立网站和免费专线电话，随时提供最新信息给消费者。此时媒体报道有专家游说 Odwalla 采用巴斯德杀菌法，这是 Odwalla 原先所不愿采用的方法，因为它会破坏果汁的鲜味。11月5号，经测验连未开封的果汁都含有 E. coli 病毒后，Odwalla 宣布考虑采用巴斯德杀菌法。就在宣布的次日，一个两岁的小孩因为 E. coli 病毒而肾功能败坏住院，Odwalla 宣布在没有找到确保质量的方法前，将不再制造苹果汁。11月8号，一个16个月大的婴儿疑因 Odwalla 产品而死亡，另有一名小孩因而生病，并已提告。11月13号，类似的事件又再发生，于是 Odwalla 呼吁其他公司停止生产未经消毒的果汁，此举导致同业的愤怒。11月下旬，Odwalla 宣布食品药物管理局并没有在其生产线找到任何可疑的病毒，但食品药物管理局也宣布 Odwalla 并没有遵照该有的程序制造产品。12月5号，Odwalla 在报纸上大幅刊登广告，宣布将采用巴斯德"瞬间"消毒杀菌法。次日 Odwalla 产品重新上架，舆论开始转向讨论瞬间消毒杀菌法。

从前述文献可以看出，危机时公关与法务人员在意见上常会起冲突，因为不同的背景与训练，会使得公关与法务人员一个倾向"开放"，一个倾向"封闭"；公关要的开放可能给律师在法庭上带来麻烦，而律师要的封闭则可能给公关在媒体上带来反效果。

---

① Dionisopoulos, G. N. & Crable, R. E. (1988). Definitional hegemony as a public relations strategy: The rhetoric of the nuclear power industry after Three Mile Island. *Central States Speech Journal*, 39: 134 - 145.

② Dionisopoulos, G. N. & Crable, R. E. (1988). Definitional hegemony as a public relations strategy: The rhetoric of the nuclear power industry after Three Mile Island. *Central States Speech Journal*, 39: 134 - 145.

③ Dionisopoulos, G. N. & Crable, R. E. (1988). Definitional hegemony as a public relations strategy: The rhetoric of the nuclear power industry after Three Mile Island. *Central States Speech Journal*, 39: 134 - 145.

虽然如此，大部分公关专业人员仍建议“开放”，如果不能开诚布公，记者会感到有所隐瞒，觉得嗅到了什么。基于这个原因，Odwalla 决定同时向律师及公关专家请益①。

但多半的时候，Odwalla 倾向采用传统公关策略，来应付危机；并善用议题管理及框架策略掌控议题，把议题从病菌、产品召回、公共卫生、公共政策，一路引导到将采用不会损失风味的瞬间低温消毒杀菌法上，成功地转移问题的焦点，也成功地处理了危机。由于危机时大众较注意报道，所以 Odwalla 反而因此而受益，创造了双赢的局面。②

五、结论与建议

综合分析这两个个案，可以归纳出下列结论：

第一，诚如文献所云，框架策略不能建立在孤岛上，必须以大量消费研究或民意调查为基础，换言之，使用框架策略，是需要配套措施的。如果只像某些政治运作，在没有充分民调信息的协助下，就乱抛议题，则其策略有可能被人识破，反过来伤到自己。而三哩岛事件后，一连四十多场民意调查都显示，如果核电能和安全挂钩，那么核电的前途并不悲观，这使得核电相关产业，重新找回希望，也定下新策略。

第二，当核能发电信用破产回归原点时（类似文献所谓“共享意义”的崩解），辩驳是多余的，只有找出新框架，主动拿回定义权，把核电和能源需求、国家生存打上等号，才有可能找回生机。同样的道理，当事实俱在，Odwalla 产品为求保持原味，果真感染到病毒时，再多的辩驳已无用，只有主动改善生产，主动抛新议题，才有一搏的空间。而文献也显示，只有不太需要深思的问题，才适合用正面框架，而采用巴斯德瞬间消毒杀菌法，正是一个适合正面框架的例子。

第三，核电是一个影响整个产业的议题，也是一个能源问题，而能源问题，是一个可以无限上纲的国家生存问题。任何事牵扯到国家生存问题，可谓请出了尚方宝剑，是一着险棋，如果用得不恰当，会反弹回来伤害自己。但幸好当年美国在中东正巧发生这些大事，为这个尚方宝剑制造了适当的环境，所以挥洒自如，成功地拯救了核电行业。根据文献，负面框架，恐惧诉求，有时反而比正面框架更为有效，这就是个典型的例子。没有人不怕能源危机，因为它影响到每个人的生活。

第四，在文献中提到的形象修复策略，是一种辩解策略，理当是一种被动的答复。但上述两个危机案例，不管当事者有没有错，都倾向于采取开放政策，在议题上，也都倾向于主控议题，主动发言。足证若要采用框架理论，公开、主动是必需的。如果采用框架策略而仍采被动守势，恐怕没有功效。何况形象修复策略中，在内涵上和使用上和

---

① Martnelli, K. A. & Briggs, W. (1998). Integrating public relations and legal responses during a crisis: The case of Odwalla, Inc. *Public Relations Review*, 24 (4): 443 - 460.

② Martnelli, K. A. & Briggs, W. (1998). Integrating public relations and legal responses during a crisis: The case of Odwalla, Inc. *Public Relations Review*, 24 (4): 443 - 460.

框架策略最类似的“差异化”和“超脱”两项子策略，均属一种转换话题、拉高层次的响应方式，可算是被动答复里，一种主动出击的策略。

第五，文献里提到“月晕效果”。月晕效果的前提，是组织的过去表现优良，因此在危机沟通时，较能获得群众的信任。而这两个危机相关的公司，过去的表现都很不错，没有主要事故，也没有犯过大错，和利益关系人，也都维持着不错的关系，因此援用框架策略时，很容易就获致群众的信任而奏效。足证平时在公关方面的努力，对危机处理有很大帮助。而信任，更是促使框架策略成功的元素之一。看来使用框架策略，还是要有其先决条件的。

美国的伐木业，本因环保等因素而逐年消失，但是“美国森林机构（American Forest Institute）”只因一句“树木是可再生的资源”（“Trees are renewable resource”）口号，竟使得1974到1980年间，相信美国的森林资源被妥善管理的人，从34%升高到55%，使得伐木业又继续生存了好久（Pincus，1980）。

以今观之，把树木“框架”为“再生的资源”，不正是一种框架的运用？足证框架理论如果使用得当，不管在短期危机传播，或在长期危机管理上，都有不错的效益，确实是危机处理的秘密武器，也是危机传播的全新尝试。危机发生时，如果该做的事情都做了，相关条件也配合，并且其他方法效用不大时，主事者不妨放胆一试，以框架来营造一个于己有利的全新情境与语境，以及脱困的契机。

【参考文献】

1. 臧国仁（1999）．新闻媒体与消息来源——媒介框架与真实建构之论述．台北：三民书局．

2. 臧国仁，钟蔚文（1997）．框架概念与公共关系策略——有关运用媒介框架的探析．广告学研究．9：99－130．

3. 臧国仁，钟蔚文，黄懿慧（1997）．新闻媒体与公共关系（消息来源）的互动：新闻框架理论的再省．载陈韬文，朱立，潘忠党主编：大众传播与市场经济．香港：炉峰学会．

4. 钟蔚文，臧国仁，陈忆宁，柏松龄，王昭敏（1995）．框架理论再探——以台大女研社A片事件为例．台北：政治大学新闻教育六十周年学术研讨会．

5. Barsalou，L. W.（1992）．Frames，concepts and conceptual fields. In Lehrer，A. & Kittay，E. F.（eds.），*Frames，fields and concepts and contrasts：New essays in semantic and lexical organization*（pp. 21－74）．Hillsdale，NJ：Lawrence Erlbaum Associates，Inc.

6. Bartunek，J.（1984）．Changing the interpretive schemes and organizational restructuring：The example of a religious order. *Administrative Science Quarterly*，29，pp. 355－372.

7. Bartunek，J.（1988）．The dynamics of personal and organizational reframing. In Quinn，R. E. & Cameron，K. S.（eds.），*Paradox and transformation：Towards a theory of change in organization and management.* Cambridge，MA：Ballinger，pp. 137－162.

8. Benoit，W. L.（1995）．*Accounts，excuses，and apologies：A theory of image restoration strategies.* Albany：State University of New York Press.

9. Bland, M. (1998). *Communicating out of a crisis.* London: MacMillan Press.
10. Brinson, S. L. & Benoit, W. L. (1996). Dow Corning's image repair strategies in the breast implant crisis. *Communication Quarterly*, 44, pp. 29 - 41.
11. Burnham, D. (1979). Three Mile Island Accident: A cloud over atomic power. *New York Times.* 23, Sept. 1979: A1, A48.
12. Cohen, A. A. & Wolfsfeld, G. (eds.) (1993). *Framing the Intifida: People and media.* Norwood, NJ: Ablex.
13. Coombs, W. T. (1995). Choosing the right words—The development of guidelines for the selection of the "appropriate" crisis response strategies. *Management Communication Quarterly*, 4, pp. 447 - 476.
14. Coombs, W. T. (1998). An analysis framework for crisis situations: Better responses from a better understanding of the situation. *Journal of Public Relations Research*, 10, pp. 177 - 191.
15. Dionisopoulos, G. N. & Crable, R. E. (1988). Definitional hegemony as a public relations strategy: The rhetoric of the nuclear power industry after Three Mile Island. *Central States Speech Journal*, 39, pp. 134 - 145.
16. Entman, R. M. (1993). Framing: Toward clarification of a fractured paradigm. *Journal of Communication*, 43 (4), pp. 51 - 58.
17. Fairhurst, G. & Sarr, R. (1996). *The art of Framing.* San Francisco: Jossey-Bass.
18. Fitzpatrick, K. R. (1995). Ten guidelines for legal risks in crisis management. *Public Relations Quarterly*, 40 (2), pp. 33 - 38.
19. Fitzpatrick, K. R. & Rubin, M. S. (1995). Public relations vs. legal strategies in Organizational crisis decisions. *Public Relations Review* (Spring, 1995), pp. 21 - 33.
20. Gamson, W. A. (1988). Political discourse and collective action. In Klamdermans, B. et al. (eds.). *International Social Movement Research*, Vol. 1. Greenwich, CN: JAI Press.
21. Gamson, W. A. (1992). *Talking Politics.* Cambridge: University of Cambridge Press.
22. Gerhards, J. & Rucht, D. (1992). Mesomobilization: Organizing and framing in two protest campaigns in West Germany. *American Journal of Sociology*, 98 (3), pp. 555 - 595.
23. Gitlin, T. (1980). *The whole world is watching.* Berkeley, CA: The University of California Press.
24. Goffman, E. (1974). *Frame analysis: An essay on the organization of experience.* Cambridge, MA: Harvard University Press.
25. Gonza lez-Herrero, A. & Pratt. C. B. (1996). An integrated symmetrical model for crisis-communication management. *Journal of Public Relations Research*, 8 (2), pp. 79 - 105.
26. Habermas, J. (1975). *Legitimation crisis.* Boston: Beacon Press.
27. Hallahan, K. (1999). Seven models of framing: Implications for public relations. *Journals of Public Relations Research*, 11 (3), pp. 205 - 242.
28. Hearit, K. M. (2001). Corporate apologia: When an organization speaks in defense of itself. In Heath, R. L. & Vasquez, G. (eds.), *Handbook of public relations* (pp. 501 - 512). Thousand Oaks, CA: Sage.
29. Heath, R. L. (1993). A rhetorical approach to zones of meaning and organizational prerogatives. *Public*

Relations Review, 19 (2), pp. 141 – 155.

30. Heath, R. L. (1994). *Management of corporate communication: From interpersonal contacts to external affairs.* Hillsdale, NJ: Lawrence Erlbaum.
31. Hilgartner, S.; Bell, R. C. & O'Connor, R. (1982). *Nukespeak: The selling of nuclear technology in American.* San Franscisco: Sierra Club Books.
32. Hurst, D. K. (1995). *Crisis and renewal.* Boston: Harvard Business School Press. 和 Ice, R. (1991). Corporate publics and rhetorical strategies: The case of Union Carbide's Bhopal crisis. *Management Communication Quarterly*, 4, pp. 341 – 362.
33. Kahnerman, D. & Tversky, A. (1979). Prospect theory: An analysis of decision under risk. *Econometrica*, 47, pp. 263 – 291.
34. Kahnerman, D. & Tversky, A. (1987). Fairness and assumptions of economics. In Hogarth, R. M. & Reder, M. W. (eds.). *Rational choice: The contrast between economics and psychology* (pp. 101 – 116). Chicago: University of Chicago Press.
35. Lawson, R. (1998). Consumer knowledge structures: Networks and frames. *In Advances in consumer research* (Vol. 25, pp. 334 – 340). Provo, UT: Association for Consumer Research.
36. Lerbinger, O. (1997). *The crisis manager: Facing risk and responsibility.* Hahwah, NJ: Lawrence Erlbaulm.
37. Levin, I. P.; Schneider, S. L. & Gaeth, G. J. (1998). All frames are not created equal: A typology and critical analysis of framing effects. *Organizational Behavior and Human Decision Process*, 70, pp. 149 – 188.
38. Marcus, A. A. & Goodman, R. S. (1991). Victims and shareholders: The dilemmas of presenting corporate policy during a crisis. *Academy of Management Journal*, 34, pp. 281 – 305.
39. Martnelli, K. A. & Briggs, W. (1998). Integrating public relations and legal responses during a crisis: The case of Odwalla, Inc. *Public Relations Review*, 24 (4), pp. 443 – 460.
40. Mitroff, I. I. (1988). Crisis management: Cutting through the confusion. *Sloan Management Review*, 29, p. 15.
41. O'Connor, J. (1987). *The meaning of crisis.* New York: Basil Blackwell.
42. Pan, Z. & Kosicki, G. M. (1993). Framing analysis: An approach to news discourse. *Political Communication*, 10, pp. 55 – 75.
43. Patton, M. Q. (1990). *Qualitative evaluation and research methods.* (2nd ed.). Newbury Park, CA: Sage.
44. Pauchant, T. C. & Mitroff, I. I. (1992). *Transforming the crisis-prone organization.* San Francisco, CA: Jossey-Bass Publishers, 1992.
45. Pearson, C. M., & Clair, J. A. (1998). Reframing crisis management. *Academy of Management Review*, 23 (1), pp. 59 – 76.
46. Pincus, J. D. (1980). Taking a stand on the issues through advertising. *Association Management*, 32 (December), pp. 58 – 63.
47. Rodriguez, G. (2005). Three things you need to know about frames. Available: http: //

eastwikkers. typepad. com/eastwikkers_ /2005/10/three_ things_ yo. html.

48. Shrivastava, P. & Mitroff, I. I. (1987). Strategic management of corporate crisis. *Columbia Journal of World Business s*, 22 (3), pp. 5 – 11.
49. Smith, R. S. (1979). How to plan for crisis communication. *Public Relations Journal*, 35, pp. 17 – 18.
50. Stocker, K. P. (1997). A strategic approach to crisis management. In Caywood, C. L. (ed.). *The handbook of strategic public relations and integrated communications.* New York, NY: McGraw-Hill, pp. 189 – 206.
51. Tuchman, G. (1978). *Making news: A study in the construction of reality.* New York: Free Press.
52. Turner, B. (1976). The organizational and interorganizational development of disasters. *Administrative Science Quarterly*, 35, pp. 225 – 257.
53. Wallack, L. (1990). Media advocacy: Promoting health through mass communication. In Glanz, K. & Lewis, F. M. (eds.), *Health behavior and health education: Theory, research and practice* (pp. 370 – 386). San Francisco: Jossey-Bass.
54. Wallack, L.; Dorfman, L.; Jernigan, D. & Themba, M. (1993). Media advocacy and public health. *Power of prevention.* Newbury Park, CA: Sage.
55. Weick, K. E. (1993). The collapse of sensemaking in organizations. The Mann Gulch disaster. *Administrative Science Quarterly*, 38, pp. 628 – 652.

公共危机管理中的政府声誉指数测量*

陈先红　刘　灿　邓思思**

【摘　要】本文试图将政府声誉放置在公共危机管理的背景下，运用实证研究方法来探讨政府声誉指数的构成要素和测量指标。首先，通过对中国学术期刊网以“公共危机和政府”为主题的94篇学术论文进行内容分析，提出了政府声誉指数的七个维度假设，并梳理出24个影响因素，然后，运用李克特五分量表对24个变量进行测量，其中，快速反应、科学决策、凝聚力和公众支持程度三个因素对政府声誉影响最大，行政指导影响最小。采用主成分分析抽取共享因子，最大方差旋转，测量出政府声誉指数的6个构成维度，除了“人本指数”外，基本验证了本文提出的政府声誉指数假设，其重要程度为权威指数、服务指数、传播指数、法治指数、责任指数、学习指数。问卷置信度 Cronbach α 系数为0.879，6个声誉指数的累计贡献率为55.784%。

【关键词】公共危机　政府声誉　声誉指数　测量

近年来，全球性气候变暖以及生态环境的不断恶化，使得各种自然灾害频频发生，如何增强抵御灾害风险的能力，提高社会应急处置能力，是对国家政府管理驾驭全局能力提出的新考验。与此同时，随着2005年我国人均GDP已超过1700美元，我国已经进入公共危机的频发期，像贫富差距拉大、区域不平衡加剧、社会心理失调、失业率增加、群体性事件频发等等，如果处置不当，非对抗性矛盾就有可能转变为对抗性矛盾，局部问题就有可能引发全局问题，这些都增加了突发公共事件发生的几率和风险，对政府社会管理工作也提出了新的要求。温家宝总理在政府工作报告中强调“注重全面履行政府职能，着力加强社会管理和公共服务，建立健全应对突发公共事件管理机制”，是全面落实科学发展观、构建和谐社会的重要内容。由此可见，能不能有效地管理公共危机，维护正常的经济社会发展秩序，保障公众的生命财产安全，是检验一个国家政府行政能力的一个重要标志，也是衡量政府声誉高低的一个重要尺度。

---

* 此论文为华中科技大学“科技发展与人文精神”创新基地“科技、媒介与和谐社会建设”课题之子项目。此论文发表于《现代广告》2007 学刊总第145期。

** 陈先红，华中科技大学新闻与信息传播学院广告系主任、教授；刘灿、邓思思，华中科技大学新闻与信息传播学院2006级研究生。

本文研究的主要目的就是想从最为迫切、最具有现实意义的公共危机管理入手，来探讨政府声誉管理的基本理论问题，运用实证研究方法来分析政府声誉指数的构成要素和测量指标，以使研究成果能够直接应用于公共危机管理的实践。

一、政府声誉在公共危机管理中的作用

政府声誉，是公众对于政府履行政策承诺或义务的可能性判断，反映了政府在公众心目中的可信度。一般而言，政府有高声誉和低声誉两种类型，前者不惜一切代价，坚定地执行政策承诺，后者则会通过效用比较选择特定时期的政策，不受以往承诺的约束。在一般情况下，无论是高声誉政府还是低声誉政府，都是追求效用最大的理性主体，只是政策目标偏好不同而已，由于信息不对称，公众很难判断政府的声誉高低，但是，在那些自然灾害性、技术灾害性和社会动荡性的公共危机事件中，政府声誉的高低就会受到严峻的挑战和考验。由于“危机是对一个社会系统的基本价值和行为准则架构产生严重威胁，并且在时间压力和不确定性极高的情况下，必须对其做出关键决策的事件”，政府在追求效用最大的系统决策中，往往体现出不同的声誉水平，高声誉政府在公共危机事件中会积极履行承诺和承担责任，而低声誉政府则只会在履行承诺和承担责任中做出投机性的选择。

在公共危机处理过程中，如果一个政府只是提出一些空洞的承诺，而没有采取人性化和负责任的实际行动，就会冒着失去诚信、失去合法性的危险，其政府形象的公信力就会受到媒体的批评和攻击。相反，如果一个政府拥有良好的声誉，就会带来很多好处：第一，良好的政府声誉是原始信任的来源。原始信任是一种源于说话之前的信任，它不同于来源于信息所产生的派生信任，而是一种来源于对背景的信任，这两种信任结合起来产生最终信任——发言人传递信息之后的信任。因此，如果政府有良好的声誉，既可以为政府带来公信力和凝聚力，又可以在发生突发事件期间，更容易获得信任，有助于扭转与危机有关的潜在关系损伤，使公共危机可能产生的不良影响最小化。第二，良好的声誉可以产生光环效应，可以不断地建立公众的积极信任，这些信任就如同政府存储在银行里的储蓄，可以带来源源不断的财富。第三，良好的声誉可以产生缓冲效应，可以减少危机对声誉损害的可能性。当公众认为与政府有一个良好的前危机关系时，同样的危机对声誉造成的伤害会降低。公众会认为政府即使处于危机也会采取积极的行动，声誉使得公众放弃对政府的怀疑，这会降低政府的危机责任。从一定意义上说，公共危机管理就是政府危机管理或者叫政府声誉管理，政府声誉在处理危机事件中发挥着“防护墙”、“减压阀”、“缓冲剂”和“感应器”的重要作用。

二、政府声誉的研究现状

关于政府声誉问题的研究，目前主要有两个研究视角：一是主要集中在政府声誉和经济危机之间的关系研究上，二是集中在政府声誉和公共危机的关系研究上。从经济危

机研究视角来看，20世纪80年代，经济学者们运用博弈理论来研究政府声誉与通货膨胀和货币政策问题，研究国际合作与政策协调中的声誉与可信度问题，研究政府声誉和汇率制度选择问题，等等，学者们指出由于契约是不完善的，而且执行起来也需要成本，因而对于信息不对称下的激励问题只能提供一个不完全的解决办法，其中声誉在提供激励方面起着极其重要的作用，其中，KMRW模型①是声誉研究中的重要成果。该模型在政府行为研究中获得了广泛应用，比如，在货币政策研究中使用KMRW模型证明了如果公众有关政府偏好的信息是不完全的，出于声誉方面的考虑，政府可能选择不制造通货膨胀，即使政府的任期是有限的。也有学者研究声誉如何影响公众预期等。

从公共危机研究视角来看，国内学者对于公共危机管理的研究，起始于2003年的“非典”，逐渐形成了两种不同的研究路径：技术支撑路径和社会支持路径。技术支撑路径的学者主要是从行政决策、技术、资金、设备等硬件出发，进行了广泛的研究，其重点集中在单纯的危机决策和处理方面；社会支持路径的学者则从社会结构、非正式制度、信息沟通、民众道德与危机意识、社会心理等软件角度展开深入研究，其重点集中在把各种硬件与软件都作为危机管理的资源，对包括法律、制度、政策、组织机构、财政、沟通机制、教育培训和政治承诺等诸多方面进行整合。可以说，公共危机管理研究已经从单纯的危机决策与危机处理向全面危机管理发展。

尽管有关声誉制度研究已经形成了很丰富的文献。但是，经济学家们主要是直接把声誉作为一个独立变量来进行分析考察的，至于声誉的本质是什么，其构成要素是什么？它是如何形成的，如何维持，以及如何测量等问题则很少关注。比如在一个通货膨胀或者“非典”这样的公共危机管理中，到底有哪些具体的声誉指数会影响政府在处理公共危机时的公信力和凝聚力呢？经济学者们一直未展开深入研究，而管理学学者和传播学学者对政府声誉的研究也一直停留在宏大叙述上，缺乏深入的实证性研究。本文正是想在政府声誉指数的构成维度和测量指标上作进一步的实证研究。

三、政府声誉指数假设

本文提出的政府声誉指数的概念，是以企业声誉指数为参考框架的。美国学者Harris和Fombrun在为企业服务时，提出了“声誉指数（The Reputation Quotient，简称RQ）”的概念，在RQ量表中，企业声誉被定义为“对公司为利益相关者提供高价值产出的能力进行的综合性评估”，测量声誉的项目共有20项。这些项目被划分为6部分：①情感吸引力（对公司有好感、信任、赞美和尊敬公司）；②产品和服务（创新性、高质量以及物超所值）；③财务业绩（有良好的利润记录，投资风险低，有强烈的发展期

① KMRW模型是由克瑞普斯、米尔格罗姆、罗伯茨和威尔逊四人建立的，该模型讨论的是不完全信息重复博弈中的合作行为，模型证明：参与人对其他参与人支付函数或战略空间的不完全信息对均衡结果有重要影响，合作行为在有限次重复博弈中会出现，只要博弈重复的次数足够长（没有必要是无限的）。

望，拥有良好的竞争优势）；④ 愿景和领导（有优秀的领导层，战略愿景明确，能识别和充分利用市场机会）；⑤ 工作环境（工作氛围良好，拥有优秀的员工）；⑥社会责任（具有环境责任感，善于待人处事）。

美国《财富》杂志也制定出了企业声誉指数的测定标准，这个标准提出，声誉指数的构成要素，除了企业产品、领导、经营成果等核心要素外，沟通交流的要素也是非常重要的，与利害关系者间的信息透明度，与公司员工间的信息透明度，以及相关的沟通交流因素，都是测定声誉的重要尺度。最近，Harris Interactive 和声誉研究所一起合作，共同测定出了6 个企业声誉指数，它们是社会责任、感性魅力、产品和服务、工作环境、财务成果、远见和领导。

借鉴以上研究成果，本文提出，在公共危机管理的背景下，政府声誉指数主要包括人本指数、法治指数、传播指数、服务指数、责任指数、威信指数、学习指数等7 个维度，这7 个维度基本上可以测量出政府处理公共危机的能力和政府声誉水平。

“人本指数”可以衡量政府声誉的核心价值观和执政理念，它主要测量在危及人民的身体健康和生命财产安全的公共危机中，政府是否真正做到尊重和保重人权，生命至上、人民至上，是否真正执行“权为民所用、情为民所系、利为民所谋”的“以人为本”执政观；“法治指数”可以衡量政府声誉的稳定性和机制保障，它主要是测量政府是否应该把公共危机管理纳入法治化的建设轨道，作为实施依法治国方略、全面推进依法行政和建设法治政府的一项重要任务；“传播指数”可以衡量政府声誉的民主化程度，它可以测量出政府是否赋予公民对公共危机事务的知情权、参与权和监督权，是否能够正确运用多种传播手段来控制舆论，遏制和消解危机；“服务指数”可以衡量政府声誉的执行化程度，它可以反映出政府在贯彻公仆型政府、服务型政府方面的具体表现；“责任指数”是衡量政府在重大危机事件中提供公共安全保障的能力；“威信指数”是衡量政府领导人在处理公共危机事件中所体现出来的权威感和远见卓识；“学习指数”是衡量政府在处理充满了无限的不确定性和未知性的危机事件中所具有的知识掌控能力。

四、政府声誉指数的测量

（一）测量方法

本研究采用内容分析法和问卷调查法，对“公共危机中的政府声誉指数”进行三个阶段的测量，其目的是找到在公共危机状态下政府声誉指数的构成维度和影响因子。

第一阶段是以中国期刊全文数据库为数据来源，以“公共危机”为主题，在核心期刊的范围内进行时间不限的精确搜索，共检索出有效样本126 篇，然后根据样本的标题和摘要内容，确定以含有“公共危机和政府”论述的相关论文94 篇。基于目前国内关于政府声誉相关研究的论文数量太少，本研究抽样实际采用穷举的方法。

第二阶段是以94 篇样本的摘要内容、关键词和全文相关论述作为分析对象，将政府声誉的影响因素具体化为若干个测量指标。在此采取复证方法来保证编码信度的内在一致性，即同时请两个编码员对同样的资料进行编码，然后请专家和两个编码员一起讨论，解决争议和达成共识。编码员 A、B 按照对相同内容的编码，分别理出所有影响因子，统计之后取出各自影响因素排名的前 30 项进行信度的检验，其中 24 项为政府声誉影响因素（见后文）。

第三阶段：将 24 个政府声誉影响因素制作成李克特五分量表，1 表示“一点也不重要”，2 表示“不太重要”，3 表示“说不清”，4 表示“比较重要”，5 表示“非常重要”。在华中科技大学各年级本科生和研究生中进行调查，发放调查问卷 300 份，回收有效问卷 273 份，其中男生 128 人，占样本总数的 46.9%，女生 145 人，占样本总数的 53.1%；其中，大一的 33 人，大二的 126 人，大三的 57 人，大四的 37 人，研一的 16 人，研二的 2 人，其他的 2 人。采用 SPSS 软件对 24 个影响因素进行置信度检验和因子分析，以此来检验前面提出的政府声誉指数维度假设，最终确定声誉指数的 6 个维度，并根据维度要素均值的平均值确定各项政府声誉指数的重要程度。

（二）测量检验

本研究采用 273 个有效学生样本，影响因素共为 24 个，在 95% 置信区间下，23 个题项均通过了关于性别的同质性检验。只有“以人为本”不满足关于年级（大一、大二为低年级，大三以上为高年级）的样本同质性检验，研究表明，教育经历越长，越看重“以人为本”（如图 1 所示）。

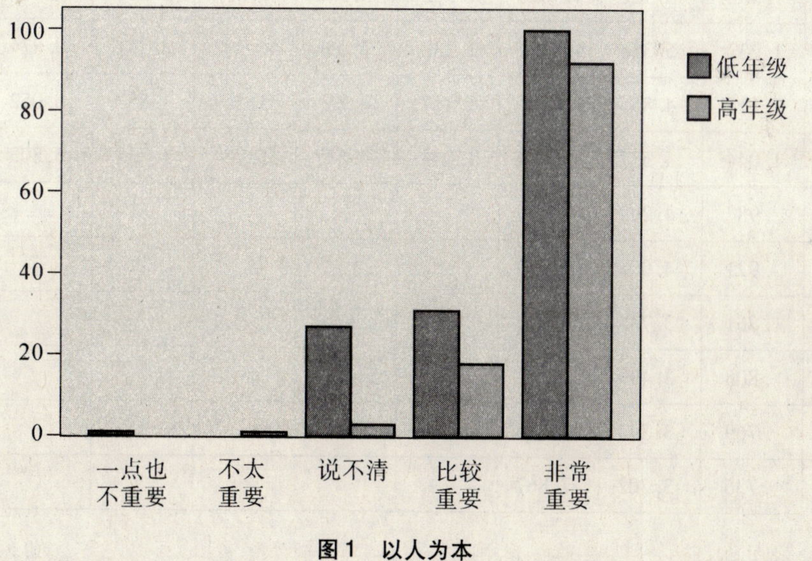

图 1 以人为本

本问卷的 Cronbach α 系数为 0.879，信度接近于 0.9，表明问卷有很高的信度。在信度分析中，“以人为本”与总分的相关性为 0.265，未达到 0.3 的标准，予以删除。

删除后 Cronbach's Alpha 值上升到 0.880。因此确定剩下的 23 个项目作为影响因素。

在是否适合进行因子分析的 KMO 变量共线性检验①时，本研究 23 个变量的 KMO 值为 0.859，卡方值约为 1772，显著度为 0.000，表明原始变量间有共同因素存在，非常适合进行因子分析。

（三）测量结果

为了验证前面提出的政府声誉指数的 7 个维度，并明确每个维度的影响要素，本文运用 APSS 软件，采用主成分法抽取公共因子，选择方差最大旋转（varimax）后发现，前 6 个因子的累计贡献率为 55.784%，即 6 个因子可以解释全部 23 个变量的大约 56%。

表 1 Total Variance Explained

Component	Initial Eigenvalues			Extraction Sums of Squared Loadings			Rotation Sums of Squared Loadings		
	Total	% of Variance	Cumulative %	Total	% of Variance	Cumulative %	Total	% of Variance	Cumulative %
1	6.369	27.691	27.691	6.369	27.691	27.691	2.788	12.123	12.123
2	1.707	7.423	35.113	1.707	7.423	35.113	2.304	10.015	22.139
3	1.362	5.922	41.036	1.362	5.922	41.036	2.281	9.916	32.055
4	1.232	5.356	46.392	1.232	5.356	46.392	2.271	9.874	41.929
5	1.117	4.855	51.247	1.117	4.855	51.247	1.852	8.052	49.981
6	1.044	4.537	55.784	1.044	4.537	55.784	1.335	5.803	55.784
7	.987	4.292	60.076						
8	.921	4.004	64.080						
9	.861	3.743	67.823						
10	.805	3.499	71.322						
11	.769	3.344	74.666						
12	.736	3.202	77.867						

① KMO 是取样适当性指标，KMO 值愈大，表示变量间共同的因素愈多，愈适合进行因子分析。根据 Kaiser（1974）的观点，如果 KMO 的值小于 0.5，就不宜进行因子分析；如果大于 0.7，认为中等程度的适合进行因子分析，如果 KMO 的值大于 0.9，则非常适合进行因子分析。

续上表

Component	Initial Eigenvalues			Extraction Sums of Squared Loadings			Rotation Sums of Squared Loadings		
	Total	% of Variance	Cumulative %	Total	% of Variance	Cumulative %	Total	% of Variance	Cumulative %
13	.634	2.756	80.624						
14	.599	2.606	83.230						
15	.545	2.369	85.598						
16	.511	2.223	87.822						
17	.493	2.144	89.966						
18	.462	2.010	91.976						
19	.436	1.895	93.871						
20	.396	1.723	95.594						
21	.384	1.668	97.262						
22	.332	1.444	98.706						
23	.298	1.294	100.000						

表2　Rotated Component Matrix (a)

	Component					
	1	2	3	4	5	6
人文精神	.255	.077	.572	.384	-.142	-.039
法制建设	.088	-.100	.375	.454	.312	-.029
依法行政	-.047	.006	.291	.558	.485	.049
公众知情权	.114	.135	.072	.795	.048	.083
信息公开	.153	.206	.024	.780	.019	.155
及时、充分沟通	.113	.303	.186	.385	-.015	.651
危机传播管理	.282	.106	.176	.113	.251	.624
完善的危机管理机制	.059	.277	.656	.083	.063	.167
资源保障	.114	.295	.648	.102	-.080	.003

续上表

	Component					
	1	2	3	4	5	6
协调合作	.271	.172	.443	-.013	.460	.131
社会技术系统	.195	-.035	.602	.010	.319	.183
行政指导	.221	.257	-.018	.020	.596	.051
公共政策	.187	.265	-.007	.156	.665	.089
人才储备	.703	-.005	.023	.246	.192	.066
快速反应	.009	.583	.229	.144	.280	.017
危机预警	.413	.579	.128	.151	.033	-.301
权威性信息发布	.119	.712	.039	.127	.075	.102
科学决策	.136	.577	.149	-.051	.237	.264
全球治理与国际合作	.601	.186	.142	.158	.306	-.308
凝聚力、公众支持程度	.184	.429	.263	.083	.144	.160
危机教育	.686	.143	.167	-.016	.101	.223
危机学习	.690	.107	.138	-.003	.039	.225
后期管理	.579	.169	.133	.087	.089	.013

从以上23个变量的方差最大旋转因子负荷矩阵来看，人才储备、危机学习、危机教育、后期管理、全球治理与国际合作在第一个因子上负荷最大，故将因子1命名为"学习指数"；权威性信息发布、快速反应、危机预警、科学决策在第二个因子上负荷最大，故将因子2命名为"权威指数"；危机管理机制、资源保障、社会技术系统、人文精神在第3个因子上负荷最大，故将因子3命名为"服务指数"；公众知情权、信息公开、法制建设、依法行政在第4个因子上负荷最大，故将因子4命名为"法制指数"；公共政策、行政指导、协调合作在第5个因子上负荷最大，故将因子5命名为"责任指数"；及时充分沟通、危机传播管理在第6个因子上负荷最大，故将因子6命名为"传播指数"。与本文前面提出的政府声誉指数的7个维度相比，只有"人本指数"维度缺失，其他6个维度都基本吻合，具体如表3所示。

表3 声誉指数

影响因素 \ 因子名称	因子命名					
	11	22	33	44	55	66
	学习指数	权威指数	服务指数	法治指数	责任指数	传播指数
法制建设				.454		
依法行政				.558		
公众知情权				.795		
信息公开				.780		
及时、充分沟通						.651
危机传播管理						.624
危机管理机制			.656			
资源保障			.648			
人文精神			.572			
社会技术系统			.602			
行政指导					.596	
公共政策					.665	
协调合作					.460	
快速反应		.583				
危机预警		.579				
权威性信息发布		.712				
科学决策		.577				
凝聚力、公众支持程度		.429				
全球治理与国际合作	.601					
人才储备	.703					
危机教育	.686					
危机学习	.690					
后期管理	.579					

为了进一步分析6个声誉指数的重要性，对保留的23个题项用均值和与总量表的相关系数累加来评判其重要性。均值越高，相关性越高，则重要性越高。快速反应、科学决策、凝聚力和公众支持程度三项的重要性得分分别为5.07、4.98和4.94，对政府声誉影响最大，行政指导的重要性得分为4.40，对政府声誉影响最小。

6大政府声誉指数的重要程度排序是权威指数（4.92）、服务指数（4.86）、传播指数（4.84）、法治指数（4.76）、责任指数（4.65）、学习指数（4.63）（如表4所示）。

表4　政府声誉指数重要程度排序

政府声誉指数维度	维度要素	志均值	相关系数	重要性得分	指数重要性得分	重要性排序
权威	快速反应	4.61	0.46	5.07	4.92	1
	危机预警	4.41	0.47	4.88		
	权威性信息发布	4.36	0.43	4.79		
	科学决策	4.53	0.45	4.98		
	凝聚力、公众支持程度	4.48	0.46	4.94		
服务	危机管理机制	4.45	0.47	4.92	4.86	2
	资源保障	4.45	0.43	4.88		
	人文精神	4.38	0.45	4.83		
	社会技术系统	4.38	0.45	4.83		
传播	及时、充分沟通	4.44	0.50	4.94	4.84	3
	危机传播管理	4.26	0.48	4.74		
法治	法制建设	4.33	0.39	4.72	4.76	4
	依法行政	4.35	0.46	4.81		
	公众知情权	4.36	0.44	4.80		
	信息公开	4.25	0.46	4.71		
责任	行政指导	4.00	0.40	4.40	4.65	5
	公共政策	4.33	0.48	4.81		
	协调合作	4.21	0.54	4.75		

续上表

政府声誉指数维度	维度要素	志均值	相关系数	重要性得分	指数重要性得分	重要性排序
学习	全球治理与国际合作	4.02	0.50	4.52	4.63	6
	人才储备	4.08	0.49	4.57		
	危机教育	4.14	0.51	4.65		
	危机学习	4.23	0.46	4.69		
	后期管理	4.29	0.44	4.73		

五、结论与局限

著名学者托马斯·谢林在《武器及其影响》中认为，声誉是值得国家和政府为之而战的为数不多的因素之一。在一般情况下，政府声誉只是一个中性概念，相当于一个政府的基础生态位，相当于一个临界点，它只是存在着，成长着，沉默着，并没有形成强烈的社会影响力。而在突发性的公共危机状态下，由于危机态势充满了不确定性和信息不对称性，良好的政府声誉就成为社会公众预测和解释其未来行为的一个极其重要的因素，所以公共危机状态为考察政府声誉提供了一个非常清晰的透视镜。虽然相关研究也考察了危机状态下的政府形象塑造、政府声誉管理，但是基本上还是处于现象分析和描述层面，基本没有开展实证研究。本研究通过对危机研究学者和专家的现有研究成果的内容分析，对政府声誉指数的构成维度和影响因素进行了测量，基本达到了作者的预期。

尤其值得注意的是，被删除的“以人为本”变量可能是一个特殊的观测值，其均值最高，偏度最大，而相关系数最低，分析结果显示，该变量的重要性会因受教育程度不同而有所不同，由此判断可能是由于调查问卷局限在学生样本，而导致前面假设的“人本指数”在抽取因子时消解。

本研究只是运用探索性因子分析对政府声誉指数的维度和要素进行了初步测量和检验，还需要进一步运用验证性因子分析，对6个政府声誉指标进行检验，更需要在公共危机状态下具体分析一些危机现象，这些应该是下一步研究的课题。

【参考文献】

1. 陈先红．公共关系生态论．华中科技大学出版社．2006.

2. 王学东．国家声誉与国际制度．现代国际关系．2003（7）.

3. 邹东升．危机管理视角下的现代政府形象塑造．社会科学战线．2005（2）.

4. 王传宝，罗国金．试论政府对公共危机事件的传播及其对策．南京政治学院学报．2006（3）.

5. 蒋安国．台湾电视财经节目品牌形象与投资分析师可信度之研究．新闻与传播评论．2005.

6. Stelios Zyglidopoulos. *Responding to Reputational Crises*：*A Stakeholder Perspective*. Corporate Reputation Review，1999，Vol. 2（4），pp. 333 – 350.

7. West，D. Validating a Scale for the Measurement of Credibility：A Covariance Structure Modeling Approach. *Journalism Quarterly*，1994，7（1），pp. 159 – 168.

8. Bucy，Erik P. Media Credibility Reconsidered：Synergy Effects Between On-Air and Online News. *Journalism & Mass Communication Quarterly*，2003. Summer，Vol. 80.

9. Roden，M. *US-China relations in the contemporary era*：*An international political economy perspective*. Politics，2002，23（3），pp. 192 – 199.

10. Dobson，J. *Management Reputation*：*An Economic Solution To The Ethics Dilemma*. Business and Society，1999，30（1），pp. 13 – 20.

公共危机中的沟通管理

齐小华　冯春海*

【摘　要】危机沟通是危机管理的核心，从很大程度上决定了危机管理的成败，尤其是在公共危机中。因为公共危机中的政府、媒体和公众三者形成了一个共生系统，其中政府起主导作用，直接影响媒体的报道内容和公众的情绪反应。在危机沟通过程中，任何一方出现了问题，整个共生系统就会出现紊乱和功能失调：政府形象受损，媒体公信力下降，公众不满情绪激增。

本文以“哈尔滨市水危机”为例，来剖析公共危机中的政府、媒体和公众究竟如何才能形成互动沟通，促进良性循环，形成稳定的共生系统。

【关键词】危机沟通　危机管理　媒体

本文从传播学角度出发，将沟通定义为一个宽泛的概念，泛指所有的信息生产、传递、交换过程。沟通互动的形态既包括媒介主导的大众传播，也包括不同主、客体间的组织传播、群体传播和人际传播，还包括基于复杂心理要素和环境要素的自我传播。危机沟通则是指为了影响公众认知、态度与行为，加速危机化解，在危机管理过程中所进行的各种形式的信息交换行为和过程。

危机沟通是危机管理的核心，从很大程度上决定了危机管理的成败，尤其是在公共危机中。因为公共危机中的政府、媒体和公众三者形成了一个共生系统，其中政府起主导作用，直接影响媒体的报道内容和公众的情绪反应。在危机沟通过程中，任何一方出现了问题，整个共生系统就会出现紊乱和功能失调：政府形象受损，媒体公信力下降，公众不满情绪激增。

本文以“哈尔滨市水危机”为例，剖析公共危机中的政府、媒体和公众究竟如何才能形成互动沟通，促进良性循环，形成稳定的共生系统。

2005年11月13日下午，中国石油吉林石化公司双苯厂新苯胺装置发生爆炸，引起化工原料火灾，由此造成的巨大“水污染团”经松花江流入黑龙江，对沿江人民生产、生活用水安全构成了严重威胁。面对突如其来的危机，黑龙江省政府、哈尔滨市政

---

* 齐小华，中国传媒大学传播学院公共关系系主任、教授；冯春梅，中国传媒大学传播学院公共关系系研究生。

府联合展开了公众利益的救赎，与公众展开了主动的沟通。

11 月 21 日上午，哈尔滨市以哈政发法字〔2005〕25 号字样发布了第一则公告：

关于对市区市政供水管网设施进行全面检修临时停水的公告

哈政发法字〔2005〕25 号

为了保证市区单位和居民生产、生活用水安全，市人民政府决定对市区市政供水管网设施进行全面检修并临时停止供水，现将有关事宜公布如下：

一、自 2005 年 11 月 22 日中午 12 时起，对市区市政供水管网设施进行检修并停止供水，检修并停水的时间约为 4 天（恢复供水时间另行公告），请市区的机关、企业事业单位、个体业户和居民以及供水经营单位做好生产、生活用水储备，保证正常生产、生活需要。

二、自本通知发布之日起市区内的各洗浴、洗车行必须立即停止用水。

三、市工商、物价、公安等部门应当加强市场监督和治安管理，维护市场和社会秩序。

哈尔滨市人民政府

2005 年 11 月 21 日

由公告我们可以看出，停水目的是为了“保证用水安全”，停水原因是“对供水管网设施进行全面检修”。公告主要内容是“提醒大家做好生产生活用水储备”，开源节流，节省用水，相关部门做好工作，维护市场和社会秩序。整个公告共 294 个字，停水原因 64 个字，比例约为 21. 77%。

几小时后，哈尔滨市政府又发布了一则停水公告，在停水原因解释方面发生了明显的变化：

哈尔滨市人民政府关于市政市区供水管网临时停水的公告

哈政发法字〔2005〕26 号

2005 年 11 月 13 日，中石油吉化公司双苯厂胺苯车间发生爆炸事故。据环保部门监测，目前松花江哈尔滨城区段水体未发现异常，但预测近期有可能受到上游来水的污染。为确保市区内人民群众和机关、企事业单位用水安全，市人民政府决定市区供水管网临时停止供水。现将有关事宜公告如下：

一、自 2005 年 11 月 22 日 20 时左右，市区市政供水管网将临时停止供水，停水时间约为 4 天（具体停止供水和恢复供水时间另行公告）。请市区的机关、企业事业单位、个体业户和居民以及供水经营单位做好生产、生活用水储备，保证正常生产、生活需要。

二、自本公告发布之日起市区内的各洗浴、洗车行业必须立即停止用水。

三、市工商、物价、公安等部门要加强市场监督和治安管理，维护市场和社会秩序。

哈尔滨市人民政府

2005 年 11 月 21 日

我们不难发现，停水原因已经由原来的“对供水管网设施进行全面检修”变为“松花江哈尔滨段水污染”，这种变化是令人震惊的。

整个公告总计354个字，其中解释停水原因为128字，比例约为36.16%，是第一个公告解释停水原因的2倍。

除了停水原因的巨大变化外，在停水时间方面也有些微妙的变化，第一则公告明确提出“自2005年11月22日中午12时起停水约4天”，而第二则公告则改为“自2005年11月22日20时左右停水约4天”，具体停水时间另行通知。这种细微变化反映出哈尔滨市人民政府的谨慎：意在探测公众对停水的具体反应，为具体发布正式停水公告设立缓冲带，使公众既做好储水准备，也做好停水的心理准备。

在经过试探，未引起公众过度恐慌后，哈尔滨市人民政府发表了正式停水公告：

哈尔滨市人民政府关于正式停止市区自来水供水的公告

哈政发法字〔2005〕27号

根据省环保局监测报告，中石油吉化公司双苯厂爆炸后可能造成松花江水体污染。为了确保我市生产、生活用水安全，市政府决定于11月23日零时起，关闭松花江哈尔滨段取水口，停止向市区供水，具体恢复供水时间另行公告。望市区内广大市民群众及各机关、企事业单位给予谅解。

特此公告。

哈尔滨市人民政府

2005年11月22日

第三则公告主要是在第二则公告的基础上，正式宣布停水时间。

通过公告的形式告知公众是迅速而有效的沟通方式。但是几个小时内，连发两则公告，公告关于“停水原因”的解释却迥然不同，这让很多公众开始怀疑政府在撒谎，公众的这种不确定性和疑虑情绪不断增加。再加上哈尔滨市将发生地震的谣言肆虐，整个哈尔滨市笼罩在一片怀疑和恐慌的氛围中。

然而，我们不得不佩服哈尔滨市政府在短短几小时内的果断决策，勇于揭穿自己“善意的谎言”，及时告知公众真相。两则公告背后反映的是不同的思维方式和执政理念，前者旨在掩盖真相，侵犯了公众的知情权，导致公众的怀疑、不信任和恐慌；后者旨在主动告知真相，尊重公众知情权，稳定了公众情绪。

两种选择，两次公告，公众的反应却有天壤之别，真可谓“失之毫厘，谬以千里”。

2005年7月25日，黑龙江省大庆市林甸县发生5.1级地震，远在百里之外的哈尔滨市民，尤其是住在高层楼房的市民有明显的震感。这在哈尔滨市民中一度引起恐慌。从2005年11月20日中午开始，关于哈尔滨市近期将发生5级以上地震的传言不胫而走，愈演愈烈。一些市民开始采购食物，购买帐篷在户外过夜。直到11月21日中午，黑龙江省地震局才出来就此事进行澄清，告知公众不必惊慌，因为哈尔滨市发生5级以上地震的几率不大。但是公众半信半疑，甚至很多人开始携家带口，“逃离”自己的家园。

这是一个绝妙的巧合，抑或讽刺，公众的恐慌源于信息的不确定性和对政府的不信任。黑龙江省地震局的辟谣并没有起到稳定公众恐慌情绪的作用。

就在哈尔滨市民因地震谣言而恐慌不安之时，他们又遭遇了水危机。政府恰恰在这个时候发布了第一则停水公告，撒了“善意的谎言”，但是结果却适得其反，不但未能稳定公众情绪，反而使得公众更加恐慌。因为远在松花江上游的松源市早就因为污染而停了水，哈尔滨市民早有耳闻，他们有自己的猜测和判断。这则“善意的谎言”让哈尔滨市民开始怀疑政府的动机，降低了政府的公信力。

在权威官方信息缺席之时，哈尔滨市民开始通过手机、电话和口头传播不断传递着自己的猜测和各种关于停水的传言。据黑龙江大学新闻传播学院所作的一项调查显示：60.5%的人是通过口头传播获知停水信息的，19.3%的人是通过手机、电话知情的，而通过报纸、电视等传统大众传播媒体获知此消息的人均在5%以下。

政府遮掩、主流媒体集体失语、人际传播占据主导，不确定性越来越强，谣言扩散越来越广，公众越来越恐慌。2003年“非典危机”的模式和现象再次重演，整个哈尔滨市被一种莫名的恐慌情绪所笼罩。各大商场、超市人流涌动，各种瓶装水、桶装水、奶品、饮料被抢购一空。此时有人开始囤积居奇，哄抬水价，平时1元的普通矿泉水被哄抬到15元，8元的桶装水涨到了30元一桶，整个市场秩序和社会秩序陷入一片混乱。突如其来的停水公告、地震导致楼房倒塌的画面，让哈尔滨市民陷入深深的恐惧之中，开始纷纷外逃。

灾难并未沿着继续恶化的模式发展下去，哈尔滨市政府在几小时后迅速发布了第二则停水公告，告知公众停水的真实原因，让公众做好储水准备，同时加强了政府与公众的沟通力度：

1. 新闻发布会。每天以市委市政府的名义召开一次新闻发布会，就污染带水质检测结果等相关情况，第一时间告知大众媒体，由此到城市的每一个角落，确保市民的知情权。

2. 宣传栏和单元门。除了政府每天的新闻信息发布，市区各个街道办事处在宣传栏和单元楼的单元门上发布市民最关心的信息：何时停水、何时来水，停水期间到哪里去接水，何时恢复供水等。

3. 市政工作组深入社区。市政府组织了300余个工作组，深入每个社区、企业和其他组织，解释停水的真实原因，如何储水，何时恢复正常供水。停水前，许多家庭都储备了大量的水，至少可以维持4至5天。

4. 政府联动，稳定秩序。物价局、市政、工商等联合行动，打击和制止各种哄抬物价行为，稳定市场秩序，确保储备水供应。

这些及时有效的沟通措施，效果显著：公众明确了真相，心里有了底，谅解了政府“善意的谎言”，恐慌情绪逐步驱散；大众媒体就如何储水和节水大做文章，饮用水价格逐步恢复正常；人们逐渐放弃出逃，社会秩序逐步稳定。

两个公告，两种理念，两种结果，形成了鲜明的对照，给予我们思索和启示：

1. 建立信任是危机沟通的重要基础。国外一个关于“危机认知心理学”的研究表明，公众判断是否危险，以及恐慌程度与公众对政府的信任程度有关。公众对政府的信任程度越低，其恐慌程度越高。在此次“哈尔滨市水危机”中，我们不难发现，第一则公告让公众对政府产生了不信任感，公众的猜测和恐慌不断扩散，竞相抢购必备用品，纷纷“逃离”家园，造成了市场秩序和社会秩序的混乱。

2. 知情才能参与。知情才能理解，理解才能众志成城，度过危机。公众不仅是危机的受害者，同时也是抗击危机的主体，只有如实告知公众真相，才能让他们理解政府决策，做好应对危机的准备，与政府一起渡过难关。

任何企图掩盖真相、忽略公众知情权的行为注定是徒劳的。美国总统杰斐逊曾告诫后人：“你可以在短时间内欺骗所有读者，你可以永远欺骗一部分读者，但是你不可能永远欺骗所有的读者。”没有不透风的墙，在资讯高度发达、媒体日益丰富的今天，否认、欺骗与掩盖都是徒劳。

掩盖真相，侵犯公众知情权不仅徒劳，而且代价惨重，尤其是政府部门。作为公共领域的权威代表，政府的一言一行都将影响公众情绪和社会稳定。一旦政府撒谎，必将付出惨重代价：造成不必要的人民生命财产损失，政府公信力大打折扣，政府形象遭损。

这一点在黑龙江省省长张左己接受记者采访时得到了验证：“人民群众的理解、信任和支持对我们战胜这次突发的水污染事件十分重要。事件发生之初，确实出现了群众恐慌和怀疑，一个原因是我们以‘管网检修’为由发布的停水公告。在中央的支持下，不到10个小时，我们就纠正了这个‘善意的谎言’，向群众公布了真相，得到了群众的谅解。通过这件事，我们感到，在突发事件来临时，必须维护群众的知情权和参与权。一旦群众了解了真相，认为政府是正确的，就能支持你，就能与政府一道，共同战胜困难。”

3. 填补“信息真空”，消弭谣言。在公共危机中，一旦大众媒体“集体失语”，就会出现“信息真空”。各种谣言便会通过非主流渠道迅速填补“信息真空”，成为主导。在谣言呈现的“拟态环境”下，公众便会做出错误的判断和行为，造成集体恐慌。在此次危机事件中，地震谣言、停水传言交织在一起，占据了“信息真空”地带，造成了市民争相抢购和集体出逃的闹剧。

4. 完善危机沟通机制，将方法化为制度。危机沟通机制主要包括两个方面：信息发布机制和双向沟通机制。信息发布侧重于单向传播，以大众传播为主要形态，功能在于告知公众危机信息；双向沟通机制则侧重于利用组织传播和人际传播形式，进行面对面的危机沟通，旨在建立和维系信任。

2006年1月8日颁布实施的《国家突发公共事件总体应急预案》对信息发布提出了明确的要求：突发公共事件的信息发布应当及时、准确、客观和全面，但是还未上升到法律层面。

“及时”，强调危机沟通时机的把握，必须在明确事实的基础上，在第一时间发出自己的声音，抢占媒体话语权。地震谣言之所以肆虐，与信息沟通的不及时不无关系。

“准确”，强调危机沟通信息的真实性，在公共危机中，必须“真诚沟通”，告知公众真相。

“客观”，强调危机沟通一定要坚持以事实为中心，切忌主观臆测，枉自评论。新闻发言人需要用事实说话，但是要把握好事实的范围和度。“鸵鸟政策”行不通，和盘托出也有些欠妥，应该根据危机情境和进展情况，有节奏地逐步披露所有危机事实和细节。

但是这里有个误区，即“重事实，轻感受”。有时候，公众不关心事实，而关心自己的感受，即是否受到应有的尊重和信任等。此时应该注重情感沟通，让公众感觉舒服点。“动之以理，晓之以情”兼用必能取得事半功倍的效果。

“全面”，强调了危机沟通信息的均衡。过度偏于正面或者负面的信息，都会造成公众的曲解，引起不必要的麻烦。

信息发布主要以大众传播形态为主，侧重单向传播，告知功能显著。但是危机沟通的最终目的是劝服，即影响公众的认知、态度和行为，这就需要建立和完善双向沟通机制，主要是人际传播。

像在此次“哈尔滨市水危机”爆发后，哈尔滨市市政府组织了300多个工作小组，深入社区，与人民进行面对面的人际沟通，这对于稳定公众情绪起到了至关重要的作用。但是我们应该将这种好的做法形成制度，而不是临时抱佛脚，危机来临时，被动出击。

唯有政府尊重公众知情权，公众才信任政府，主动参与到危机管理过程中。唯有政府放松媒体管制，媒体才能充分发挥其应有的作用，即向公众告知和解释政府决策，又将公众反馈提供给政府，做到高效畅通的沟通，加速危机化解。

【参考文献】

1.（美）劳伦斯·巴顿著．组织危机管理．符彩霞译．北京：清华大学出版社，2002.

2. 胡百精主编．危机管理报告．广州：南方日报出版社，2006.

3. 提莫斯·库姆著．危机传播与沟通．林文益等译．台湾风云论坛出版社有限公司，2003.

4. 孙玉红等著．直面危机．北京：中信出版社，2004.

5. 胡百精著．危机传播管理．北京：中国传媒大学出版社，2005.

6. 沃纳·赛佛林等著．传播理论起源、方法与应用．郭镇之等译．北京：华夏出版社，2000.

组织管理视角的战略性危机管理

——21 世纪初叶中国公共事务危机的启示

谢景芬*

【摘　要】21 世纪的车轮刚刚走过了六个年头，“南丹特大矿难”，“非典”，“重庆井喷”，“吉林、哈尔滨水污染”，“合肥无摊城市”，“大闸蟹风波”，禽流感……公共事务危机事件一个又一个出现。人们真正感受到危机不可避免的警告。

危机管理的最高境界是防止危机的发生。但是，如何防止危机发生？本文尝试从组织管理的新视角，综合运用危机管理理论和组织管理的理论探讨着眼于未来的战略性危机管理。

基于这样的目的，本研究选择了对 21 世纪前六年发生在中国的几起典型的公共事务危机事件案例作剖析，通过质化研究的方法，分析发生在 21 世纪初叶的公共事务危机的共性规律和解决方案。

【关键词】危机管理　组织管理　战略管理　组织能力　平衡计分卡

一、研究的背景、目的和方法

（一）研究的背景

21 世纪刚刚走过了第六个年头，“南丹特大矿难”、“非典”、“吉林、哈尔滨水污染”、“合肥无摊城市”、“大闸蟹风波”，禽流感……公共事务危机事件一个又一个出现，而且频率越来越高，影响越来越大，给政府管治带来了极大的挑战，对人民生活造成了很大的影响，甚至带来恐慌。一些重大的公共危机事件，例如“非典”，给人们心理留下了深刻的阴影，已经从本质上改变了人们的生活习惯，给国家形象带来了损害。人们真正感受到危机不可避免的警告。

在频发的危机事件教训下，人们开始重视危机管理。危机管理一词在媒体、学术刊物、政府文件里成了一个出现频率极高的关键词。国家管理部门为了提升管治能力，于 2006 年 1 月 8 日发布了《国家突发公共事件总体应急预案》。这一《预案》把突发公共事件分为四类：自然灾害、事故灾难、公共卫生事件、社会安全事件；分为四级，并规

* 谢景芬，广东方圆公关管理顾问有限公司总经理．广东商学院客座教授。

定了重大事件发生四小时之内，上报国务院。国务院门户网站也公布了即将出台的国务院职能部门主持制定的57个紧急预案，从不同的角度介入公共事务危机管理。与此同时，分别在不同的城市组织了反恐、防火、防灾等一系列危机应对演习。一系列的措施和计划，有效推进了危机管理的专业发展。

一段时间以来，专家、学者纷纷组织对危机管理问题的研究和探讨，涉及范围很广，包括危机产生的背景、成因，危机发生时的应对措施，危机管理原则和对策，危机预警方案，危机预演，等等，已经基本形成了危机管理理论系统。虽然有不少研究是针对企业危机管理，但是，在许多场合，企业危机管理与公共事务危机管理的原理是相通的，大多数的企业危机管理的理论和方法完全可以应用于公共事务危机管理范畴。但是，如何从本质上防止公共事务危机的发生，尤其是如何通过改善公共行政管理能力，不是被动应对，而是从主动防治的角度管理危机，这样的研究还是比较少。

（二）研究的目的与方法

本项研究以系统的危机管理理论和组织管理理论为依据，从组织管理的视角探讨战略性危机管理。这是一个新议题。在此之前许多关于危机管理的研究，包括预案管理模式，基本上把危机管理定位于当危机发生后如何应对。这是一种被动的管理模式，即只停留在危机发生之后再采取管理措施。即使是危机发生前的管理也大多数是定位于防御性管理策略，属于被动型管理。本项研究定位于主动管理的意念，假设如果加强了公共行政管理机构的组织能力，可以避免危机的发生。就像提高人体的免疫力，防止疾病发生的道理一样。本文把它定义为战略性危机管理研究，即：期望通过组织能力提升计划，着眼于未来的危机管理策略。现代管理理论及组织管理理论学科的新发展，为这一研究提供了坚实的理论基础和依据。

个案研究是本议题研究的主要方法之一。笔者从搜集的几十个进入21世纪以来发生在中国的公共事务危机个案中，选择了七个较为典型的案例作为分析的样本。为什么选择21世纪以来的案例作为研究样本？因为进入21世纪，世界格局发生了许多变化，如“全球化”的深入、互联网服务的扩展，由“9·11”事件引发的全球性恐怖主义危机，使世界发生了许多本质变化。例如，任何事件都可以在瞬间演变成为国际事件，人们真正生活在一个地球村里面。可以看到，21世纪发生的公共事务危机事件，较之以往发生的公共事务危机事件，已经产生了许多新的特点，具有更新的研究意义。

系统运用危机管理的理论和组织管理的理论，对案例进行质化研究，目的是通过这一探讨性的研究，描述战略性危机管理的解决方案模型，这是本研究的目的。

二、个案分析与研究

下面选取的是进入21世纪以来，发生在中国的公共事务危机个案。

（一）“南丹特大矿难”

2001年7月17日凌晨，广西南丹龙泉矿业总厂所属拉甲坡矿，发生了特大透水事

故，大量涌入的水在瞬间淹没了相邻7个矿井和正在工作面上采矿的81名矿工，酿成了震惊全国的“7·17”矿难。

事件发生后，私营企业主和地方当局刻意封锁消息，欲以金钱与受难家属私了，使事件被封锁了半个月。但终究纸包不住火，《人民日报》记者根据南丹民间报料和从一位对南丹情况十分熟悉的新闻界同行处获得的这一事故消息，在采访之后，于7月31日15时在人民网刊发了这一事故的第一篇报道《广西南丹矿区事故扑朔迷离》。

8月4日起，大批新闻记者从北京、上海、广州等地陆续赶赴南丹报道事故真实情况。8月底，矿井内30多万立方米的水全部排干，遇难人员后事及其家属善后问题被妥善安置。事故直接原因终于查明，事故责任分析认定，有关嫌疑人以及滥用职权、故意隐瞒事故真相的地方领导被依法逮捕，有关部门开始了对与事故相关的渎职、贿赂及涉黑问题的深入调查。广西壮族自治区党委对南丹县委、县政府班子进行了改组。

近年中国内地频繁发生矿难事故，2001年南丹特大矿难只是其中一个案例而已。这些矿难事故背后，都存在一些共同的问题：违反安全生产法规；事故发生后封锁消息；由工业事故转化为社会危机事件，十分发人深省。

（二）“非典”事件

2002年11月16日首例非典型性肺炎病例（以下简称“非典”）发生在广东省佛山市。2003年2月中下旬疫情在广东局部地区流行。3月上旬传入山西、北京，开始在华北地区传播和蔓延，并逐步向全国扩散。到4月中下旬，疫情波及全国26个省、自治区、直辖市。非典型性肺炎疫情不仅对人民群众身体健康和生命安全构成严重威胁，也给我国经济和社会发展带来严重冲击。

据世界卫生组织发布的资料显示：从2002年11月16日起，“非典”在我国广东省首先爆发，300人被感染，5人死亡；到2003年4月11日止，全球已有2781人被感染，111人死亡，病死率为4.0%，已扩散到五大洲的19个国家（巴西、加拿大、中国、法国、德国、意大利、日本、科威特、马来西亚、爱尔兰、罗马尼亚、新加坡、南非、西班牙、瑞士、泰国、英国、美国、越南），占全球206个国家（地区）的9.2%。从历史比较看，“非典”相比于其他恶性传染病，更具有发病急、传播快、病死率高、影响大的特点，而迅猛发展的经济全球化又加速了该病的扩散和蔓延。

“非典”流行初期没有正道消息公布，最初的信息披露是从手机短信发出的。很快就引起社会不安，甚至在广东出现恐慌性抢购等。

后来，中国新一届政府直接领导了这一由传染病转变为社会危机的处理工作。国务院先后召开10多次常务会议，分别于4月13日和5月6日召开了全国非典型性肺炎防治工作会议、全国农村防治非典型性肺炎电视电话会议，全面部署防治工作。成立以国务院副总理吴仪为总指挥、国务委员兼国务院秘书长华建敏为副总指挥，由30多个中央国家机关部门的160多位同志组成的全国防治非典型性肺炎指挥部，下设10个工作组和1个办公室。开展了一系列防治工作：①加强组织领导，形成统一的指挥协调体系；②坚决切断传染源，控制疫情扩散和蔓延；③全力组织救治，努力提高治愈率；④做好物资供应，确保防治工作需要和市场正常秩序；⑤集中科研力量，开展联合攻关；⑥切实维护正常经济社会秩序；⑦科学规范防治工作，建立长效防治机制。此外，国家领导人出席国际会议时，广泛介绍我国开展防治工作的情况，阐明我对疫情控制的立场和态度，提出加强国际交流与合作的意见。

从5月中旬开始，全国日发病人数、日死亡人数大幅下降，治愈出院人数大幅上升，疫情趋于平缓。从6月初开始，全国日发病人数达到零报告或个位数报告。据卫生部统计，截至7月31日，全国共有24个省、自治区、直辖市报告临床诊断病例5327例，其中，已治愈出院4948例，死亡349例（北京7例、天津12例死于其他疾病的临床诊断病例未统计在内），仅北京有11例曾被确诊的患者住院治疗。

（三）“高致病性禽流感”

2004年1月27日至7月28日，我国共有广西、湖北、湖南、安徽、广东、上海、新疆、浙江、云南、河南、甘肃、江西、天津、陕西、吉林、西藏等16个省（区、市）发生了50起疫情。由于采取了坚决果断的措施，疫情得到有效控制，没有发生大范围的疫病流行和扩散，病禽总数15万只，死亡13万只，扑杀905万只。疫情对禽肉进出口造成较大影响，直接经济损失达100亿元。7月28日，安徽巢湖最后1起疫情解除封锁后，再无新发疫情。

在防治“高致病性禽流感”危机管理过程中采取了一系列的措施：①健全应急组织体系。1月20日，农业部防治禽流感工作领导小组成立。2月3日，国务院成立了全国防治高致病性禽流感指挥部。各省（区、市）也相应成立了防治指挥部和领导小组，负责本区域的禽流感防治工作。②预案启动及时有效。疫情发生后，国务院及时颁布了《全国高致病性禽流感应急预案》，制定了《全国高致病性禽流感疫情处置技术规范》。③应急保障充实可靠。④严格落实各项工作措施。依法防治，把防治工作纳入法制化轨道；建立群防群控，为做好防疫工作奠定坚实基础；开展合作，推动与有关国家、地区和国际组织的合作与交流；正确引导，为防治工作的深入开展营造良好的舆论氛围。

在处理“高致病性禽流感”危机事件中，可以看到全面总结了抗“非典”过程中成功的经验，采取了一系列正确、有效的措施，所以能遏制禽流感的爆发。

（四）吉林、哈尔滨水污染事件

2005年11月13日，位于吉林省的中石油吉林石化公司双苯厂发生爆炸事故，造成大量苯类污染物进入松花江。导致污染的直接原因是中石油吉化公司一条通往松花江的排雨管线未被及时封堵，引发重大水环境污染事件。

11月20日中午开始，在社会上和网络中一直有哈尔滨市近期将发生地震的传言。中午，哈尔滨市政府发表《关于对市区市政供水管网设施进行全面检修临时停水的公告》，宣布自2005年11月22日中午12时起，对市区市政供水管网设施进行全面检修并临时停止供水，检修并停水的时间约为4天。公告发布后，引发了公众的更多疑虑：

地震消息始终未经政府证实，为何要突然停水四天？供水管网检修都是一片一片进行，怎么会突然全市同时大检查？

21 日下午，哈尔滨市政府又发布了“哈政法字〔2005〕27 号”《关于正式停止市区自来水供水的公告》，宣布停水是因为中石油吉化公司双苯厂爆炸后可能造成松花江水体污染，为保证全市供水安全而采取了停水的紧急措施。市政府还连夜采取许多应急措施，紧急开采地下水，调集郊县水源、饮用水等保障市场供水。真相公布后，市民心态趋于平稳，大家赶紧囤水备荒，一场社会危机逐渐平息下来。11 月 22 日至 26 日，哈尔滨全城停水四天。

这一危机事件，是因为工业事故引起的？还是因为信息不对称？长官意志？令人深思。

（五）重庆两次“井喷”事故

2003 年 12 月 23 日，重庆发生了第一次特大“井喷”事故。事故发生时正值冬天，老百姓通常都睡得比较早。有的村民可能没有听到晚上的动静；有的听到动静时已有中毒迹象，全身动弹不得，有的还不知道怎么一回事，就在一瞬间被强烈刺激的毒气夺取了无辜的生命。事故夺走了高桥镇 243 条生命，距离井口越近的村庄死亡人数越多。发生这样的惨剧是因为群众获知信息不及时造成的，是因为反应缓慢，井喷时间是晚上 9 时 55 分，但开县县政府证实，他们接到钻井队的报告已是晚上 11 时 25 分，中间间隔了 1 个半小时。钻井队在事故发生的第一时间，也没有通知距离不到 1 公里的高桥镇镇政府，直到晚上 11 点多钟钻井队才派人来告诉他们。

2006 年 3 月 25 日 8 时，中石油重庆开县高桥镇罗家 2 号井发生了第二次天然气泄漏事故，泄露的天然气从河底及附近山体缝隙冒出。这次发生泄漏事故的罗家 2 号井位于开县高桥镇小阳村一组，该井和 2003 年发生“12·23”特大“井喷”事故的罗家 16 号井处在同一井场。重庆开县政府获知井喷消息后，迅速启动应急预案，分别成立了应急指挥部和现场指挥部，迅速将井口附近方圆 1 公里内 7000 多名群众转移到安全地带，疏散到邻近的乡镇。1 公里之外的部分群众也自发进行了撤离，没有发生人员中毒死亡情况。包括国家安全生产监督总局局长李毅中、重庆市市委书记汪洋、市长王鸿举，中石油、重庆市的主要负责人赶赴事故现场。钻井、打捞、泥浆、灭火等方面的五六十位专家赶到现场进行压井技术方案的论证。这些措施，有效遏止了事态的扩展。

前后两次“井喷”事故由于管理当局反应不一，结果大相径庭。事件给我们沉重的警告：当工业危机事故发生的时候，快速反应和及时的信息传递，是人命关天的大事；建立有效的预警机制是避免危机造成损害的重要举措。值得注意的是在同一矿井，居然在三年间发生了两次特大“井喷”。

（六）合肥“无摊城市”事件

从 2005 年开始，合肥市开展了“无摊城市”和“大拆违”两项城市治理、创建文明城市的活动。2006 年 4 月 3 日，合肥市市容局向外界公布实施“无摊城市”计划的时间表。根据合肥市市容局规划蓝图，合肥市将在2006年着力解决沿街倚门设摊、乱停乱放摊位问题，对于占道摊点，市容部门将彻底取缔，有关部门将同时引导经营户入室、入场经营，从而确保9月底合肥市成为“无摊城市”。

然而，合肥市在4月初发起的“无摊城市”创建工作，却陷入了危机，遭到市民反对。事件引起了全国各地媒体的质疑和批评，纷纷质疑此种做法的合理性。参与媒体包括新华社、《新京报》、《北京青年报》、《经济参考报》、《青年时报》、《海南日报》等各类媒体。从媒体刊发文章的标题也可看出激烈程度：《贫困群众利益受损，合肥创建“无摊城市”引争议》，《“无摊城市”：上有所好，下必甚焉》，《合肥市创建“无摊城市”，禁止农民“当道”卖瓜》，《“无摊城市”的海口夸大了》，《“无摊城市”考验人文关怀》，《“无摊城市”有违以人为本理念》……整个危机事件的升级，则是由合肥周边农民进城卖瓜难引起的。当合肥周边三县瓜农进城卖瓜时，却发现因为“无摊”和管制等原因而无法销售西瓜，遂与城管人员发生争执，不少瓜农被夺秤、扣车、砸瓜，甚至被殴打，再次把合肥创建“无摊城市”政策推上了两难状态，引起了更大范围的关注。而当地政府部门迟迟没有应对和回应，使危机进一步扩大。搜索引擎Google键入关键字“合肥无摊城市”，居然有11.6万条Web网页记录！

面对公众和媒体的质疑，合肥市有关方面一直沉默应对，不做任何的回应。直到两个月后的6月13日，合肥市市容局局长和该市文明办负责人才第一次出面，就广受关注的“无摊城市”问题回应公众，认为“无摊城市”说法不够准确，但这是一个独创。同时还指出媒体的理解有偏差，并强调“无摊”将依然是合肥市今后文明创建的一个方向。

6月22日，合肥市市长吴存荣发表讲话：“合肥建设无摊城市提法很有局限性，市政府从来没有说过这样的话。”吴市长的表态，更使得政府内部的分歧公开化，使得整个事件更加复杂化。老百姓心中的疑团并没有因此而解开，媒体集中轰炸式质疑依然存在。

对城市进行综合治理，本来是一个很好的出发点，但是“无摊城市”建设却带来相反的效果，原因何在？是因为现代文明发展，行动公众增加？还是因为长官意志？

（七）大闸蟹风波

2006年10月18日，台湾媒体称，来自大陆的阳澄湖大闸蟹，验出含有禁用的抗生素。台湾“卫生署”食品卫生处处长萧东鸣称，2006年9月1日至10月12日，大陆销经台湾的大闸蟹共154批，对其中59批进行抽检，至少有一批629公斤的大闸蟹验出含致癌物质硝基呋喃代谢物，经销商为台北昆山阳澄湖水产有限公司。

此事被披露的第二天（10月19日），江苏省昆山市政府有关职能部门迅速回应，在其官方网站上公布调查结果，质疑“有毒”之说。当地行业协会也在第一时间高调介入，认为“有毒”系不负责任炒作行为。协会会长龚炳龙在接受记者采访的时候说，如果查实含有致癌物质的“问题蟹”，协会将奖励相关卫检人员100万元。昆山巴城镇蟹业餐饮协会决定邀请台湾卫生检疫专家到阳澄湖进行现场捕检。

10月20日，国家质检总局公开表态，今年以来，中国大闸蟹出口量已经达到743吨，没有发生质量卫生问题。

在这一事件中，无论是政府机构还是行业协会，一系列应对措施非常有效。很快就平息了事态的不良发展，大闸蟹销售并没有因为此事件受影响。

三、理论探讨与思考

(一) 危机与危机的成因

对于危机，不同的学者、专家从多个角度予以定义。罗伯特·希斯在他的《危机管理》中指出危机的情景涵盖对人员和资源的威胁；失控；对人员、资源和组织造成可见和不可见的影响。波士顿大学 Otto Lerbinger 教授认为危机是“对组织的名誉、获利、生存和成长已经或有可能造成威胁或危害的事件”。更多的专家、学者对危机作了进一步论证和阐述：危机是对一个社会系统的基本价值和行为准则架构产生严重威胁，而且在时间压力和不确定性极高的情况下，必须对其做出关键决策的事件。(Rosenthal, 1989) 危机是一个会引起潜在负面影响的具不确定性的大事件，这种事件及其后果，可能对组织及其人员、产品、服务、资产和声誉造成巨大的损害。(Barton, 1993) 一个主要事件可能带来阻碍组织正常交易及潜在威胁组织生存的负面结果。(Kathleen Fearn-Banks) 危机是发生不可预测的事件，组织重要价值受到威胁，组织对外回应的时间较短，危机沟通情境涉及多方面关系的剧烈变迁。(Danald A. Fishman) 危机是一个事件实际威胁或潜在威胁到组织的整体。(Lan I. Mitroff) 危机是“严重意外事件造成组织的安全，环境或组织产品信誉被不利宣传的使组织陷入危险边缘”。(Michace Bland) 危机就是在无预警的情况下，爆发的紧急事件，若不立刻在短时间内做出决策，将状况加以排除，就可能对企业或组织的生存与发展造成重大的威胁。①

对于公共事务危机，中国学者是这样定义的：所谓危机，它是这样一种紧急事件或者紧急状态，它的出现和爆发严重影响社会正常运作，对生命、财产、环境造成威胁、损害，超出政府和社会事态的管理能力，要求政府和社会采取特殊的措施应对。② 危机事件是指那些导致社会系统或其子系统的基本价值和行为标准趋于崩溃，在较大程度上和范围内威胁到人们生命财产安全，引起社会悲愤和社会正常秩序与运转机制瓦解的事件。③

关于危机的特征，福斯特 (Foster) 认为危机有四个显著特征：急需快速作出决策；严重缺乏必要的训练有素的员工、物质资源和时间来完成；(Foster, 1980)

---

① 吴宜蓁. 危机传播——公共关系与语艺观点的理论与实践. 台北：五南图书出版股份有限公司，2002.

② 张成福. 公共危机管理：全面整合的模式与中国战略选择. 中国行政管理，2003 (7).

③ 杨冠琼. 危机事件的特征、类别与政府危机管理. 新视野，2003 (6).

总结上述专家、学者对危机的分析和评价，可以看到危机具有突发性、公众性、不确定性、风险性和社会价值观受到威胁的特点，所以人们必须重视危机管理。

危机为什么会发生呢？美国学者 Ian I. Mitroff 和 Christine M. Pearson 指出："可以导致危机的因素，包括技术，人为及组织内部因素"，这是对危机原因深层次的分析。杨冠琼则提出了"结构不良性"也是重要的原因。越来越多的公共事务危机个案表明，除了自然灾害的袭击会带来直接的危机事件（当然，自然灾害引发的危机后面，有不少也是属于人为或组织内部因素导致的），科学技术的高速发展、经济全球化、政治与文化多元化、社会民主意识的发展都是导致危机发生、加剧、频繁的社会原因。尤其是信息科技的发展，传播速度迅速发展是危机的频发性和快速性的直接原因。

（二）危机管理与危机预警

如何进行危机管理，罗伯特·希斯提出管理者应从总体战略的高度进行危机管理。策略性危机管理有两个层面。高层管理者通常制定总体策略，中层及基层管理者通常围绕总体策略制定更多的专门策略，并将其转化为具体的战术行为，在进行恰当的战术管理的实施总体策略目标时，高层管理者应该提供资源与后勤支持。①

危机管理涉及主要的，而且是积极的五个方面：①危机管理者对危机情境要防患于未然，并将危机影响最小化。②危机管理者要未雨绸缪，在危机发生之前就做出响应和恢复计划，对员工进行危机处理的培训，并为组织或社区作好准备以应对未来可能出现的危机及其冲击。③在危机情境出现时，危机管理者需要及时出击，在尽可能短的时限内遏制危机苗头。④当危机威胁紧逼，冲击在即，危机管理者需要面面俱到，不能轻视任何一方面。这意味着此时要运用与危机初始期不尽相同的资源、人力和管理方法。⑤危机过后，管理者需要对恢复和重建进行管理。这也意味着此时运用的资源、人力和管理方法会与危机初期和中期有所不同。②

经济合作与发展组织在 2003 年发表的《21 世纪面临的新风险：行动议程》中，提出了危机管理机制的新观点。认为危机管理涉及五个方面的主要内容：①以国际先进水平去评估、预防、应对传统的和新型的危机或危险；②加强采取行动；③采取综合、协调的方式，把政府、志愿者、民间机构团结和互动在一起，做好应对计划、组织和安排；④利用新兴技术，进行有效监测和监视，落实紧急状态应急计划，做好协调工作，对媒体宣传进行合适的管理，控制成灾范围，在紧急行动上加强国际协调；⑤加强预防体系，明确风险预防、监督的责任和补偿，增加透明度等。③

在危机的情景下，突发紧急事件以及不确定前景造成了高度的紧张和压力，为使组织在危机中得以生存，并将危机所造成的损害降至最低限度，决策者必须在相当有限的

---

① （美）罗伯特·希斯著．危机管理．王成，宋炳辉，金瑛译．北京：中信出版社，2004.

② （美）罗伯特·希斯著．危机管理．王成，宋炳辉，金瑛译．北京：中信出版社，2004.

③ 张小明主编．公共部门危机管理．北京：中国人民大学出版社，2006.

时间约束下做出关键性决策和具体的危机应对措施。①

发生公共危机时，公共部门所采取的有助于公民和环境的一系列措施包括：预测和识别可能会遭受的危机，采取防备措施，阻止危机发生，并尽量使危机的不利影响最小化的系统过程，目的是通过提高警惕，公共部门对危机发生的预见能力和危机发生后的救治能力，及时、有效处理危机，减少损失，恢复社会稳定和公众对公共部门的信任。②

对危机管理，专家、学者这样论述：危机管理的第一个原则就是坦诚，勇于面对危机。③ 公共危机管理是在政治、法律与行政系统稳定的前提下进行。④ 在危机新闻出现的3—6小时内，组织必须面对公众。(Robert L. Dilenschneider，1999) 这些原则，在许多成功的危机处理个案中得到了很好的印证。

管理者和主管应该考虑如何减少危机情景的发生，如何做好危机管理的准备工作，如何规划及如何培训员工以应对危机局面（或从中很快复原）。罗伯特·希斯提出了危机管理的4R模式，即：缩减（Reduction）、准备（Reddimess）、反应（Response）、恢复（Recovery）。危机缩减就是防微杜渐。⑤

就一个完整的危机管理流程而言，应当包括危机预测、危机管理准备、识别危机、隔离危机、管理危机以及处理善后并从中获益等几个主要环节。该过程涉及的主要机制包括：政府的危机决策机制、公众公共沟通机制、内部信息传递机制、各职能部门间的联动机制、危机应对情景训练系统等，而整个应急管理行为的核心是以建立常设性危机管理部门，制定权责明晰的危机反应机制，构建完善的危机管理体系，并且这些机构和职能部门都必须以法制化的形式固定下来。⑥

（三）组织管理与危机管理

罗伯特·希斯认为：“策略危机管理可以看作是一个包含环境审视，风险评估，备择方案，资源配置以及恰当的员工发展计划的整个过程。这些因素相互影响，并相互作用。”“组织要素既能促进危机情景的快速反应，也可起梗塞作用。”“管理者需要熟稔组织结构和文化及其如何影响危机处理。”“由于不同组织规模、文化、经验和准备的不同，不同的组织对危机情景的反应亦各不相同。”“环境会影响组织，组织也会影响环境。”⑦ 组织的核心能力被认为是组织健康、持续发展的特殊本质，是组织规避、处

---

① 薛澜．直面危机SARS陷局与中国治理转型．人民网．2003-05-19.

② 张小明主编．公共部门危机管理．北京：中国人民大学出版社，2006.

③ （美）Mitroff，Iam I.；Pearson，Christive M. 著．危机诊断手册．吴宜蓁，徐泳絮译．台北：五南图书出版股份有限公司，1996.

④ 吴宜蓁．危机传播——公共关系与语艺观点的理论与实践．台北：五南图书出版股份有限公司，2002.

⑤ （美）罗伯特·希斯著．危机管理．王成，宋炳辉，金瑛译．北京：中信出版社，2004.

⑥ 薛澜，张强，钟开斌著．危机管理．北京：清华大学出版社，2003.

⑦ （美）罗伯特·希斯著．危机管理．王成，宋炳辉，金瑛译．北京：中信出版社，2004.

理危机的能动武器。组织核心能力的本质是组织持有的知识资源，存在于人、组织、环境、资产（设备）等不同的载体之中，并以格式化知识、能力、专长、信息、资源、价值观等多种形式表现出来。组织核心能力的构建是一种围绕知识来组织的结构化方法。(Wernerfelt，1984)

实证研究表明：组织核心能力的提高与组织健康、持续的发展和规避、处理危机的能力是正相关的。相应的，组织危机规避处理能力与基于知识基本的核心竞争能力成正比。基于知识资本的组织竞争能力的提高，可大大提升组织危机管理的能力。组织管理核心包括四个部分：树立危机意识、加强制度性基础管理、实施全面创新战略和实施双效管理。①

越来越多的专家、学者看到，组织能力与危机的防御能力呈正相关关系。事实上，组织是危机产生的重要诱因之一，组织是危机管理的执行主体，组织能力在危机管理中，意义格外重要。如何加强组织能力？中欧国际工商学院忻榕教授、杨国安教授在谈到企业组织能力时，提出了这样一个模式：组织能力由三部分组成，包括员工核心能力、员工思维模式和员工治理方式。这三大支柱必须协调一致，才能配合战略实施(如图1所示)。

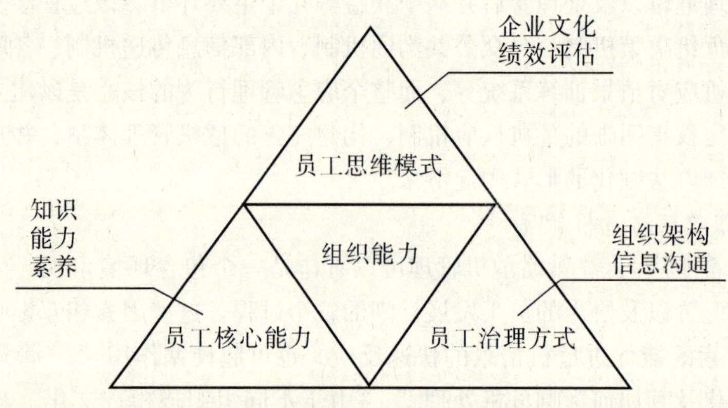

图1 组织能力三大支柱图

员工思维模式包括企业文化、绩效评估。员工治理方式包括组织结构、信息沟通。员工核心能力包括员工知识、能力、素养。虽然这是一个研究提升企业组织能力的模式，但是对于研究公共事务管理机构的能力具有同样重要的意义。

一项旨在提升组织能力的研究计划，获得了很大的成功，并正在组织管理中发挥越来越重要的作用。在北美，包括美国和加拿大，为了提升各级政府机构执行上级战略主题的能力，几年前就在政府机构、军队、警察导入平衡计分卡战略图的管理模式，在

① 张小明主编．公共部门危机管理．北京：中国人民大学出版社，2006.

"9·11"事件危机处理中体现了其优越性。以平衡计分卡为模式的战略中心结构就像一幅战略地图，由上而下规划组织管理的运行路线，"把使命放在最上部，把财务层面作为驱动因素和促成因子放在底部，使完成使命成为可能"。中间依次是核心能力、内部流程、学习成长、资源配置。一层一层以激励推动目标的具体执行，保障目标的实现并取得了良好的管理效应。平衡计分卡源于企业的绩效管理，目前已发展成为战略管理工具，进而应用在政府及非营利组织，有效提升了组织能力。① 大量实践个案证明，以平衡计分卡为基础的战略图，有效提升了包括公共事务管理机构在内的组织能力。

四、讨论分析与总结

（一）分析与讨论

以系统的危机管理理论观点来观察发生在21世纪初叶的七个中国公共事务危机案例，我们看到其中存在一些共性的问题：

第一，信息不对称导致危机。无论"南丹特大矿难"还是"非典"，几乎无一案例不存在信息不对称的问题。显然，这是危机的诱因和危机扩大或恶化的重要原因。在这些危机事件中，信息被封锁。事实上，正道消息被封锁，大众传播媒体没有真实、准确的信息传播，小道消息、谣言就会流传。这是危机管理的一大忌讳。这些事件，从反面证明了有效的信息沟通是减少公共事务危机的重要举措。由于民主政治的发展，行动公众的比例在增加，由于组织管理的缘由必定会增加。而信息的公开化、透明度化显得越来越重要。

第二，快速、正确的决策能力，是考验公共事务危机管理能力的重要因素。尤其是"正确"这两个字，不容易做到。国家成功地控制了禽流感的爆发就是快速、正确的决策能力的体现。昆山市政府、行业协会遭遇台湾媒体关于大闸蟹致癌报道的"大闸蟹风波"事件的第二天迅速做出回应。这一系列的措施跨度很大，从中央到地方，动作迅速，仅两三天的时间。措施十分正确，所以能够迅速化解危机。说明一旦危机出现，危机处理不仅要快，而且要采取正确策略和措施。在吉林、哈尔滨水污染事件的处理过程中，哈尔滨市政府初期的处理是失当的，信息不对称，扩大了危机事件；后期及时出作停水的决定是正确的。该事件给我们启示：一旦发生危机，公共管理部门核心的任务是制定正确的策略，采取所有可能的措施，动员所有资源处理危机事件。国家环保总局"对事件重视不够，对可能产生的严重后果估计不足"也是事件发生的重要原因。国家环保总局局长解振华向党中央、国务院申请辞去职务，党中央、国务院马上批准，体现了中国政府在进一步加强官员问责制度。

第三，案例给我们的最重要的启示是：组织管理成为引发危机或者恶化危机或者有

① （美）罗伯特·S. 卡普兰，大卫·P. 诺顿. 战略地图——化无形资产为有形成果（*Converting Intangible Assets Into Tangible Outcomes*）. 广州：广东经济出版社，2005。

效管理危机的一个重要因素。显然，“南丹特大矿难”，“非典”，“无摊城市”，吉林、哈尔滨水污染事件前期的组织管理能力都是危机诱因之一。“大闸蟹风波”和吉林、哈尔滨水污染事件的后期处理，则看到有效的组织管理的作用。国家在处理禽流感事件以及“非典”事件后期采取的有效的危机管理措施，从正面说明组织管理的重要性，也说明了有效的管治不仅可以有效应对危机，还可以防止危机的发生。

这些案例具有典型的代表意义，从不同的角度反映了中国当前公共事务管理存在的问题，而透过现象看本质，不管思维方式、决策能力还是管理机制问题，都属于组织能力问题。要彻底改变这种局面，应该从组织管理的本质上解决问题。关键是提高组织能力。只有提高组织能力，才能提高着眼于未来的战略性危机管理能力。

建立一套有效组织能力管理的模型，能够从本质上提高危机预防和处理能力。忻榕教授、杨国安教授的企业组织能力管理模型给我们很好的启示。沿着他们的思路，我们分别从组织能力三个支柱确立三个最重要的问题，可以把公共管理部门的组织能力模型设定如下（如图2所示）：

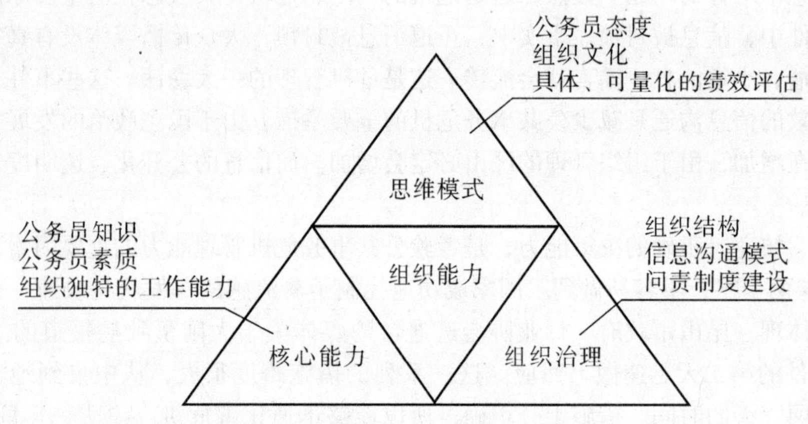

图2　公共管理部门的组织能力模型

支柱一——思维模式：①公务员的态度起决定性作用。树立公务员良好的使命感和核心价值观，正确的工作态度，是战略性危机管理的基础保证。②建设良好的组织文化，尤其应该改变长官意志等不良文化。③建立一套具体、可量化的绩效评估模式。从三个方面落实思维模式的建立。

支柱二——核心能力：①培养公务员高效的管治知识和技术能力。②建立公务员素质培养体系。③推动创建独特的工作能力组织，成为公共管理机构中管理最好的部门。

支柱三——组织治理：①建立精简的组织结构，减少资源浪费。②建立良好的信息沟通模式，达成有效沟通。③加强问责制度建设和监管制度。

组织能力管理模型要素，可以看作公共管理部门的DNA，这一模型有利于从组织管治能力角度完善管理，实现危机预防管理的目标。一旦危机发生了，就能够有足够的能力执行危机管理。

第四，建立战略性危机管理体系，防止危机发生。危机是否不可避免？从禽流感案例我们看到，由于中央采取了一系列正确的战略步骤和执行管理措施，使一场几乎爆发的危机得以避免。这是战略性危机管理的成功经验。

如何从战略管理的角度防止危机的发生？以“平衡计分卡”为基础的“战略图管理模式”，提供了一个卓有成效的管理工具，所以“平衡计分卡”被誉为“过去七十五年里极具影响力的管理理论”。“战略图管理模式”最成功的经验是从战略规划到战略执行形成统筹管理，以战略为导向，依次从组织目标使命、内部流程、学习成长、资源配置，一层一层建立执行推动机制，同时施以激励机制作为推动力（如图3所示）。这一模型首先从建立一个明确的战略目标开始，并在这一目标指引下，建立一整套贯彻目标的保障计划措施，包括：组织战略性危机管理使命，长远的目标规划；管理流程实施计划；组织成员的知识、技术能力、素质的保障；执行计划所需的人力和财力资源配置；等等。一系列计划、措施保证战略目标落到实处。只有这样，才能真正建立起战略性危机管理的体系。

战略主题：战略性危机管理

	危机管理战略地图	以平衡计分卡为模式的危机管理计划（目标、指标、目标值）	行动方案及预算
使命	危机管理使命陈述	——	——
内部流程	危机管理管理流程	——	——
学习成长	组织能力计划	——	——
资源配置	经费及人力资源计划	——	——

图3　公共事务组织机构模拟战略图

（二）总结

1. 建立公共行政部门法定的信息披露制度，是减少公共事务危机的重要举措

有专家调查结果证明，百分之七十的问题是由于沟通不良造成的。信息不对称会带来很多公共事物问题，并可能由此引发危机。某些情况下，再加上媒体的商业化趋势，个别新闻从业人员的行动主义倾向，往往会误导舆论，导致危机得不到及时处理，事件快速恶化，演变为危机事件。所以，有必要建立公共行政部门法定的信息披露制度，就像上市公司的信息披露制度一样，这是减少公共事务危机的重要举措。

2. 培养公务员及所有危机管理人员正确的危机应对和决策能力

正是因为危机具有突发性、公众性、不确定性、风险性和社会价值观受到威胁的特

点，迅速、正确处理危机的能力显得格外重要；否则，将给人民和国家带来严重损害。昆山市政府在处理“大闸蟹风波”中表现的管理能力是令人信服的。但“非典”后期和禽流感事件的危机管理措施都足以证明，应对危机不仅要快，而且要采取正确策略和措施，这是很重要的。目前，从中央到地方政府都做了危机管理的积极准备，制定了一系列的预警方案。正确的策略方案制定以后，执行管理的问题、管理技术的问题成了关键。所以，培养一大批有应对能力的公务员，应该提上议事日程。

3. 建立舆情监察及反馈制度，加强公共事务危机预警机制

如果“非典”发生之初就采取了有效措施，是完全可以将危机控制在萌芽状态的。显然，当时有关部门对疫情不会不知，问题是缺乏有效的反馈行动，缺乏公共事务危机预警机制，未能及时采取有效的措施。说明在公共事务危机管理中，正确的舆情分析研究的重要性。在舆情分析研究的基础上，建立公共事务危机的议题管理体系，即在运用组织环境监测、审查的前提下，确定一项或若干项可能引发危机的管理议题，予以设定管理目标并制定行动方案，务求达到防止危机的发生。重要的是这些管理方案应该是着眼于解决公共事务危机管理目标的；计划必须是可行的，以行动为导向的；计划合乎客观需要，并能在一定时间内实现；资源能够适应计划的实际要求；可以以量化的形式评估。

4. 政府管理部门应建立政策和法规的咨询机制

“无摊城市”事件对于人们认识由组织引发的公共事务危机管理具有一定的典型意义。问题在于：其一，当发生了有争议的公共行政问题时，政府主管部门在舆论引导中“沉默”、“失位”，与公众媒介缺乏有效的沟通，信息不对称，事件由一般的管理问题转变为危机事件。从4月初到6月中下旬，长达两个多月的时间内，合肥市相关部门没有给予任何的回应和解释，媒介得不到准确的信息，任由各类媒体自由发挥，舆论“一边倒”，并迅速蔓延和扩大，正是危机产生和发展的关键问题之一。其二，合肥市政府内部缺乏协调沟通，发言人前后说话不一，造成政府信誉受损。其三，一项影响民生的政府政策只是由政府职能部门制定，措施是否完善？在这一事件处理过程中，合肥市政府希望改善市容，提高城市的竞争力，出发点、愿望都是很好的。但“无摊城市”的政策能否实现呢？这样一个问题，如果有一个科学的咨询机制，危机是完全可以避免的。透过这些案例可以看到，政府在制定政策和法规时应建立健全咨询机制，充分听取专业人士和公众的意见，然后再作出决策，这样会避免许多公共事务危机的发生。

5. 对公众进行应对危机的教育

预防及阻止危机的发生是危机管理的最高境界。对公众进行应对危机的教育，是完善公共事务危机管理必不可少的措施。只有把危机预防和管理的专业思维变为广大公众的基本意识和技能，危机才会大大减少或避免；一旦危机发生，能够有效地控制和管理。公众教育当然包括不同层面的公众，包括政府管理人员和一般的人民大众。

6. 全面提升组织能力是战略性危机管理的重要举措

综上所述，因为组织的原因引发危机的频率较高，“组织”成了战略性危机管理应

当关注的主要元素。通过加强组织能力，完善战略规划和执行，从组织管理的角度防止危机的发生，是本质的危机预防管理。就像人体要预防疾病发生，就要强身健体的道理一样。这是立足于长远，即从战略高度实现危机预防管理。导入组织能力管理模型和以平衡计分卡为基础的战略图模型，有利于提升组织能力，实施战略管理，是实现战略性危机管理的重要举措。

7. 本研究的局限与发展性研究

由于本研究属于探讨性研究，仅以七个个案为例，在选样上有“代表性”的局限。本研究是文献资料和案例报告、媒体资料的应用，缺乏深度访谈和量化调查，存在一定的局限性。

笔者认为，这是一项有战略意义的研究，应该在深度和广度上作进一步研究，必要时，在公共事务机构的组织能力研究方面，可以作一些实验研究，以求达到更准确的结果。

【参考文献】

1. (美) 罗伯特·希斯著. 危机管理. 王成，宋炳辉，金瑛译. 北京：中信出版社，2004.
2. 张成福. 公共危机管理：全面整合的模式与中国战略选择. 中国行政管理，2003 (7).
3. 杨冠琼. 危机事件的特征、类别与政府危机管理. 新视野，2003 (6).
4. 吴宜蓁. 危机传播——公共关系与语艺观点的理论与实践. 台北：五南图书出版股份有限公司，2002.
5. 张小明主编. 公共部门危机管理. 北京：中国人民大学出版社，2006.
6. 薛澜. 直面危机 SARS 陷局与中国治理转型. 人民网. 2003-05-19.
7. (美) Mitroff, Iam I.; Pearson, Christive M. 著. 危机诊断手册. 吴宜蓁，徐泳絮译. 台北：五南图书出版股份有限公司，1996.
8. 忻榕，杨国安. 哈佛商业评论. 2006 (12).
9. (美) 罗伯特·S. 卡普兰，大卫·P. 诺顿. 战略中心型组织 (*The Strategy Focused Organiztion*).
10. (美) 罗伯特·S. 卡普兰，大卫·P. 诺顿. 战略地图——化无形资产为有形成果 (*Converting Intangible Assets Into Tangible Outcomes*). 广州：广东经济出版社，2005.
11. 薛澜，张强，钟开斌著. 危机管理. 北京：清华大学出版社，2003.
12. (美) Judy, Doug Newson; Turk, VanSiyke; Kruckeberg, Dean 著. 公共关系——理论与实务. 蔡美瑛译. 台北：亚太图书，1999.
13. (美) Otto Lerbinger 著. 危机管理. 于凤娟译. 台北：五南图书出版股份有限公司，2001.

基于民众心理反应的公共危机三层次管理模式*

景怀斌　胡　斌**

【摘　要】民众在公共危机事件下有普遍的负性心理反应。如果能够找到影响民众负性心理反应的因素机制，即可找到针对性的公共管理对策模式。本研究利用 SARS 期间的调查数据讨论了这一问题。在 SARS 负性心理反应中，不同阶段的心理因素模型是不同的：早期为事件信息——社会支持性，中期为事件信息——知识性的，后期为品质——社会支持性因素。这启示，公共管理部门在应对诸如 SARS 之类公共危机事件时，应采取不同的、递进的预案——早期以事件信息管理为核心，中期以涉及的知识管理为核心，后期则以专业性服务管理为核心。

【关键词】公共危机　公共管理　SARS　负性心理

一、前言

现代社会文明高度发展，而人为的文明也在一定程度上表现出脆弱性，灾害发生的频率和影响程度大大提高。根据美国政府 2003 年的统计，美国全国性的灾难平均由 20 年前的 27 起达到 2003 年的 47 起。根据保守的估计，美国的灾害可能达到年 4000 起①。至于我国社会，众所周知，灾害也是日益增多。据不完全统计，2005 年我国重大矿难就有 33 起②。

毫无疑问，每一场灾害都关涉众多的人。而人的重要属性是人的心理反应。人的心理决定了人的行为性质和方式，人的行为过程又产生着心理体验。因此，对于危机或灾

---

* 本研究受国家自然科学基金资助（项目批准号：70340011）。

对该研究有贡献的人员有：廖为建、李伟民、丘海雄、柳明、郑晨、范国平、赵建平、龙斌、陈炽祥、李进贤；Stanley Sue，Xiaojia Ge，吴兆文。本研究中的抽样：广州地区：与广州社情民意研究中心共同完成；北京地区：北京海淀立人研究所胡斌组织完成；全国其他地区：与《家庭》杂志社的郑晨、范国平共同完成。

本文原发表于《公共管理研究》（4 卷），上海人民出版社 2006 年版，第 129－149 页。基于本文主题，文章有删改和补充修改。

** 景怀斌，中山大学政治与公共事务管理学院公共传播学系教授；胡斌，北京立人研究所副教授。

① Reyes，Gilbert；Elhai，Jon D.（2004）．Psychosocial intervention in the early phases of disasters. *Psychotherapy：Theory，Research，Practice，Training.* Vol. 41（4），pp. 399－411.

② 海波．平安工作放心吃饭，普通百姓幸福生活．浙江在线新闻网站．

害管理来说，了解、把握民众在灾害或公共危机下的心理反应，是全面、深入把握危机事件的一个切入点，也是危机应对诊断的一个重要依据。在人本社会的今天，这个角度的重要性更为突出。

关于灾害心理，国内外有不少研究。这些主要集中在：一是各种灾难对个体的心理影响。如经历城市骚乱的居民有创伤性压力异常（post-traumatic stress disorder，PTSD），心理健康状况受到损伤。① 核泄露地区的居民，越接近灾害区域，创伤性反应和焦虑越高。② 飓风自然灾难的经历对于人的婚姻、出生、离婚等有影响③。自然灾害对儿童的记忆产生影响。越年轻，影响越大。④ 二是灾害心理创伤的因素研究。如以前经历的灾难，提高了创伤压力、恐惧和身心症状，女性的创伤高于男性⑤。地震的经历，能够降低因地震而产生的抑郁。⑥ 洪水灾害经历提高了老年人的抑郁、焦虑、身心水平⑦。灾难对人的心理有绝对的影响，但年龄因素有一定的作用⑧。地震经历增加了噩梦出现的比例⑨。地震前的测试和地震后的测试比较表明，地震后出现了抑郁和创伤性压力。地震前个体的抑郁等水平，提高了地震后的心理抑郁水平；更多地经历地震的剧烈情况，提高了心理抑郁和压力。⑩ 飓风灾害创伤性压力异常有文化差异⑪。对于灾难的有利的

---

① Hanson, R. F.; Kilpatrick, D. G.; Freedy, J. R.; Saunders, B. E. (1995). Los Angeles County after the 1992 civil disturbances: Degree of exposure and impact on mental health. *Journal of Consulting & Clinical Psychology*. Vol. 63 (6): 987-996.

② Foster, R. P. (2002). The long-term mental health effects of nuclear trauma in recent Russian immigrants in the United States. *American Journal of Orthopsychiatry*. Vol. 72 (4): 492-504.

③ Cohan, C. L.; Cole, S. W. (2002). Life course transitions and natural disaster: Marriage, birth, and divorce following Hurricane Hugo. *Journal of Family Psychology*. Vol. 16 (1): 14-25.

④ Bahrick, L. E.; Parker, J. F.; Fivush, R.; Levitt, M. (1998). The effects of stress on young children's memory for a natural disaster. *Journal of Experimental Psychology: Applied*. Vol. 4 (4): 308-331.

⑤ Lindeman, M.; Saari, S.; Verkasalo, M.; Prytz, H. (1996). Traumatic stress and its risk factors among peripheral victims of the M/S Estonia Disaster. *European Psychologist*. Vol. 1 (4): 255-270.

⑥ Knight, B. G.; Gatz, M.; Heller, K.; Bengtson, V. L. (2000). Age and emotional response to the Northridge earthquake: A longitudinal analysis. *Psychology & Aging*. Vol. 15 (4): 627-634.

⑦ Phifer, J. F. (1990). Psychological distress and somatic symptoms after natural disaster: Differential vulnerability among older adults. *Psychology & Aging*. Vol. 5 (3): 412-420.

⑧ Thompson, M. P.; Norris, F. H.; Hanacek, B. (1993). Age differences in the psychological consequences of Hurricane Hugo. *Psychology & Aging*. Vol. 8 (4): 606-616.

⑨ Wood, J. M.; Bootzin, R. R.; Rosenhan, D.; Nolen-Hoeksema, S. (1992). Effects of the 1989 San Francisco earthquake on frequency and content of nightmares. *Journal of Abnormal Psychology*. Vol. 101 (2): 219-224.

⑩ Nolen-Hoeksema, S.; Morrow, J. (1991). A prospective study of depression and post-traumatic stress symptoms after a natural disaster: The 1989 Loma Prieta earthquake. *Journal of Personality & Social Psychology*. Vol. 61 (1): 115-121.

⑪ Norris, F. H.; Perilla, J. L.; Murphy, A. D. (2001). Postdisaster stress in the United States and Mexico: A cross-cultural test of the multicriterion conceptual model of post-traumatic stress disorder. *Journal of Abnormal Psychology*. Vol. 110 (4): 553-563.

一面理解，利于心理健康的康复。[①]“9·11”事件后，美国心理学有许多研究。如研究发现，纽约地区大约有520，000人有创伤性压力异常；在“9·11”发生后的一个半月，485个随机调查显示，有40%的成人创伤性压力异常。美国、加拿大民众的自我控制感、安全感、幸福感下降。即使生活在海外的美国人也受到情绪影响[②]。

虽然这些灾害心理方面的研究很重要，但是灾害或公共危机心理研究，还应重视从心理的角度提供公共管理策略建议——如何根据民众在公共危机中的反应和行为，为政府应对危机提供操作模式。在一定意义上，这更重要，因为民众和政府是公共危机中的互动主体，双方的互信性互动是克服危机的重要途径，而要达此目的，理解民众的心理无疑是重要的，因为，人总是以自己的方式解释遇到的环境信息的。（景怀斌，2005）因此，如何以民众的心理反应为依据，形成公共管理的策略或模式，就成为公共危机管理操作的一个切入点。虽然自SARS后，我国学术界对于公共危机管理的研究有很大进展（如以“公共危机”作为论文摘要检索词，在中国学术期刊网上有3146篇报告[③]），就笔者的文献检索看，从民众心理反应的角度讨论公共管理模式的，还是不够的。

基于这样的认识，本文拟探讨从影响民众在公共危机事件下的负性心理反应的因素模型，探讨公共危机管理的层次模型。

本研究采用定量研究方法进行，研究数据为SARS期间的调查数据。

二、研究设计与方法

数据在SARS期间采用回溯式（retrospective）调查方式获得。回溯方式即在事件发生后的后期或某一个阶段，对被试前期及当前心理状况进行调查。这种方法不是事件当前状态下的调查，有一定的局限性。但是，由于灾害和社会事件发生的不可预见性、人为不可控制性，研究问题显现的滞后性，提前进行周密的研究设计和资料收集往往不可能，因此，回溯式研究是自然发展的社会事件研究常用的方法。如第二次世界大战结束后，对德国战时城市平民的士气研究；1978年，有关学者在三哩岛核电站事故结束半年后对员工态度的问卷调查[④]。同样，心理学的灾害性事件研究也往往采用回溯性研究[⑤]。因此，回顾式研究是研究诸如灾害性事件的常用方法。对于本研究来说，由于SARS事件构成了巨大的社会灾难，引起了普遍重视，在其早期，我们的问题意识已经明晰，且问

---

① McMillen, J. C.; Smith, E. M.; Fisher, R. H. (1997). Perceived benefit and mental health after three types of disaster. *Journal of Consulting & Clinical Psychology*. Vol. 65 (5): 733 – 739.

② Miller, A. M.; Heldring, M. (2004). Mental Health and Primary Care in a Time of Terrorism: Psychological Impact of Terrorist Attacks. *Families, Systems, & Health*. Vol. 22 (1): 7 – 30.

③ 检索日期为2007 – 12 – 09。

④ 艾尔·巴比著. 社会研究方法. 邱泽奇译. 华夏出版社，2005：229 – 230.

⑤ Hanson, R. F.; Kilpatrick, D. G.; Freedy, J. R.; Saunders, B. E. (1995). Los Angeles County after the 1992 civil disturbances: Degree of exposure and impact on mental health. *Journal of Consulting & Clinical Psychology*. Vol. 63 (6): 987 – 996.

卷是在该事件后期进行，应当说有相当的即时性。现在看来，提供了宝贵的资料。

（一）时间变量

本研究中时间变量作用明显。SARS 在中国的发展过程如下：2002 年 11 月 16 日，第一个 SARS 病例出现于广东佛山市；2003 年 2 月 3—14 日广东进入发病高峰期，但病原不清，而且有家族成员及医护人员极易被集体传染的特点，引起了社会的普遍恐慌；4 月 20 日中国政府采取公开、全面的措施，抗击 SARS；6 月 24 日世界卫生组织宣布，北京的 SARS 疫情明显缓和，已符合世界卫生组织有关标准，将北京从 SARS 疫区名单中排除①。

鉴于社会变化会导致民众心理反应不同，本研究以上述变化为分期标准划分三个阶段：早期（2003 年 2 月—4 月 20 日），即政府没有每天通报 SARS 感染，但社会上流传着有关 SARS 的各种传闻；中期（4 月 20 日—6 月 24 日）即 4 月 20 日政府每天公布疫情后，到 6 月 24 日世界卫生组织解除北京旅游警告；后期（6 月 24 日—8 月 15 日），SARS 基本得到控制。就本研究看，后期即是调查完成的时间，即 2003 年 7 月 20 日—2003 年 8 月 10 日。

（二）研究工具

1. 负性心理反应问卷

我们选择民众在公共危机中的负性心理反应为模型构建的心理指标。这是因为，负性心理是民众在公共危机中最基本的心理反应。这是由心理的一般规律决定的——个体遇到危害性事件会自然产生害怕的、防御的心理和行为。这里的负性心理，接近于西方心理学文献中的 distress，主要指因压力事件而导致的心理反应，有痛苦性质，包括痛苦、焦虑、担心等主观感受。有学者认为，distress 主要包括抑郁和焦虑②。另外，由于危机事件导致了一定数量的人员突然死亡，这会造成民众一定程度的心理痛苦，也应从创伤性角度考虑其影响。③ 因此，对于重大的公共危机看，负性心理包括抑郁、焦虑和创伤三个方面。

由此，在本研究中，我们界定，SARS 导致的负性心理反应主要包括精神负性心理、抑郁、焦虑、创伤性。这是我们问卷设计的概念基础。

限于问卷的长度（要针对 SARS 三阶段来回答，即重复 3 次），故有选择地选取题目。它们分别是：①精神负性心理。1 个题目，SARS 导致的精神压力的自我评价，由研究者设计。②抑郁感。3 个题目，引自抑郁自评量表（CES－D）中的 3、10、11 项目④。为使调查有针对性，题目有适当改进，如“担心感染（SARS）”。③焦虑感。3 个题目，

① 蓝燕，刘县书．中国内地抗 SARS 大事记．中国青年报，2003－06－25.

② 黄丽，杨廷忠，季忠民．正性负性情绪量表的中国人群适用性研究．中国心理卫生杂志.

③ Hardy, G. E.; Woods, D.; Wall, T. D. (2003). The impact of psychological distress on absence from work. *Journal of Applied Psychology*. Vol. 88 (2): 306－314.

④ 张明园．精神科判定量表手册．长沙：湖南科学技术出版社，1998：35－39.

引自 SCL－90 中的焦虑问卷。选择 7、57、78 为焦虑项目[①]。④创伤情况。3 个题目，选自 Weiss，D. S. & Marmar 的事件冲击量表[②]，题目为其中的 1、11、19。为使调查有针对性，题目表达有适当改进，主要针对 SARS 而表述，如“觉得这事会再次重演（SARS）。”所有项目回答等级为 5 级：“没有”、“很轻”、“中等”、“偏重”、“严重”。以上 10 个项目构成了负性心理反应问卷。经检验，其 α 信度系数为 0.92。

2. 影响因素问卷

影响个体对事件的反应因素是多样的：按照心理学的一般原理，主要有人格因素、环境因素（包括事件本身、传播、他人影响等）、个体观念等等。由此，我们设计了：

（1）人格问卷。鉴于人格问题非常复杂，选择目前心理学界较广泛认可的五大理论为依据构造问卷。由于本研究只是把人格因素作为影响 SARS 反应的一个维度，如果完全以“大五”人格量表为工具，在调查操作上不可行（其题目量过大）。因此，以 Paul T. Costa，Robert R. McCrae 的 NEO－PI－R 关于“大五”性格的典型描述为基础设计简易问卷。如他们对于神经质的描述为：焦虑的、敌意的，抑郁的、自我意识的，强迫的，易伤害的[③]。根据其基本描述，用汉语表述出来，构造简易人格测验。这样，“大五”人格每个维度有 5 个词语，构成了神经质、外向、开放性、认同性、自我意识，共 25 个项目。经检验，本研究中人格问卷（不是量表）的 α 信度系数为 0.87。

（2）其他个体因素。如个体对 SARS 的关心程度，对 SARS 的知识掌握情况，对 SARS 控制可能性的认识，个体的一些观念（如社会公正认识、互助感、信任感、SARS 预计等），个体生活背景变量（如年龄、性别、身体状况、地域、信仰、医疗保险），对政府、传媒信息的信任程度，等等。

（3）社会性影响因素，如周围人的影响，传媒的影响（电视、网络、报纸），与 SARS 感染者的关系，SARS 增加数的心理效应。

（三）抽样

鉴于 SARS 爆发于广州，严重于北京，影响波及全国的现实，本研究在广州、北京、全国其他地区取样。抽样方式为：

1. 广州地区

首先，确定 400 样本抽取量。其次，采用多阶段分层随机抽样，即通过区——街道——居委会——居民户取样。具体过程是，按照《2002 年广州统计年鉴》8 个老城区的常住人口比例，确定各区的抽样户，再按照每个区 1—5 个街道，每个街道一个居委会，每个居委会 15 户左右确定调查对象。最后，确定抽样户后，调查员上门调查。如

---

① 张明园．精神科判定量表手册．长沙：湖南科学技术出版社，1998：35－39.

② Weiss，D. S. & Marmar，C. R. （1995）. The impact of event scale revised. In Wilson，P. J. & Keane，T. M.（eds.）*Assessing Psychological Trauma and PTSD*. New York：Guilford Press. 1996：59.

③ Costa，P. T.；McCrae，R. R. （2003）. http：//www. rpp. on. ca/neopir. htm.

果调查对象不在家或拒访，则访问相邻的下一户，直到完成。访谈对象为开门之人，如果开门的人不符合条件（如年龄要在18—65岁之间），则访问员随意选择当时在家的成员中的一个访问。

2. 北京地区

首先，确定400样本抽取量。其次，依据疫情程度分层抽样。鉴于北京市城八区内疫情较重者为海淀区，疫情较轻者为朝阳区，故选取这两者为调查对象区。然后，确定具体调查区域：海淀区为中关村地区、海淀万北居民小区、海淀培智学校教职工，长城计量测试技术研究所；朝阳区为企业（中国航务周刊、北京华昌机械有限公司），北京卓达大学校园区教职员工。访谈程序为：调查员与居民负责人协同，进行访谈填写。

3. 全国其他地区的调查

鉴于操作的可能性和财力问题，选择《家庭》读者网为取样对象。其方式是，在《家庭》读者网中，用等距抽样方式，抽取2000个，以通讯的方式寄出问卷。最后回收584份问卷。回收率为29.2%。调查时间为2003年7月20日—8月10日。样本分布情况如表1所示：

表1 样本分布

		其他地区	广州	北京	总体
性别	男	34.2%	44.9%	44.8%	40.4%
	女	65.8%	(55.1%)	55.3%	59.6%
	总体（N）	576	399	400	1375
年龄	17岁以下	0.7%	1.0%	2.8%	1.4%
	18—25岁	9.4%	17.5%	30.3%	17.8%
	26—35岁	29.5%	23.5%	31.0%	28.2%
	36—45岁	29.5%	20.3%	11.8%	21.6%
	46—55岁	27.6%	21.5%	12.0%	21.3%
	56—65岁	2.8%	14.8%	9.3%	8.2%
	65岁以上	0.5%	1.5%	3.0%	1.5%
	总体（N）	573（100%）	400（100%）	400（100%）	1373（100%）
文化程度	初中及以下	8.0%	37.2%	14.0%	18.2
	中等	45.2%	39.7%	38.1%	41.6%
	大学	45.7%	21.8%	45.6%	38.8%
	研究生以上	1.0%	1.3%	2.3%	1.5%
	总体（N）	575（100%）	395（100%）	399（100%）	1369（100%）

（说明：三个样本体抽样方式不同，其描述分析，三个样本体有差异，但进行变量间关系分析时，因问题重点转为变量关系，三个样本体汇总为一体看待。）

三、民众 SARS 负性心理反应因素模型

事物的描述性分析固然可以使我们对其状况进行把握，但对事物的本质性理解则往往通过因果关系分析来实现。因此，应当讨论的问题还有，什么样的因素决定了民众如此的负性心理反应？

从统计学技术看，这一问题可以通过回归分析显著性检验的方式来回答。对于人来说，由于心理因素的多元相关性，从理论上看影响民众负性心理的因素是相互关联的，因此，选用逐步回归的方式来确定影响的因素。这样，以负性心理为因变量，以个体、环境、认识、背景变量等为自变量，早、中、后期民众负性心理的逐步回归结果可概括如表 2 所示：

表 2 SARS 不同阶段民众负性心理逐步回归显著性因素

早期		中期		后期	
变量	t（F）	变量	t（F）	变量	t（F）
P121 害怕	13.216***	P221 害怕	21.601***	P321 害怕	12.517***
组别	6.943***	组别	5.924***	组别	8.498***
P128 关心程度	3.957***	P2211 关心程度	3.719***	P3212 周围人的讨论程度	5.332***
神经质	5.915***	神经质	5.340***	外向	−2.787***
P1215 与 SARS 病人生活距离	2.973***	P2219 与 SARS 感染者的关系	3.077***	神经质	4.465***
P1218 对 SARS 增加的感觉	4.640***	P2226 SARS 可控制感	−4.498***	P3216 对政府 SARS 通报信任度	−3.796***
P1214 与 SARS 感染者的关系	3.412***	P2212 周围人的讨论程度	3.592***	P3211 关心程度	3.838***
P1213 对报道的信任	−2.714***	自我意识	−2.789***	互助感	−2.650***
医保	3.069***	P2217 对政府 SARS 通报的信任度	−3.425***	年龄	2.535**
P129 周围人的讨论程度	2.570**	P2220 与 SARS 病人的生活距离	3.189***	自我意识	−2.162*
P1220 SARS 可控制感	−2.671***	P2221 对 SARS 通报的关心程度	3.233***		

续上表

早期		中期		后期	
变量	t（F）	变量	t（F）	变量	t（F）
互助感	-2.371**	P2215SARS 知识	-2.488**		
P1211 看报纸时间	1.996*	P2214 看报纸时间	2.694***		
		P2222SARS 知识的了解渠道	2.580**		
DF（13，1173）	52.56***	DF（14，1171）	92.47***	DF（10，1200）	66.18***
R2 .368		R2 .525		R2 .355	

*P<.05，**P<.01，***P<.001

（说明：上表中如“P1211”为统计编码，为表述简介，下面有关内容用此方式表达。）

表2的信息是多方面的，我们按照SARS发生的阶段逐一分析：

第一，关于早期阶段

在早期阶段，F（13，1173）=52.56，达到0.000水平，说明负性心理与上述因素的回归关系成立。R2为0.368，说明上述因素可以解释民众负性心理变差的36.8%。

回归统计表明，在这一阶段，对民众负性心理有显著作用的因素为：对SARS的害怕感，不同组别（北京、广州、全国其他地区），对SARS的关心程度，神经质性，与SARS病人的生活距离，SARS病人增加的感受，与SARS病人的关系，对媒体报道信任的信任程度，医保情况，周围人对SARS的关注程度，SARS可控制感，互助感，看报纸时间的长短等13个因素。

显然，这13个因素不容易简单明了地表达影响因素的规律性特征，我们需要对其关系进行进一步分析。对事物归类的方法多种多样，如可以是纯思辨的理论分析，也可以是统计的聚类分析、因素分析。考虑到研究对象的相关性，我们采用因素分析的方法进行。

因素分析的第一步是看研究对象是否适合因素分析，即对因素分析的适当性进行考察。以上述显著影响因素为研究变量，KMO适应性指标为0.676，Bartlett球形检验统计量为1656.89（df=78），p=0.000，说明本研究数据适合进行因素分析。

然后，考虑因素提取。统计表明，特征值大于1的因子为4个，累积方差贡献率为48.23%。选取多少个因素？我们根据探索性因素分析中常用的卡特尔（Cattell）的“陡坡检验”原理来初步确定（谢小庆、王丽编，1989：96），统计表明，因素结构的点状图（Scree Plot）陡坡和缓坡发生在第4个因素的位置上（如图1所示）。

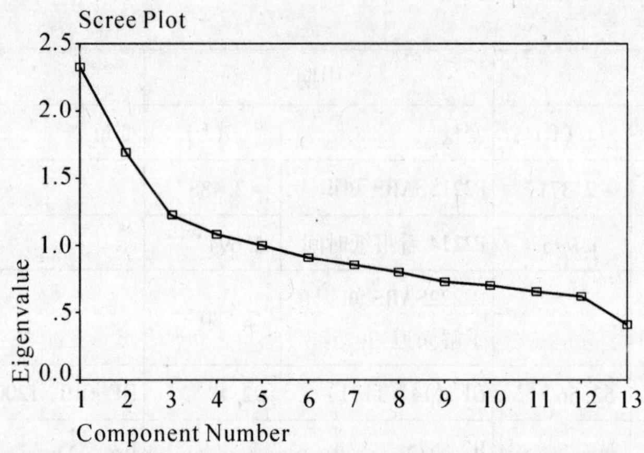

图 1　负性心理早期阶段显著因素结构的点状示意图

可见，选择 3 个因子比较合适。进一步的统计表明，3 因素的累积方差贡献率为 39. 89%。基本负荷 40% 的常规标准，3 个因素的方差解释率分别为 17. 03%、13. 02%、9. 85%。说明符合单因素抽取标准，可见抽取 3 因素是合适的。考虑到心理变量的相关性，我们采用主成分分析（PC）法抽取公共因素，再用斜交的 promax 旋转法求出最终的因素负荷矩阵。结果如表 3 所示。

表 3　早期阶段影响负性心理显著因素的因素分析结果

	Component		
	1	2	3
P121	. 629	－. 175	－. 092
组别	－. 059	－. 617	－. 052
P128	. 803	. 114	－. 027
神经质	. 262	. 155	. 066
P1215	－. 034	－. 318	. 670
P1218	. 627	. 045	－. 002
P1214	－. 012	－. 136	. 698
P1213	. 135	. 573	－. 152
医保	－. 002	－. 253	－. 456
P129	. 740	. 047	. 063

续上表

	Component		
	1	2	3
P1220	-.088	.595	.054
互助感	.032	.545	-.210
P1211	.332	.258	.332

Extraction Method：Principal Component Analysis.

Rotation Method：Promax with Kaiser Normalization.

从表3可以看出，在第一因素中，负荷最大的变量是对SARS的关心程度（P128），周围人的讨论（P129），对SARS的害怕（P121），SARS病人增加的恐惧感（P1218），对信息的关心（P1211），神经质性，等等。这些是因为害怕、神经质而推动的对SARS信息的关注。在第二因素中，负荷最大的变量是组别，SARS的能够控制性（P1220），SARS报道的信任性（P1213），互助感，这些因素具有社会支持性特征。在第三因素中，负荷最大的变量是与感染SARS者的关系（P1214），与感染SARS者的距离（P1215），医保，属于安全保障性因素。故此，早期民众SARS负性心理的作用模型可以概括为：

SARS负性心理（DS）＝事件信息因素×社会支持性因素×安全保障感因素×误差因素

第二，关于中期阶段

在中期阶段，表3显示，F（14，1171）＝92.47，达到0.000水平，说明回归有显著意义，负性心理与上述因素的回归关系成立。R2为0.525，说明这些因素可以解释民众负性心理的52.5%。

在这一阶段，民众负性心理受以下因素显著影响：对SARS害怕感，组别（北京、广州、全国其他地区），对SARS的关心程度，神经质，与SARS病人的关系，SARS控制感，周围人对SARS的关注程度，“大五”人格中的自我意识，对政府通报的信任程度，与SARS病人的生活距离，对SARS报道的关心程度，SARS的知识，看报纸时间，了解SARS知识的渠道。

中期，作用显著的因素大部分相同，新的不同因素是：自我意识、对政府信息通报的信任程度、SARS知识、SARS情况的了解渠道等因素。这些说明，在个体的自我意识支配下，个体对SARS的知识性探究因素影响着个体的负性心理。

那么，这些显著的因素有什么样的关系。我们采用如上方法进行归类。

KMO适应性指标为0.703，Bartlett球形检验统计量为2563.75（df＝91），p＝0.000，说明本研究数据适合进行因素分析。

特征值大于1的因子为5个，累积方差贡献率为57.46%。根据卡特尔（Cattell）

的“陡坡检验”原理，因素结构的点状图（Scree Plot）陡坡和缓坡发生在第4个因素的位置上（如图2所示）。

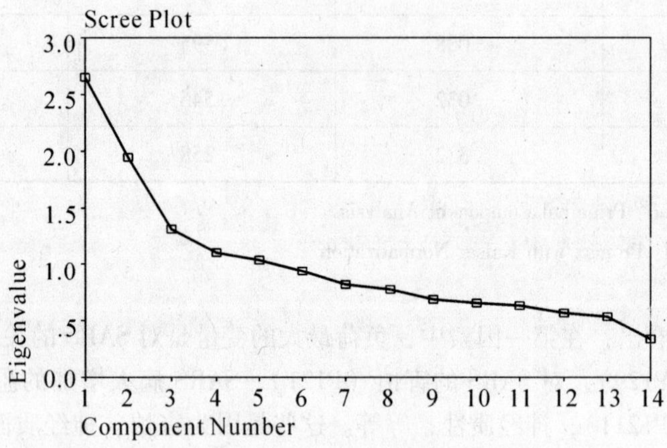

图2　负性心理中期阶段显著因素结构的点状示意图

表3显示，因素3、4的变换不突出，如果抽取2个因素，累积方差贡献率为32.86%。而抽取3个因子，累积方差贡献率为42.23%，符合因素抽取的常规要求。3个因素的方差解释率分别为18.97%、13.89%、9.37%，均符合因素抽取标准，可见抽取3因素是合适的。同上道理，采用主成分分析（PC）法抽取公共因素，再用斜交的promax旋转法求出最终的因素负荷矩阵。结果如表4所示。

表4　中期阶段影响负性心理显著因素的因素分析结果

	Component		
	1	2	3
P221	.427	−.463	.196
组别	−.032	−.654	.130
P2211	.808	.018	−.113
神经质	.311	.118	.209
P2219	−.100	−.214	.798
P2226	.061	.541	−.035
P2212	.730	−.102	−.124
自我意识	.163	.499	−.072

续上表

	Component		
	1	2	3
P2217	.258	.493	-.436
P2220	-.043	-.091	.726
P2221	.764	.165	-.256
P2215	.546	.190	.075
P2214	.369	.237	.253
P2222	.010	-.489	.094

Extraction Method：Principal Component Analysis.

Rotation Method：Promax with Kaiser Normalization.

从表4可以看出，在第一因素中，负荷最大的变量是对SARS的关心程度（P2211），对SARS的通报（P2221），周围人的讨论（P2212），对SARS的知识（P2215），对SARS的电视观看时间（P2214）。这些因素属于因心理（对于神经质性的人来说，尤其突出）自然反应（恐惧）而对事件信息关注。在第二因素中，负荷最大的变量是组别（不同职业群体反应有差异），SARS的可控制性（P2226），自我意识，对政府SARS通报的信任程度（P2217），SARS信息渠道（P2222），害怕感（P221）。这些因素属于因自我意识、害怕等心理相关的知识程度或信息掌握程度。在第三因素中，负荷最大的变量是：与SARS感染者的关系（P2219），与SARS感染者的距离（P2220）。在这个阶段，医疗保障性因素作用不明显了。说明随着SARS信息的公布，人们意识到医疗保障不足以解决SARS后果。这些因素属于与危险相关的安全情境感。故此，早期民众SARS负性心理的作用模型可以概括为：

SARS负性心理（DS）＝事件信息因素×知识性因素×危机情境×误差因素

第三，后期阶段

在后期阶段，从表4可以看出，F（10，1200）＝66.179，达到0.000水平，说明回归有显著意义，负性心理反应与上述因素的回归关系成立。R2为0.355，说明这些因素可以解释民众负性心理的35.5%。

在此阶段，对民众负性心理显著作用的因素为：对SARS的害怕感，不同组别（北京、广州、全国其他地区），周围人对SARS的讨论程度，外向程度，神经质，对政府通报的信任程度，对SARS的关心程度，互助感，年龄，自我意识。后期，基本的个体主观——环境因素仍然没有变化，其他的影响因素数目减少，出现了新的因素，如外向、年龄等心理品质性因素。

上述因素归类，采用如下方法：

首先，看这些因素是否适合因素分析。KMO 适应性指标为 0.613，Bartlett 球形检验统计量为 1481.10（df = 45），p = 0.000，说明本研究数据适合进行因素分析。

其次，考虑因素提取。特征值大于 1 的因子为 4 个，累积方差贡献率为 59.44%。根据卡特尔（Cattell）的“陡坡检验”原理，因素结构的点状图（Scree Plot）陡坡和缓坡发生在第 3 个因素的位置上（如图 3 所示）。

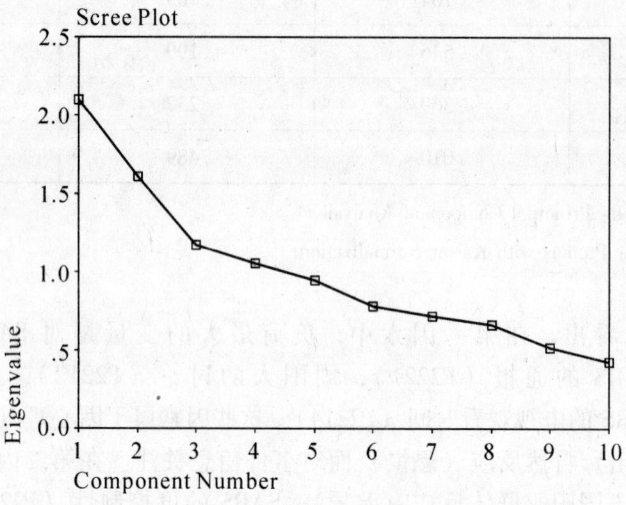

图 3　负性心理后期阶段显著因素结构的点状示意图

图 3 点状示意图显示，在因素 3 上有明显的曲线变化，似乎抽取 2 个因子比较合适。其累积方差贡献率为 37.12%，2 个因素的方差解释率分别为 21.02%、16.09%，符合单个因素抽取标准。若抽取 3 个因素，虽然累计方差解释率达到 48.86%，因素方差也大于 5%，但因素过多，不宜分类，故综合看，决定取 2 个因素。考虑到心理变量的相关性，我们采用主成分分析（PC）法抽取公共因素，再用斜交的 promax 旋转法求出最终的因素负荷矩阵。结果如表 5 所示。

表 5　后期阶段影响负性心理显著因素的因素分析结果

	Component	
	1	2
P321	-.458	.487
组别	-.547	-.155
P3212	-.066	.792

续上表

	Component	
	1	2
外向	.714	-.103
神经质	.056	.345
P3216	.512	.045
P3211	.152	.766
互助感	.525	-.031
年龄	.158	.051
自我意识	.700	-.037

Extraction Method: Principal Component Analysis.
Rotation Method: Promax with Kaiser Normalization.

从表5可以看出，在第一因素中，负荷最大的变量是"大五"人格中的外向性，自我意识，组别（不同地区），互助感，对政府SARS通报的信任（P3216），年龄，等等。显然，这一因素属于因外向性、自我意识、年龄差异而导致的社会支持性因素。在第二因素中，负荷最大的变量是：周围人的讨论（P3212），对SARS的关心程度（P3211），害怕（P321），"大五"人格中的神经质，属于与神经质相关的担心等社会气氛因素。故此，后期民众SARS负性心理的作用模型可以概括为：

SARS负性心理（DS）=社会支持性因素×社会气氛因素×误差因素

从上面三阶段总体比较来看，三个阶段作用显著的共同因素是：害怕感、组别、关心程度、神经质、周围人的关注程度。其中，组别说明不同地区的样本反应的差别，是地域因素，这里可以不讨论。就个体角度看，害怕是个体的情绪反应，神经质是个体的心理特质，这一结果与国外学者的发现一致。如52项相关研究的元研究发现，受灾害影响者的特点和灾害的性质特点，对心理症状有明显的作用（Rubonis & Bickman, 1991）；周围人的关注程度是环境因素。这些属于影响个体的负性心理个体的心理特质、环境（周围人）的互动因素。这些可以看作决定民众SARS负性心理反应的基础性因素。

四、结论与建议

基于上面的分析，影响不同阶段民众负性心理的因素是不同的。分别为：

早期：SARS负性心理（DS）=事件信息因素×社会支持性因素×安全保障感因素×误差因素

中期：SARS负性心理（DS）＝事件信息因素×知识性因素×危机情境×误差因素

后期：SARS负性心理（DS）＝ 社会支持性因素×社会气氛因素×误差因素

概括看，负性心理的影响因素，早期是信息性的，中期是信息—知识性的，后期为知识性—评估性。这说明：早期的影响因素是事件信息—社会支持性的，中期的影响因素是事件信息—知识—危机情境的，后期的影响因素是社会支持性—社会气氛因素。

基于这样的模型，有以下公共危机管理建议：

第一，民众在公共危机的不同阶段，影响民众心理与行为反应的因素不同，因此，政府应根据不同阶段的特点，采取不同的应对策略和方式。这就是说，在面对突发的重大社会危机时，政府应有多种的、递进的预案，不应是单一的、不变的措施。

第二，基于民众反应模型，早期的影响因素是事件——信息性因素，中期的影响因素是事件——知识性因素，后期的影响因素是事件——品质性因素，因此，我们对应对危机事件的公共管理策略有如下建议：

在早期阶段，应以信息管理为核心。这就是说，在危机事件发生的初期，应通过信息管理的方式进行危机管理。英国危机管理专家里杰斯特曾提出过风险沟通“3T原则”，即：“主动提供情况（Talk it your own)”，“提供全部情况（Talk it all)”，“尽快提供情况（Talk it fast)”。这值得参考。对于危机早期如何进行信息管理，我们这里尝试提出“三越原则”：①越具体的信息越好。因为越是具体的信息，在大众传播过程中发生畸变的可能性越小。②越直接越好。即危机发生后，当事人（当局、政府部门、责任人）直接把信息发布出来，减少信息发布渠道。因为在民众心中，当事人才最了解情况，这也减少了信息传播的环节。当然，这里也涉及当事人与媒体的关系。合作的、权威的媒体无疑是重要的。因此当事人要重视如何利用媒体发布符合实际的信息。③越权威越好。即信息通过越权威的部门发布越好。这里要特别提醒，注意危机事件的性质。如果危机事件是如SARS之类的知识性危机，那么，应考虑由权威的专家说明。总之，初期的信息管理的目的是发布具体的、准确的、良好官方—民间沟通效果的信息，使民众了解事件的状况、因果、发展趋势，减少因信息不确定而造成的信息畸变和谣言的产生，降低社会危害。

在中期阶段，危机管理以知识管理为核心，即通过专业人员向民众传递应对危机的理性措施和方法。这里尝试提出三R原则，即威望（Respect)，相关（Relation)，反复(Replay)。也就是说，危机特别是如SARS这样重大的知识性危机，要由受人尊重的专家、权威介绍有关情况和知识。这样的介绍不仅是事件本身，还包括相关的知识，同时也要反复进行，这是因为，民众对知识的掌握是不确定的，我们不知道他们是否掌握了有关知识。所以，不能认为，媒体介绍一次就可以了。

在后期阶段，则应重视心理品质性服务，由各方面专业人员参与，消除危机事件造成的特定的影响。这依赖于社会比较完善的服务体系。

第三，公共管理中要兼顾个体差异。如我们前面的研究表明，压力和行为影响有个人性心理品质和观念的影响，因此有个体间的差异性。此外，不同群体间也有差异。公共管理的具体措施和制度也要兼顾这些。

【参考文献】

1. 艾尔·巴比著．社会研究方法．邱泽奇译．北京：华夏出版社，2005，pp. 229—230.
2.《财经》杂志编辑部．SARS 调查：一场空前灾难的全景实录．北京：中国社会科学出版社，2003.
3. 海波．平安工作放心吃饭，普通百姓幸福生活．浙江在线新闻网站．http：//www. zjol. com. cn/05zjc/system/2005/12/29/006423012. shtml.
4. 黄丽，杨廷忠，季忠民．正性负性情绪量表的中国人群适用性研究．中国心理卫生杂志.
5. 蓝燕，刘县．中国内地抗 SARS 大事记．中国青年报，2003 - 06 - 25.
6. 张明园．精神科判定量表手册．长沙：湖南科学技术出版社．1998，pp. 35—39.
7. 谢小庆、王丽编．因素分析．北京：中国社会科学出版社，1989，p. 96.
8. Bahrick, L. E.; Parker, J. F.; Fivush, R.; Levitt, M. (1998). The effects of stress on young children's memory for a natural disaster. *Journal of Experimental Psychology: Applied.* Vol. 4 (4), pp. 308 - 331.
9. Costa, P. T.; McCrae, R. R. 2003. http: //www. rpp. on. ca/neopir. htm.
10. Cohan, C. L.; Cole, S. W. (2002). Life course transitions and natural disaster: Marriage, birth, and divorce following Hurricane Hugo. *Journal of Family Psychology.* Vol. 16 (1), pp. 14 - 25.
11. Foster, R. P. (2002). The long-term mental health effects of nuclear trauma in recent Russian immigrants in the United States. *American Journal of Orthopsychiatry.* Vol. 72 (4), pp. 492 - 504.
12. Hanson, R. F.; Kilpatrick, D. G.; Freedy, J. R.; Saunders, B. E. (1995). Los Angeles County after the 1992 civil disturbances: Degree of exposure and impact on mental health. *Journal of Consulting & Clinical Psychology.* Vol. 63 (6), pp. 987 - 996.
13. Hardy, G. E.; Woods, D.; Wall, T. D. (2003). The impact of psychological distress on absence from work. *Journal of Applied Psychology.* Vol. 88 (2), pp. 306 - 314.
14. Knight, B. G.; Gatz, M.; Heller, K.; Bengtson, V. L. (2000). Age and emotional response to the Northridge earthquake: A longitudinal analysis. *Psychology & Aging.* Vol. 15 (4), pp. 627 - 634.
15. Lindeman, M.; Saari, S.; Verkasalo, M.; Prytz, H. (1996). Traumatic stress and its risk factors among peripheral victims of the M/S Estonia Disaster. *European Psychologist.* Vol. 1 (4), pp. 255 - 270.
16. McMillen, J. C.; Smith, E. M.; Fisher, R. H. (1997). Perceived benefit and mental health after three types of disaster. *Journal of Consulting & Clinical Psychology.* Vol. 65 (5), pp. 733 - 739.
17. Miller, A. M.; Heldring, M. (2004). Mental Health and Primary Care in a Time of Terrorism: Psychological Impact of Terrorist Attacks. *Families, Systems, & Health.* Vol. 22 (1), pp. 7 - 30.
18. Nolen-Hoeksema, S.; Morrow, J. (1991). A prospective study of depression and posttraumatic stress symptoms after a natural disaster: The 1989 Loma Prieta earthquake. *Journal of Personality & Social Psychology.* Vol. 61 (1), pp. 115 - 121.
19. Norris, F. H.; Perilla, J. L.; Murphy, A. D. (2001). Postdisaster stress in the United States and Mexico: A cross-cultural test of the multicriterion conceptual model of posttraumatic stress disorder. *Jour-*

nal of Abnormal Psychology. Vol. 110 (4), pp. 553 - 563.

20. Phifer, J. F. (1990). Psychological distress and somatic symptoms after natural disaster: Differential vulnerability among older adults. *Psychology & Aging*. Vol. 5 (3), pp. 412 - 420.
21. Reyes, Gilbert; Elhai, Jon D. (2004). Psychosocial intervention in the early phases of disasters. *Psychotherapy: Theory, Research, Practice. Training*. Vol. 41 (4), pp. 399 - 411.
22. Rubonis, A. V.; Bickman, L. (1991). Psychological impairment in the wake of disaster: The disaster-psychopathology relationship. *Psychological Bulletin*. Vol. 109 (3), pp. 384 - 399.
23. Thompson, M. P.; Norris, F. H.; Hanacek, B. (1993). Age differences in the psychological consequences of Hurricane Hugo. *Psychology & Aging*. Vol. 8 (4), pp. 606 - 616.
24. Wood, J. M.; Bootzin, R. R.; Rosenhan, D.; Nolen-Hoeksema, S. (1992). Effects of the 1989 San Francisco earthquake on frequency and content of nightmares. *Journal of Abnormal Psychology*. Vol. 101 (2), pp. 219 - 224.
25. Weiss, D. S. & Marmar, C. R. (1995). The impact of event scale revised. In Wilson, P. J. & Keane, T. M. (eds.) Assessing Psychological Trauma and PTSD. New York: Guilford Press. 1996, p. 59.

美国现代危机传播研究及其借鉴意义 *

廖为建　李　莉**

【摘　要】本文系统回顾了美国现代危机传播研究的历史，对危机传播研究中的传播学、管理学及公共关系学视角进行了梳理，介绍了当前危机传播研究中的个案研究、技巧研究和理论研究三大领域，对危机传播的五种理论进行评析，并探讨了美国现代危机传播研究对我国的借鉴意义。

【关键词】危机传播　危机管理　危机公关 历史、现状及展望

随着全球化与信息化的不断加剧，人们对于地球村的触摸愈加成为一种真实的体验。然而，全球化与信息化也是一把双刃剑，在带给我们极大的资讯满足与快捷便利的同时，各种风险与灾难会随之而来。在充满不确定性的高风险社会，危机正在成为一种“常态”。荷兰莱登大学危机研究专家乌里尔·罗森塔尔（Rosenthal）认为：危机就是对一个社会系统的基本价值和行为准则架构产生严重威胁，并且在时间压力和不确定性极高的情况下，必须对其作出关键决策的事件。① 面对日益增多的危机事件，我们如何在“危难”中寻求“生机”、“转机”？这是危机管理与危机传播所要回答的问题。

危机管理（Crisis Management）在西方研究中又被称为紧急事件管理（Emergency Management）、紧急事件的风险管理（Emergency Risk Management）和灾难风险管理（Disaster Risk Management）。但无论危机管理的称谓有多少种，危机研究和管理的目的只有一个，那就是最大限度地降低人类社会悲剧的发生几率或者减少危机带来的损失。事实上，在整个涉及危机的研究中，危机管理（Crisis Management）、危机传播（Crisis Communication）、风险管理（Risk Management）和风险传播（Risk Communication）都是紧密相连的概念。危机管理旨在如何管理危机并最大限度地加以避免；危机传播重在最大限度地向内外公众以及媒体告知事件的信息；风险管理是识别危险并预测相关危及

---

* 本文发表于《广州大学学报（社会科学版）》2004 年第 8 期，中国人民大学复印资料《新闻与传播》2004 年第 12 期。

** 廖为建，中山大学政治与公共事务管理学院公共传播学研究所教授；李莉，中山大学政治与公共事务管理学院博士，公共传播学研究所研究人员。

① Hermann, C. F. *International Crises: Insights From Behavioral Research*. New York: Free Press, 1972, p. 13. 转引自中国现代国际关系研究所危机管理与对策研究中心. 国际危机管理概论. 北京：时事出版社，2003.

公众的风险；风险传播则是在危机发生的各个阶段如何与公众进行沟通。实质上，风险传播就是危机传播。①

危机传播作为与危机管理密切相连的概念，如何准确理解和把握？危机传播是否可以被简单地认同为危机管理中的一个环节？抑或危机传播是否具备自身的发展脉络？诸如此类的问题都需要我们对危机传播进行一个系统而全面的梳理。

一、从危机管理研究的历史回顾危机传播

要对危机传播有深入的认识，必须从危机管理的整个知识背景入手。危机管理的历史发展为危机传播的研究提供了宏阔的历史背景。

人类对危机管理的研究早在古代就已展开，如中国的《孙子兵法》中就有大量内容专门研究如何处理和应对危机。但是，现代危机管理研究却是在人类通信技术飞速发展的背景下起源于美国，而且美国的研究规模和研究水平一直在全球领先。一部美国危机管理研究史，就是一部现代危机管理研究史的缩影。据此，本文的历史回顾主要侧重于对美国研究成果的梳理。

1962 年的古巴导弹危机是人类有史以来最为严重的重大事件，不仅事关当事国美苏的安危，而且直接威胁到全人类的命运。一旦处理不慎，人类就可能遭遇灭顶之灾。为此，美国当局极其重视对这场危机的研究与解决，由此催生了一门新的学门——现代危机管理学。随后，以军事灾难和国家自然灾害为主要对象的危机管理研究兴起，其危机管理主体主要是政府，危机管理的手段和方法大都采用定点式的物理手段，例如勘测地貌、修筑设施等。

1982 年，美国著名制药企业强生公司遭遇泰诺（Tylol）胶囊危机事件，在处理危机时确立了“遇到危机时公司应首先考虑公众和消费者利益”的原则，采取了一系列取信于消费者的措施，使公司转危为安、渡过难关。从此以后，危机管理研究领域逐渐从政治领域拓展到商业、企业领域。这个时期的研究大多强调对危机的事后控制，以直接减少灾害损失。危机管理的主体由政府向企业扩展，研究方法也从个案分析扩展到技巧研究。但是，泰诺事件的成功处理并没有引起当时企业的广泛兴趣，直到另一个事件才促使所有企业高度关注危机管理问题。1989 年，埃克森公司瓦尔迪兹号（The Exxon Valdez）石油泄露事件因没有采取及时有效的危机应对措施，使公司深受负面影响，经营陷入危机，从此一蹶不振。由此促使危机管理主体由政府扩展到企业，危机传播计划广泛应用到商业和企业管理中。

进入 20 世纪 90 年代后，危机管理研究迅速发展起来。企业家和理论家同时从实践与理论两大层面扩展了危机管理的宽广领域。1991 年，Heck 和 Rosenthal、Pijnenberg

---

① Henry, Rene A. *You'd better have a hose if you want to put out the fire: the complete guide to crisis and risk communications: Professional tios, tactics, dos, don'ts and case histories.* Windsor, CA: Gollywobbler productions, 2000.

提出了预防（Prevention）、准备（Preparedness）、反应（Response）、恢复（Recovery）等四大原则，成为危机管理中最通行的原则。1992 年，格林（Green）则指出危机管理的特征是“从事态失控之处开始”。如此，危机管理就被置于一个宏阔的背景中进行审视：在危机发生前，要预防失控；在危机发生时，防止更进一步的失控；在事态失控后，则要重新控制住。1993 年，Mitroff 和 Pearson 切入危机管理的核心环节进行分析，指出危机管理者必须积极承担信息的搜集、分析和传播，要同时执行诸如“事实调查，深入分析，控制损失，加强沟通”等众多任务。①

“9·11”事件之后，美国危机管理尤其是公共危机管理的研究更加深入。面对恐怖事件随时可能发生在本土的潜在风险，各国政府纷纷将预防和打击恐怖主义行动列入重要议程，从此公共危机管理成为当今世界各国普遍重视的领域。在各国的实践中，公共危机管理通常包括五项职能：提升国家危机管理的能力；降低生命和财产的损失；将痛苦和破坏降到最低点；筹备恐怖活动后的危机处理；成立国家门户网络，提供信息服务；为职员营造有创造力和挑战性的环境。②

综观美国危机管理研究的历史，危机管理的研究领域不断拓宽，政府与企业均有涉及。在学科发展中，危机管理不断被引入政治学、管理学、传播学等多学科的研究视角。透过企业的公共关系职能来研究危机管理就是其中的一个视角，在此视角下，公共关系专业人员需要在危机爆发前期、中期和后期及时与公众进行沟通和对话，以降低企业的损失，尤其是形象和声誉上的损失。从公共关系角度提出的这种危机管理，一般被称为危机传播（Crisis Communication）。

从学科回顾中不难发现，危机管理在早期阶段所采取的一系列技巧与措施都涉及传播。随着危机种类日趋繁多，内容日渐复杂，以及传播媒介工具日益丰富，在危机管理中借助传播开展工作就变得越来越重要，因此危机传播从危机管理当中分离出来，成为一个单独的研究领域就成为学科发展的必然。

二、危机传播的三种研究视角

自危机传播研究从危机管理中分离之后，学界对其理解视角不一，结论迥异。通过对国内外相关文献的梳理，本文分别从传播学、管理学和公共关系学三个不同角度对危机传播概念进行分析。

（一）传播学视角：危机传播是一种特殊的传播形式

在深具传播学知识背景的学者看来，危机传播（或危机管理）不过是人类传播过程中的一种特殊形式，因此对它的理解和研究均可运用传播学研究方法，重点研究危机

---

① Heath, Robert (1998). Dealing with the complete crisis—the crisis management shell structure. *Safety Science* (30): 139 - 150.

② 唐钧. 从国际视角谈公共危机管理的创新. 理论探讨, 2003 (5).

传播过程中的传播效果、媒介、受众等变量。其代表人物是美国学者 Kathleen Feam-Banks，他将危机传播定义为“在危机事件发生之前、之中以及之后，介于组织和其公众之间的传播”①。认为一个有效的传播不仅能减轻危机，还能给组织带来比危机发生之前更为正面的声誉，而低劣的危机处理则会损伤组织的可信度、公众的信心和组织多年来建立起来的信誉。以此看来，危机传播是危机管理的次一级研究领域，危机管理中的信息搜集、分析、处理以及沟通传播等管理内容都属于危机传播管理的范畴。

（二）管理学视角：危机传播是一种特殊的管理活动

具有管理学背景的学者一般将危机传播视作一种特殊的管理活动来经营，将危机传播策略作为管理策略中的一种来运用。西方尤其是美国学者大都认为危机传播（Crisis communication）实质上就是危机管理（Crisis management）。其代表人物是库姆斯（Coombs），他认为危机传播的研究都不过是强调危机应对策略的选择，即组织在危机后“说什么”和“做什么”，而这种策略选择本身就属于管理的过程。② 危机传播不仅要遵循公开、一致、及时等原则，还要重视指导性传播（Instructing communication）和富于同情的传播，这些都可以使组织在危机后达到“说得正确、做得正确”的目的。对于危机的事前管理，危机预警机制（A Crisis Sensing Mechanism）的建构显得特别重要。这一机制包括议题管理（Issues Management）、风险管理（Risk Management）和关系管理（Relationship Management）三个要素，因此组织的任务通常是搜集影响自身的议题信息、潜在的风险信息和重要相关人的关系与质量信息，以防范和避免危机的发生。

（三）公共关系视角：危机传播就是危机公关

西方不少学者是从公共关系（Public Relations）的角度来解释危机传播的。公共关系一项非常重要的内容就是危机公关，即在危机管理过程中借用公共关系手段来进行与公众之间的沟通及处理相关信息，如信息监测与传播、媒体关系管理等，从而弥补形象与声誉的损失。因此，危机公关与危机传播的基本策略非常相似。美国学者 Jonathan Bernstein 就认为，从更专业的角度看危机公共关系，可以称之为危机管理或危机传播。③ 公共关系的独特作用在于通过与公众（内部和外部）进行及时、诚恳的交流与沟通去传达信息和策略，进而稳定、协调和融洽环境。公共关系在调查阶段尤其重要，组织借此可以拥有更多的机会去影响公众对媒体的看法。美国马里兰大学（University of Maryland）的格鲁尼格（James E. Grunig）教授认为良好的危机传播始于危机爆发之

---

① Coombs，W. T.（1995）. Choosing the right words：The development of guidelines for the selection of the “appropriate” crisis response strategies. *Management Communication Quarterly*.（8）.

② Coombs，W. Timothy（2001）. Teaching the crisis management/communication course. *Public Relations Review*：89－101.

③ Jonathan Bernstein. The biggest mistakes in crisis communication. http：//www. bernsteincrisismanagement. com/articles. html.

前，在决策之前与公众沟通是解决问题和危机的最有效方法。如果一个公关人员不能在危机爆发前与公众沟通，那么解决冲突的机会就会变得非常之小。[①]

由此可见，危机传播只是一个研究领域，不同的学科可以从不同的角度进行描述、分析和研究，这完全符合危机传播的综合性、实践性和跨学科性的特点，有助于丰富危机传播的研究视角、方法和手段，从而促进学科的健康发展。尽管这三种视角的研究侧重点不一，但都共同关注和强调信息在处理危机事件中的核心地位与作用。不管是危机前的信息预警，还是危机爆发后的新闻发布和公众沟通，抑或是危机后期的形象修复等，无一不需要调动一切信息传播手段来进行处理。因此，英国学者迈克尔·里杰斯特一针见血地指出，“只有进行有效的传播管理，才能进行有效的危机管理”[②]，这是对危机传播本质特征的精准把握。

三、危机传播的三大研究领域

危机传播研究主要有个案研究、技巧研究和理论研究。最初的危机传播研究集中在个案研究上，通过对大量案例的分析，总结危机传播的特征、原则等。技巧研究是在案例研究的基础上逐步发展起来的，包括各种危机传播的技巧、方法等，尤其以企业危机管理居多，应用功能强。理论研究相对较少，反映出危机传播领域的发展还不成熟。

（一）个案研究

强生胶囊事件、雀巢风波、“挑战者”号爆炸事件、可口可乐中毒事件、印度博帕尔事件等众多的危机案例为危机传播研究提供了生动的素材。美国学者对航空危机传播（Airline Crisis Communication）的研究就是其中的典型代表。这个领域最初的研究是由 Fishman 和 Saunders 展开的，他们通过对 Valujet 飞机事故和东部航空公司雇员的分析，提出了内部沟通（Internal Communication）的重要性。随后，Benoit 和 Czerwinski 在研究美国空难案例的基础上提出了形象修复理论（Image Restoration Theory）。Pinsdorf 则在分析几个航空公司的比较案例中提出了“危机传播中的文化议题（Cultural Issues of Crisis Communication）”。在“9·11”之后的近期研究中，Clark F. Greer 和 Kert D. Moreland 又通过对美国联合航空及美国航空两家公司在恐怖危机中的案例分析，提出了“在线传播（Online Communication）”的概念。[③] 通过大量的案例研究，危机传播研究首先为防范、处理危机总结并积累了丰富的经验。同时，通过对专门领域的个案进行不间断地跟踪与剖析，使危机传播的研究显示出很强的专门领域特征，具有明确的针对性。而且，个案研究为技巧研究和理论研究提供了便利和基础。

---

① Grunig, James E. How to measure your results in a crisis. 5/3/2002 - Rev: 21.

② （英）迈克尔·里杰斯特．危机公关．陈向阳，陈宁译，复旦大学出版社，1995：30.

③ Greer, Clark F., Moreland, Kurt D. (2003). United Airlines' and American Airlines' online crisis communication following the September 11 terrorist attacks. *Public Relations Review*. 29: 427-441.

（二）技巧研究

技巧研究在危机传播研究中具有很强的操作意义，使危机传播研究的应用价值得到比较充分的体现。迈克尔·里杰斯特在《危机公关》一书中总结了大量的案例经验，提出了很多重要的危机传播技巧，其中危机传播的“3T”原则最为著名：Tell it your own（以我为主提供情况）；Tell it fast（尽快提供情况）；Tell it all（提供全部情况）。另一学者 Jonathan Bernstein 将危机传播划分为十个步骤，涵盖了危机传播的方方面面：组建危机传播小组；指定发言人；发言人培训；制订危机传播计划；识别并确认公众；危机预警；评估危机形势；识别关键信息；决定传播方法；实施危机传播。[1] 库姆斯也提出了“真实、公开、坦诚”的原则，并指出预防对危机传播的重要性。为了有效识别危机，他专门设计了“威胁坐标（Threat Grid）”，用来帮助组织区分危机（Crisis）和问题（Problem）[2]（如图 1 所示）。

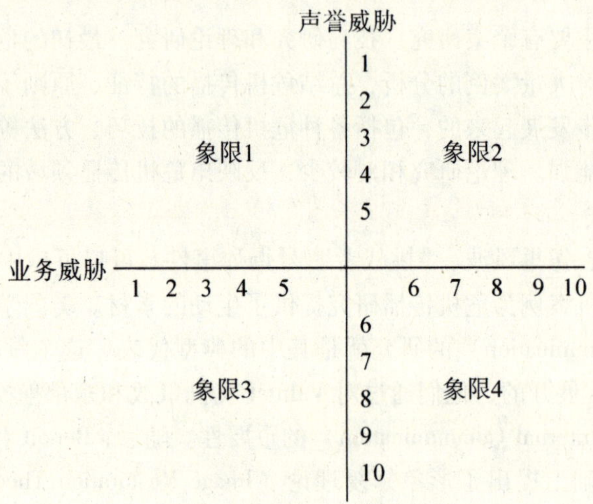

图 1　威胁坐标系

这个“威胁坐标”的横轴代表组织运作层面的威胁；纵轴代表组织声誉层面的威胁。数字代表威胁评估的程度，“1”表示受到非常小的威胁；“5”表示较强的威胁；“6”表示较小的威胁；“10”表示非常严重的威胁。在该评估体系中，分数越高，组织受到的威胁越大。声誉和业务性的威胁相互影响，业务损失可以危及一个组织的声誉，反过来声誉破坏也可以导致业务问题。利用这个坐标，组织在危机的预警方面就可以有

---

① Bernstein, Jonathan. The ten steps of crisis communication. http://www.bernsteincrisismanagement.com/articles.html.

② Coombs, W. Timothy. (2002). Deep and surface threats: conceptual and practical implications for “crisis” vs. “problem”. *Public Relations Review*. 28: 339 - 345.

效区分威胁的程度，并根据程度高低分清是否为危机。

（三）理论研究

危机传播的理论研究相对于个案研究和技巧研究显得较为薄弱。不过，理论研究具有多学科交叉的特点，涉及管理学、公共行政学、传播学和公共关系学等诸多学科。目前，西方理论界处在危机传播研究的评价与发展阶段，包括对各种理论的综合与概念的建构，而我国这方面的研究尚处于引介与推广的初级阶段。具体的理论将在下文展开，此处不再赘述。

四、危机传播的理论研究

（一）危机传播理论研究的两种思路

美国一项危机管理文献的调查显示，从宏观上来看，该领域的研究有两种基本的思路。其一，危机具有破坏组织正常运转的潜力，这种潜在性意味着如果能够采取迅速的行动就会阻止危机发挥其全部影响。其二，危机威胁组织的声誉，这是一种“摸不着、看不见”但又实实在在地存在的影响。[①] 前者是有形的，后者是无形的，但两种思路均意味着危机与组织的经济利益密切相关。组织运转失常，会影响产品制造，中断服务，最终导致组织的经济损失；而负面的声誉将间接地引起组织更多的损失。基于这两种思路，危机传播的理论研究既有强调功能救治的，也有重视形象维护的，但显然这两种思路的完全分离会导致危机传播理论存在一定的缺陷。

（二）危机传播的多种理论

危机传播研究由于涉及的学科多、历史较短，目前尚未形成完整的理论系统与框架，不同学科均从各自的视角提出自己的理论体系，具体如下：

（1）企业辩护理论（Corporate Apologia）。[②] 这是最早使用的危机传播理论，来源于早期的危机管理。它是指组织（企业）运用修辞、辩论等语言技巧为自身辩护，之后发展为个人发言人的沟通形式。该理论强调危机发生后，组织面对公众和媒体的信息传播主要是站在组织的立场，为组织的利益辩护。这种信息传播避免了“信息真空”的出现，在一定程度上能缓解危机局势。但个人辩护有其局限性，并不能使公众认同整个组织的策略。因此，个人辩护通常只能处理声誉威胁，但对组织的功能威胁则作用甚微。

（2）形象修复理论（Image Recovery Theory）。[③] 班尼特的形象修复理论超出了企业

---

① Coombs, W. Timothy. (2002). Deep and surface threats: conceptual and practical implications for “crisis” vs. “problem”. *Public Relations Review.* 28: 339 - 345.

② Coombs, W. Timothy. (2002). Deep and surface threats: conceptual and practical implications for “crisis” vs. “problem”. *Public Relations Review.* 28: 339 - 345.

③ Benoit, William L. (1997). Image Repair Discourse and Crisis Communication. *Public Relations Review.* (28/2): 177 - 186.

辩护理论这种狭隘的人际传播范围，将危机传播的领域扩展到更大的空间。他的理论既适用于组织，也适用于个人。形象修复理论建立在“个人或组织最重要的资产是它的声誉”的假设之上，认为就像其他有价值的资产一样，声誉或公众形象应该从战略高度去维护。据此，他提出了恢复形象的五大战略方法：否认（Denial）；逃避责任（Evasion of Responsibility）；各个方面减少错误行为传播的范围和程度（Reduce Offensiveness）；亡羊补牢（Corrective Actions）；自责（Mortification）。此外还有其他十四种战略战术等。班尼特和他的同事们将这一理论广泛用于各种危机处理中，如AT&T电话公司危机、英国女王伊丽莎白形象危机等。这一理论扩展了危机应对策略的全部技能，但仍忽视了企业环境（Situation）的限制。换言之，功能性威胁被忽视了。

（3）阶段分析理论。这一理论是对危机管理理论的借鉴与应用，以斯蒂文·芬克的四段论最为著名。斯蒂文·芬克把危机过程划分为危机潜在期、危机突发期、危机蔓延期、危机解决期四个阶段，该理论的优点是提供了一个综合性的、循环往复的危机全过程。[①] 美国学者Sturges提出的四阶段危机传播论则更加具体，认为有效的危机传播需要使所传播的内容满足公众在危机不同过程中的需求。[②] 因此，在危机爆发前或者在危机发生的较早阶段，消息的制作应关注“内化性信息（Internalizing）”，这些信息要告知公众的是“组织在危机中处在何种位置”，并发布一系列关于组织的正面的观点，以此稳住人心、获取支持。当危机迅速蔓延、进入爆发阶段时，信息内容将转变为“指导性信息（Instructing）”，组织应向公众传播“如何应对危机”的信息。当危机减退时，此时的传播则应转为“调整性信息（Adjusting）”，帮助公众从心理上恢复正常。最后，在危机平息阶段，“内化性信息（Internalizing）”将再次被强调，这将有利于树立组织的正面形象。这一理论还强调即使每一个阶段都应该有一种传播内容占据主导，但与其他阶段相关的传播内容仍然可以视情况使用。

（4）焦点事件理论。[③] 这是托马斯·A. 伯克兰（Birkland，T. A.）在1997年提出的，其理论基础建立在议程设置功能和对危机传播事件的公共政策运用上，认为那些“突然发生的、不可预知的事件（焦点事件）”在促进公共政策讨论方面起着重要作用。一个焦点事件有极大的冲击力，能够唤起公众的注意力，并且在制定公共政策方面更容易被人接受。焦点事件在设置公众议题方面具有扮演主要角色的能力，因为媒体对焦点事件的采访能够引起公众的广泛关注并促使其采取相关的改善行为。伯克兰所指的焦点事件具有两种主要类型：一种是“常规性”的焦点事件，比如自然灾害等；另一种是

---

① Fink，Steven（1986）. Crisis management. *American Management Association*.

② Greer，Clark F.；Moreland. Kurt D.（2003）. United Airlines' and American Airlines' online crisis communication following the September 11 terrorist attacks. *Public Relations Review*. 29：427－441.

③ Birkland，T. A.（1997）. *After disaster：Agenda setting，public policy and focusing events.* Washington，D. C.：Georgetown University Press. 转引自高世屹．美国危机传播研究初探．中国传媒学术网．http://ruanzixiao. myrice. com/mgwjcbjjct. htm.

“新型的事件”，即以前从未发生过或者发生时间很久已被人们淡忘，例如恐怖袭击等。这种新型焦点事件往往违反常规，产生不确定性和不可预知性，带来巨大冲击，并由此会对公共政策产生影响。如果全社会都一致认为事件是因为不可抗力产生的，那么人们的注意力往往就会集中在“我们能够帮助受害者做些什么”这样的焦点上。但在第二种类型的新型焦点事件上，人们更关心的是事故的责任人。

（5）卓越理论（Excellence Theory）。这一理论主要是在公共关系学视角下发展形成的，建立在格鲁尼格（James E. Grunig）和Hunt（1984）提出的公共关系卓越理论之上，后经J. Grunig和L. Grunig（1992）扩展与完善，其理论建构主要依赖于公共关系的四个模型（Model）。模型一：新闻代理模型。在该模型中，公共关系人员旨在使其组织和产品为人所知，但其信息的真实程度不高。这是一种组织与公众之间的单向传播方式，不需要任何调查，因此也没有反馈。随着公共关系人员专业知识与技能的增长，这种模型越来越少被使用。模型二：公共信息模型。其典型特征是通过报纸杂志等进行信息公布。该模型与第一种模型的最大区别在于把信息的真实性视作首要原则，目前大多数政府公共关系机构都采用这种模型。不过，这种模型依然是一种单向传播，也不需要任何调查。模型三：双向非对称模型。这个模型又被称为科学劝说模型。公共关系人员运用社会科学理论和调查方法，例如问卷等去帮助组织劝说公众信服组织的观点。因此，这种模型存在一定的反馈，但组织不因传播的结果而发生任何改变。模型四：双向对称模型。这一模型又被称为相互理解模型。公共关系人员设法与公众进行对话，担当组织与公众之间的中介和桥梁角色。在相互沟通之后，组织与公众都会根据沟通结果而进行相应的改变。

五、危机传播研究对我国的借鉴意义

现代社会是一个高风险社会，世界各国面临着越来越复杂的危机环境。随着全球化的深入发展，越来越多的问题演变为全球性的问题，越来越多的危机事件成为全球共同面对、承担的全球性危机。例如SARS这类公共卫生危机事件，在全球交往的密切接触中迅速扩散传播，全球32个国家和地区均发现病例。在全球化背景下，危机的范围被大大扩展，危害程度也极大地增加。与此同时，新型信息传播工具也为危机的扩散与传播提供了便利，网络、手机短信等各种新型传播工具大大加速了信息的传播，增加了危机的不可控性。尤其是在危机事件中，信息的传播成为直接影响危机进程的关键变量。在SARS危机中，我们不难发现这场公共危机实质上是一场公共信息危机。

危机所具有的这些新特征表明，危机传播（管理）研究正面临着许多新的挑战。目前，我国对这一领域的研究起步比较晚，成果尚不多，因此亟须学习借鉴以美国为代表的西方国家在危机传播管理方面的理论。大体而言，我国的危机传播研究应更加关注以下三方面的领域：

其一，危机传播的理念应由单一管理转向整合管理。危机传播的核心是危机前后的信息管理，包括危机前的预警管理、危机中的信息沟通管理、危机后的心理救治及形象恢复管理。这种管理基于组织内部管理机制的协调，强调组织领导的决策作用，员工（内部公众）的协调与配合，等等。众多成功的个案都证明这种单一式管理具有一定的成效。然而面对越来越多的全球性危机，危机传播的理念必须突破，“全球问题、全球网络、全球合作、全球治理”应当成为人类共识。某个单一组织不可能独立解决好这种全球性危机，必须能够无障碍地与各国政府、国际组织等进行密切合作，这种密切合作的形式就是整合资源、协调分工。

其二，危机传播的内容应更加重视次一级学科的研究。在现代高风险社会中，危机传播尤其是公共危机传播领域的研究将会愈加重要。恐怖主义的威胁、公共卫生传染性疾病、公共交通灾难等都将成为现代社会中的常态，政府及各种公共部门中的危机传播将成为衡量其绩效的重要指标。因此，关于诸如公共卫生危机传播、公共交通危机传播等次一级学科的研究将显得更加重要。

其三，危机传播的理论研究应互补融合。目前危机传播的各种理论基本上是相互独立的，体现了不同的研究视角。但这些理论都存在一些自身难以克服的缺陷，因此，随着全球性危机的增多以及新型信息工具的不断出现，各种理论研究的互通性将会增强，这样才能够解释和应对更加复杂的危机现象。

【参考文献】

1. Hermann, C. F. *International Crises: Insights From Behavioral Research.* New York: Free Press, 1972. p. 13. 转引自中国现代国际关系研究所危机管理与对策研究中心．国际危机管理概论 北京：时事出版社，2003.
2. Henry, Rene A. *You'd better have a hose if you want to put out the fire: the complete guide to crisis and risk communications: Professionnal tips, tactics, does, don't and case histories.* Windsor, CA: Gollywobbler productions, 2000.
3. Heath, Robert (1998). Dealing with the complete crisis—the crisis management shell structure. Safety Science (30), pp. 139 – 150.
4. 唐钧．从国际视角谈公共危机管理的创新．理论探讨，2003.
5. Coombs, W. T. (1995). Choosing the right words: The development of guidelines for the selection of the "appropriate" crisis response strategies. *Management Communication Quarterly.* (8).
6. W. Timothy Coombs (2001). Teaching the crisis management/communication course. *Public Relations Review.* 27, pp. 89 – 101.
7. Bernstein, Jonathan. The biggest mistakes in crisis communication. http://www.bernsteincrisismanagement.com/articles.html.
8. James E. *Grunig how to measure your results in a crisis.* 5/3/2002 – Rev: 21.
9. （英）迈克尔·里杰斯特．危机公关．陈向阳，陈宁译，复旦大学出版社，1995，30.
10. Greer, Clark F.; Moreland, Kurt D. (2003). United Airlines' and American Airlines' online crisis communication following the September 11 terrorist attacks. *Public Relations Review.* 29.

11. Bernstein, Jonathan. The ten steps of crisis communication. http://www. bernsteincrisismanagement. com/articles. html.

12. Coombs, W. Timothy (2002). Deep and surface threats: conceptual and practical implications for "crisis" vs. "problem". *Public Relations Review*. 28.

13. Benoit, William L. (1997). Image Repair Discourse and Crisis Communication. *Public Relations Review*. (28/2).

14. Fink, Steven (1986). Crisis management. *American Management Association*.

15. Birkland, T. A. (1997). *After disaster: Agenda setting, public policy and focusing events*. Washington, D. C.: Georgetown University Press. 转引自高世屹．美国危机传播研究初探．中国传媒学术网. http: //ruanzixiao. myrice. com/mgwjcbjjct. htm.

日本的“公共危机传播与管理”和报道限制

高井洁司*

【摘　要】围绕“公共危机”，日本和中国展开讨论的方向正好相反。即中国的多数研究人员所主张的是，为了更有效地管理由党和政府所垄断的信息，应该进一步信息公开，扩大公民的知情权和媒体的信息传播空间。而日本的情况是，政府以可能带来社会危机的事件为由试图限制由媒体所支配的信息空间，扩大其管理范围。不过，虽然两国展开讨论的方向形成鲜明对照，但是，就政府、媒体、公众这三者关系中存在着信息空间上的相互对抗、相互制约这一点而言，两国所处状况可谓相同。

【关键词】公共危机　政府　媒体

日本与中国不同，在日本有关“公共危机传播与管理”的讨论比较少。

日本是以“民主主义”、“新闻自由”为表面原则的国家，媒体不仅不是政府的宣传机构，相反是以作为独立于政府的组织为理想的。其结果，就是政府推行“公共危机传播管理”。“传播管理”这样的概念也较为困难，因为这会与限制国民的权利和新闻自由联系起来。媒体一方也不会轻易地接受政府的管理。倘若接受政府管理的话，不但会有损新闻的可信性，甚至会失去读者、观众、听众的信赖。这不仅是媒体的想法，也是广大国民的想法，即使是在作为执政党的自民党党内也有主张新闻自由优先的国会议员。

在日本，媒体对管理的抵抗比较强烈。为了避免来自政府的管理，媒体自身建立了各种各样的自律机制。不过即使是媒体的自我约束，比如“报道协定”，也仅限于与被害者生命安危紧密相连的绑架事件。长期以来有关对媒体进行管理的议论是种禁忌。这是对媒体在“二战”前的军国主义总动员体制中作为服务于军国主义的宣传机构发挥作用进行深刻反省的结果。

但是，对日本政府当局来说，考虑到政务能毫无阻碍地顺利地进行，如果可能的话，政府也想对有时对其抵抗的媒体采取限制措施。因此，政府当局从20世纪90年代中后期开始伺各种机会进行了尝试。

比如，政府利用人权保护、个人信息保护或者应对外国入侵、恐怖事件及大规模的

* 高井洁司，日本北海道大学大学院国际广报媒体研究科教授。

灾害等紧急事态，通过获得市民群众的支持，使媒体孤立，让社会对媒体管理问题有所认识。但是，来自媒体的抵抗依旧强烈。媒体通过组织包括市民参加的反对运动，延缓相关法案的制定，删除对媒体进行限制的条款使事态并未像政府和执政党所期望的那样发展。

本文将介绍日本政府近年来借“公共危机管理”之名所尝试的媒体限制行动，并介绍媒体与国民舆论对此所做的反应，在此基础上阐明在日本“公共性与媒体”关系的基本理念。

一、什么是公共性

在中国的政治体制下，大概是要由党和政府承担或者指导和管理媒体的公共职能。但是在日本，由于在第二次世界大战中媒体受到军部和政府的管制，作为宣传机构被编入了驱使国民参加战争的总动员体制，而且一些军国主义者的错误领导给邻国和本国人民带来了深重的灾难，战后的日本，出于对此所作的反省，媒体和大众舆论对政府管理和限制媒体予以高度警戒；反之，媒体对政府的监督职能越来越受到重视。因此，媒体限制被视为禁忌。

但近年来，在日本国内，政治上以改变战后的“战败国体制”，回归“普通国家化”为目标的倾向日渐加强，与此同时强化国家和政府职能的谋求也越来越引人注目。例如修改宪法的构想就是其中的一个环节，并且出现了政府试图管理媒体的动向。结果，政府和媒体间的力量关系产生了新的变化。

多年来，就连有关政府管理媒体的讨论都是禁忌，所以政府试图管理媒体的举动也不可能直接表现出来。所以，其特征往往表现在作为新的政治、经济、社会形势的对策被提出来。也就是说，以种种借口管理媒体，限制媒体的动作越来越多。比如：①伴随社会信息化发展加强对个人信息的管理；②随着恐怖事件和国际纷争的激化，对媒体在安全保障体制中的作用进行重新审视；③随着国民人权意识的提高，对由于媒体过度报道所造成的“报道被害”[①] 进行援助等等。

对此可以列举出以下具体表现。即：对应①，制定《个人信息保护法》；对应②，制定《紧急事态法》；对应③，修正人权拥护法案，讨论人权援助制度，制定《对青少年有害的社会环境对策基本法案》，等等。不过，这些都属于个别事项，不代表政府要正式而全面地推进对媒体的限制，更不是要采取战前的总动员体制。

---

① 报道被害在日本最近成为一个大的社会问题。中国研究者的论文中也提到了这一现象。赵平喜在论文《突破性新闻报道中受害的二次被害现象探析》（《今传媒》2004 年 z1 期）中指出，“在当下的有关犯罪行为和灾难事故的重大突发性新闻报道中，很多新闻传媒和从业者丧失了应有的同情心和保护意识，使被害人不仅仅通过犯罪本身而遭受精神、社会、经济和肉体的损害，而且还通过对于犯罪的正式或非正式的反应而受到损害。这种在突发性犯罪或重大灾难伤亡事故中遭受了侵害的被害人及其家属、亲人在接受新闻采访报道、寻求舆论支持和精神安慰的过程中，再一次受到的另类被害即突发性新闻报道中的‘二次被害’现象”。

但是，对那些到目前为止一直独立于政府并行使着监督权力的媒体和传媒学者们来说，限制媒体的举措无疑是对媒体存在根基的威胁。因此，“日本新闻协会”[①]，“民间放送联盟”[②]，日本律师联合会等相关组织对此表示强烈反对。在报界，很多报社于2000年前后，聘请一些有识之士、传媒学者和读者代表，成立了“第三者委员会”，讨论报道所应有的状态，点评报社自身的报道内容，并把讨论内容在报纸上发表。

在电视界，为补救由电视节目所造成的人权侵犯，“民间放送联盟”和“日本放送协会”于1997年5月，联合成立了作为第三者机构的“放送和人权权利委员会(BRC)”。这是和日本律师联合会等部门合作，听取观众的意见和要求，针对电视报道所造成的“报道被害”进行自主性补救的组织。此后不久，BRC为处理观众对电视节目的不满，致力于改善电视行业的整体素质，发展成为“放送伦理·提高节目质量机构”（简称BPO，放送伦理机构）[③]，可以说，BPO是一个自律性机构，站在第三者的立场上，听取观众对节目的意见和不满，并自主独立地处理人权、青少年与电视之间存在的问题。

诸如此类的传媒界第三者委员会和第三者组织的创立，是针对政府以媒体的过度报道造成“报道被害”为借口管理媒体的行动。建立这样的组织不单是主张新闻自由和媒体独立，也是媒体自身试图争取主动地解决现实中存在的“报道被害”问题的举措。

对各种有关媒体的限制，政府和媒体的态度各有不同。不过值得深思的是，政府和媒体双方都各自强调其面对大众舆论都应担负的公共职能，即公共性，并努力确保和扩大其权限和利益。目前，在媒体和大众舆论联合起来的强大攻势下，政府试图管理媒体的做法遭到强烈的批判，以致很多法令在制定中删除了对媒体限制的内容，以媒体的局部性的胜利而告终。但是，在采访派驻伊拉克的自卫队等问题上，也有人认为政府对媒体的管理于某些方面而言还是在逐步取得了进展。

像这样的政府和媒体间的抗衡，从公共性在政府与媒体及社会间的互相牵制和相互平衡中得以维护这一意义上看，与其说是民主主义社会的危机，毋宁说是民主主义社会成熟的表现。因为民主主义不只是一种制度，更是在互相牵制寻求平衡的力量关系中公民力量的发挥。

二、媒体限制的事例

（一）媒体限制法

在日本国内曾引起广泛争议的“媒体限制法”是由《人权拥护法案》、《个人信息

① 日本主要的报社、通讯社、电视台、广播电台参加的民间机构。到2006年10月为止，有139社参加。

② “放送”是日语中电视和广播播放的意思。民间放送联盟是NHK以外的日本民营的电视台和广播电台自主组织的民间机构。

③ BRC = Broadcasting Human Rights and Other Rights Committee，BPO = Broadcasting Ethics and Program Improvement Organization，都是NHK和民间放送联盟联合组织的机构。

保护法案》和《对青少年有害的社会环境对策基本法案》这三部法规组成的。围绕这些法规而展开的讨论的焦点，主要集中于人权和媒体的关系上。考虑到与本次研讨会的主题——“公共危机传播与管理”并不是十分吻合，在此仅做简单的介绍。

限制媒体报道的这三部法规，单从名称上来看，并不能表现出是为限制媒体报道而制定的。不过，这些法规中均含有对因个人隐私的侵害、过度报道所造成的“报道伤害”的援助而限制报道的条款。2000 年以后，这些法规同时开始立法化行动，招致了媒体业界和司法界的强烈排斥和指责，认为这些法规严重威胁到受宪法保护的言论自由权和公民知晓权。其结果，《个人信息保护法》中限制媒体的部分内容经过很大的修改得以成立，而另外两部法规则迄今尚未得到通过。

（二）有事法制——国民保护法

在媒体限制法规制定工作进行的同时，应对恐怖事件、外国入侵等情况的法规即“有事法制”也开始着手制定。其中之一便是在 2003 年通过的，《在面临武力攻击等情况下对国民实施保护措施的相关法律》（《国民保护法》）。这部法律规定，具备公共性和公益性特点的民间机关，作为事先被指定的公共机构，应对武力攻击事件时，需依据规定制度行事。

也就是说，虽然原本是民间企业，但是，在发生恐怖事件、外国入侵等特定情况下，会被视为“公共机构”，要按照法律规定承担一定的任务。这项法律既包括电力企业、运输企业和医疗机构，同时也包括类似电视和广播这样的媒体机构。依此规定，广播电视媒体机构在“非常事件”情况下，有义务为政府分担一部分信息传达工作。附带说明一下，报社并不包含在内。

在这项法规制定过程中，大多数的媒体业界人士都因为担心此举可能会恢复“二战”前的“总动员体制”而表示强烈反对。比如，在这项法规成立的时候，“民间放送联盟”就发表过紧急声明，“按照这项法律，‘非常事件’发生的时候，电视台就要作为‘指定公共机构’，协助政府工作。但是，即便发生‘非常事件’，为满足国民的知晓权而做的自由报道仍然必不可少。‘指定公共机构制度’不能妨碍媒体自由报道。正如屡次表明的那样，我们民间放送对于关系到观众听众的生命财产安全的紧急消息，毫无疑问必然会作出迅速报道。我们一直自觉保持着十二分的社会责任，并愿意为国民直接承担这项责任。但这不能成为政府指挥放送内容的理由。”

关于这个问题，政府以媒体的“公共性”为理由，要求媒体在发生‘非常事件’的时候，必须扮演“公共机构”的角色，并处于政府的指导控制下。对此，媒体方面则以只有保障“报道自由”和“从政府中独立”，媒体才能对国民发挥公共性进行还击。政府和媒体双方的争执由此展开。

然而，电视台和广播实施的是有限公共电波使用许可制度。根据《灾害对策基本法》和《放送法》，灾害发生时其有义务播报有关信息。出于同样的逻辑，可以说在发生武力事件时，电视台和广播还是处于不得不接受作为“指定对象”的状态。因此，在这个问题上，电视台和广播并没有获得像反对“媒体报道限制法案”那样的国民舆论的支持，其处境是不得不接受“有事法制”所规定的作为被指定的公共机构制度的实施。

（三）朝鲜绑架问题的“特定报道”命令

自小泉政权开始，在日本国内，1970年代后发生的朝鲜绑架日本人事件就已成为重大的政治问题。小泉首相访问朝鲜使绑架受害者存在这一事实得以证实。其中一部分受害者，已经通过日本和朝鲜两国间的交涉回到了日本。不过，从仍有数十名受害者滞留于朝鲜的现状看，此问题的解决对于安倍政权而言依旧是一个重大政治课题。

针对这个问题，安倍政权向NHK的短波国际广播发出了需要重点进行报道的命令。目前在日本，绑架问题已经成为一个重大社会问题，对此有大量的报道。但是，从政府的立场来说，需要通过短波国际广播利用其自身的特点，与通常的绑架问题报道不同，播放直接呼唤那些仍滞留于朝鲜的绑架受害者的内容。

“日本放送协会（NHK）”不是民营机构，而是特殊法人经营的，它的预算必须经过议会认可，因此它极容易成为受到政治干涉的对象。特别是由国家拨款的短波国际广播，根据《放送法》的规定，总务大臣可以对NHK“指定放送事项以及必要事项，并命令其通过国际广播进行播放”（《放送法》第32条）。所以，政府命令是按照法律规定而提出的，那么作为NHK就不得不接受这一命令。

这条命令虽然只针对政府补贴的短波国际广播，但是，以NHK为首的多数媒体从业者和媒体研究者，都对政府的方针反应消极，担心这种命令将来有可能扩展至其他领域，进而损害媒体的独立性。NHK根据政府的命令进行报道就是表明其接受了政府对媒体进行的干涉，这直接关涉对新闻自由的侵犯，会产生和“有事法制”带来的媒体限制同样的问题。

综上所述，可以说“公共危机传播与管理”问题与政治形态紧密相关，同时，在政府与媒体、市民的对立斗争关系中这个问题也在变化。目前可以看到右翼的安倍政权在这个问题上将会更加主动地倡导对媒体进行管理，为此国民的讨论也将高涨起来吧。

在此次研讨会上，听了中国专家的报告，使我颇有感触的是，围绕“公共危机”，日本和中国展开讨论的方向正好相反。即，中国的多数研究人员所主张的是，为了更有效地管理由党和政府所垄断的信息，应该进一步信息公开，扩大公民的知情权和媒体的信息传播空间。而日本的情况是，政府以可能带来社会危机的事件为由试图限制由媒体所支配的信息空间，扩大其管理范围。不过，虽然两国展开讨论的方向形成鲜明对照，但是，就在政府、媒体、公众这三者关系中存在着信息空间上的相互对抗、相互制约这一点而言，两国所处状况可谓相同吧。

新加坡的风险管理与危机防范

崔和平*

【摘　要】新加坡是一个多民族的国家，其防御重点主要是在“防恐”、疾病、国防方面。本文将对新加坡的全民防卫体系、预警机制与信息系统、危机决策机制、应急动员与财力保障和制度建设与法律体系等国内以及国防事务策略等多方面进行全面而深入的研究，从而为我国现阶段的公共危机建设与社会未来发展提供相应的借鉴和建议。

【关键词】危机决策　灾害应对　国防建设

一、价值理念及其演变

（一）新加坡简介

新加坡位于赤道以北136.8公里，北纬1.09—1.29度，东经103.06—104.25度之间。国土面积647.5平方公里，常住人口418.5万（2005年统计）。新加坡是一个多民族的国家，其中华族占76.2%；马来族占13.8%；印度族占8.3%；其他为少数欧亚后裔。①

1965年8月9日，新加坡正式脱离马来西亚，建立新加坡共和国。同年9月，新加坡加入联合国；10月加入英联邦。1990年10月3日与中国建立外交关系，是东盟10国中最晚与中国建立外交关系的国家。

2005年，新加坡人均GDP超过24,000美元，居世界第6位。当年国家外汇储备总额超过1,500亿美元，人均国家外汇储备居世界第1位。②

2005年，新中贸易总额为331.5亿美元，居亚洲第1位，是中国第8大贸易伙伴；累计对华实际投资超过277.4亿美元，是对华第6大投资国。③

新加坡位于太平洋与印度洋衔接的马六甲海峡出入口，是亚洲与非洲、欧洲、大洋洲航空、航海的重要战略通道。

---

* 崔和平，清华大学公共管理学院公共政策研究所客座研究员。

① 2005 CIA World Fact Book. U. S. A.

② 2005 CIA World Fact Book. U. S. A.

③ 中国驻新加坡大使馆经商处公布。

新加坡政治体制实行议会共和制。总统为国家元首，由全民选举产生，任期6年。总统委任议会多数党领袖为总理。总统有权否决政府财政预算和公共部门职位任命；可审查政府行使《内部安全法令》和《宗教和谐法令》所赋予的权力以及调查贪污案件。总统顾问理事会受委向总统提供咨询与建议。总统代表国家行使某些职权，如主要公务员任命时，必须先征求总统顾问理事会的意见。总统和议会共同行使立法权。新加坡议会称国会，实行一院制。议员由公民投票选举产生，任期5年，占国会议席多数的政党组建政府。新加坡自建国以来一直由李光耀创建的人民行动党作为多数党执政。

2006年5月6日，新加坡举行的建国后第11届全民选举结果宣布人民行动党以绝对多数票蝉联执政，使李显龙成为继李光耀、吴作栋之后的第3位新加坡政府总理。

新加坡的外交策略是：立足东盟，为维护东盟团结与合作、推动东盟在地区事务上发挥作用；面向亚洲，注重发展与亚洲国家特别是中、日、韩、印度等国的合作关系；奉行"大国平衡"政策，积极开展经济外交。

瑞士洛桑国际管理学院2006年公布的全球竞争力年度报告，新加坡排名第3位，紧随美国和中国香港特别行政区。中国在这一评估中排名第19位。

（二）新加坡全民防卫体系

与中国不同的是，新加坡常见的自然灾害主要表现为暴雨导致的城市积水、雷电的伤害等，极少有发生地震、海啸、台风、雹灾、雪灾等巨灾的可能。因此，国家的防御重点主要是在"防恐"、疾病、国防方面。

鉴于新加坡的特殊地理位置和社会环境，政府把自然灾害、人为灾害、疾病灾害以及战争与国际恐怖主义威胁的灾害作为一个整体的防御战略，但是又在不同时期有不同的防御重点。例如在"9·11"事件发生后，新加坡把国际恐怖主义袭击作为首要的防御重点，当SARS疫情爆发后又严密监视SARS、"大流感"等全球性疾病灾害的疫情，疾病灾害的防御也被提升到高度戒备状态。

1982年，新加坡国会以立法的形式通过了《新加坡全民防卫计划》，首次提出了"全民防卫思想"。

新加坡是延承了英国法系的国家。一项重要国家防卫计划以法律形式出现可以使其成为国家长远的、具有法律意义的强制规划。在这一法律地位下，该计划可以获得长期的国家财政预算保障，获得与其他国家发展计划同样的社会动员和资源利用的法定权利，获得执行计划过程中的法律权威性。

"全民防卫思想"的核心内涵是：社会防卫、心理防卫、经济防卫、军事防卫、民事防卫。国家在社会稳定与风险防范方面向全国人民灌输"居安思危"的思想意识。在社会机制和组织建设方面突显出明确的权力、任务、使命与责任。在资源配置与规划落实方面充分体现科学的决策力、管理力和行动力。

在"社会防卫"方面，社区基层领袖、社会团体、社区民众联络所、内政部等成为主导力量。

在“心理防卫”方面，新闻媒体、卫生机构、教育机构、社会团体承担着具体的社会责任。

在“经济防卫”方面，政府经济主管部门与金融管理机构负责组织、引导、监督、控制各类金融机构的健康运转，建立起一系列行之有效的监管措施和风险控制机制。

在“军事防卫”方面，以国防部、军队、科研机构、军工企业、国际军事战略合作伙伴为主体形成防卫力量和保障体系。

在“民事防卫”方面，1989 年在原新加坡消防部队的基础上重组建立了新加坡民防部队，由总统赋予“国家拯救灾害总指挥机构”的新使命和责任。该部队与警察部队、社区民众联络所、社区基层领袖一道筑起了社会治安和灾害拯救的防卫体系。

以上“全民防卫”体系结构所涉及的各个机构、行业与部门形成了一个完整的“内政群英”集体，并各自制订出积极应变程序，从而达到国家在风险防范和灾害应对时的系统可靠性的控制目标。

在国民教育方面，新加坡政府大力宣传与提倡全体人民的共同价值观“自豪与关怀”，以引导和培养人民应对灾害威胁的行为意识与社会责任感。

1999 年，新加坡民防部队设立民防学院，致力于高素质理念、系统理论研究、正规化教育、高科技装备和“逼真”演练。

2006 年 6 月 20 日，耗资 4，700 万新元建设的民防部队基本拯救训练中心正式落成使用，为民防国民服役人员提供更完善和现代化的训练与设施。新的基本拯救训练中心占地 4.4 公顷，共有 6 座大楼，包括训练楼、宿舍、行政楼、拘留所和训练塔。训练中心内也具备检阅场、健身室及全天 24 小时运作的医疗中心等。它将同民防学院相辅相成，促进和加强彼此在训练和运作方面的需求。民防部队的士兵是国民义务服役，一般服役期为两年。新加坡年满 18 岁的男性公民和永久居民是法定兵役人。

新建立的基本拯救训练中心每天可训练约 800 名民防服役人员，他们将在这里接受 7 个星期的基本灭火、拯救和急救训练。

二、预警机制与信息系统研究

（一）加强风险评估与监测，建立风险预警“雷达”

由于国际风险的加剧、局势的恶化和国内危机防范的更加紧迫，新加坡政府敏锐地意识到以往在情报采集、处理、使用方面的各机构自成系统的体制已经不适应新的形势发展需要。从而集中人力、物力、财力资源，加强了国家安全统筹部的决策与领导职能。

新加坡政府从 2005 年 7 月开始建立了“风险评估与侦测机制（Risk Assessment and Horizon Scanning System）”，其作用就有如一台远程雷达，能帮助政府辨识及评估所出现的潜在威胁，以此拟定应对策略。这项计划的系统设计阶段已经完成，目前已经进入第二阶段的系统测试与试用。英国科技研发公司（Fast Future Ventures）的总裁塔尔瓦说："新加坡可能是全球第一个启动建立'风险评估与侦测机制'工作的国家，而这也是这个领域最具雄心的一个开发计划。"这一科技成果将使新加坡武装部队、民防部队和其他国家安全机构在新加坡国家安全协调中心的网络系统彼此更加集中和精确地分享情报信息。

2005年10月，新加坡政府已经着手建立一套风险评估与侦测机制，以全面收集、分析及解读各种情报及灾难预测，特别是捕捉那些表面看起来微不足道的信号，力求充分掌握各种可能构成威胁的状况。风险评估内容包括自然灾害、疾病灾害、人为灾害以及战争和国际恐怖主义威胁灾害等。

主持这一计划的政府领导人是副总理兼国家安全统筹部长及律政部长（前外交部长）贾古玛教授。他认为："由于新加坡所面对的环境已经日趋复杂，政府必须以广角度去看待威胁国家安全的问题，精细地推演各种可能出现的严重状况，才能长期确保国家安全。"① 新加坡政府认为，在和平时期除了恐怖主义威胁外，严重的自然灾害和疾病灾害虽然发生几率很低，但是破坏力十分惊人。因此，必须模拟任何可能出现的后果并及早拟定应对策略。

就"防恐"能力，"新加坡对国家安全采取了两大应对策略，一是全力防范恐怖分子的攻击；二是为遭到攻击作好应变准备"②。新加坡领导人一再强调，政府的跨部门"防恐"工作需要各阶层民众的积极配合，才能保障国家的安全。

（二）与美国加强国土安全与技术合作

2006年3月29日，新加坡副总理兼内政部长黄根成同美国国土安全部长迈克·切尔托夫签署《国土安全科学与技术合作意向书》，以进一步加强新美两国在安全领域的合作。

据新加坡内政部发表的文告说，这份意向书（Letter of Intent）象征着新美两国应付恐怖主义威胁及确保区域及两国人民安全的坚定意愿和伙伴关系。意向书中所定下的目标是由两国签署《科学与技术合作协定》（Science and Technology Agreement）。主导这项合作的新加坡内政部及美国国土安全部门的官员将为此继续展开会谈。

新加坡是美国继2005年底与澳大利亚签署类似合作意向书之后进行合作的第二个国家。随后的《科学与技术合作协定》将让两国能透过广泛的合作，共同展开旨在加强安全的科学与技术研究和开发计划，从而研究制定并共享应付国土安全威胁的方案，其中包括应付恐怖事件、边境安全以及灾难搜救等内容。

新美两国的这一合作计划无疑是对新加坡的"预警雷达"视野的延伸，使得新加坡与美国之间能够更加及时地分享情报信息或者得到必要的相互支持。新加坡能够在这

① 2005年10月26日，贾古玛教授在《第3届新加坡国家安全研讨会》上的讲话。

② 2005年9月，贾古玛教授在视察裕廊岛工业区安全设施时对记者的讲话。

一合作中使得效率与实力得到大大提高，从而也会使其在亚洲的优势地位得到加强。

三、危机决策机制研究

在危机决策研究方面，新加坡于2006年3月由新加坡国家安全统筹部属下的职能机构“国家安全协调秘书处”与新加坡国防与战略研究院联合设立了“卓越国家安全中心（Centre of Excellence for National Security）”，以作为政府的国家安全决策智囊机构。“卓越国家安全中心”隶属新加坡国防与战略研究院，它将为选定的国家安全课题累积知识，为决策者和其他国家安全机构提供有用的观点。中心代主任是古玛·拉马克里士那（Kumar Ramakrishna）副教授，他原是国防与战略研究院的研究员，由他率领的一支由国际研究员组成的队伍主要研究3个领域的国家安全问题。这3个领域是交通安全、社会恢复、风险评估与侦测。

交通安全研究小组将探讨的层面很广，包括航空、陆路交通、海事和供应链的安全。社会恢复研究小组则探讨社会各阶层在发生恐怖攻击后的恢复能力。风险评估与侦测（Risk Assessment and Horizon Scanning）研究小组则将探讨其概念、方法以及跨政府部门的应用。除了展开深入的研究，“卓越国家安全中心”也将主办工作坊和研讨会，讨论和制订最佳的国土安全措施以及同国际专家建立国土安全研究协作。

过去几年，新加坡政府推出了全面的“防恐”措施，这包括构建国家安全战略框架；设立国家安全协调秘书处以统筹不同政府部门的工作、资源和专才；加强国家安全保障，提高国家应付常规军事威胁以及恐怖威胁的防卫能力。政府也非常注重培养公众的防恐意识，加强社区凝聚力以及唤起人民的责任感与认同感。

在一般民事灾难救援活动中，民防部队的总监是灾害拯救行动的总指挥和行动决策者。而13位部长则扮演保障者的重要角色。民防部队总指挥是一位专家型的高级指挥员，在灾害拯救行动中所需要动员社会力量的援助与配合则由各部部长根据民防部队总监的请求在各自管辖和责任内行使快速反应的援助活动。其中包括：医疗、药品、外交、新闻、司法、戒严、管制、物资、财力、人力、运输、军队、警察、海关、边防以及征用民间设施等。其特色是授权明确、分工细致、各司其职、互相配合、快速反应、注重效果。而在灾难发生时国家和政府领导人避免到现场直接干预拯救行动，不直接发出行动指令，而是时时关注局势变化，宏观调控各方力量，慰问罹难者亲属，安抚伤员，稳定局势，为灾难拯救行动营造安定局面，在人民中建立精神寄托与信心。

值得注意的是，与2005年建立的新加坡“风险评估与侦测机制”（预警雷达计划）不完全相同的是，前者侧重于信息采集与分析，后者偏向情报分析与决策研究；前者由国家安全统筹部直接领导，后者主要由国防部领导。承担政府对国土危机管理需求而提出的任务是两个计划的共同目的。

四、应急动员与财力保障

（一）新加坡的全民应急动员计划

新加坡政府正在制订一套促使全民全面参与的应急动员计划，以确保国家一旦遭到恐怖袭击或遇到重大灾害时全体国民都能保持团结，行动一致。李显龙总理透露，政府推动这个把社会各个阶层、各个团体和学校都包括在内的社区参与计划（Community Engagement Programme）的目的，是要促使国家在灾害发生时，能够作出集体的反应，懂得如何面对及应付。①

新加坡政府在全国推广《社区安全与保安计划》，政府将通过社区参与计划，同各阶层民众及社会团体进行交流，研究如何在危机发生之前，加强国人应付灾害和恐怖主义威胁的思想准备，同时避免新加坡这个多元种族及多元宗教社会一旦遭受灾害，出现族群关系紧张局面。《社区安全与保安计划》包括了和平时期的公众教育与训练的社区参与计划和紧急时期的全民应急动员计划。整个计划的推广与执行主要由新加坡内政部所属的“内政群英”分工负责实施。“内政群英”特指新加坡内政部所领导的6个职能机构，即移民与关卡局、中央肃毒局、刑事调查局、监狱管理局、民防部队、警察部队。

2006年1月8日，新加坡在公共场所举行了代号“北斗星5号”的地下铁路遭恐怖袭击的灾害拯救演习。演习基本上是要测试22个参与机构（包括新捷运和SMRT这两家公共交通业者）的协作和紧急反应机制。演习结果表明，参与紧急演习的单位、公共交通业者、医院和内政部属下单位，都能够有效配合。例如，民防及警察部队人员快速为“伤者”做出反应、封锁受影响的地铁站和公共汽车转换站、设急救站和疏导人潮。

这项演习达到了检验各部门及公共交通业者应付恐怖攻击能力的目的，同时也教育公众“反恐”不单是政府部门的事，而是关系到全国人民的切身问题。事后政府配合这项演习，制作了一部电视宣传片来提醒公众对恐怖主义威胁保持高度警惕。如今，在新加坡的公共场所和交通工具上随处可以索取有关安全的宣传手册，地铁车厢内也不时听到英语、泰米尔语、马来语和中文播出的提示：“各位旅客，为了您的安全请保管好随身携带的物品。如发现可疑物品请及时联络我们的执勤人员或拨打电话999！”

新加坡政府投巨资组织大规模社会“逼真”演习的目的在于检验模拟真实情景下的应对能力和计划的疏漏及不足，以求不断改进和完善其应急拯救预案。只有在接近真实的模拟状态下才能够观察和发现拯救行动在物质、组织、心理、行动以及协调等方面的应对能力和效果。

新加坡政府注意分析国际恐怖主义活动对社会造成的严重后果。2004年7月，伦

---

① 2006年1月9日，李显龙总理对记者的讲话。

敦遭到恐怖主义袭击后，虽然当地民众的生活迅速恢复正常，市民们仍然乘坐地铁交通工具，让国际社会感受到英国人不受恐怖主义威胁的坚定决心。但是，英国国内的非伊斯兰教徒与伊斯兰教徒之间的关系却立即紧张起来，随后还发生了伊斯兰教徒被殴打和受攻击的骚乱事件。

美国在“9·11”恐怖袭击事件发生之后，政府已在全国各地区成立了种族和谐圈，目的是促进各种族之间的相互了解，而伊斯兰教徒社群不但勇于站出来谴责极端恐怖主义分子的暴行，也强调崇尚和平的温和伊斯兰教教义。

2005 年 8 月底美国新奥尔良市遭到“卡特里娜”飓风摧毁后所发生的社会动乱，也为新加坡政府提出了一个重要的警示。

这些案例进一步提醒人们，除了对恐怖主义威胁多加防范，也必须极力维护多元种族社会的和谐。新加坡政府已经开始加强与社会及宗教团体探讨推动社区参与计划，而主管伊斯兰教事务的环境及水资源部部长雅国博士也同马来族伊斯兰教徒议员、社群领袖和宗教领袖进行对话，针对相同的课题，研究更完善的应对方案。“应付恐怖主义及加强族群关系”成为新加坡公共管理的重要研究课题，从而期望得到一个全面而一致的应对方案，确保这类恐怖攻击事件不会分化社会。

（二）面对全球“大流感”爆发的准备①

进入 2005 年 10 月，全球各地突然密集传来禽流感导致禽鸟甚至人类死亡的报告。致命的 H5N1 禽流感病毒从亚洲蔓延至全球，世界各国有多达 200 起人类感染禽流感病例，已经夺走了超过 100 人的生命。虽然目前仍然没有证据显示禽流感有人际传播的可能性，不过一旦病毒变种，演变成人际传播的传播方式，全世界将面对灾难性的大瘟疫。一条传播高致病性 H5N1 型禽流感病毒的全球链条已经逐渐显现，这是“大流感”可能在全球爆发前的不祥征兆。

2006 年 4 月 5 日，新加坡新闻、通讯及艺术部长李文献医生召开记者会，动员全国人民必须积极参与准备和防范，与政府联手共同对抗禽流感。为此，新加坡政府采取了如下紧急应对行动：

（1）新加坡政府建立了“跨部门部长级危机委员会”，并且已经拟定了一个全面的防御计划。

（2）政府拨款 100 万元新币印制 110 万册《流感疫情指南手册》，手册以英文、中文、马来文、泰米尔文编写，内容概括性介绍禽流感和流感的不同、流感症状、国人和商业机构如何采取预防措施等。李文献说：“推出《流感疫情指南手册》是为了强调国人与政府合作的重要性，让个人更具责任感，把流感可能造成的影响减至最低。”近日这本手册已经陆续邮寄给每一个新加坡家庭。新加坡政府在这一行动中采取跨部门合作，迅速、有效地协调了卫生部、国家发展部、农粮与兽医局、保健促进局、贸工部、

---

① 清华大学公共管理学院公共政策研究所．和平　于无声处忧瘟疫．危机管理通讯（30）．

环境部、教育部、社会发展及青年体育部、人力部、新闻通讯及艺术部等诸多相关政府部门。

(3) 新加坡媒体发展局也资助新加坡传媒集团制作一部有关流感的纪录片，将通过亚洲新闻台分3集播出。

(4) 新加坡卫生部将在7月22、23日展开为期两天的流感紧急演习，测试各医疗单位的应对机制与能力。第一阶段参与演习的包括一家公共医院、社区综合诊疗所、私人诊所、疗养院和医务人员等。演习将模拟流感爆发的情形，测试医疗机构与医务人员在处理有流感症状的病人时，如何采取正确步骤和程序来应对。第二阶段将扩展到民航局、移民与关卡局所属机构，同时也要求公众参与演习活动。

(5) 新加坡卫生部也计划设立社区流感诊所，作为检测中心，让公众也参与演习。演习将包括量体温，控制探病的人数，隔离病人，转移病人时各医院如何协调。流感诊所将负责监控疑似病例，并观察分派流感药物的程序。当爆发流感疫情时，这类诊所可为那些出现流感症状的人作初步检查，若有需要才转到公共医院作进一步的诊治。

(6) 新加坡农粮局除了禁止从爆发禽流感的国家和地区进口家禽外，也加强在关卡、屠宰场及农场的检测工作。当局也鼓励农场采取生物隔离措施，并囤积流感疫苗以在面临严重威胁时使用。若爆发流感疫情，当局将以聚群（cluster）方式宰杀受感染的农场全部家禽。

(7) 新加坡卫生部与新加坡陆路交通管理局将展开模拟演习，测试各部门的紧急应对能力。

(8) 在发生大规模疫情，学校被关闭的情况下，新加坡教育部与学校将通过其他如互联网、邮寄、电话服务及免付费传播服务等方式，让学生能够在家中学习。

(9) 飞禽公园、动物园及植物园里的禽鸟也注射流感疫苗，避免受病毒感染。

(10) 新加坡标准、生产力与创新局（SPRING）在今年2月已经制定了《流感企业危机处理指南》，协助公司策划应付流感疫情的业务延续计划（Business Continuity Plan）。新加坡卫生部也与其他政府机构合作，确保一旦流感爆发时，主要服务不会中断。新加坡卫生部也为跨国企业、中小型企业和基层领袖开办讲座，帮助他们了解流感疫情及可采取的应对措施。

(11) 在防范流感的措施上，新加坡卫生部也在医药设施、监查、检测及药物等环节做好充分准备。自2003年爆发SARS疫情后，公共医院的隔离病房已增至320个，并制定了严格的工作流程处理可能受感染的病人。

(12) 据了解，目前新加坡卫生部已库存70万颗抗流感药物达菲（Tamiflu）、50万剂瑞乐砂（Relenza）和足够的流感疫苗，预计今年底能达到库存100万颗达菲的目标，为随时可能爆发的流感做好准备。

(13) 新加坡卫生部也与世界卫生组织和其他国际组织合作参与对抗流感的行动。今年1月，新加坡承诺拨出100万元对抗禽流感，这笔钱将来进行实验室研究项目，及协助印度尼西亚建立对抗禽流感的能力。此外，新加坡、美国与印度尼西亚也在合作开展一些研究实验项目。

李文献部长表示："新加坡不一定能免受流感侵袭，当疫情爆发时，许多人会病倒甚至丧命。这将影响我们的日常生活，经济也将受到打击，甚至可能需要实施旅游限制。"

在新加坡，应对灾害发生的动员工作是由政府组织的。新加坡民防部队是灾害拯救行动的总指挥。17个政府部门将在统一的指挥和行动计划下积极参与，并在各自管辖责任内行使组织、动员、协调、行动的领导权。训练有素的民众与整装待发的部队是应对任何灾害的两支主要的力量。政府应对灾害的指挥信息是通过一个周密的社区基层组织网络迅速传达给全体人民的。这些社区领袖也是民众采取自救、互救、避灾行动的直接组织者和领导者。其他商业及公共服务部门的应对行动也分别在所属行业的管理部门领导下展开。

（三）灾害应急的财力保障模式

在应对灾害风险的政府财力准备方面，前新加坡国会财政预算及审计委员会主席周亨增先生坦然告诉笔者，"面对灾害所造成的损失和应对准备金是无从预算和计划的，因为不可确定的影响因素太多了。新加坡的做法是在灾害发生时各政府机构立即调动所属的现有资源进行拯救活动，与此同时国会在总理的要求下会召开紧急会议，对各行动部门的资金不足或垫付给与紧急追加或补充。这笔国家计划外的资金将可能会动用到国家储备金而非国家年度预算。"

新加坡民防部队总监陈赞诚将军说："突发事件的灾害准备金确实难以预算，但是防御灾害的投资确是可以准确预算的。在防御准备方面政府各部门都在其职能范围内确定明确的工作内容和计划，从而很容易就能够在物资准备、科技研发、改进装备、人员培训、演习训练、全民教育等方面做出政府预算。其中民防部队在灾害拯救计划方面就承担了对公共场所、生产和商业机构、社区家庭等灾害预测、损失评估、应对预案等方面的预算编制工作。"

在新加坡《2006年政府财政预算案》中，306.2亿新元作为各政府部门本财政年度的开支预算。该预算案中，除常规的国防和治安建设与管理预算外，并没有针对某一灾害发生的专项准备金预算。鉴于2005年在应对突发灾害和国际人道援助等方面的政府额外开支，在本年度预算中做出了补充拨款。

新加坡国会每年都会对在讨论下一年度的财政预算中对17个政府主管部门编制的防灾预算计划进行质询、审查、讨论和审批。对上一年度的预算外透支予以审计和追加。这些经费包括抢险救灾和灾后恢复与重建等不可预算开支。对于可预算的防灾经费则必须要提前提交所需经费的项目计划和概算。新加坡的国防、国土安全预算属于特别预算，一般其内容不对外公开披露。

（四）灾害应急的商业保险机制

“风险是不以人们的主观意志而客观存在，并可能会对人们造成不利后果或伤害威胁的潜在的环境因素。”①

新加坡政府在公共风险的分析、预测与防御措施方面注重将不可预计的风险转为可以计划的投资，将部分风险最大限度地转移到商业保险市场之中。据了解，新加坡保险市场非常繁荣。目前有各类保险公司100多家；各类保险中介服务公司200多家。

新加坡金融管理局于2000年就对其市场采取由直接管理转为直接监督，并且全面开放的政策，撤销了过去外国投资者在本地保险公司不能持有超过49%股权的限制，并鼓励该国保险公司相互合并或与其他金融机构结盟。此外，金融管理局还推出一系列措施，提升保险公司的企业监管和服务行为水准，以保障保户的利益。金融管理局指出，开放保险业的目的在于促进市场的现代化和效率，为新加坡人提供更多种类、更有价值的保险产品与服务，并且加强新加坡作为国际金融中心的地位。

鉴于新加坡自由化的市场经济模式，政府对保险业的市场服务导向主要侧重于国民的医疗及养老保险。从2004年开始将其保障计划从政府的国民公积金计划转向多家商业保险公司，采取多元化保障模式。对于其他灾害风险的商业保险则由市场自行运作，政府不予干预，更谈不上保险费用的分摊。一般情况下，政府、企业和民众所需要的保险由各自在市场中选取和采购，很少有政府的强制。但是，一般情况下新加坡的政府公务员、企业员工涉及职业风险的保障计划都是纳入雇主的行政预算并可以在税前支付，摊入经营成本。在新加坡，政府及信贷险、金融险、法律责任险、战争及其他灾害险的保险品种几乎囊括所有国际保险业的产品。政府和商业机构可以方便地选择所需要的产品。一般大型或重要的高风险机构在内部都设立有风险管理部门，由专家对本机构的风险存在进行分析和制定防范策略。购买商业保险是这些机构进行风险转移的有效手段之一。

新加坡的保险产品种类繁多，有些适合本土风险保障，有些适合海外高风险地区的安全保障。许多保险经纪公司从客户需求角度向保险公司寻求适合的保险产品，而有些则为客户量身设计产品，并寻找保险公司承保。这些保险经纪公司为许多政府机构和企业提供特定对象的保险策略咨询和研究、选择或设计保险产品、担任常年保险顾问。保险经纪服务业在新加坡保险市场上发挥了重要的促进作用。

针对中国的多发灾害，如何让政府减轻压力？澳大利亚籍保险经纪专家 Michael Griffiths 先生以美国加利福尼亚州的政府对策为例作了介绍。在保险业看来，加利福尼亚州是一个迟早要沉入海底的地方，那里地震、风灾、水灾频繁，没有保险公司甘愿承担风险。但是，加州政府对于那些希望在当地发展业务的保险公司做出强制性规定，如果你要进入加州市场，就要分担一部分灾害保险。不能仅满足风险小的市场需求，也要

① 崔和平．中国风险综合管理体系的框架设计．（北京师范大学）研究报告．2005年12月．

承担高风险的市场责任。对于这样一个政府政策，希望进入市场的保险公司都表示公平和接受。加州的灾害风险就被众多保险公司分担了。

他还介绍了澳大利亚政府的做法，就是政府首先成立保险公司为其需求自保。然后再将风险分类和细分，转移给其他商业保险公司做分保。政府也会采取财政转移支付策略为政府公共设施和国民人身和财产安全做许多基本的社会保障保险。这些保险在风险实际发生时会大幅度降低政府的经济与责任压力。政府的策略也为保险公司营造了一个稳定而又长期的规模市场环境。

五、制度建设与法律体系

新加坡是一个崇尚“法律之上没有权威，法律之内最大自由，法律之外没有民主，法律面前，人人平等”的法治国家。新加坡具有完备的法律体系，靠“有法必依、执法必严、严刑峻法”治理出了一个安全有序的社会环境。

（一）法律的完备性

新加坡已经建成了一个在全世界都堪称先进的法律网络，严密的法网覆盖了社会经济生活的各个方面，商业法律法规采用国际原则。具体分为基本搬用和重新制定两种，前者在新加坡民事法令第五条五款中规定，英国的商业法令如《公司法》、《合同法》、《合伙法》、《银行法》、《代理人法》、《售货法》、《海陆空运输法》、《保险法》等，在新加坡继续有效并适用；后者是根据英国有关法令的规定，重新制定新加坡法律，如《票据法》、《受挫合约法》、《公平交易法》等。

目前，新加坡现行法律有400多种，法律调整的范围非常广泛，从政府权力、商业往来、旅店管理、交通规则，一直到公民生活的各个方面，几乎无所不包（包括对烟、酒、口香糖的生产和销售管制）。一旦发现无法可循或需要修正，立即由国会立法。另外，作为新加坡法院可以援引作判案根据的法律规则之渊源也十分广泛，包括作为最高法律的宪法、国会法规与条例、制定法、补充性立法、司法判例、法律承认的惯例等。

（二）法律的公众性

新加坡有一套严格的执法机制和执法程序，强调法律的公众性即法律面前人人平等，任何人在新加坡违反法律，都要受到法律的制裁，没有其他办法可以变通。独立的司法体系严谨地将此原则付诸实施，不论是内阁部长、富贵名人还是普通人民、贫穷市民，不论种族、宗教、肤色、语言，也不论是外国人或新加坡公民，都一律受到法院依法庭程序平等地审理，也都同样享有诉讼及辩护的权力。李光耀等高层领导更是带头执法、守法、护法，用表率作用彰显法律面前人人平等。新加坡法院的判例中有判处内阁部长及商业事务局局长贪污与欺骗而坐牢的，也有判处美国青年涂鸦私人财产而被施以鞭刑的，以及判菲律宾女佣谋杀罪名成立被处绞刑的。被证明涉及贪污事件的外国公司，则列入黑名单，不得参加建设工程的投标活动。

2006年3月21日，新加坡法院判处原中国航油（新加坡）公司总裁4年3个月刑罚和33.5万元新币罚款。这是中国国有企业在海外的上市公司第一宗被外国法律制裁的案例，也是自美国霸菱银行倒闭以后在新加坡资本市场上发生的又一宗最大丑闻。

曾被誉为中国国有企业“走出去战略棋盘上的过河尖兵”的中国航油（新加坡）总裁陈久霖因在整个事件中发布虚假业绩、违背上市公司董事职责、未向交易所披露5.5亿美元的巨额亏损、欺骗德意志银行和进行局内人交易，触犯了新加坡的《证券与期货法》、《公司法》和《刑事法》。案件判决后曾有人探讨陈久霖回国服刑的可能性，但被拒绝，目前，陈久霖在新加坡樟宜监狱服刑。

尽管上述这些被定罪受刑的人曾是建国大功臣及有政治背景，或外国总统代为求情，或有外国的国家背景，法院仍然依法公事公办。从这些案件的审理中，可以看到新加坡的从严执法、公正执法的原则是让每一个公民都对本身的行为负责，以使整个社会都感到安全和不受干扰，而不是一味迁就违法公民的要求，不是强调要给嫌犯或犯罪分子特殊地位。群体利益至上已成为新加坡司法制度的指导原则。

2000年，设在香港的政治及经济风险咨询机构（PERC）把新加坡法律制度的效率与可靠性列为亚洲第一。新加坡透明公正的法律体系，使市场活动的参与者能够获得充分的信息，减少了投资的不确定性因素和风险，提高了社会的经济效率，增强了广大投资者特别是海外投资者的信心。

（三）国际法律保护

新加坡同包括中国在内的许多贸易伙伴都签署了国际投资担保协定。在协定下，签署国或组织的个人或公司在对方境内投资时，最初都享有五年的保障，以免受到战争以及征用资产、把资产国有化等非商业风险的影响。

海外投资者的业务如果受到非商业风险的影响，新加坡政府都将给予他们赔偿。一般的赔偿额等于资产被征用或国有化之前的价值。但实际上，新加坡的这类风险甚低，劳工运动绝无仅有，而且政府允许和支持外国人在新加坡自由投资和发展，也没有规定外国公司必须有本地董事，资金也可以自由出入。签署投资担保协定的目的是向海外投资者保证新加坡政府会平等对待所有投资者；准许投资者把在当地赚取的收入和资金汇回自己的国家；在征用投资者的资产或把这些资产国有化时，为给予合理（接近市场价值）的赔偿提供一个解决纠纷的机制。①

（四）生产安全法律保护

新加坡在涉及公共安全领域方面的制度建设和法律体系也是比较健全和有效的。为了改进工业安全条件，新加坡国会于2006年1月17日通过了《工作场所安全及卫生法案》，取代了原有的《工厂法令》。在新法令下，公司触犯安全条例最高罚款从原来的20万新元提高到50万新元。责任人最高罚款仍为20万新元，但监禁期从过去的12个月延长到24个月。实施这一法令的政府机构是新加坡人力部。

---

① 部分内容摘自《中国——东盟投资环境概况》。

新法案的三大原则是：①从源头减少工作危险；②业者视安全为己任以改善安全文化；③提高惩罚力度。

新加坡人力部长黄永宏解释提高惩罚力度的根据时表示，“我们必须确保不遵守安全行为的惩罚够严厉，以让人们彻底改善职业安全及卫生的文化。罚款额必须反映安全管理不当的真实成本，这包括工程中断的代价及对公众造成的影响等。”

新加坡政府检讨安全法令是基于2004年尼诰大道施工时发生意外坍塌，造成4人死亡和100万元经济损失而作出的修宪行动。这一法令将会使得62万名工人利益得到更好的保障。该法令逐步适用于所有工业、商业、服务业。新加坡政府的目标是在不久的将来将每年10万分之4.9的工伤死亡率降低到10万分之2.5，从亚洲第一提升到超过欧洲国家的工业安全水平。

六、其他措施

新加坡政府领导人认为“恐怖主义是无法由政府单独抗衡的，真正能够打败恐怖主义的是人民”。为此，新加坡政府各公共服务部门每年都要针对各自服务领域举行多种形式的演习训练活动。新加坡民防部队也会不断更新和发布包括急救、防火、和平与战争时期、恐怖分子袭击时的紧急应对程序。

恐怖袭击发生后的恢复过程，并不仅限于外在基础设施或服务的恢复，也必须考虑到恐怖袭击对社群关系的影响及心理与社会震撼，以及如何在恐怖袭击发生前在这些方面进行加强。让社区参与这类活动并建立国民的韧力，正是今年初推出的社区参与计划（Community Engagement Programme）产生的原因。民防部队于2006年4月15日宣布，将把与其对应的“新加坡紧急应对日（Singapore Emergency Preparedness Days）”活动的天数增加50%，从目前每年48天增加至72天，以让更多人能够参加活动。

举办社区紧急应对活动（Community Emergency Preparedness Programme），基层组织及其他机构，会联手举办以社区为基础的演习，这类演习跟“北斗星5号”民事紧急演习类似，但规模较小；民防部队也把对象扩大到企业及社会团体，包括保安人员、学校及酒店；民防部队也和教育部合作举行试验性演习，以及为学生举办紧急应对营，通过这些活动，学生不但学习到民防技巧，也提高了反恐意识，并建立起社会责任感。

社区应急能力的提升主要是在新加坡民防部队的整体计划和领导下展开，其中包括建立学校的“民防制服组织”，以军事化训练学生；政府及商业机构的“志愿者组织”，使之成为各机构的救援骨干力量；生产部门的“安全监理”，成为任何雇主不敢藐视的法定制度；民众联络所有社区网络，消灭了安全隐患的死角；社区领袖成为坚定表达政府意愿的具体责任人。新加坡政府的资金保障使得一切计划中的宣传、教育、培训、演习、技术改进、装备、基础设施等都能够顺利实现。

“新加坡紧急应对日”活动建立起“有形防卫设施与无形防卫意识”的科学和整体概念。是对跨部门协调能力与行动能力的检验，能够及时和有效地促进公民应急能力教育系统的改进与完善。

七、新加坡重要研究报告简介

新加坡为了防范金融危险和规范管理金融资本市场，于2003年1月10日颁布了《新加坡金融管理局业务应急计划指导方针》。这是一份政策性咨询文件，内容提出了指导金融机构制定业务应急计划的七项原则。

文件指出：我们鼓励机构考虑和采纳这些原则。金融业是一个由市场、系统和参与者构成的全球网络。金融业的各机构间具有高度的相互依赖性，整个金融业的防护强度等于这个链条上最薄弱环节的强度。因此，机构有必要加强对破坏性事件的抵御能力，减少造成金融业停顿的广泛破坏性事件发生的可能性。

机构董事会和管理层认识到，实施业务应急计划是至关重要的，它应该被包含在日常的业务活动中。但是，在实施全面的业务应急计划中，既要节省投资和资源，又要确保风险管理策略的落实和业务职责的履行，不是一件容易的事情。

2001年9月11日的事件（以下简称“9·11”）使那些以前没有被充分重视的诸如人员、方法和技术等方面的薄弱环节凸现出来。

新加坡金融管理局（以下简称“金管局”）将在对机构的监管过程中，检查其所实施的业务应急计划，考虑机构对这些原则的应用以及其在保护金融体系系统稳定性方面所面临的风险和扮演的角色。业务应急计划是金管局对机构进行整体监管评估的重要评估因素。在每一条原则后面包括了一些协助明确相关事项的提问。金管局寻求金融业者和有关方面对所提出的指导方针进行评论。

文件中提出的7项原则是：

（1）董事会和管理层应该对其机构的业务应急计划准备情况负责。

（2）机构应将业务应急计划融入日常的业务活动中使之成为良好的工作习惯。

（3）机构应该定期、全面和切实地测试其业务应急计划。

（4）机构应该制定恢复策略和关键业务功能的恢复时间目标。

（5）机构应该了解和适当地消减关键业务功能互相依赖的风险。

（6）机构应该为大范围中断情况制订计划。

（7）机构应该采用分离策略来消减集中风险。

金融业是由互相依赖的市场、系统和参与者构成的全球网络。从这个意义上来说，金融业网络的强度相当于其最薄弱环节的强度。机构有必要加强对破坏性事件的抵御能力，减少造成金融业停顿的广泛破坏性事件发生的可能性。很多机构向金管局提出了提供业务应急计划方面指导意见的请求。

“9·11”事件使那些以前没有被充分重视的薄弱环节凸现出来。它也凸现了金融业内高度的相互依赖性以及对于机构业务应急计划进行审查和调整的必要性。在这一方面，新加坡并不是孤立的。对于机构和监管部门的业务应急计划活动进行更多国际协调的需求在不断增长。在许多发达地区和诸如 BIS-CPSS 这样的国际组织中，其监管机构正在共享业务应急计划方面的观点和方法。金管局将在改进这些原则的过程中尽量利用这些国际成果。

新加坡金融管理局提出的这些原则正是为了响应这些请求和应对这些薄弱环节而制定的。它们的目标是提高机构和金融业的抵御能力。它们的目的并不在于规定机构应该如何具体实施其业务应急计划。

在这份文件中，新加坡金融管理局详细披露了从“9·11”事件中得到的特殊教训：

（1）虽然全球金融市场从“9·11”事件的后果中快速恢复到正常状态，但是事件中暴露出的不仅存在于美国金融业同样也存在于全球各金融中心的若干重要缺陷却令人关注。新加坡作为一个与全球网络和机构紧密相连的国际金融中心必须重视由此带来的教训。

（2）扩展了相关的范围。以前，机构通常不会为一栋建筑物以外发生的中断情况作出计划。“9·11”改变了这种模式，机构开始为影响广泛区域的大型物流中断做出计划。以前，通常不会考虑到为关键人员的损失或无法使用以及广泛的电信中断做出计划。以后，中心商业区范围或长期中断可能会成为计划考虑的一个方面。

（3）暴露出集中的风险。众多机构集中在一个地理区域通常会造成一个可能会加剧中断影响的集中点。如果一些关键的市场功能如清算和结算依赖于一两个位于同一地理区域的机构的运行，或者其应急计划依赖于同一批人员执行恢复任务，就可能造成负面影响的叠加。这些因素的组合可能对金融业造成广泛和系统的影响。

（4）相互依赖的风险。相互依赖的风险存在于机构之间或外部服务供应商（如电信企业和灾难恢复供应商）与机构之间，这些风险需要被适当消减。它还凸现了通过协调测试（包括业界范围的测试）来提供更强有力保证的需求。遗憾的是，这并没有被广泛接受。执行定期、全面和切实的测试来改善业务应急计划效率的工作任重而道远。

（5）业务逐级恢复。一些操作（如清算和结算）和金融服务供应商（如支付系统和基础设施供应商）会被认为是非常关键的，它们必须在很短的时间内恢复，即使发生了广泛的灾难事件也要如此。需要为关键业务操作和非常重要的机构建立恢复和继续的时间目标。

新加坡金融管理局提出的新概念是：“良好的准备是唯一有效的保护措施。”在实施全面的业务应急计划中，既要节省投资和资源，又要确保风险管理策略的落实和业务职责的履行对于机构来说是一项重要挑战。由于受到机构技术、业务和人员变化的影响，所以业务应急计划的制订是一个不断更新和改进的过程。

业务应急计划必须被应用到机构日常的管理和运行之中。机构应将其融入企业文化和行为意识的各个层面上，以便在危机反应处理方面处于更有利的地位。制定业务应急计划不应仅仅被视作提高成本效益和进行可能性评估的手段，也应该是面向风险的。重要的是，董事会和管理层应该在机构的应急计划准备方面起到模范带头作用并承担责任。①

八、国家建设与信息化管理

新加坡政府在国土安全与灾害防御方面非常重视国家发展规划中的防御计划和国家信息化建设。新加坡的国家建设规划与管理机构是新加坡国家发展部（Ministry of National Development）。其主要职能是主管发展和规划，《新加坡规划法》授权国家发展部部长行使与规划有关的各种职权，包括制定规划法的实施条例和细则、任命规划机构的主管官员、审批总体规划、受理规划上诉并可直接审批开发项目申请。

国家发展部属下的行政管理职能部门是城市重建局（URA—Urban Redevelopment Authority），负责发展规划、开发控制、旧区改造和历史保护的规划。城市重建局的最高行政主管是局长，业务由总规划师（Chief Planner）负责。下属部门有：

（1）总体规划委员会（MPC—Master Plan Committee）和开发调控委员会（DCC—Development Control Committee）。

（2）建屋发展局（HDB），负责住房规划、建设和管理。

（3）裕廊工业区管理局（JTC），负责工业园区规划、建设和管理。

（4）公用事业局（PWB），负责能源供应及环境管理。

（5）陆路交通管理局（LTA），负责公共道路、设施规划、建设和管理。

新加坡市政发展的特色是充分利用资源、前瞻性建设规划、适度企业化经营、注重提高经济效益。新加坡的重点商业区、居民住宅区都在警报设施、防空隐蔽、防化学毒气、防火灾和建筑结构抗震等方面有非常详细的建设标准和严格的要求。

公共安全管理与风险分析：

在国家建设中，新加坡人力部、新加坡生产力标准化与创新局、新加坡民防部队主管规划、建设、使用以及维护过程中的安全风险分析、评估、监督以及管理。其中包括涉及安全的项目申报、审批、制度、培训、稽查、标准、评估、诉讼、制裁等公权力行为。一切立足于防患于未然的安全保障立场。

2006 年“世界经济论坛”发布的《2004—2005 全球信息技术报告》评估新加坡的信息技术综合排名名列世界第一。自 1981 年开始，新加坡就以电子政务为中心开展城市信息化建设。25 年来，相继实现了“国家计算机计划”、“全国科技资讯蓝图”、“智能岛计划”、“21 世纪资讯通信技术蓝图”、“连城计划”等电子信息化工程。根据最新调查，在各国网络服务和电子政务成熟度排名中，新加坡位居第二，是世界上电子政务最发达的国家之一。城市信息化建设已成为推进新加坡政府管理走向知识管理的重要

① 引自新加坡金融管理局于 2003 年 1 月 10 日公布的《业务应急计划指导方针》。

手段。

新加坡国家信息化工程的主要促进和管理机构是国家信息发展管理局（IDA）、国家科技局（NSTB）、经济发展局（EDB）、新加坡媒体发展局、新加坡生产力标准化与创新局。

实现城市信息化的政府角色主要表现在：

（1）政府上网的内容应以公众和企业为中心，符合广大公众的意愿和需要。

（2）政府服务的电子化传输是政府服务方式的一个重要转变，需要有效的和全方位的领导。

（3）为了充分利用各种资源，政府各部门必须做好规划，并监控规划的进展情况。

（4）政府服务方式的转变要求从地方到国家各层次的政府部门都要对运作流程加以改变。

（5）政府服务的传送需要政府与地方政府、私营部门以及国际合作者共同进行，而非独自进行。

（6）政府服务传送所需要的运作流程的转变依赖于所有部门的信息技术能力，应加强人才培养。

新加坡国家信息化工程在公共安全管理和防御灾害及突发事件方面也发挥了非常显著的作用。其中包括海关及海岸线的边境巡查、从 2006 年 8 月份开始执行的危险品运输的全程动态监管、化学品及易燃易爆物品的每日动态仓储监管、智能化身份信息识别等公共安全领域。

在信息管制方面，新加坡政府对各类媒体都采取严格监督和有选择地管制措施。其中包括：对互联网的监控；移动电话持有人实名登记；不实信息报道的责任追究以及突发事件的政府信息发布制度；等等。政府所采取的这一切措施并没有引起公众的不满，广大公众都能够从国家的最高安全利益理解和接受政府对公众有限的行为监督或约束。但是，公权力的行为也受到法律的制约，一切最新采取的管制措施都要事先颁布条例，明确向公众说明其目的、时效、条件、要求、义务、责任等，执法者的行为不得超越法律规定的有限授权。

九、积极参与国际救援活动

新加坡政府十分重视和积极参与国际灾害救援活动，被联合国视为非常重要的国际拯救力量。这无疑提升了新加坡在国际社会中的良好声誉和形象，也使其成为国际灾害防御与拯救行动可信赖的中坚力量。

仅仅以 2004 年 12 月印度洋地震引发大海啸的突发灾害为例，新加坡政府不仅及时兑现了对受灾国经济援助的承诺，而且还动员了军事及民众力量开展了多种形式的赈灾援助活动。灾情发生后，新加坡立即宣布开放空军和海军基地，向一切救援国家提供设施和必要的后勤保障协助。支持联合国和国际红十字会在新加坡设立救援物资的仓储基地，从而成为国际赈灾物流中心。

新加坡还向印度尼西亚和泰国派出了外交部、国防部、卫生部、民防部队、警察部队所属的救援人员飞机、舰艇、运输、通讯装备。

当中国派出的38人救援队在抵达印度尼西亚后遇阻时，新加坡民防部队总监陈赞诚将军闻讯后果断指挥和协调，及时派出军用飞机将中国救援队和赈灾物资从棉兰安全送往班达亚齐灾区，成为中国与新加坡携手援助第三国的一段佳话，在当地广为流传。

此外，新加坡政府还向灾区派出医疗队，为灾区人民的健康提供服务。新加坡社会团体号召人民慷慨捐赠物资和金钱，更有许多志愿者暂时放下学习和工作前往灾区参加援助活动，显示出新加坡国民的国际人道主义精神和充满爱心的热忱。这些行动不仅支援了灾区人民，同时也使国民受到“居安思危”和珍惜生活、珍惜生命的现实教育。

十、新加坡民防部队经验①

新加坡民防部队在国家灾害防御与生命拯救方面成为社会生活与秩序不可或缺的重要保障力量，因此荣膺“2005’新加坡国家素质奖”。新加坡民防部队在保障社会公共安全方面的使命是：紧急救援、消防安全、民事保护、社区参与。关注和更详细地了解其管理与经验对中国解决所面对的问题有着宝贵的借鉴价值。

“虽然我们囊获了新加坡素质奖，公众可以寄望我们将继续努力。我们不会因此而满足于现状。生活在变幻无穷的时代，我们知道我们作业的方式或提供给公众的服务必定还有能够改进的地方。我深信这就是新加坡素质奖的真正精神，也同时是新加坡民防部队所有成员都能认同的理念。”新加坡民防部队总监陈赞诚将军就是用部队发现和不断改进的进取精神去管理和鼓励部队的。新加坡民防部队每一位官兵所遵守的行为准则是：

- Professional in our service. 专业的服务
- Resilient under difficult conditions. 面对困难从不放弃
- Innovative and resourceful. 勇于创新
- Discipline Force. 纪律部队
- Effective in operations. 卓越行动
- Compassionate towards those we serve. 热心服务
- Accountable for our actions. 责任感
- Responsive to public expectations. 满足大众的期望
- Ethical in our conduct. 注重道德

① 本章节资料部分来源于新加坡民防部队消防安全与防空壕处副处长谭旭球中校的报告。

新加坡民防部队绩效评估表

关键流程（Owner）	关键绩效评估	指定目标
紧急服务 ●消防、拯救与救护服务	●每10万人当中死亡人数 ●火患在1小时内扑灭 ●1分钟内出发 ●10秒内接听995求救电话 ●消防与救援车辆8分钟内抵达现场 ●救护车在11分钟内抵达现场	<0.14 95% 99% 90% 82% 82%
消防安全 ●消防安全管制 ●消防安全咨询与审批 ●石油储存与运输准证	●违反消防安全条规者 ●雇用消防安全经理的建筑物 ●消防安全检查次数 ●每100次消防安全检查所发出的警告	<3% 95% 8500 <22%
民事保护 ●公共警报系统 ●公共防空壕	●公共警报系统所覆盖的人口百分比 ●可运作的公共警报 ●可运作的公共防空壕	97% 98% 90%
社区参与 ●社区参与计划 ●紧急应对培训	●受过培训的人口百分比 ●社区参与活动数量	94% 280次/年

新加坡民防部队属于新加坡内政部管辖，2005年部队预算低于当年国家GDP的0.1%，而取得的社会效益却是有目共睹。2005年国际机构对美国、加拿大、英国、日本等22个主要经济发达国家进行的绩效评估数据显示，新加坡在火灾方面的人员伤亡和经济损失是最低的。新加坡民防部队之所以取得如此绩效是与其追求的服务目标相吻合的，那就是“通过专业的精神，卓越的行动和高素质的服务在消防、拯救和紧急救护服务方面成为世界级的机构”。民防部队设立总创意官，任何部队官兵都可以随时提出个人的部队改进建议和设想，经过总创意官主持的专业评估和分析判断其可行性，提交给部队高层指挥官决策。这就是靠集体的智慧保持部队的创新精神。

新加坡民防部队非常重视流程管理，把策划和信息管理结构作为两大动力。这些都会表现在部队创新、关键流程、顾客服务、绩效成就四大环节之中。为保证部队的建设，其高层领导者遵循一个共同的管理哲学，就是以身作则的前线领导；与顾客和战士的交流互动；有效了解和回应顾客及战士的需要。其倡导的核心价值观就是“自豪与关怀”。自豪——我们以拯救生命和财产为自豪；关怀——关怀我们的战士及所服务的公众。内政部系统的内部调查显示，战士对部队工作环境的满足率达到87%，而公众的满意率超过90%。

代号为“狮子心行动”的海外救援行动是新加坡民防部队作战条例中的重要使命之一，部队24小时战备值班，随时准备出发奔赴世界各国的灾区现场参与拯救行动。2004年12月印度洋大海啸；2005年10月巴基斯坦大地震；2005年5月印度尼西亚爪哇岛大地震等灾害现场都有新加坡民防部队官兵及时出现。新加坡民防部队已经成为东南亚区域乃至联合国不可或缺的一支最精锐的常备救援力量。

在国内，新加坡民防部队对灾害报警的快速反应速度标准是“995”紧急报警电话10秒钟内值班员接听电话；民防部队8分钟内抵达事故现场。2005年这两项指标的实现率分别是97%和91%。

此外，新加坡民防部队非常重视信息化建设和技术装备现代化。新加坡民防部队在国家防卫计划下与内政部、国防部及其他机构建立了情报资源共享的信息化平台，从而实现集有效的信息采集、行动协调与快速反应于一体的作战机制。此外，还自主设计和研发了获得政府科技创新奖励的“红犀牛”小型消防车、水分子灭火枪、化学及放射性污染消毒车、机动作战通讯现场指挥车、群体性医疗现场救护车等特种装备，并且已经装备部队。陈赞诚将军说：“我们的装备设计出自于实战经验，因此非常实用，而价格却远远低于国际市场同类产品。唯一感到遗憾的是，我们是按照最严重的灾害准备的，但是至今还没有机会在实战中去使用这些装备，如果在中国就能够派上更多的用场，以拯救生命。”

新加坡民防学院的设立不仅为新加坡民防部队、海军、社区等训练专业救援指挥人员、职业拯救人员和社区救援骨干，而且也为55个国家进行了人才专业培训。耗资1亿新元建造的现代化仿真灾害训练中心是学院专业、学历、学位课程的补充教育内容。每一位学员不仅在学院能够学习国际最前沿的理论知识，也可以得到逼真的技能训练，成为既有理论又有实践经验的可用人才。中国公安部消防局、国家地震局及各地有关部门也曾派出许多人员前往考察、参观、交流和接受训练。新加坡民防学院的课程基本分为核心能力培训和全面培训计划两部分。

十一、国际对比与建议

新加坡总理李显龙说：“新加坡所拥有的四大核心（CORE）要素是应该加以维持的，那就是与世界的联系（Connected）、开放（Open）、可靠（Reliable）及具有开拓精神（Enterprising）。”①

风险管理与危机防范理论研究是近几年才开始日益受到我国政府和教育、理论界重视的社会课题。这是一个充满风险的时代，危机四伏，险象丛生。我们随时都可能面临灾难！这不是危言耸听，仔细观察我们周围的环境，你会感到恐惧……

世界各国从各自国情和利益出发都在思考着一个共同的问题，就是如何面对日益恶

① 2006年3月1日，李显龙总理在新加坡国会的讲话。

化的风险环境和政府应该做些什么？怎样做？

通过国际对比，我们可以看到自己做到了哪些别人还没有做到的事情，那是我们的优势；哪些别人做到的事情而我们还没有想到，那是我们的劣势。还有就是不同的思维方法、管理模式、法律环境、政策体制、治理手段所取得的不同效果比较，也会在决策力、管理力、竞争力方面以更加客观和理智的思考作出最佳选择或改进。

通过比较，我们可能会从理论研究、行为方式、政策调整、管理习惯等方面提出许许多多的改进建议。但笔者就最现实、最紧迫、最具实效和可能的改进提出建议——中国亟待组建一支国际化、现代化、专业化的民防部队。

中国民防部队组织模式设想：

1. 领导建制：中国国务院
2. 部队司令员：国务委员或国务院秘书长（兼）
3. 部队政委：中央军委委员
4. 参谋长：中国工程院院士、抢险救援专家
5. 政治部职责：组织管理、宣传动员、全民教育、纪律监查和中国民防学院
6. 参谋部职责：由专家、学者、指挥员及国际顾问组成，行使战略规划和部队训练、部署、行动的指挥
7. 后勤部职责：部队装备、物资保障、新技术研究开发、预算执行、征召兵员、内部审计
8. 财政预算：全部由年度中央政府财政预算单列
9. 组织建设：国防部裁军部队转制；公安部消防部队转制；解放军防化部队转制；武装警察部队部分转制；城市人民防空组织改编；国家地震局地震灾害救援队改编；国家海洋搜救中心改编；国家森林警察及扑火队改编
10. 建制规模：60—100 万人
11. 部队使命：和平与战争时期的抢险救灾和生命拯救；全民灾害防御教育与训练；民防设施管理；公共安全（包括城市社区和生产安全）监督和执法；国际灾害援助活动
12. 国家授权：抢险救灾、生命拯救行动的总指挥和主要行动组织者
13. 部队设防：各省会城市、直辖市、县级市和重点工业、能源、军事、科研、生产基地及重点自然保护区

以上建议符合我国现阶段国家建设与社会未来发展的迫切需要；适合我国国情和宪法精神；便于最大化合理利用有限的资源；从根本上解决部门条块分治的协调整合问题；体现最佳的成本效益；方便参与联合国及其他国际人道主义援助事务；实现独立于地方政府或行业管辖的安全法律监管和增强中央政府强制力；享有在《国际民防条约》中的权利，承担其责任、义务和承诺，势在必行。

中国民防部队的建立是保障中国经济长期持续发展的重要国策；是强化中国政府的决策力、管理力、行动力的有效手段；是按照国际惯例和国外先进经验建立起来的新型民事防卫组织形式；是国家在和平时期经济建设的保卫者；是战争时期拯救行动的重要组织力量；是中国继军队、武装警察、公安警察之后建立的一支准军事化管理的灾害拯救部队。这一建议的实现将使我国人民在科学、系统、规范的组织与领导下建立起有备无患、防患于未然、居安思危、适者生存的全民防卫体系。

十二、国际组织及信息网络

附件1：世界主要国家应急对策机构网站

1. 美国联邦应急管理署 www. fema. gov
2. 国际民防组织 www. icdo. org
3. 日本国土厅防灾局 www. bousai. go. jp
4. 澳大利亚应急管理署 www. ema. gov. au
5. 加拿大应急准备办公室 www. bpiepc. gc. ca/serv/404 – en. asp
6. 英国民防与灾害学会 www. icdds. org
7. 美国民防协会 www. tacda. org
8. 西班牙民防理事会 www. proteccioncivil. org/index. html
9. 俄罗斯紧急事务管理局 www. emercom. gov. ru
10. 新加坡民防部队 www. scdf. gov. sg
11. 瑞士民防组织 www. civilprotection. admin. ch
12. 英国民防组织 www. britishcivildefence. org
13. 韩国国立防灾研究所 www. nidp. go. kr/html/main. html
14. 亚洲灾害对策中心 www. adpc. ait. ac. th
15. 亚洲火灾援救 www. firesafetyrescueasia. com
16. 加勒比灾害与应急响应署 www. cdera. org
17. 亚洲减灾中心 www. adrc. or. jp/index. php
18. 联合国国际减灾策略 www. unisdr. org
19. 联合国国际环境规划署 www. unepie. org/pc/apell

特别推荐：

20. 中国应急管理研究基地 www. ccmr. org. cn

附件2：国际民防组织简介

国际民防组织总部设在瑞士日内瓦，创建于1931年。1972年以来致力于促进各国政府间的交流与合作，加强面对各种灾难时对人员和财产采取的安全措施；在世界范围内传播民防信息、进行防护训练、研究民防器材；对参加民防组织的国家提供技术援助等活动。该组织现有49个成员国和10个观察员国。我国政府于1992年加入该组织，并任执行理事会成员。1998年10月在北京召开了第13届国际民防组织大会。

附件3：主要国家消防组织预算

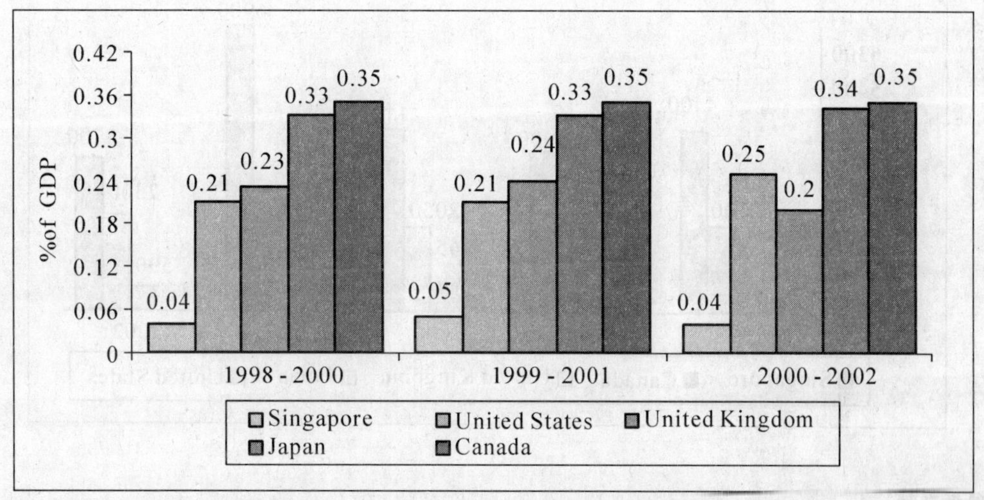

附件4：主要国家火患损失占国家GDP比例（2005年）

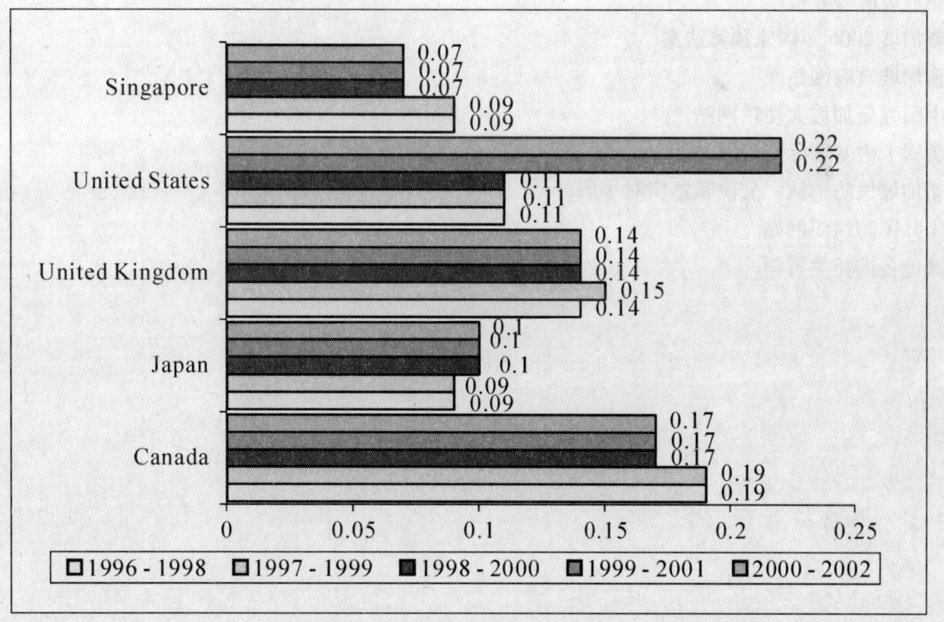

附件5：主要国家火患伤亡人数

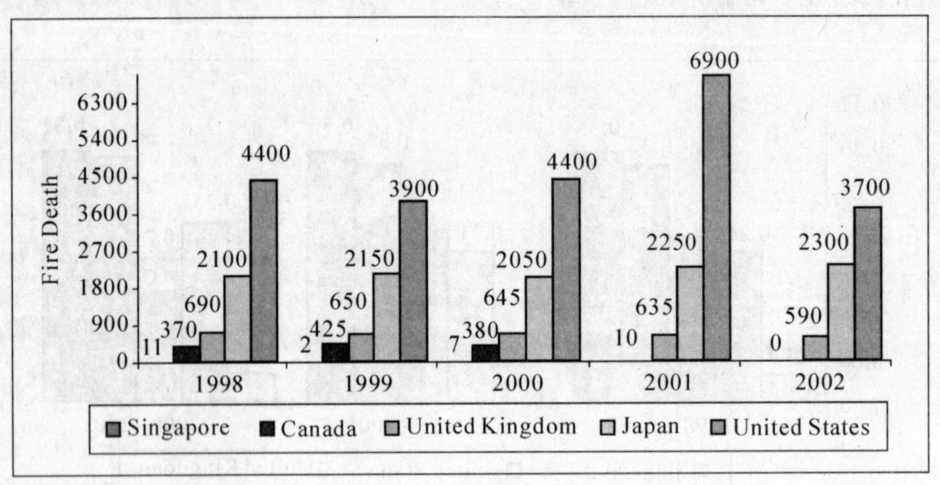

【参考文献】

1. 新加坡联合早报.
2. 新加坡海峡时报.
3. 新加坡2006年国家预算法案.
4. 新加坡政府网站.
5. 中国驻新加坡大使馆网站.
6. 美国卡内基国际资讯网站.
7. 新加坡民防部队. 公民紧急应对手册.
8. 国际民防组织网站.
9. 其他各国相关资料.

俄罗斯反社会危机管理：学科、制度和实践

姚 望 王 蓓*

【摘　要】自建国之后，俄罗斯的转轨历程并非一帆风顺，曾经面临着一系列社会危机。在这一进程中，俄罗斯执政当局也在其中摸索了一条有自身特色的反危机管理之路。这一特色和俄罗斯处在转轨过程之中有密切的联系，也和当前发展的“可控民主”相关。本文将从俄罗斯的反危机学科发展，制度建设，实际操作等几个方面研究俄罗斯在反危机方面的经验。

【关键词】俄罗斯　反社会危机管理　制度

自建国之后，俄罗斯的转轨历程并非一帆风顺，曾经面临着一系列社会危机。在这一进程中，俄罗斯执政当局也在其中摸索了一条有自身特色的反危机管理之路。这一特色和俄罗斯处在转轨过程之中有密切的联系，也和当前发展的“可控民主”相关。下文将从俄罗斯的反危机学科发展、制度建设、实际操作等几个方面研究俄罗斯在反危机方面的经验。

一、俄罗斯反危机的学科建设

（一）转型的任务，时代的要求

首先，俄罗斯是一个总统集权的共和制的民主联邦法治国家，这种制度是在否定了苏联传统的政治体制，引进西方政治学理论及国家政治模式后的产物，它宣布保障人权和自由，承认思想和政治的多元化，保护多种所有制，实行三权分立，实行地方及民族自治。同时，它又具有俄罗斯本身的特色，特别是1993年《宪法》中，对国家权力结构和总统、议会、政府及司法机关的职权范围作出了明确的规定。具体表现为：总统决定内外政策，具有事实上的立法权，除此之外总统可以直接任命政府，并拥有超常否决权，有权解散议会。如此，议会难以修改立法，更难以弹劾总统、表达不同的政见，因此议会的权利受到很大的局限与制约。

这种政治制度的优点在于，经济转轨时期确立决策权威，提高决策效率，但却无法保证决策质量，总统集权过多，三权分立形同虚设，政党难以发挥作用，民意也很难体

* 姚望和王蓓为莫斯科大学世界政治系博士生。

现，由于立法功能的削弱，使议会成为辩论会，而总统作为个人，其不确定因素也会给国家带来巨大风险，这在转轨初期表现得尤为明显。

其次，转轨初期俄罗斯法律建设滞后，法律制度不健全，尤其是没有完备的在紧急状态下的法律规范，俄罗斯的法律法规的制定往往不是在经验及现实的基础上制定的，在很多情况下，法规的出台是根据某种政治斗争的需要，因此会不可避免地给社会发展带来消极影响，而且法律法规常常会成为议会斗争、议会与政府斗争的内容，使决策难以产生应有的效果。很多旧有法律规定的过时和社会经济诸多层面法律的缺位导致了俄政府职能转换不到位，行政管理制度不健全，政府获取信息和发布信息的渠道不够畅通。

再次，相对低效率的行政管理水平，又进一步放纵了诸侯经济、行政性垄断等阻碍资源自由流动等现象的滋生、发展。而同时适应市场经济发展要求的经济管理制度和体系尚未建立。从而导致了社会危机的产生。甚至于经济、社会、政治多种危机相互交织，互为因果，相互叠加、传染和扩展，在苏联解体后的很长一段时间里，俄罗斯社会发展的非均衡性突出地表现为长期处于危机状态，具有普遍性、深刻性、持续性。

最后，转型以来，民族关系、宗教关系、中央地方关系调整，成为引发俄罗斯危机事件的重要原因。其中与车臣相关的恐怖主义行动构成了近几年来扰乱俄罗斯社会的最受瞩目的事件。同时，部分极端民族主义势力的发展，也构成了社会冲突的潜在原因。

（二）冲突学等学科的发展，为反危机管理提供了理论基础

1992年底，由俄罗斯科学院哲学、社会学、心理学和法学学部倡议召开了首次冲突学会议，在这之后，俄罗斯冲突理论的研究取得了很大的进步。出了许多有关冲突学的著作，也发行了专业杂志《社会冲突》。俄罗斯学者十分注重对冲突现象的研究，具有明显的现实取向。他们对政治、经济、社会、文化、心理等方面的冲突现象展开了多角度、多层次的研究。在他们看来，转型时期冲突的根本原因是国家政治经济生活方式的根本性变化。这种变化的特征是“从集权模式到民主模式的充满矛盾的过渡”。

俄罗斯学者认为解决或者缓解冲突的方法是研究国民的心理状态和他们的需求，以及相应的行为模式。在此基础之上制定消除冲突性对抗的措施，包括协调不同社会阶层和集团的利益；发展民主制度；保证思想多元化和协调不同民族的利益等。通过法制政治环境的建设为解决对抗性冲突作好铺垫。如果说反危机管理侧重应用，那么冲突学则相对侧重于从抽象、宏观、历时性的角度进行理论研究。冲突学的发展为俄罗斯反危机管理的研究打下了理论基础。

（三）反危机的学科建设

目前在俄罗斯很多高等学府都有进行反危机管理的研究，其中比较有代表性的应该是莫斯科国立莱蒙诺索夫大学，这所大学具有250多年的历史，在俄罗斯学界有着不可比拟的崇高地位，但是反危机管理的研究的开展也是在1993年该校成立国家管理系之后。虽然研究开展的时间较晚，但是这一学科很快就成为该系最为突出的学科。该专业

在课程的设置方面既参考了欧美这方面的经验，也十分注意突出俄罗斯本土特色，特别重视人文学科、自然学科、基础学科和实用学科的统一、结合。所开设的基本课程有：信息技术、人力资源管理、信息咨询管理、国家经济管理及政治进程管理甚至数学模型在反危机管理中的应用等特色课程。尤其是现代计算机应用技术和外语（一般要求该专业本科生至少熟练掌握2门甚至以上的外语）在教学中占有重要地位。

该系在开展国际交流方面也是走在前列，目前该系的固定教席有很大一部分都由来自美国、英国、德国等国的学者、专家担任，另外由于莫斯科国立莱蒙诺索夫大学在俄罗斯学界、政界拥有广泛的学源基础，所以很多俄罗斯著名的政治家、大型金融机构、工业集团的领导人都会经常出现在该系的讲台上，使学生能够有机会与该学科的领军人物、各种政策的制定者、执行人直接对话。

二、俄罗斯反危机管理制度建设的经验

俄罗斯危机管理机制是在反危机的实践中不断加以完善的。包括以下几个方面：

（一）建立健全法规体系

建国后，俄罗斯通过颁布一系列相关法规，完善反危机的制度化建设。1994年通过了《关于保护居民和领土免遭自然和人为灾害法》；1995年7月通过了《事故救援机构和救援人员地位法》；1998年颁布了《民防法》；1999年颁布了《俄罗斯联邦公共卫生流行病防疫法》。2001年5月，颁布了《俄罗斯联邦紧急状态法》；2002年1月30日，颁布了《俄罗斯联邦战时状态法》。《俄罗斯联邦紧急状态法》是当前俄罗斯处理突发性公共事件的法律的核心，它对紧急状态的宣布、实施过程、应对方式、紧急状态期限以及紧急状态期间的权力做了详细规定。

（二）加强反危机管理机制的建设

所谓危机管理机制就是以担负危机管理职能的国家政治机构为核心，在社会系统其他重要因素影响下，按照相应组织结构运作从而对危机事态进行预警、应对和恢复的组织体系。

一般来看，各主要国家的危机管理机制都基本上以国家元首或政府首脑为核心，以国家安全决策机构和执法部门为主体，以强大的情报信息资源为基础，有外交、军事、情报、财政等各部门共同参与的重大决策体制。该体系能在第一时间内快速反应，坚决贯彻危机指挥中枢的决策，调动一切必要的社会资源，按照事先拟定的预案和应变方案控制、化解危机。

俄罗斯的应急反应机制较为完备和统一。俄罗斯危机管理机制是一个在总统领导下，以联邦安全会议为纽带，政府各部门分工负责，相互协调的反危机管理机制。俄罗斯联邦安全会议是俄罗斯危机管理机制的常设机构，会议主席由联邦总统担任，会议秘书由总统直接任命并向总统负责，安全会议的常委和委员由总统根据安全会议秘书的建议任命，会议常委包括总统、会议秘书、总理、外长、国防部长、联邦安全局长，其他

部门首长则是安全会议委员。可以说在俄罗斯反危机管理体制中，总统的权力很大，根据法律，政府各部中，外交部、国防部、内务部、民防紧急状态事务部、对外情报局、联邦交全局和联邦政府通讯与情报署等强力部门直接归总统领导。除常设危机管理机构外，遇到特殊危机事件，安全会议还可成立相关的临时性专门机构负责处理。在危机状态下，安全会议可以采用“紧急决策机制”。在政府各部门中，民防紧急状态事务部担负了比较常规的反危机管理工作。

目前，俄联邦安全会议下设12个常设的跨部门委员会，涉及宪法安全、国际安全、独联体合作、军事安全、信息安全、国防工业安全、经济安全、生态安全、边防政策、居民保健、社会犯罪、反腐败、反犯罪等领域，其任务是向安全会议提供建议和咨询。这些委员会基本囊括了现代社会可能导致国家危机的紧急事态的各个方面。

（三）加强政权建设，强化政治秩序

普京当政后，为实现政治稳定，积极强化政治秩序，使政治生活领域出现了由乱转治的基本趋势。

首先，普京认为俄罗斯复兴的关键在于建立一个强有力的国家政权体系，加强中央集权。为此，在联邦中央与联邦主体之间设立7个联邦区，并派驻总统全权代表，强化总统的集中领导，同时建立并严格执行总统和中央政府对地方官员的法律监督机制，也就是说联邦中央和总统有权解除地方官员的职务，有权废止违反联邦宪法的地方法规。

其次，修改议会体制，协调总统、议会和政府的关系。恢复联邦委员会作为立法机关的基本职能，建立权力执行机关与议会在相互制约机制下的协调与协作关系。

再次，推动形成成熟的政党体系，为了规范政党活动，俄政府起草、出台了《政党法》和《政党活动法》。各政党的联合进程已经开始，左中右三大政党体制的框架已经基本形成。

由此，俄罗斯的政治形势由过去的动荡转为基本稳定的政治局势，为政府应对各种性质的危机事件提供了保证。

（四）加强对传媒业的管理

在全球化与信息化迅猛发展的今天，大众传媒已经渗透到社会生活的各个方面，对人类的社会环境、生活方式、思维模式、价值观念、文化结构、教育等产生着重要影响。

在反危机管理过程中，媒体的作用主要表现在：发现危机征兆；满足公众对危机信息的需求；引导公众情绪和公众参与；影响政府决策；塑造政府形象。俄罗斯政府注重对媒体的控制和规范，期望传媒起到安抚民心、稳定社会情绪、缓解社会紧张状态的作用。同时，政府对媒体在危机期间的舆论导向和社会职责应做出法律规范，尤其防范因出现“泄密”报道而破坏政府危机处理方案的效力，避免因失实报道而扰乱人心、加剧社会紧张状态。

俄罗斯政府在面对危机时基本都是采取比较公开的态度，库尔斯克号的打捞、莫斯科地铁爆炸、别斯兰事件，俄罗斯政府的反应应该说都是比较迅速、主动的，通过“俄罗斯”及“第一频道”等官方电视台提供经过精心挑选的信息，将信息的主动权掌握在自己手里。必要时及时封锁危机敏感区域，对媒体实行有条件开放并控制其活动范围，并建立和完善了一套新闻发布会制度，使舆论能够尽量协调政府的相关政策，在国际社会逐步树立起一个负责任、开明的大国形象。

（五）加强危机管理中的社会参与、国际参与

俄罗斯政府在反危机管理过程中，十分重视社会的参与及民众反危机意识的教育。因为，危机管理中政府与民众的良性互动是化解危机的关键。通常情况下，公众是受危机事件直接威胁的对象。因此，公众的生命和财产安全便成为政府危机管理最为重要的内容，而公众自身的危机意识、危机预防能力和危机应对水平便成为决定政府危机管理质量的重要因素。有效的公共危机管理需要以政府为主体，建立起有效的动员机制，发动国内和国际社会各种力量共同参与公共危机的管理。

由于俄罗斯政府在资源、人力、组织体系等方面存在各种局限，因此非常重视在危机管理的各个阶段发挥非政府组织和民间团体的作用，积极吸纳全社会广泛参与危机管理。例如每逢俄罗斯社会出现一些突发性的危机事件，总有一些非政府组织或个人以非官方身份（例如，俄罗斯演艺人员工会等，在俄罗斯知名艺术家具有很高的社会地位，在2002年，轴承厂文化宫人质绑架事件中，国会议员卡布宗就以俄罗斯著名歌唱家的身份，最早被允许进入剧院）出现在冲突方（普通公民或者恐怖分子）与政府之间，传递信息，为缓解危机争取宝贵时间；而每逢一些社会悲剧事件的纪念日，也会有一些民间组织组织民众进行纪念凭吊活动，这样非政府组织可以充当有效的社会控制中介，在国家与社会之间、国家与公民之间起到一种缓冲作用。

对于处于转轨时期的国家而言，很多社会、政治危机的根源就是国内的经济问题，因此俄政府在较长时期的工作重心都是治理经济环境、加速经济发展水平、改善就业环境，扩展企业发展空间，缩减贫富差距，提高人民的整体生活水平。

公共危机管理：粤港两地政府信息传播机制比较

廖为建　黄天沂*

【摘　要】2002年底，严重急性呼吸系统综合症SARS病毒在广东省首先爆发，后来又蔓延至中国台湾地区、中国香港地区、新加坡及东南亚大部分地区，最后更成为一个全球性的传染疾病，导致人心惶惶。SARS不仅造成公共卫生防疫上的危机，更造成经济上的重大损失。另一方面，从危机发生到危机结束的过程中，政府不仅有机会检视危机管理与危机传播的成效，而且这也为完善相关的制度与措施提供了很好的契机。本文则以SARS危机作为个案，研究政府危机传播的成效。

不同地区的政府具有不同的危机传播策略。在SARS危机中，广东和香港都是重灾区，具有典型意义；虽然两地同属华人社区，既唇齿相依，又交往密切，但是由于“一国两制”的制度区别，两地政府的危机传播存在很大的差异，具有很强的可比性。所以，本文特别选取这两个地方，进行政府危机传播的比较研究。

通过实证与SARS危机个案，并比较粤港两地政府的危机传播的特点与成效，本研究得出以下的结论：

1. 官僚主义的自我保护意识、体制依赖及过度的政治反应等，对政府危机传播产生了反作用，两地政府都经历了一个从迷失到归位的过程。

2. 媒体是政府危机传播中的一把双刃剑，既发挥了形成广泛社会认知、推动政府危机传播的作用，也因过分渲染危机，从而造成了一定的社会恐慌。

3. 政府与媒体在危机传播中难免要进行多方面的博弈，但自由媒体是开放政府不可或缺的一环。

【关键词】严重急性呼吸系统综合征　政府　危机传播

一、绪　论

危机是事件转机与恶化之间的转折点，所以危机其实有两层意涵，一个代表危险，另一个则是代表机会。危机处理得好，不仅社会将化险为夷，免受灭顶之灾，而且树立

* 廖为建，中山大学政治与公共事务管理学院公共传播学研究所教授；黄天沂，中山大学政治与公共事务管理学院研究生。

起良好的政府形象；反之，危机处理得不好，社会将会动荡不安，经济亦将受到重创，进而损害政府形象与威信。

在处理危机时，我们通常称之为危机管理。除了泛泛而谈的危机管理外，其实危机传播亦值得学术界加以研究，以及政府的高度重视。1962年的古巴导弹危机是人类有史以来最为严重的危机事件，不仅事关当事国美苏的安危，而且直接威胁到全人类的命运。而现代的危机传播研究就发端于这次危机，它被用来预测假设的政治形势，其目的是防止类似危机的发生，并预测采取措施的价值。

在西方传播学的跨学科研究领域中，危机传播研究渐入佳境，而危机传播领域的发展很快，有着非常广阔的发展空间。危机传播理论与方法综合运用了多种学科理论，比如管理学、政治学、传播学。危机传播被完全不同领域的学者进行各自的阐述，这是非常正常的，也是一个理论在构建过程中走向成熟的标志。

在中国，前几年的危机传播理论还停留在“谣言止于公开”的呼吁上，2005年的危机传播已经进入详尽分析危机信息流障碍和总结危机事件传播规律的阶段。中国危机传播研究的不断发展，实际上是与“非典”[①] 事件分不开的。SARS危机爆发后，关于危机管理或危机传播的文献逐渐被人所重视，而学术界对这方面的研究更是方兴未艾。

危机传播的重要性日益显现，政府如何进行危机传播、拟定传播策略，成为一个值得研究的课题。在比较危机传播时，本文选取2002年底至2003年中爆发的SARS疫情作为个案进行分析，比较研究的两个地方则是广东和香港。广东和香港都是SARS危机的重灾区，具有典型意义；而且，广东与香港虽同属华人社区，唇齿相依，但在“一国两制”的框架之下，两地分属不同的行政区域，两地的政府架构及行政文化存在着极大的差异性和可比性。本文在研究SARS政府危机传播的时候，特别选取这两个地方，对两地来说，都有同等重要的借鉴作用。

（一）研究背景

2002年底，严重急性呼吸系统综合征SARS病毒在广东省首先爆发，后来又蔓延至中国台湾地区、中国香港地区、新加坡及东南亚大部分地区，最后更成为一个全球性的传染疾病，导致人心惶惶。据世界卫生组织（WHO）发布的资料，从2002年11月16日起，SARS在广东省首先爆发，300人被感染，5人死亡；到2003年4月11日止，全球共有2781人被感染，111人死亡，死亡率为4.0%，并扩散到五大洲的19个国家（中国、美国、巴西、加拿大、日本、新加坡、越南、法国、德国、意大利、科威特、马来西亚、爱尔兰、罗马尼亚、南非、西班牙、瑞士、泰国、英国），占全球206个国家（地区）的9.2%。SARS相比于其他恶性传染病，更具有发病急、传播快、死亡率高、影响大等特点，而经济全球化又加速了该病的扩散与蔓延。截至2003年4月11

① 俗称“非典”的传染性疾病，它的中英文医学名词分别是：严重急性呼吸系统综合征（简称“非典”或“沙士”），Severe Acute Respiratory Syndrome（SARS）。本文以SARS为标准名词。

日，中国（包括香港、台湾）的受感染地区占全球总感染区的一半以上。中国成为全球公众关注的焦点，无意中成了21世纪第一次全球性公共卫生危机的主角。

2002年11月16日，广东省佛山市发现第一起后来被证实为SARS的病例，此可谓SARS危机潜伏期或征兆期之始。到2003年2月，广东发病进入高峰期，2月11日公布的患者已有305例，死亡5例。此后，SARS病毒开始在全球蔓延，开始进入危机发作期，4至5月份是SARS肆虐中国至为关键的时期。4月初每日平均新增病例4个，月中上升为34个，月底陡然上升为202个；从地理分布看，3月底全国SARS感染地区只有6个城市，4月底已涉及26个省市。①

香港的SARS疫潮由2003年3月开始，至6月终结，其严重性和传播范围之广，都是香港近代历史上所未有的。在这场疫症中，有1755人受感染，其中299人死亡。受感染人士当中超过五分之一为医护人员，其中8人染病殉职。数以百计的家庭直接受影响，75名儿童失去双亲，成为“孤雏”。

（二）研究目的

随着危机的裂变，地区性的危机事件很有可能演化成全球性危机，而单一性质的危机亦有可能进化为多重性质的复合型危机。SARS不仅造成公共卫生防疫上的危机，更造成经济上的重大损失，同时也对政府形象及社会稳定造成重大的影响。总之，SARS危机是从一种单一的公共卫生危机转变为一场复合型危机。

从危机事件的性质而言，此次SARS危机在一开始是一场突如其来的公共卫生危机，事件构成了对民众生命健康的严重威胁；随着事态的发展，危机逐渐波及经济领域（抢购风波，国家经济发展受到一定程度的影响）、政治领域（政府信誉受到一定程度的损失）、外交领域（中国政府的做法受到了国际舆论的批评，多项原计划在中国举行的大型活动被推迟或取消，一些国家纷纷建议国民不要前往中国，一些国际活动表现出对中国的排斥，部分地区还出现了排华现象）等多个领域。从危机波及的时空领域来看，此次SARS危机经历了从有限范围的区域性危机（广东部分地方发现病例）、全国

---

① 据中央电视台国际互联网站2003年4月29日的报道：卫生部4月29日通报全国内地非典型性肺炎最近疫情，全国内地9个省份报告有新增非典型性肺炎临床诊断病例和疑似病例，1个省份报告有新增临床诊断病例，8个省份报告有新增疑似病例，其余13个省份为零报告。截至4月28日10时，报告有疫情的省份仍为26个。

4月28日10时至29日10时，全国内地共报告新增非典型性肺炎临床诊断病例202例（其中医务人员57例），治愈出院16例，死亡9例。其中：北京152例（其中103人为新发病例，49人为疑似病例转为临床诊断病例），治愈出院5例，死亡7例；天津1例；河北9例，死亡1例；山西23例，出院1例；内蒙古7例，死亡1例；安徽1例；河南1例；广东4例，治愈出院10例；广西1例；陕西3例。截至4月29日10时，全国内地累计报告非典型性肺炎病例3303例（其中医务人员709例，北京排除既往临床诊断病例4例，含医务人员1例；内蒙古昨日重复报告1例，今日剔除），治愈出院1322例，死亡148例。

4月28日10时至29日10时，各地还报告新增非典型性肺炎疑似病例321例。其中：北京149例；天津8例；河北12例；山西49例；内蒙古30例；辽宁2例；上海1例；江苏1例；安徽1例；河南3例；湖北2例；湖南1例；广东54例；重庆2例；四川4例；陕西1例；甘肃1例。截至4月29日10时，全国内地非典型性肺炎疑似病例累计为2259例。

性危机（疫情扩散到全国很多地方）直至全球公共危机（全球很多国家都发现 SARS 病例）的过程。

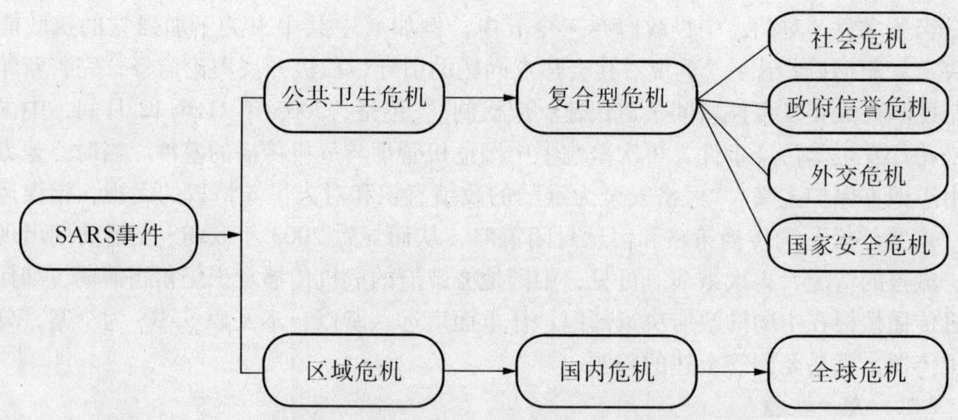

图 1　SARS 危机从单一性危机向复合型危机转变示意图

对于公共卫生突发事件的定义，虽然各国在表述上略有不同，但其所涉及的内容和性质基本相同。美国公共卫生突发事件的定义是："一个疾病或一个卫生状况的发生或即将发生，这种疾病或卫生状况由生物恐怖主义、传染病、新致命传染因子或生物毒素造成，构成重大威胁，致重大人员死亡或永久、长期的伤残。这种疾病或卫生状况可能导致国家的灾难，也可能超出国家范围。"① 根据国务院颁布的《突发公共卫生事件应急条例》，我国公共卫生突发事件是指：突然发生，造成或者可能造成社会公众健康严重损害的重大传染病疫情、群体性不明原因疾病、重大食物和职业中毒，以及其他严重影响公众健康的事件。

面对这一复杂多变的公共卫生危机事件，政府的危机管理受到了重大的考验。从另一个意义上来说，政府危机管理的缺点和不足已经在 SARS 事件中得到充分的暴露。虽然众多学者从不同的专业视角对 SARS 事件中，政府的危机管理能力进行了许多非常有意义的总结性研究。但是，从危机传播机制角度进行跨地区的比较研究，似乎未臻完备。特别是运用世界著名的危机传播理论，进行综合性的分析，仍有待推动。这些理论包括：斯蒂文·芬克（Steven Fink）的阶段分析理论；以威廉·班尼特（William Benoit）为代表的形象改变理论；焦点事件理论，其创始人是托马斯·伯克兰（Thomas Birkland)。所以，本研究论文试图从这个崭新的角度进行深层次的理论挖掘，以期能够提出前瞻性的建议。

① 陈平．公共卫生和公共卫生突发事件．中国卫生资源．2003（6）：205.

（三）研究问题

SARS危机虽然过去多年，但作为经典的危机传播个案，一直为学术界重视。再加上危机传播仍是触动政府危机管理的核心价值，如何在政府决策政府推广危机传播，实在是当务之急。对此，中央政府亦三令五申，例如《中共中央关于加强党的执政能力的决定》就明确指出："重视对社会热点问题的引导，积极开展舆论监督，完善新闻发布制度和重大突发事件新闻报道快速反应机制。"但是，2005年11至12月间，中国东北松花江发生苯污染事件，再次敲响了中国危机管理与危机传播的警钟。当时，地方政府由于地方保护主义、"经济安全为重"的政绩意识和对人民知情权的无视，错误运用了"内紧外松"的传播策略和信息封闭策略，从而导致2003年SARS疫情前期出现瞒报、谎报的情况，再次重演。可见，中国地方政府的危机传播意识仍相当薄弱，如何让危机传播植根在中国的政府决策部门，任重而道远。所以，本文以SARS为个案，分析危机传播，就是要回答上述的问题。

（四）理论依据

1. 传播学的基本概念

传播是人们通过有意义的符号所进行的信息传递、接受和回馈行为的总称。按C. 申农（Shannon）和W. 韦弗（Waver）在《传播的数学模式》中提出的传播模式，传播包括如下基本要素：发信者（信源）、一个物理性质的信息管道（信道）、噪音、在信息支配下的一个接受者、一个符号的贮存系统（信宿），如图2所示：

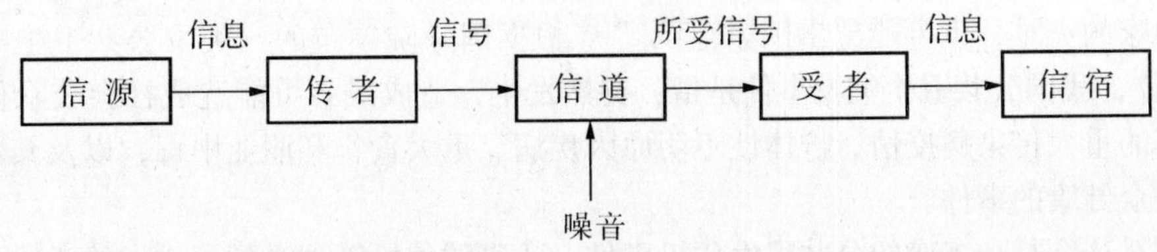

图2 传播过程中的各要素示意图

在政府信息传播模式中，信源特指政府，传者特指大众传播媒介（传媒），受者特指公众。考虑到公共关系的双向对称性，大致可以据此粗拟出政府信息传播模式。如图3所示：

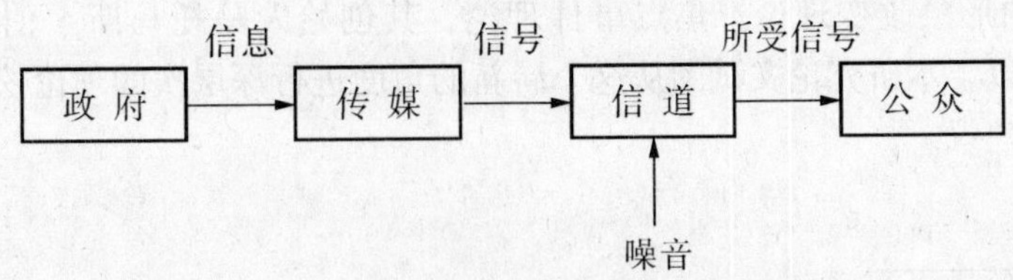

图3 政府信息传播过程中示意图

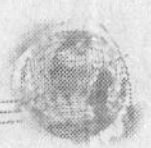

2. 危机传播与政府危机传播

Mitroff 和 Pearson（1993）切中危机管理的核心环节进行分析，指出危机管理者必须积极承担信息的搜集、分析和传播，要同时执行诸如“事实调查，深入分析，控制损失，加强沟通”等众多任务。[①] 英国学者迈克尔·里杰斯特则一针见血地指出：“只有进行有效的传播管理，才能进行有效的危机管理。”[②] 这句话是对危机传播本质特征的精确把握，也揭示了像SARS这类复合型危机中没能进行有效危机管理的根本原因。同时也说明了如下的道理：不论是危机前的信息预警、危机爆发后的新闻发布和公众沟通，还是危机后期的形象修复等，无不需要调动一切信息传播手段来进行。

另外，如美国学者费姆－邦茨（K. Feam-Banks）所说，“一个有效的传播不仅能减轻危机，还能给组织带来比危机发生之前更为正面的声誉，而低劣的危机处理则会损伤组织的可信度、公众的信心和组织多年来建立起来的信誉。”[③]

至于政府危机传播方面，由于政府历来都是危机管理者，也是权威的信源，如何充分发挥信源角色，是进行有效传播管理的关键。危机传播理论中有个著名的“3T”原则：Tell it your own（告知你所知道的情况）；Tell it fast（尽快提供情况）；Tell it all（提供全部情况）。[④] 3T 原则的满足，也就是对知情权[⑤]的满足。同样道理，政府危机传播的原则，就是：当危机发生时，将公众的利益置于首位；当危机发生时，局部利益要服从全局的利益；当危机发生时，组织应立即成为第一消息来源。[⑥]

政府危机传播就是通过各种信息传播手段与公众建立双向沟通，使政府成为得民心受信任的组织。可以说，危机传播是危机管理中重要的一环。其宗旨大致体现为以下四个方面：

（1）利用新闻发布机制对危机事件进行快速反应，平息公众的恐慌情绪。

（2）随着政府掌握信息的增加，需要组织相关信息的发布。在危机发生后，政府部门通过媒体把事实和相关信息传递给公众，以正视听。

（3）通过一定的传播技巧说服媒体和公众接受政府所采取的措施，创造一个对政府有利的舆论环境。

（4）通过媒体进行公关活动。危机事件一般都会给政府带来负面的影响，通过危

---

① Heath, Robert. Dealing with the complete crisis—the crisis management shell structure. *Safety Science*, 1998 (30): 139－150.

② （英）迈克尔·里杰斯特著．危机公关．陈向阳、陈宁译．复旦大学出版社，1995：30.

③ 转引自廖为建，李莉．美国现代危机传播研究及其借鉴意义．广州大学学报．2004（8）：20.

④ 转引自廖为建，李莉．美国现代危机传播研究及其借鉴意义．广州大学学报．2004（8）：21.

⑤ 知情权（The Right to Know）的概念，首先是由美国著名新闻记者肯特·库柏（Kent Cooper）1945 年提出的，它指的是民众享有通过新闻媒介了解政府工作情况的权利。而新闻媒介对政府行为的报道就成了公众享有和行使知情权的重要途径。20 世纪 60 年代以来，知情权作为保护新闻自由的原则依据，被众多学者理解为一种广泛的社会权利和个人权利。

⑥ 廖为建．公共关系危机与媒体策略．广州：中山大学出版社，2005：10.

机传播来及时消除这种影响。[①]

简而言之，政府危机传播就是危机前后及其发生过程中，在政府部门、组织、媒体、公众之内和彼此之间进行的信息交流过程。[②]

（五）研究方法

1. 研究思路

广东和香港的SARS危机明显经历了斯蒂文·芬克阶段分析理论中的四个阶段，两地在四个阶段中的危机传播手法各异、效果不同。由于政府在SARS危机中，存在瞒报、处理不当等问题，政府形象受损，所以班尼特的形象改变理论正好可以派上用场。另外，从伯克兰的焦点事件理论出发，我们更可以看到SARS危机的成功渡过，对广东和香港的危机管理、危机传播的制度化建设具有深远的影响。另外，本研究除了会比较粤港两地政府的危机传播效能之外，还将运用官僚主义的概念，剖析官僚主义对政府危机传播的负面影响。

2. 研究方法

（1）文献研究法。通过对粤港两地有关SARS方面的研究成果，了解两地政府在SARS期间的危机传播。特别是通过对其他学者的相关文献的研究，了解危机传播机制的研究进展，并在此基础上运用公共管理及公共关系的相关理论，进行研究。

（2）报纸内容分析法。这是以量化方式分析报纸对SARS新闻的报道，以得知粤港两地政府在危机传播过程中的政策变化情况。内容分析法说明如下：本研究以香港慧科讯业有限公司提供的Wiser报纸剪报系统为载体。由于本研究只希望了解报纸对SARS期间政府危机传播的报道与评价，不在于比较不同报纸之间呈现方式的差异，因此不选择特定报纸，而以SARS期间（2002年11月16日—2003年8月16日[③]）该剪报系统提供的所有新闻剪报（包括纯新闻及记者特稿或评论，但社论与民意论坛除外）为分析对象。

（3）理论研究与解决实际问题相结合。运用公共管理及公共关系的理论思考实际问题，提出解决问题的具体对策，并将公共管理及公共关系的理论贯穿其中。

二、粤港两地政府的危机传播实践

（一）广东

1. 传播方：政府危机传播的组织结构

美国学者卡斯特和罗森茨韦克在《组织与管理——系统方法和权变方法》一书中

---

① 史安斌．危机传播与新闻发布．南方日报出版社，2004：6－7.

② 叶同春，方达．帮助政府牢牢掌握危机传播的主动权．北方传媒研究．2006（3）：29.

③ 卫生部在SARS大规模爆发后，实行疫情每日一报制度。自2003年8月16日内地最后两名SARS病人康复出院后，卫生部不再每日公布疫情。

指出，结构“是一个组织内各构成部分或各个部分间所确立的关系的形式”①。政府组织结构是指政府组织系统内部各构成部分或构成要素之间相对稳定的一种模式，涉及公共政策组织中的权责关系、上下级关系、沟通管道等与组织特性有关的问题。它既表现为静态的组织结构，又体现在动态的组织活动之中。

政府组织结构是影响公共危机管理有效性的重要因素。它既可能有利于政府及时地获取准确、全面的信息；也可能致使政府难以及时获取有效的信息。一般而言，组织结构比较开放，政府就容易及时、多渠道、无偏见地了解社会各种情况以及社会公众的态度、意见。政府内部层级关系、部门关系的合理性是政府内部信息畅通的前提；是上级管理部门及时获取信息，做出正确决策的保证。相反，封闭组织结构则会隔离政府与社会的联系，使得政府的信息来源和信息管道单一。组织内部如果层级较多、部门间沟通不协调，也将使政府的有关管理部门难以及时地获取全面、准确的信息。

组织结构具有权变性，无论是由于组织主动变革，还是由于环境对合适组织结构的选择，组织结构都会或迟或早地随着各种内外因素的变化而变化。在 SARS 危机管理中，政府组织结构就经历了一个不断调整的过程。其中，2003 年 4 月 24 日中央成立由国务院副总理吴仪担任总指挥的全国防治非典型性肺炎指挥部就是这一调整过程质变的标志。以此为界，整个 SARS 危机管理中的政府组织结构可以分为两个阶段：SARS 危机管理前期的政府组织结构（如图 4）和 SARS 危机管理后期的政府组织结构（如图 5）。

2. SARS 危机管理前期的政府组织结构

SARS 危机管理前期的政府组织结构，是一种主要涉及医疗机构的纵向层级式组织结构，是一种适应较稳定的常态环境的结构模式。这种政府组织结构具有以下几个方面的特征：

（1）部门单一，结构封闭。SARS 危机被定义为公共卫生事件，由各级卫生部门负责应对、处理。根据组织法的规定，它无权调动其他职能部门的资源，也不具有与社会各类组织、公民沟通的职能。卫生行政部门负责监督管理，无法调动公安、财政、交通、商业和宣传等部门资源；也难以整合社会资源。因而未能防止和控制 SARS 疫情的扩散以及 SARS 疫情对社会的消极影响。

由于各级政府平时都没有一个专门处理危机事件或者紧急事件的权威机构，所以，在危机出现的早期，例如广东省，主要都是由卫生部门负责处理非典型性肺炎病例。但是，由于一些控制疫情及其引起的危机所需的职能活动并不限于卫生部门的权限范围内，所以，在危机的应对过程中，卫生部门在某些情况下就很难及时和有效地采取行动。②

---

① 钱平凡．组织转型．浙江人民出版社，1999：43.

② 王乐夫，马骏，郭正林．公共部门危机管理体制：以非典型性肺炎事件为例．中国行政管理．2003（7）：25.

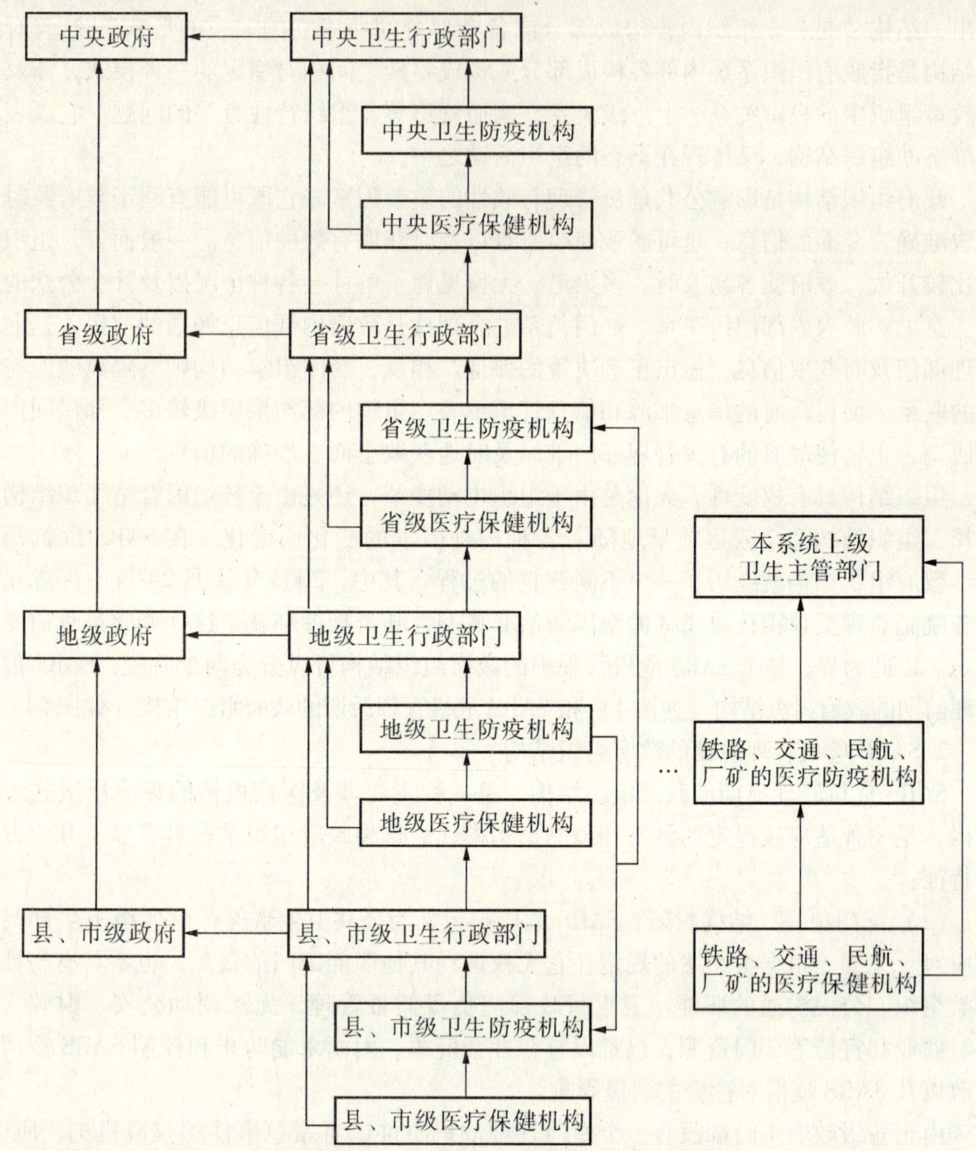

图4 SARS危机管理前期的政府组织结构

（2）横向沟通管道缺乏。SARS疫情状况，主要在卫生部门内部按照垂直方向由下级通报上级。同级卫生部门之间、不同系统的卫生部门之间缺乏信息沟通管道。

（3）权力集中。在各级卫生部门之间，根据纵向层次分配权力，下级对上级负责。下级卫生行政部门对上级卫生行政部门负责，卫生防疫机构和医疗保健机构对同级卫生行政部门负责。在SARS危机管理中，这一组织结构暴露了危机传播的缺陷。在2003

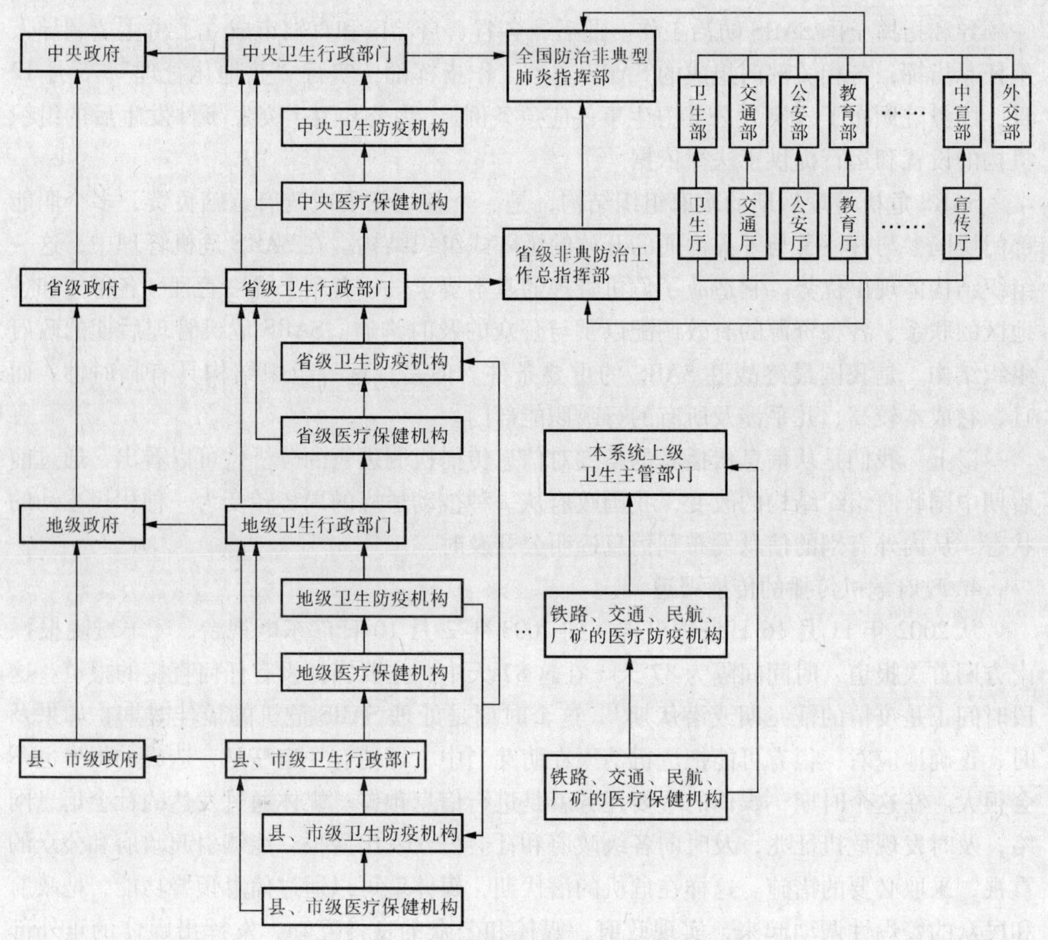

图 5 SARS 危机管理后期的政府组织结构

年 4 月 20 日举行的记者招待会上，卫生部常务副部长高强指出，"这种医疗机构分散管理的体制就造成了医院之间信息沟通不畅，不能够正确地掌握疫情情况，也不能够采取非常有效的隔离和防止扩散的措施。"①

3. SARS 危机管理后期的政府组织结构

SARS 危机管理后期，指的是 2003 年 4 月下旬到 8 月中。这一阶段，政府的组织结构做重大的调整，SARS 疫情也逐渐得到了控制，社会也逐渐恢复了往日的平静和有序。2003 年 4 月 24 日，中央成立了由国务院副总理吴仪担任总指挥，党中央、国务院、军队系统和北京市的 30 多个部门和单位组成的全国防治非典型性肺炎指挥部，统

① 国务院新闻办公室 2003 年 4 月 20 日记者招待会。

一领导和指挥全国SARS防治工作。此后，各省、自治区和直辖市成立了由主要领导人担任总指挥，各相关部门组成的SARS防治工作指挥部，实行“属地化管理”。5月12日，国务院颁布了《突发公共卫生事件应急条例》，为公共卫生突发事件发生后的组织机构的设置和运行提供了法律依据。

SARS危机管理后期的政府组织结构，是一个各级党委或政府首脑负责、多个职能部门协同参与并注重与外界沟通的开放的矩阵式组织结构。在SARS危机管理中，这一组织结构体现出优势。它适应了危机管理的基本要求——有利于统一管理、各部门和各地区的联系、各种资源的有效调配以及与公众的及时沟通。SARS危机管理后期的政府组织结构，是我国最终战胜SARS的重要条件。但是，这一组织结构具有临时性。而且，它成本较高，几乎涉及所有的行政职能部门。

以上，我们是从信息传播者的角度对信息传播机制进行的分析，可以看出，通过前后期中国政府组织结构的改变，我国政府从一种被动适应的局势转变为一种积极主动的状态，从内外有别的信息发布到信息透明公开及时。

4. 政府危机传播的传播渠道

从2002年11月16日疫情出现，到2003年2月10日广东电视台、《羊城晚报》、南方网首次报道，时间间隔为87天。在这87天中，主要媒体没有任何直接的报道。这段时间正是疫情的征兆期或潜伏期[①]，这个时期是处理SARS危机的最佳时期，如果及时、正确地应对，很有可能把危机消灭在萌芽当中，即使有一定蔓延，造成的损失也不会很大。在这个时期，媒体的重要任务就是进行信息预警。媒体通过发达的社会信息网络，及时发现危机征兆，及时向各级政府和社会公众发出警报，能够引起政府和公众的重视，采取必要的措施。这样在危机的潜伏期，媒体就可以通过信息预警功能，把政府和民众的警惕性调动起来，实现政府、媒体和公众的良性互动，发挥出媒体的正外部性。然而，广东的媒体在危机征兆期没有任何报道，民众只能通过其他非正式管道了解危机信息。信息通过“非正式管道”传播往往有失真性、放大性和快速性，容易产生错误的诠释，甚至以讹传讹，其结果必然是谣言的蔓延。[②]谣言蔓延使社会心态发生了意想不到的变化，民众的恐慌心理加剧，以至于在广东、海南、福建、湖南等地发生了抢购风潮，社会出现了不稳定现象。

在SARS危机爆发期，媒体经历了由缺位到归位的转变过程，在危机管理中的作用也由负外部性转变为正外部性。从2003年2月10日到4月2日，中央及广东、北京等地方媒体只有零星的报道。而在这段时间中，疫情却不断蔓延开来。根据世界卫生组织

---

① 疫情阶段划分，参考胡鞍钢教授．三论如何正确认识SARS危机——危机发展的生命周期．国情报告：SARS专刊．2003（26）．

② 在2月初，一条“广州发生致命流感”的消息在人群中蔓延，它以手机短信和口耳相授等形式传播，广东移动的短信息流量数据统计显示，2月初手机短信的数量超过每天4000万条，是历史最高水平。

的统计数字，SARS 疫情在 2 月中旬达到相对高潮，每天发病人数在 50 人左右，在 3 月中旬又有一个小高潮，每天发病人数在 20 人以上。①

另外，国外和中国香港地区的媒体却在国内媒体缺位的时间里进行了连续报道。CNN 从 3 月 15 日开始连续报道 SARS 疫情，香港《文汇报》从 3 月 22 日到 3 月 31 日平均每天报道 24 次，英文出版的香港《南华早报》从 3 月 17 日开始连续报道。②国内媒体的缺位使一些人转向国外和香港媒体了解疫情，这些媒体对内地疫情的报道有很多不实之处，西方的媒体还利用 SARS 事件对中国政府工作和中国政治体制进行攻击。这对政府的形象造成了负面影响，也对国内媒体的公信力造成了损害。

4 月 2 日，国务院总理温家宝主持召开国务院常务会议，研究 SARS 防治工作，国内媒体对 SARS 的报道进入了一个新阶段。中央级主流媒体、地方主流媒体和网络媒体，开始全方位地报道 SARS。4 月份，《人民日报》每日平均报道 12 次，《光明日报》每日平均报道 8 次，中央电视台新闻联播每日平均报道 6 次，《中国日报》每日平均报道 7 次，广东电视台平均每天报道 6 次，《羊城晚报》平均每天报道 8 次。

在 SARS 危机转入高峰期后，媒体的报道不但在量上保持了很高的水平，而且在报道内容方面更加全面，疫情通报更加及时准确，媒体在危机管理中所应具备的功能基本发挥出来。媒体对疫情大量、及时、准确的报道，使民众能够了解真实情况，抑制了谣言的产生和蔓延。

随着广东省各级政府认识到危机传播的重要性之后，由民间主导的危机传播才被政府主导的危机传播所取代。以下就以官方和非官方来划分传播渠道③，官方的传播占据优势，特别是在第二阶段，与非官方的构成比例为 8:2。

因此，当一件会令大众非常关注的事件发生后，已很难有一种力量能够完全封闭有关信息的传播。如果主渠道不通畅，那么种种辅助通道反而成为强势声音。但建立在个人基础上的民间传播的最大弊端就是“失真”，而且传播越广，“失真”越严重。当“真”的内核越来越小，就会引起公众不理性的判断和行为混乱。而政府，却可以调动最广泛的资源去掌握真相，自然成为公众权威信息的来源，政府承担着公众的信任，也当仁不让地肩负着告诉公众“真相”的责任。

---

① 世界卫生组织“按发病日期绘制的可能的病例数”流行病曲线图（Epidemic curves-probable case of SARS by date of onset，China，Hong Kong and the world）。

② 笔者根据 CNN 官方网站、香港《文汇报》电子版、香港《南华早报》电子版搜索统计。

③ 按照官方和非官方的标准来划分传播管道，那么，电视、报纸、广播、单位传达、国内新闻网站属于官方的传播管道，而其余的就属于非官方传播管道。

表1 民众使用官方和非官方传播管道的比例

第一阶段			第二阶段		
类别	管道	所占比重	类别	管道	所占比重
官方管道	电视、报纸、广播、单位传达、国内新闻网站	44.7%	官方管道	电视、报纸、广播、单位传达、国内新闻网站	80.4%
非官方管道	境外传媒、当面听说、电话、手机、手机短信、网络论坛、境外网站	55.3%	非官方管道	境外传媒、当面听说、电话、手机、手机短信、网络论坛、境外网站	19.6%
总计		100%	总计		100%

从以上分析可以看出，中国政府在危机传播应对方式和态度上，经历了一个从被动适应到积极主动、由内外有别的信息发布到信息透明公开及时的过程，从开始的被动应战转变为主动应战，从而把危机信息传播机制提到日程上来。后来，政府在信息公开方面做出了很大的努力，具体有下列几个方面的内容：

（1）新闻发布会。新闻发布会主要是由发言人代表政府对外发布新闻、各种政务信息和解释政府的政策，并就国内外媒体和公众关心的问题作出回答。它成为新闻媒体沟通政府和广大公众的桥梁。其作用主要在于营造公开、透明的信息环境，为中外媒体记者提供规范的新闻服务，也是政府更好地为公民服务的一个实际举措，让市民和国内外人士都可以通过发言人，经常听到来自政府的声音，了解政府对问题的态度和看法及其工作情况。举办新闻发布会，人民群众的知情权可以更充分地得到保证，从而更好地实现对政府工作的监督。

2003年2月11日，广东省卫生厅就非典型性肺炎的有关情况举行新闻发布会。广东省卫生厅厅长黄庆道，副厅长冯鎏祥、王智琼，中国工程院院士、著名呼吸内科专家钟南山，广东省疾病预防控制中心副主任许锐恒，广州军区总医院副主任医师黄文杰博士对当前社会上流传的有关非典型性肺炎的不确切说法进行了澄清。

《羊城晚报》在次日的报道中指出："深圳一家调查公司昨天的抽样调查显示，昨天政府对此次事件的解释，有高达九成的市民表示相信。"可见，广东省有关部门在媒体上正面响应关于SARS的传言，显著地起到稳定人心、辟谣去惊的作用。

在SARS危机的中后期，包括广东在内的各地政府从2003年4月3日到6月1日期间一共召开了15次新闻发布会。①

---

① 具体关于SARS的每次新闻发布会的记录可以参见朱明德编.《北京抗击非典备忘录》. 中国文史出版社. 2003：855－897.

（2）开通咨询热线。为加强非典型性肺炎防治工作，卫生部非典型性肺炎防治领导小组办公室于2003年4月26日印发了一系列文件以及各项技术操作规范，对传染性非典型性肺炎的预防、治疗、控制等提出了明确的要求，其中有一项就是开通24小时非典咨询热线。

（3）及时通报疫情。为了防止出现对公共卫生事件的瞒报行为，全国防治SARS期间出台并实施的《突发公共卫生事件应急条例》中对有关信息的上报和发布作出了规定。在信息上报方面规定得尤其详细，条例规定，突发事件监测机构、医疗卫生机构和有关单位应当在2小时内向上级或本级政府报告，而省、自治区、直辖市政府应当在接到报告1小时内，向国务院卫生行政主管部门报告。有了这些时限规定，意味着对突发事件不仅“不得隐瞒、缓报、谎报或者授意他人隐瞒、缓报、谎报”，而且要在规定的短短的时间里上报，超过规定时间就属于违反条例的行为，要承担相应的法律责任。

除了信息报告以外，对信息发布也有规定。该条例第二十五条规定，“国务院卫生行政主管部门负责向社会发布突发事件的信息。必要时，可以授权省、自治区、直辖市人民政府卫生行政主管部门向社会发布本行政区域内突发事件的信息。信息发布应当及时、准确、全面。”①

2003年2月10日上午10时，省政府第一份关于“广州发现非典型性肺炎病例”公告发出，《羊城晚报》即第一时间刊出，这是广东传媒独家最早有关“非典型性肺炎”的报道。当天晚报一出街，即被抢购一空。及时通报疫情的规定有利于政府公共危机信息传播机制的建立和完善，让公众充分享有知情权是获取公众对政府支持的保证。

5. 受众：SARS危机中，公众获得信息的渠道

SARS危机中，信息传播渠道的基本模式：在SARS危机中，公众主要通过哪些传播管道来获取SARS信息，必须放在整个传播体系中来进行考察。传播渠道可以划分为大众传播管道、组织传播管道、人际传播管道、网络传播管道和其他，其模式就如图6所示。

SARS在广东省首先爆发后，这种传染性极强的疾病一开始仍具相当的神秘感，公众难免产生恐慌的情绪，视之为洪水猛兽，以致流言飞语四起。当然，之所以会有这样的传播效果出现，其实跟传播途径有莫大的关系。表2和表3就是广东省民众在危机初期获取信息的主要途径。

---

① 具体报道详见 http：//www. sina. com. cn 2003年12月28日《新京报》的报道。

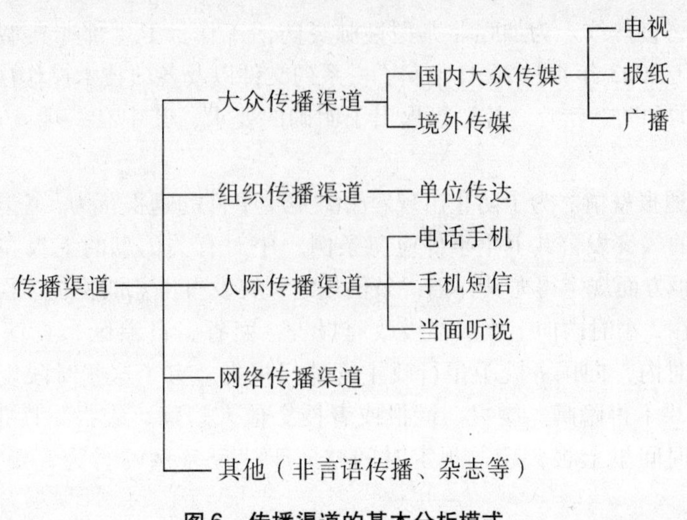

图6　传播渠道的基本分析模式

表2　广东省民众获取信息的主要途径①

主要途径	比例（%）	主要途径	比例（%）
亲朋好友（包括手机、短信、电话）	45.7	互联网	3.2
电　视	31.3	其　他	6.4
报　纸	13.4	总　计	100

从表2可看出，人们对于传播渠道的使用呈现了多元化的趋势。这与当今信息技术的发展是分不开的，传播渠道从传统的电视、报纸、广播扩展到现代的手机、短信以及网络等渠道。从整个传播体系看，广东民众获取信息的主要途径中，人际传播占据了将近二分之一的比重，其次是网络传播。

表3　通过何种渠道听到有关广州流行传染病的传言②

	频数	百分比	有效百分比
亲朋好友面对面告知	166	43.7	44.9
看电视	55	14.5	14.9

① 资料来源：广州社情民意研究中心于2003年2月12日对525位市民所作的抽样调查．羊城晚报．2003－02－14．

② 严三九，徐晖明．广州非典型性肺炎事件中的流言传播调查．华东师范大学学报：哲学社会科学版，2004年5月：84．

续上表

	频数	百分比	有效百分比
看报纸	49	12.9	13.2
电话通话	45	11.8	12.2
手机短信	30	7.9	8.1
互联网	12	3.2	3.2
其他途径	9	2.4	2.4
听广播	4	1.1	1.1
小计	370	97.4	100.0
缺省	10	2.6	
合计	380	100.0	

由表3可知，民众获取信息的最主要途径除了依靠人际传播，及电视、报纸等传统媒体之外，手机、短信、电话及互联网的传播效力日益显现。

在拥有2.1亿手机用户及1.03亿网民①的中国，互联网及手机短信已被称为“第五媒体”。在SARS期间，短信的爆炸性传播令传统媒体甚至互联网都望尘莫及。2003年2月8日、9日、10日三天，广东移动的日均短信发送量都超过4000多万条，凸显手机短信的惊人威力。②另外，网络媒体的技术优势表现得很突出。互联网在报道数量和及时性方面远远强于传统媒体。据统计，新华网和南方网对SARS的报道，4月2日以后新华网平均每天报道102次，南方网平均每天报道43次，并且随时更新。同时，5月15日的新浪、搜狐两大商业网站，分别有6万多和2万多条SARS的新闻。③

互联网是一种平权化的媒介，它的渗透性很强，而且具有信息量大、速度快、及时性、交互性等特点，在技术特性上是“充分分散”的和反控制的。它为广大民众提供了一种新的信息管道和话语空间，但同时也为谣言的传播提供了条件。在4月份之前主流媒体缺位期间，民众无法从官方的媒体获得疫情信息，网络就成为他们所依赖的重要信息管道，而网络谣言就大行其道。在社会危机时期，谣言具有很强的破坏性，它造成

① 2005年7月21日，中国互联网信息中心（CNNIC）发布“第十六次中国互联网发展状况统计报告”。最新统计显示，截至6月30日，中国网民人数达1.03亿，仅次于美国，位居世界第二，用宽带上网的用户首次超过了网民的一半。

② 据《南方周末》2003年2月13日报道，广东移动几天里的短信息流量数据统计：2月8日，4000万条；2月9日，4100万条；2月10日，4500万条。

③ 庞大力．传播学角度的博客研究．当代传播．2005年2月．

了人们的心理恐惧，人们面对危机本能的焦虑，可能在谣言中急剧放大，公众的理性判断力随之动摇，从而造成对自己、他人和社会信心的缺失，甚至引起社会动荡。2 月中旬在广东、海南、福建、湖南等地发生了抢购风潮，网络谣言就是罪魁祸首。①

虽然如此，匹兹堡大学的流行病学教授罗纳德·拉波特认为，互联网在对抗 SARS 上所扮演角色分量的加重，对于医疗科学来说是一个巨大的进步。②

（二）香港

政府处理 SARS 的政府部门架构如下：

（1）行政长官。2003 年，行政长官董建华承诺“不惜动用一切资源”，务求减低医护人员的感染数字。在 2003 年 4 月底至 5 月初期间，行政长官曾要求卫生福利及食物局局长杨永强及医院管理局主席梁智鸿将医护人员的新感染个案数字减至 5 宗，然后达至零感染。

行政长官督导委员会。行政长官于 2003 年 3 月 25 日成立行政长官督导委员会，并召开首次会议。督导委员会的成员包括政府有关的主要官员。督导委员会取代了卫生福利及食物局专责小组的角色，成为督导政府抗疫的总指挥部。督导委员会在 2003 年 3 月 25 日至 5 月 30 日期间共举行了 27 次会议。督导委员会在控制 SARS 疫情方面作出了多项策略性决定，其中包括向市民和国际社会发放消息、加强边境的健康检查措施、推行家居隔离政策、制订应变计划、加强调查工作、提倡个人及环境卫生，以及加强与内地当局的联系和保障老人健康等。

（2）卫生福利及食物局。政府辖下全权负责有卫生、社会福利、食物及环境卫生和妇女权益等事宜的政策局，由卫生署、食物环境卫生署、社会福利署和政府化验所支持。卫生福利及食物局局长掌管卫生福利及食物局，亦负责监察医院管理局执行其法定职能的工作表现，并对医管局的表现负责。

2003 年 3 月 13 日，卫生福利及食物局局长杨永强指示应成立一个由他本人统领的督导小组及一个由卫生署副署长梁贤统领的专家小组。2003 年 3 月 14 日又决定应把该两个小组合并为卫生福利及食物局专责小组，负责监督卫生署和医管局采取的疫症控制措施，并收集及整理专家意见，协助卫生署和医管局推行工作。该专责小组的成员包括卫生署、医管局、本地大学及世界的公共卫生、胸肺内科及微生物学专家，还有卫生署职员及医管局行政人员。自此以后，杨永强每天都向行政长官汇报疫情的发展，有时甚至一天汇报数次。在督导委员会运作的同时，卫生福利及食物局专责小组亦继续发挥作用。卫生界的抗疫工作继续由卫生福利及食物局统筹。

由卫生福利及食物局常任秘书长尤曾家丽女士担任主席的跨部门统筹委员会于 2003 年 3 月 24 日成立。跨部门统筹委员会负责在运作层面协调 25 个决策/资源局、政

---

① 杜骏飞．非典型性肺炎事件中的传媒危机．新传播信息．http：//www.woxie.com，2003－04．

② 吴婕．因特网迎战“非典”急先锋．国际先驱导报．2003－05－02．

府部门和公共机构的工作和资源，以落实与 SARS 相关的政策决定和措施。跨部门统筹委员会负责策划和落实多项与控制 SARS 有关的行动，包括隔离和迁移淘大花园 E 座居民、管理隔离居民的度假营、执行港口卫生措施，包括测量体温和旅客健康申报，实施家居隔离安排，救援滞留台湾的香港旅客，以及对一艘进入香港水域载有疑似 SARS 个案的马来西亚货船提供援助等。跨部门统筹委员会亦成立了多部门应变小组，负责在各“黑点”和出现 SARS 个案的大厦进行环境调查工作，以及消除这些地方的环境污染。

（3）卫生署。由卫生署署长陈冯富珍掌管。署长是政府的公共卫生事务顾问，负责执行卫生法例和施行公共卫生政策。卫生署在预防、评估及控制传染病在香港爆发方面担当首要角色。当接获疫症爆发的通知后，卫生署会在运作层面统筹公共卫生应变措施，并执行所需的公共卫生职能，包括调查及控制疫情、疾病监察、追踪接触者、执行公共卫生法例、与医护界联系、推行公众教育、与内地卫生当局及国际卫生界保持联系，以及提供病理学的化验服务。虽然卫生署须向卫生福利及食物局负责，但执行公共卫生职能所需的法定权力却授予卫生署署长。

（4）医管局。医管局的主要职能包括：就公众对医院服务的需求及应付该等需求所需的资源，向政府提供意见；管理及发展公营医院系统；设立公营医院；以及促进、协助及参与教育及训练投入医院服务的人的事宜。医管局管理 43 间合共提供 29500 张病床的医院及机构，聘用 53000 多名雇员。SARS 期间，医管局主席为梁智鸿医生，而医管局行政总裁则是何兆炜。

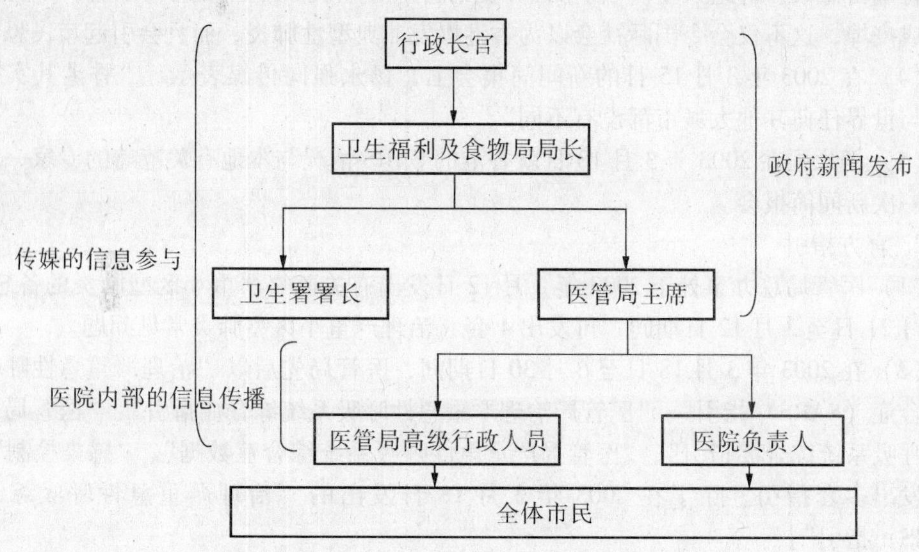

图 7　香港政府处理 SARS 的危机传播结构图

医管局总办事处感染控制专责小组（于 2003 年 3 月 4 日重新命名为中央感染控制

委员会）成立工作小组，就严重小区型肺炎的监察及处理向医管局提供意见。该工作小组定名为严重小区型肺炎工作小组，成员包括临床微生物学、内科、深切治疗、呼吸系统科的专家及医院行政人员。工作小组于2003年2月12日举行首次会议。小组要求公营及私营医院以传真方式向感染控制专责小组秘书处呈报小区型肺炎个案。

（三）政府危机传播途径：

当SARS危机处在斯蒂文·芬克所说的突发期与蔓延期，香港政府充分运用了班尼特的形象改变理论，在处理政府危机传播时，运用了多种途径，有效地挽回了政府的声誉和形象，具体如下：

1. 新闻简报会

（1）2003年2月10日，卫生署署长陈冯富珍举行新闻简报会，报告广东据报爆发的疫症，并为公众提供健康指引。

（2）2003年2月11日，卫生及福利局局长杨永强会见传媒，借此机会发布从卫生部收集所得有关广东疫情的进一步资料，并呼吁公众采取一般预防措施，防范飞沫传染。

（3）在2003年3月14日举行的新闻简报会上，卫生福利及食物局局长杨永强向传媒发表讲话："香港每个月有1500至2000宗肺炎病例，我们能够找出其中大约半数的致病细菌，但余下一半通常都不能够找出。这个模式没有改变，而我们的情况与其他已发展国家的经验近似，所以并不可以说小区爆发了肺炎，亦因为这个原因，我们在昨天提到特别留意某一群组人士。"杨永强亦促请传媒务须发放非常准确的讯息，不要把香港说成疫埠，这不仅会令国际社会以为香港爆发非典型性肺炎，而且会引起市民恐慌。

（4）在2003年3月15日的新闻简报会上，杨永强向传媒表示，"香港其实很安全，与世界任何其他大城市都没有不同"。

（5）杨永强在2003年3月18日就香港的SARS情况与本地有关范畴的专家一同召开另一次新闻简报会。

2. 官方指引

（1）医管局总办事处于2003年2月12日发出有关监察严重小区型肺炎的备忘录。在2月21日至3月12日期间，再发出4套《治理严重小区型肺炎常见问题》。

（2）在2003年3月18日至6月30日期间，医管局先后以"治理严重急性呼吸系统综合症（SARS）指引"、"医管局治理严重急性呼吸系统综合症指引"、"医管局严重急性呼吸系统综合症指引"、"医管局严重急性呼吸系统综合症数据"、"感染控制"为题，发出多套指引。除了在2003年3月18日发出的"治理严重急性呼吸综合症（SARS）指引"。

（3）八间医院（即那打素医院、东区尤德医院、韦尔斯亲王医院、玛嘉烈医院、玛丽医院、大埔医院、屯门医院及联合医院）亦发出自定的感染控制指引，以切合医院本身的情况。其中，联合医院以中文自行编制指引。

3. 信件呼吁

（1）医管局行政总裁何兆炜在2003年3月13日发给医管局全体雇员的信件中提醒他们，佩戴口罩及接触病人（尤其有类似流行性感冒症状的病人）后洗手，是有效的预防方法。

（2）何兆炜医生在2003年3月17日发给医管局全体雇员的另一封信中，再次呼吁他们佩戴口罩及采取普及性预防措施。

4. 定期通讯

医管局由2003年3月31日起每天出版一份名为《抗炎日讯》的通讯，发放重要的感染控制讯息及疫情消息。

5. 抗炎热线

医管局设立了24小时“抗炎热线”，改善与前线医护人员的沟通，以及实时解答有关SARS的查询。

6. 员工大会

各医院行政总监及医院联网行政总监定期在各自的医院中举行员工大会，向医护人员提供疫情发展的最新消息，同时听取员工的直接响应和解决运作上的问题。

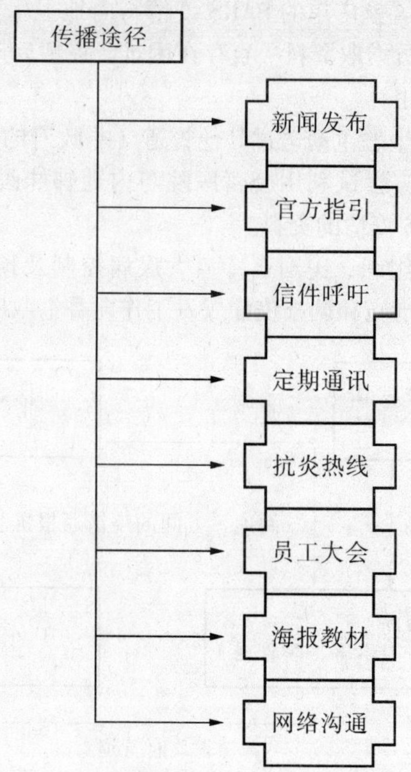

图8　香港卫生当局的危机传播途径

7. 海报及多媒体教材

医管局总办事处的公共事务组及人力资源组则制作海报及提供多媒体训练教材，以促进与医院内的医护人员沟通及向他们提供培训。

8. 网络沟通

由2003年3月19日起，各套有关SARS的资料登载于医管局内联网的专用网页，供员工浏览。医院亦使用“电邮”发放感染控制指示或指引。另外，卫生署及医管局建立一个名为“严重急性呼吸系统综合症网上电子数据库”的信息系统。因为随着感染人数的增加，当局知道应更迅速追踪接触者，以便更有效控制疫情。这个网上电子数据库系统使卫生署及医管局可以共享及交流实时数据，从而更有效地进行追踪接触者的工作。

（四）香港与广东省及国际社会之间的危机传播渠道

（1）卫生福利及食物局与北京卫生部建立的传染病沟通管道。在韦尔斯亲王医院爆发疫症后，行政长官董建华于2003年3月18日联络中国卫生部部长张文康，两人并于2003年3月22日在香港会面，借此加强香港与内地卫生当局在信息交流及疾病通报方面的合作。

（2）疫情初期，卫生署就广东的SARS疫情与内地卫生当局进行沟通时遇到困难。例如，向广东省卫生厅官员索取资料一直存在困难。疫情后期，两地的疫情通报机制得到完善，发挥了很大的作用。

（3）非政府管道。卫生署主动透过其他管道（非政府的管道）收集有关广东SARS疫情的资料。例如，政府应尝试利用公营医院与内地姊妹医院的任何正式或非正式接触，以获取有关广东SARS疫情的资料。

（4）国际机构。世卫组织、美国亚特兰大疾病控制及预防中心，以及加拿大卫生局的专家，都就控制疫症措施和调查疫症爆发工作向香港政府提供协助和意见。

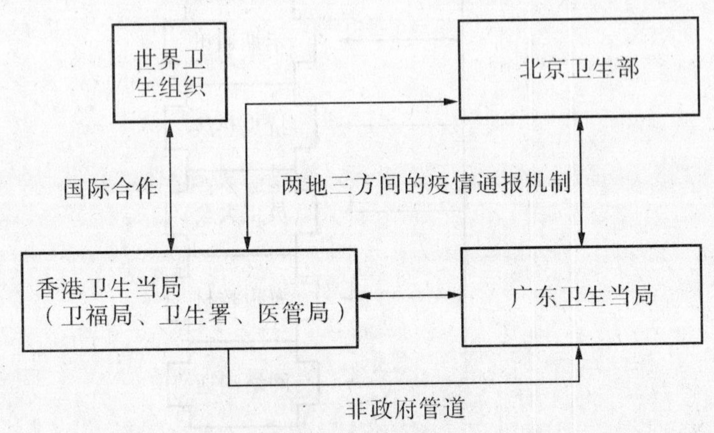

图9 跨地区的公共卫生情报交流

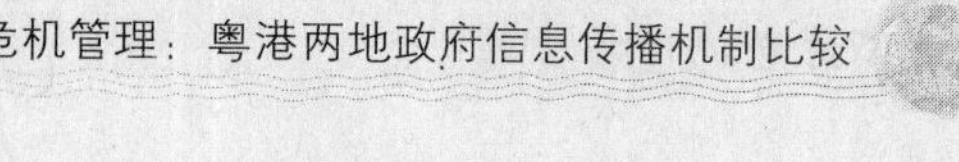

三、粤港两地政府的危机传播比较

（一）从危机传播的基本要素进行比较

根据前文提到的传播学的定义，粤港两地政府在SARS危机传播流程中，具有可比性。广东省爆发SARS的地区，如起初的佛山、河源、中山，后来的广州、深圳等，是SARS传播的总信源。在第一阶段，包括《南方日报》、《广州日报》、《羊城晚报》等媒体在内的广东省传媒机构作为信宿接收信息后，又作为信源将信息分化为危机识别信息和危机应对信息，由于广东省政府实际上是这些媒体的信源，所以一定程度上可以将省政府看作是信息的信源，与此相对应，广东民众是信宿，香港政府也是信宿。当香港方面获知SARS的识别信息后，香港政府及香港的媒体就由信宿转变为信源，这两者同时传递出危机识别信息和应对信息，香港市民作为信宿接收这两类信息并作出相应反应。在此次SARS危机传播中，居于主导地位的是广东省政府、香港特区政府。他们是权威信源，也是此次危机的直接管理者。当然，由于香港有自由开放的媒体环境，香港媒体也扮演了重要信源的角色，这与广东媒体一直扮演的配角，有着很大的不同。政府作为权威信源，他们的核心任务之一，便是及时地收集“征兆”、“迹象”信息以识别危机，科学地分析危机以制定应对之策，适时地发布信息以组织动员力量克服危机。

媒体是信息流中特殊的信宿与信源集合体。政府作为权威信源，通过媒体来实现信息的流动、散布以及回馈，从而达到危机管理的目的。在这个事件中作为省级机关报的《广州日报》、《南方日报》和《羊城晚报》等，它们在相当大程度上与政府共同掌握着危机的原始信息，媒体表现与政府传播基调基本保持一致；而香港媒体在此次危机的报道中，它们的信源既包括粤港两地政府，又独立于两地而拥有更多的信源，这些信源通过它们的报道得以体现。

瞒报行为直接阻碍了信息流，而当SARS危机越来越逼近，对市民生命健康将造成直接威胁时，瞒报仍时有发生，具体表现为广东省政府试图淡化危机的严重性。

在2月上中旬，广东地方媒体对SARS采取了较为积极的态度，进行了一定数量的报道。但广东省宣传管理部门对此进行了严格的管制，《南方都市报》还因为报道SARS受到内部批评。① 这种严格新闻管制的结果是长时间的媒体缺位。可见，地方领导坚决封锁消息，不准媒体进行报道，试图把疫情控制在医院内部，以免对春节期间的经济造成冲击。具体例子如：

2003年1月17日，虽然中山市人民医院对此讳莫如深，但记者还是在其传染病科发现了3个“肺部感染”的病人。②

2003年1月20日，中山市卫生局、药监局、市疾病预防控制中心的有关负责人就

① 朱雯．媒体对非典事件报道情况的调查报道．新传播信息网：http：//www.woxie.com，2003－05－11.

② 新快报．2003－01－17.

中山市急性呼吸道感染一事发出安民告示，中山没有任何疫情，也没有因呼吸疾病导致死人，呼吁市民不要轻信谣传，以讹传讹。①

2003 年 2 月 10 日，广东省卫生厅就表示，情况不算严重，只是普通的呼吸管道疾病，病情已受到控制。②

深圳市卫生防疫站昨天向外界证实，“瘟疫”之说纯属谣传，该非典型性肺炎亦非近来才有，只要适当预防并无大碍。③

2003 年 2 月 11 日，广东省卫生厅首次公布春节前后，省内多个地区发现非典型性肺炎病例的详情。卫生厅指出，这种传染病并不存在源头，目前亦未清楚病因。不过强调，非典型性肺炎并不可怕。④

照理来说，这个过程中政府担负起信源角色，但传递的信息不完全，以致粤港两地民众作为信宿接收到的不是危机识别信息，而是噪音。噪音形成于发送端时，不可避免地导致其他的信息流环节都随之失去精确性和清晰度。最终，噪音演变成为种种流言、谣言，“任何人都认为流言具有重要内容”⑤，例如：

从 2 月初起，传染病谣言开始在广州传播。一些信息是从个别医疗人员口中传出的，加上部分市民道听途说而成。比较典型的流言有几类：

——“打个照面就死人”说

在广东一些地方，流行一种不明原因的肺炎，病情发展凶险，已有多人发病，最可怕的是这种病的传播途径，只需和病人打个照面，或者是同乘了一辆公交车都可能被传染。

——“怪病”说

春节期间从顺德、中山传进广州一种怪病，首发症状是发热，胸片呈肺炎性病变，潜伏期很短，一天就发病，很快会发展成呼吸衰竭，该病现在尚无药物医治，已经造成多名病人死亡。

——“医护人员死亡”说

这种传染病来得很凶，也没办法治疗，据说广州某大医院呼吸科和传染科的医护人员有 20 多人被传染上，最早入院的已经在除夕前死了，护理那个人的护士不久也死了。

类似的传言一直维持到 2003 年 2 月 7 日。第二天，众多单位员工节后上班，传言立即升级，走在广州街头随处可见戴口罩的人。2 月 10 日，传言进入高潮，版本越来越多，最可怕的一种是：“广东遭到了炭疽攻击，一间医院已经戒严，一位医生只是和病人同乘电梯就中招了，而且这病没药医。”广州市面上预防感冒、抗病毒类药物异常

---

① 大公报. 2003 - 01 - 20.

② 亚洲电视本港台. 2003 - 02 - 10.

③ 香港商报. 2003 - 02 - 12.

④ 亚洲电视本港台. 2003 - 02 - 11.

⑤ (美) R. L. 罗斯诺, G. A. 费恩. 流言. 国际文化出版公司, 1990: 57.

走俏，各大小药店、医院、医药公司和药厂的板蓝根制品和其他抗病毒类药品大都接近脱销。接着，广东又刮起抢购大米、食盐和食水风。

后来，传言还漫出广州，向深圳、珠海等珠三角其他地区播散。

流言扮演了“反权力”的角色，即它迫使“权威”的正式渠道作出公开响应。流言发展到一定程度，已完全成为一种破坏性力量，正常社会生活无法继续下去，最后，危机促成转机，政府和媒介开始转变态度，对病情做了大量公开报道，“非典型性肺炎事件”从最初的流言传播、公众恐慌，转入政府部门采取积极措施进行防治的新阶段。①

信息纠错在危机信息管理中至关重要，尤其是来自危机管理者方面的。处于危机信息流链条上的利益相关者在接收外来信息时自然会努力减少噪音，但是作为信宿，他们只有接收信息的权利而没有办法掌握信息源，结果出现了以噪音（人际传播间）抗拒噪音（官方媒体）。消除噪音还要依赖权威信源，即危机管理者的信息。信息纠错使信息流中的噪音减弱，准确信息占据主导地位，信息流恢复常态运行。

2003 年 2 月 10 日上午 10 时，省政府第一份关于“广州发现非典型性肺炎病例”公告发出，《羊城晚报》即第一时间刊出，这是广东传媒独家最早有关“非典型性肺炎”的报道。当天晚报一出街，即被抢购一空。

2003 年 2 月 11 日，广东省卫生厅就非典型性肺炎的有关情况举行新闻发布会。广东省卫生厅厅长黄庆道，副厅长冯鎏祥、王智琼，中国工程院院士、著名呼吸内科专家钟南山，广东省疾病预防控制中心副主任许锐恒，广州军区总医院副主任医师黄文杰博士对当前社会上流传的有关非典型性肺炎的不确切说法进行了澄清。事实上，广东省政府和广州市政府在 2 月 11 日召开的新闻发布会采取了非常规的做法，用广东省委机关报《南方日报》的话来讲，这是 1989 年《国家传染病防治法》颁布以来首次由政府发布此类新闻，并且罕有地邀请了外国驻穗领事馆官员参加。

新闻发布会举行后，产生了良好的危机传播的效果。据《羊城晚报》次日的报道：“深圳一家调查公司昨天的抽样调查显示，昨天政府对此次事件的解释，有高达九成的市民表示相信。”可见，广东省有关部门在媒体上正面响应关于 SARS 的传言，显著地起到了稳定人心、辟谣去惊的作用。

及至后来，世卫组织专家组成员于 2003 年 4 月 10 日完成对广东的考察后，在北京召开记者会，专家组表示，非典型性肺炎的起源较他们预料中的复杂得多。他们又表示，广东在防治非典型性肺炎方面积累了很多的经验，值得全世界分享。

世卫组织专家组表示，对广东防治非典型性肺炎的进展表示满意。“我们坚信，广东省有非常好的监控系统，并且他们积累了很多治疗病人和控制疾病传播的经验。全国各地和世界其他地方都应该向广东学习，广东官员和专业人士应该注意让全世界分享这

---

① 严三九，徐晖明．广州非典型性肺炎事件中的流言传播调查．华东师范大学学报：哲学社会科学版．2004 年 5 月：82.

方面的信息，我们也应该鼓励广东向世界各地的专家求教。广东做得很好，希望全国也能这样，我们今天把这点很清楚地告诉了副总理。”①

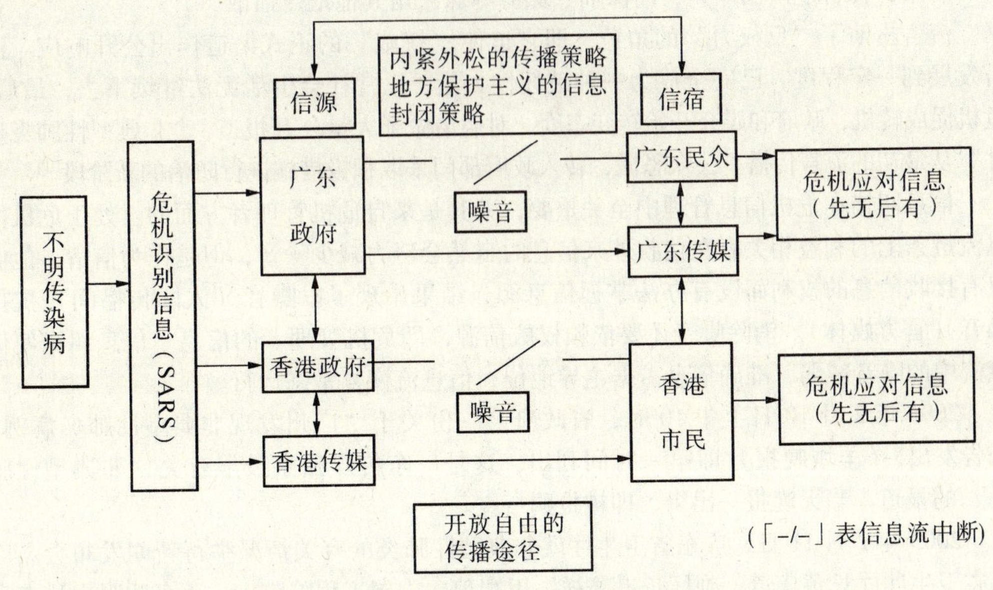

图10 粤港两地危机传播流程

在当香港政府作为信宿获知危机信息后，正常的信息流环节应该是由信宿角色迅速转换为信源角色，将危机识别信息和相应的危机应对信息及时准确地传递给信宿香港市民。但是香港政府高官缺乏足够的危机意识，试图淡化危机的严重性，使香港市民无法适时进入危机识别信息的信宿角色。

在SARS疫症爆发初期，香港政府负责卫生事务的官员并没有充分利用政府架构里组织良好的危机传播机制，反而对疫情麻痹大意，亦有试图掩盖事态严重性之嫌。而且，作为负责卫生事务的政策局局长，杨永强理应避免就疫情对香港的旅游业及经济所造成的影响作出评论。结果，他传递的信息不但混乱不清、令人误解，更使公众以为他试图淡化疫情的严重性。医院管理局行政总裁何兆炜指出，医管局与内地卫生当局并无就传染病的爆发设立任何官方或非官方的沟通渠道，但作为香港公共卫生机关主管的陈冯富珍已经开始积极和广东、北京的卫生部门进行联络，询问有关疫情的消息。具体的事例如下：

2003年春节前后，掌管香港公共卫生事务的高层官员，包括卫生福利及食物局局长杨永强、卫生署署长陈冯富珍、卫生署疾病预防及控制部社会医学主任顾问医生谢丽

① 大公报．2003-04-10.

贤，对广东省发现的SARS报道或传闻，缺乏足够的危机意识，以致在面对传媒时，政府进行的危机传播与事实并不相符。

2003年2月10日，对于广东省爆发非典型性肺炎，香港卫生福利及食物局局长杨永强表示，卫生署正向内地部门了解情况，并会透过传染病监察系统密切留意事件，再决定是否有需要采取适当措施应变，而现阶段谈论会否特别留意由广东省入境人士属言之尚早。①

2003年2月11日，对于近日在广东省出现的非典型性肺炎病例，香港卫生署署长陈冯富珍重申，港府已去信广东省卫生厅了解情况，正等候调查结果。她呼吁香港市民毋须因这次事件而恐慌，最重要是注意个人卫生。②

2003年2月14日，香港卫生福利及食物局长杨永强表示，香港没有爆发肺炎，希望传媒能够澄清，不要让国际社会以为香港有“非典型性肺炎”爆发。杨永强强调，没有迹象显示肺炎会在小区爆发，如果有爆发迹象，一定会通知市民，政府绝不会隐瞒，因为要市民配合做预防工作。他补充，市民暂时毋须做什么特别的预防措施，不过如果有伤风感冒，最好自己戴上口罩。此外，市民要注意个人卫生，以及要保持均衡饮食。③

2003年3月19日，香港感染非典型性肺炎的个案不断增加，并陆续有人染病死亡，但港府一直拒绝交代详情。卫生福利及食物局局长杨永强终于公布共有5人染病后死亡，并承认小区有病毒。病人互助组织联盟批评，当局没有主动公布非典型性肺炎的死亡数字，令公众造成不必要的揣测及恐慌。连日来被质疑隐瞒真相的杨永强回应：“我们无集中死亡的数字，假设你们（传媒）已经知道。”但他否认故意隐瞒，只称不容易收集及证实有关的数字。在小区传播方面，杨永强直言：“小区是有病毒，但无蔓延迹象。”他呼吁，若患有伤风感冒或怀疑染有非典型性肺炎的市民，亦应戴上口罩。④

2003年3月21日，杨永强在一个电台的节目中谈及非典型性肺炎事件，不少听众致电都是批评政府，其中一位医生指本港应效法新加坡，强制患上非典型性肺炎病人的儿童不准上学。杨永强回应称，港府在评估风险后，认为无这需要。他又表示，如果不允许学童上学，那么，医护人员每日接触这么多人士，是否他们全部都要留在家中，不准外出？“难道医护人员及接触他们的都不准返工？”⑤

2003年3月30日，卫生福利及食物局局长杨永强否认，政府当初低调处理非典型性肺炎事件，也不是担心使中国政府感到尴尬。他解释，政府初时所得资料不是十分详细，内地政府也没有定期收集数据。⑥

---

① 成报．2003－02－11．

② 中央通讯社．2003－02－11．

③ 中央通讯社．2003－02－14．

④ 香港经济日报．2003－03－20．

⑤ 星岛日报．2003－03－23．

⑥ 信报财经新闻．2003－03－31．

SARS中后期，香港政府意识到情况的严重性，开始积极面对SARS。2003年3月13日，卫生福利及食物局局长杨永强指示应成立一个由他本人领导的督导小组及一个由卫生署副署长梁贤统领的专家小组。3月14日又决定应该把两个小组合并为卫生福利及食物局专责小组，负责监督卫生署和医管局采取的疫症控制措施，并收集及整理专家意见，协助卫生署和医管局推行工作。3月24日，由卫生福利及食物局常任秘书长尤曾家丽女士担任主席的跨部门统筹委员会成立。医管局行政总裁何兆炜对医管局雇员发出信件呼吁，建议他们戴口罩。行政长官承诺“不惜动用一切资源”，务求减低医护人员的感染数字。在4月底至5月初期间，行政长官曾要求杨永强及梁智鸿将医护人员的新感染个案数字减至5宗，然后达至零感染。杨永强向医管局表示，“可以到外面寻找所需的任何保护装备，政府会支付有关费用”。另外，立法会卫生事务委员会曾举行多次特别会议，政府当局的代表均有出席，向议员及公众简述疫症当前的情况及政府所采取的措施。

SARS危机传播中，危机识别信息必须及时、公开传播，它不仅是危机管理者决策的依据，更是公众行动的重要依据。政府作为权威信源，负有提供危机识别信息的责任。媒体作为危机信息的信宿与信源共同体，不仅是政府的“危机信息代言人”，更是社会环境的“守望者”。在此次危机事件中，广东媒体仅仅充当了前者而丧失了后者的职能，而香港媒体则较好发挥了“守望者”的功能。

总之，SARS危机事件影响到数量很大且极为密集的人群，对危机信息的隐瞒和淡化，都将阻碍信息流的正常运行，产生大量噪音，导致社会恐慌和失控行为。保证危机识别信息及时公开的传播，是遏制噪音的第一步。

（二）从政府危机传播的途径进行比较

如前文所述，当粤港两地政府认识到SARS危机的严重性之后，通过各种不同的危机传播的途径，向公众发放消息。两地在危机传播途径方面的相同点是，公众获得信息的管道具多元特征，主要分为官方与非官方渠道。

最重要的区别在于媒体与政府的关系上。从上述表格可以看出，广东省的媒体报道属于官方的信息来源，而香港的媒体的信息报道是属于非官方的信息来源。所以人际传播管道在广东省的危机传播中显出了比较大的比重。

表4　粤港两地政府危机传播途径

	广东	香港
官方	新闻发布会、咨询热线、电视、报纸、广播、单位传达、国内新闻网站	新闻简报会、定期通讯、抗炎热线、员工大会、海报、多媒体教材
非官方	境外传媒、当面听说、电话、手机、手机短信、网络论坛、境外网站	人际传播、报纸媒体、网络沟通

媒体与政府的关系定位对公众获取信息的管道有很大的影响。在广东省，危机管理中的媒体政策受现行的法律规范、政治体制等因素的制约。媒体是党和政府的喉舌，事件报道时媒体与党和政府站在同一视觉下，以抗灾救灾夺取胜利为重点。但在现有的制度背景下，上级政府对下级政府基本无法进行实时实效的绩效鉴别，有些灾害发生地的政府为自己开脱责任和逃避法律制裁阻挠媒体公正介入事件报道，不让公众了解危机事件真相，甚至对有些危机事件的及时、有效报道被领导视为违反“新闻纪律”。

而在香港，危机事件的报道不是由政府统一发稿，任何新闻媒体随时都可以就灾情采写、编发新闻。而报刊和网络媒体出于对商业利益的追逐，热衷于报道危机事件。为扩大社会辐射面和影响力，这些媒体人为制造热点、炒作新闻，不惜版面过度刊载会带来强烈社会负面效果的事件。

（三）从政府危机传播的行为主体进行比较

在SARS疫症爆发初期，作为政府危机传播主体的粤港两地的政府官员都试图将疫情“大事化小”。虽然政府官员的安抚有助于免却市民的恐慌情绪，却造成了疫情在无声无息中蔓延。作为危机的领导者，两地的政府官员都有不称职的地方。在各方压力下，SARS中后期，两地官员认识到疫情的严重性，故而在危机传播方面做了些工夫，还是值得赞赏的。当然，政府官员的行为在一定程定上受制于危机传播的机构设置，粤港两地政府危机传播的机构设置如表5所示。

表5 粤港两地政府危机传播的机构设置

	组织结构形式	主要领导机构	紧急应变机构	性质	效果评估
广东	前期：主要涉及医疗机构的纵向层级式组织结构，下级对上级负责（图1）	各级卫生部门	全国防治非典型性肺炎指挥部	临时	信息沟通管道不畅，反应对策相对滞后
	后期：各级党委或政府首脑负责、多个职能部门协同参与的矩阵式组织结构（图2）	各级党委或政府	各行政单位成立了由主要领导人担任总指挥，各相关部门组成的非典防治工作指挥部	临时	各职能部门具有沟通的平台，信息进一步畅通与透明化
香港	以行政首长为首的纵向层级式组织结构（图4）	特区政府（卫生署、医管局）	督导委员会	临时	危机突发时，当局在应变、沟通等方面出现混乱，行政长官一度不能及时掌握疫情，以致延误反应

从上述的表格中我们可以了解到，在SARS事件中，粤港两地行为主体之间存在的相似点和差异点。

相似点：

(1) 粤港两地在面对危机时，均采用了自上而下的纵向层级管理结构，存在相对明确的领导部门。

(2) 粤港两地在面对危机时，除了原有常设的管理机构以外，还增设了紧急应对机构，负责整个SARS阶段的工作开展。

差异点：

粤港两地虽然都采用了自上而下的纵向层级管理结构，但是，这种结构设置在具体的效果上是有差别的。不同的设置带来了不同的权限设置，并决定着SARS信息在整个行为主体内的流通是否畅通，从而影响各个领导层做出反映的速度。

如广东省主要涉及医疗机构的纵向层级式组织结构，是一种适应较稳定的常态环境的结构模式。在SARS爆发的时候，卫生部门作为第一个直面SARS的机构，按照组织法规定，却无权调动其他职能部门的资源，也不具有与社会各类组织、公民沟通的职能。而SARS疫情状况，卫生部门不能随意公开，要按照规定自下而上一级级地往上报，再等待上级指示。而且，同级卫生部门之间、不同系统的卫生部门之间缺乏信息沟通管道，从而导致了决策上某种程度的延缓、滞后，甚至还出现了政府的“瞒报”情况。

而在香港地区，这种管理机构主要体现在行政人员在SARS危机传播管理中的角色。其信息透明度相对早期的广东省要高。但是，SARS爆发时，各不同部门行政人员面对公众表达的意见不一致，很大程度导致了当局在应变、沟通等方面的混乱和决策的一度延缓。

（四）从政府危机传播的效果进行比较

粤港两地政府在SARS疫症发生初期都存在政府危机传播方面的弊病，试图淡化、隐瞒疫情。在SARS疫症的中后期，两地政府在危机传播方面都大力改善固有的缺点，显示出全面调动行政资源方面的优势。但在粤港两地政府危机传播中，媒体所扮演的政府危机传播的角色不同，效果也就有所差别。

广东省的媒体在处理危机时发挥作用的空间很小，我们不排除政府体制的原因，但是，媒体表现的不成熟也不容忽视。一方面，在遇到危机时，政府很少会考虑利用媒体来处理之，很多时候一些有关负责人会出于对个人利益的考虑而故意躲避媒体、封锁消息；另一方面，媒体在危机发生初期往往表现得过于冲动，缺乏全局考虑，某些言论容易使矛盾激化，甚至会成为政府在后期危机处理中的阻力。而香港媒体在危机处理方面更趋于理性和成熟，这体现在：他们总是在保持媒体声音相对独立的前提下，扮演监督政府的角色。

此外，香港政府新闻处在危机传播方面有十分重要的作用。香港新闻处紧密联系本地及国际传媒，发放有利的传播信息，其目的首先是发放信息，让市民知道政府的政策和措施、目的和逻辑；其次是吸纳民意，透过各种途径，了解公众所需、民心所向，使各项决策都能考虑到公众利益及民意所趋；再次，则是为市民提供充分的参考数据，让市民在接受政府政策之前，能有基本的知识，作出适当的响应；最后是争取市民对政府的支持，这是所有公关工作的最终目的。①

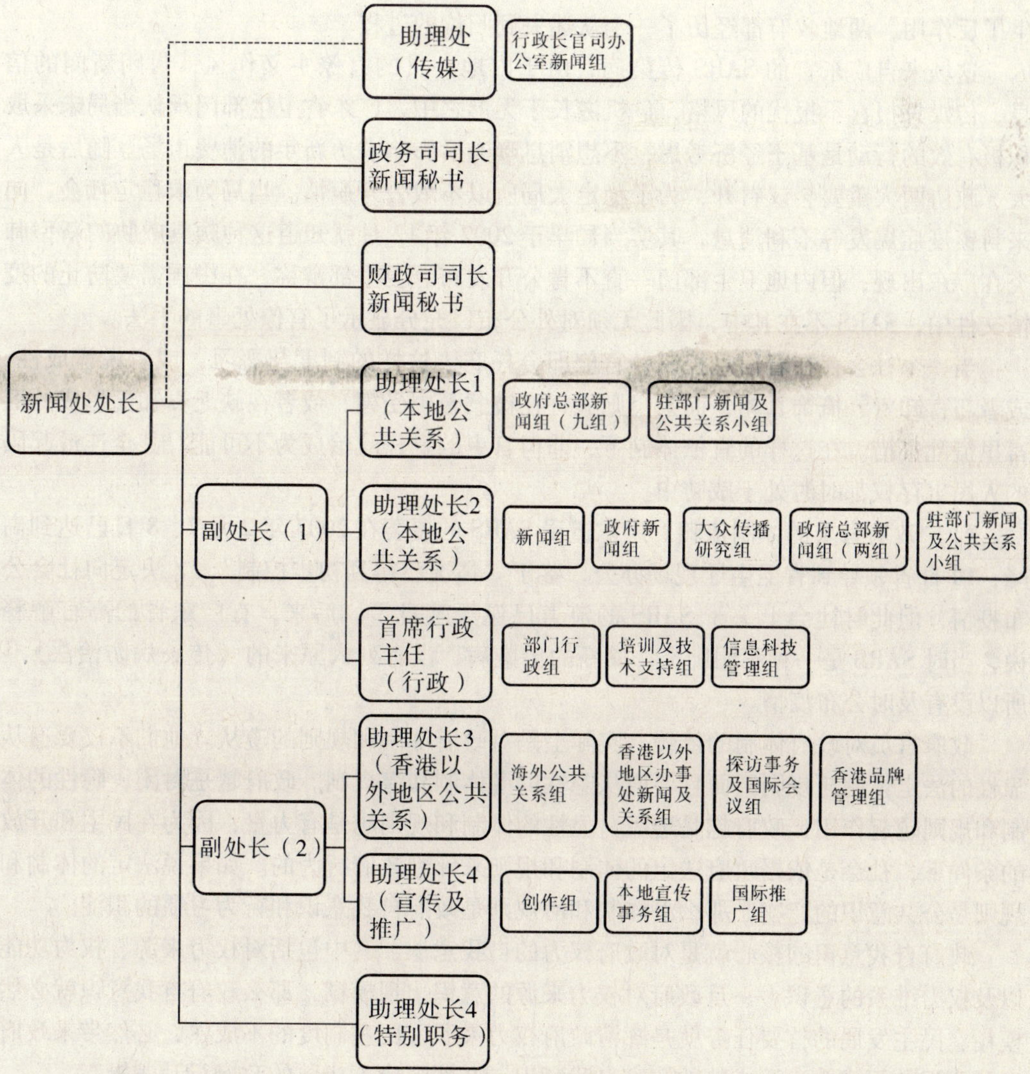

- 新闻处处长
  - 助理处（传媒）
    - 行政长官司办公室新闻组
  - 政务司司长新闻秘书
  - 财政司司长新闻秘书
  - 副处长（1）
    - 助理处长1（本地公共关系）
      - 政府总部新闻组（九组）
      - 驻部门新闻及公共关系小组
    - 助理处长2（本地公共关系）
      - 新闻组
      - 政府新闻组
      - 大众传播研究组
      - 政府总部新闻组（两组）
      - 驻部门新闻及公共关系小组
    - 首席行政主任（行政）
      - 部门行政组
      - 培训及技术支持组
      - 信息科技管理组
  - 副处长（2）
    - 助理处长3（香港以外地区公共关系）
      - 海外公共关系组
      - 香港以外地区办事处新闻及关系组
      - 探访事务及国际会议组
      - 香港品牌管理组
    - 助理处长4（宣传及推广）
      - 创作组
      - 本地宣传事务组
      - 国际推广组
  - 助理处长4（特别职务）

图11　香港政府新闻处组织架构图

① 梁伟贤，郑丽敏，曾立基. 公共关系新论. 香港商务印书馆，1995：125、141、142.

总之，香港政府在遇到像SARS这样的突发事件时，统一消息发放，以防止错误消息误导或带来恐慌。

四、结语

(一) 结论

1. 官僚主义的自我保护意识、体制依赖及过度的政治反应等，对政府危机传播产生了反作用，两地政府都经历了一个从迷失到归位的过程

这场来自广东省的SARS传染病，由于内地一贯的官僚主义作风，封闭新闻的信息，传媒只报喜不报忧的风格，危机滋长于无形之中。广东省卫生部门承认当局未采取积极有效的行动是基于经济考虑，不想消息曝光后影响农历新年的消费市场。随后是人大、政协两大重要会议召开，为了稳定大局所以不敢公开病情。当局为求稳定社会，向来封锁疫症爆发等不利消息，其实当局早于2002年12月就知道这种颇具威胁的新型肺炎在广东出现，但内地卫生部门一直不肯公开发布。卫生部辩称，在中国需要防止的疫情文件中，SARS不在其中，因此无须对外公布，充分显示了官僚处事的手法。

当一个社会存在着信息控制，官僚即会托庇于这样的制度与恶习，或者说谎成性，或者巧言卸责、掩饰真相，而人民则只好在被蒙蔽中受害，或者在缺乏真知而形成的谣言里慌乱失措。在这样的官僚体制下，非但官吏的责任政治成为不可能，甚至连最起码的人民生存权都时时处于威胁中。

(1) 政府官员的体制依赖。广东遭受SARS的侵袭在2003年2月7、8日已达到高峰，10日省领导到省卫生厅现场办公，鉴于“情况已得到初步控制”，才决定向社会公布疫情，但此时社会上关于SARS的流言已遮天蔽日了。后来，有广东省的高官解释说，当时SARS是一种不明肺炎，属新的传染病，没有列入原来的《传染病防治法》,[①] 所以没有及时公布疫情。

政府官员对政府体制的依赖，实际上是对政府体制和规则的遵从。他们不仅要遵从显性的法定体制与规则，而且要遵从隐性的潜体制和潜规则。政府越是封闭，隐性的体制和规则越起作用；政府越是透明，显性的体制和规则越是有力量，因为在民主和开放的条件下，社会是依据政府法定的体制和规则来评判政府行为的。如果说法定的体制和规则是公共意识的产物，那么潜体制和潜规则是政府自我意识和行为习惯的积淀。

政府自我意识的核心就是对政府权力的自我意识，其中包括对权力来源、权力功能以及权力维系的意识。一旦政府对权力来源的意识出现模糊，那么政府自我意识就必然模糊。民主发展的首要任务就是廓清政府权力来源。民主制度的不成熟，必然带来政府自我意识的不成熟；不成熟的政府自我意识，必然形成不成熟的政府行动逻辑。

---

① 2004年8月28日，国家主席胡锦涛签署第十七号主席令，正式公布新的《中华人民共和国传染病防治法》，将SARS列入传染病。

当人们批评政府官员错误的行动逻辑的时候，必须看到这种行动逻辑背后来自体制与制度对政府“本能”反应的决定作用。SARS 流行初期的政府反应，除与整个社会对 SARS 这个疾病认识肤浅有关外，在很大程度上就与来自现行体制与制度下的“政府本能”反应密切相关。在这种反应中，政府的最大问题，不是出在对这个病的认识不足上，而是出在政府不健全的自我意识上。

相对于现代政治而言，中国传统政治所留下的最大负面效应就是非民主性。依据邓小平的概括，具体体现为：官僚主义、权力过分集中、家长制等。二十多年的改革开放，虽然在很大程度上降低了这种负面效应的作用和影响，但是，并没有在思想、组织和制度上彻底解决这些问题。在 SARS 的非常时期，这种状况得到了比较明显的体现。

（2）政府官员的政治反应大于责任反应。从整个过程来看，SARS 爆发的初期，在从中央到地方的各级负责官员的反应中，政治反应大于责任反应。正是在这种反应结构下，出现了政府反应的“策略性”滞后、信息虚假和不公开现象。政治反应主要是从政府与官员的直接利益出发的，而责任反应则是从政府所应承担的社会责任出发的。在这样的情形下，许多正常的反应都可能因为政治的标准而受到限制。

广东省防治非典型性肺炎医疗救护专家指导小组组长钟南山在抗击 SARS 初期，他寻求境外合作的行为就面临有关部门传统思维模式与行动逻辑所带来的压力，而他超越这份压力的关键在于对“政治追求”的重新定位：“我想我们搞好我的业务工作，以及做好防治疾病，这个本身就是我们最大的政治，对我们搞这一行的人来说每个人都有自己的政治，像你们作为一个采访，作为一个工作，你把你的采访工作做好，而且人民喜闻乐见的，对你们来说是最大的政治。你在你本岗位上，你能够做的最好，你这个就是最大的政治。”①

长期以来，中国一直高度关注高度政治（high politics）事务，而忽视某些低度政治（low politics）或非传统安全事务。② SARS 成为新世纪冲击中国高度政治的第一个低度政治难题，它不仅冲击着国家政治安全、经济安全，而且对社会安全与人的安全构成严重威胁。

（3）社会主义国家有强大的自我调节能力。这场 SARS 危机对中国的治理结构进行了一个比较全面的检验。学术界通常用六个指标来衡量一个国家的治理结构，分别是：政府合法性（legitimacy）、政府的效率（efficiency）、问责度（responsibility）、法治（rule of law）、透明（transparency）、参与（participation）。③ SARS 危机暴露了当前中国政府管理体制中所存在的一些痼疾。

---

① 林尚立．体制与行动逻辑：政府危机反应及其变革效应．SARS 与社会的现代化．上海人民出版社，2004：71－74．

② 门洪华．中国 SARS 危机管理：理论框架与实践评估．透视 SARS：健康与发展．清华大学出版社，2003：21．

③ 过勇：治理：一种新的公共管理思想．国情报告．2003：17－18．

但是，中国作为社会主义国家，在问题暴露之后，有强大的自我调节能力，成功化解危机。当党中央、国务院认识到问题的严重性，一声令下、重拳出击之后，政府由被动应战变为主动出击，SARS 危机处理也成为中国政府的“当务之急”、“重中之重”。中国防治 SARS 工作的一个重要的转折点，就是前期处理 SARS 事件不当的卫生部部长张文康和北京市市委副书记、市长孟学农被撤职。两名部级官员的下台引发了社会对政府官员问责度的广泛关注。问责度指的是政府官员对自己行为负责任的程度。随着现代治理思想的发展，政府的问责度一直成为舆论的焦点和研究的热点。香港的高官问责制就是在这样的背景下应运而生的。

所以，在各方的压力下，中国政府动员全社会力量，在短时期内成功化解了 SARS 危机，充分体现出了作为一个社会主义国家的权威和强大动员力量。

2. 媒体是政府危机传播中的一把双刃剑，既发挥了形成广泛社会认知、推动政府危机传播的作用，也因过分渲染危机，从而造成了一定的社会恐慌

德国当代著名哲学家哈贝马斯提出了媒体在公共领域中占据中心地位的观点，认为媒体是公众参与社会政治活动、形成公共舆论、影响公共决策的重要工具，它是公共领域形成发展的重要力量。在经济全球化和社会信息化的今天，大众媒体发挥着更加突出的作用，它渗透到社会生活的各个方面，“对人类的社会环境、生活方式、思维模式、价值观念、文化结构、教育发展、精神世界等方面产生着重要影响”[①]。传播学创始人韦尔伯·施拉姆更指出：“媒介一经出现，就参与了一切意义重大的社会变革。”[②]

在信息传播手段十分发达的现代社会，尊重民众的知情权是政府的理性选择。因为政府封锁信息会导致谣言的蔓延，而政府发布不真实信息会被公众“证伪”而丧失公信力。政府发布真实信息、民众相信政府信息，是政府和民众在信息博弈中的占有策略，这种情况下的均衡是纳什均衡。[③]

现在已有不少国家对公众的知情权以法律的形式加以保护。1951 年芬兰颁布《政府档案公开法》，1966 年美国国会通过《信息自由法》（Freedom of Information Act），1981 年日本颁布《情报公开权利宣言》。[④] 我国《宪法》第三十五条规定，“中华人民共和国公民有言论，出版，结社，游行，示威的自由。”这里显然包括作为权利主体的中华人民共和国公民享有知情权。知情权是公民实现其他民主权利的基础。因为人们先要知情，才谈得上去行使其他的权利。[⑤] 这次 SARS 危机更使民众的知情权得到重视，

---

① 黄永林．大众传媒与当代大众世界．华中师范大学学报，1999 年 3 月：58.

② 韦尔伯·施拉姆．大众传播媒介与社会发展．北京：华夏出版社，1991：3.

③ 梁春晓．非典时期的信息博弈．新传播信息网，http：//www.woxie.com，2003－05－14.

④ 徐耀魁．西方新闻理论评析．北京新华出版社，1998：189.

⑤ 赵虹．知情权刍议．新传播信息网，http：//www.woxie.com，2003－05－13.

中国正在起草中的《政务信息公开条例》[①]，目前已提交到国务院立法部门，离正式立法已不远矣。

在SARS危机中，广东省的媒体经历了一个由缺位到归位的过程。在危机由潜伏转化为发作的关键时期，媒体的缺位对疫情的蔓延负有一定责任，而其后媒体的归位又对防治工作起到重要作用。媒体在SARS危机中的表现，暴露出新闻宣传工作存在的一些问题，集中表现为三个方面：一是宣传工作没有充分重视民众的知情权，二是严格的新闻管制使媒体缺乏应有的独立性，三是我国媒体软实力与西方媒体存在很大差距。为更有效地应对公共危机，我国的新闻媒体必须进行深层次的改革。[②] 传播来源的可信度和知名度与传播的效果成正比。这给危机中的媒体传播一个重要的启示：在保证信息公开和全面的同时，新闻媒体还要履行“把关人”的职责，保证信息来源的可信度和知名度。

基于“独立又能发掘问题的媒体也是民主责任政治的重要一环”的信念，媒体传统上也被赋予“看门狗（watchdog）”的角色，专门调查政治人物及政府官员的一言一行，并报道出来供大众检验。所以，民主政治的指标之一便是：一个社会是否存在自由且开放的媒体。香港传媒这方面的角色扮演得较为出色，值得内地传媒学习。

所以，媒体除了有倡导政令的义务外，更有扮演政府与人民间的桥梁、扩大人民知的权利之责任。当媒体在危机发生后，密切注视事态的发展，广泛报道危机所带来的全方面的消息，势必有助于推动政府改善危机传播。

3. 政府与媒体在危机传播中难免要进行多方面的博弈，但自由媒体是开放政府不可或缺的一环。

媒体一向自诩为独立于行政、立法、司法部门之外的“第四权力”，然而长久以来，媒体与政府的互动却产生既合作又对立的权力关系。

从传播学角度看，新闻媒体应该发挥其环境监测功能和社会整合、解释的功能，负起其应有的社会责任。而政府是信息源，应该满足公众对危及自身生命安全知情权的需要，及时、真实提供信息，应该以知情权为标准，而不是以是否符合传染病为标准来公开信息。另一方面，政府是新闻传播的管理者，应该引导、调控新闻媒体，对事实加以解释，支持传媒发挥其功能，而不是限制。

现代政治中，媒体由于能够触及最广大的公众，已经不可否认地成为一股重要的政治力量，它介于政府和公众之间，形成了一种三角平衡互动的系统，既制约影响着政

---

① 新华网2006年3月17日报道：广州市政府2003年初率先实施《广州市政府信息公开条例》。国务院信息办从2001年开始着手对政府信息公开进行调研，逐渐认识到制定信息公开方面的法律法规是实现政府信息公开化不可缺少的手段。到2005年底，中央政府部门共制定30部政务、政府信息公开的法规文件，75家地方党政部门颁发了政务、政府信息公开的法规文件。目前，《政府信息公开条例》已被列为国务院2006年一类立法计划，有望于今年出台。

② 张晓群．对SARS危机中媒体表现的评价．2004－12－02．

府，又受政府影响制约；既引导公众，又迎合公众。在危机发生的过程中，公众接触媒介还为了获得对于情势的阐释和理解，因为媒介工作者经常率先收集相关材料并组合成一个完整连贯的故事。媒体的监测作用被人们前所未有地重视。在人们面对突发事件束手无策、迷茫困惑时，媒体对于事件的阐释会成为吸引读者的卖点，也成为引导读者的有力工具。而媒体对于事件的阐释，不仅渗透在对事实的报道中，更体现在刊登的各种言论文章中。所以，当危机发生时，恰当的媒体危机报道策略可以从很大程度上帮助政府处理危机。

（二）研究限制

由于时间与经费的限制，本研究无法进行更大规模的调查与访谈，故对于部分涉及细部规划的问题难以深入探讨。仅能就制度的规划作原则性的建议，此诚为本研究的遗憾。

另外，因为本研究以SARS为比较的例证，所以，如何在浩如烟海的SARS数据中抽取有价值的数据，为研究服务，需要花费长时间的数据整理与分类。鉴于个人时间上的限制，在搜索数据时只能尽量缩小范围。可是，这就难免遗落珠玑。

例如，为搜索2003年1月1日至2003年12月31日所有华文媒体（包括内地）关于SARS新闻时，我们尝试在Wiser Search以不同的关键词进行搜索。当以关键词“SARS”搜索时，得出359012条新闻；当以关键词“SARS”、“政府”同时搜索时，得出71265条新闻；当以关键词“SARS”、“政府”、“广东”同时搜索时，得出5985条新闻；当以关键词“SARS”、“政府”、“香港”同时搜索时，得出23464条新闻；当以关键词“SARS”、“政府”、“香港”、“广东”同时搜索时，得出2762条新闻；当以关键词“SARS”、“危机”同时搜索时，得出15819条新闻。所以，要在较短时间内，详细研读这些资料数据变得不切实际。

【参考文献】

1. Huque, Ahmed Shafiqul & Lee, Grace O. M. Managing Public Services: Crisis and lessons from Hong Kong. Ashgate Publishing Limited, Hampshire, 2000.
2. Earl, Babbie 著. 社会研究方法基础（*The Basics of Social Research*）. 邱泽奇译. 北京：华夏出版社，2002.
3. Larson, Charles U. 说服：接受与责任（中译本）. 北京：北京大学出版社，2004.
4. Learning from “Bird Flu” —How the Hong Kong Government Learn to Deal with a Crisis. Hong Kong: Centre for Asian Business Cases, School of Business, The University of Hong Kong, 2002.
5. Augustine, Norman R. 著. 哈佛商业评论精选：危机管理. 吴佩玲译. 台北：天下远见，2001.
6. Cutlip, Scott M.; Center, Allen H.; Broom, Glen M. 著. 有效的公共关系. 明安香译. 北京：华夏出版社，2002.
7. Taylor, L.; Willis, A. 媒介研究：文本、机构与受众. 北京：北京大学出版社，2004.
8. Coombs, W. Timothy 著. 危机传播与沟通：计划、管理与响应. 林文益，郑安凤译. 台北：风云论坛出版社，2003.
9. W. 兰斯·班尼特著．新闻：政治的幻象．杨晓红，王家全译．北京：当代中国出版社，2004.
10. 卜正．公共关系——政府公共议题决策管理．台北：杨智文化，2003.
11. 陈栋、蔺志强．政府危机公关中的媒体角色．今传媒，第88期.
12. 陈力丹．2005年我国新闻传播学研究的12个新鲜话题．详见：http：//academic. mediachina. net/academic_ xsjd_ view. jsp? id = 4825，2006 - 01 - 24.
13. 褚云茂．公共关系与现代政府．上海：上海大学出版社，2002.
14. 丁学良．应对SARS的三种体制：强制、法制、弱制．两岸SARS危机管理：经验、教训与比较研讨会，2003. 11. 29—30，台北政治大学国际关系研究中心.
15. 高世屹．美国危机传播研究初探．详见：http://ruanzixiao. myrice. com/mgwjcbjjct. htm，2006 - 01 - 14.
16. 胡鞍钢主编．透视SARS：健康与发展．北京：清华大学出版社，2003.
17. 姜晓萍，范逢春．从SARS看我国地方政府的危机管理．四川大学学报，2004年2月.
18. 李经中．政府危机管理．北京：中国城市出版社，2003.
19. 李庆四．从SARS冲击看中国政府的危机公关．二十一世纪，2003年9月.
20. 梁伟贤、郑丽敏、曾立基．公共关系新论．香港：香港商务印书馆，1995.
21. 廖为建．公共关系危机与媒体策略．广州：中山大学出版社，2005.
22. 廖为建，李莉．美国现代危机传播研究及其借鉴意义．广州大学学报：社会科学版．2004年8月.
23. 刘保延，彭锦，胡镜清．试论公共卫生突发事件危机处理中的科学决策．中华现代医院管理．2006年2月.
24. 陆建华．非典时期的媒体活动与媒体管理——公共危机与信息传播．两岸SARS危机管理：经验、教训与比较研讨会，2003. 11. 29—30，台北政治大学国际关系研究中心.
25. 毛寿龙．SARS危机与政府发展．两岸SARS危机管理：经验、教训与比较研讨会，2003. 11. 29—30，台北政治大学国际关系研究中心.
26. 邱强．危机处理圣经．台北：天下远见，2001.
27. 邵培仁．2003—2004中国传播学发展报告．中国传媒报告（China Media Reports）. 2005年1月.
28. 史安斌．危机传播与亲闻发布．广州：南方日报出版社，2004.
29. 孙秀蕙．公共关系．台北：五南出版社，1997.
30. 翁秀琪．大众传播理论与实证．台北：三民书局，2001.
31. 吴宜蓁．危机传播—公共关系与语艺观点的理论与实证．苏州：苏州大学出版社，2005.
32. 香港立法会．调查政府与医院管理局对严重急性呼吸系统综合症爆发的处理手法专责委员会报告. 2004年7月.
33. 薛克勋．中国大中城市政府紧急事件响应机制研究．北京：中国社会科学出版社，2005.
34. 薛澜、张强、钟开斌．危机管理：转型期中国面临的挑战．北京：清华大学出版社，2003.
35. 严三九，徐晖明．广州非典型性肺炎事件中的流言传播调查．华东师范大学学报：哲学社会科学版，2004年3月.
36. 燕爽主编．SARS与社会的现代化．上海：上海人民出版社，2004.

37. 詹中原．危机管理：理论架构．台北：联经出版事业股份有限公司，2004.
38. 张成福．公共危机管理：全面整合的模式与战略．中国行政管理．2003 年 7 月.
39. 张杰，蒋晓丽．论危机事件中新闻媒体的传播策略．西南民族大学学报．2005 年 5 月.
40. 张昆．大众媒介的政治社会化功能．武汉：武汉大学出版社，2003.
41. 张任明．迅速开放传播通道——公共危机中政府传播对策．详见：http：//big5. xinhuanet. com/gate/big5/news. xinhuanet. com/newmedia/2003 - 10/15/content_ 1124245. htm，2003 - 10 - 15.
42. 张晓群．对 SARS 危机中媒体表现的评价．详见：http：//www. chinapr. com. cn/web/Disquisition/ViewDisquisition. asp？ ID = 10000503，2004 - 12 - 02.
43. 周敏、张璟．媒体在政府危机管理中的角色．清华大学国际传播研究中心，2006 - 02 - 25.
44. 朱德武．危机管理：面对突发事件的抉择．广州：广东经济出版社，2002.

公共危机中的政府：形象与责任

政府危机传播困境研究

廖为建　潘晶晶*

【摘　要】政府作为社会公共事务的管理者和组织者，维护社会稳定，保障国家安全，是其最基本的行政职能，在危机频发、信息多元化的时代背景下，面对重大突发性公共危机事件，政府如何做到信息公开透明，及时控制恐慌动荡情绪，做好与民众的沟通，维护国家长远利益和政府公信力，是必须解决的问题。特别是危机传播的效能与成功程度，将直接影响到政府的形象。但目前，我国政府危机传播的现状却不容乐观，缺乏系统理论的指导。本文正是基于这一现实，剖析了目前政府在信息传播方面存在的问题，并且从传播主体、传播渠道、传播对象三要素的角度切入，对政府危机传播的困境进行了多维视角的考察，深入探讨了困境产生的根源，并在此基础上提出了对策建议，为实际工作者提供了一个独特而亟须重视的视角。

【关键词】公共危机　危机传播　困境

第一章　绪　　论

第一节　问题的提出

20世纪90年代以来，我国进入了快速建设、发展和转型的关键时期，在经济高速增长的同时，社会的不稳定因素也异常活跃，各种自然灾害、社会冲突、突发责任事故、群体事件等等，层出不穷，特别是迈入21世纪后，危机频发，给国家和人民带来了巨大的损失。2002年岁末的一场SARS危机，对我国政府的危机处理能力提出了严峻的挑战，也给政府的危机管理敲响了警钟，虽然最后这场危机得以成功化解，但政府在其间付出了沉重的代价。如何有效地应对危机，对政府部门而言无疑是一个紧迫的现实问题。由此学术界开始重视对危机管理领域的研究，政府对危机管理的重视度也空前提高，危机传播的理念日益深入人心。

---

* 廖为建，中山大学政治与公共事务管理学院公共传播学研究所教授；潘晶晶，中山大学政治与公共事务管理学院行政管理专业研究生。

危机传播是政府进行危机管理的一个重要组成部分，同时也是最核心的部分。一个有效的危机管理体制是政府实现“转危为安”和“化危为机”的关键，而这在很大程度上又取决于良好的信息沟通，通过危机信息的传播与共享，可以满足利益相关者的各种需求，从而引导舆论，稳定民心，疏通民意。对危机传播而言，政府必须做到信息的公开和透明，媒体则要借助自身的优势提供及时、准确、充分的报道，政府、媒体与公众之间形成良性的信息沟通与互动。但在实际操作中，危机传播链并非总是畅通无阻。从传播主体、传播渠道到传播对象，其中的各个环节都可能出现问题，从而导致信息流的不畅，难以达成应有的传播效果，同时传播过程中的各种噪音，也会使得原有的危机更加激化。

第二节 核心概念的厘定

一、危机的定义及特征

危机研究兴起于20世纪60年代，但是对于什么是危机，学术界至今没有一个统一的说法，很多学者都从不同的角度提出了各自的观念和看法，以下是几个具有代表性的定义。

表1 危机定义

学者	定义
斯蒂文·芬克（Steven Fink）	危机是指事件处于即将发生决定性变化的一段不稳定时间或一种不稳定的状态。①
杰克森（Robert J. Jackson）	危机是发生于一个系统的事件或一连串事件，它必须符合一些要件，包括：（一）危机必须与人们要求政府具备的责任有关；（二）危机使政策制定者认识决策的作出是在时间的限制之下；（三）无法预期未来，即使能预期亦是一般性的，无法针对特殊的事件。②
赫尔曼（Hermann）	危机就是一种情景状态，其决策主体的根本目标受到威胁，在改变决策之间可获得的反应时间很有限，其发生也出乎决策主体的意料。③

① （美）斯蒂文·芬克著．危机管理．韩应宁译．台北：经济与生活出版事业公司，1987：15.

② 转引自孙多勇，鲁洋．危机管理的理论发展与现实问题［J］．江西社会科学，2004（4）.

③ Hermann，Charles F. *International Crisis*：*Insights from Behavioral Research.* New York Press，1972.

续上表

学者	定义
巴顿（Barton）	危机是“一个会引起潜在负面影响的具有不确定性的大事件，这种事件及其后果可能对组织及其人员、产品、服务、资产和声誉造成巨大的损害”。①
罗森塔尔和皮恩伯格（Rosenthal and Pijnenburg）	危机是指“对一个社会系统的基本价值和行为准则架构产生严重威胁，并且在时间压力和不确定性极高的情况下必须对其作出关键决策的事件。”②
斯格（Seeger）等人	危机是一种能够带来高度不确定性和高度威胁的、特殊的、不可预测的、非常规的事件或一系列事件。③

虽然这些定义是从不同的侧面和角度进行的概括，但都在一定程度上揭示了危机的本质。同时需要指明，本论文所涉及的危机是专指公共领域的，危机管理的主体主要是政府部门，属于公共管理范畴内的危机管理。与“个体、经营性组织所面对的危机管理有着目标、原则、运行方式等多方面的本质差别”④。

根据对概念的界定，从中可以总结出危机的基本特征，其主要表现在：①高度的不确定性。危机一旦发生，是没有现成的规律和经验可寻的，无论其性质还是影响范围都处在瞬息万变中，信息不全，很难预测它会带来什么样的危害和后果。②突发性和紧迫性。危机往往都是突然发生的，出乎人们的预料，例如重庆开县的“井喷”事件，南京汤山的中毒事件都起源于难以预见的突发事故，而且必须快速行动，在最短的时间内，克服信息、人力、物力、财力等资源的不足，及时做出决策和反应，找到应对策略，克服涟漪效应，防止危机的蔓延和扩散。同时需要指出，在逻辑上，危机必定是突发事件，然而突发事件未必就形成危机，突发事件可以理解为危机的前期。③公共性。危机的属性及其可能带来的影响，决定了危机一旦爆发便会迅速成为社会的公共话语。危机话语的传播有几个突出特点：一是传播速度快，二是影响范围广，三是信息变异频度高，误解、谣言、毁谤皆出于此。⑤ ④破坏性。无论危机是何种类型，只要爆发，其危害是十分巨大的，可能导致社会、经济秩序的失衡，造成财产、生命和健康的损失，各级政府、组织或个人的声誉受到不良影响，民众也将处于极度恐慌之中。如2004年底发生的印度洋地震并由此引发的海啸，造成了近30万人遇难，数百万灾民急需救助。

① （美）罗伯特·希斯著．危机管理．王成、宋炳辉、金瑛译，北京：中信出版社，2001：19.

② 同上书，第19页。

③ 提莫斯·库姆著：危机传播与沟通．林文益、郑安凤译，台湾风云论坛出版社，2003：144.

④ 同上书，第29页。

⑤ 胡百精著．危机传播管理．北京：中国传媒大学出版社，2005：11.

2002年底在我国广东省爆发并迅速蔓延至全国的SARS危机也充分说明了这一点。⑤两面性。从辩证唯物论的角度出发，任何事物都具有两面性，“塞翁失马，焉知非福”，“祸兮福所倚，福兮祸所伏”。对于危机来讲更是如此，字面上“危机”正是“危险和机遇”的统一体，美国政府在经历“9·11”恐怖袭击后所做的努力和取得的成果，就是一个很好的例证。

二、危机管理的定义

从广义上而言，危机管理包括了企业危机管理和公共危机管理。由于本论文的研究需要，这里主要探讨公共危机管理，即公共部门（核心是政府）对具有公共性质（或社会性）的各类危机的决策和管理过程。政府作为国家公共权力机构，在公法上，被认为是公共利益的代表，其基本职能就是要强化社会管理，优化公共服务。

目前在国内学术界，对危机管理的界定分歧不大。如学者李经中在其编著的《政府危机管理》一书中是这样定义的：“政府通过监测、预警、预控、预防、应急处理、评估、恢复等措施，防止可能发生的危机，处理已经发生的危机，达到减轻损失，甚至将危险化为机会的目的，以保护公民的人身权和财产权，维护国家安全。”①中国人民大学的张成福教授认为，“所谓的危机管理是一种有组织、有计划、持续动态的管理过程，政府针对潜在的或者当前的危机，在危机发展的不同阶段采取一系列的控制行动，以期有效的预防、处理和消弭危机。”②总之，有效的危机管理就是要通过危机预警、危机预防、危机处理、危机恢复和危机学习以避免或减少危机所产生的危害和损失，并从危机中开拓出以发展机遇为目的的过程。政府危机管理和企业危机管理存在很大的区别，一是危机影响的公共性；二是利益相关者的广泛性；三是危机管理的权威性。同时，两者在目标和手段等方面也存在明显的差异。

三、危机传播的定义、功能和意义

在对危机的研究中，危机传播和危机管理一直是一对联系密切的概念，国内外很多学者都认为危机传播实质就是危机管理，并将两个概念完全等同，但实际上两者是有区别的。正如清华大学副教授史安斌所认为的，“如果说危机管理是一个以管理科学为核心的多学科研究领域，那么危机传播则是以传播学为核心，把人际传播、言语传播、大众传播、组织传播和跨文化传播等学科的一些理念运用到危机管理的过程中。简言之，危机传播就是在危机前后及其发生过程中，在政府部门、组织、媒体、公众之内和彼此之间进行的信息交流过程。”③学者方雪琴在《信息公开与媒体理性——试论危机传播中

---

① 李经中编著．政府危机管理．北京：中国城市出版社，2003：35.

② 张成福．公共危机管理：全面整合的模式与中国的战略选择［J］．中国行政管理．2003（7）.

③ 史安斌著．危机传播与新闻发布．广州：南方日报出版社，2004：6.

的舆论引导策略》一文中，主要强调了媒体的作用，将危机传播定义为“是指针对社会的危机现象和事件，如何利用大众传媒及其他手段，对社会加以有效控制的信息传播活动。它的目的在于，按照社会传播和新闻传播规律，对危机处理过程进行干预和影响，使危机向好的方向转化。在时间紧、非常态的情况下，大众传媒更多地被运用到危机传播中”[①]。中国人民大学教授胡百精从传播的本质入手，认为危机状态下的传播是一个变异的传播系统，并在此基础上提出了危机传播的三个特点：一是危机传播是混乱符号和不确定意义的共享过程；二是危机传播是信息传播主体和客体非秩序化复杂互动的过程；三是危机传播是一个失衡的信息系统，是各种信息碎片的杂合体。[②]

近年来，随着各种类型的危机频频发生，给全人类带来了巨大威胁，世界各国政府开始意识到危机管理的重要性，同时也更加认识到“危机管理依赖于信息交换能力和危机管理者依据收集的信息制定有效行动方针的能力”[③]。信息传播与沟通在危机管理中的地位举足轻重。英国著名的危机公关专家里杰斯特曾提出危机沟通的3T原则，即以我为主提供信息（Tell your own tale）；提供全部信息（Tell it all）；尽快提供信息（Tell it fast）。在大众传媒日益发达的今天，遵循这一原则，以积极的姿态应对危机传播，将是有效应对危机的客观要求。在我国，学术界对危机传播的研究在经历了SARS后日益活跃起来，取得了一定的成果，但仍旧处于起步阶段，在实际运用中也存在不少问题，很多政府部门及其领导并没有充分认识到危机传播的重要性，往往表现出抵制情绪和消极合作的态度。因此，阐明危机传播的功能和意义是十分必要的。

（1）危机传播能够满足不同层次的信息需求，实现政府、媒体与公众之间有效的信息沟通，保障公众的知情权。

（2）危机传播能够为政府积极应对危机并正确做出决策提供必要的信息支持。

（3）危机传播能够增强政府危机管理的透明度和民主性，有利于社会监督，增强政府以及媒体的公信力。

（4）危机传播能够有效传播政府的危机管理政策以及各项措施，争取舆论支持，动员社会各界力量共同致力于危机的解决。

（5）危机传播有利于树立政府良好的形象。

（6）危机传播有利于减少谣言、小道消息等不良信息的传播，为危机处理创造良好的外部环境。

---

① 方雪琴．信息公开与媒体理性——试论危机传播中的舆论引导策略［J］．中州学刊，2004（6）．

② 胡百精著．危机传播管理．北京：中国传媒大学出版社，2005：52．

③（美）罗伯特·希斯著．危机管理．王成、宋炳辉、金瑛译．北京：中信出版社，2001：99．

第三节 文献综述

一、国外危机传播研究

在西方特别是美国，从事危机传播研究的多为管理学、公共关系学和传播学的学者，他们从各自的专业视角对危机传播展开了研究和分析，由于危机传播与危机管理存在非常密切的联系，因此对于危机传播的历史考察，必须和危机管理的历史发展密切联系起来。

现代危机管理，作为一门独立的科学，诞生于美国，至今只有四十多年的历史。1962 年，加勒比海地区发生了震惊世界的古巴导弹危机。这场危机差点引发一场核战争，使世界处于千钧一发之际。在人类进入核时代以来，在美苏军备竞赛和争夺世界霸权的激烈斗争中，没有任何一次危机达到如此惊心动魄的程度。显然，如果这场危机处理不好，势必导致美、苏两国两败俱伤甚至同归于尽。在这一严峻考验的推动下，现代危机管理学应运而生，这一时期危机管理的主要研究对象是政治领域的危机以及各种自然灾害，对危机管理主体的研究也仅限于政府管理部门。20 世纪 80 年代发生的美国强生公司泰勒诺（Tylenol）胶囊中毒事件以及后来的埃克森公司石油泄漏事件，给危机管理的研究注入了新的元素，其研究领域开始从政治领域拓展到商业、企业领域。研究方法主要采用个案研究。进入 90 年代，危机管理的研究经历了一个快速发展时期，由最初的个案研究开始进行综合理论研究和模式建构，同时危机传播技巧方面的研究也越来越受到重视。美国“9·11”恐怖事件发生后，公共危机传播更加成为世界各国政府和学者关注的焦点。

在危机管理学的发展历程中，传播的重要性日益凸显，传播是危机管理的核心问题，成为实践界和学术界的共识。因此危机传播逐渐从危机管理中分离出来，成为一个独立的研究领域。以下主要介绍一些危机传播的理论成果。

由于危机传播研究的历史不长，其理论建构还不完备，没有形成完整的理论系统与整体框架，目前主要有三个具有代表性的理论，它们分别是：①斯蒂文·芬克（Steven Fink）的阶段分析理论；②威廉·班尼特（William Benoit）的形象修复理论；③托马斯·伯克兰（Thomas Birkland）的焦点事件理论。

在危机传播的研究领域还存在其他一些著名的理论，其中包括企业辩护理论、卓越理论、三阶段论和米卓夫（Mitroff）的五阶段论等。而且近年来，美国的传播学者还提出了三个与危机传播有关的概念，分别是事务管理传播、风险传播和紧急状态传播。

二、我国危机传播研究

在我国，危机管理特别是危机传播是近年来才引起学界重视的领域。20 世纪 20 年代，我国开始对现代政治学进行研究，其中包含了政治危机的研究，进入 90 年代以后，一些学者开始编著、翻译一些关于危机管理方面的书籍，如许文惠、张成福主编的《危机状态下的政府管理》（中国人民大学出版社 1998 年版）；翻译出版了如罗伯特·希斯著《危机管理》（中信出版社 2001 年版），诺曼·R. 奥古斯丁等著《危机管理》（中国人民大学出版社 2001 年版）等。同时很多公共关系学学者从公关的角度阐述了危机管理，在著作中设专章对其展开论述，并且还引介了一些国外学者的著作。如袁传荣、宋林飞主编的《公共关系学新论》（南京大学出版社 1990 年版），设《危机处理》一章；居延安等著《公共关系学》（复旦大学出版社 2001 年第 2 版），设《公共关系实务操作之七：危机管理》专章；迈克尔·里杰斯特著，陈向阳、陈宁译的《危机公关》（复旦大学出版社 1995 年版）；等等。但真正意义的现代危机管理理论研究却是在“9·11”事件和 SARS 危机之后，因此我国对于危机管理和危机传播的研究尚处于起步阶段。

2002 年底至 2003 年的那场重大公共卫生危机——SARS 危机，使危机传播的重要性得到了充分的认识，包括危机传播在内的危机管理成为最大的研究热点。大量危机管理的著作相继问世，如：张小明编著的《公共部门危机管理》（中国人民大学出版社 2006 年版），薛澜、张强、钟开斌编著的《危机管理：转型期中国面临的挑战》（清华大学出版社 2003 年版），鲍勇剑、陈百助著《危机管理：当最坏的情况发生时》（复旦大学出版社 2003 年版）等。但是这些研究成果主要从管理学、行政学、政治学的视角出发，而对传播学的观念、原理和方法运用得比较少，强调的是危机管理的重要性和必要性，关注科学危机管理机制的构建、危机各个阶段的应对措施、危机管理模型等各个方面。当然，也有部分著作采用专章的形式对媒体管理、信息管理和沟通管理进行了分析，而专门独立地针对危机传播理论的研究和著作却非常少，主要有史安斌著《危机传播与新闻发布》（南方日报出版社 2004 年版），胡百精著《危机传播管理》（中国传媒大学出版社 2005 年版）以及台湾学者吴宜蓁编著的《危机传播：公共关系与语艺观点的理论与实证》（苏州大学出版社 2005 年版）。由此可见我国危机传播的系统研究任重而道远。

在期刊论文方面，专门针对危机传播研究的文章也比较少。由于检索条件的限制，笔者主要利用“中国期刊全文数据库”和“中国优秀博硕士学位论文全文数据库”，以“危机传播、政府危机管理和公共危机管理”为主题词，对 2000 年至 2006 年 8 月前的相关论文进行了检索，统计结果如下表：

表 2　2000 年 1 月—2006 年 8 月论文数量（单位：篇）

检索词 \ 时间	2000	2001	2002	2003	2004	2005	2006（1—8 月）	共计
危机传播	2	0	0	11	12	22	26	73
政府危机管理	0	0	6	82	82	82	43	295
公共危机管理	0	0	0	26	45	63	34	168

表3 2000年—2006年（8月前）博硕士学位论文数量（单位：篇）

检索词＼时间	2000	2001	2002	2003	2004	2005	2006（1—8月）	共计
危机传播	0	0	0	0	3	6	1	10
政府危机管理	0	0	6	1	12	13	7	33
公共危机管理	0	0	0	1	3	10	4	18

从“中国期刊全文数据库”和“中国优秀博硕士学位论文全文数据库”的统计数据来看，有关危机传播的论文在总量上很少，从2000年统计到2006年8月，期刊总共才73篇，学位论文共10篇，而且主要集中在2003年以后，以前在期刊上只有零星的几篇出现，而且都是关于企业危机传播方面的。在危机管理方面，笔者主要统计了以公共部门（核心是政府）为主体的危机管理，由于客观条件的制约，分别以政府危机管理和公共危机管理为主题词检索的论文中肯定有重复的文章，所以只能进行粗略的估计，期刊有430篇左右，学位论文45篇左右。对2002年以前的检索，期刊上除了1996年有一篇题为《日美两国危机管理比较研究——阪神大地震与洛杉矶大地震》的论文涉及政府危机管理外，没有任何与主题词相匹配的文章，学位论文同样如此。由此也可以看出该研究领域是在我国经历SARS以后才引起学术界普遍关注的，而且更多的学者把研究重点放在危机管理上了。

在数量上，无论是危机传播方面的研究论文，还是公共（政府）危机管理方面的研究论文，在2002年以后都呈现出逐年递增的趋势。同时，笔者也以危机管理为主题词在“中国期刊全文数据库”中对近十年的文章进行检索，发现存在同样的趋势，从1997年的36篇到2005年的749篇（2006年8月之前就有了482篇），数量增加了20多倍，特别是2003年数量激增。不难看出进入新世纪以来，无论是政府、工商企业还是其他一些组织，对危机管理的重视度都日益提高。

表4 1997年1月—2006年8月论文数量（单位：篇）

检索词＼时间	1997	1998	1999	2000	2001	2002	2003	2004	2005	2006
危机管理	36	56	54	78	119	210	726	714	749	482

当然，上述统计结果也存在很多不科学、不严谨的地方，例如对涉及危机传播方面论文的检索，仅仅以“危机传播”作为主题词采用精确检索的方式，必然会遗漏很多没有采用危机传播的提法但是又与之相关的文章。由于主客观条件的限制，在整个统计

过程中笔者也没有仔细阅读每一篇文章，因此可能存在主题词匹配但内容存在偏差的情况。

从论文的研究属性和内容看，当前有关危机传播的文章1/3以上都以新闻媒体为研究视角展开论述，其他的还包括新闻发布和新闻发言人制度、危机传播的必要性和作用、危机传播的策略等，政府形象以及对典型案例的分析也占了一小部分，但系统宏观地界定危机传播理论和应用研究框架的论文却非常少，如危机信息传播模式研究、危机信息传播规律研究、传播效果研究等几乎没有，而且很多涉及危机传播方面的研究都被置于危机管理的研究框架下，缺乏独立性，在研究过程中也没有受到足够的重视。

第二章　政府危机传播的现状与主要问题

第一节　现状分析

目前，我国正处于突发公共事件的高发时期，21世纪以来，我国每年因各种突发事件造成超过20万人非正常死亡，伤残人数超过200万，经济损失超过6000亿元；自然灾害平均每年造成1.5亿—3.5亿人受灾，1万多人死亡，经济损失达2000亿元；重、特大事故平均每年造成13万人死亡，70多万人伤残，经济损失达2500多亿元。

从整个社会系统来看，我国正处于社会结构重大变革时期，也是各种矛盾的突发期，根据世界发展进程的规律，在社会发展序列谱上我国正对应着“非稳定状态”的频发阶段，这意味着转型期的中国，危机已成为常态。从天津康泰克PPA风波到江西万载爆炸事件，从广西南丹特大矿难到重庆天然气“井喷”，从SARS到禽流感，这些大家熟悉的危机事件都以各自的方式向政府和人民提出了严重挑战。可喜的是，政府已经意识到问题的严峻性，开始建设和完善各种制度设计，转变思想，从多方着手提高政府应对公共危机的能力，特别是危机信息的传播得到了极大的重视。主要体现在以下四个方面：

第一，2005年，我国就已经完成突发公共事件应急预案的编制工作，全国应急预案框架体系已初步形成，《突发事件与紧急状态处置法（草案）》也已列入十届全国人大常委会立法规划。目前已完成国家突发公共事件总体应急预案、25件专项应急预案、80件部门应急预案，基本覆盖了我国经常发生的突发公共事件的主要方面。此外，我国省级突发公共事件总体应急预案的编制工作也已完成，许多市、区（县）也制定了应急预案。

笔者通过对已发布的国家总体应急预案、专项应急预案、国务院部门应急预案、省级总体应急预案中关于信息发布及新闻报道相关规定的梳理，发现几乎所有已经发布的预案对其都有明确的规定，只存在详细和简单的差别。足可以证明，我国各级政府及部门对信息公开的重视程度日益提高，信息发布正逐步被纳入经常化、制度化、法制化的轨道。从预案的具体规定来看，主要可以概括为以下一些方面：

首先，各专项应急预案、部门预案和省级总体预案基本上继承了国家总体应急预案的基调，要求信息发布坚持实事求是、及时准确的原则，第一时间向社会发布简要信息，随后发布初步核实情况、政府应对措施和公众防范措施等，并根据事件处置情况做好后续发布工作。

其次，强调信息的统一发布，要求政府及相关部门掌握新闻报道的主动权，把握报道时机，讲究宣传方式，力求有效引导舆论，维护稳定局面。

再次，要求新闻媒体严格遵守突发事件新闻报道的若干规定，信息发布要履行审核程序。任何单位或个人不得发布、散布未经核实或没有事实依据的有关突发公共事件的信息和传言。

最后，大部分应急预案对违反信息发布规定的行为明确了相应的责任。对于迟报、谎报、瞒报和漏报突发公共事件重要情况，或者应急管理工作中有其他失职、渎职行为的，预案明确规定：要依法对有关责任人给予行政处分；构成犯罪的，依法追究刑事责任。这是一个原则性的规定，突发公共事件应急处置工作实行责任追究制。这有利于从根本上改变过去我们一些地方政府出于推卸责任，以维护社会稳定为由，对于突发事件迟报、谎报、瞒报和漏报的现象。

第二，在政府信息公开立法方面，进程正在加快。如新修订的《中华人民共和国传染病防治法》第三十八条规定："国家建立传染病信息公布制度"；第六十六条规定："对于未依法履行传染病疫情通报、报告或者公布职责，或者隐瞒、谎报、缓报传染病疫情的，依情节严重程度给予责令改正、通报批评，行政处分及依法追究刑事责任。"虽然该法对危机信息公开的规定还不够详细，但已经向信息公开法制化迈进了一大步。而且从地方看，一些省（市）已经制定了政府信息公开的地方性法规，例如2002年11月6日，广州市政府制定了《广州市政府信息公开规定》，已于2003年1月1日起施行；上海市政府于2004年1月20日通过《上海市政府信息公开规定》，并于5月1日起施行。《江苏省政府信息公开暂行办法》已于2006年经省政府常务会议审议通过，并在9月1日施行。综观各地方立法，都以"公开为原则，不公开为例外"，明确了公开是政府的义务，提供了救济制度。从全国范围来看，2006年我国《政府信息公开条例》的起草工作已基本完成，这些都标志着政府在信息公开传播方面有了政策法律的明确规定，有力地推动了"依法治国"方针的落实和民主法制建设的发展。

第三，政府危机传播的方式向多渠道、多样化发展。1983年我国建立了新闻发言人制度，SARS发生后，新闻发言人制度呈现出"遍地开花"之势，国家各级政府机关、各地方政府纷纷设立新闻发言人。公共危机时期，新闻发言人在发布信息、阐释政府政策、化解公众疑惑、澄清谣言、沟通媒体等各个方面，都发挥了积极作用。1999年我国开始实施"政府上网"工程，政府网站的数量在七年里成倍增长，质量得到不断改进，其效果和影响力也日益增强。通过网络，公众和媒体能够在第一时间获取危机信息，了解情况。政府网站在提供便利的同时，也使民众的知情权得到了一定程度的保障。

第四，媒体的重要性得到凸显。由于SARS疫情前期消息封锁、媒体沉默所带来的消极后果，政府部门汲取教训并充分认识到媒体有义务也有责任和政府一起，通过有效的危机传播，让公众了解客观真相，控制事态、避免谣言。政府逐步以更加开放的姿态引导舆论，并将媒体纳入政府危机管理体系，推动新闻媒体在危机应对中发挥积极作用。如对禽流感疫情的及时报道，媒体的作用得到了充分的体现。同时政府也开始更为重视舆论监督。温家宝总理就曾指出"要加强舆论监督的作用"。2005年，中共中央办公厅《关于进一步加强和改进舆论监督工作的意见》和中宣部《加强和改进舆论监督工作的实施办法》等文件相继发布，规定各级党委和政府、社会团体及其工作人员要重视舆论监督工作，为采访报道提供方便；基层单位不得封锁消息，隐瞒事实，干涉舆论监督，不得以行贿、说情等手段干预监督。

第二节　问题揭示

一、危机信息的管理还不够完善

作为近代科技革命的重要标志，信息技术正在渗透到社会、经济和人们生活的方方面面，信息化对我国无疑是一个难得的机遇。在危机管理领域，信息的重要性也是与日俱增，要成功的化解危机就必须依靠对危机信息的收集、处理、分析、沟通和传递。中国人民大学钟新副教授在接受记者采访中讲到："危机管理者的核心任务是，及时地收集'征兆'、'迹象'信息以识别危机、科学地分析危机以制定应对之策、适时地发布信息以组织动员力量克服危机。危机管理者所承担的使命、所处的地位使其应该并能够成为危机信息的聚散地，从而成为权威的信息源。"①

近年来，虽然政府在危机信息管理的各个方面做了很多工作，也取得了一定的成绩，但从宏观上来看，要实现危机管理的信息化、科学化，构建全面整合的公共危机信息管理系统还需要走很长一段路。从具体层面考察，政府在信息采集、信息沟通、信息发布等方面仍存在很多突出性的问题。

（一）信息采集难以保证及时、准确

由于我国政府高度层级化的组织结构，各级政府之间自下而上的请示服从体系和沟通方式，上级政府获取信息的渠道主要依赖于下级政府各职能部门的层层汇报和反映，几乎很少从传统信息通道以外的渠道获取信息。这种"内输入"的信息采集方式，存在极大的被动性，在一定程度上导致信息采集时效性低，缺乏灵活性。而且一旦发生重大突发性危机事件，某些政府官员出于各种利益的考虑，总是试图掩盖、隐瞒事实真

① 转引自张杰．危机状态下的信息传播［J］．中国计算机用户．2006（4）．

相，淡化事件的严重程度，使得危机信息在向上传递之前就已经是虚假或者部分失实的；或者故意拖延报告时间，造成信息的残缺、迟缓，导致最终的决策延误。

2001年7月17日，广西南丹县龙泉矿冶总厂下属的拉甲坡矿和龙山矿发生了特大透水事故，造成重大人员伤亡。事件发生后，南丹县的领导班子居然集体蒙骗上级领导，封锁消息、谎报事故。一些官员还和矿主相互勾结，采取各种方式隐瞒死亡人数和阻碍对事故原因的调查，封锁消息竟长达半个月左右。据记者调查，在当地，出了事故甚至特大事故，瞒报作假，已经成了传统。《羊城晚报》曾报道指出：早在2000年10月，该县的大厂镇一个矿就因塌方冒顶而死了200人，最后对外只报说是"38人"。而2002年底在广东省发生的SARS疫情，也正是因为有关政府和部门没有及时上报情况，隐瞒信息而导致疫情一发不可收拾。显然这种"捂盖子"、"欺上瞒下"的做法无疑是"搬石头砸自己的脚"，不但导致政府形象严重受损，也给危机的及时处理设置了更多的障碍。

（二）各部门间信息共享程度低，沟通不畅，协调困难

目前，我国政治体制改革还处于转型期，虽然经过了20多年的行政体制改革，政府职能正由管理型向服务型转变，但是，一些深层次的问题仍然没有得到根本解决。如：结构设置不合理，政府各部门职能交叉、重叠，行政流程不合理，等等，特别是在政府条块分割的管理体制下，部门之间良好的沟通和协调、危机信息的统一调集和迅速汇总，成为一个突出的难题。各职能部门之间"壁垒森严"，各自为政，彼此独立。各种信息资源分别由不同的部门掌握，信息分布也极不对称，导致信息相互割裂、分散、不成系统，"信息孤岛"大量存在。而且，由于各个部门之间缺乏有效的沟通和协调，再加上一些地方或部门存在的灰色利益和领导的官僚作风，部门垄断，信息控制，都使得各级政府之间、各部门之间信息共享非常困难，信息流动极易受阻。另外，某些政府职能划分不清，责任不明，在面对危机时，各行其是、相互推诿扯皮、贻误"战机"的现象也普遍存在，极大地影响了党中央和中央政府危机决策的制定和贯彻。

（三）信息封锁、信息操纵现象依然存在

2006年9月3日，四川省成都市辖崇州市人民医院突然涌进了大量因腹泻、高烧而来就诊的学生，医院病床告急！而崇州市其他医院乃至周边成都、温江的一些医院也开始陆续收治此类病情的学生。一场学生集体发病事件在崇州市实验小学突然爆发。据证实，当天中午在校进餐的学生大约有800人，但关于此次事件的具体生病人数、住院治疗和观察人数以及生病原因，崇州市各相关部门及官员一概遮遮掩掩，当记者与崇州市有关部门取得联系后，该部门随即传来一份材料称，当天上午崇州市实验小学有45名学生肠胃炎发作，集中入院接受治疗。此说与记者调查的情况以及部分学生家长反映的"有七八百名学生因食物中毒住院"大相径庭，当记者继续就此事进行采访时，有关人员仍旧对此事讳莫如深，消极合作，使得"中毒学生起码有七八百人"，"转院的学生有的已经不行了"等流言在崇州市飞速传播开来。

流言止于公开，在这些流言传播前，如果政府能在第一时间向社会发布相关信息，这些流言完全可以不攻自破。但当地政府和相关部门始终对重要信息三缄其口，人为地阻碍危机信息的传播，结果使流言越传越玄，造成社会的恐慌。这种做法无疑是对公众知情权的随意践踏，无益于危机的解决。

二、各主要官方渠道的作用没有得到充分发挥

在公共危机时期，为了实现有效的危机传播，满足公众知情权，政府在渠道选择上采取了多渠道、多样化的方式。就目前而言，主要有政府网站，新闻发言人制度，广播、电视、报纸等大众媒体以及各种官方出版物，等等。

（一）政府网站在传播危机信息上效用较小

近年来，政府在推进电子政务建设上取得了一定的成绩，政府网站在信息公开方面发挥了重要作用，但其中也存在不少问题。一个比较突出的就是危机状态下的信息发布，政府网站并未显示出应有的效用。SARS危机就是一个极好的例子。据时代财富科技公司与硅谷动力网站对部分SARS疫区共计107个可正常浏览的政府网站（省、自治区、直辖市和部分大中城市人民政府网站）进行的调查，在网站显著位置有防治SARS专题的政府网站所占比例为44.9%；专题中反映本地疫情信息的政府网站所占比例为39.3%；公布本地SARS咨询电话号码的网站比例为37.4%；公布（或链接）医疗卫生机构联系方式的政府网站为34.6%；上述四项指标均有的网站为27.1%。以上数据表明，部分政府网站在“抗非”问题上所做的努力仍显得不够，部分政府网站发布的信息不完善，公布咨询电话和医疗机构联系方式等信息偏少，甚至部分SARS高发地区的政府网站中，除了一些常规的媒体新闻转载之外，几乎查不到任何有关SARS的信息和联系方式，也有少数网站的专题仅仅是做了一个链接到其他网站，或相关信息隐藏在网站深层次目录下，很难被发现。而且个别政府网站根本无法打开，或网站上公布的热线电话无法打通。①这都与长期以来我国电子政务建设所存在的问题密不可分。如政务公开服务不够深入，新闻的时效性差、数量少，网站功能的服务水平不高，缺乏交互式的信息沟通，等等。

胡锦涛同志在谈到电子政务时，非常明确地讲到：“我们搞信息化，不是为了信息化而信息化，目的是要提高行政透明度，提高管理效率，推进廉政勤政，说到底如果搞信息化不能便民，反而更复杂、更麻烦了，就没有生命力了，要确实让老百姓感到信息化是为人民服务，为老百姓服务，这才有意义。”在危机中，政府网站作为公众信息的主要渠道，肩负着发布信息、沟通民众的重要使命，要真正转变政府职能，实现全心全意为人民服务，依靠的不是响亮的口号，不是所谓的“政府上网形象工程”，而应该是

---

① 冯英健．调查表明政府网站在抗击非典中的作用待加强．博客中国（http：//www.blogchina.com）．2003，05．

实实在在的行动。从目前危机信息发布的现状来看，不少政府网站离公众的实际需求还有很长一段距离，而且随着国际电子政务的发展，以及公众对网络服务要求的提高，这种需求差距可能还会扩大，因此，我国各级政府网站建设可谓是任重而道远。

（二）新闻发言人制度有待进一步规范和健全

作为政府信息公开重要渠道的新闻发言人制度，从 1983 年建立到 2003 年后的全面推行，逐步为公众所了解。该制度既是现代民主的需要，也是我国政治文明建设进步的重要体现。通过这一权威渠道，信息得到广泛传播，媒体和公众知情权得到保障，政府工作的透明度得以提高。但是在现实运作中，新闻发言人制度却存在很多问题。

首先，新闻发言人制度可能成为政府垄断信息的新工具。近年来，“封杀”记者和新闻单位的事件时有发生，如 2002 年 8 月兰州市公安局发出“黑名单”封杀 16 名记者。有的地方也以设立新闻发言人为名，而行封锁消息、控制信息传播之实，如：拒绝记者对政府其他人员进行采访，拒绝某些记者参加新闻发布会，或者在发布会上不回答记者提问、搪塞记者，等等。以下事件都是很好的证明。2003 年日本人珠海“买春”案发生后，引起了社会各界的强烈关注，然而珠海市政府却并没有就此事向全国新闻界及广大公众作“新闻发言”，记者也难以从其他渠道获得相关信息，直到开庭，事情的真相仍然是扑朔迷离，让人们猜来猜去。作为社会普遍关注的热点问题，珠海市有关部门的这一做法无疑使得新闻发言人制度形同虚设，毫无价值。2004 年在山东省发生的“女播音员之死”事件，也遭遇了政府部门的抵制和封锁，不但不主动公开信息，还拒绝记者的采访。2005 年松花江水污染事件，同样也是由于政府迟迟不公布事实真相，新闻发言人和媒体集体“失语”而造成了哈尔滨市人民政府的形象严重受损、公信力大幅度下降。

其次，在某些地方政府或部门，新闻发言人制度已经成为一种“形象工程”。在实际工作中，新闻发言人并没有真正发挥作用，往往只是为了顺应政务公开改革要求而做的表面文章。实质上，一些政府及其官员以新闻发言人制度为挡箭牌，报喜不报忧，各级领导层层把关，“统一口径”；正面信息就大肆宣传，使新闻报道尽可能有利于自己，负面信息则极力掩盖，文过饰非；面对记者要么“无可奉告”，要么就是“顾左右而言他”。而且大多数时候，新闻发言人都流于形式，成为一种宣传手段。在危机面前很少能够做到“以言代行”、“先发制人”，积极引导舆论，反倒是受牵制于各种媒体，消极被动地维护声誉。例如 2005 年发生的太原警察打死北京警察的事件，媒体迅速对此事展开报道，抢先发出了“第一声音”，在强大的舆论压力下，警方发言人居然声称，我们的警察是好警察，此案属于个人行为，不值得关注。显然这样解释是为了维护公安队伍的良好形象，却低估了这一案件的社会影响和警示价值，使效果适得其反。

最后，新闻发言人队伍的专业化程度不高。目前，我国政府新闻发言人多为政府高级官员担任，有观察人士认为，中国新闻发言人已成为“副职”发言人。而且据有关报道，在国新办公布各部委新闻发言人及其通讯方式等信息后，记者通过电话却很难联系到政府新闻发言人，这些新闻发言人的助手和新闻发言工作机构的办事人员流露出的一个普遍声音是，“领导工作繁忙，不能随便打电话与其联系”。这与国新办要求的“任何时候面对媒体”相距甚远。此前有人担忧，让相当级别的官员任新闻发言人，会使新闻发言人制度变得官味浓厚。在官位思想和本位主义的主导下，新闻发言人将背离“发言”这一最终目的，滋生特权思想，远离媒体和公众。[①]

（三）政府与媒体互动性不强，媒体作用没有充分发挥

媒介依赖理论是传播学领域的一个重要理论，它最初由德弗勒和鲍尔·基洛奇于1976年提出。理论的核心思想是：受众依赖媒介提供的信息去满足他们的需求并实现他们的目标。媒介依赖理论以使用与满足理论为基础，提出了媒介、阅听人与社会系统三者之间的一种宏观层面上的关系，每种因素，包括媒介、阅听人与社会的情况，都会影响阅听人对大众媒介的依赖程度。[②]其中主要影响因素有两种，一是媒介提供的相关信息功能的数量和集中程度，二是社会的稳定程度。一旦社会发生重大变化，冲突增加，社会秩序遭到破坏等情况发生时，人们便急于从媒介了解情况，依赖也会明显增加。在现代信息社会，媒介作为重要的信息载体，其发挥的作用越来越大。特别是在危机情境下，社会处于极度不稳定状态，公众对环境的不确定感、焦虑感，甚至是恐惧感倍增，急于从媒介了解情况、获取信息，此时他们对媒介的依赖程度大大加深。然而作为危机管理主体的政府，虽然已经充分认识到媒介在危机应对中的社会功能，但在合作过程中仍会出现很多不和谐的音符。

由于长期以来我国媒体报道是受到政府控制的，特别是对危机事件的报道。总的来讲实行的是严格控制的机制，虽然中央花了大力气对此进行改革，但各种变相约束依然存在。特别是当危机事件涉及部门利益和个人利益的时候，媒体独立报道的空间更是有限。一些地方政府及其官员以确保社会稳定为借口，强调能捂就捂、能压就压，而我国地方媒体又隶属于地方党委、政府部门或地方性行业组织和团体，对于本地区本部门范围内发生的危机，媒体往往不能坚持客观、公正的立场，甚至帮助地方政府隐瞒上级和民众，从而导致在很多危机事件中媒体的集体沉默和失语。就在2005年，新华社的一篇报道上出现了一个新的词汇“控负”，即“控制对本地区、本部门的负面报道”。随后该词汇逐渐为大家所熟悉。在《“控负”：宣传处成了救火队》这篇报道中是这样叙述的：

只因为领导们感觉到“近年来舆论监督的力量越来越大”，于是专门成立了新闻宣传处，主要任务就是“控制负面报道带来的不利影响”。这些宣传处的领导为了“控负”，常常是“无可奉告”或干脆不接电话，甚至使用“拿不上台面”的手法：一旦记者采访的内容稍有涉及负面的东西，他们便“贴身”跟随，明为

① 新闻发言人大多身兼要职 记者电话联系多次未果．中国经济网．http：//www.ce.cn/xwzx/gnsz/gdxw/200501/10/t20050110_2796179_2.shtml.

② 支庭荣著．大众传播生态学．杭州：浙江大学出版社，2004：41.

"协助"采访实是干扰采访；在媒体中培养"眼线"，在本单位负面新闻曝光前获得消息，以便有时间动用各种关系去"灭火"；用金钱、贵重礼品收买记者等……①

三、我国对公众的危机教育不足，防灾应急教育还没有纳入教学体系中

政府在危机传播过程中，往往忽视了对公众的危机教育。古语有云：生于忧患，死于安乐。一个民族若长期缺失危机教育，就会缺少全民族的危机意识，导致整个社会的警觉性较差，市民普遍缺乏应急常识和应急能力。这一方面，我国与发达国家的差距十分明显。例如在日本，其国民的危机意识就特别强烈，因为在他们的六年小学课程中就有近40个课时的危机教育，平时政府和媒体也非常重视面向百姓的危机应对培训。因此，一旦地震等灾害发生，日本国民一般都能做到从容应对，极少出现恐慌。而在我国，公民素质教育体系、公务员的培训系统、危机应对训练等都十分匮乏，更无从谈及危机状态下的心理防范、法律救助和心理救治。不管是小学还是中学，危机教育都是一片空白，即使在大学阶段，课堂上也是难觅其踪。这种状况，难免会使得整个社会及其公众在面对危机时张皇失措、无所适从，出现众多非理性行为也是无法避免的。

随着社会生活的日益多元化和复杂化，各种突发性危机事件不断增多，已成为社会关注的热点，同时也是我国政府工作的一个重点和难点。这几年政府在管理和控制这些危机，特别是在传播危机信息、沟通媒体与民众的过程中，积累了宝贵的经验，也暴露出诸多的问题。从表象来看，主要是政府行为问题，但是深入探讨，就会发现，还有更多深层次的原因和困境制约着我国危机传播的进程和发展。

第三章　政府危机传播的困境分析——多维视角的考察

每一种传播形态都具有明显的过程性，传播的基本过程，指的是具备传播活动得以成立的基本要素的过程。1948年，美国学者H. 拉斯韦尔在《传播在社会中的结构和功能》一文中首次提出了构成传播过程的五种基本要素，即"五W模式"。后来，英国传播学家D. 麦奎尔等将其做了如下图示：

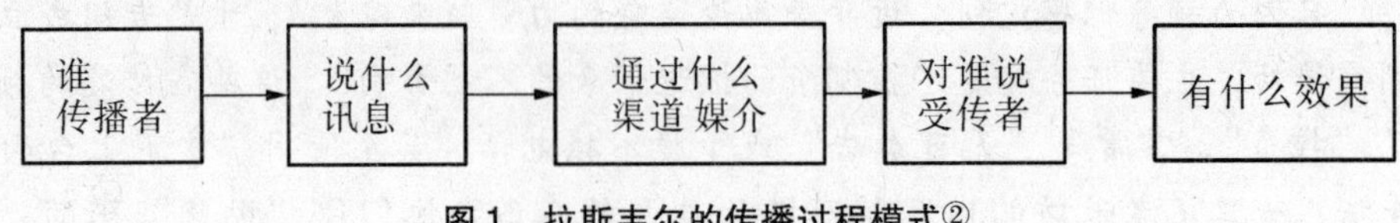

图1　拉斯韦尔的传播过程模式②

① 任卫东、朱薇．"控负"：宣传处成了救火队．新华每日电讯．2005-07-31.

② 郭庆光著．传播学教程．北京：中国人民大学出版社，1999：60.

拉斯韦尔模式在传播研究史上具有重要意义，它明确了社会传播活动过程的五个要素和环节——传播主体、传播内容、传播渠道、传播对象、传播效果。这正是传播学体系研究的五个基本领域。同样，危机传播也不例外，这五个基本点贯穿于危机传播的整个过程。

由于研究的需要，本文将重点遵循传播主体—传播渠道—传播对象这一最为简单亦最为主要的传播链条展开深入探讨。

第一节　传播主体分析

传播主体，又称信源，指的是传播行为的引发者，在危机传播中，传播主体是发出危机讯息的一方，它既可以是个人，也可以是群体或组织，例如政府和媒体。在危机事件处理中，政府作为危机管理的主体，直接掌握着大量有关危机的第一手信息，垄断着危机的话语权，毫无疑问地成为危机信息的权威发布者，政府可谓是最为重要的传播主体，肩负着新闻发布和舆论引导的重任。但是在实际中，危机信息的传播总是遇到众多的障碍，其困境之一就是信息源的封闭导致信息流的不畅，使得信息传递和交换无法正常进行。

为了更好地展开论述，本节以松花江水污染事件为分析对象，对政府这一重要传播主体信息迟滞行为的主要因素进行相关分析。

案例回顾

2005 年 11 月 13 日，吉林石化公司双苯厂发生爆炸致使苯污染物质流入松花江。11 月 13 日 16 时 30 分开始，环保部门对吉林省境内部分水环境进行监测。11 月 18 日，吉林省政府办公厅、吉林省环保局分别将“ 11 · 13 ”中石油吉化公司双苯厂爆炸可能对松花江水质产生污染的信息通报了黑龙江省政府办公厅及省环保局，黑龙江省环保局立即按省领导要求进行严密部署。“11 月 19 日，松辽水利委员会电报，21 时污染团进入吉、黑两省省界缓冲区，检测出苯超标二倍半，硝基苯超标 103.6 倍。11 月 20 日 7 时，在吉林界内的第二松花江汇入黑龙江省界第一个监测断面即肇源断面黑龙江省水务环保部门检出苯超标，表明污染带前锋已到达黑龙江省；16 时肇源断面硝基苯也开始超标。11 月 21 日 9 时，硝基苯超标达到 29.1 倍，监测到较高浓度污染带约 80 公里，流经持续时间为 40 小时左右。”

11 月 21 日，哈尔滨市政府发出 25 号公告，将从 11 月 22 日起对市区内供水管网设施进行全面检修并临时停止供水，停水时间约为 4 天。此公告发出后，流言纷起，哈市居民面对各种“小道消息”，陷入莫大恐慌之中。有人猜测是中石油吉化公司爆炸造成松花江水污染，更有人传言哈尔滨将爆发大地震，市民开始纷纷抢购饮用水、食品等，不少哈尔滨人开始乘坐飞机以及汽车、火车离开，出城的道路一度发生拥堵。晚些时间，由于事态紧急，哈尔滨市政府随即下发了第 26 号文，正式揭开了停水的真实原因：中石油吉化公司双苯厂苯胺车间发生爆炸事故，造成松花江水体污染。

11 月 23 日，下午 3 时左右，环保总局发布公告承认，由于吉化爆炸事件，松花江发生重大水污染。同时哈尔滨市政府发布第 29 号公告：为确保哈尔滨市生产、生活用水安全，11 月 23 日 23 时起，关闭松花江哈尔滨段取水口，停止市政供水管网向市区供水，具体恢复供水时间另行通知。11 月 24 日，国家环保总局召开新闻发布会通报，哈尔滨市饮用水源已受到污染。同时，国务院派出的专家组抵达哈尔滨，并决定成立由安监总局局长李毅中任组长的国务院工作组，统一协调、组织、指导做好有关善后工作。而对于市民来说，这些消息都已经晚了。11 月 26 日环保总局专家组建议，在松花江生态环境影响评估报告未出来前，人们不要食用松花江里的鱼等水产品。11 月 28 日晚，中国环保总局副局长张力军从北京赶赴哈尔滨，并立即会见了由俄罗斯联邦自然资源部哈巴罗夫斯克边区环境保护局局长巴尔秋克率领的俄罗斯代表团，再一次就有关情况向俄方进行了详细通报，并向俄方赠送了一套快速监测苯类污染物的设备。12 月 11 日，省、市环保局联合发布松花江水质监测情况通报，截至 8 时，哈尔滨境内设置的各监测断面硝基苯浓度持续低于国家标准，苯未检出。这表明，松花江污染带已整体通过哈尔滨。

一、政府行为分析

在此次城市生态危机传播中，位于传播链条首端的权威信源——吉林省和吉林市政府、黑龙江省和哈尔滨市政府并没有承担起开诚布公、说明实情的责任和义务，反而对中央和民众竭力隐瞒事实真相，第一时间就导致了信息流的梗阻。事故发生将近 10 天，哈尔滨方面才公布松花江被污染，12 天以后中国才向俄罗斯通报，严重影响到国家利益和社会稳定，而当地各主流媒体的沉默和失语在一定程度上也扮演了帮凶的角色。为什么会出现这样的问题？笔者将结合案例，具体分析现行传播制度下的政府行为困境。

二、制度分析：以政府为主导的传播制度

传播学学者童兵曾经在其文章中谈到："由于制度性安排，对于突发事件和群体性问题的报道总是处于被抑制、被掩盖的状态。"对于制度性安排的理解，笔者认为最主要的应该归结为我国固有的传播制度。"一定的社会制度对大众传播的控制，体现为一定形态的传播制度。"① 传播制度作为社会制度的反映，首先体现了社会主义制度下国家和政府对传播媒介活动的制约和影响。

在我国，媒体与国家政权关系的根本在于：我国的新闻传播事业实行社会主义公有制，媒体为国家所有，为党所有。目前，我国仍然规定，媒介组织的采编业务必须为国

---

① 郭庆光著．传播学教程．北京：中国人民大学出版社，1999：129.

有，并且只能在业内融资，这就使得媒体在经济上失去了独立地位。在组织上，要接受党的领导，遵守党的组织原则和新闻宣传纪律，这使得媒介在组织形态上和政党联系在一起。因此，中国媒介市场虽然在20世纪90年代以后飞速发展，但它和资本主义国家的传媒市场仍然有根本性的不同——中国媒体作为党和政府的喉舌，其工具性质始终没有改变。作为党领导下的新闻传播事业就应该始终贯彻以正面宣传为主的方针和原则。这也决定了政府对传媒的控制具有自己的特点。

政府控制在传播活动中是体现统治阶级意志的重要渠道，它通过规定传播体制，制定有关法律、法规和政策，来保障媒介活动为国家制度、意识形态以及各种国家目标的实现服务。绝对的、毫无限制的传播自由在任何国家都是不可想象的。对大众传媒的控制在某种意义上就是对社会舆论的控制，是获取政治利益最有效的手段之一。在我国古代，政府控制传播活动的行为就已经存在，例如秦始皇"焚书坑儒"，宋代"禁止擅镌"的诏令以及"定本制度"的实施，等等。

（一）政策控制

长期以来，对于突发危机事件，我国都奉行严格限制的新闻政策，"不欢迎媒体报道成了所谓的常态"。20世纪80年代以来，随着传播环境的改变，危机的日渐频繁，为顺应时代要求，我国也相继出台了一些明确的新闻政策，形成了大众媒体在突发事件报道上具有一定突破性的制度规定。具体列举如下：

1987年7月，中央宣传部、中央对外宣传小组、新华社联合发布《关于改进新闻报道若干问题的意见》，其中针对突发事件报道的相关规定有：

> 突发事件凡外电可能报道或可能在群众中广为流传的，应及时作公开连续报道，并力争赶在外电、外台之前。
>
> 重大自然灾害（如地震、水灾等）和灾难性事故，应及时作报道。情况一时查不清的，可先做简短的客观报道；对可能造成重大影响的预报或预测，一般不作公开报道；需要报道时，必须经国务院有关部门批准，由新华社统一发布。
>
> 涉外事件中凡在国内影响不大，而在国际上可能产生影响的，对国内可不作或少作报道；对外则需要作连续报道，说明事实真相，以正视听。①

1989年1月，国务院、中宣部发出《关于改进突发事件报道工作的通知》，详细规定：

> 报道突发事件要十分谨慎，认真对待。报道内容必须准确、真实，有利于安定团结，在这个前提下讲究时效，不得在事实未弄清或未按规定经有关领导批准的情况下抢发新闻。要充分考虑事件的复杂性、敏感性和报道后在国内外可能产生的影响，并据此决定是否报道，如何报道以及报道的范围等。
>
> 为了争取新闻报道的时效，对于不同性质确定在不同范围公开报道的突发事

---

① 汪凯著．转型中国：媒体、民意与公共政策．上海：复旦大学出版社，2005：24.

件，可分阶段发稿。……

要减少快讯的送审层次。……

有关主管部门在处理事件的过程中，应及时提出新闻报道的原则和意见，重要的报中央和国务院确定，以统一报道的口径，作为新闻单位进行深入报道和评论的依据，防止对同一事件发出相互矛盾的信息，给工作造成被动。①

该通知还分别针对四类突发事件的报道做了规定，其中对于包括疫情在内的重大突发事件，要请示国务院领导，一般由中央新闻单位报道，必要时由新华社统一发布。

1989年11月，卫生部《关于授权公布传染病疫情的通知》指出：

根据《中华人民共和国传染病防治法》第二十三条规定，授权各省、自治区、直辖市卫生厅（局）可以决定及时如实地通报和公布本行政区域内地传染病疫情，……

任何其他单位和个人未经批准，不准对外通报、公布和引用发表未经公布地传染病疫情。②

1991年6月，《中华人民共和国防汛条例》第二十八条规定：

电视、广播、新闻单位应当根据人民政府防汛指挥部提供的汛情，及时向公众发布防汛信息。③

1994年8月，中共中央办公厅和国务院办公厅下达了《关于国内突发事件对外报道工作的通知》，指出：

突发事件包括突然发生的重大社会事件、恶性事故、涉外和涉台港澳事件等突发事件的对外报道，要充分考虑事件的复杂性、敏感性和报道后可能产生的影响。报道要有利于我国的改革、发展和稳定，有利于维护我国的国际形象，报道必须真实准确，争取时效，把握时机，注重效果。……

突发事件的对外报道一律由中央外宣办公室组织协调，归口管理，新华社统一发稿。④

1997年1月颁布的《国务院关于加强抗灾救灾管理工作的通知》中规定：

公开报道灾情，要实事求是，有利于社会安定和抗灾救灾工作，防止产生消极影响。重大灾情的报道由新华社统一发稿，局部灾害一般只在当地报道。报道因灾难造成的直接经济损失和人员伤亡情况，应以主管部门核实的统计数字为准。⑤

根据上述政策以及由此而框定的新闻报道实践，1980—1990年代，我国在针对突

---

① 汪凯著．转型中国：媒体、民意与公共政策．上海：复旦大学出版社，2005：25－26．

② 黄瑚主编．新闻法规与职业道德教程．上海：复旦大学出版社，2003：38．

③ 同上，第38页．

④ 新闻法规须知．北京：学习出版社，1994：33－34．

⑤ 国务院关于加强抗灾救灾管理工作的通知．江苏消防网．http：//www.js119.com/zhengwu/folder37/folder154/2007/0301/2007－03－01284.html．

发危机事件的报道上，形成了固有的传播策略，主要可以概括为以下几点：

第一，政策规定在一定程度上放宽了对媒体的约束，政府对突发事件报道的管制逐步放松，特别是对报道准确性、时效性、客观性的规定，符合了新闻的本质属性。但其中仍旧存在众多限制条件，媒体无法完全按照传播规律来进行报道，而且送审制度依然是对新闻媒体及时报道突发事件的束缚。

第二，针对突发事件的报道要求坚持正面宣传为主，把握好报道的“量”和“度”，避免产生消极影响，报道要有利于安定团结，维护大局和稳定。

第三，讲求时效的同时“宁慢勿抢”。将报道内容的准确、真实作为时效的前提，不得在事实不清或未经有关部门和领导批准的情况下抢发新闻。

第四，对不同性质的突发事件，在宣传报道上采取不同的方式处理，适用不同的报道范围。

第五，“多种媒介，一种声音”。对于一些重大的突发危机事件，要求由新华社统一发稿，保证信息的权威性，达到统一口径的目的。

第六，“内外有别”的传播策略。一般突发事件报道对外简、对内详，而对于引起普遍关注的重大事件，为了同国际媒体争夺舆论主导权，强调对外报道的时效性，有时需要内简外详，对外报道先于对内报道。

政策的确立，在给新闻媒体松绑的同时却并没有使其真正解放，反而在有形和无形中设置了众多规则。随着我国传播环境的剧烈变化，特别是新世纪以来，这些传播策略在实践中不断受到批判和修正，但在某些政府危机传播过程中依然可以找到它们的踪迹。

有关资料显示，吉林石化公司双苯厂发生爆炸的当天下午，环保部门就对吉林省境内部分水环境进行了监测，当晚六点多钟，水体污染的监测数据就已经出来，应当说有关部门早就知道了松花江水被污染的状况，但是最先知道情况的吉林省却一开始就试图堵截真实信息，控制负面报道，坚持正面宣传，将报道集中在爆炸事件本身。例如，《吉林日报》从 11 月 14—17 日的报道重点依次是：省领导赴现场部署救援，事故不影响主业生产；事故处理有序进行，生产整体正常；应急预案措施得力；通报要认真吸取教训，加强安全生产。①

根据吉林省环保局的通报，11 月 13 日爆炸发生后，吉林省有关部门和单位按照预案要求，采取了一系列有效措施进行防控。位于松花江畔的吉林省松原市早在 11 月 16 日起便开始停水，到 11 月 23 日，连续停水七天的松原市才正式恢复供水。与此同时，吉林省加大上游水库的排放力度，试图冲稀这些被污染的水，借此解决问题，又不惊动民众。这一时间，恰好是松花江水污染团完全流过吉林市，逼近哈尔滨的时刻；而此前一周，政府未对停水原因作出任何解释，媒体也没有相关报道，吉林松原停水的消息几

① 陈力丹．松花江水污染事件中信息流障碍分析［J］．新闻界，2005（6）．

乎不为外人所知。

事件最终曝光后，媒体将关注的目光集中到了地方官员隐匿迟报、编织谎言欺骗民众上，要求追究失职官员的责任。有消息称，中共中央为降低事件的负面效应，避免媒体持续挖掘真相导致群众反弹，中共中央宣传部要求进驻黑龙江省及吉林省报道的大陆媒体记者撤离，返回驻地，后续报道“统一使用新华社稿件”。一名在当地采访多日的媒体记者对此表示“早已习以为常”。他说：“媒体发出问责声浪后立刻被消音，显示当局希望在掌控全局后，再由官方媒体作出统一口径报道，无论事实真相为何，最终只会看到官方愿意释出的讯息。”

这一切无疑源于对危机事件报道严格控制、突出政治宣传教育、负面信息正面报道、“稳定压倒一切”和“内紧外松”的传播策略。

（二）新闻操纵

操纵新闻的发布、控制信息来源是一种常见的政府控制传播的手段。通常，这种控制体现在政府有意将其掌握的某些新闻信息进行封锁、淡化，作保密化处理，不向新闻媒体公开；或者有选择性地向新闻媒体发布信息，故意公开、歪曲和肆意掩饰。像什么吹风会、新闻发布会、记者招待会等名目，都可以说是这一手段的具体运用。尤其在我国，媒体作为党和政府的喉舌，必须服从党的领导，对政府而言可以轻而易举地做到“不战而屈人之兵”。尽管许多新闻媒体在走市场化路线，竭力满足受众的知情权，但在突发危机报道中，其话语权终究控制在政府手中。

这次松花江水污染事件，吉林省从一开始就坚持松花江没有发生污染，要求所有的媒体都不要报道。从事故发生日起，直到九天后吉林方面仍然否认发生了水污染，强调爆炸产生的是二氧化碳和水，吉林石化也有自己的污水处理厂，不合格的水绝对不会排放到河里。而此时吉林省的主流媒体也扮演了传声筒的角色，与政府站在了同一立场。爆炸后不久，哈尔滨媒体赶赴吉林进行采访，同样被告知松花江水没有被污染。

由于受污染水团快接近黑龙江省的地域，吉林方面被迫通知了黑龙江省，但是黑龙江方面仅仅向沿岸的政府作了通报，却没有告诉公众。后来哈尔滨决定停水，通知停水的原因也只是市区市政供水管网设施全面检修。这种不负责任的说法造成全市一定的混乱和抢购，谣言满天飞。据《中国青年报》报道：直到21日晚间，黑龙江省政府向中央紧急请求援助和指导后，下游的哈尔滨市官员才决定结束隐瞒。22日凌晨2时，亦即哈尔滨市政府接到中央指示约两小时后，当局宣布了实情。

后来黑龙江对隐瞒事实的解释是该省没有掌握第一手水受污染的数据。事实上，从11月14日起，关于松花江水污染带的监测方面，吉林、黑龙江两省水务监测部门一直都在进行合作与沟通，证明松花江水是无法饮用的。

从哈尔滨停水事件来看，新闻发布在一定程度上成为政府控制、歪曲信息的手段。11月21日，以哈政发法字〔2005〕25号字样发布了《关于市区供水管网临时停止供水的公告》：“为了保证市区单位和居民生产……政府决定对市区市政供水管网设施进行全面检修并临时停止供水……”，同一天数小时之后，哈尔滨市政府又公布了26号公告：“2005年11月13日，中石油吉化公司双苯厂胺苯车间发生爆炸事故。据环保部门监测，目前松花江哈尔滨城区段水体未发现异常，但预测近期有可能受到上游来水的污染。为确保市区内人民群众和机关、企事业单位用水安全，市人民政府决定市区供水管网临时停止供水。”一天之内发出两次公告，停水原因也从“供水管道检修”变成“来自上游的污染”。前后不一的说法，民众自然感到被政府欺骗和愚弄，其公信力受到严重打击。11月22日，政府又发布了第27号公告，即《哈尔滨市人民政府关于正式停止市区自来水供水的公告》。两天内发出了好几个内容不同的公告，第三个公告才告诉市民真实的情况。这次哈市政府通过新闻发布来屏蔽事实真相的行为无疑再次暴露出有关政府在新闻发布中的角色错位。

松花江水污染事件并非一个单独的个案，从数次重大矿难，各种灾害，安全事故到SARS危机，政府控制新闻源，阻碍信息流动，采取瞒报、谎报、迟报，损害媒体和广大民众话语权与知情权的行为一再出现，其中的深刻原因值得反思和探讨。

1. 利益考量，公共危机信息的传播对地方利益、个人利益的冲击

实践证明，在重大危机事件发生后，总有人为了个人利益或地方利益进行信息封锁，阻止新闻媒体的报道。

按照公共选择理论“经济人”的假设前提，“自利”是人类行为的出发点，个人都是有理性的利己主义者，具有追求个人利益和效用最大化的要求。政治家的行为亦不例外。而制度经济学派也认为政府利益应归因于制度建设的不完善及“经济人”的自利性。随着我国市场经济的深入发展，利益主体的多元化，利益标的多样化，公共利益和个人利益、地方利益和全局利益的关系也日益复杂并呈现出失衡的状态。由于危机事件的特殊性，其背后往往存在复杂的利益格局，此时政府及其官员作为理性的行为主体，具有趋利性的本能，在现行缺乏有效的权力制衡和监督机制、绩效指标单一、法制缺漏等不健全的制度环境下，极易遵循“经济人”的规则，以地方利益、个人利益为价值取向，欺上瞒下，控制媒体报道，逃避责任，避免因危机的负面效应对地方发展、部门利益和个人仕途升迁造成不利影响。正如詹姆斯·穆勒所说：“毫无疑问，假如把权力授予一群称之为代表的人，如果可能的话，会像任何其他人一样，运用他们手中的权力谋求自身利益，而不是谋求社会利益。”① 在利益的驱动下，收集和发布对自己有利的信息才是最优的选择。据《上海证券报》11月15日报道，中石化计划出资61.5亿元人民币，欲私有化包括旗下吉林化工在内的三家上市公司。这次污染事件被刻意隐瞒，是否与这次私有化计划有关？吉林省省委书记王云坤出身吉林省化学工业公司，历任吉林化学工业公司炼油厂主任等职。他这个背景，是否有涉及利益冲突的可能？虽然这些问题无法解答，但至少肯定了这次污染事件涉及庞大的集团利益。另据《新京报》11

① （美）丹尼斯·穆勒著．公共选择理论．北京：中国社会科学出版社，1999.

月24日的报道，吉林省饮用水基本不从松花江取用，而哈尔滨90%的饮用水来自松花江，吉林省境内的松花江边有不少化工企业，几十年来不断对松花江造成污染，两省之间曾为此多次协商。这次事件发生后，吉林方面迟迟不肯承认问题，似乎有人对黑龙江省以及松花江下游俄罗斯哈巴罗夫斯克地区人民的生命毫不重视……

另外，一些突发危机事件与腐败行为有着莫大的关联。国务院安全生产委员会副主任张宝明说过："从近年来查处安全生产事故所揭露出的大量情况看，几乎每起特大事故背后，都与某些腐败现象有联系。"①此时，庞大的利益关系对官僚来说远远比人民的根本利益重要，相关利害人为了掩盖违法行为，保住自己的乌纱帽，自然会想尽一切办法，阻止事件曝光。

2. 观念考量，"泛政治化"的意识形态和知情意识的缺乏

中国是一个政治大国，一方面指的是国际地位，从另一方面说，中国封建社会是政治伦理社会，新中国成立后又是一个人人参与政治、政治因素渗透到社会各个角落的国度。泛政治化是一种非理性的政治言行，把非政治领域的言行统统牵扯到政治上进行对号入座，上纲上线，是一种政治泛化现象。②在危机面前，政府利用手中的权力对新闻媒体报道实施控制，导致危机传播缺乏公开性、透明性和真实性，这与"泛政治化"的意识形态有着密切的联系。主要表现在以下两点：

一是为了"维护社会稳定和经济发展"。由于长期的计划经济体制，政治和经济被紧密地连在了一起，直到今天这种惯性思维依然存在。危机一旦爆发，必然会带来巨大的冲击和破坏，有关政府担心危机信息的公开会影响到社会正常秩序，担心民众知道真实情况会无法承受，情绪紧张，行为失控。而且考虑到投资环境和经济的发展，隐瞒实情自然顺理成章。正如黑龙江省省长张左己承认当初隐瞒停水原因时说："我们以'管道维修'为由发布的停水公告，对此我们是颇费斟酌的，我们顾及别人的感受，不希望产生'你污染，我治理'的压力；还顾及群众对突如其来的灾难承受不了；也顾及涉外问题，担心给国与国之间的关系造成影响。"《北京晚报》23日就哈尔滨紧急停止供水事件提出质疑，并引述哈尔滨市政府紧急工作会议的解释说，由于正处于招商引资关键时期及旅游旺季，所以当时没有公布，直到考虑到为市民生命健康负责，才作出停水决定。

二是"政绩意识"作怪。在社会日常生活中，政治口号满天飞，"政绩"类活动过多，也是一种泛政治化现象。而在危机情境下，一些领导干部更是害怕真相的上报以及对外公布会对政绩产生不良影响，阻碍自己的仕途发展，因此想尽办法降低事件的负面效应，淡化危机的不利影响，突出正面宣传，树立"光辉"的政治形象。11月27日的《哈尔滨日报》报道说："为讴歌在这次抗击松花江水污染事件中，全省人民特别是哈

① 特大事故几乎都暗藏腐败 国务院官员评价舆论监督．中国青年报，2002-03-27.

② 程龙．我国当代社会泛政治化因素分析［J］．中共郑州市委党校学报，2006（1）.

尔滨市人民，在省委、省政府和哈尔滨市委、市政府的领导下表现出的团结友爱、同心协力、万众一心的大无畏精神，大型特别节目《水之情》今晚19时50分将在黑龙江电视台卫星频道和文艺频道并机播出。”面对如此严重的事故，作为危机应对的管理者和组织者，依旧不忘为自己脸上贴金，在如此短的时间里打造了一台大型节目，这无非又是一个政绩工程、形象工程的真实写照，此行为实在令人深思。

知情权又称为知的权利、知悉权、了解权，是指人们享有最大限度地知悉、获得各种信息的自由和权利。1948年世界《人权宣言》中规定：“人人享有经由任何方式寻求接受和传递信息的自由。”知情权作为一个国家人权水平和民主化程度的重要衡量尺度，在我国逐渐受到重视，并成为公民一项重要的政治诉求。但目前很多掌握公共权力的政府官员却存在漠视知情权的错误观念，忽视公民的基本权利，垄断信息。这与我国传统官僚制思想有着莫大的联系。由于我国历史上封建王朝悠久的人治传统，几千年的家长制统治，施政者为“父母官”，拥有绝对的统治权力，“民可使由之，不可使知之”的封建观念根深蒂固，直到今天仍深受影响。

3. 制度考量，新闻发布和新闻发言人制度的现实困境

新闻发言人制度作为一项重要的信息披露制度，对促进我国民主政治发展和保障公众知情权有着深远的意义。然而，从我国现实运作状况来看，新闻发言人制度在某种程度上并没有真正起到促进信息披露的作用，相反成了政府维护自身形象、控制舆论的工具。这首先源于政府角色的双重性，政府既是改革的推动者、制度的设计者和实施者，又是被改革的对象、被改革的客体。这是一种相当矛盾的角色，本身就已经包含了两难困境因素。现实中，政府作为公共权力机关，是公共意志的最高体现和公共利益的集中代表，在面对重大突发性危机事件时，政府应该迅速启动公共危机信息披露机制，特别是新闻发布和新闻发言人制度，促进信息快速、有效的传播，及时控制社会因危机而产生的恐慌动荡情绪。然而，政府在社会结构中的特殊地位、作用和职能，又决定了它具有不同于社会其他团体的特殊利益，成为特殊的利益集团。利益刚性的存在使政府在制度创新和制度实施方面受到内部力量的掣肘，缺乏应有的动力。具体执行过程中以各种方式对某些措施进行限制，渗透自己的意见和需求，从而扼杀制度创新对经济和社会发展的推动作用。

法制建设的滞后也是一个制约新闻发布和新闻发言人制度完善和发展的重要因素。目前已经有40多个国家颁布了政府信息公开方面的法律，而我国至今还没有出台全国统一的信息公开法。值得庆幸的是，我国一些省（区、市）已经制定了政府信息公开的地方性法规，2007年1月17日，在温家宝总理主持召开的国务院常务会议上审议并原则性通过了《中华人民共和国政府信息公开条例（草案）》，可以说信息公开无法可依的状态已经有了较大的改善。但要进一步完善政府信息公开法律制度以及工作机制，提高政府信息公开的效率和水平，切实保障人民群众的知情权、参与权和监督权，仍然需要一个较长的时间。另外，我国新闻法制建设还不够完善，目前中国尚未出台新闻

法，对记者采访的权利、义务以及责任也并未从法律的角度予以规范，从某种意义上说，新闻的社会监督职能缺少相应的法律依据。因此记者在采访危机事件时，常常遭遇拒绝进入现场、拒绝参加新闻发布会、拒绝记者提问，甚至非法限制人身自由、人身攻击和殴打等暴力行为，却难以得到有力的保障和保护。这不仅仅造成新闻记者接近事实、获取真实信息的困难，而且严重制约了我国舆论监督作用的发挥。

第二节　传播渠道分析

传播渠道，又称信道。媒介是危机传播过程中最重要的传播手段和工具，是危机讯息的搬运者，也是连接政府与公众的重要纽带。现实生活中媒介是多种多样的，由于危机传播的特殊性，笔者将媒介主要分为传统主流媒介、网络媒介和手机三类。

社会燃烧理论认为人与自然关系的不协调、人与人之间关系的不和谐是引发社会不安全、不稳定的“燃烧物”，媒体舆论的误导、事实过分夸大、无中生有的挑拨、谣言传播、社会心理失衡等构成了发生社会动乱的“助燃剂”，而具有一定规模和影响的突发事件，如自然灾害、政府决策失误是发生社会动乱的“点火温度”。也就是说，社会系统必然存在不稳定、不安全的因素，自然界的燃烧三元素一旦共同发挥作用，必定会导致正常的社会系统运行崩溃，引发危机。其中扮演“助燃剂”的媒介，其消极面主要体现在以下方面。

一、传统主流媒介在危机应对中的功能失调

正如世界上其他事物一样，传播媒介也具有两面性。德弗勒等人总结了传播媒介的正面功能，他们认为“在当代社会，媒介是促进社会变革和产生新文化形式的重要力量。它传播信息和创新，帮助传统社会实现现代化，影响公众关心的议程，左右公众对社会问题的了解和源源不断地提供大众文化。”①在危机管理领域，媒介的作用更是不能小觑，在某种程度上，有效的媒体运作，将成为化解危机的利器和关键。但是它在产生积极影响的同时，也产生了很多社会问题和负面效应。某些副作用甚至会带有极大的破坏性，成为导致政府危机传播困境的又一重要因素。

在我国，公共危机应对中大众传播社会功能一旦失调，将主要表现如下：

一是环境监测功能的失调。媒介的本质属性决定了它对危机事件的高度敏感，导致其不遗余力地追踪报道，大量的新闻信息纷至沓来，而且部分媒体出于对商业利益的追逐，为了扩大自身的影响力和社会的辐射面，十分热衷于炒作新闻，对危机事件予以放大和渲染，进行大篇幅的煽情报道和不实报道。或者为了抢“独家”，在事实还没有搞清楚、信息不全的情况下匆忙发稿，从而使危机进一步激化。在市场经济条件下，形形色色的诱惑也使得某些新闻记者放弃了应有的职业操守，把舆论监督作为吃、拿、卡、

---

① （美）梅尔文·德弗勒等著．大众传播通论．北京：华夏出版社，1989：368.

要的手段，在好处面前对事件真相予以歪曲、淡化或掩盖。如新华社山西分社4名记者在2002年6月繁峙县金矿爆炸事故采访活动中收受当地有关负责人及非法矿主所送现金和金元宝共计数万元作为不予报道的条件；2005年7月31日，河南省汝州市寄料镇一煤矿突发透水事故，地方官员为了隐瞒情况，不惜贷款以给闻风而来的各地记者发放封口费；等等。

在这个意义上，传播对社会的“雷达功能”已经失效，无论是夸大的、虚假的新闻，“偏听偏信”的“一面之词”，还是对危机的沉默，最终的代价就是媒介公信力的丧失。

二是社会协调功能的失调。在我国目前的媒介体制下，传媒的国家所属身份、宣传性质使得媒体独立报道的空间有限，当政府在某些事件上采取隐而不报的措施时，传媒也只能缄口不言。而在这种情境下，强烈的信息需求无法得到满足的公众，就会通过其他非主流渠道来获取信息，谣言和猜测在这一过程中不断被放大，社会恐慌也由此而生。

除了上述两个方面的功能失调外，媒介在危机应对中的负面作用还表现在它的麻醉功能和“沉默螺旋”现象。现代化的大众传媒给人们带来了大量的信息，已达到令人难以招架的地步。对社会问题和社会活动的虚幻满足，削弱了人们的行动能力，导致公众对公共生活的参与度降低，丧失了对重要公共事务的理性思考、判断和心理承受能力，对公共政策和公共机构的认同感和信任感降低。由于危机事件的社会性和新闻价值，大众传媒的报道稍有不慎，更易引起社会的恐慌和不安，产生推波助澜或消极麻痹的作用，从而难以达到应有的传播效果。如SARS后期的新闻报道就出现了严重的信息过度现象，表现在数量上，连篇累牍，声势浩大，直至“失控”，结果造成公众恐慌。①

“沉默螺旋”现象在公共危机背景下也表现得极为突出。“沉默螺旋”概念最早见于诺依曼1974年在《传播学刊》上发表的一篇论文，该理论提示了一种“强有力”的大众传播观。舆论的形成是大众传播、人际传播和人们对“意见环境”的认知心理三者相互作用的结果，经大众传媒强调提示的意见由于具有公开性和传播的广泛性，容易被当作“多数”或“优势”意见为人们所认知。这种环境认知所带来的压力或安全感，会引起人际接触中的“劣势意见沉默”和“优势意见大声疾呼”的螺旋式扩展过程，并导致社会生活中压倒优势的“多数意见”——舆论的诞生。正是由于这种螺旋式的扩展过程，媒体引导的意见气候造成危机中“舆论的一边倒”，如果此时媒体对危机事件的态度、看法与政府存在偏差，或者政府未能与媒体很好协调一致，沟通与合作，那么政府很可能陷入孤立的境地，面临巨大的舆论压力和形象危机。

---

① 夏倩芳，叶晓华. 从失语到喧哗：2003年2—5月国内媒体“SARS危机”报道跟踪. 新闻与传播研究. 2003（2）：62.

二、网络媒介在危机应对中的负面效应

自互联网广泛应用以来，越来越多的人开始依赖网络来获取信息，网络传播逐步渗透到社会生活的方方面面，尤其在公共危机处理中，网络在传播危机信息上起到了举足轻重的作用。但是，我们也必须看到，网络传播是一把双刃剑。一方面，网络因其高度的开放性、交互性、自由性等特征，可以冲破重重阻力，第一时间传播信息，即时反馈信息，动员民众积极应对危机。正如“数字经济之父”泰普斯科特所认为的，“在网络的世界里，一切都会透明化，极权和欺骗将不容易存在”。但另一方面，网络也给危机传播带来了一定的负效应。

（一）网络传播的不可控性加大了政府危机处理的难度

网络传播的不可控性源于其自身的特点。首先，网络传播速度迅捷，具有很强的时效性。尤其是在报道公共危机事件等具有负面特征的新闻时，网络媒体的传播速度、广度和频度更是惊人。这往往导致政府在紧迫的时限下仓促应对危机。其次，网络媒体的自由性和个性化使受众由原来被动接受变为主动参与，网络环境的信息传播无阻碍状态激励人们在现实生活中打破层级界限，实现自由、平等和直接的点对点交往，任何人、任何时候、在任何地方，向任何人提供和获取信息成为现实。而且网络媒体的多元化特征也决定了网络传播主体、传播方式、传播内容的复杂性。种种因素的结合使政府在危机传播中难以有效控制网络舆论导向，在杂合、混乱的“信息场”中面临巨大的挑战。

（二）网络谣言——危机传播的毒瘤

在公共危机应对中，以谣言为主要形态的噪音流，往往表现出极大的破坏性，成为政府危机传播的困境之一。

1. 谣言的界定

什么是谣言？国内外研究者对其的界定很多，但至今没有一个大家公认的谣言定义和标准。首先对谣言进行系统研究的是美国人。1947 年，该领域的两位奠基者奥尔波特（Allport）和波斯特曼（Postman）将谣言界定为：“与当时事件相关联的命题，是为了使人相信，一般以口传媒介的方式在人们之间流传，但是却缺乏具体的资料以证实其确切性。”1951 年，学者彼得森（Peterson）和吉斯特（Gist）认为：“谣言是在人们之间私下流传的，对公众感兴趣的事物、事件或问题的未经证实的阐述或诠释。”①在我国，学者刘建明教授将谣言理解为：“作为舆论出现，是众人传播虚假事件的行为，但多数传播者并不认为是假的。因此它和谎言不一样，说谎者意识到说的是假话，一个或少数人造谣生事仅仅是谎言，而不是谣言。只有传播虚构事件的人鱼贯而动，达到舆论量，才称为谣言。谣言是指众人无根之言的传播，又称谣诼、谣言、谣传等。”②综合上

---

① 转引自（法）卡普费雷著．谣言．郑若麟、边芹译．上海：上海人民出版社，1991：6.

② 刘建明编著．舆论传播．北京：清华大学出版社，2000：291.

述定义可以归纳出谣言的几个基本特征：未经证实，达到一定的舆论量，为众多人相信。因此笔者认为谣言就是在一定数量的人群中针对公众感兴趣的事物、事件或问题，通过公开或非公开渠道传播的未经证实的阐述或诠释。

1947 年，奥尔波特和波斯特曼提出了一个著名的谣言公式：R = i × a。这个公式表明，谣言的产生和事件的重要性与模糊性成正比关系，事件越重要而且越模糊，谣言产生的效应也就越大。1953 年，克罗斯对上述公式进行了补充，引入“批判能力”的概念，他认为，受众的批判能力越强，谣言产生的可能性就越小，反之则越大。对此项研究，我国学者也提出了各自的修正意见。具体见下表：

表 5　谣言公式

学者	公式
奥尔波特和波斯特曼	R = i × a R = Rumor（谣言）；i = important（重要性）；a = ambiguity（模糊性）
克罗斯	R = i × a/c R = Rumor（谣言）；i = important（重要性）；a = ambiguity（模糊性）；c = critical ability（批判能力）。
胡珏	R = a × a′ × a″ R = Rumor（谣言）；a = ambiguity（模糊性）； a′ = abnormality（反常度）；a″ = attention（关注度）
胡百精等人	R = a × a′ × a″ × a‴ R = Rumor（谣言）；a = ambiguity（模糊性）；a′ = abnormality（反常度）；a″ = attention（关注度）；a‴ = ability（各种反应能力）

在学者胡百精看来，奥尔波特和波斯特曼、克罗斯都忽略了对谣言中心事件反常性的考察，虽然克罗斯补充了“批判能力”这一变量，但人们对谣言的参与能力并不仅限于“批判”，还包括对信息渠道、反馈条件的占有能力等，是各种反应能力的综合体现。另外，谣言中心事件的重要性主要是通过公众的关注度体现出来的，在危机中更是如此。①

公共危机的发生，使社会秩序和人们的生活受到一定的冲击，人们对此表现出较高的关注度，同时事件本身的反常性和破坏性使得人们极易表现出惊恐或猜测的忧虑，社会意识结构呈现出失衡的状态，公众批判能力下降。此外，正常传播渠道一旦闭塞及信

① 胡百精著．危机传播管理．北京：中国传媒大学出版社，2005：67.

息匮乏，更增添了事件的模糊度和未知性，为获取信息、了解情况，或出于其他复杂动机，公众私下意见交往日趋活跃，为谣言的滋生和蔓延提供了条件。

2. 公共危机中的网络谣言

网络谣言作为谣言的一种，其主要传播渠道是网络。由于网络信息量大、速度快、及时性、交互性、分散性等特点以及强烈的反控制性，在为广大民众提供便利的同时，也为谣言的传播和扩散提供了新的信息渠道和空间。

网络谣言传播的途径主要有两类，一类是以电子邮件（E-mail）、BBS 与各类论坛、QQ、博客为主的交互式传播系统，另一类是以单向传递为主的网络新闻、FTP 等。为了更直观显示网络谣言的传播行为，笔者试着简单勾画出网络谣言传播模式图（见图2）。

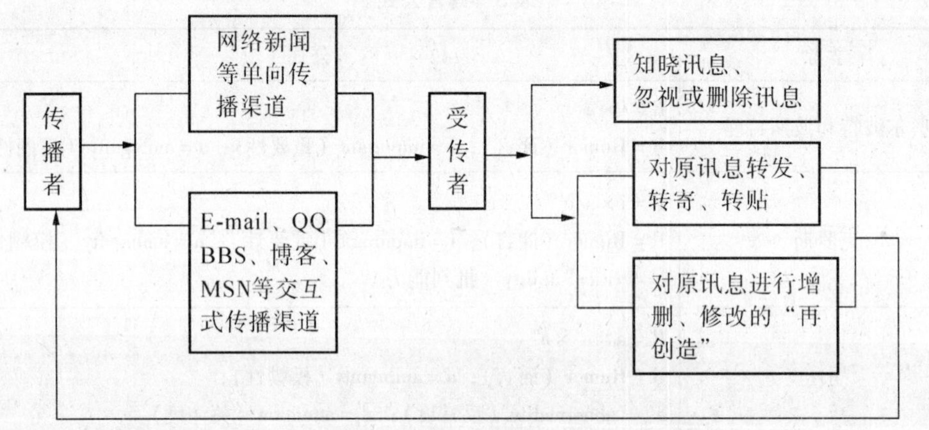

图2　网络谣言传播模式图

由图 2 可见，网络谣言的传播过程实际上可以简化为传播者—传播渠道—受众—传播者的循环链。在这条信息传播链上，没有首端与末端，没有控制与被控制，没有主体与客体，普通网民既是信息的接收者，同时也是信息的发布者。

“众口铄金，积毁销骨”，足见谣言的危害。面对危机，当权威信息源和公开渠道缺失，民众的信息需求无法得到满足，各种非理性、过激的、情绪化的言论就会快速产生和蔓延开来。而科技的发展，网络的诞生，为谣言提供了一个绝佳的生存环境。网络谣言打破了口耳之间人际传播和群体传播的诸多限制，传播范围更加广阔、速度更加迅捷，破坏力也更为巨大。

（1）网络传播中“把关人”角色的弱化导致谣言传播控制缺失。“把关人”又称为“守门人（gatekeeper）”，是由库尔特·卢因在《群体生活的渠道》一文中提出的。在研究群体传播的过程时，他认为信息的流动是在一些含有“门区”的渠道里进行的，在这些渠道中，根据公正的规则或者是“把关人”的标准，决定信息是否可以进入渠道或继续在渠道里流动。把关人可以是个人，如记者、编辑，也可以是集体，如报社、广播电台、电视台等，甚至是媒介组织背后特定的社会集团。在传播者与受众之间，“把关人”起着决定继续、修改或中止信息传递的作用。然而，互联网的出现，却大大削弱了“把关人”的权利。网络媒体成为个人意识自由扩张的空间，人人都有可能和能力在网上传播信息而不受时间、空间上的限制。网络的匿名性、传受双方角色的模糊以及 BBS、QQ、博客、E-mail 等具有高度互动特征的传播通道，都使得传统的监督和控制机制无法在虚拟的环境中有效地发挥作用。在网络宽松的环境下，个人意识得到了极大的放任，把关也显得格外困难。正如喻国明教授所说：“人人都可以参与新闻的传播，而不可能人人都具有职业道德，也难保证每个人都受到过新闻专业的严格训练，通过他们所传递的信息，很难说是真正的新闻还是无知之见。”在公共危机中，社会系统处于失衡状态，再加上信息资源的匮乏，各种主观猜疑、臆测四处蔓延，更易激发某些人有意识或者无意识的散布谣言。尤其是那些别有用心的人，利用网络来达到自己不可告人的目的。法国学者卡普费雷对谣言进行深入研究后认为，谣言是对官方和媒体公信力提出的质疑，对“谁有权就什么事发言”提出的质疑，因此谣言总是和官方信息平行甚至相左，是一种“反权力”。[①]如果这种“反权力”在公共危机中大行其道又难以控制，必然会使政府危机传播和管理面临巨大的困境。

（2）网络媒介信息多渠道、多样化、大流量的流通方式导致谣言控制艰难。随着互联网的蓬勃发展，网络被称为继报纸、广播、电视之后的“第四媒体”。网络传播集合了大众传播、组织传播、人际传播的功能于一身，而信息传播流通方式也完全不同于传统意义上的大众传媒。网络组成的拓扑结构使信息可以选择不同的路径进行流动，信息内容可以来自四面八方，又可以直接从无形的网络空间传向四面八方的用户。BBS 论坛、聊天室、留言版、网页资料等众多通道为网络谣言提供了表演的舞台。海量的信息是传统媒介无法比拟的，并呈现出谣言与真相并行传播的状态，此时，谣言不断大量重复出现，貌似真实，接收者很可能信以为真，并自发地加入传播者的行列。网络的复制性，各种群发、转寄、转贴行为，助长了谣言蔓延的速度与广度，往往在极短的时间内，就形成声势浩大的、在全国甚至全球范围内迅猛扩散之势。同时又由于网络信息的多样化、易变性，某个版本的网络谣言经常处于昙花一现的状态，各种丰富变种纷至沓来，像雪崩一样愈演愈烈。

（3）网络谣言“旋涡”型复式传播危害巨大。现实中，网络谣言的传播往往会突破单一的网络渠道，既有人际间口耳相传和其他媒体的组合，也有大众媒介与网络之间的交叉，继而呈现出一种旋涡型的谣言传播模式。当普通网民获知谣言信息后，除可能继续通过网络来向其他受众传播，也会透过人际传播的方式，将消息告知身边的亲朋好友。另外，一些大众媒体的新闻记者或者编辑也常常将网络作为重要的新闻线索来源，当谣言成为网络上的热门议题时，很可能会出现“谣言变新闻”的奇特现象。这时，

---

① 转引自（法）卡普费雷著．谣言．郑若麟、边芹译．上海：上海人民出版社，1991：18.

谣言已不再局限于虚拟网络，而进入实体世界，在复合的传播渠道里产生更广泛的影响，产生更大的破坏力。

三、手机短信——难控的双刃剑

随着传播科技的发展，手机作为一个新的媒体介质除了通讯之外，也开始承担起传播信息和文化的新功能。它集中了以往纸质媒体、广播媒体、电视媒体、网页媒体等四类媒体的所有优点，特别是手机短信这种基于移动通信技术的现代信息传播手段，兼有着人际传播和大众传播媒介的功能。这表明手机作为第五媒体正在悄然兴起。

手机短信作为一种新兴的信息载体，在一定程度上实现了“随时随地传信息”的现代传播理想，在危机传播中更是发挥了重要作用，能打破各种信息封锁，可以说是危机传播形成的催化剂。但是，当技术进步给人们带来便利的同时，也存在着被扭曲利用的风险。据有关资料显示，由于大众媒体的集体沉默，广东非典型性肺炎相关信息最初就是通过手机短信和口耳相传等形式传播的。据广东移动的短信息流量数据统计：从2月8日到10日，短信的发送量从4000万—4100万条，再到4500万条。2月10日晚，广州因为人们竞相用手机传递疫情而造成网络瘫痪。而在这些短信中不乏各种谣言和不实信息，客观上促使谣言在短时期内迅速扩散并取得强势地位。

目前，我国对手机通讯行为的监管还比较薄弱，在危机传播中，手机短信成为制谣、传谣的工具之一。其原由正如中国移动的一位人士所说，他们对数以亿计的短信实施内容监测是不可能的，即便能这样也是不允许的，因为有损公民的通信自由。短信谣言的大肆传播，其危害性不言而喻，但现实中却往往存在这样的过程，即重大危机事件发生后，政府和主流媒体没有及时公开信息，从而引起民众的猜忌和不满，各种谣言迅速蔓延，社会出现混乱局面，官方渠道出于辟谣的需要，逐步公开真实信息，引导社会舆论。

第三节　传播对象分析

传播对象，即受传者，又称信宿，是讯息的接收者和反应者。在危机传播中，受传者虽然是传播者的作用对象，但这并不意味着受传者是一种完全被动的存在，事实上，受传者自身的属性及各种行为活动往往会对传播过程施加主动影响，对传播效果产生重要的制约作用。

一、危机传播中的影响流

20世纪40年代以后，“传播流”的研究逐步发展起来，《人民的选择》、《个人影响》和《创新与普及》，可谓是“传播流”研究的三部曲。它们共同揭示了一个重要问题，即大众传播效果的产生是一个极为复杂的社会过程，单一的大众传播并不能左右人们的态度。其中，《创新与普及》的作者罗杰斯将传播过程分为“信息流”和“影响流”两个方面，这对危机传播的研究同样具有重要意义。在危机传播中，信息流属一级传播，即危机信息可以由传者直接流向受者；而影响流是多极的，要经过大众传播、组织传播、群体传播和人际传播等多种传播形态的综合影响。例如，在SARS危机中，市民从各级政府获取了相关信息，但人们的态度、立场及行动并未直接受到这些信息的支配，而是通过媒体、单位、同事、朋友和家人等多种途径评论和判断后，从而形成自己的意见和看法。

在整个影响流的过程中，意见领袖这一中间环节扮演了重要角色。意见领袖（opinion leader）又叫舆论领袖，是指在信息传递和人际互动过程中少数具有影响力、活动力，既非选举产生又无名号的人。这些人是大众传播中的评介员、转达者，是组织传播中的闸门、滤网，是人际沟通中的“小广播”和“大喇叭”。他们能对大众传播效果起到促进或阻碍的作用。

意见领袖可以是媒体，可以是专业人士，也可以是一般的“意见生产者”，尤其在危机情境下，活跃在人际传播网络中的这些“意见生产者”是群体形成意见并取得一致的核心，他们可能是正确信息和观点的提供者，也可能是一些煽风点火、与政府处于区别性立场的人。一旦某些错误的甚至是危害极大的意见在民间传播和扩散，并引导公众行为，必定会激化危机，造成更大的社会动荡。然而，现实中由于意见领袖的分散性和变化性，很难准确捕捉他们。

二、危机中的群体心理：危机中的危机

法国著名社会心理学家勒庞认为，现代生活逐渐以群体的聚合为特征。在其著作《乌合之众——大众心理研究》一书中，他从心理学的角度解释了群体的含义，指出聚集成群的人，他们的感情和思想全部转到同一个方向，他们自觉的个性消失了，形成了一种集体心理。①勒庞将其称为组织化的群体，或心理群体，它形成了一种独特的存在，受群体精神统一率的支配。此时，群体的思想占据统治地位，而群体的行为则表现为无异议、情绪化和低智商。

群体的形成是有条件的，然而突发事件、危机状态的刺激已经足以促使个体闻风而动的聚集在一起。生理心理学的研究表明，当人面对重大突发事件时，将产生一种应激状态，即一种高度的紧张状态。重大突发事件通常会造成社会的群体应激，在生理、情绪和行为上产生过度的反应，容易导致理性判断力的下降、盲从和轻信等等。

根据勒庞的观点，进入群体的个人，在“集体潜意识”机制的作用下，心理上会产生一种本质性的变化，就像“动物、痴呆、幼儿和原始人”一样，不由自主地失去自我意识，完全变成另一种智力水平十分低下的生物。虽然这种评价有些夸张，但却明确地指出，群体中个人的个性因受到不同程度的压抑，即使没有外力的强制，也会丧失

---

① （法）古斯塔夫勒庞著．冯克利译．乌合之众——大众心理研究．北京：中央编译出版社，2005：11－12.

主宰自己精神和反应行为的能力，更多地表现出一种原始的本能，危机情境下这一本能表现得格外突出。在集体心理中，个人的才智和个性都被削弱了，异质性被同质性吞没，无意识的品质占据上风，从而表现出一系列心理特征。

首先，体现为责任意识的丧失。群体是个“无名氏”，因此，也不必承担责任，这样，约束个人的道德和社会机制在群体中失去了效力。由于群体人数的优势，成员会感受到一股强大的力量，在“罚不责众”的经验面前，便敢于发泄自己本能的欲望，表现出一些孤立的个人不可能有的情绪和行动，如臆想、夸张、偏激、丑恶等等，而危机所造成的秩序失衡和混乱局面更加强化了无需承担责任的力量感，潜藏的各种欲望得以释放。

其次，心理群体会表现出明显的从众心理，勒庞称之为“群体精神统一性的心理学规律”，用他的话说：“群体只知道简单而极端的感情：提供给他们的各种意见、想法和信念，他们或者全盘接受，或者一概拒绝，将其视为绝对真理或绝对谬论。”这种心理倾向，使人们对某件事情达成共识时，无论正确与否，都会引发群体的接受和模仿行为。显然，这一特征源于“集体的无意识”，与群体易于接受“暗示”的“传染性”有密切关系。在群体中，心理传染如同病毒一样，迅速且感染力强。群体很容易接受暗示，就像被催眠，大脑活动被麻痹，成为受催眠师随意支配的一切无意识活动的奴隶，有意识的人格、意志和辨别力都不复存在。在某种暗示下，通过相互传染的过程，暗示的观念会很快进入群体中所有人的头脑，群体感情的一致性会立刻变成一个既成事实，并转化为一致行动的倾向。比较典型的例子有1973年发生在日本大阪市郊千里新城的“手纸骚动”。11月1日早晨，一家超市像往常一样，对外分发很多商品打折广告，随后一些家庭主妇在超市门口排队购买，由于当时社会已经充满了危机感，所以当其他市民路过看到排队情景，在没有搞清原委的情况下也不由分说地加入队伍，随着人数的增加，气氛变得莫名的紧张，人们的心态也随之改变。当超市开门后，排在队伍前面的几位家庭主妇选择了手纸，正是这一举动引发了蔓延全日本的“手纸抢购风潮”，在各地，人们都为了囤积和抢购手纸而奔忙。而新闻媒体对此事件的报道和炒作，更加剧了民众的恐慌心理，虽然政府做了大量工作，终于平息了这场危机，但担心涨价的恐慌氛围，使人们不断掀起一轮轮对生活必需品的抢购浪潮，同时也引发了日本爱知县的挤兑骚乱。该事件起因于一个高中女学生的一句闲谈，她说：“信用机构作为就业的场所，可是不太理想。”随后这句话却被曲解为“那家信用机构危险”，这一谣言迅速在小镇蔓延，从12月13—14日，到银行提取存款的人暴增，金额超过14亿日元。面对这一事件，日本大藏省和日本银行立即展开调查，声明不要相信谎言，不要盲从，媒体也进行了大规模的正面宣传，但是所有这些努力都没有使事态平息。各地抢购商品和提取存款发展到疯狂的地步。整个1973年，日本消费物价上涨率达11.7%，1974年日本批发物价上涨率达31.3%，消费品物价上涨24.4%。

再次，群体极端轻信并且倾向“形象思维”。不要指望群体能“理智”地思索以及具备强烈的批判精神，群体更像是个“感性动物”，它用形象来思维，常常对事实视若无睹，将歪曲性的想象力所引起的幻觉和真实事件混为一谈。这种集体幻觉似乎具备一切公认的真实性特点，尽管它与事实真相相距甚远，但在暗示和相互传染的推动下，一个人编造的奇迹，立刻就会被所有人接受。

最后，群体的心理弱点还表现在冲动、易变、急躁、偏执、极端、专横、保守、情绪化等方面。

在公共危机中，非常态的环境下，对不确定性的恐惧，对安全的担忧以及利益的冲突使得个体更倾向于聚合起来，寻求力量和保障。危机状态下的公众更多的受到无意识动机的支配，理性处于弱势，心理上的变异产生了大量的负面影响，给政府能否有效传播危机信息增添了更多不确定性因素。

其中一个突出的表现就是谣言的传播。学者刘建明认为，“环境的变动一旦具有危机性，对人们的感受是坏事多于好事，坏事不仅来自客观现实，也来自人们的判断。判断的误差以及梦幻般的联想都可能臆断出未发生的事件，捏造或误传的事实一旦符合人们的臆测，就变成了谣言”。群体中某个人对真相的第一次歪曲，迅速成为传染性暗示过程的起点。因此谣言在极短的时间内得到广泛的传播，用形象来思维的人们往往表现出不假思索的接受，即使是半信半疑，在某些动机的驱使下，也会对此津津乐道。另外，谣言的传播也与公众恐慌、焦虑、烦躁等心理的宣泄密切相关。为了寻求慰藉，解除不安，个体很容易将自己内心的动机表达出来，在正常途径获取不到及时信息的前提下，公众便会转而传递谣言等不实信息。在这种情况下，谣言能表达希望，获得认同，给处于危机中的人制造符合自己理想的虚假消息，免责心理的鼓励使他们并不关心这些消息是否确切，这样做的目的只是为了宣泄情绪，表达对现状的愤慨和不满。当然，谣言的产生还有很多其他的原因，包括恶意的混淆视听、恶作剧、报复他人、造谣生事等等，也有出于求新求奇的本性和玩笑的，但是不管由于何种原因，政府在危机传播过程中所遭遇的谣言困境，确确实实证明了危机中群体心理的混乱，同时也折射出政府部门长期存在的“造假”、“保密”行为对公信力的巨大损害。

另外，危机给公众心理所造成的影响，以及由此而表现出的诸多心理定势，增加了有效传播事实真相的难度。在特殊心理的影响下，受众会对媒介和信息内容进行一个“选择性接触”和“选择性理解”，而且这种选择性并不是在理性状态下做出的，掺杂了太多非理性因素，在大多数情况下属于错误的选择。例如，有些受众会不相信政府发出的危机识别信息，不接受危机应对信息，反而更容易相信口耳相传的“小道消息”以及群体中“活跃分子”的意见。有的受众由于极度敏感和脆弱，容易夸张、片面地理解危机信息，加剧恐慌心理，并在群体中将这种紧张氛围无限扩大，造成整个群体的恐慌，从而成为危机激化的诱因。总之，危机状态下的受众在接受和理解官方信息时，主观上的干扰会非常强烈。轻信、盲从、偏执、暴躁等心理弱点容易导致对政府传播信息本义的歪曲和误解，造成视听混乱，信息失真，谣言四起。

三、受传者个性对危机传播效果的影响

每个人都有自己独特的个性，有的人比较容易接受他人的意见和劝说，而有的人则固执己见，很难说服。这种区别在传播学上被称为个人的“可说服性”。现实中，有些人在危机来临前以及危机发生过程中会非常积极地响应政府部门的各种措施和建议，相信政府传递的信息，而有的人却会拒绝接受，依旧我行我素，不相信威胁的存在，甚至有人自负到以自己的方式来应对危机，对官方信息不以为然。造成态度差异的原因很多，如受教育程度、性别、年龄、心理等，其中受传者的个性发挥了十分重要的作用。

1945 年，贾尼斯采用临床实验的方法，从自信心的角度对个性倾向与一般可说服性①的关系进行了考察，实验结果表明，在自信心的强弱和可说服性的高低之间存在着密切的相关，即自信心越强，可说服性越低；自信心越弱，可说服性越高。这一结论，被称为“自信心假说（self-confidence hypothesis）”。②

该研究从一个方面证实了个性倾向对“可说服性”的影响，而实际上，与“可说服性”相关的个性因素还有很多。总之，受众个性的复杂性将直接或间接制约政府危机传播的效果，这对危机传播技巧提出了极高的要求。

第四章　对策建议

第一节　构建和完善政府公共危机信息管理系统

面对重大突发性公共危机事件，政府能否迅速地应对危机，有效地控制、消除危机，完备的信息系统起着关键作用。但在我国，危机管理信息系统的现状却不容乐观。政府体制内的制约，如组织惰性、信息鸿沟、信息流程过长、条块分割等困境因素严重钳制了危机管理的效能，尤其影响了危机信息的及时传播，因此加强信息系统的建设，整合各部门的信息资源，实现部门之间的互联互通和资源共享，对公共危机管理来说是至关重要的。

政府危机管理信息系统，就是在现代化网络通讯技术的基础上，通过建立统一的、法定的技术规范、数据标准、数据交换格式，制定相应的制度和管理办法，实现政府间、政府各部门之间的信息共享。③对于信息系统的构建问题，学者专家提出了很多意

---

① 根据日本传播学学者饱户弘对“可说服性”的分类，一般可说服性指与主题或说服形式无直接关系，受个人性格和个性所规定的，对他人意见容易接受或排斥的倾向。

② 郭庆光著．传播学教程．北京：中国人民大学出版社．1999：211．

③ 唐钧、陈淑伟．全面提升政府危机管理能力，构建城市安全和应急体系［J］．探索．2005（4）．

见，无论是科技手段的运用还是硬件设施的配备，建议都比较多，也比较全，如卫星遥感技术、网络信息技术的应用，资料库、数据库、知识库以及各种危机信息通讯系统，电子信息分布网络的建设，等等。但是，各种技术手段只是工具，技术发挥作用的程度与方向深受制度、体制和管理者的影响；同样的技术，在不同的制度、体制和管理环境条件下，将被赋予不同的功能、意义和价值。因此危机信息管理系统的建设并不是各种现代科技的堆砌，也不是各个信息子系统的简单组合，而应该与政府职能的转变、组织结构的调整、行政业务流程的再造、各种制度的完善、政府机关作风建设、行政理念的创新等有机结合起来，是在网络通信设施的基础上，结合应急联动机制的建设，打破应急信息资源在部门、地区之间的壁垒，实现一种新型的危机管理组织形式和运作机制。总而言之，“硬件”建设固然重要，但“软件”建设更是重中之重。

一、构建有效的信息披露机制

危机信息管理系统的核心就是要构建有效的信息披露机制。这包括：政府从外界监测和收集各种公共危机信息，并及时在政府管理体系内部传递、沟通、消化和尽快做出决策；通过政府有关部门、大众媒体或其他渠道将相关信息传递给公众并积极引导舆论；公众意见及时、高效的反馈给政府，政府据此适时出台和调整有关措施。整个信息传播都处于一个循环往复的过程中，使政府系统内部和外部通过不断的互动达到平衡。

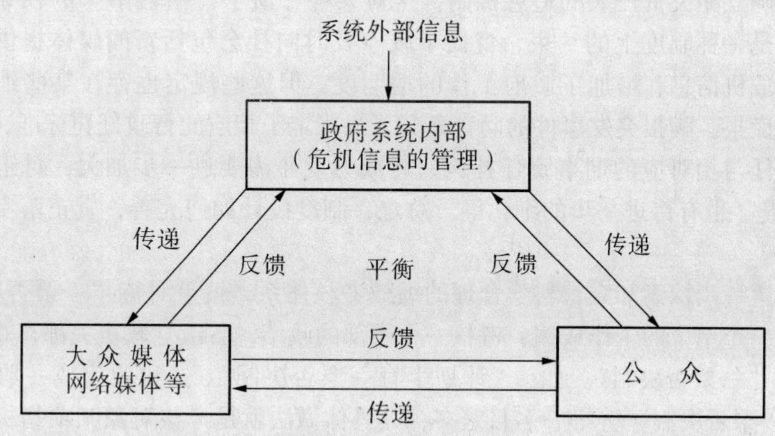

图3　公共危机信息披露机制中政府、媒体、公众互动关系图

在危机期间，政府信息传播往往表现出动力机制的严重不足，缺少公布政府信息的强制措施和利益驱动，政府官员传递危机信息的风险大于收益，因此，通过制度性的安排来推动公共信息的公开是最为关键的环节。

首先，要完善政府危机事务新闻发言人制度。危机事务新闻发言人制度是危机状态下连接政府、媒体和公众的重要桥梁，通过这一渠道，能够较大程度地满足公众的知情权，缓和公众的紧张情绪，同时将公众的想法反馈给政府，实现良好的互动。但由于该制度在建立之初，缺乏政府信息公开方面的法制保障，哪些信息应该披露，怎样披露以及如何落实责任人和追究失职责任，都缺乏详细的规定，因此新闻发言人制度在实施上存在较多的问题，需要进一步完善，具体要落实以下两种制度。第一是专职发言人制度，即发言人必须是专业和固定的。政府应该设立专门的新闻发言处，建立起一支具备较高危机管理素养和各种危机事务专业知识的发言人队伍。第二是高官发言人制度。通过高级官员定期进行新闻发言，可以显示政府对危机事务新闻发言人制度的高度重视，体现出政府的权威形象，增强政府在危机传播中的公信力。

其次，加快电子政务建设，推行政府上网工程，充分发挥政府网站在传播危机信息上的积极作用。电子政务的开展为政府危机传播架构了一个很好的信息平台，在信息技术的支持下，部门间信息沟通与工作协同的传统界线和范围被突破，信息传递的周期大大缩减，政府信息的纵向与横向共享成为现实。网络应该成为公众了解危机信息最快捷的渠道，政府必须重视网络的强大功能，可以利用政府门户网站，专门针对危机情况设置一个特殊的网页，当出现严重危机时，公众可以迅速通过该网页了解最新信息。另外，政府还要重视公众的反馈，通过在官方网站设置虚拟社区和论坛，提供一些网上咨询、网上投诉等服务，直接与公众进行信息沟通与交流，掌握民情，传达民意。

再次，完善责任追究制度，加大惩戒力度。目前，我国在一些政策法规的制定上已经开始重视确立相关责任人的追惩机制，这对某些习惯于“捂盖子”的领导和政府工作人员来说是一种制度上的约束，督促了政府及时向社会包括新闻媒体提供统一、准时、准确的危机信息，增加了政府工作的透明度。但这些规定也存在某些细节上的不足，比如对谎报、瞒报突发事件的问责条款，只规定了相应的行政处罚标准，而没有将这种行政责任与相对应的刑事责任挂钩，惩戒力度还需要进一步加大，对于如何界定“谎报、瞒报”也有待进一步的细化等。总之，制度设计如何完善，真正落实与切实施行才是关键。

最后，进一步探索和完善科学合理的绩效考核体系，慎重对待“一票否决制”。近年来，评价一个单位的工作成绩，考核一个干部的政绩，各级党政机关都喜欢采用一条硬措施，即“一票否决制”。如：“计划生育一票否决制”、“税收完成一票否决制”、“安全保卫一票否决制”等等，名目繁多，其具体做法就是考核对象某项指标考核一旦不合格，该对象即被整体否决。在实践中，“一票否决制”对于推行目标管理责任制，唤起领导干部对此项工作的重视，发挥了积极作用。但在某些地方，一些具体工作上抛开实事求是的原则，一味讲究“一票否决”，也会适得其反。如崇州市有关部门公然违背国家规定，隐瞒中毒学生数字和原因，从当地一位官员透露的信息可见端倪，即此类突发公共事件的受害者如果超过百人，当年政府的目标考核将被“一票否决”。也就是说，不管政府其他工作做得有多好，只要发生重大突发危机事件，并产生严重后果，其全部工作将被一票否决。

公共危机事件，可以说是必然性和偶然性的统一，突发性、紧急性是其显著特征。危机爆发前征兆往往并不明显，很难做出准确的预测；爆发时一般也没有准备，难以在短时间内形成应对方案；爆发后更是可能带来比较严重的物质损失和负面影响。公共危机的隐蔽性、突发性和破坏性对政府工作提出了很高的要求，政府仅仅只能依靠有限的资源和信息来应对，其对后果的控制力也是有限的。如果就此实施“一票否决制”，显然违背了实事求是的原则，只会挫伤领导干部推进信息公开的积极性，诱导某些官员顶着违反规定的风险，抱着侥幸心理，继续隐瞒事实真相。总之，一个科学的绩效考核体系，是要让官员认识到，公开信息的所得要大于封锁信息，在制度设计上充分体现激励性。基于此，“一票否决制”在具体运用中还存在很多需要推敲、研究的地方，切不可盲目推行。

二、深化行政体制改革

要实现公共危机信息管理系统的建设，还必须结合我国行政体制的改革，大力推进行政管理体制创新，全面实现从“全能政府”向“有限政府”的转变，从“管制型政府”向“服务型政府”的转变，从“细职能、大政府”向“宽职能、小政府”的转变，从“权力政府”向“责任政府”的转变。

进一步完善职能，理清思路，推进政府机构改革，削平复杂的组织层级模式，设计出一种扁平化、分权化的组织构架。在危机处理中时间往往成为最重要的资源，所以组织设计要尽可能缩短信息流程，鼓励跨职能沟通与合作，积极推进分权化，将决策中心下移至各部门，建立下一级的危机管理平台，最大限度地避免信息传递过程中的过滤、堵塞、失真与扭曲，打破部门壁垒，提高沟通效率，实现组织内部纵向与横向协调与功能的整合。

三、转变行政理念，重塑行政伦理道德

由于我国长期的计划经济体制，强调政府作为国家伴生物，是一种凌驾于人民大众和社会之上的力量，忽视了行政活动领域的有限性和行政行为的依法性，政府处于绝对的主导地位，仅仅强调行政相对人对行政权力以及各种制度规范的服从，而忽视了社会公众对行政主体及其行为的制约与监督，忽视了公共行政过程中公共责任机制的建设与发展以及公众需求的导向作用。如今，民主政治的建设和法制社会的发展，迫切要求政府创新现代公共行政理念，树立起“管理就是服务”的价值取向。在危机管理中，政府要实现公共信息的公开，就必须转变观念，阳光行政，以平等、开放的姿态满足公众的信息需求，接受公众的监督，依靠群众，相信群众，将危机的损失降到最低点。

任何制度的设计、制定和执行都离不开“人”的因素，马克思认为，“人始终是主体”，凸显了人在自然界的特殊地位，同样，行政人员作为行政系统的主体和能动性要素，绝不应该是传统科层制所强调的工具理性化的角色；相反，在日益发展的行政关系中，应当牢固确立行政人员的主体地位和主体观念，引入价值理性，在公共行政领域重

塑行政伦理道德。作为行政管理中的重要一环，行政伦理不是一种强制性的外在秩序，而是内在的自觉，强调行政人员的主体性、能动性，承认行政人员的道德自主性，主张主体对制度的内化和超越，形成健全的行政人格。特里·库珀曾指出："这些内心品质为行政自由裁量权的行使提供了持续的指导。法律和内部的组织政策不可能具体到足以涵盖行政所遇到的所有情形和偶发事件；公众参与不可能深入到日常行政行为的细节中去；上级对行动范围的监督也是有限的。这些差距的存在是显著和广泛的。只有被深深内化的一系列个人道德品质才能保证既与组织目标保持和谐，又能与民主社会中的公民义务之间保持一致。这些个人道德品质还是官僚机构有效运转的必备条件。"①对于公共权力的运行来说，无论制度设计和法律规范如何具体、周密，它也不可能穷尽行政活动中的一切复杂问题，特别是利益刚性的存在，如果政府不能放弃自己的利益，那任何改革都是不可能成功的。通过制度性的外力来约束，仅仅是一种被动的应对方式，根本还是要通过行政人员的内在德性和人格力量来弥补，具体包括行政伦理价值观建设、行政伦理规范建设和行政伦理选择机制建设三个方面，即建立以为人民服务为核心的，融入现代效率观念、协调意识、服务精神和法制观念的行政价值观；建立公正、诚信、廉政、勤政的行政伦理规范以及建立权为民用、利为民谋、情为民系的行政伦理选择机制。因此必须形成对行政伦理道德的社会激励和约束机制，从根本上提升主体的道德自觉性，这样才能保证各种制度创新不走样，发挥其应有的作用。

第二节　构建政府与媒体良性互动关系

一、充分发挥大众媒体在危机传播中的积极作用，有效引导舆论

在现代法治社会，新闻媒体被当作除了行政、立法、司法三大权力之外的"第四权力"，具有强烈的社会公共色彩，尤其在政府危机传播过程中发挥了不可替代的作用。主要表现在以下方面：①危机预警。传播学奠基人之一的拉斯韦尔曾总结出传播的三种主要社会功能，其中之一就是环境监测功能，指传播组织以"新闻"的手段不断向整个社会及时报告环境中变动的信息，并通过客观、准确地反映现实社会的真实情景，使人们了解足以影响社会进程的机遇或威胁，并作为决策或付诸行动的依据的一种社会职能。施拉姆把它比喻为"雷达功能"。②在危机潜伏期，由于媒体的环境监测功能决定了它具有较强的预警能力，能够及时发现危机存在的征兆，并通过向政府传递潜在的危机信息，起到防范和控制危机的目的。②信息沟通。危机管理离不开沟通。长期以来我国新闻媒体都定位于党和人民的喉舌，充当沟通关系的纽带，担负着巨大的社会责任，这里最能体现出上情下达和下情上达。一方面，新闻媒体要对党和政府负责，充当

① 特里·库珀著．行政伦理学：实现行政责任的途径．北京：中国人民大学出版社，2001：162.
② 李苓著．传播学：理论与实务．成都：四川人民出版社，2002：109.

权威信息的传播者，满足公众的知情权。另一方面，媒体还要对人民负责，代表人民的利益，将公众舆论传递到政府。同时履行舆论监督职责，监督政府行为，有效防范危机。但需要指出的是，目前我国舆论监督的情况并不太乐观，特别是在地方，政府对舆论监督还存在很多的限制，缺乏对舆论监督法律上的保障。③舆论引导。公共危机事件中，舆论导向正确与否，关系到能否成功地应对危机。正确的舆论引导，不仅有利于减轻危机的负面影响，使危机管理朝着利好的方向发展，还可能使危机转化为机遇，使坏事变成好事。但引导不好，只会加大危机处理的难度，甚至激化危机。总之，媒体介于政府与公众之间，对危机的减压和控制有着巨大影响：曝光危机可起到“安全阀”的作用，避免了事态的恶化与矛盾的激化；通过报道危机始末的真相，避免臆想、猜测造成的恐慌和动荡；通过报道政府的态度和举措，让公众树立信心和理性，共同为化解危机而努力。因此，作为权威信息源的政府，应该深刻认识到媒体的社会功能，工确处理与媒体的关系，以积极、诚恳的态度与媒体进行沟通合作，尊重新闻信息的传播规律，弄清楚他们到底需要什么，危机期间他们如何运作，从而有针对性地依靠手中的信息优势，争取舆论的主动权，有效地引导媒体，间接为其设置议程。在与记者的沟通交往中坚持平等、诚信的原则，注重公关策略的应用，避免与媒体发生冲突。

二、改革新闻媒体管理体制，通过立法保障传媒权力

随着社会的发展，我国大众传播业正在发生着巨大变化。一些以前比较敏感的内容，正在逐步地放开，如对突发危机事件的报道和舆论监督的兴起，传媒已不仅仅是党和政府宣传的工具，同时也是信息传播的机构、公共论坛以及娱乐的载体。但不可否认的是，一些旧有的体制和传统仍然在一定程度上“规范”着新闻业的发展，特别是公共部门危机状态下对大众传播工具和传播内容的管制，确切地说就是政府为了消除危机所带来的负面性，消减经由大众传媒报道而产生的放大效应，利用手中掌握的国家强制力对新闻自由、舆论自由进行的较为严厉的限制。

毫无疑问，我国的新闻媒体都是党和政府的喉舌，新闻媒体必须接受与服从党和政府的领导、指挥及管理，这是一个不可动摇的原则问题。然而在现有的新闻管理体制下，有些突发危机事件发生地的政府为了给自己开脱责任和逃避法律制裁，以违反“新闻纪律”为名阻挠媒体公正地介入事件报道，这种通过行政权力对新闻媒体的随意性干预已经严重制约了媒体社会功能的发挥，使媒体的职业权力受到极大的削弱。因此，改革新闻管理体制已经迫在眉睫。但这并不意味着媒体可以摆脱党和政府的领导，而是要求党政领导部门对新闻宣传的管理和指挥，要逐步纳入法制轨道，做到有法可依、有章可循。特别是某些极为敏感和复杂的危机事件，传播不当，很有可能被别有用心的人所利用，影响社会稳定，这时就需要政府制定专门的报道管理机制，引导新闻媒体正确报道。

另外，还要加快制定和颁布“新闻法”，赋予新闻媒体一定的自主权，保障新闻工作者的合法权益。允许和支持新闻媒体在党和国家政策的指导下，在政策和法律的范围内拥有及时、客观公布各类社会信息的权力。促使媒体与党和政府主管部门的关系从行政隶属向指导与合作关系的转变。

三、加强传媒行业的自我约束能力

作为一个特殊的行业，新闻媒体总是处于政治和经济双重力量的控制之下，这两种力量有时会相互利用和合作，有时则会相互冲突与制约。在我国，1978 年以前，新闻媒体是“计划经济体制”下的“特殊事业单位”，承担着意识形态宣传和统一组织思想、进行社会动员的重任。毫无疑问，全部的控制力来自于政治，而市场的影响完全缺失。但随着 1978 年财政部批准《人民日报》等八家报社实施企业化管理的报告这一标志性事件的发生以及 90 年代以后市场经济体制的确立，大众传播业逐步与市场融合，并形成了目前双重利益结构的局面。当市场将新闻事业部分从政治全盘控制中解离出来时，由于市场规范体系的不健全，缺乏有效的法律和行业自律制度，经济效益和发展前景的刺激必然会带来某些媒介行为的失范。如各种有偿新闻、不实报道等等。

总之，解决传媒行业各种不正之风的问题，是一个需要长期追求的目标，除了制度上的改革，更加需要传媒行业自我约束能力的提高，强化媒体的权利和责任意识。传播学的“社会责任理论”认为：传播媒介在享有充分自由的前提下，在社会为它提供自由保障的环境中，还应主动地、积极地承担相应的社会责任。这体现了大众传播的自我约束体系，理论明确提出了政府要对媒介进行适当的控制，社会和国家的发展目标一旦确定，那么媒介行为不得与之相悖。总之，新闻媒体及其工作者应该自觉履行对事实、公众和社会应尽的职责、使命和任务。坚持职业操守，遵循道德规范，建立相应的自律机制，不要为了追逐商业利益而拒绝履行自己的社会职责，坚持以维护国家安定、社会稳定为己任，严守新闻纪律，坚持主流，主次分明，把握好“度”，反映社会的全面状况，既要勇于报道，又要自觉接受政府部门的宏观调控。

四、将网络媒体纳入危机管理体系，发挥其积极作用，克服消极影响

喻国明教授曾采用抽样调查方法对 SARS 时期北京居民传播渠道的选择进行了考察，其研究成果表明：北京市民众有 10.5% 是通过网络渠道获取信息的，网络的受众整体年龄最年轻，只有 31.31 岁，其中以 20—29 岁这个年龄段的比例最高，占据 44.3%，其次是 30—39 岁这个年龄段，占 28.9%，两者合计 73.1%；其受众的整体学历层次也明显最高，网络受众中本科的就有五成多，加上研究生，共占了 63.9% 的比例。而且网络在所有传播渠道中白领阶层的比例最高，达到 46.8%。[①]总体来看，网络

① 喻国明等．面对重大事件时的传播渠道选择——有关“非典”问题的北京居民调查分析．http：//ruanzixiao.diy.myrice.com/mdzdsjsdcbqdxz.html.

的使用者主要是年轻的、学历高的白领阶层。网络用户学历、年龄和职业特征表明网民年轻有文化，有经济基础，他们对社会的参与能力和参与意识都很强。另外有关研究表明，SARS期间，对官方渠道、大众媒介信息持不信任态度的人群中，以“一低两高”即低年龄、高文化程度和高收入者明显居多。这表明有关政府部门能否控制和利用好网络，是一个十分重要和棘手的问题。

相对于传统媒体，信息在互联网上进行的传播所受到的控制明显弱化，网络赋予了公众更多的信息自由，也正是这些自由导致了危机中更多不可控因素的存在，同时网络受众的特殊性也加重了政府危机传播的难度，处理不好，只会进一步激化危机，迎来更大的困境。因此，将网络媒体纳入危机管理体系，进行科学有效的引导，才是解决问题的关键。基于互联网的根本特点，政治权力对互联网的管理将不大可能沿袭对传统媒介的控制方式。一种更可能的方式将是以软性的对话关系和对策关系为主的控制模式。[①] 如对某些论坛实行定时开放、版主全职的管理模式，有效减少垃圾信息，并在一定程度上控制“不适应发言的言论”。危机期间，对于网络谣言，无论是子虚乌有还是真有其事，网站上都应该有明确且迅速的说明，因为“当真理还在穿鞋的时候，谣言就已走到千里之外”。为此，针对民众关心的问题，网络危机传播一定要争分夺秒，信息可以不求全责备，但一定要求快速而准确。另外，应该经常邀请有关政府官员和相关专家会客论坛，进一步表明立场、澄清事实，促使官方的声音成为主流，等等。总之，网络的兴起已经打破了原有的信息传播模式，对传统媒介形成了强大的冲击，对政府危机传播提出挑战的同时也带来了巨大机遇。

第三节　加强对公众的危机教育

公共危机中，民众所表现出的非理性心理和行为，在某种程度上反映出我国政府对公众危机教育的长期缺失。因此，加强危机教育和训练是提高公众危机意识、危机应对能力和理性决策能力的有效途径。

第一，政府必须加强日常危机教育，以此来强化公众的危机意识，提高其危机心理素质和应对能力。具体措施包括：①将危机教育纳入公民素质教育，使之成为一门常识性的基础教育。从小学开始安排一定量的相关课程，直至中学、大学，使危机教育成为终身教育。②通过多种渠道和方式加强对公众的宣传教育工作，建立危机知识的宣传教育体系，使广大公众具备一定的应急常识。③定期组织公众进行应对各种危机的演习和训练，提高他们的危机反应能力，从而在突发性危机面前保持良好的心理素质。

第二，危机发生后，为加强公众应急能力，使危机管理工作有效进行，要针对已发生的危机对公众进行过程中的教育。其内容主要包括紧急状态下的应急措施、防护知识、心理救助等等。

---

① 汪凯．转型中国：媒体、民意与公共政策．上海：复旦大学出版社，2005：181.

一方面，政府在危机传播过程中可以通过邀请专家、学者以及各级领导来释疑解惑、分析形势、传播科学和权威的危机信息，达到安抚民心、正确引导行为的目的。

另一方面，要加强心理干预。危机干预是指帮助个体化解危机，告知其如何应用较好的方法处理应激事件，并采取支持性治疗帮助个体渡过危机。危机干预的主要目标是降低急性、剧烈的心理危机和创伤的风险，稳定和减少危机或创伤情境的直接严重的后果，促进个体从危机和创伤事件中恢复或康复。①危机的成功解决有三重意义，个体可从中得到对现状的把握，对经历的危机事件重新认识，以及学到对未来可能遇到的危机有更好的应付策略与手段。②在我国，危机心理干预刚刚兴起，理论研究和实际运用都还不成熟，在一些重大危机事件发生后，也没有真正发挥其作用。因此，根据我国国情，探索行之有效的心理危机干预模式，将会对未来各种危机事件发生时的心理应对策略和有效干预，避免和及时疏导社会恐慌情绪，有重要意义。

结束语

目前我国正处于转型的关键时期，也是一个矛盾的突发期。国内社会结构发生着深刻的变化，利益和权力在不同主体之间进行着重新的分配，各种不稳定因素使得危机成了人们生活的一个重要组成部分。在这一特殊时期，能否有效地应对各类危机事件，将直接关系到政府在民众心目中的权威地位和良好的形象，同时也直接影响到国家的政治稳定和经济发展。但我国政府危机管理的现状却不容乐观，特别在危机传播方面还存在很大的问题。基于此，危机管理领域的研究日益受到学术界的重视，危机传播也已成为政府和媒体最为关注的热点课题。

本论文从危机传播这一研究主题出发，主要采用定性研究方法中的文献分析和个案研究，大量运用传播学的相关理论和原理，比较全面地探讨了在公共危机应对中，政府危机传播所面临的困境及其原因，力图突出文章宗旨，引起实际工作者的重视。在未来的实践中，笔者坚信，只要我国党和政府始终坚持“三个代表”的重要思想，树立危机意识，加强危机教育，不断创新和完善各项组织管理体系、法律制度，构建起完备的政府公共危机信息管理系统，运用多样化的传播工具和渠道加强与公众、媒体之间的信息沟通，就一定能够有效地预防、控制和解决各种危机。

【参考文献】

著作类：

1.（美）斯蒂文·芬克著．危机管理．韩应宁译．台北：经济与生活出版事业公司．1987.

---

① 金宁宁，左月燃等．突发灾难事件的心理危机干预［J］．护理管理杂志．2005（5）.

② 樊富珉．危机心理干预及实施．http：//www. healthzx. com/Article_ Show. asp？ArticleID =962.

2. (美) 罗伯特·希斯著. 危机管理. 王成, 宋炳辉, 金瑛译. 北京: 中信出版社, 2001.
3. 胡百精著. 危机传播管理. 北京: 中国传媒大学出版社, 2005.
4. 李经中著. 政府危机管理. 北京: 中国城市出版社, 2003.
5. (英) 迈克尔·里杰斯特著. 危机公关. 陈向阳, 陈宁译. 郭惠民审校. 上海: 复旦大学出版社, 1995.
6. 史安斌著. 危机传播与新闻发布. 广州: 南方日报出版社, 2004.
7. 鲍勇剑, 陈百助著. 危机管理: 当最坏的情况发生时. 上海: 复旦大学出版社, 2003.
8. 薛澜, 张强, 钟开斌著. 危机管理: 转型期中国面临的挑战. 北京: 清华大学出版社, 2003.
9. 吴宜蓁著. 危机传播: 公共关系与语艺观点的理论与实证. 苏州: 苏州大学出版社, 2005.
10. 许文惠, 张成福主编. 危机状态下的政府管理, 北京: 中国人民大学出版社, 1998.
11. 刘建明著. 舆论传播. 北京: 清华大学出版社, 2001.
12. 王茂涛著. 政府危机管理. 合肥: 合肥工业大学出版, 2005.
13. 李苓著. 传播学: 理论与实务. 成都: 四川人民出版社, 2002.
14. (美) 梅尔文·德弗勒等著. 大众传播通论. 北京: 华夏出版社. 1989.
15. 支庭荣著. 大众传播生态学. 杭州: 浙江大学出版社, 2004.
16. 郭庆光著. 传播学教程. 北京: 中国人民大学出版社, 1999.
17. (美) 希伦·A. 洛厄里、梅尔文·L. 德佛勒著. 大众传播效果研究的里程碑. 3 版. 刘海龙等译. 北京: 中国人民大学出版社, 2004.
18. (英) 约翰·埃尔德里奇主编. 获取信息: 新闻、真相和权力. 张威, 邓天颖主译. 北京: 新华出版社, 2003.
19. 林之达著. 传播心理学新探. 北京: 北京大学出版社, 2004.
20. 郑兴东著. 受众心理与传媒引导 (修订本). 北京: 新华出版社, 2004.
21. 邓利平著. 负面新闻信息传播的多维视野. 北京: 新华出版社, 2001.
22. 孙玉红, 王永, 周卫民著. 直面危机——世界经典案例分析. 北京: 中信出版社, 2004.
23. (加拿大) 文森特·莫斯可著. 传播政治经济学. 胡正荣, 张磊等译. 北京: 华夏出版社, 2000.
24. 冯惠玲主编. 公共危机启示录——对 SARS 的多维审视. 北京: 中国人民大学出版社, 2003.
25. 王志荣著. 信息法概论. 北京: 中国法制出版社, 2003.
26. 周汉华主编. 我国政务公开的实践与探索. 北京: 中国法制出版社 2003.
27. 汪凯著. 转型中国: 媒体、民意与公共政策. 上海: 复旦大学出版社, 2005.
28. 黄瑚主编. 新闻法规与职业道德教程. 上海: 复旦大学出版社, 2003.
29. (美) 丹尼斯·穆勒著. 公共选择理论. 北京: 中国社会科学出版社, 1999.
30. (法) 卡普费雷著. 谣言. 郑若麟, 边芹译. 上海: 上海人民出版社, 1991.
31. (法) 弗朗索瓦丝·勒莫著. 黑寡妇: 谣言的示意及传播. 唐家龙译. 北京: 商务印书馆, 1999.
32. (法) 古斯塔夫勒庞著. 乌合之众——大众心理研究. 冯克利译. 北京: 中央编译出版社, 2005.
33. (美) 特里·库珀著. 行政伦理学: 实现行政责任的途径. 北京: 中国人民大学出版社, 2001.
34. 王乐夫, 陈瑞莲, 熊美娟编. 公共管理研究 ("21 世纪的公共管理: 机遇与挑战" 国际学术研讨会文集). 北京: 中国社会科学出版社, 2005.

论文类：

1. 廖为建．美国现代危机传播研究及其借鉴意义［J］．广州大学学报：社会科学版，2004（8）.
2. 方雪琴．信息公开与媒体理性——试论危机传播中的舆论引导策略［J］．中州学刊，2004（6）.
3. 张杰．危机状态下的信息传播［J］．中国计算机用户．2006（4）.
4. 郭钟琪，廖为建．行政过程中的传播要素分析［J］．中山大学学报：社会科学版，2002（1）.
5. 王传宝，罗国金．试论政府对公共危机事件的传播及其对策——以“哈尔滨停水”事件为例［J］．南京政治学院学报，2006（3）.
6. 陈力丹，陈俊妮．松花江水污染事件中信息流障碍分析［J］．新闻界，2005（6）.
7. 谈悠．主流媒体在危机传播中的舆论缓释作用［J］．南京理工大学学报：社会科学版，2004（2）.
8. 吴海荣．政府危机传播管理决策：经验必须给科学让路——以广东“两大事件”危机传播管理为例［J］．公关世界，2003（7）.
9. 赵志立．新闻传媒在危机管理中的地位和作用［J］．当代传播，2005（2）.
10. 陈先红，殷卉．危机传播控制模型的建构［J］．武汉理工大学学报：社会科学版，2006（6）.
11. 洪瑾．危机传播中信息对称的媒体问题研究［J］．北京理工大学学报：社会科学版，2004（4）.
12. 王传宝．从哈尔滨“停水”事件看危机传播的应对策略［J］．传媒观察，2006（2）.
13. 汪铮．突发事件中信息的良性互动［J］．当代传播，2003（5）.
14. 殷文，殷晓明．危机事件中的媒体沟通效能［J］．江苏广播电视大学学报，2006（2）.
15. 胡正荣，张新华．约束机制与新闻发言人制度的现实困境［J］．郑州大学学报：哲学社会科学版，2004（5）.
16. 孟建．重大突发事件：引发的媒体反思与变革——“重大突发事件与新闻传播学术研讨会”综述［J］．现代传播，2003（3）.
17. 程龙．我国当代社会泛政治化因素分析［J］．中共郑州市委党校学报，2006（1）.
18. 胡百精．危机状态下的议题管理［J］．国际新闻界，2006（3）.
19. 肖培．从非典危机看媒体作用［J］．中国记者，2003（10）.
20. 薛澜，钟开斌．突发公共事件分类、分级与分期：应急体制的管理基础［J］．中国行政管理，2005（2）.
21. 薛澜，张强．SARS 事件与中国危机管理体系建设［J］．清华大学学报：哲学社会科学版，2003（4）.
22. 刘萍萍，韩文秀，裴葆春．发达国家危机管理机制与我国公共危机管理体系设计［J］．西北农林科技大学学报：社会科学版，2005（4）.
23. 张玺乾．政府危机公关中的整合传播［J］．新闻界，2004（3）.
24. 姜晓萍，范逢春．从 SARS 看我国地方政府的危机管理［J］．四川大学学报：哲学社会科学版，2004（2）.
25. 王茂涛．公共危机管理中的政府公信力重塑研究［J］．四川行政学院学报，2005（5）.
26. 张凯兰．政府危机管理中新闻发言人制度的实效性分析［J］．中州学刊，2005（6）.
27. 温志强．政府职能转变中的危机管理体制选择［J］．甘肃社会科学，2005（1）.
28. 郭俊．试析我国政府信息传播在当代的变革及存在的问题［J］．长江大学学报：社会科学版，2005（6）.

29. 郭俊．我国政府信息传播的历史考察［J］．湖北师范学院学报：哲学社会科学版，2006（1）．

30. 郭俊．加强和改进我国政府信息传播对策的思考［J］．湖北教育学院学报，2006（5）．

31. 韩大元，姚西科．试论行政机关公开公共信息的理论基础［J］．河南省政法管理干部学院学报，2001（2）．

32. 陈力丹．健全对新闻发言人制度的监察和限权机制［J］．郑州大学学报：哲学社会科学版，2004（5）．

33. 陈力丹．隐瞒信息与问责制的衡量标准［J］．当代传播，2006（1）．

34. 喻国明．“非典”事件中信息透明化处理的传播效果探析［J］．中国广播电视学刊，2003（7）．

35. 张成福．公共危机管理：全面整合的模式与中国的战略选择［J］．中国行政管理，2003（7）．

36. 孙多勇、鲁洋．危机管理的理论发展与现实问题［J］．江西社会科学，2004（4）．

网络资源：

1. 冯英健．调查表明政府网站在抗击非典中的作用待加强．博客中国．http://www.blogchina.com.2003,05.

2. 新闻发言人大多身兼要职，记者电话联系多次未果．中国经济网．http：//www.ce.cn/xwzx/gnsz/gdxw/200501/10/t20050110_2796179_2.shtml.

3. 国务院关于加强抗灾救灾管理工作的通知．江苏消防网．http：//www.js119.com/zhengwu/folder37/folder154/2007/0301/2007-03-01284.html.

4. 喻国明等．面对重大事件时的传播渠道选择——有关“非典”问题的北京居民调查分析．http：//ruanzixiao.diy.myrice.com/mdzdsjsdcbqdxz.html.

5. 樊富珉．危机心理干预及实施．http：//www.healthzx.com/Article_Show.asp？ArticleID=962.

外文类：

1. Hermann, Charles F. *International Crisis: Insights from Behavioral Research.* New York Press. 1972.

公共危机管理：政府传播流程分析

廖为建　杨雪静　李秀华　饶一莹　石　柔*

【摘　要】公共危机因具有高度的不确定性和突发性而难以预测，但其从萌生到爆发往往有一个过程。危机事件演变迅速，无论是产生的原因、事态发展的结果，还是事件变化的影响因素都具有高度的不确定性。本文从危机发展过程的角度，把危机看作一个完整的生命周期，并把它分为不同的阶段，按照特定的顺序，在危机的每个阶段根据不同的特征、目标和任务，采取不同的策略和行动；从而将众多分散的危机管理的理念组织起来，使危机管理者可以更清楚地找到他们在不同危机阶段中的最佳选择，在危机发生、发展的每一个阶段制定出相应的战略，最终改善危机管理。

【关键词】公共危机管理　政府传播流程　危机传播

一、绪 论

（一）危机与危机管理是个过程

公共危机因具有高度的不确定性和突发性，而难以预测，但其从萌生到爆发往往有一个过程。一般情况下，危机的潜伏期会形成危机信息，出现一些危机的征兆。如果能够及时发现、收集、识别危机的信息，危机发生的几率及其危害性就可以得到降低。因为事实上，绝大多数的“偶然事故”，往往是我们日常的制度建设和管理长期存在漏洞造成的。“社会燃烧理论指出：社会系统从井然有序到杂乱无序，到最终爆发重大突发性危机事件，其内在机理实质是一个从量变到质变的过程。当形成危机的因素积累到一定程度，并在‘导火线’的作用下，危机即会发生。”如果公共部门具有敏锐的洞察力，能根据日常收集到的各方面信息进行恰当的分析与评估，对可能面临的危机进行预测，及时做好预警工作并采取有效的防范措施，完全可以避免危机的发生或使危机造成的损害和影响尽可能减少。因此，在危机预防阶段，公共部门的危机传播管理应主要针对可能引起危机的信息的信息源、传播途径、可能曲解信息的机制的监控管理，针对可能发生的危机制定传播管理预案、确定新闻发言人、做好新闻发布会的准备工作，争取

* 廖为建，中山大学政治与公共事务管理学院教授；杨雪静、李秀华、饶一莹、石柔，中山大学政治与公共事务管理学院行政管理专业研究生。

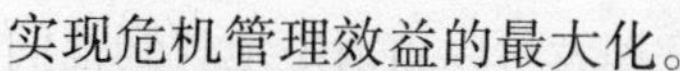

实现危机管理效益的最大化。

美国著名学者罗伯特·希斯认为危机管理包含对危机事前、事中、事后所有方面的管理。有效的危机管理需要做到如下几方面：转移或缩减危机的来源、范围和影响，提高危机初始管理的地位，改进对危机冲击的反应管理，完善修复管理以能迅速有效地减轻危机造成的损害。他认为通过寻找危机根源、本质和表现形式，并分析它们所造成的冲击，就能通过降低风险和缓冲管理来更好地进行危机管理。

危机管理有危机监测、危机预警、危机计划、危机决策和危机处理五个基本功能。危机管理的目的就是在危机未发生时预防危机的发生，而在危机真正发生时，采取措施减少危机所造成的损害并尽早从危机中恢复过来。危机管理所需要的管理行为包括危机风险评估、危机监测预防、危机信息沟通、危机反应管理、危机恢复管理等。

如果说危机管理是一个以管理科学为核心的多学科研究领域，那么危机传播则是以传播学为核心，把人际传播、语言传播、大众传播、组织传播和跨文化传播等学科的理念运用到危机管理的过程中。危机传播是政府进行危机管理的一个重要组成部分。简而言之，危机传播就是在危机前后及其发生过程中，在政府部门、组织、媒体、公众之内和彼此之间进行的信息交流过程。

危机传播是采取各种传播手段，对危机加以有效控制的信息传播活动。它的目的在于，按照传播的规律，对危机处理过程进行干预和影响，促使危机向好的方向转化。在时间紧、非常态的情况下，大众传播会更多地被运用到危机传播中。政府、媒体和公众如何形成有效的互动关系便成为危机传播研究的基本课题。

本文的研究重点——从过程的角度来研究危机传播。

危机事件演变迅速，无论是产生的原因、事态发展的结果，还是事件变化的影响因素都具有高度的不确定性，整个危机事件的发生过程中，都充满了风险性、震撼性、爆炸性的特征，危机的这些独特性质使得在危机状态下管理者往往无法照章办事。那么，从时间序列的角度分析，具有不确定性的危机事件是否遵循一个进程或者发展周期呢？

回答是肯定的。任何一个危机事件都有其发生、发展、结束的生命周期，危机状态是不可能一下子形成的，人们也不可能将失衡状态一下子就拉回到正常秩序，危机问题的形成与最终解决都是一个随时间发展的连续过程。

根据危机事件的发展过程，危机管理可以分为不同的阶段，危机在不同的阶段具有不同的特征，因此传播者要在了解这些特征的基础上，选择相应的传播手段，才能达到传播效果的最优化和最大化。

本文从危机发展过程的角度，把危机看作一个完整的生命周期，并把它分为不同的阶段，按照特定的顺序，在危机的每个阶段根据其不同的特征、目标和任务，采取不同的策略和行动。

这种阶段分析的研究模式，结构简要清晰，在纷繁的危机类型中易于把握相同的本质，可以产生一些清晰明了的阶段性的措施来进行危机管理。按照阶段形成的清晰明了的框架能将众多分散的危机管理的理念组织起来，使危机管理者可以更清楚地找到他们在不同危机阶段中的最佳选择，从而改善危机管理的过程。

此外，这种阶段分析的研究亦强调有效的危机管理必须整合进组织的常态运作，危机管理并非只是提出一个计划并在危机到来时加以实施而已，而是必须被视为一个持续不断的过程。结合危机的生命周期理论，在危机发生、发展的每一个阶段制定出相应的战略。组织成员每天都要检查可能的危机，并随时采取行动以防止危机的发生，或采取每个阶段危机管理的相关措施。危机管理应该是组织内多数人每天工作的一个环节，而不是临时的活动。

在提出一个整合性的阶段分析框架前，我们先对危机管理的阶段界定作一个简要的回顾。

（二）危机管理阶段划分

国外学者对于危机管理的阶段划分有着许多的说法，如 1991 年，Heck、Rosenthal 和 Pijnenberg 提出的“PPRR”模式：

- 预防（Prevention）
- 准备（Preparation）
- 反应（Response）
- 恢复（Recovery）

而美国联邦安全管理委员会对其修正为“MPRR”模式：

- 减缓（Mitigation）
- 预防（Preparation）
- 反应（Response）
- 恢复（Recovery）

罗伯特·希斯（Robert Heath）提出了危机管理的 4R 模型：

- 减少（Reduction）
- 预防（Readiness）
- 反应（Response）
- 恢复（Recovery）

可以说，界定危机管理的主要视角就是结合危机发生的过程进行的。

库姆斯（W. Timothy Coombs）也指出危机管理涉及的四个基本因素为：预防（Prevention）、准备（Preparation）、绩效（Performance）、学习（Learn）。

这些危机管理阶段界定的实质是把危机管理行为渗透到危机生命周期中，渗透到一个组织的日常运作中。

在众多的危机管理的阶段分析方法中，有三种最为学界所认同的模型，分别是：芬克（Fink）的四阶段生命周期模型，米特罗夫（Ian Mitroff）的五阶段模型和最基本的三阶段模型。

■芬克：四阶段生命周期模型

芬克用医学术语形象地对危机的生命周期进行了描述：

第一阶段是征兆期（Prodromal），有线索显示有潜在的危机可能发生；

第二阶段是发作期（Breakout or Acute），具有伤害性的事件发生并引起危机；

第三阶段是延续期（Chronic），危机的影响持续，同时也是努力清除危机的过程；

第四阶段是痊愈期（Resolution），危机事件已经完全解决。

尽管芬克所提的几个阶段缺少详尽的细节，而且好像是过于直线型的决定论，但是他的模式还是提供了一个综合性的循环往复的危机全过程，从危机的起源、发展、突变，直到危机的解决。芬克的理论为危机传播研究奠定了基础。

■米特罗夫：五阶段模型

第二种流行的阶段研究方法源自危机管理专家米特罗夫。他将危机管理分成五个阶段：

- 信号侦测——识别新的危机发生的警示信号并采取预防措施；
- 探测和预防——组织成员搜寻已知的危机风险因素并尽力减少潜在损害；
- 控制损害——危机发生阶段，组织成员努力使其不影响组织运作的其他部分或外部环境；
- 恢复阶段——尽可能地让组织运转正常；
- 学习阶段——组织成员回顾和审视所采取的危机管理措施，并整理使之成为今后的运作基础。

五阶段模型更为积极主动，关注危机管理者在每一阶段应该做出的决策，而芬克的四阶段生命周期模型更具描述性，勾勒出危机的过程，并侧重阐述危机每一阶段的特点。

■三阶段模型

三阶段说把危机管理分为危机前（Precrisis）、危机（Crises）和危机后（Postcrisis）这三个大的阶段，每一个阶段再可分为不同的子阶段。

国内的很多学者选用三分法，认为应该在公共危机管理三个阶段分别建立公共危机管理的预警、救治、恢复机制。

薛澜结合时间序列分析把危机管理的过程划分为以下五个阶段：危机预警和危机管理准备阶段、识别危机阶段、隔离危机阶段、管理危机阶段，以及处理善后并从危机中获益。其中，每一个具体的阶段都要求危机管理者采取相应的危机管理策略和措施，有准备地估计危机形势，尽可能把危机事态控制在某一个特定的阶段，以免进一步恶化。

胡鞍钢把SARS生命周期分为四个阶段：征兆期和潜伏期，迅速爆发期和蔓延期，高峰期，衰退期和有效控制期。

门洪华则认为完整的危机管理过程包括如下几个阶段：危机预防、危机准备、危机处理、危机善后。他用表格的形式总结了中国SARS危机发展的四个阶段，并以此为基础对 SARS 危机管理进行了探讨。

对危机管理阶段的划分，是危机管理学科领域专家、学者共同关心的命题，虽然不同的专家、学者对于危机管理阶段的具体划分存在着不同的方法，但我们认为这些标准基本上没有实质性的区别，只是论述的侧重点不同。

以上阶段划分的研究模型提供了一个可以较为完整、清晰地研究危机传播的框架。我们在此处选用“三阶段论”作为研究的基础。

上面的四阶段模型和五阶段模型可以很自然地与三阶段划分相对应：

表 1　危机管理的阶段模型

■三阶段模型	■四阶段生命周期模型	■五阶段模型
危机前（Precrisis）	征兆期（Prodromal）	信号侦测
危机中（Crises）	发作期（Breakout or Acute）	探测和预防
		控制损害
危机后（Postcrisis）	延续期（Chronic）	恢复阶段
	痊愈期（Resolution）	学习阶段

- 危机前期就可以包括危机征兆、信号预测、预防等过程；
- 危机阶段就可以包括发生和引发事件以至危机正在得到解决的全部时段，损害控制、危机发作和恢复、持续期都可以归入此阶段；
- 危机后阶段则涵括了学习和痊愈期。

本文选择三阶段模型作为基本框架，这是因为三阶段模型这样的宏观划分可以提供一般化的研究框架，足以兼容其他模型的特点，用以分析危机管理的各种文献，整合不同学者的观点，还可以对其进行子阶段的划分以满足精细的需要和提供各种不同理念。

危机前、危机中、危机后各个过程之间体现了危机发展的一个循环周期。与危机发展的几个阶段相对应的是，作为危机管理主体的政府部门以及其他各类组织，必须根据危机发展周期的不同特点，采取相应的应对策略，对症下药。进一步，在危机管理过程的不同阶段，再从传播沟通的层面，对政府应当采取什么传播策略和措施，防止危机向更为严重的下阶段演变，提供一个参考性的框架（见图 1）。

在这个危机传播的描述性框架中，还需要按照“特征—目标—功能—任务—方法”的思路来进行横向分析。

危机前	危机酝酿 未雨绸缪	识别信息 信息共享 危机传播预案
危机中	“舆论压力” “信息压力”	增强共识，鼓舞士气 抑制恐慌，遏制危机蔓延 塑造组织形象
危机后	信息疲惫期	心理恢复 后续沟通 评估与完善

图 1　危机传播的描述性框架

二、危机前阶段的危机传播

(一) 危机前阶段的危机传播特征

所谓危机预防（crisis prevention），是指在此阶段时，组织成员针对危机警讯或征兆采取行动，以避免组织危机的发生（Mirroff，1986）。可见，危机的预防阶段，是危机的潜伏时期，也是避免危机发生或尽可能减少危机的负面影响的最有利的阶段，这使预防阶段的危机传播显得尤其重要。然而，如何才能有效利用危机传播来发挥预防阶段危机管理的预警作用呢？首先，我们必须掌握这一阶段危机传播的特征，并以其作为预防阶段危机传播工作设计的基础。

从传播的角度来讲，预防阶段危机传播的信息源正在形成，逐渐出现与潜在危机相关的信息和征兆，而只有准确掌握其中的危机信息才能有效避免或控制危机的发生和扩大。这就要求危机传播的管理人员必须落实危机管理的预防准备工作，及时收集信息、分析信息、识别危机信息，务求能为危机管理提供最迅速、准确和有效的预警信号，为政府提供公共危机管理的预案，以促进危机管理工作的有效开展。因此，可以把预防阶段危机传播的特征归纳为“危机酝酿，未雨绸缪”。

(二) 危机前阶段的危机传播目标

危机前阶段的危机传播目标——侦测警讯，识别信息，控制危机。

最好的危机管理方法是避免危机发生，但是完全的避免是不可能的，尽管如此，在很多情形下确实可以防患于未然的。掌握警讯（warning singnal），也就是危机信息，有利于避免危机的爆发。

所谓警讯，即是表示一种情况有演变成危机的潜在可能性，机敏的危机管理人员会侦测出危机征兆并且采取行动予以化解。也就是说，如果可以准确掌握警讯，分析征兆，就能大大提高避免危机爆发的可能性。而这一切的预警工作都必须在危机的潜伏时期完成，不可拖延，否则便会错失消除危机或削弱危机的良好时机。因此，在危机的预防阶段必须明确危机传播的目标——“侦测警讯，识别信息，控制危机”——以更好地为公共部门危机管理的预警机制提供有效的支持，务求把危机扼杀在潜伏时期，实现危机管理效率的最优化和最大化。

（三）危机前阶段的危机传播功能

危机前阶段的危机传播功能是信息收集、信息共享、信息识别。既然预防阶段危机传播的目标定位于“侦测警讯，识别信息，控制危机”，那么相应的，在预防阶段，危机传播显然必须具有信息收集功能、信息共享功能以及信息识别功能，才能实现这一目标。

1. 信息收集功能

信息是危机管理的生命，信息收集功能是预防阶段危机传播的首要功能。处于预防阶段的危机信息是不容易为人们所察觉的，或者说是难以识别的。这是因为，在这一阶段，各种各样的信息在社会范围内流动，其中虽然不乏准确而重要的危机信息，但同时也充斥着形式多样的虚假信息或无用信息。这就要求进行信息过滤，以收集其中客观、准确、有效的信息来开展危机管理的预警工作。而危机传播作为公共危机管理的重要组成部分，由具有良好的公共传播知识、危机管理知识、公共部门管理知识等高素质的工作人员来实施，其在信息侦测、信息获取以及信息过滤上都具有一定的优势，能通过有效的传播方法和技术手段，确定侦测的范围和对象，明确信息源，设计针对性的信息收集方案并执行等，以实现危机信息的收集与汇总，从而为危机预防工作提供及时、丰富、准确的预警信息。

2. 信息共享功能

危机传播的信息收集功能确实能为公共危机管理提供有效的信息支持，然而由于信息量的庞大，信息流通的滞后，危机传播人员能力的有限性以及不同组织所固有的不同的价值观及不同的关注面等因素的存在，使不同职能的公共部门对危机信息收集的速度、方向、能力以及使用率都存在着差异；同样，在公共部门、社会组织和私人单位之间都存在着对危机信息掌握的量和质的区别。这往往会导致不同组织之间信息的不对称问题，导致危机信息收集不完备，致使危机管理决策有效性下降而风险提高。然而，通过实施在人际沟通、信息交流上具有独特优势的公关传播方法，可以加强各部门领导之间的有效沟通，在公共部门之间、公共部门与社会组织之间建立畅通的信息交流渠道。实现多元信息的双向甚至多向的流动和分享，从而提高公共部门所掌握的危机信息的质量。可见，信息共享功能是预防阶段危机传播保证信息的质与量的必要功能。

3. 信息识别功能

预防阶段危机传播的工作对于实现预警工作有效性是至关重要的，只有在准确识别危机信息的情况下，才有可能最大限度地控制危机的发展。因此，危机管理者必须在收集和共享的多方信息中进行细致的信息分析和评估工作，也就是由信息分析员运用科学的信息分析系统，建立有效的信息评估与决策模型，把杂乱的信息按其重要性和相关性分门别类，提取其中真正的“征兆”，识别出关键的危机信号，从而尽可能地减少不确定危机的数量，最大限度地明确可能爆发的危机的状况。这就是预防阶段危机传播的信息识别功能。

（四）危机前阶段的危机传播任务

危机管理的第一个持续性的步骤是在危机来临前，力求通过对预警信息的分析和识别，发现潜在性的危机，尽可能避免危机的爆发或把危机的损害和负面影响尽可能减少。为了达到这一目标，在危机的预防阶段，危机管理人员必须加强预警、监测环境以识别危机信号，必须制定危机传播预案以提供危机管理的行动指南，必须挑选、培训杰出的新闻发言人，必须进行新闻发布会的演习。

1. 监测环境

监测环境以侦测信号是识别危机信息的首要任务，也就是积极地检视、谨慎地搜寻信息。由于组织可能面临的危机众多，所以检视的来源对象和搜寻信息也相对广泛。危机传播的管理人员必须检视周围环境以及组织内部的事情，忽略其中任何一方都可能使危机管理人员遗漏重要的危机警讯。

在环境检视上，大体上是观察环境的变化、发展趋势、发生的事件以及突发的社会、政治以及健康等议题。同时，管理者也必须考虑有助于找出危机征兆的外部信息来源（见表2），包括常见的、传统的来源，如新闻媒体；也包括线上来源，“指的是透过网际网路传输资讯”，而非传统的媒体或出版物，如互联网、专业协会。只有全面覆盖所有可能获得有效信息的信息源，才有可能及时收集大量客观、准确的信息，才能为危机信息识别的有效性提供有力的保障。

表2　外部检测的信息来源

<table>
<tr><td rowspan="10">外部检测的信息来源</td><td rowspan="5">传统的来源</td><td>新闻媒体、报纸、电视新闻、电台新闻节目</td></tr>
<tr><td>政府出版物、民意调查</td></tr>
<tr><td>工商杂志、贸易周刊、业务通讯</td></tr>
<tr><td>各领域的专业人士，组织的相关人</td></tr>
<tr><td>……</td></tr>
<tr><td rowspan="5">线上的来源</td><td>新闻网页、新闻讨论区</td></tr>
<tr><td>网站、网页讨论区</td></tr>
<tr><td>专业贸易网页</td></tr>
<tr><td>专业协会、特殊利益团体、政府机关</td></tr>
<tr><td>……</td></tr>
</table>

危机信息的识别不能止于信息侦测和收集，还必须进入危机信息识别的第二个环节，即信息分析与判断。危机传播的管理人员必须对收集到的信息进行仔细的分析并做出判断，因为其中包含着危机的征兆，也包含着虚假或不相关的信息。而只有通过信息分析，判断信息的强度，也就是其演变成危机的可能性，才能做出准确的危机反应，从而更有效地提炼出最具潜在危机的征兆，并对其进行进一步的检测，收集更多的信息，监督其变化发展以便能及时做出应对。

侦测信息像是一种雷达的作用，它要求侦测的范围应尽可能广泛，收集的信息应尽可能全面；而监督信息则是有针对性的、对焦点的追踪，对于最有可能变成危机的征兆必须密切注意。可见，识别危机信息的工作必须包括收集以及分析可能包含危机征兆的信息这两个方面，缺一不可。

2. 制定危机传播预案

制定危机传播预案是政府部门危机管理中建立应急机制的重要环节之一，主要目的是为今后的危机传播管理工作提供行动指南。危机传播预案并不能细化到每一个步骤，它只能是工作的大纲，它所阐明的是各部门的角色定位，所承担的职责、责任、可供开发的资源和应对媒体和公众的技巧，它旨在确保每个人明白自己传播沟通的责权范围，从而让所有工作尽可能按预期的程序开展。

一般来说，危机爆发之初往往会出现混乱的局面，充斥着各种真伪莫辨的信息，组织的形象也容易受损，这往往就是因为组织没有事先制定好危机传播预案，没有调节好角色定位和职权范围的结果。因此，必须通过制定并实施有效的危机传播预案，努力寻找一种有效途径，以便最快、最准确地将信息通过媒体传递给公众。而一份科学、有效的危机传播预案必须包括以下要素：

一是主管领导的批准。主管领导应当通过预案了解危机传播负责人的工作计划及其与应急体系内其他人员的合作情况，了解自身在危机传播中所扮演的角色，了解其作为主管领导所要赋予发言人的权利和职责，这些都必须得到主管领导的批准，以便获得政治上和组织上的支持。

二是危机传播团队的规章和责任，包括对危机传播的指挥和管理，协调政府与媒体的关系，为公众提供信息服务，为政府的应急系统提供信息和材料，以及为合作机构提供信息指导等。

三是信息的核实、查证、批准和澄清的工作流程。在新闻发布之前都需要经过详细审核，而预先设计好的工作流程可以为信息的审核工作提供明确的指导，防止工作职责不明确，防止部门之间、个人之间的责任推诿等。

四是新闻发布协议，包括确定负责发布信息的部门、发布信息的内容、时间和方式。

五是国内外及当地主要媒体联络的名单，也包括媒体的联系方式，即电话号码、电子邮件地址、传真号码等。

六是与当地危机处理部门进行沟通的工作流程，确保本部门能与危机处理部门保持良好的沟通与合作。

七是确定合适的新闻发言人以及必要时启用“第三方”证人，也就是本部门以外的专家学者等。

八是保障充足的资源，即在危机传播预案中要列出具体措施来确保充足的空间、设备和人力资源，以维持危机传播的有效进行。

只有科学的危机传播预案才能为危机传播工作提供有效的行动指南，因此必须使预案涵盖的内容全面、考虑的因素充分，以确保危机传播预案设计的有效性。

3. 挑选新闻发言人

新闻发言人是政府部门发布信息的代表，因此其在危机传播中是专门的且非常重要的角色，挑选不当、训练不良或能力不足的新闻发言人只会使公共危机更加恶化。每一个部门都应该有一个以上的发言人，以保证其中一人不能出席新闻发布会时还会有适当的发言人来替代，以确保信息发布的有效性，确保政府能正确地引导社会舆论，但同时必须保证多个新闻发言人所发布信息的一致性。此外，必须强调的是，挑选新闻发言人不能只是根据他在本部门中的职位高低来决定，而要更多考虑他的才能、特质，以及他对这项工作所具备的知识量、传播的技能等。同时，新闻发言人应当是专职的，以确保他有充足的时间和精力来应对媒体。

在新闻发言人对媒体和公众发布信息时，内容与表达技巧同样重要。内容方面所强调的是传达的信息，新闻发言人必须正确传达与危机事件相关的信息，而在表达上，发言人必须以一种能让人接受的方式发布信息。因此，在新闻发言人的培训中，必须注意以下四个方面：

一是在镜头面前保持和颜悦色，能给人一种指挥若定和关怀友善的感觉。同时发言人必须学会经常与公众保持目光的接触，要利用手势强调重点，声调能抑扬顿挫，脸部表情变化适宜，表达流畅等，也就是要以一种能完成重要危机处理目标的表达技巧来发布信息。

二是针对问题作有效的回答，也就是针对问题作答。一方面，发言人必须熟悉事前准备好的相关的危机资料，以保证能准确回答传媒的问题；另一方面，发言人必须专注，必须针对记者所提的问题回答，而不能答非所问。

三是明确提供危机信息，所注重的是回应的内容，必须使回答清楚而具体，同时能突出重点。

四是处理棘手问题。对于具有多种答案的问题，发言人可以选择他熟悉的，而且符合部门最想传达出去的部分回答，也可以提出所有的答案一一列举回答；而对于狡诈的问题，如果无法回答，发言人必须解释无法回答的原因，并承诺一旦得到答案时会立即告知公众。

4. 准备新闻发布会

新闻发布会又称记者招待会，是政府、企业、社会团体或公民为公布有关重大新闻而举办的。实质上，是一种向公众传递和沟通信息的手段，是政府公共关系实务的重要内容之一。因此，在预防阶段的危机传播中，必须做好新闻发布会的准备和演练，以满足后期的危机管理的可能性需要。具体来说，新闻发布会的准备工作主要包括以下几个方面。

第一，要确定新闻发布的内容。具体包括：确定新闻发布的目标受众，确定危机影响的客体，了解媒体需要知道的信息，确定目前所掌握的事实的信息量，明确为解决危机所采取的措施，明确本部门的基本立场和政策，以及媒体和公众有哪些可以获得信息的渠道，公众应当做些什么，等等。

第二，编制与新闻发布相关的文字材料，包括图表、图片、地图、照片、幻灯片及录音、录像等。此外，还要准备好发言和报道的提纲，选择适当的发言人和会议主持人。

第三，确定应当邀请的记者的名单。名单覆盖面要广，应尽可能包括各个方面的新闻机构。不仅要邀请报纸杂志记者，还要邀请电台、电视台的记者；不仅要邀请当地的记者，有必要的时候还要邀请外地甚至国外的记者，以制造出良好的相互沟通的机会。

此外，如果在公共危机的预防阶段，已经引起公众的广泛注意，或者虚假信息散播严重，具有威胁社会稳定的可能性的时候，就有必要举行新闻发布会来澄清事实，以确保政府能正确引导社会舆论，维护社会的稳定，以免危机的恶性发展。在这种情况下，政府危机传播的管理人员就必须做好新闻发布会结束后的工作，包括：尽快整理出记者招待会的记录材料；大量搜集到会记者在报刊发表的稿件、报道，然后进行归纳、分析，检查一下有否因为政府公共关系工作失误而造成的谬误，如有应如何及时补救；收集到会记者以及其他与会代表对记者招待会的反应，检查政府公共关系人员在接待、安排、提供方便等方面的工作是否有欠妥之处，以便今后改进工作。

5. 披露真实信息

危机管理的核心是公开化和透明度，在危机传播中必须将人们所面临的危险和威胁明白无误地告诉公众。传播心理学的研究表明，流言的强度等于事情的重要性乘以情况的模糊程度。特别是在危机爆发的初期，若不能有效地利用正式的信息渠道向公众发布全面、真实的危机信息，各种流言甚至谣言就会通过非正式的渠道乘虚而入，其结果是“小道消息”盛行，流言、谣言满天飞，必然会引发公众恐慌的情绪，使局面变得难以控制。

因此，在预防阶段，公共部门的危机传播管理人员必须谨慎检测社会环境的变化，检测可能出现扭曲事实的信息的产生机制，及时把客观、真实的信息通过新闻稿件、新闻发布会等形式通知传媒，借此通过大众传媒的传播功能把危机真实信息快速、准确地传递给公众，及时纠正流言，正确引导和控制社会舆论，维持社会的稳定，为危机管理提供稳定的社会基础。

（五）危机前阶段的危机传播方法

预防阶段的危机传播主要是针对危机信息而展开的，在这一阶段，可以运用的危机传播方法是多种多样的，而主要包括新闻发布会、大众媒体以及建立危机信息咨询中心等。

1. 新闻发布会

如上所述，新闻发布会是政府、企业、社会团体或公民为公布有关重大新闻而举办的，实质上是一种与公众传递和沟通信息的手段。通过新闻发布会，公共部门可以在危机预防阶段，发布真实、明确的信息，以其权威地位、社会声誉以及对信息拥有的相对优势，来引导社会舆论，消除虚假信息的负面影响。

新闻发布会具有以下特点：①新闻发布会，即记者招待会发布消息，其形式比较正规、隆重，而且规格较高；②在新闻发布会上，记者可以从不同的角度进行提问，然后由召集者来回答，这能更好地发掘消息；③举行记者招待会必须经过周密的准备，对其发言人和主持人的要求很高，工作量大，任务重。

2. 大众传播

大众传播，包括公共部门通过电视、电台、广播、报纸、杂志、互联网等媒体来传递信息。

在危机前阶段的危机传播中，运用大众传播的力量，促使大众媒体成为政府的喉舌，成为政府与公众沟通的桥梁，并通过官方信息的发布来消除谣言、引导社会主流信息，达到控制社会舆论的效果，从而确保公共部门危机传播的社会效益。

3. 危机信息咨询中心

危机信息咨询中心主要是针对提高媒体和公众对危机信息的进一步了解而设立的，特别是在危机预防阶段，危机信息不易为人们察觉，而且社会中流传信息的真实性也难以辨认，易于引起社会的恐慌。而通过设立危机信息咨询中心，一方面，可以为媒体提供全面、具体、准确的危机信息，可以更好地满足媒体的需要，同时也有利于真实信息通过媒体更好地传达出去；另一方面，也可以为公众深入了解公共危机实际情况，辨认传言真伪，消除恐惧心理提供有效的手段。必须强调的是，危机信息咨询中心的工作人员必须能够对危机事件有非常全面、准确的了解，以便为公众、传媒提供及时、准确的信息回应。

危机信息咨询中心与大众传播不同，它类似于人际传播，主要通过公共部门的相关负责人或工作人员、专家等与媒体或公众进行面对面的交流，或者通过开通危机信息咨询热线来接受外界的提问并做出回答，以实现信息的沟通与交流。虽然提供危机信息咨询并不能成为预防阶段危机传播的主要方法，但却可以作为一种辅助性的传播方法，尤其是危机的程度越严重，设立危机信息咨询中心的必要性就越大。

（六）个案分析：SARS 危机的危机前阶段——政府危机传播的缺位

在危机管理中，预防是第一要务，必须在危机预防阶段实施科学合理的危机传播，检测环境、控制危机。始于2002年11月的SARS，第一次对疫情的正式报道却出现于时隔3个月后的2003年2月，是预防阶段危机传播缺位的典型案例。可以说，在SARS危机事件的预防阶段，公共部门危机传播的职能基本上是缺失的，具体表现为：在SARS预防阶段，政府缺乏危机意识，缺乏灵敏的危机预警机制，未能及时发现SARS事件的严重性，也未能及时、全面、准确地发布有关SARS疫情的信息，无法引导社会舆论，也无法控制疫情的扩散。

1. 政府危机传播缺位

首先，在SARS事件的预防阶段，政府未能及时、准确地公布疫情信息，导致谣言四起。

从2002年11月16日疫情出现，到2003年2月10日广东电视台、《羊城晚报》、南方网首次报道，时间间隔为87天。这87天正是疫情的征兆期或潜伏期，也是处理SARS危机的最佳时期，然而在这段时期内，政府没有任何的信息公布，媒体也没有作任何报道，民众只能通过其他非正式渠道了解危机信息。信息通过“非正式渠道”传播往往具有失真性、放大性和快速性，容易产生错误的诠释，甚至以讹传讹，其结果必然是谣言的蔓延。而谣言蔓延使社会心态发生了意想不到的变化，民众的恐慌心理加剧，以至于在广东、海南、福建、湖南等地发生了抢购风潮，社会出现了不稳定现象。由于政府危机传播预警功能的缺位，使媒体没有在危机处理中发挥出积极作用，反而引起了社会的恐慌。2003年1月21日，广东省卫生厅做出了疫情报告，但没有向社会公开。2月10日上午有媒体对SARS作了模糊的报道，称近期广州患“感冒”和“肺炎”的病人增多。这种闪烁其词的报道反而证实了流言，增加了人们的心理恐惧，正是由于这些原因，广州掀起抢购风潮，板蓝根、食醋价格狂涨。可以做个假设，如果在此阶段，有关部门及时公开疫情报告，并采取其他措施，此后发生的市民大恐慌完全有可能避免，也许SARS事件也不会从一个单一性的、区域性的公共卫生危机，在短短几个月的时间蔓延到世界多个国家和地区，发展成为全球性的公共卫生危机和危及政府声誉和国家形象的复合型危机。

2. 信息共享、信息披露机制同时失效

从危机预防的角度看，公共卫生领域危机管理机制不完善，难以形成完善的预警机制。首先，非军方和军队医院系统之间存在信息流通障碍，信息的不完全难以保证决策的及时准确；同时，各地政府之间、政府内各部门之间、政府部门与医疗部门之间缺乏畅通的信息沟通和共享的渠道，导致严重的信息短缺和信息不对称，这是典型的危机传播职能缺位的表现。其次，中国医疗系统沿用传统的行政管理体制，难以建立科学、透明的信息披露制度。

在危机潜伏及其有所暴露之际，由于缺乏危机信息，难以有效作出相关应急决策，从而错过了遏制危机的最佳时机。这说明政府信息管理体系存在缺陷。近年来进行了一系列政务信息公开化的改革与探索，但由于我们的政务信息透明化运作尚处于起步阶段，信息收集体系与传导体系均存在一定问题。一方面，以经济增长指标等数字为标准的干部选拔制度，促使一些人养成了“报喜不报忧”的习惯，在SARS问题上，某些部门曾一度隐瞒、缓报、封锁消息，不但延误了遏制危机蔓延的良机，引起普通民众恐慌，而且严重损害了中国的国际形象；另一方面，我们的信息披露体系无法可依，使得信息采集和发布都出现了各种各样的问题，不仅不利于危机的解决，反而使危机进一步恶化。

3. SARS危机传播管理预案的缺乏或不健全

在SARS预防阶段，政府由于缺乏完善的危机预警机制和危机传播意识，对相关信息的掌握不完整，未能做出准确判断，因此未能及时设计好科学的危机传播管理预案，使危机管理缺乏必要的行动指南，而相应需要的人力、物力、财力资源也未能及时准备，导致在危机潜伏期出现地区性抢购潮和相关物资短缺的现象。

4. SARS危机的启示

可以说，对危机信息传播方式的认知偏差，反应灵敏的舆情监控体系的缺失是导致政府部门在SARS事件中未能及时采取有效控制措施的主要原因。英国危机公关专家里杰斯特曾提出危机处理中涉及危机传播的“三T”原则：“‘Tell your own tale’（以我为主提供情况）；‘Tell it fast’（尽快提供情况）；‘Tell it all’（提供全部情况）。”基于“三T”原则，我国公共部门在危机传播中必须：

（1）摒除瞒骗公众的做法，及早向社会公布危机信息，尽早满足公众的知情权，有助于杜绝或减少流言的产生。

（2）建立危机传播机制，保证危机传播的应急运行。一是成立负责危机传播工作的专门机构；二是提前准备有关危机的信息资料；三是确定并培养合适的新闻发言人。

（3）利用传播中的首因效应，提高政府危机传播的效果。在危机事件刚刚爆发的时候，往往是人们对信息的需求最大的时候，如果这时政府还迟迟不发出信息，那么，各式流言就会成为官方新闻的代用品进入非正式的传播渠道，如果政府及早开展危机传播工作，第一时间向社会传播真实、可靠的危机信息，利用首因效应，引导社会舆论向政府所设定的方向发展。

（4）让公众认识危机的严重性，从而有利于配合政府的举措，同心协力应对危机。

传播学的研究表明：受众对极端紧急、重要和富有高度戏剧性的事件的信息获知来源主要有两个，一个是大众媒体，一个是个人信源。如果受众通过个人渠道获得信息的比例不断增加，而媒介尚未打开信息传播渠道时，尤其是当媒介来源被剥夺或减少的情况下，将导致受众更积极地从个人接触等非媒介信源那里寻找信息。而这些信息往往是不真实的，必然引起公众的恐慌情绪。SARS事件这一反面案例给我们以警示，即必须完善政府的公共信息传播管理，建立应急组织和预警机制，完善预防阶段的危机传播机制，利用现代化的传播媒体对社会公共问题有关信息及时公开，确保公共危机管理的有效性。

三、危机阶段的危机传播

（一）危机阶段危机传播的特征

在危机爆发与扩散阶段，组织明显受到来自社会和公众的“舆论压力”和“信息压力”。从传播的角度来讲，在这个阶段，危机的信息源已形成，并出现信息膨胀的征兆，混淆事实的信息不断出现。此时，公众获取危机相关信息的需求急速增长，对媒体的关注度大大提高。大众媒体为了向公众提供关于危机的最新事实和第一手数据，对于任何一个关于危机的细节都不会放过报道的机会，从而对相关的政府组织构成强大的舆论压力。为了引导大众媒体对政府发布的相关讯息进行真实的报道，避免虚假信息的流传，减少因“舆论压力”对危机产生的不良效应，迫切需要政府与大众媒体及时沟通，尊重及满足公众的知情权，并引导媒体舆论配合危机处理政策进行真实且全面的报道。危机形成的舆论压力和信息压力考验着政府部门的公共传播机制和传播应对能力。强大的“压力”和有效的“反应”是危机爆发与扩散阶段的传播特征。

（二）危机阶段危机传播的目标

1. 使组织及公众承认危机的存在

芬克指出，“虽然危机很难认定，有些危机又很容易被忽略，但危机发生时，关系人对于危机的看法将会带来深远的影响。”因此，有效辨别事件是否会转变成危机，迅速判断危机的性质、程度及影响范围，对政府相关部门人员的管理能力提出了极大的挑战。

危机事件爆发后，首要任务是承认危机的存在，在政府部门内部形成一致的意见，达成对外一致的宣传口径，启动危机传播预案并尽快做出反应，以免因为反应迟缓导致部分媒体捕风捉影，引发公众的猜疑。其次，透过大众媒体向公众发布危机事件的真相及缘由，避免虚假信息和不利传言，稳定公众的情绪、化解媒体的压力。信息缺乏不仅会导致舆论失控、公众情绪失控，为危机处理工作带来阻力，同时为了澄清事实真相，政府部门还需要付出更多的精力和更高的成本。

2. 及时遏制危机，防止危机扩大

危机爆发后，应迅速成立跨部门的危机处理小组，根据危机的影响力决定危机处理的最高主管人选。随着危机的不断升级，最高主管的人选应由地方政府领导上升到中央领导。危机处理小组不仅肩负着危机作战中心的职责，还应作为智囊团；因此其成员还应包括发言人、法律、安全技术等各专业部门的主管，集合各部门的智能与资源，在最短时间内，为在第一线上的危机处理人员提供决策。同时指定发言人，公开诚实地透过正式传播管道，发布真实的信息，遏止假信息的传播和谣言的产生，进一步满足媒体和公众对于危机信息的渴求。这个阶段，危机传播活动的主要目标是及时遏制危机，防止危机扩散到其他健康部门和地方，造成危机范围和影响的扩大。

3. 为危机后的救治提供条件

危机爆发后有效的危机传播与沟通，有利于加强政府的公信力，有利于凝聚公众的力量，有利于加强有关方面的协调，有利于引导各相关人积极配合政府解决危机，并为危机后阶段的救治及恢复工作奠定基础。

（三）危机阶段传播的功能

1. 动员大众，凝聚大众

拉斯韦尔提出，传播具有协调社会的功能。危机中，社会的和谐和稳定是当务之急。同时，危机的解决需要政府、公众、媒体共同努力。在危机中，受到切身损害的是社会公众。政府要稳定社会情绪，遏制危机蔓延，首先要面对的是如何稳定社会公众，并使之团结起来。在社会动荡的时候，一句振奋人心的口号或者一段真实激情的画面都能起到动员和凝聚的作用。危机阶段传播的功能之一便是动员大众抗击危机，凝聚民众的力量共同抵御危机。

2. 增强共识，鼓舞士气

恐慌的蔓延通常是由于信息短缺或不实信息造成的。在信息真空或者泛滥的情况下，社会公众的心理会出现极大的波动。要动员和凝聚大众，必须要有真实的信息和明确的思想作为后盾。这样才能增强公众对于危机的过去、现状和解决前景的共识，提高对成功解决危机的信心，鼓舞士气。

公众通常经由大众媒体获取政府公开信息，通过媒体报道的信息，不断调整自我去适应社会的变化。因此，大众媒体所具备的重要功能之一是引导舆论。政府部门在危机全过程中通过与媒体的积极沟通，透过媒体让公众了解危机的真实信息，公布危机处理措施，能够稳定社会情绪，同时呼吁公众参与危机处理工作。通过传播实现危机处理三者——主体、受众、媒体之间的共识，形成危机处理的合力。

（四）危机阶段传播的任务

前面已提到危机爆发和蔓延阶段传播的目标是“承认危机的存在，遏制危机，防止其扩大，为危机后的救治提供条件”，那么相应的危机传播的任务则是：

1. 抑制恐慌

在危机信息情报相对模糊，公众渴求获取相关信息的情况下，媒体的不实报道或过度炒作都会产生负面效应。在危机信息缺乏、不确定性很高的情况下，公众的心理会变得脆弱和敏感，很容易产生非理性的情绪和行为。此时，媒体发布时机的选择和报道的详尽程度很重要。为了避免恐慌的产生，政府部门必须及时地启动危机传播预案，搜集危机的信息，删除错误或不良的信息，争取在第一时间由指定的发言人透过媒体公布真相，避免信息真空或信息混乱导致的恐慌。

2. 遏制危机蔓延

危机传播通过满足公众信息需求、引导公众理性行为来保持社会正常运转。如前所述，在危机阶段，政府面临着媒体和公众的“舆论压力”和“信息压力”。稳定民心，保持社会秩序的良好运转，是危机管理所追求的效果。在这方面，最有效的方式是及时地传递信息。这里包括了两个方面的任务：一是建立公开透明的信息公开制度，建立和完善新闻发言人制度。选择适当的人选、适当的语言、适当的时机向社会公众发布危机处理的相关信息。二是重视发挥媒体在危机传播中的作用，引导媒体积极配合政府对危机事件的报道，既满足公众的知情权，又不过分渲染危机。信息真空或舆论失控都可能引发公众对政府的不信任或新的恐慌，导致危机蔓延，形成二次伤害。特别是在谣言出现的时候，应通过媒体尽快作出回应和澄清，对谣言保持沉默等于默认。

3. 塑造组织形象

在危机传播研究中，威廉·L. 班尼特的理论建立在这样的假设之上：个人或组织最重要的资产是它的声誉。他认为，就像其他有价值的资产一样，声誉或公众形象应该从战略高度去维护。任何社会组织必须最大限度地提高其声誉和形象 。同时，一个组织对于危机来说天生是脆弱的，因为危机事件总是在非控制状态下发生，或者是因为人们的失误或错误判断，或者存在于两个相互冲突但是同等重要的目标选择中。在班尼特看来，声誉处在特殊环境中，操纵在别人手中，形象的树立总是在一个流动的永远变化的环境之中形成的。危机对于政府来说是挑战但同时也是机会。危机的发生具有不可预知性，即使将危机的防范纳入日常议程也可能由于准备的不充分或危机的突然性而使得政府难以从容的应对。对社会公众和媒体来说，负责任的政府不仅仅是建立了完善的危机预警机制，更重要的是政府敢于面对突来的危机，敢于承认工作的疏忽，承担处理危机和救助的责任。因而，对于政府来说，危机的爆发对政府的形象来说是一次挑战，如果能够迅速、及时地做出反应，就能够树立高效、负责的政府形象。在这里，政府如何处理与媒体的关系至关重要。美国传播学家 M. E. 麦库姆斯和 D. L. 肖认为，大众传媒具有一种为公众设置“议事日程”的功能，大众传媒作为“大事”加以报道的问题，同样也作为“大事”反映在公众的意识当中；传媒的新闻报道以赋予各种“议题”不同程度的显著性的方式，影响着人们对周围世界的“大事”及其重要性的判断。如果政府能够通过媒体把政府的政策巧妙地转换成公众的日常行为规则，既能起到政策的诠释作用，又引导了公众的日常行为，有利于危机的解决，同时也能传递政府积极重塑形象的努力。

（五）危机中传播的方法

1. 传播的“三 T”原则

英国危机公关专家里杰斯特提出危机处理必须遵循的“三 T”原则：以我为主提供情况（Tell you own tale），提供全部情况（Tell it all），尽快提供情况（Tell it fast）。这三个原则是政府处理好危机首先必须遵循的原则。显然，这三条原则都是涉及危机传播的。而从轻重缓急的角度看来，Tell it fast 应是危机传播的首要原则，信息传播渠道的多元化和频繁化，使得任何企图隐瞒信息的努力都是无用的，相反，可能会导致对政府的信任危机；而 Tell it all 提供了在传播内容方面的原则，缓和公众对于危机的不安全感，有助于杜绝或减少流言；Tell you own tale 的意思是政府在提供信息时的方法和策略，利用传播中的“首因效应”，赢得民众和媒体的配合，创造有利于政府解决危机的环境。

2. 传播的要素：态度、速度、尺度、梯度

这里的传播要素是指政府在面对危机传播信息时所应采取的策略。它包括：

态度——诚实、公开，不回避危机；

速度——第一时间发布承认危机存在的讯息，在危机的过程中保持与媒体的持续沟通，力争成为媒体报道和公众信息的第一信源；

尺度——把握信息中的关键内容和措辞，避免因不当的表达造成不必要的社会怀疑和恐慌；

梯度——针对公众的心理需求，有计划、分步骤地发布信息，根据信息发布对公众心理影响的程度来影响受众。

3. 确定相关人及其网络

危机的不确定性、紧迫性、重要性使得与危机相关的资讯的搜集相当重要。危机处理小组除了要主动收集资讯，还必须评估所有收集到的资讯的真实性和准确性。为了减少收集的工作量和实现资讯传播的效果，确定与危机相关的关系人及其网络是关键。政府的资讯来自于政府内部和外部的媒介或专家，因而关系人和网络也可以分为内部和外部。政府内部的成员及其之间的关系是政府的基本架构，他们的通讯网络就形成了政府内部的资讯网。危机处理小组可以要求小组成员去询问其他可能了解主体的人，不断扩展关系人名单，以获得尽可能多和翔实的资讯。而外部网络方面，则包括了专家、媒体、与主体事件相关的关系人以及社会公众。政府可以选择直接联络或透过内部联系人联络外部关系人。这种危机相关人及其网络的确定有利于依靠平时建立起来的信任关系保证资讯来源和传递的可靠性，并及时、迅速地实现资讯的传播。这对面临时间、任务都十分紧迫的政府来说，能够减少成本、提高效率，从而为危机的处理提供有利条件。但这一网络的建立依靠的是政府平日的积累，要求政府官员有很强的危机意识。

4. 及时启动新闻发布机制及危机传播预案

危机一旦爆发，迅速启动新闻发布机制和危机传播预案能够有效地遏制社会恐慌的蔓延，为危机的有效处理和善后提供条件。简明快速、真实可靠以及前后一致是危机传播的基本原则。在危机爆发初期，社会可能会由于突然面对危机而陷入暂时的失序状态，而媒体则可能会出于“抢新闻”的目的，片面报道一些失真甚至是虚假的信息。政府和组织必须在第一时间掌握危机的详细情况，了解事态的严重性，同时把握住社会民众的心态和舆论的反应。如果能及时地向公众介绍危机事件的一些本质特征，公众出于对政府的信任和对信息的先入为主，接受政府所提供的对危机的解释和认识。这样一来，政府就把握了传播的主动权，成为媒体和公众所信赖的资料源泉，在后续的危机处理中政府才能够运用传播更好地解决社会问题。即使暂时没有信息可以提供，政府也可

以通过及时的表态来表明政府对事件发展的关注，塑造政府积极应对的形象。尽管可能会受到媒体的“狂轰滥炸”、公众要求“知情”的呼声，新闻发言人只要能坚持原则，发布经过授权和合适的准确信息，同样能够减轻政府所承受的压力。而新闻发布的内容和预案所要解释的问题应包括：危机的规模和范围，危机可能带来的危险，持续的时间，依靠谁来解决。

（六）个案分析：从SARS危机的爆发阶段看危机传播的作用

在SARS危机中，危机传播经历了一个由缺位到归位的过程。在危机由潜伏转化为发作的关键时期，政府对传播的漠视和媒体的缺位对疫情的蔓延负有一定责任，而其后的归位又对危机的解决起到了重要作用。本节将从政府和媒体两方面在SARS中的角色变化和效果来看危机传播在危机阶段中的作用。

1. 政府传播的表现

最早爆发于广州的SARS在2003年2月7、8日时就已达到了顶峰，而此时，政府尚未对有关疫情作出公开表态。10日，中共广东省省委书记张德江到省卫生厅现场办公，鉴于“情况已得到初步控制”，才决定向社会公布疫情，但此时社会上关于SARS的流言已遮天蔽日了。可以说，政府在SARS爆发初期处于缺位的状态，由此带来的结果是流言传得社会人心惶惶，甚至出现了抢购板蓝根、食醋的风潮。诚然，对于SARS这种未被纳入传染病之中的不明疾病，政府无法在不确定的情况下作出声明，但危机正是由于其不可预知性和突发性才变得可怕。应付这种非常态的事件，政府必须有一种非程序化的决策能力，要敢于突破常规，在非常紧急的情况下，作出非一般的决策。事实上，广东省政府和广州市政府在2月11日召开的新闻发布会也采取了非常规的做法，用广东省委机关报《南方日报》的话来讲，这是1989年《国家传染病防治法》颁布以来首次由政府发布此类新闻，并且罕有地邀请了外国驻穗领事馆官员参加。但从实际情况来看，省政府如能在1月23日省卫生厅下发2号文（即《关于中山市不明原因肺炎调查报告》）时，就把有关信息向媒体披露，或者起码在2月初广州地区的病人已经明显多起来并出现死亡病例时就公开疫情的话，会使危机的处理更主动些。

并非政府不主动进行信息的披露就能够成功隐瞒信息。直至2月10日前，广州地区SARS情况并未在主流媒体上公布，但并不能减低公众对疫情的关注，处在惶恐中的人们只有转向非正式、非主流的传播渠道，如手机短信、口耳相传。根据南京大学社会学系与南京市舆情调查分析中心所进行的“SARS流行的公众反应与社会后果”调查，在官方媒体公布SARS信息之前，已有58.2%的广州居民从非正式渠道得知有关信息，这些非正式渠道的信息80%是手机和网上信息。这些新的传媒方式有着大众传播的效率，但却没有大众传播的可控性，结果就引起了漫天的谣言和全城的大恐慌。这种情况直到2月10日政府公开SARS信息后才得到一定程度的控制。随后广州主流媒体大量的SARS报道，极大地满足了公众的知情欲，又由于对信息的较为充分的掌握，所以当4月SARS已扩展为全国性的危机时，此时的广州市民已能用一种较为镇定、理性的态度来对待这一场前所未有的公共卫生危机了。

不及时披露信息给政府处理危机也带来了相当的难度。广州地区是在2月10日开始公布有关SARS疫情的，但在21日左右，又收到主管部门的通知：停止对SARS的报道，而在中央一级的传媒中，3月10日前都极少报道，只有中央电视台的“新闻30分”播出过一条小消息。等到3、4月，危机进入全国爆发期时，传播工作还是出现滞后的情况。由于公众不了解SARS的危害性，因而使得医护和防疫人员在工作过程中遇到很多障碍，如3月的山西，由于当地对SARS的预防救治一直被要求以“绝密”的方式进行，因而防疫人员无法广而告之，取得公众的广泛配合，一些疑似患者在太原被隔离后，竟私自逃离回家。这种状况到4月20日才出现转机。2003年4月25日，中央政府第一次召开正式新闻发布会，并确定北京每周两次进行新闻发布会，通报疫情的控制和治理情况。这一举措受到了广大民众和媒体的欢迎。通过定期的新闻发布会，通过新闻发言人强有力的回答，公众对于SARS的恐慌大大降低，对于政府能够成功领导全社会抗击SARS的信心也大大增强。

从以上对于政府在SARS中的表现的简单描述中可以看出，政府主动传播信息反映了政府控制危机的能力，同时也直接影响政府在危机处理中的形象和能否掌握主动权。政府若期望能够将社会恐慌和危机控制在其可控范围内，就必须在危机爆发的第一时间及时、准确地运用传播手段公开信息，实施危机控制方案。这对政府的执政应变能力提出了很高的要求。

2. 媒体在SARS中的表现

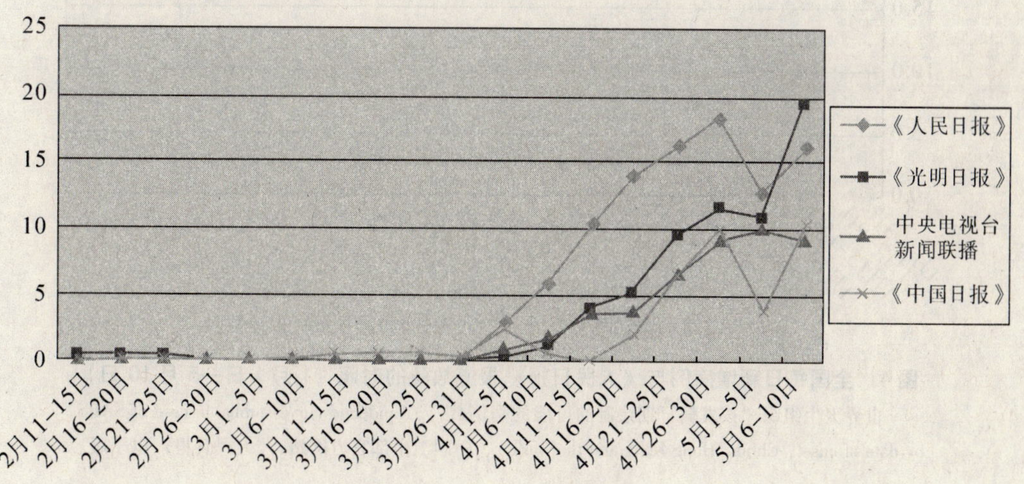

图2 中央四大主流媒体对SARS五日平均报道数量（2月11日—5月10日）

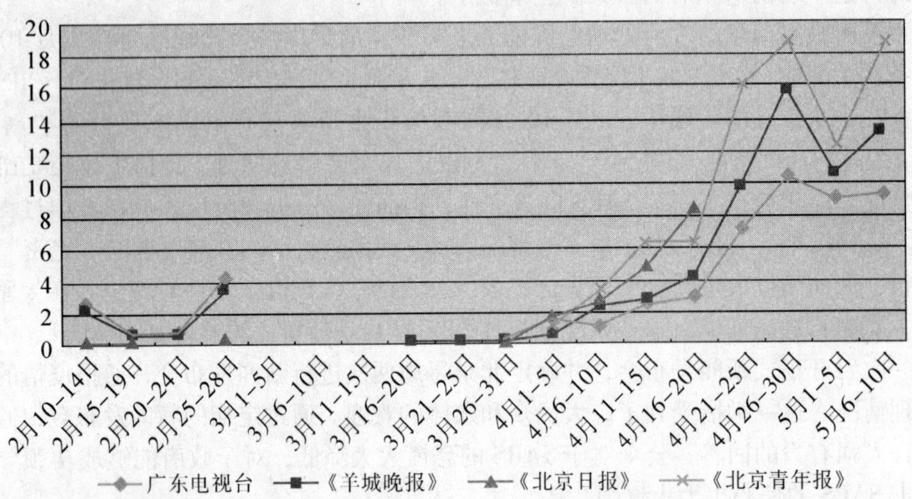

图3　北京、广东四大主流媒体对 SARS 报道五日平均报道数量（2 月 10 日—5 月 10 日）

根据《人民日报》、《光明日报》、中央电视台、《中国日报》电子版资料统计（标题关键词检索）

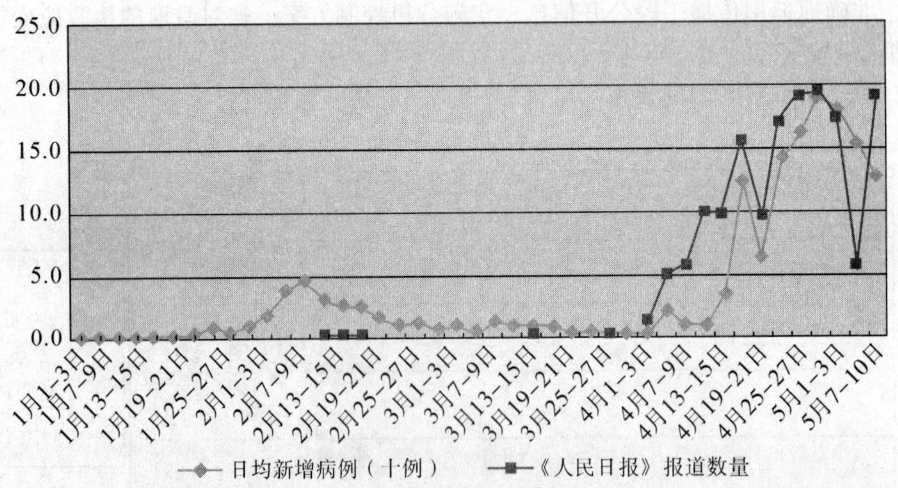

图4　全国每日新增病例与《人民日报》报道数量的对照（1 月 1 日—5 月 10 日）

世界卫生组织“按发病日期绘制的可能的病例数”（Epidemic curves-probable case of SARS by date of onset, China, Hong Kong and the world）、中国卫生部官方网站、《人民日报》电子版。

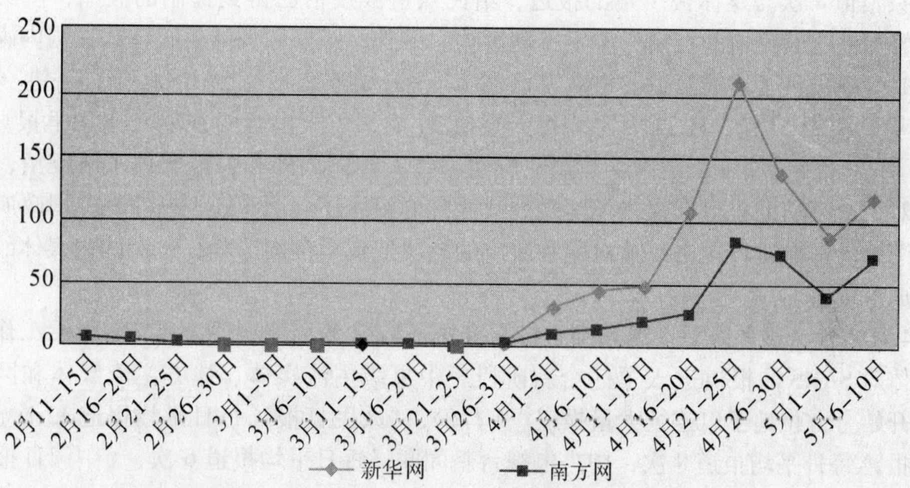

图5　新华网和南方网对 SARS 报道五日平均数量（2 月 10 日—5 月 10 日）

根据新华网、南方网网站资料统计（标题关键词检索）

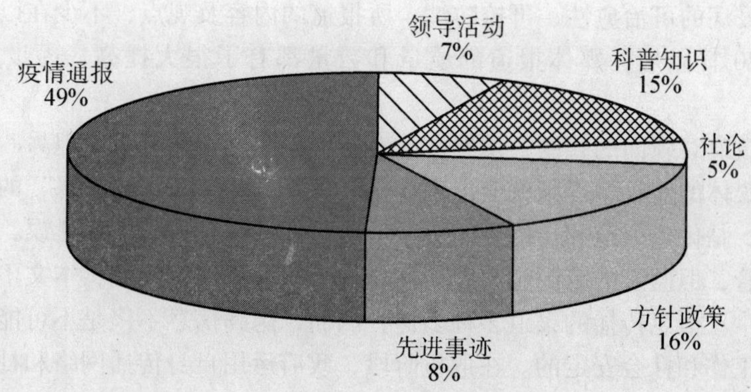

图6　《人民日报》对 SARS 事件报道的内容结构

根据《人民日报》电子版检索统计（4 月 3—23 日）

以上数据来源：张晓群．对 SARS 危机中媒体表现的评价．http://www.chinapr.com.cn/web/Disquisition/ViewDisquisition.asp?ID = 10000503.

从上图中可以看出，媒体在 SARS 中经历了由缺位到归位的转变过程，在危机管理中的作用也由负外部性转变为正外部性，呈现出明显的阶段性、地域性、同步性和网络性。2 月 10 日到 4 月 2 日，是 SARS 疫情由潜伏转变为爆发的转变时期，也是防治的关键时期。但在这个重要时期，新闻媒体的报道零星而片面。整个 3 月份，《人民日报》对 SARS 的报道只有 3 次，《光明日报》没有报道，广东电视台只报道 3 次，《羊城晚报》只报道4次。媒体极少量的报道，给民众造成疫情已得到控制的假象，使民众放松了警惕，这对疫情的控制产生了不利影响。另外，国外和香港的媒体却在国内媒体缺位的时间里进行了连续报道。CNN从3月15日开始连续报道SARS疫情，香港《文汇报》从3月22日到3月31日平均每天报道24次，英文出版的香港《南华早报》从3月17日开始连续报道。国内媒体的缺位使一些人转向国外和香港媒体了解疫情，这些媒体对内地疫情的报道有很多不实之处，西方的媒体还利用SARS事件对中国政府工作和中国政治体制进行攻击。这对党和政府的形象造成了负面影响，也对国内媒体的公信力造成了损害。

4月2日，国务院总理温家宝主持召开国务院常务会议，研究SARS防治工作，国内媒体对SARS的报道进入了一个新阶段。中央级主流媒体、地方主流媒体和网络媒体，开始全方位地予以连续大量报道。4月份，《人民日报》每日平均报道12次，《光明日报》每日平均报道8次，中央电视台新闻联播每日平均报道6次，《中国日报》每日平均报道7次，广东电视台平均每天报道6次，《羊城晚报》平均每天报道8次。从报道的内容来看，疫情通报及相关情况反映、有关领导视察讲话、防治SARS科普知识、社论评论、政策报道、先进事迹等都占到一定比例（参见图6）。在4月20日之前，媒体报道的主题呈现出“乐观”的倾向，很多事实真相没有揭露，事实性报道不多，过于强调疫病的可治愈性、可控防性，所报道的内容及观点，不少在以后的报道中被推翻。4月20日以后，媒体报道的质量和数量都有了很大提高，逐步走向理性与客观。

有人指责政府对新闻的管制，诚然，政府不应该限制新闻自由，但另一方面，政府也需要保持对媒体的监管，否则就会出现SARS中后期媒体过分“乐观”的现象。媒体和政府的关系，是传播渠道和传播者的关系，为了保证信息的有效和无误，政府必然会对媒体进行监管，但监管的范围和力度如何是一个颇有争议的问题，本文不展开讨论。

现今社会中，信息传播的渠道多种多样，因而，隐瞒信息不仅是不可能的，还可能是不利于政府工作和社会安定的。在危机阶段，政府运用自身传播网络和社会传播媒介（如传媒）创造有利于危机处理和政府形象重塑的环境，是政府危机传播的研究课题。

四、后危机阶段的危机传播

（一）后危机阶段危机传播的特征

进入后危机管理阶段并不意味着危机管理过程已经完结，组织的危机管理任务宣告完成，只是危机管理进入了一个新的阶段。如果在危机管理的前几个阶段没有处理好的话，危机后处理阶段就可以为组织“提供一个至少能弥补部分损失和纠正混乱的机会”。同时，在此阶段，由于媒体和公众进入“信息疲惫期”，会影响到政府的信息传播效果。因此，政府应当采取一些适当的媒体公关手段，借助一些新的媒体形式（例如网站），重新激起媒体和公众的兴趣。

总体来说，这个阶段的特征有：①危机基本消除，社会生活秩序恢复正常；②人们的恐慌心理基本平复，慢慢恢复到正常的生活中去了；③危机造成了一定的损失，管理工作从控制、解决危机转变到进一步追寻引发危机的根源，防止危机复发和弥补危机带来的损失，并从危机中学习。

（二）后危机阶段危机传播的目标

后危机阶段是建立在危机基本消除，人们的恐慌心理也基本平复的基础上的。因此，在这个阶段，组织危机传播的目标不再是控制危机的蔓延以及解决危机，而在于：首先，进一步确认危机的结束，并向公众公开诚恳的解释引发危机的原因以及做出诚挚的道歉，在此基础上恢复公众对组织的信心；其次，总结经验教训，从危机中学习；最后，投入到下一次危机的准备中去。

总的说来就是“善后 + 学习 + 做好准备”。

1. 恢复公众信心

危机会带来各种各样的危机后遗症，严重影响人类的社会行为和心理活动。因此，危机发生后，政府还应做好危机后沟通工作，采取各种策略和措施，公开甄别各种危机后遗症，向公众承诺政府今后的措施并对引发危机的原因和危机处理中出现的问题进行诚恳的解释，表达政府的诚意，抚平受灾民众的灾难心理创伤，尽快让他们恢复生产、生活的信心。

2. 重塑组织形象

危机给人民群众的生产和生活造成损失，也使人们对政府的管理能力产生怀疑，即使政府采取了积极而有效的处置方法，政府的形象也可能有一定程度的损害。因此，当危机结束之后应在设置舆论焦点中重新塑造政府危机管理的良好形象。

3. 从危机中获益，为下一次危机做更好的准备

在后危机阶段，危机已经结束但并不代表危机处理的结束。前一个危机的结束也就是下一个危机来临前的准备阶段，因此，在这个阶段中，组织应该建立独立调查制度，充分分析问题、评估组织管理成效、总结经验教训，从这次的危机中获益，为下一次危机的完满解决做好充分的组织、管理、技术等方面的准备。

（三）后危机阶段危机传播的任务

在后危机阶段，组织应当立足于现实的危机问题，明确大规模的危机事件发生之后组织工作的目标取向和政策导向。为此，组织需要很好地了解、确定和解决两个重要任务：

第一，圆满处理危机善后，即组织以危机问题的解决为中心和契机，配套地解决和控制一些与危机问题相关的，可能导致危机局势再度发生的各种社会问题，巩固危机管理的成果。

第二，从危机中获益，即组织通过对危机发生原因、危机处理过程的细致分析，总结经验教训，提出组织在技术、管理、组织机构及运作程序上的改进意见，进而进行必

要的组织变革。

1. 圆满处理危机善后

经过组织成员危机管理前几个阶段的共同努力，危机事态得以完全控制，危机事件最终被解决。但是，危机事件导致组织或社会出现一种高度不稳定的紧张、失衡的状态，这种状态可能会持续一段较长的时期；而且，一些危机具有明显的多因性、变异性和互动性，集中体现组织面临的各种问题的复杂性和尖锐性。因此，从极度紧迫的逆境状态解放出来以后的政府及其他组织，其危机管理过程应当还有危机后的特定时期的跟踪、反馈工作，确保危机事件得以根本解决。

（1）心理恢复、重塑信心：危机后的心理救济。俗话说："一朝被蛇咬，十年怕井绳"。人们对于危险或威胁的体验会诱发一种复合性负情绪——焦虑。危机不仅造成生命和财产的损失，对社会生产、生活带来巨大的震荡和破坏，对抗性危机还会造成社会传统价值、文化的解构，政治经济制度的变迁，社会结构和功能失调，甚至是统治权力的更迭。如 SARS 对广大国民的生命造成了很大的威胁。因此，"危机后社会公众的心理往往呈现反弹和低落的状态"，出现各种形式、各种程度的恐惧、紧张状态，"表现为'创伤后紧张综合症'"，研究表明，人群经历灾害后各种心理障碍的发生率平均增加 17%。良性的危机心理管理能够增强民众对抗危机的能力，提高危机处理速度，从而降低危机造成的损失，避免因心理失衡引起的新的危机。

1）发挥媒体引导作用。在危机过后，稳定民心，保持社会秩序的良好运转，是政府危机管理必须遵循的准则。在这方面，媒体所发挥的作用是显而易见的。媒体是公众情绪的"风向标"，更是公众情绪的"催化剂"、"导航员"。媒体不仅仅满足于向公众提供危机事件零散的信息，还会随着危机事件的结束，分析整个事件的来龙去脉，做出自己的评价。同时，全方位报道引发危机的原因和政府对危机处理中出现的问题所作的诚恳的解释，以及政府在危机结束后采取的一系列政策措施，并表达政府向公众的承诺等等，从而达到安抚民众的心理创伤，尽快让他们恢复信心的目的。

正是在满足不同公众对不同信息需求的基础上，媒体保持了社会秩序的正常运转。在抗击 SARS 的危机公关传播中，大众传媒不断地向公众介绍各种防治 SARS 的科学知识和基本措施，引导公众保持正常的生活秩序。媒体把政府的政策，巧妙地转换成公众的日常行为规则，既起到政策的诠释作用，又引导了公众的日常行为，对 SARS 过后民众的心理恢复以及社会的稳定起到了积极的作用。

2）广泛建立各种心理服务机构和网站，向群众提供心理辅导方面的服务。特别是要发挥各种社会组织和力量在这方面的作用。政府部门由于"资源禀赋、人员结构、组织体系等方面的先天局限性"，在心理救济方面所能发挥的作用有限，因此心理救济主要应该依靠各种社会力量，如各种心理服务机构、志愿者团体等。SARS 发生后，心理辅导机构和网站如雨后春笋般出现，各高校也都建立起了 SARS 危机心理辅导系统，这对我国成功抗击 SARS 起到了不可估量的作用。

3）加强危机后心理救济领域的研究，出版相关的书籍。政府部门应该通过财政拨款等方式，支持高校和社会研究机构发挥主导和生力军作用，探索危机心理特征、心理救济途径等问题，明确心理救济原则、方法，科学制定心理救济制度，总结每次危机后心理救济经验。SARS之前，我国在这方面的努力较为空白；SARS后关于危机心理和危机心理干预的研究成就显著。

4）建立灾后心理救济应急系统，危机发生后能够迅速启动发挥作用。包括第一时间出现在危机现场，安抚受灾民众的情绪，采用科学手段评估受灾人群的精神卫生需求，确定灾后精神卫生干预的重点人群，提供电话咨询、门诊治疗和各种危机干预服务等。

（2）重塑组织形象。利用媒体在设置舆论焦点中塑造政府危机管理的良好形象。美国传播学家M. E. 麦库姆斯和D. L. 肖认为，大众传媒具有一种为公众设置"议事日程"的功能，大众传媒作为"大事"加以报道的问题，同样也作为"大事"反映在公众的意识当中；传媒的新闻报道以赋予各种"议题"不同程度的显著性的方式，影响着人们对周围世界的"大事"及其重要性的判断。任何危机传播，总会形成一定的舆论焦点，影响人们的观念。在抗击SARS的危机公关传播中，大众传媒为公众设置了这样几个议题：党和国家高度重视抗击SARS危机、各地采取了积极的防治措施、医护人员做出极大牺牲、科研人员正在全力攻关、国际合作全面展开等等。所有这些，其实正是政府在危机处理中采取的积极措施。这些措施，通过大众传媒传播的放大功能，深深地印在公众心中，也很好地树立起政府处理危机的良好形象。在这其中，大众传媒特别树立了钟南山、叶欣等典型，将这些正面的传播符号，强烈地根植于公众心中。

2. 从危机中获益：危机后的组织变革

对于任何一个组织来说，危机既可能是组织走向衰亡的开始，也可能是走向新阶段兴盛的开始。无论发生的是何种类型的危机事件，组织都应当在危机发生后及时利用这些活生生的教材，培养民众的危机意识，提高他们的危机应对技能，增进社会整体的抗逆水平。为此，组织不应当以单纯的某一项危机事件的终结为目标，而应该借此次危机事件处理阶段的各种契机，变危险为机遇，顺利进行观念更新、产品革新、组织变革，重新塑造组织在公众心目中的良好形象，充分发挥危机可能为促进组织发展、社会整合的一种积极力量的功能，以维持组织和社会系统的活力和生命力。

在现实社会中，突发性的危机事件往往是组织变革的主要促进因素之一。当在常态秩序下，组织自身无力恢复和截止其结构、功能失调时，危机正是激发组织进行积极变革的外部刺激物和动力。特别是对于承担公共管理职责的现代政府而言，危机的出现，"能够作为一个危险的信号，警示着处于政治权利中心的人们"。因此，由危机而引发的组织变革，是对组织行为、组织策略的一种基本的刺激—反应模式。如果组织能够把握危机的契机，寻求对危机发生的诱因、危机管理过程进行细致的分析，总结经验教训，回应社会体系提出的要求，适应新环境，主动积极的或渐进性的进行改革，那么，危机就有助于维持组织系统的活力和生命力。

（1）观念更新。危机事件发生后，必须适时进行观念更新，破除“天下太平，没有危机”的绝对安全主义，时刻强化公众的危机意识，在日常管理工作中要把正常管理和危机管理有效结合起来。

（2）制度完善。在现代政府及其他组织的管理制度设计中，首先要求对所有组织管理活动指定正常的管理条例，但这远远不够，考虑到危机与风险的存在，应该在指定好正常管理条例之后，还必须要分析危机及存在的危险。然后制定反危机和防风险方案。

完善危机管理制度的首要举措就是以法律手段确立突发性危机事件应急管理的基本原则。世界各国都在经历各种危机事件后纷纷以法制化的方式明晰了政府危机管理的权限、职责和应对策略。我国1996年3月1日通过《戒严法》，以法制化的方式应对发生的严重危及国家统一、安全或者社会安全的动乱、暴乱或者严重骚乱。在SARS爆发以后，国务院总理温家宝5月9日签署国务院第376号令，公布施行《突发公共卫生事件应急条例》。在后危机阶段，应对危机传播预案进行修订，以更好的应对下一次危机。

（3）机构建设。经过各种类型的突发性事件后，政府以及其他组织应当综合分析、检讨在技术、管理、组织机构和运作程序上的不足之处，进而提出改进组织机构建设的相关意见和措施。一方面，组织应当及时检查组织内既定的各个职能部门特别是危机管理部门存在的种种弊端，对这些部门的职能、权限、危机应对原则等提出系统的修正和改进意见。另一方面，更为重要的是，组织应当分析和反思危机发生的原因和危机处理过程，根据对新形势、新环境下各类危机性质、特点的预测和判断，建立新的危机应对机构，或者在合并原有的多个危机应对部门的基础上组建适应形势的危机应对机构。

（4）政策改进。对于政府及其他组织而言，危机事件的实质，是典型的非程序化决策问题，处理突发事件是一种非常规决策。“作为政治变革与政治发展的一部分，危机对于一个理性的、有活力的政府而言，能够成为公共政策改进和完善的外部动力。”如果政府及其他组织能够通过公开甄别危机事件的发生诱因，调整组织的政策导向与价值选择，了解和尽量满足政策受众的各种合理的利益和要求，改善他们在新的政策目标下的地位，危机不仅能强化对组织的政策评估与预警系统的作用，还能充分发挥其“社会安全阀”的积极功能，组织进而可以把危机变成改善组织政策的回应手段和措施。

（四）后危机阶段危机传播的方法

1. 公开甄别危机诱因

危机处理后阶段，政府及其他组织必须设立第三方性质的独立调查制度，公开甄别事件诱因，举一反三，吸取教训，最大限度地杜绝和减少类似灾难、事故的再次发生；同时，独立调查委员会还应当进行责任归属、纠纷处理以及补偿分配的工作。

首先，要建立独立调查制度。探求危机事件诱因需要有一个独立于行政之外的司法体系和代理调查制度，具有相对的独立性并具有相当的权威性，以公正甄别事件诱因。同时，独立调查委员会作为监督机关，有权将调查报告连同有关建议向新闻界公布，以寻求社会舆论力量的支持，给监督对象以压力，迫其改正。

其次，公开甄别危机诱因。危机事件的发生，往往具有多元化的社会诱因，“从某种意义上说，危机是一定时期内，潜在的社会制度问题的外化表现。”因此，第三方性质的独立调查委员会必须从政治、经济、文化等多方面、多角度地公开甄别危机事件发生的诱因。独立调查委员会不仅要查明事故发生的原因、人员伤亡及财产损失的情况，检查控制事故的应急措施是否得当和落实，查清事故的性质和责任，提出对事故责任者的处理建议，更要提出事故处理及防止类似事故再次发生所采取措施的建议。写出的事故调查报告也应当尽快公之于众，一方面，让民众了解危机真相，以正视听，并使整个社会从中吸取教训；另一方面，组织在总结经验教训的基础上能够在技术、管理、组织结构以及运作程序上加以改进，避免以后类似的危机事件再次发生。

2. 危机处理评估

“危机是最好的学习机会”（pauchant & mitroff，1992），透过评估危机管理的成效来贯彻学习的过程。危机管理者须运用两种不同的方法评估危机管理。

第一种是评估组织如何处理危机：评估危机管理的绩效。危机管理绩效的评估与危机管理的成本、效率以及危机管理计划的执行有关。危机管理小组要小心地分析危机管理各个阶段的绩效。

第二种是评估危机的影响，了解危机造成的实际损害。这两种评估方法中存在着自然的连接，假如危机管理方法有效的话，实际的危机损害会少于预估的危机损害。因此，损害多寡的评估是提供危机管理成败的一个具体指标。

3. 追踪危机、后续沟通

在危机过后，还应该不断追踪危机的发展，与公众进行不断的后续沟通。后续的沟通是危机恢复阶段的延续。即使危机已经结束，危机管理者还是要维系组织与公众之间的良好的联系，要回答公众的疑问。组织应该向公众提供最新进展与情况，以及组织为避免再次发生危机所采取的措施，所以组织的变革是属于危机防范阶段的一部分。组织还要告诉公众，组织的变革有什么效果，从何种程度上截止了危机再次发生。追踪危机的好处还可以发现危机警示或做好危机的准备，因为组织在进行危机后续行动的时候其实又回到了危机准备阶段的行动，这也证明了危机管理正是持续不断的过程。

（五）个案分析——以 SARS 事件为例

SARS 事件是公共卫生领域的一次重大危机，但它对于我国危机管理系统来说，却的确提供了一个改革的契机。通过这次危机，我们应该意识到建立一个科学的危机管理体系在我们国家有多么必要和迫切。

自 2003 年 5 月 9 日开始，北京市 SARS 新发病例数的持续走低，表明前一阶段政府一系列政策措施的效果正逐步显现。广大民众也与政府一道，随着对疫情的传播特点和防治规律的认识，经历了从心理恐慌到秩序稳定的过程，经历了从整饬吏治、全民动员、科学防治、依法防治到资源整合的防治政策重心的阶段性调整历程，防治 SARS 的能力得到极大的增强，战胜 SARS 的信心极大地增强。从这个时候开始，对抗 SARS 的斗争进入了后危机时期。

进入后危机阶段以后，我国政府切实做好善后工作，恢复社会经济秩序，积极拯救受害者。政府紧急救济，弥补由于危机状态给人民生命财产造成的损失，是政府恢复社会秩序所做的一项重要工作。

第一，SARS 危机发生后，政府通过财政拨款免费收治患者，减轻了人民群众的经济负担，赢得了广泛的信任。随着疫情的逐步缓解，及时抓紧研究人口流动增加、农民工返城、学生返校等新情况、新问题，提出新对策，防止疫情出现反复。重视疫情较轻地区和无疫情地区的防治工作，力争不发生新的病例。

第二，尽快完善反危机体系。组织化和集中资源是成功的危机管理的保证。对危机事件的控制能力很大程度上取决于是否建立了富有成效的反危机体系。后危机阶段，政府特别注意加强公共卫生体系的建设，SARS 过后，政府正逐步建立一个从中央到地方、机构健全、人员责任明确的疾病预防控制体系：对城乡医疗机构的布局进行调整，在大中城市建立专门收治传染病患者的医院，对乡村卫生院改造、设备购置给予扶持；建立快捷、畅通、准确、及时的疫情信息传递网络，对所有传染病的疫情都做到及时发现、及时报告、及时控制、及时治疗；建立设备齐全、技术高超、能够机动灵活运转的医疗救治队伍，绝不允许历史重演，防止疫情反复，预防危机的再次发生。

第三，加强法制的建设，建立了相关的一系列的公共危机管理的条例。“应急蓝本”火线出笼：5 月 9 日，国务院公布了《突发公共卫生事件应急条例》。这是中国第一部有关应急机制的法规条例，有人称这是“中国公共卫生事业上新的转折点”。与过去等问题解决之后再总结反思，作政策和机制方面的修补完全不同。该条例从起草到发布开创了我国立法的“非典型速度”。条例主要针对当前防治非典型性肺炎工作中暴露出来的薄弱环节，按照行政应急的特点，设立了一些新的制度、措施。该条例的出台，标志着我国进一步将突发公共卫生事件应急处理工作纳入了法制化的轨道。5 月 14 日，最高人民法院、最高人民检察院联合发布了《关于办理妨害预防、控制突发传染病疫情等灾害的刑事案件具体应用法律若干问题的解释》。

第四，积极与民众进行后续沟通，重塑政府形象。在 SARS 危机中，政府最高领导人亲临第一线，显示出极好的亲民形象，表达出新一代领导人对生命的无上关心；危机结束后，政府进一步加强与公众的联系，开通了多个沟通的渠道，在政府与民众之间建立多个桥梁，增进了民众对政府的了解和信任。

危机结束后，利用媒体把 SARS 事件的发展过程重新展现在广大群众的面前，让广大群众了解 SARS 给社会带来的危害；通过对专家的访问报道，让广大群众了解 SARS

的病源、传播途经、预防方法，并且随时报道SARS事件的后续发展状况；新闻报道和评论在SARS期间和之后都有很大进步，SARS危机使已经提到日程上的新闻改革变得更加迫切，这是深化新闻改革的一个大好时机。

第五，设立了专门的危机管理研究机构，对各类危机事件进行分析总结，为防止和治理各类危机事件做好准备；其中加强了对危机后心理救济领域的研究，SARS之前，我国在这方面的努力较为空白；SARS后关于危机心理和危机心理干预的研究成就显著。

第六，广泛建立了各种心理服务机构，特别是各种社会组织和力量在这方面发挥了重要的作用。SARS发生后，心理辅导机构和网站如雨后春笋般出现，各高校也都建立起了SARS危机心理辅导系统，这对我国成功抗击SARS起到了不可估量的作用。

任何事物都是辩证的。危机等于危险加机遇，它既有破坏力，亦具建设力。SARS结束以后，政府号召要正确认识危机的积极因素，运用“破窗”效应，把SARS造成的损失夺回来。最具成功系数的危机管理是一种中长期的反危机政策和策略，它的着眼点不在于危机形成和暴发以后的干预，而是致力于从根本上防止危机的形成、爆发，将危机在其萌芽状态时予以排除，增强对危机的免疫功能。一个伟大和智慧的民族，从灾难中一定会学到比平时多得多的东西。要总结经验教训，更加重视经济社会协调发展、城乡协调发展、地区协调发展、人与自然协调发展，更加重视政府对公共事务的管理，更加重视增强全社会抗御各种灾害的能力，努力提高行政工作效率，提高应对突发事件的能力。

五、结 论

（一）总结

危机事件不仅是考验政府危机处理的能力，更是考验政府部门公共关系的能力。政府公共关系，是政府通过与各界的双向沟通，树立政府形象，争取公众对政府工作的理解和支持的自觉活动。而大众传媒是其他社会组织与广大公众进行信息沟通，协调公众行动的主要媒介。在处理政府与公众的社会关系时，媒体可以发挥其特有的作用。如果政府公关与大众媒介能够有效地结合，起到良好的互动作用，无疑会形成对社会巨大的影响力，及时地完成社会中不稳定因素的整合、调适，进而解除危机。

透过对上述危机传播阶段论的论述以及SARS案例的分析，可见：

所谓政府公关能力，是指政府在自身的公众信息管理、公众舆论管理、公共关系管理以及公众形象管理方面所具有的能力。政府公关活动目的主要有两个，一是促进公共认知，提高政府的美誉度以及公众的信任感；二是实现公共利益，提高社会效益。因此，政府公关的价值追求就表现为公共取向，也就是说一个政府在制定公共政策和实施公共活动时必须坚持公共利益至上，全心全意为人民服务。这里，有两点原则是必须坚持的。

一是真实、公开的原则，保障公众的知情权。作为政府公关主体的政府，既是从社会中独立分化出来同时又居于社会之上的特殊的权威机构，又是公共问题的信息源。因此，政府应该及时、真实地提供信息，尤其是对涉及公民自身生命财产安危的重大公共问题。

当公共问题出现后，与此有关的人们出于趋利避害的本能，往往强烈要求了解事情的真实状况及与自身的关系，如果缺乏可靠的信息，则往往会做出最坏的设想作为自己行动的根据。我们发现，“豆奶事件”虽经媒体不懈努力而逐渐明朗，然而，在关键问题上，当地政府部门仍然没有回答实质性的问题，这不能不一定程度地影响老百姓对政府的信心。有真实、准确的传播，才能获得公众的信任、争取公众的配合，才有可能变不利因素为有利因素，尽快解决问题，维护社会稳定。

二是及时、迅速的原则。由于缺乏健全完善的监控和应对机制，一些政府部门对重大事件和突发事件不能做出及时、迅速的反应。从3月19日至今，“豆奶事件”在事发20多天后才终因媒体曝光而浮出水面，这不能不令人怀疑有关当事人对人民的诚意和负责程度。只有通过第一时间掌握信息，尽快发布信息，才能避免信息在传播过程中被歪曲，使民众了解事情的发展状况，树立责任政府的形象。

不断提高政府应对公共危机的能力，真实、准确、及时地与公众进行良好的信息沟通和交流，保障公民的知情权，这正是现代民主政府发展的必然要求。同时，建立完善的公共危机应对机制，增强政府的社会回应力，也是在现代社会提高政府治理能力，保持社会稳定的必然要求。

薛澜还说，自SARS以来，中国危机管理取得了很大进步，应急管理体制建设进入了新阶段。十六届三中全会提出要“建立健全各种预警和应急机制，提高政府应对突发事件和风险的能力”；国家《突发事件与紧急状态处置法》已列入十届全国人大常委会立法规划，从根本上说，单纯的灾害管理体系的形成，并不能保证社会的全然无忧。我们不能光注重短期经济效益，无视生态环境的破坏。有效避灾，根本上取决于中国公共治理结构的优化和社会的协调发展。

（1）正如前述的阶段论，危机传播是一个持续不断的过程。政府、公众和媒体能从中不断地学习，完善各自的知识和管理体系。

政府能够从中提高危机处理能力、与媒体的沟通能力，加强政府形象，提高政府的公信力。在危机后，进一步完善现有政府治理机制，从而进一步满足公众的需求，提高公众对政府所提供的公共服务的信任度和满意度。

媒体透过危机事件提高自身媒体的公信力。首先，加强常态情况下对政府的监督能力和沟通能力；其次，增加公众对其的信任度、增加受众，从而提高日常的经营收入。

公众经由危机事件，表达自身的需求，借由媒体进一步了解公共政策，并表达自身对于现有体制的不满，促使政府加强治理能力、改善现有治理机制，制定相应的公共政策，进而满足公众自身的需求。

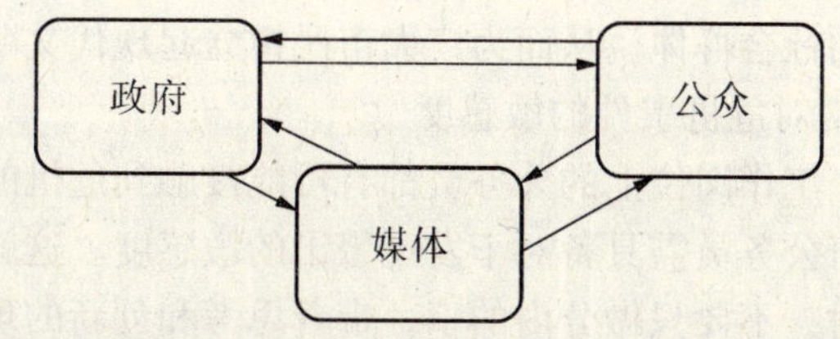

（2）危机传播处理过程中运用危机传播机制，第一时间发布承认危机的存在的讯息，并在危机过程中持续滚动式发布危机的讯息。将谣言扼杀在摇篮里。

执政者逐渐明白传媒机构已不再单纯是国家的统治工具，国家已不能像以往那样随心所欲地操纵传媒和舆论。国家和传媒的分化趋势将会缓慢但必然地呈现出来。

（3）危机初阶段传播预案建立及危机阶段贯彻执行传播预案的重要性。制定危机传播预案是政府部门危机管理中建立应急机制的主要环节之一，主要目的是为今后的危机传播管理工作提供行动指南。同时，危机过程中，政府各相关部门必须按照已制定的危机传播预案执行，积极处理危机，做好危机后阶段的善后工作。并借由媒体向公众进行政策宣传，加强公共政策的执行力度、公众的配合度。

（4）危机后借由事件进一步改善或提高政府形象，化危机为转机。政府的良好形象是一个政府治理国家或治理城市的根本条件。古今中外任何一个政府都十分重视树立自己的形象，希望自己在公众中具有崇高的威信和公信力，具有坚强的凝聚力和强大的号召力。

大众传媒可以将政府的决策告知公众，增进公众对政府的了解，加强和公众的沟通，提高政府的美誉度；政府通过对大众传播的监测，可以收集大众舆论对自身形象的反映，不断改进和调整自己的决策和行为，完善政府形象。

通过妥善处理危机事件，塑造良好的政府形象，将危机的不良影响转化为增加政府的公信力的助力。

（二）建议

1. 政府部门应树立“人人公关”的理念

在一般公众的心目中，政府官员是政府形象的缩影，他们的言行不仅代表个人，而且代表政府。每一个公务员也都是政府形象的生动载体。抽象的政府形象在公务员的日常工作中被具体化了，公务员热情有礼会赢得公众对政府的好感，而作风不正则会损害政府在市民中的声誉。特别是在危机事件全过程中，公众的心理更加敏感和脆弱，对于政府人员的一言一行，比平时更加关注，对政策的反应也更加强烈。相应的，要求政府部门不论是基层还是领导层的公务员，培养公关理念，将其融入日常工作中，以行动来表现，做好政府的代言人，增加政府的美誉度。

市民对公务员的评价不会停留在“张三”、“李四”、“王五”的个体上，而会延及整个政府部门。因此，应该对政府的公务员进行广泛的形象教育，使公务员率先成为现代城市形象中最优秀的社会群体，从而为广大市民树立起现代文明的典范。

2. 培养公务员日常对危机事件的敏感度

不论是在任何一个工作岗位上的公务员都有可能接触到危机的警讯。为了在预防阶段防止危机爆发，政府公务员需具备对于发现警讯的敏感度。这就要求政府公务员在熟练掌握工作技能的同时，不要只做分内的事，带着思考和创新的理念来工作，训练对危机事件警讯的敏感度。

3. 平时建立有效的危机传播管道及网络

日常与媒体保持友好的联系，建立有效的危机传播管道及网络，将避免在危机阶段，空有危机处理政策，没有宣传政策的渠道，导致危机处理延迟，甚至失败，扩大危机的影响。

随着形势的转变，国家应该把以往由政府承担的某些职能（如监控环境、监督政府、了解民意、传播知识、教育公众），让渡给传媒，这样会在某种程度上赢得传媒和公众的合作，进而在不同意义上降低国家和政府的运行成本。而新的政策在出台前，都应在包括媒体在内的各种论坛上公开讨论乃至辩论，让利益不同甚至相对的各个团体，都充分发表自己的观点。虽然这种讨论增加了政策引入的成本，但是却有利于达成最为广泛的社会共识，从而降低政策贯彻与实施的成本；这种模式不仅不会削弱政府的权力和权威，反而会强化执政者的合法性基础。

中国的执政当局会认识到中国的现实，决定了这种职能转移将不会是一蹴而就，也不会是一帆风顺的，而只能是分步骤逐渐完成的。最初转移的，将是暂时不会损害统治者根本利益但又是最为社会广泛关注的职能。如果风暴之后出现此类变化，我们应为之大声呐喊鼓劲以防止执政当局犹豫甚至退缩。笔者深信，大门一旦开启是很难重新关闭的。

在新的形势下，国家和传媒之间可以是合作关系，这正是当今发达国家着力打造的管理模式。

4. 新闻发言人的持续培养

在日常建立有效的传播渠道的同时，应建立新闻发言人制度。各部门均需培养的新闻发言人。因为，个人的部门专业知识是回答针对爆发的特定危机主题的基础，这是其他部门人员的所不能代替的。

5. 加强应对危机的公民教育

在危机事件中，公众易成为最大的利益损失者，因此，在危机阶段公众的行为也往往表现出非理性的一面。例如，对一些非常明显荒谬的谣言依然偏听偏信。在 SARS 事件中，食醋和板蓝根出现脱销和价格异常的现象。我们的管理者应该从与公众形成良性互动关系的角度着眼，加强应对危机的公民教育。例如推动公众开展有关谣言知识的研讨以增强公众识别谣言的能力。

【参考文献】

1. 薛澜，张强，钟开斌．危机管理．北京：清华大学出版社，2003.
2. 罗伯特·希斯著．危机管理．王成等译．北京：中信出版社，2001.
3. 史安斌．危机传播与新闻发布．广州：南方日报出版社，2004.
4. Coombs，W. T. 著．危机管理与传播．林文益，郑安凤译．台北：风云论坛出版有限公司，2002.
5. 吴兴军．公共危机管理的基本特征与机制构建．华东经济管理，2004 年，18（3）.
6. 程曼丽．政府传播机理初探．北京大学学报：哲学社会科学版，2004，41（2）.
7. 汤敏轩．危机管理体制中的信息沟通机制——基于组织整合的流程分析．江海学刊，2004（1）.
8. 张晓群．对 SARS 危机中媒体表现的评价，http：//www. chinapr. com. cn/web/Disquisition/ViewDisquisition. asp？ID = 10000503.
9. 迅速开放传播通道——公共危机中政府传播对策．公关世界，2003 - 10 - 10．http：//tech. sina. com. cn/other/2003 - 10 - 10/1246242277. shtml.

政府在实施公共危机传播管理时应如何考量知情权

喻野平　李少男*

【摘　要】目前学术界的主要观点是认为，政府在处理公共危机时，应该将实际情况如实地、尽快地告诉公众。但用权变理论来分析，政府应该根据具体的危机情形，来决定采取什么样的传播策略，充分满足公众的知情权不一定就是正确的、明智的选择。政府要见机行事地制定传播策略，在保护社会利益和维护政府形象之间，在追求功利效果和坚持正义原则之间找到一个很好的平衡点，这是我们解决公共危机时最明智的做法。

【关键词】公众知情权　传播策略　权变理论　公共危机

英国危机公关专家里杰斯特曾提出关于危机处理的“三T”原则：“Tell your own tale”（以我为主提供情况）；“Tell it fast”（尽快提供情况）；“Tell it all”（提供全部情况）。这三条原则的共性都是将危机情况及时地公布出去，让公众能尽快地知道危机的发展状况，也就是我们现在所常说的要满足公众知情权。但是，仔细研究“三T”原则，就不难发现，其中“以我为主提供情况”是排在第一位的。这就说明，当危机发生后向公众发布的信息，首先不能对组织在危机处理中的全局战略产生破坏性影响；其次要有助于公众对身处危机中的组织产生理解，使得公众恢复对组织的信心；最后能够在满足公众知情欲的情况下恢复，并尽可能地提高组织的“美誉度”、“认知度”和“和谐度”。可见传播在危机中起到的是非常重要的作用，且具有两面性，一味的任凭各种信息传播或是一味地封锁所有消息都无助于危机的解决，而且极有可能引发新的、更具破坏性的危机事件。那么，单就政府这一特殊组织而言，如何对传播进行有效的引导和管理，同时又能满足公众的知情权呢？学术界对于这一问题，可谓兴趣盎然，观点不一，本文将尝试着探讨政府在危机处理中如何进行“传播管理”以达到解除危机的目的，而又不违背“公众知情权”这一基本人权。

一、政府面临公共危机时影响决策的三种价值道德观

政府在面临公共危机时，有三种价值道德观可供政府进行决策时考量。

---

* 喻野平，贵州民族学院经管学院教授；李少男，贵州民族学院经管学院信管专业2003级研究生。

（一）经济人取向

即一切以自己的利益为轴心，采取趋利避害、扬善隐恶的手段，最大化自己的利益和最小化自己的损失。例如：2002 年 11 月 16 日，广东佛山发现第一例 SARS 病例时，广东省政府本应该及时上报疫情，但是由于正逢喜迎春节、召开“两会”等与危机事件不协调的气氛，更由于相关领导的这种经济人趋向，使我们的政府危机公关基本上是不作为，既没有及时成立危机处理小组，尽快搜集并公布事实真相，也没有对百姓抢购买板蓝根、食醋等流言进行辟谣，甚至在 2 月 12 日广东省卫生厅召开的新闻发布会上，出现新闻发言人对记者的提问给予指责的现象，可以说很大程度上丧失了民众的信任，一定程度上刺激了流言的扩散和疫区人口的盲目流动，使得国民经济深受其害，国际形象严重受损。

（二）功利主义取向

一切以“最大多数人的最大利益”为轴心，采取丢卒保车的方法来处理危机事件，这种方法既符合民主原则又有效率，为决策者所偏爱，但这种方法是以牺牲少数人的利益为代价的。譬如长江发大水为了保住大城市，那就决堤淹了小县城；经济萧条时，为了保住企业和大多数员工的利益，裁员百分之二十。功利主义取向符合民主原则，但它侵犯了少数人的基本人权。

（三）权利至上原则

认为公众的知情权是类似于言论自由一类的天赋人权，必须予以尊重，否则就是政治失信，容易引起政治紊乱。这种观点在今天已成为主流观点，特别在 SARS 之后，学术界更有人大力倡导。

政府决策人在面对公共危机进行传播管理时，只要不是以权谋私，使政策向自己的个人利益倾斜，而是出于公心地考虑国家或公众的利益，一般就可以以经济人取向和功利主义取向为主、以权利至上原则为辅来制定策略。而权利至上原则，即公众知情权从有公关学开始就一直以各种形式存在，例如：现代公共关系之父艾维·李（Ivy Lee）提出了“说真话”的基本思想和“公众必须被告知”的公共关系基本原则。所谓“公众知情权”就是公民对于国家的重大决策、政府的重大事务以及社会新近发生的一些与普通公民的权利和利益密切相关的事件有知悉的权利。但是由于种种原因，公众知情权常常被忽略，尤其是在我国，由于文化传统上和政治体制中存在的差异，只有在类似于地震这样的不易隐瞒的“天灾”发生之后，而又能确信没有进一步的余震，不会引发进一步的社会恐慌时，才大量而全面地报道事情真相，因为，这样的做法有助于获得国际社会的援助。但大多数官员遇到问题常常是官僚式的解决方法，即“大事化小，小事化了”，直到 SARS 之后，我国政府和学术界在总结经验教训和引入“强力公关”及“软实力”概念后，才对公众知情权进行系统的研究、分析。同时，我国学术界中的一些著名学者更是对公众知情权的倡导达到了史无前例的地步，对公众知情权的作用做出了非常高的评估。但真的严格按照里杰斯特的“三 T”原则来传播、满足公众的知情权，就一定是正确的吗？懂得一点权变理论的人是会怀疑这种做法的。

二、公众所普遍要求的知情权对政府公共危机传播管理所产生的作用

在危机传播管理中，满足公众知情权会产生好的结果。正如李庆四在《从 SARS 冲击看中国政府的危机公关》（《二十一世纪》网络版 2003 年 9 月号总第十八期）所述："危机因具有高度的破坏性而天然地会成为公众关注的焦点，激起他们的兴奋情绪。对此，若引导得好，会向着危机管理的有利方面发展；引导不好，则有害于危机事件的处理。媒体既是公众情绪的风向标，也是公众情绪的催化剂。如何发挥媒体的积极作用对于危机解决意义重大。在后期的危机公关中，政府充分运用大众传播策略，掌握了舆论的主导权。4 月 20 日后，大众传媒顺应公众高度关注 SARS 危机的高涨情绪，对其进行了全方位的深度报道，并响亮的提出了'万众一心、众志成城、科学防治、战胜非典'的主题口号。媒体把政府的政策巧妙地转换成公众的日常行为措施，既起到了政策诠释作用，又引导了公众行为，极大地调动了广大公众积极参与的热情，有力推动了危机处理进程，并在此基础上有效地树立了政府的良好形象，继而激发起民众的爱国热情。"

可见像处理类似于 SARS（后期）这样的危机事件，尊重公众的知情权，外加利用危机传播管理手段，不但有利于危机的解决，同时还能带来"塞翁失马"的好处。

类似于这样的政府危机案例不是很多，反面案例却是不少，例如大家所熟知的"水门事件"，单就事件本身而言，"水门事件"是一个标准的政治事件而非公共关系事件，但就尼克松掌控的白宫在围绕这一事件所展开的各项补救工作而言，却是不折不扣的政府危机公关，只不过这次危机公关是以失败而告终的。而且，尼克松政府在这次危机处理中所犯的错误，恰恰又都是政府危机公关中的大忌：①"闭口不言，充耳不闻"的鸵鸟政策；②封锁消息、掩盖事实真相；③滥用特权，拒绝参议院"水门事件"调查委员会对他和他助手的调查。

尼克松政府的这一切动作，不但对危机处理徒劳无益，反而进一步地激化了已经公开的矛盾冲突，使尼克松政府受到了更加猛烈的、公开的、毁灭性的抨击。

以上三大错误，导致尼克松最终下台了，作为政府或是像尼克松这样的社会名人，蔑视公众并企图蒙蔽公众，必然会被公众所抛弃，但是，与 SARS 案例相比，即使向媒体公众公开全部真相，公众还会让这样一个为了自身私利，利用人民给予他的特权打击政敌，侵犯公众隐私权，妨碍司法公正的人当他们的总统吗？——尽管他满足了人们的知情权。可见，满足公众的知情权并不一定都能带来好的结果。

公众的信息获取量与媒体、政府的信息获取量本身就处在三个不同的信息不对称层次上，这是由于公众、媒体、政府这三个方面所处的地位不同、利益追求不同、价值观不同、思想意识水平所能接受的事件等级不同，以及获取信息的技术能力不同而造成的。显而易见，公众处在最不对称层次上，对于这样的结果，随着公众文化水平和政治生活意识的提高，公众对于一些国内国际问题的知情欲逐渐膨胀。而知情权本身就是由

知情欲演变而成的一种天赋人权，因此部分公众就会探究一些高深问题，并要求政府方面对于问题产生的原因给出解释，要求拿出解决问题的办法，进而把这些视为政府能否满足公众知情权的衡量标准。虽然说知情权是公众要求政府公布事情真相，但公布真相未必能给公众带来利益最大化，就像我们告诉一个心理素质差的癌症患者真相一样，其结果就是加速他的死亡。

三、用权变理论指导危机时的传播管理

不告知和完全告知是公共危机传播管理这一连续统上的两个极端点，也反映出危机处理决策者，在危机事件中对公众知情权的两种极端态度。故以此为基础，进而推出政府在实施公共危机传播管理时所产生的权变理论。加之数学模型的方法，就可以直观地表现为图1：

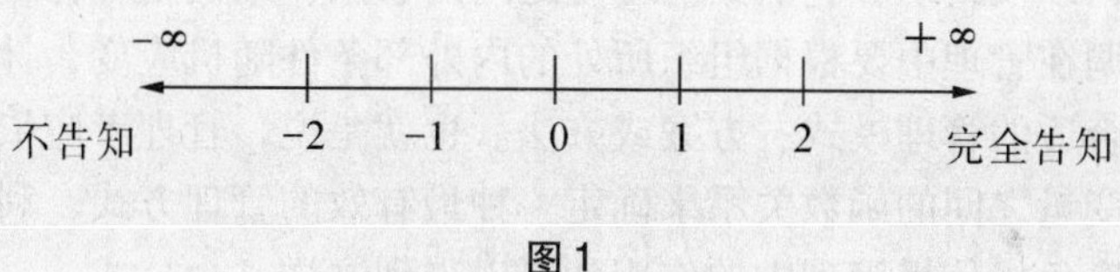

图1

值得注意的是，完全告知与不告知是相对而言的，也就是说：对某一公共危机的传播管理既做不到绝对的告知（如：危机中，战术性公关策略的意图和一些“非常时期的非常手段”），也做不到绝对的不告知，正所谓“没有不透风的墙”，所以，模型中完全告知和不告知是以趋近的态势存在的，而危机决策者对于危机事件公众传播策略的决定，就像一个游码在这二者之间游走却不可能达到极端。换而言之，公共危机传播管理时所产生的权变理论，就是一个“度”的概念。联系我国对各类突发公共事件，按照其性质、严重程度、可控性和影响范围等因素，一般分为四级，即：Ⅰ级（特别重大）、Ⅱ级（重大）、Ⅲ级（较大）和Ⅳ级（一般）。政府在公共危机传播管理时对公众知情权的满足度可以分为六个等级（如图1）：不告知（$-\infty \to -2$），极少量的告知（$-2 \to -1$），少量的告知（$-1 \to 0$），选择性的告知（$0 \to 1$），大量的告知（$1 \to 2$），完全告知（$2 \to +\infty$）；绝大多数情况下政府对于危机时公众知情权的考虑都在“$2 \to -\infty$”之间。这是与上文中所叙述的传播管理的策略相联系的。

权变的意思即“权宜应变”，就是管理者应该因人制宜、因时制宜、因地制宜地确定管理原则。灵活而不是固守地，多变而不是单一地，既能权衡轻重又能随机应变地运用管理方法。

权变理论同经验主义有密切的关系，但又有所不同。经验主义的研究重点是实际管理经验，是个别事例的具体解决办法，然后才在比较研究的基础上做些概括；而权变理论的重点则在通过大量事例的研究和概括，把各种各样的情况归纳为几个基本类型，并

给每一类型找出一种模型。所以它强调权变关系是两个或更多可变因数之间的函数关系，权变管理是一种依据环境自变量和管理思想及管理技术因变量之间的函数关系来确定的对当时当地最有效的管理方法。由此我们可以看出，权变理论是经验主义的科学总结与延伸。

政府危机传播管理是一门很看重经验的学科，但是"事有常变，理有穷通"。所以，上文中提到的权变理论的理念，既符合政府危机传播管理实际中所遇到的问题，同时对于解决实际政府危机也起到很重要的作用，且环境对于政府选取传播管理策略也是有着决定性的意义。

政府在实施公共危机传播管理时，所处的内外条件是随机的，面临的问题也没有什么一成不变的，从而也就没有一种普适的管理理论和方法来解决所有问题。而权变理论就是从系统观点来考察问题的，它的理论核心就是通过组织的各子系统内部和各子系统之间的相互联系，以及组织和它所处的环境之间的联系，来确定各种变量的关系类型和结构类型。它强调在管理中要根据组织所处的内外部条件随机应变，针对不同的具体条件寻求不同的最合适的管理模式、方案或方法。也就是说，管理者应依据环境的自变量与管理方法的因变量之间的函数关系来确定一种最有效的管理方式。利用这一方法分析公众知情权在政府危机传播管理中的作用就可以得到这样一个公式：

$$Y = f(Z, G, E, E_i)$$

其中，Y 代表政府在实施公共危机传播管理时对于知情权的满足度；

Z 代表政府价值道德观；

G 代表公众心理，包含：行为、流言、舆论、心理定势、信息接受能力、心理承受能力等；

E 代表环境，包含：危机的涉及面、危机的性质、危机的危害程度、社会法律意识、社会文化水平、政府内部环境等；

E_i 代表国内或国际政治环境。

结合图 1 及其意义，我们就可以知道政府在实施公共危机传播管理时因公众知情权所产生的权变理论是指：当危机发生后，政府在选定自身价值道德观的同时，考虑公众心理、环境等诸多因素后，再结合当时的国内或国际政治环境，由政府授权媒介决定信息传播量的多寡，即在满足公众知情权的六个等级中选择一个。其旨在减少或消除公众对于政府危机政策的阻力，使政府在危机事件中得到最广泛的支持。

其特点在于各自变量之间都存在必然的、互为影响的互动关系，自变量与因变量之间可以互换。且单就知情权而言，完全告知和不告知是以趋近的态势存在的，政府做不到完全告知和不告知，两者都无益于危机的解决，前者最大化会降低政府威信，后者最大化会引发流言。对于不同的危机，自变量的数量、内容可以按具体情况增减。

其缺点在于公众无法即时得知所得信息是否真实，政府所传播的信息的真实性完全受政府的价值道德观影响。

其意义在于通过公式与数学模型能够很好地将政府在实施危机处理中的“传播管理”和“公众知情权”之间的关系予以简明扼要的阐释。

还用SARS后期做演示：

(1) 政府公心地考虑国家和公众的利益，采用了以功利主义取向和权利至上原则为主的价值道德观。

(2) 公众心理差=病态行为+流言四起+消极舆论+信息接受能力偏执+心理承受能力普遍下降（解决办法：由于1，所以正确引导、增强人们对疫情的认识）。

(3) 环境：①社会处于非人为的严重危机事件=危机的涉及面非常广+自然灾害+危机的危害程度Ⅰ级（解决办法：由于1，所以在一定时间内疫情一定能被解决）。②社会基本稳定=社会法律意识良+社会文化水平良+政府内部团结

(4) 国内或国际政治环境良。

综合以上(1)、(2)、(3)、(4)四个自变量，因变量知情权的满足度提高，信息传播范围在(0→2)之间，知情权满足度的提高有助于危机的解决。

四、政府在公共危机发生时如何考量公众的知情权

(一) 公众知情权的目的

对于社会而言，公众的知情权，作为一种类似于言论自由的基本人权，其功用和目的就在于防止政府权力的滥用。启蒙思想家们设计天赋人权概念的初衷就是为了防止主权（公权）打着民主和多数人利益的名义来侵犯人们的个人权利，所以，基本人权、天赋人权的政治设计的根本目的在于追求和保护公民的利益，只要政府不以权谋私，不以公权侵犯私权，我们就没有必要用言论自由、报道自由这类天赋人权来约束政府，以免造成政府行政行为的失效或低效。这一点在战争期间表现得尤为突出，政府要对公民的言论自由、通讯自由予以一定的限制。同理可推，在遇到特别大的危机时，只要政府不谋私，我们就没有必要用公众知情权来影响或限制政府在处理危机时的行政行为。譬如，当一颗巨大的流星将要撞击地球时，如果我们告知公众，不但无助于问题的解决，反而会引起更多更大的混乱。当一颗核弹将要攻击某个城市时，如果我们将这一信息告诉这个城市的居民，其忙于逃命而引起的混乱必将妨碍部队的防空部署。

熟悉坦南鲍姆和施米特的领导方式连续统一体理论的人都知道，民主的领导方式不一定就比独裁的领导方式好，采取什么样的领导方式为好，要根据具体的情形来决定。同样，完全告知公众不一定比不告知公众好，采取什么样的传播策略，要根据当时当地的具体危机情形来决定。如果我们要求政府尊重公众知情权，凡事都要告诉公众，这种做法是否显得有点机械或愚笨了呢？我们最后不要犯从一个极端又走到另一个极端的错误。

(二) 政府如何考量公众的知情权

对于政府而言，在公共危机发生时对于公众知情权要予以权变的考量，要权变地制

定危机公关传播策略，对于不同级别、不同类别的危机以及危机的不同阶段，知情权的满足都需要严格的控制，但在权变地考虑问题的同时，又要坚持一个基本原则，即对于传播出去的情况必须做到真实可靠，又以不引起社会恐慌为限。因为政府公共危机的发生往往是由外部危机引发，如果传播出去的情况达不到这两个基本要求，坚决不能公之于众，否则会引发矛头直指政府的新公共危机。例如：印度尼西亚某航空公司的客机失事，印度尼西亚政府及时派出军队进行搜救并表示将尽全力找寻失事客机，政府也及时地与乘客亲属联络，并召开新闻发布会向世界公布了这次事故，表示愿意积极地与乘客亲属合作做好善后工作。这一系列的危机公关，无疑是向本国和世界公众宣布，印度尼西亚政府是一个负责任的政府。在事故发生的第二天，此次搜救行动的负责人正式向媒体表示，他们已经发现了失事客机以及幸存者，这则消息的公布给在痛苦等待中的失事客机乘客亲属带来了新的期望和些许欣慰，但是，在这则消息公布十几个小时后，搜救行动的负责人召开新闻发布会向乘客亲属和国民道歉，并向媒体承认，上一则消息是未经证实的消息，失事客机并未找到。消息一经传出，世界舆论哗然，包括乘客亲属在内的印度尼西亚民众更是对印度尼西亚政府指责不断。后经查实，那则不实消息是由当地一名警察道听途说后向当地部门报道，然后一级一级的，在不确定消息真实性的情况下，上报给行动负责人的。综观整个案例，印度尼西亚政府本想在此次“事不关己”的危机事件中，“卖”个好口碑，没想到弄巧成拙，反遭其害，公信力严重受挫。

政府在公共危机中是否满足公众知情权，实质上是政府决策人在面对公共危机进行传播管理时，所制定的传播策略和公众知情权所产生的权变理论相结合的结果。目的是希望能够顺利地解决危机和让公众有一种受重视的感觉，如果像印度尼西亚政府那样在危机一开始，在自身信息收集、验证渠道还未完善的情况下，就一味地向公众发布各种未经证实的消息的话，看似公众的知情权从消息的数量上得到了满足，其实是对公众知情权的轻视。公众不想要一个只会做“秀”的政府，因为公众想知道的是真实的情况。所以，在传播策略的制定问题上，政府没有必要限定自己必须在多少时间之内向公众公布多少事情真相，只要时时监控舆论的发展，在谣言兴起之前或之初公布事情真相就可以了，这就为政府处理公共危机赢得了一定的时间。其次，结合公众知情权所产生的权变理论，在公布事情真相的信息量上应有一个度的把握，既要满足公众或国际社会的知情权要求，又不要说得太多，避免引起社会强烈的恐慌，加大解决问题的难度。

总之，见机行事地制定传播策略，在保护社会利益和维护政府形象之间，在追求功利效果和坚持正义原则之间找到一个很好的平衡点，是我们解决公共危机时最明智的做法。

公共危机管理中的行政裁量权及其规制之道

郑 宁*

【摘 要】公共危机管理中，行政裁量权呈现出不断扩张的特点，这既是不可或缺的危机调控手段，但也极容易对公民的基本权利造成过度侵犯。因此，必须寻求规制公共危机管理中行政裁量权合法行使的有效途径。本文分析了公共危机管理中行政裁量权的特点，并从立法、行政和司法三个方面论证了行政裁量权的规制之道。

【关键词】公共危机管理 行政裁量权 规制

在当前社会转型、利益多元的变革时代，行政管理事务的复杂性和多变性导致了立法往往滞后于现实，于是行政裁量便作为一种无处不在的行为贯穿于行政管理过程的始终，发挥了保障个案公正和提高行政效率的功效。而一旦处于公共危机爆发的紧急状态之下，为了统一调配社会资源，应对公共危机的挑战，行政机关的裁量权就会在短时间内得以迅速扩张，这种裁量权一方面是非常时期所不可或缺的危机调控手段，另一方面如果不加控制，也极容易对公民的基本权利造成过度侵犯。因此，必须寻求规制公共危机管理中行政裁量权合法行使的有效途径，在公共危机化解和公民权利保障之间寻求一个平衡点。本文首先分析了行政裁量权在公共危机管理中的特点，继而试图从立法、行政和司法三种途径来全方位论证行政裁量权的规制之道。

一、行政裁量权在公共危机管理中的特点

行政裁量权是行政机关在法律规定的限度、标准的范围内或依照法律的精神和原则，自主地行使的判断权和选择权。不少学者把裁量性概括为公共危机应急法制的特点之一，然而却缺乏对裁量权在公共危机管理中的具体表现及特点的深度分析，笔者对我国现行的公共危机应急法律规范进行了规范研究，发现其中包含的行政裁量权与常规状态的法律法规相比，呈现出对确定法律概念进行判断的行政裁量权明显增大，在确定公共危机管理的内容、方式、措施方面的行政裁量权也在延伸这两个显著的特点。

（一）对不确定法律概念进行判断的行政裁量权明显增大

法律条文中常使用一些概念不甚具体、明确的用语，如“必要时”、“情节严重

---

* 郑宁，中国人民大学法学院博士。

的”、“公共利益”等，让法律适用者可以斟酌实际情形来判断其内容。这些不确定法律概念由于带有价值判断的因素，难以确定客观的标准，可能会存在数个合法的认定和解释，在一些专业技术性较强的领域尤为突出。在公共危机管理领域，由于危机具有突发性和不确定性，就需要由专门的行政机关运用专业知识，根据当前的形势，做出迅速的预测和判断，及时预警、报告、公布并采取应急措施。公共危机的界定、公共危机的严重程度、公共危机的解决方式等问题都相当复杂，需要结合具体情形进行专业判断，立法者既无力预见，也不可能逐一列举，因此广泛运用内涵和外延都不甚具体的不确定法律概念，将判断权授予专门的行政机关也不失为一个明智之举。比如，《重大动物疫情应急条例》第34条规定，重大动物疫情应急指挥部根据应急处理需要，有权紧急调集人员、物资、运输工具以及相关设施、设备。此处的“根据应急处理需要”就是一个不确定法律概念，行政机关应当判断当时的情形是否符合“应急处理的需要”，从而决定是否紧急调集各种资源。相对而言，常规状态下的法律法规，其法律要件中也不可避免会出现不确定法律概念，但是，这种判断的专业技术性通常没有那么强，或者比较容易被量化，如《行政处罚法》中的“较大数额的罚款”，用通常人的观念也可以进行判断，或者可以根据当地当时的经济水平确定一个比较客观的标准。

（二）在确定公共危机管理的内容、方式、措施方面的行政裁量权也在延伸

行政裁量权还体现在行使法律效果方面的选择权。常规状态下法律对行政机关的行政裁量权的权限、程序和方式往往要进行相对严格的限制，比如：《治安管理处罚法》对于处罚的五个种类进行了明确的限定，对于处罚的幅度进行了细化，对于调查、决定、执行和监督等程序也进行了严格的规定。而公共危机管理法制具有权力优先性和紧急处置性①的特点，因此行政机关在处理危机的内容、方式和措施上的行政裁量权都较之平时要更大，具体来说，包括两个方面。

其一，扩大了决定裁量权。公共危机管理立法较之常规性立法更多地授权行政机关决定是否要做出某一个行为或采取某项措施，从而为其灵活应对和化解危机提供权力的来源。比如，《传染病防治法》第41条规定，对已经发生甲类传染病病例的场所或者该场所内的特定区域的人员，所在地的县级以上地方人民政府可以实施隔离措施。这里的“可以”实际上就是赋予行政机关根据具体情况可以作出采取或不采取该行为的决定的裁量权。

其二，扩大了选择裁量权。选择裁量是指行政主体在数个不同的合法的行为中，选择作出某一个行为。选择裁量又有两种表现形式：第一种是法律没有明确规定具体的几种备选方式，只是进行概括性的规定，例如，《突发卫生事件应急条例》第22、31条规定，接到报告的地方人民政府、卫生行政主管部门依照本条例规定报告的同时，应当立即组织力量对报告事项调查核实、确证，采取必要的控制措施，应急预案启动前，县

① 莫于川．公共危机管理与应急法制建设．临沂师范学院学报，2005（2）．

级以上各级人民政府有关部门应当根据突发事件的实际情况并及时报告调查情况，做好应急处理准备，采取必要的应急措施。这里的“必要的控制措施”、“必要的应急措施”，实际上授予行政机关极大的选择权，只要是行政机关认为是控制和应对突发事件所必要的都可以采用。第二种是法律通过逐项列举的方式赋予了有关行政机关在采取应急措施的方式上的裁量权，比如《传染病防治法》第 42 条规定，传染病暴发、流行时，县级以上地方人民政府必要时，报经上一级人民政府决定，可以采取下列紧急措施并予以公告：“（一）限制或者停止集市、影剧院演出或者其他人群聚集的活动；（二）停工、停业、停课；（三）封闭或者封存被传染病病原体污染的公共饮用水源、食品以及相关物品；（四）控制或者扑杀染疫野生动物、家畜家禽；（五）封闭可能造成传染病扩散的场所。”而常规法律中，往往采用的是完全列举或者列举加概括的方式来控制行政机关裁量权的行使。

应该认识到，行政裁量权在公共危机管理中呈现出的特殊性具有深厚的理论支撑。首先，它是行政应急性原则的体现，根据这一原则，在某些特殊紧急情况下，根据国家安全、社会秩序和公共利益的需要，行政机关可以采取非同于常规法律规定的行为。但这一原则仍然属于行政法治原则的重要组成部分，只不过是法治框架内的一种非常规法治而已，并非“法外之治”。其次，行政裁量权的扩张对于行政机关动员社会力量，整合社会资源，平衡公共利益和私人利益具有积极的价值。

二、公共危机管理中行政裁量权的规制之道

尽管行政裁量权有其存在的合理性以及必要性，但正如孟德斯鸠所言，一切有权力者都容易滥用权力。公共危机管理中行政裁量权的盲目扩张和滥用极其容易导致对公民人身权、财产权、知情权、受救济权等基本权利的过度侵犯，比如：在传染病发生时，不区分情况对公民进行的隔离就侵犯了公民的人身自由权，而隐瞒公共危机的实情，则侵犯了公民的知情权，因此必须探索规制裁量权的有效途径。笔者在理论研究和实证分析的基础上，认为需要通过事前的立法控制、事中的行政约束和事后的司法审查三管齐下才能形成一套完整的规制体系。

（一）立法控制

立法控制是规制行政裁量权的基础，我国目前在公共危机管理领域的立法中，往往采取概括方式授予行政机关在采取应急措施的内容、方式上的行政裁量权。行政裁量权规定得过粗，而且各个法律规范之间存在着不协调、不衔接的现象，导致了行政裁量权的行使处于无章可循的状态。这就需要有一部统一的法律来进行系统的规定，正在审议之中的《突发事件应对法》作为公共危机管理领域的一般性法律自然责无旁贷。笔者认为，该法应当对以下两方面作出规定从而对行政裁量权进行控制：

第一，应当在总则部分明确行政裁量权行使的基本原则。基本原则的规定有利于指导和规范行政裁量权的行使，也为司法审查提供了依据。笔者认为，公共危机管理中行

政裁量权的行使应当遵循合法、比例、公开、权利保障和救济原则。

（1）合法原则。行政裁量权的行使不能脱离法治框架，在有法律法规规定时，必须严格执行法律法规，不得违反法律保留的原则，不得逾越裁量权；在没有法律法规明确规定的时候，也应当遵照法律优先原则，按照法的一般原则和精神行使，不得违反上位法的规定。

（2）比例原则。行政裁量权的行使应当接受妥当性、必要性和均衡性的审查，行政行为的目的与手段之间应当合乎比例，不得滥用裁量权，这是对行政裁量权的滥用最有力的控制。

（3）公开原则。公开原则是保证公民知情权，减少社会恐慌之所必需。在公共危机情形之下，行政权力高度集中，行政机关更应该通过各种快捷的方式公开公共危机的真实情况，行使行政裁量权的目的、依据和程序，做出应急措施的结果，相应的责任机制和救济机制，使行政裁量权的行使处于公众的监督之下。

（4）权利保障和救济原则。立法中应当明确规定那些在任何时候都不得克减或剥夺的权利，比如生命权、思想和良心自由等，设定权利保障的最低限度，防止行政机关滥用行政裁量权来任意限制公民权利。此外，对于受到侵害的权利应当给予相应的救济，允许公民通过提起行政复议、行政诉讼、国家赔偿等程序维护自己的合法权益，并且对公民因合法行政裁量权的行使所造成的损失予以相应的补偿。

第二，在立法技术上，尽量细化行政裁量权。行政裁量权的授予方式不宜过于粗放化，概括授权和空白授权都容易造成裁量权的无所节制，笔者认为，可以总结公共危机管理的实践经验，尽量在立法中对行政裁量权进行细致的规定，可以采取列举加概括式的立法，尽量把法律法规中的弹性条款或模糊条款具体化。另外，立法机关还应当加强法律的解释工作，通过立法解释对不够确定的概念、对象、标准、幅度、范围及裁量权的行使方式、程序作出进一步合理规范，防止并克服对不确定法律概念解释的随意扩大和缩小。

（二）行政约束

行政约束也是控制行政裁量权行使的一种途径，该途径具有高效、快捷的特点。行政约束行政裁量权可以通过以下三种方式：

第一，确立行政自我拘束原则。行政自我拘束原则是指行政主体如果曾经在某个案件中做出一定内容的决定或采取一定的措施，那么在其后的所有同类案件中，行政主体都应受其前面所做出的决定或采取的措施的拘束，对有关行政相对人作出相同的决定或采取相同的措施。[①] 这种行政惯例有利于对行政裁量权进行自我约束，防止朝令夕改、反复无常，比如在确定公共危机时的补偿标准的时候，就可以运用这一原则，参照以前发生的同样或类似行为的标准给予补偿。

---

① 杨建顺．论行政裁量与司法审查——兼论行政自我拘束原则的理论根据．法商研究，2003（1）．

第二，行政机关可以制定裁量基准，明确裁量范围，缩小裁量空间。裁量基准是行政机关制定的统一的裁量权行使的标准，它能够减少行政机关裁量适用的恣意性，避免行政执法的畸轻畸重现象，增强了行政执法依据的明确性，也为司法审查提供了一定的衡量标准。

第三，注重加强行政执法人员的伦理道德和法律专业教育，提高其执法素质，增强其正确行使裁量权的理念。同时，建立行政裁量合理运行的内部评价制度，明确考量标准，严格执法责任追究机制。

（三）司法救济

司法救济是约束行政裁量权行使、保障公民权利的最后一道防线。鉴于公共危机管理通常具有为了公共利益而限制部分公民权利的特殊性，因此司法救济的范围要受到一定的限制，但这不等于司法权就可以对行政裁量权的违法行使袖手旁观。笔者认为，公共危机中，公民在合法权益受到行政裁量权的不法侵犯时，有权在行政诉讼、行政赔偿和行政补偿程序中获得救济。

首先，公民可以就行政裁量权的违法行使提起行政诉讼。法院应当遵循以下审查标准：

（1）判断瑕疵。公共危机的判定往往具有较强的专业技术性，因此行政机关在事实认定和法律解释和适用上常享有较大的判断余地，法院应当予以充分的尊重，但行政机关也可能存在着判断瑕疵，包括：在完全欠缺事实或者社会通常观念认为明显欠缺适当性事实的基础上作出错误决定；未遵守行政程序规定；根据与事件无关的考虑而做成的决定；未遵守经验法则与理论法则等一般的审查及评价标准；未正确认识所使用的法律概念或其可活动之法律范围，[①] 此时法院也可以进行审查。

（2）超越裁量权。行政机关如果超越了裁量权，即行使了本不具有的裁量权，法院应当依照《行政诉讼法》中的超越职权标准予以撤销。例如，假设法律没有授予交通部门在公共危机时对公民进行强制隔离的权力，但交通部门却行使了该权力，则属于超越裁量权的行为，应当予以撤销。

（3）滥用裁量权。滥用裁量权是最为经常发生的裁量违法的情形，司法标准具体包括：

1）不符合法定目的。公共危机管理中，行政机关行使行政裁量权的目的应当是为了公共利益，化解危机，但有些行政机关可能会做出不符合法定目的的行为，比如为了私人利益而强制征收他人财产，此时就应当接受司法审查。法院应当首先确定授权法的目的，进而根据行政主体提出的证据和材料确定行政主体做出裁量行为的目的，并将二者进行比较以判定行政裁量权的行使是否违背了法定目的。

2）不相关考虑。在公共危机管理中，行政机关在行使行政裁量权时如果考虑了不

---

① 翁岳生主编．行政法（上）．中国法制出版社，2002：236－237．

应当考虑的因素或没有考虑应当考虑的因素，则也构成滥用裁量权，例如，在“非典”期间，某企业虽趁机哄抬物价，但情节轻微，却被处以最高额的罚款，则明显属于没有考虑相关因素。

3）不符合比例原则。公共危机管理中，如果行政机关采取的应急措施不适当、不必要或者手段与目的之间不成比例，则构成违反比例原则，比如对非传染病人或非疑似传染病人予以强制隔离，就违反了此原则。

（4）裁量权的不行使。公共危机管理中，当法律法规赋予了行政机关采取行政裁量权而其却不行使，比如不采取紧急措施来预防和减少危机，则构成了行政不作为的行为，此时法院可以依据《行政诉讼法》中不履行或拖延履行行政职责的标准做出责令其限期履行的判决。

当然，由于公共危机的紧迫性和特殊性，行政诉讼的程序应该不同于常态，比如可以考虑延长提起诉讼期间，在应急结束之后再进行司法审查。

其次，公民可以就行政裁量权的违法行使请求行政赔偿。公共危机管理中，由于行政机关违法行使裁量权从而侵犯了公民的合法人身权和财产权的，可以依据《国家赔偿法》的规定，给予相应的行政赔偿。

最后，如果公民的人身权和财产权是通过合法的手段而被限制或剥夺的，则不存在国家赔偿的问题，此时法院可以考虑根据利益分担的原则责令行政机关给予相应的行政补偿。

行政裁量权在公共危机管理中是一柄双刃剑，如果运用得当，可以在防范和化解公共危机过程中充分调动行政机关的主观能动性，提高行政效率，稳定社会秩序；如果运用不当，则会导致对公民权利的过度侵犯，导致公众的不满，诱发社会不安定因素。因此，我们应当认真对待公共危机管理中的行政裁量权，从立法、行政和司法三个方面来加以规制，使之扬长避短。

【参考文献】

1. 应松年.《突发公共卫生事件应急条例》的法律意义［J］. 国家行政学院学报，2003（4）.

2. 莫于川. 公共危机管理与应急法制建设［J］. 临沂师范学院学报，2005（2）.

3. 江必新.《紧急状态与行政法治》［J］. 法学研究，2004（2）.

关于中国国家形象大传播战略的思考

明安香*

【摘　要】在当今经济全球化、传播全球化的大背景中，我们要有效地传播国家形象、影响国际舆论，就必须树立大传播的观念，就是不能仅仅局限于报纸、广播、电视、互联网等新闻传播媒介领域，还必须扩大到期刊杂志、图书出版、电影乃至动漫、录音、录像、电子游戏等所有泛大众传播媒介领域。电视、广播、报纸、互联网等新闻传播媒介和期刊杂志、图书出版、电影、动漫、录音、录像、电子游戏等泛大众传播媒介，构成了传播国家形象、影响国际舆论的立体化媒介大传播网络。我们要认真研究、善于运用这个媒介大传播的立体网络来树立国家形象、传播国家形象。国家形象的大传播还有第二层意思：不仅要注重充分运用新闻媒介和泛大众传播媒介的大传播，还要高度重视国家政策国家行为、实物传播和人际传播领域的大传播。只有这样，我们树立和传播的国家形象才是坚实、持久、可信的。

【关键词】国家形象　国家形象传播

一段时间以来，某些西方媒体及其背后别有用心的国际势力给中国脸上抹上一笔又一笔“中国军事威胁论”、“中国经济威胁论”、“中国环境威胁论”、“中国崩溃论”等形形色色的油彩。最近，西方媒体及其势力极力炒作、反复炒作的真真假假的所谓中国有毒牙膏、有毒宠物食品、含铅儿童玩具、安全缺陷轮胎事件和实实在在发生的太湖、滇池蓝藻大面积暴发、淮河流域洪灾泛滥、腐败高官处死等，使得中国的国家形象在世人的眼中似乎模糊、复杂起来。

中国是一个正在迅速发展中的大国，中国的国家形象也在迅速发展中。如何在世界上树立和传播良好的中国国家形象，已经是一个十分紧迫的课题。

一、树立和传播良好国际形象的重要意义

什么是国家形象？简单地说，国家形象就是一个国家在其他国家和人民心目中形成的总体印象。一个国家的形象首先是由这个国家长年累月的言论、行动及其产生和积累起来的物质成果、非物质成果给国内外公众形成的总体印象和影响所决定的。国内公众

* 明安香，中国社会科学院新闻传播研究所研究员，教授。

在心目中形成的印象决定了这个国家的国内形象；而国际公众在心目中形成的印象则决定了这个国家的国际形象。实际上，在当今传播全球化的环境下，国内形象与国际形象具有高度的一致性。国内形象是国际形象的基础，国际形象是国内形象的延伸。无论是国内形象还是国际形象，都是这个国家在公众心目中形成的客观印象和影响，即客观形象。所以，一个国家的国家形象具有很大的客观性。

但是，一个国家对于自己形象的形成，又不是完全无能为力的。首先，国家至少要确立在一个时期内的国家形象目标，即要在外界树立一个什么样的国家形象。其次，国家可以通过有意识、有计划、有步骤地制定一系列方针政策并采取相应的言论和行动，在外界逐步树立起自己期望树立的国家形象，即主观形象。因此，国家形象也具有很强的主体性和主观性。国家作为行为主体在有意识、有计划、有步骤地树立自己的国家形象方面，是自主的，大有可为的。一个国家的主观形象与客观形象之间总是有差距的，国家要善于通过各种方式与渠道不断缩小其间的差距，使客观形象与主观形象尽可能多地吻合起来。

综上所述，国家形象是一个国家在有意识、有计划、有步骤地实行一系列方针、政策和体制的基础上，通过具体的言论、行动和各种传播渠道，在国内外公众心目中形成的综合印象和影响。

国家形象是一个国家综合实力和全面影响力的具体表现。

形象就是凝聚力、吸引力、号召力。良好的形象对内可以形成强大的凝聚力，便于增强人民的自信心、向心力；对外可以具有强大的吸引力、号召力，便于吸引投资、对外开拓市场，加强国际合作与交流。

形象就是信誉。有了良好的形象，就容易得到国际国内、人民大众的信任与支持。商品是如此，企业是如此，个人是如此，国家、民族更是如此。

形象就是效益。良好的形象具有无形的穿透能力和强大的沟通能力。在一定程度上，它具有化风险为保险，化阻力为动力，化干戈为玉帛，“不战而屈人之兵”的神奇效力。良好的形象可以使事半功倍。

国家形象好了，可以朋友遍天下，化敌为友、遇难呈祥；国家形象不好，则可能树友为敌、雪上加霜。

外国公众主要是通过哪些渠道和方式来认识和形成中国国家形象的？中国又是通过哪些渠道和方式来树立和传播自己的国家形象的？我们应该怎样在国际社会不断树立和完善良好的中国国家形象？这是中国在不断改革开放、高速发展的过程中，亟待解决的一个重大问题。

二、国家形象传播：新闻媒介和泛大众传播媒介的传播

说到国家形象的树立和传播，人们最容易想到的是当今无处不在的大众传播。的确，当今各国的国家形象主要是由大众传播媒介来形成的。尽管当今的经济全球化和交

通运输现代化的程度越来越高，全球旅游业越来越发达，但是世界各国人民能够通过直接接触、实地访问等方式直接认识某个国家的人数仍然极为有限。世界旅游组织的统计数字显示，2005 年国际旅游人数首次突破八亿人次，也仅占世界总人口的八分之一左右，而且其中旅游者的来源国和目的国仍以发达国家居多。世界各国人民心目中的他国国家形象主要是通过大众传播媒介来获得的，这是不争的事实。

以每日每时发布世界各地国际新闻见长的电视、广播、报纸、互联网等大众新闻媒介和通讯社来说，基本上由以美国为主的包括英国、法国、德国等发达国家主导。全球的电视国际新闻报道主要来自美国有线新闻网、美联电视新闻、路透电视新闻和英国广播公司等少数几家媒体；广播、报纸、互联网的国际新闻基本上来自美联社、路透社、法新社和德新社等少数几家通讯社；日报的国际新闻报道和评论主要来自美、英、法、德等有数几家西方大报和通讯社。我国中央电视台的外语频道、国际新闻频道虽然已经取得突破性进展，在全球上星、落地，但是在西方主流社会的入户率、可见度、收视率还无法与美国有线新闻网等相比；我国新华社已经成为世界规模的通讯社，新闻稿的落地率也在逐步提高，但是由于种种原因，在西方社会的影响力与美联社、路透社、法新社相比，差距还不小；我国日报的发行总量近年来已位居世界第一，但是我国日报的国际新闻报道和言论在国际媒体上的引用率和转载率还很低，与《纽约时报》、《华盛顿邮报》、《华尔街日报》、《金融时报》等西方日报不可同日而语。目前，国外互联网的门户网站、新闻网站上的国际新闻报道基本上都来自西方大通讯社、日报和电视网，我国门户网站、媒体网站、政府网站近年来虽有巨大发展，但是由于语言文字等原因，在国际新闻报道和舆论影响力方面还无法与西方网络新闻相比。这就是说，当今世界各国特别是西方发达国家和绝大多数发展中国家的老百姓主要还是通过西方主流通讯社、电视网和日报的国际新闻报道与评论来认识其他国家的，世界各国包括中国的国家形象主要来自西方大众媒体和新闻机构。全球的国际舆论主要还是受西方主流新闻媒体所主导。

虽然西方主流媒体号称其新闻报道注重客观、公正、平衡、真实，但是在实际运作中，对于国际上每日每时发生的众多新闻事件，报道什么不报道什么、报多还是报少、从什么角度报，多半都要经过他们意识形态的有色镜、过滤镜、放大镜甚至哈哈镜反映，都体现了一定的立场、观点和态度。而国际新闻报道是每日每时都在影响着世界各国人民对外部世界、对其他国家的看法的，具有日积月累的效应，长此以往就可以逐步改变国际社会对一个国家的看法和舆论。

现在中国国家形象之所以主要靠西方新闻媒体来描绘，甚至任意涂抹诋毁，一个重要原因就是中国在国际新闻传播、舆论传播中仍然没有什么话语权，中国新闻媒体在国际新闻传播中的可见度很低。

因此，我们要树立国家形象、改变国际舆论格局，营造有利于中国发展的国际舆论环境，首先就要加强和改进我们的国际新闻传播。

（一）要进一步大力加强中国主流新闻媒体对中国国家形象的报道

中国要在外界树立一个什么样的形象和中国是一个什么样的形象，只有中国人最清楚。中国的国家形象不可能指望外国媒体特别是西方媒体来树立、来塑造。这些年来，中国的新闻媒体有了长足的发展，但是中国在国际上的声音仍然十分微弱。在国外生活的中国人都知道，过去在西方的主流新闻媒体特别是美国的电视、报纸上很少看到有关中国的新闻报道，即使有也几乎都是负面报道。这些年，由于中国的经济与世界联系日益密切，中国的影响日益扩大，西方主流媒体特别是美国新闻媒体对中国的报道有所增多，但是在总量上和比例上仍然是不多的，增多的一些还是以负面报道甚至歪曲报道为主。这是有调查数据为证的。由于种种原因，这种状况在短期内也不要期望有显著改变。因此，我们一定要想方设法进一步加大中国新闻媒体特别是中央电视台和新华社等主力新闻媒体对中国的报道。

（二）要整合资源，加大中国主流新闻媒体对国际新闻的报道，真正把地球管起来

过去这样说，有点力不从心；现在这样说，是完全可以办到的。对于国际新闻的报道，实际上也关系到中国国家形象和国际舆论格局的建设。西方一些政客和一些媒体从它们的利益角度和固有观念出发，在远离中国的非洲达尔富尔问题上大做文章，其一箭双雕的目的之一就是要损害中国的国家形象、破坏中国与非洲的传统友好关系。可是，人们却很少见到我国新闻媒体对于达尔富尔问题的深入、权威报道。我们能否从中国的视角对此做一些更深入、更客观的国际新闻报道呢？我们要充分整合和利用中央电视台、新华社遍布全球的记者站和其他丰富资源，加强对国际新闻的报道，要做到凡是国际上有重大新闻事件发生的时候，都有我们的记者在场，都有我们的电视新闻报道，都有我们的国际新闻视角，都有我们的声音。现在，俄罗斯、法国甚至半岛电视台都在力图做到这一点，我们也应该有能力做到这一点。

（三）要扩大中国主流新闻媒体在国际上的影响力，必须努力做到“首发用我”

要增强我国媒体新闻报道在全球传播中的竞争力、影响力，归根结底还是要求我国的新闻媒体特别是主流媒体要遵循新闻传播规律，最大限度地提高我国主力媒体特别是中央电视台、新华社等国际新闻报道的即时性、独家性、权威性和无遗漏性。尽可能做到一旦世界任何地方有重大新闻事件发生，首发有我、首发用我。就像当今世界上一旦有新闻事件发生，人们更多地还是首先想到美国有线电视新闻网一样。

之所以要做到这一点，是因为，任何重大新闻事件发生以后，无论是正面的还是负面的，只要谁抢先报道了，谁就会在国内外受众心目中形成对这一事件的“先入为主”、“第一印象”。此后，别的媒体要再纠正这种印象，将事倍功半、十分费力。半岛电视台正是在阿拉伯世界的重大新闻事件上做到了首发有我、首发用我，从而打出了一片新天地，打出了赫赫名声。

电视新闻报道仍然是世界各国人民特别是美国民众获取新闻的主要渠道。据美国电视广告局公布的尼尔森媒介研究公司统计数据，美国公众的新闻来源近一半（46.6%）

依靠地面电视，位居第一；其次是有线电视，近四成（36.9%）；第三位是报纸，仅6.4%。①因此，我们当前要重点抓好中央电视台的国际新闻报道，要在整合国内资源的基础上，通过合资、合作甚至并购外国媒体的方式，提高在西方主流社会的入户率。通讯社是影响大众媒体的媒体。可以通过加强央视与新华社分工协作的方式，增强我国国际电视新闻报道和国际新闻稿的首发报道、独家报道、无遗漏报道及其入户率、落地率、可见度。

（四）要扩大中国主流新闻媒体在国际上的影响力，必须有自己的独立理念、独立视角、独立用语

西方媒体特别是美国的主流媒体在国际新闻报道上是有一套自己的理念、标准、视角和统一用语的。这样就可以通过日积月累的传播，逐步置换人们头脑中的价值观念，树立以美国利益为标准的价值观念，操控和垄断国际传播的"话语权"，使国际舆论的格局有利于美国政策的实施和美国利益的实现。美国政府和媒体都号称坚持和维护"新闻自由"、"言论自由"的原则，但是美国主流媒体在国际新闻报道中对于关系美国国家利益的重大新闻事件和报道对象采取什么提法、使用什么报道手法却是按照既定国家政策和利害关系实行统一口径、统一操控的。例如，《纽约时报》等美国主流媒体在报道"台独"问题时，经常要在"台湾"这个名词后面加上一段几乎固定不变的补语："中国认为台湾是一个叛逆的省份（which it regards as a renegade province）"，却从来不指明台湾自古以来就是中国的一部分这一公认的历史事实。②英国《独立报》记者罗伯特·菲斯克2005年底曾经报道了美国《波士顿环球报》驻中东记者在统一口径方面面临的巨大压力。这位美国记者诉苦说："我过去通常称以色列利库德集团为'右翼'。但最近，编辑们一再告诉我不要再使用这个词，因为我们的读者不同意这样说。"③

因此，我们的国际新闻报道，不能人云亦云，要有我们自己的理念、自己的视角、自己的独立话语，要更全面、更客观、更深入、更独立，这样才能在国际新闻报道方面为世界各国受众提供新的信息、新的视野、新的选择，才能具有竞争力。

（五）要扩大中国新闻媒体在国际上的影响力，必须加强对国际受众特别是西方国家主流社会受众的研究定位

宣传与传播一定要有的放矢。国际新闻报道和一切国际传播的对象都是国际受众，要想取得良好的传播效果，就必须了解他们、认识他们，知道他们的喜怒哀乐、知道他们的兴趣爱好、知道他们的文化差异。为此，我们要舍得花一些本钱、下一些工夫，对我们的外国目标受众，如美国精英受众、美国普通受众等，进行一些定量的受众调查。

---

① Television Bureau of Advertising, *TV Basics* 2005, New York, 2005.

② Yardley, Jim And Lague, David. Beijing Accelerates Its Military Spending. *New York Times*, March 5, 2007.

③ 英国《独立报》记者罗伯特·菲斯克文章《言不由衷》载美国《洛杉矶时报》2005年12月27日，转引自《参考消息》2005年12月29日，第3版。

要精心设计调查问卷和方案，调查他们心目中的中国国家形象、他们的兴趣爱好等，为我们进一步改进国际新闻传播、树立国家形象提供参考数据。这种调查本身也是树立中国国家形象的重要组成部分。它的调查过程本身显示了中国对国际民意的重视，它的调查结果也将有助于我们正确地判断中国国家形象的真实状况。这些年来，美国和欧洲国家进行了不少国家形象调查，这些调查结果与他们如何设计问卷、如何提出问题等，都有着密切关系。因此，对于这类调查结果，我们既不能漠然视之，也不能全盘当真。在有条件的情况下，开展我们的独立调查，对于我国主流新闻媒体更有针对性地开展国际新闻传播，更好地提高国际传播效果，更好地树立中国国家形象，是很有必要的，也是有一定参考价值的。

（六）对于重大国际议题，不仅要据理力争，也要主动出击

为了树立国家形象、创造有利的国际舆论环境，对于一些重大国际议题，我国的主流新闻媒体应该采取更加积极、主动的行动。对于西方某些敌对势力和媒体刻意炒作的“中国军事威胁论”、“中国经济威胁论”、“中国环境威胁论”、“中国间谍威胁论”、人民币汇率、贸易顺差等各种话题，既不能过分认真，也不能听之任之，而有必要理直气壮地进行有理有据的剖析、驳斥，以正视听。我国主流新闻媒体可以通过适当的机制，统筹规划、分工协作，针对外国公众关心而又容易产生误解的问题，进行有数据、有事实、有深度、有说服力的报道。对于一些事关中国与世界的重大国际议题，如和谐社会、中国发展、台海问题等，我们还要主动出击，主动设置议题，写出一批专门针对外国公众特别是西方主流社会公众的社论、评论和文章来。对于这些重头报道和文章要翻译成地道的英语等语种在西方主流媒体上发表，不断争取国际舆论的主导权和话语权。

（七）要善于多方位多层次地运用西方新闻媒体

西方主流新闻媒体是形成国际舆论的主要渠道，我们还是需要借用的。西方主流新闻媒体也不是铁板一块的，有的媒体有的时候还是能够主持公道、客观报道的，我们还是能够借用的。问题是，今后我们对西方主流新闻媒体特别是美国主流新闻媒体的借用要有针对性、工作要细化。例如，我们知道，美国的有线电视新闻网等几大电视网和《纽约时报》、《华盛顿邮报》等主流日报在美国有很大影响力。实际上，这些全国性的主流新闻媒体的影响力主要是在美国上流社会和精英人士中间。这些主流新闻媒体之间在政治倾向上还有自由派、中间派和保守派之区别，因此它们的影响范围是有差异的。在2004年美国总统大选前夕，《纽约时报》等美国上百家主流日报曾纷纷发表社论，反对小布什连任，但是选举结果却是小布什明显胜出。这说明，这些主流日报的社论只能影响美国上层社会精英人士选民，而未能影响大多数草根选民的意愿。

相反，美国的地方日报、电视台特别是电台，在美国普通民众中却有很大的影响力。因为美国普通民众更喜欢关注地方媒体。在美国地方电台中，基本上由保守势力和保守观念占主导地位，与全国性电视网和日报由自由派占主导形成鲜明对比。据估计，

在美国地方电台中，保守派主持人占到了75%左右。①根据数据分析，小布什的再次当选，与乡村音乐台的分布地域密度和播出内容密切相关。他为了化解国内外面临的巨大压力，常常是通过广播电台而不是电视台面向全国发表讲话。因此，我们要面向美国的上层社会和精英人士传播信息，可以多用美国的全国电视网和日报等新闻媒体；如果想要向美国普通民众传播信息，则要更多考虑利用广播电台和地方媒体。如果要针对某些美国众议员传播信息，直接针对其所在选区的地方媒体是一个很好的选项。在美国主流新闻媒体上发布国家形象广告、政治广告，发表重要文章，也是值得考虑的。

当然，我们要认识到，新闻传播媒介是树立、传播国家形象，影响国际舆论最及时、最普及的重要渠道，但绝不是唯一渠道。传统上，我们把报纸、广播、电视、电影、杂志、图书等六大媒介再加上近年来崛起的互联网这些进行大规模、大范围、大批量传播的媒介称为大众传播媒介。但是在树立国家形象的过程中，现在将视野仅仅局限在这个范围内已经远远不够了。现在的动画漫画、录音光盘、录像影碟、电子游戏等媒介的影响力也不可忽视，有的甚至正在上升，我们可以将它们称为泛大众传播媒介。它们通常以休闲、娱乐、文化等通俗形式潜移默化地传播各种不同的兴趣爱好、思维方式、行为方式，从而不知不觉地影响人们的观点、态度和立场，影响人们对一个国家的印象和看法。电影影响的主要是中青年和白领人士。动漫影响的是儿童少年和部分成人。而电子游戏已经成为争夺青少年的主要战场。好莱坞电影无疑在人们不知不觉中推广美国的生活方式和美国梦方面起到了不可替代的作用。如果我们要把树立国家形象的事业从国外的娃娃抓起，我们就要注重运用动漫和电子游戏这些泛大众传播媒介。学校教科书也是一个重要领域。据最近报道，韩国有关方面与培生出版集团合作，竟然将美国教科书中的中国“长白山”改名为“白头山”。与美国等西方国家出版商合作编写国外教科书特别是编写与中国有关内容的教科书，应该是我们树立、传播国家形象的一个细致而重要的内容。

因此，在当今经济全球化、传播全球化的大背景中，我们要有效地传播国家形象、影响国际舆论，就必须树立大传播的观念，就是不能仅仅局限于报纸、广播、电视、互联网等新闻传播媒介领域，还必须扩大到期刊杂志、图书出版、电影乃至动漫、录音、录像、电子游戏等所有泛大众传播媒介领域。电视、广播、报纸、互联网等新闻传播媒介和期刊杂志、图书出版、电影、动漫、录音、录像、电子游戏等泛大众传播媒介，构成了传播国家形象、影响国际舆论的立体化媒介大传播网络。我们要认真研究、善于运用这个媒介大传播的立体网络来树立国家形象、传播国家形象。

三、美国国家形象不佳带来的启示：国家政策和国家行为

美国是当今世界上的传媒超级帝国，它在新闻媒介和泛大众传播媒介各个领域的实

---

① Buckalew, James K. and Wufemeyer, K. Tim. *Mass Media in the New Millennium: Structures, Functions, Issues & Ethics*, Dubuque: Kendall/Hunt Publishing Company, 2000: 160.

力和影响力都遥遥领先，它基本上长期主导着当今全球的舆论传播格局。按理说，美国的国家形象应该是全球最好的，但是事实并非如此。

我们都知道，近年来多家国际权威调查机构包括美国的机构进行的多次国家形象调查结果都表明：美国的国家形象欠佳。2007 年 4 月美国《时代》周刊公布，英国国家广播公司委托环球扫描公司对 3 万名不同国家中高层人士进行的国家形象调查表明，加拿大及日本得分均为 54%，名列第一；其后依次是法国得分 50%，英国 45%，中国得分 42%，排名第五，而美国被排除在前五名之外。

为什么美国的国家形象欠佳？是因为它的传播实力不行吗？显然不是。是因为它的综合实力不行吗？也不是。毫无疑问，美国的综合实力仍然是首屈一指的。它的经济实力、科技实力、军事实力、流行文化影响力迄今为止在世界上都遥遥领先。它的根本问题出在国家政策、国家行为以及由此带来的国家信誉上。美国一向以崇尚自由、民主、人权作为自己的核心价值观念并以此为荣、为豪，但是在伊拉克战争问题上，小布什政府为了保卫自己所声称的“自由”生活方式，不顾国内外多次大规模反战示威游行和联合国安理会的反对，一意孤行，执意发动战争，三年来在伊拉克造成成千上万平民的伤亡，造成无法收拾的动乱局面，形成了空前的人道主义灾难。更为恶劣的是，小布什政府为了发动伊拉克战争，事先凭空捏造了萨达姆政权制造大规模杀伤性武器和与基地恐怖组织有联系的两大罪名，事后证明都是子虚乌有。由于美国的错误政策和运作，美国的国家道德权威和国家信誉受到了空前严重损害，美国的国家形象也由此跌到了低谷。由此可见，国家形象的树立和传播，不仅要依靠媒介大传播来扩散、弘扬，还必须有正确的国家理念、国家政策和国家行为作坚实的基础和可靠的支撑；否则，无论如何大传播都是无用的，甚至适得其反。

我们要树立和传播中国国家形象，除了要切实改变我国在国际传播格局中的弱势、被动地位外，归根结底还是取决于我们实行的国家理念、国际国内政策和国家行为。新中国成立以来，中国政府形成的说话算数、负责任的大国等国家信誉，已经成为我们国家形象的无价之宝。改革开放以来，特别是党的“十六大”以来，党中央提出的建设和谐社会和和谐世界的理念，为国家发展和国际关系提出了新的模式和选择，非常得民心，也受到国际社会重视；在国际交往中，中国努力践行和谐理念，与邻为善、与邻为伴、富邻睦邻，坚持和平共处、不干涉其他国家内政等五项原则，在经济贸易上坚持与各国合作、互补、共赢，得到了国际社会的广泛认同；在国内，中央政府免除了中国农民几千年来承担的税赋，实行农村免费义务教育，推行社会主义新农村建设，加强对进城农民工合法权利的保护，试行全民医疗保险和养老保险，在建设社会主义和谐社会的道路上迈出了巨大而坚实的步伐。中国经济的长期高速平稳增长、中国进出口贸易的快速发展、中国军队的现代化建设，构成了良好的中国国家形象最坚实、最基础的要素。

说到底，中国国家形象如何，取决于我们国家在国内、国际的实际作为如何。我们要脚踏实地、千方百计实现党中央提出的建设社会主义和谐社会、可持续发展、科学发展的理念，尽快建成一个民主法治、公平正义、诚信友爱、充满活力、安定有序、人与自然和谐相处的社会。如果我们在建设和谐社会的过程中，逐步实现人人享受免费中小学义务教育、医疗保险、养老保险、居者有其屋等基本保障，极大地释放出公民的消费能力，变出口型国家为内需消费型国家；人人有教养、有文化、有保障、有尊严，那么树立和传播良好的中国国家形象就有了可靠的基础和保证。

四、日本国家形象反差明显带来的启示：实物传播与人际传播

在树立国家形象方面，还有一个现象值得注意。在前述的同样调查中，日本与加拿大均得分54%，名列第一。在近年来的多次国际调查中，日本的形象也都不错。在许多国家特别是亚洲国家看来，日本这样一个对其在第二次世界大战期间的侵略战争罪行认识悔改态度与行动远不如德国，甚至有军国主义复活倾向的国家，为什么会获得这么好的国家形象调查数据？这里姑且不必置疑这类调查的方式及其结果的可靠性，仅就其他因素而言，难道是日本大众传播媒介的世界影响力极其巨大吗？显然不是。由于语言文化等原因，日本的大众传播媒介的影响力远不如美国，也不如英国、法国、德国，其影响力主要局限在日本国内。

那么，它在国际上的国家形象调查为何结果还不错呢？笔者认为，简而分析之，主要是因为：

其一是战后日本虽然未能像德国那样痛痛快快、干净彻底地承认战争罪行、实行战争赔偿，其中有许多复杂的国际政治原因，这里暂且不提，但是起初毕竟还是感到心虚和内疚的，因而对许多国家采取了提供长期低息贷款或无偿援助的政策，这在很大程度上逐渐改善了日本在国际上的国家形象。

其二是日本在战后大力发展经济，在产品的设计、制作、质量上精益求精，一举甩掉了战后“东洋货”是劣质产品的帽子，让许多质优价宜的日本名牌家用电器、照相机、汽车等进入世界各国千千万万家庭，在消费者心目中树立和传播了良好的国家形象。

其三是日本长期普及教育，让每一个国民受到了良好的文化教育、素质教育，绝大多数日本国民在大规模出国旅游和国际交往中，总体表现得有礼貌、有教养，这也构成了日本国家形象的重要因素。

其四，它也从反面说明，我们的大众传播力量之微弱。从日本发动侵华战争的“七七事变”70年以来，抗日战争胜利60多年来，我们在国际上没有一部像《虎口脱险》、《魂断蓝桥》、《辛德勒名单》等动人心魄、家喻户晓的揭露日本法西斯侵略战争的影视作品，《地道战》、《地雷战》、《平原游击队》等国产影视作品虽然在国内脍炙人口，但是在国际上却无人知晓。因此，至今，南京大屠杀、慰安妇、靖国神社、历史教科书等重大问题，在国际上都不甚了了。

其他还有一些，这里不一一赘述。

这说明，国家形象的树立和传播，不仅与一个国家大众传播的实力大小和国家理念、国家政策、国家行为有重要关系，而且与一个国家的实物传播、人际传播有密切关系。

（一）实物传播

所谓实物传播，就是指通过各种物质实体传递出的各种信息。实物传播包括各国企业生产的各种物质商品，举办的各种展览、展示会，提供的各种服务（如饮食烹调、公共交通等），以及国内的自然景观、人文景观、社会卫生状况、治安状况、文明状况等，它们展示出看得见、摸得着的客观国家形象。在国家形象传播中，实物传播往往是与受众、消费者的零距离接触，是与受众、与消费者一对一的传播，传递出的国家形象更加实在、更加具体、更加真切。在国外，外国公众主要是通过购买、使用一个国家出口商品的质量、造型、功能、价格来认识这个国家的形象的。一个国家的对外大众传播宣传搞得再好，一旦一个假冒伪劣的出口商品曝光出来，就可以使得这个国家长期树立国家形象的艰苦努力功亏一篑、毁于一旦。近段时间国际上关于中国所谓毒牙膏、有毒宠物食品、含铅儿童玩具、安全缺陷轮胎事件的报道接二连三，其中确实不排除某些国际势力和媒体的别有用心和小题大做，但是根本问题还在于我们的商品质量。

为此，我们要从国内建立起保障企业诚信和产品质量的可靠机制。

笔者认为，除了加大国家主管部门监督和责任追究的力度外，最根本的是要通过立法大大加强保护消费者权益和消费者举报的机制，形成保证产品质量的人民战争和钢铁长城。

1. 要在无条件退货上与国际接轨

在美国凯玛特等超市购买商品，商品销售票上清楚说明三个月内保证退货，一般都是无条件退货。而不是像我们国内退货换货期仅一周。只有延长退货周期，才能便于消费者发现问题，让消费者有充分的退货时间，才能让厂家、商家不敢随便推出假冒伪劣商品。

2. 要加大消费者在商品质量举报上的权利和便利

现在中国消费者提出商品质量问题，厂家或商家往往要求提供质量检测报告。那么承担质量检测的机构是谁的？无一例外是厂家或商家自己的。这样的质检报告有多少客观性、可靠性？可想而知。谁去送质检？消费者。质检费用由谁出？消费者。这样的举报环境，让普通消费者在资金上、时间上、精力上如何承受得起?! 于是只好忍气吞声、被迫忍受。这样的举报环境实际上是纵容了厂家、商家的假冒伪劣行为。因此要从法律上规定，凡是消费者提出商品质量争议，应由第三方质检机构接受检测，由厂家或商家无条件接受举报并送检，经检测后证明商品确有瑕疵或问题的，一切检测经费均应由厂家或商家承担，并对消费者实行加倍赔偿。只有这样，才能在国家质量监督机构的抽查检测之外，形成一个保证质量的钢铁长城。这样做，从代价上来说，无论是对厂家、商家、消费者，还是对国家形象来说，都是合算的。

3. 加大对生产、销售假冒伪劣商品厂家、商家的惩罚力度

厂家、商家一旦生产、销售了假冒伪劣商品，特别是那些危害人民生命健康安全的食品、药品等商品，不仅要上社会信用黑名单、终身不得再从事商品生产和销售，而且要被惩罚得倾家荡产。严格来说，大大小小每一件商品都关系到每一个消费者的切身利益，都是国家形象的载体，要从根本上保证我国的商品质量、时时处处维护消费者的切身利益和树立我国的良好形象，就必须从根本上建设起这样一个保证商品质量、举报假冒伪劣的钢铁长城。

（二）人际传播

所谓人际传播，就是国家之间人与人的直接交往和交流。国家间的人际交往与传播逐渐形成国际社会对一个国家的看法、意见和舆论。常言说“耳听为虚眼见为实”、“百闻不如一见”。经传播学研究表明，人际传播的影响力在很多情况下要大大高于大众传播。人际传播的渠道包括各国政府官员之间的交往和交流，专家、学者、艺术家、运动员等知名人士之间的交往和交流，商界、企业界人士之间的交往和交流，各国普通民众作为旅游者、消费者之间的直接交往和交流。所有这些人际交往和人们的直接观察所得出的印象再通过口口相传的口头传播形成所谓的“口碑”，都是构成国际舆论中的国家形象的重要组成部分。中国国家形象的形成与中国各级政府官员的形象、专家学者的形象、专业知名人士的形象、业界人士的形象和普通民众的形象分不开。

现在中国普通民众出国旅游和外国游客来华旅游的人数越来越多。2006 年，外国人全年入境中国人数达 2221 万人次，增长 9.7%。我国全年国内出境人数达 3452 万人次，增长 11.3%；其中因私出境 2880 万人次，增长 14.6%，占出境人数的 83.4%。外国人心目中的中国游客形象和外国游客心目中的中国民众形象构成了中国国家形象的重要组成部分。一些中国人随地吐痰、随地扔果皮纸屑、随地大小便、大声喧哗、夹塞插队等陋习，虽然不是什么大不了的事，但是体现了中国人的国民素质，对中国国家形象有着严重影响。要根本解决这一问题，必须从提高每一个中国人的素质入手。从现在起，在中国的中小学课程中，无论是在城市还是在农村，增加日常礼仪礼节课，已经刻不容缓。对于进城务工的农民工，必须由农民工原住地的地方政府负责，免费进行进城前的素质培训，将日常行为规范和礼仪礼节列入课程。城市用工单位必须对上岗工人进行岗前的素质培训，国家实行农村免费义务教育已经为此奠定了基础。

中国学术界人士、专业人士和知名人士，要更多地承担起利用本行业知识和影响力，扩大对外交流，加强中国在各个领域的对外声音的责任。要让美国公众、各国公众，让世界更多地听到中国各方面的声音。国家在这方面的政策应该更加积极、主动、开放，这对中国有利，对于树立、传播中国国家形象有利。正如有的学者切身感受到的那样，他经常看到日本、韩国甚至中国台湾学者在美国发表演说，参加学术会议，会见具有影响力的政治、学术界人物，非常活跃。相比之下，中国大陆访问美国的团体虽多，但往往限于政府间闭门会谈。学术界、媒体和大众对他们的观点知之甚少，从而给

“中国威胁论”、“中国崩溃论”等论调以可乘之机。这种状况再也不能继续下去了。

中国的企业界人士在经营和交往中一定要以“诚信”为本。“君子爱财，取之有道”。每一个中国企业家都真正做到讲诚信、讲质量、讲创新，每一件中国产品就能成为中国国家形象的无言传播者。国家主管部门应该建立中国企业家的诚信档案，表扬奖励优秀的，防止背信弃义的企业家经常改头换面祸国殃民。中国企业家要以创品牌为荣。

各级政府官员廉洁奉公、爱国敬业、为国为民，是对中国国家形象的最好传播。

总之，中国国家形象的大传播不仅要注重充分运用新闻媒介和泛大众传播媒介的大传播，还要高度重视国家政策国家行为、实物传播和人际传播领域的大传播。只有这样，我们树立和传播的国家形象才是坚实、持久、可信的。国家形象的全球传播是一个重大的、复杂的、全方位的系统工程，建议党中央、国务院成立类似“国家形象与全球传播委员会”的机构，由总书记或国务院总理任委员长，中宣部、国务院新闻办、文化部、广播电影电视总局、教育部、财政部、商务部、中央电视台、人民日报社、新华社、国家外文局、国家旅游局等部长、局长等相关部委机构任委员，两个机构一块牌子，统筹领导协调中国国家形象全球传播的工作。主要克服过去在国家形象及其全球传播上的组织分散、各自为战、业务重复、缺乏相互协调和统一的弊端。

危机状态下政府形象管理存在的问题与对策

吴柏林* 王 波

【摘 要】优良的政府形象管理体现了政府的管理能力、媒体的作用和公众的正确意识。而危机状态下，政府形象管理的观念、措施，以及媒体、公众的配合都存在很多问题，这些问题都不利于政府进行形象管理。本文针对危机状态下政府形象管理的问题与对策展开探讨。

【关键词】危机 政府形象 形象管理

一、危机状态下政府形象管理存在的问题

优良的政府形象管理体现了政府的管理能力、媒体的作用和公众的正确意识。而危机状态下，政府形象管理的观念、措施，以及媒体、公众的配合都存在很多问题，这些问题都不利于政府进行形象管理。

（一）危机状态下，政府形象管理中政府存在的问题

1. 政府公关、形象意识的缺乏，忽视政府形象的作用

（1）政府公共关系建设滞后。“政府公共关系是指政府机构利用各种传播手段促成与公众间的相互协调和相互适应的一种行政管理行为，它是政府用来协调和处理社会关系从而提升政府形象的重要手段，是政府行政管理职能之一。”① 政府公共关系的核心是塑造良好的政府形象。而我国的政府公共关系还有待于进一步的发展和完善。

（2）政府公务员、领导人的形象意识薄弱。“每一个公务员也是政府形象的生动载体。抽象的政府形象在公务员的日常工作中都具体化了，工作人员热情有礼会赢得市民对政府的好感，工作人员作风不正则会损害政府在市民中的声誉。因此，应该对政府的公务员进行广泛的形象教育，使公务员率先成为代表政府形象最优秀的社会群体，从而为广大市民树立起现代文明的典范。”②而我国没有普及对公务员进行公关教育与培训，

---

* 吴柏林，中山大学政治与公共事务管理学院公共传播学系副教授；王波，中山大学政治与公共事务管理学院研究生。

① 朱国定．公共关系学．上海：立信会计出版社，2003：159.

② 廖为建．论政府形象的构成与传播．中国行政管理．2001（3）.

没有形成与企业文化相对应的“政务文化”，造成公务员的公关和形象意识薄弱。因此公务员在工作中常常不注意自己的言行，由此影响到公众对政府的认识，影响到政府的形象问题。

2. 政府危机应对能力不高，损害政府高效形象

（1）传统行政体制的制约。目前，政府的管理体制存在条块分割的现象。这种体制导致各部门在处理方式上习惯于层层审批，审批方式复杂化导致运转迟缓、工作效率低下。这种体制导致政府职能划分不清，责任不到位，谁应该负责，谁也不知道。各个部门各自为政，部门间的协调互动变得异常困难。这种体制与要求快速反应、统一调控的危机机制相矛盾。

这种体制导致出现地方保护主义现象，遇到紧急的重大事件存在迟报、少报甚至不报的情况。一方面造成政府内部沟通不畅，影响了行政的运转效率，会给公众留下反应迟钝的印象。另一方面延误了危机处理的最佳时机，会造成更大的危机事件。“近年来，从震惊中外的‘广西南丹透水事故’到山西阳泉沟‘12·2’特大矿难、江西万载烟花爆炸事故、山西富源矿难、繁峙金矿事故等，当地政府部门对事故的真相、特别是对死亡人数的多少百般遮掩、隐瞒不报。”①这种做法严重损害了政府的形象。

（2）政府危机管理机制不完善。“由于长期以来我国基本上保持着和平稳定的发展势头，各级政府部门将主要精力集中于经济建设，忽视了危机意识的培养，缺乏敏锐的危机判断能力。特别是‘非典’事件将这一弱点暴露无遗。”②意识决定行动，缺乏危机意识是导致危机应对工作被动的根本原因。目前，政府对危机处理的观念还停留在头痛医头、脚痛医脚，发生火灾救火灾，发生水灾救水灾的救灾层面上。没有建立起全面的危机管理机制，危机管理机制是危机发生前的监测预警机制、危机发生后的应对处理机制、危机结束后的总结评估机制组成的复杂系统，任何一个子系统的运转情况都会影响危机管理的成败。危机管理机制的不完善直接影响到政府的危机管理能力。

（3）电子政务发展水平不高。目前，我国的电子政务建设还处于初级阶段。“由于政务信息不能实现有效共享，政府在进行多部门、大范围的组织管理时，不能及时有效地进行部门间的深度协作，从而不能很好地应对一些具有现代特征的重大突发性事件的处理。”③ 政府的“暗箱”行为是进行政府形象管理最大的障碍。

3. 新闻发布制度的不完善，损害政府诚信形象

政府新闻发布，是指政府向媒体发布有关信息，并通过媒体向公众传播。新闻发布制度作为政府和媒体、政府和公众之间重要的沟通渠道，是政府公关的重要形式。我国

---

① 新华网，http：//www. news. china. com/zh - cn/domestic/945/20030414/11451827 - 1.

② 吴家华，曹霓．从“非典”病毒与“卡特里娜”飓风看中、美两国的政府危机管理．甘肃社会科学，2006（1）.

③ 方磊，张文卿．电子政务环境下政府危机管理系统的框架研究．政策研究，2004（4）.

的新闻发布制度已有一定的发展，但是还不完善。

尽管政府新闻发布制度已经成为媒体和公众全面了解危机事件和政府立场的一个最重要、最权威的渠道。但“由于中国还处于社会主义初级阶段，有关政府新闻发布的政策法规还需要逐步完善，各地经济社会发展水平也参差不齐，各地政府新闻发布制度建设的进展也不尽相同。”①人民大学教授毛寿龙表示：“这种制度的纷纷建立，会不会成为一种‘挡箭牌’，被个别地方的个别部门利用以封锁消息。因此，必须有一套好的信息公开制度辅以新闻发言人制度的实施，否则，它有可能仅仅成为一种门面。”②

新闻发布会上发布的信息缺乏足够的真实性。SARS 期间 4 月 3 日召开的新闻发布会上，当时的卫生部长张文康向记者表示：“中国局部地区的非典型性肺炎疫情已得到有效控制。”4 月 15 日新闻发布会上公布的疫情是：北京 37 例，死亡 4 例。而 4 月 20 日，北京确诊的 SARS 病例为 339 例，疑似病例为 402 例。为什么仅仅 5 天的时间，SARS 病例从 37 例急速上升到 339 例？这种数字对比使公众对信息的真实性产生了怀疑，使新闻发布的权威性遭到挑战，导致政府的诚信度降低。

新闻发布制度还存在信息发布不够及时甚至封锁信息的现象。认为突发事件不能报道，怕影响社会稳定；又认为在事情原因没有查清楚之前，封锁信息；还有人认为只有事件已经得到解决，才能发布新闻。这些想法的出发点可能是好的，但“这种信息处理方式也存在多种弊端，信息不透明容易产生办事效率低下，而缺乏监督则易造成政府官员为自身利益牺牲公众利益的腐败和失职行为。”③

信息发布不够及时甚至封锁信息最终导致了媒体的缺席，“而本应担负着社会信息监测职责的新闻媒体，受制于管理部门的约束，也没有自主发布此信息的权力”④，导致出现负面舆论；另一方面，由于新闻发布制度的缺席导致媒体传播信息缺乏正确的信息源。如果媒体将不准确的信息传递给公众，会带来比危机本身更为严重的后果，会形成“危机黑洞”，危机中的黑洞常常吸引组织过多的注意力和资源，导致危机管理的失败。⑤

4. 应急法制的不健全，损害政府法治形象

经过 20 多年的法制改革和发展，我国公共应急法制已有一定基础，先后制定了对付社会动乱的《戒严法》，对付重大自然灾害的《防震减灾法》、《防洪法》和《消防

① 赵启正．建立健全政府新闻发布制度．新华网．http：//www. china news. com. cn/n/2003 - 11 - 04/26/364824. html.

② 佳煜．新闻发言人制度：亟待推动！．千龙网．http：//medianet. qianlong. com/7692/2003/12/03/29@1744375. html.

③ 喻国明，靳一．重大事件的传播效果——从信息角度再思 SARS 危机．http：//www. 93. gov. cn/93kanwu/200304/mk030305. html

④ 同上。

⑤ 胡百精．危机传播管理．北京：中国传媒大学出版社，2005：150.

法》，以及2003年国务院紧急制定的《突发公共卫生事件应急条例》等。但是这些法律行业性、部门性特点十分明显，仅是对单一领域和行业的紧急状态做出调整和规范，而应对众多领域和行业的紧急状态仍处于无法可依的空白状态。① 由于法律的空缺，使危机状态下政府危机管理无法高效地实施。因为无论常态下还是危机状态下，政府行为法制化，依法行政，是政府实施有效管理的基本前提。

（二）危机状态下，政府形象管理中媒体存在的问题

公众对政府不满意，对政府的评价不高，作为政府和公众之间重要纽带的媒体有着不可推卸的责任。如公众对SARS期间4月2日前媒体的表现做评价，批评声远远高于赞赏声（见表1），说明媒体在危机处理的过程中存在一定的问题，没有承担起作为媒体应该承担的社会职责。

表1 新浪网、人民网4月2日前对传媒不报或者少报SARS的评价②

类别	总数	赞赏传媒的做法		中性		批评传媒的做法	
		数量	比例	数量	比例	数量	比例
新浪网	1378	135	9.8%	490	35.6%	753	54.6%
人民网	1892	103	5.4%	349	18.5%	1440	76.1%

1. 媒体的缺席，导致负面舆论出现

在SARS早中期，媒体存在缺席情况。“疫情出现较早的广州有近60%的受访者是从非正规渠道最先得知有关非典的信息。”③媒体该出声时不出声，引发一系列社会问题。

由于没有及时报道SARS状况，引起了谣言传播。④谣言是公众对所关心问题的议论、流传和评价，是一种特殊的公众心理现象。谣言相互影响，相互感染，相互传递。公众在夸大的谣言面前人人自危。由于没有媒体的正确引导，公众只能从其他渠道信息中选择自己所需求的信息，引发了一系列非理性行为。如在SARS前期，盲目的逃避、疯狂的喝醋以及抢购商品，恶化了政府形象管理的公众环境和舆论环境。

谣言常常引发负面舆论，所谓舆论是指公众就共同关心或感兴趣的问题公开表达出来的意见的综合。如SARS前期谣传已经感染的病例是多少，已经死亡了多少，要“封

① 吕景胜．危机管理应依法治之．光明日报 http://www.gmw.cn/01gmrb/2003-07/25/14-ACF086301362F72348256D6D00827165.htm.

② 彭步伟．信息时代政府形象传播．北京：社会科学出版社，2005：405.

③ 顾兆农．调查：危机改变生活方式，政府沉着应对威信提高．http://auto.chinanews.com.cn/n/2003-06-03/26/309842.html.

④ 彭步伟．信息时代政府形象传播．北京：社会科学出版社，2005：415.

城”等。这些谣言在某种程度上给公众传递的信息是SARS的不可治愈性，政府不关心公众的利益、政府也已经无能为力，当这些负面态度和负面意见公开流传和汇集时，就形成了负面舆论，此时的政府形象面临着巨大的损害。

2. 媒体的“议程设置”不当，没有正确引导公众

（1）传播的信息不全面。在危机中，信息传播的不全面总会带来类似于助燃剂的消极作用。一方面，单一信息容易使信息的真实度受到质疑。如SARS期间4月20日之前，媒体报道主题呈现出一味的“乐观主义”倾向，避重就轻，一味强调疫病的可治愈性、可预防性，事实性报道不多。这种单一的声音容易使公众对所报道信息的真实性产生质疑，一旦出现公众不相信媒体所传播的信息，媒体将无法引导公众环境，那么公众中又将是谣言盛行，公众环境将再次处于失控的状态，“水能载舟，亦能覆舟”，使政府形象管理处于被动状态，甚至危及社会的稳定。

另一方面，单一的信息容易导致社会危机恐惧感的扩散。譬如在SARS报道中，如果仅仅只报道SARS的不可治愈性、具有高度传染性等方面的信息，无疑增加了公众对SARS的恐惧感，增加了公众的绝望情绪，这种绝望情绪会引发公众的非理性行为，整个社会将处于一种更加难以控制的局面。

（2）媒体的正面引导较少。媒体对于公众来说，可以做好公众的心理防护，增强公众面对危机时的自信心，培养公众面对危机时的乐观态度，为政府形象管理创造良好的公众环境。

而我国的媒体缺乏责任、服务的形象。首先，我国的媒体很少意识到危机传播教育的重要性。SARS危机中公众的危机意识淡薄，公众的心理脆弱，媒体有着不可推卸的责任。其次，媒体在配合政府危机处理的过程中，没有充分利用其他资源引导公众的情绪，如大型宣传、文艺晚会等引导形式。

（三）危机状态下，政府形象管理中公众存在的问题

“在对政府形象管理的过程中，考虑相关变量因素是必不可少的，而公众变量是其中一个较为重要的变量。”① “影响公众危机应对非理性行为的因素既有危机识别信息和应对信息的缺乏导致的恐慌与无所适从、危机救援尤其是物质支持的不及时或者不充分等外在原因，也有公众自身的风险意识、责任意识、全局意识不足等内在原因，这些内因和外因对公众行为决策的影响”②（见图1）。

首先，由于政府教育和媒体宣传的不足，导致公众的危机意识淡薄。危机意识是一种对环境时刻保持警觉并随时做出反应的意识。从某种意义上来说，缺乏危机意识是最大的危机。在SARS疫情得到控制以后，我国又有部分地区流行“乙脑”，国外又出现

---

① 刘卫．浅析影响政府形象管理的公众变量．理论界——管理研究，2005（3）．

② 张杰．危机状态下的信息传播．赛迪网——中国计算机用户．http：//industry.ccidnet.com/art/786/20060208/424347_1.html．

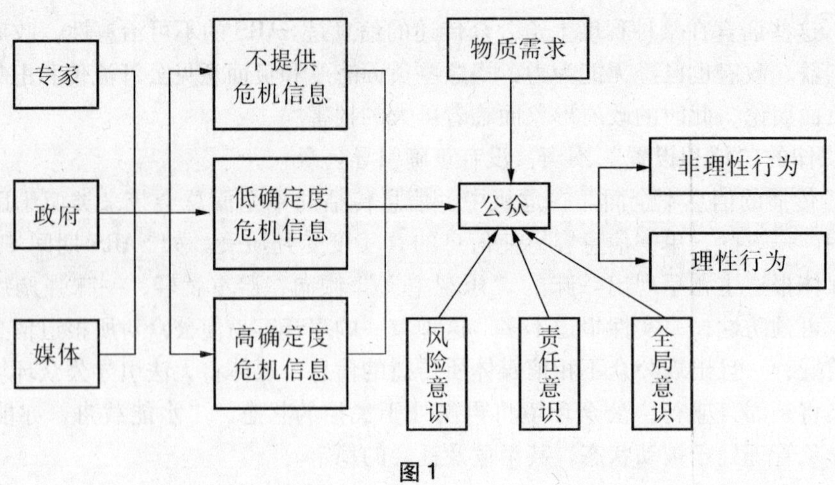

图 1

一种“猴痘”的传染病。应该说公众在吸取 SARS 教训后，危机意识应该大大加强。但是在对上海市的一次调查中发现：对国内的“乙脑”流行病，78.2% 的人知道此事，但是仍然有 21.8% 的人不知道此事。说明公众对这类流行病仍然是有轻视的成分在，调查结果显示公众这方面的意识还有待提高。①

其次，公众受自身能力的限制或自身利益的影响面对危机时有不同的反应，由于没有责任意识和全局意识，导致一系列非理性行为的出现，如只顾个人利益，只顾眼前利益，对公共事务不关心，对长远利益和国家利益不关心，在危机中不主动积极配合政府的工作，没有尽到公众应该尽到的职责和义务。因为无论何种情况，众人奋战总比孤军奋战的力量大，赢得胜利的可能性大些，尤其在危机这种特殊的状态下。

最后，由于“公众的生活背景和公众的价值取向”②不同，公众对各类信息的认识和处理能力上存在不足，对政府形象的认知和评价存在很大的主观性和偏见，导致对政府的期望形象过高。“如果公众对政府的期望值过高，那么即使政府在事实上已经做得很好了，公众对政府的评价也不会很高。”③这不利于客观的评价政府形象，使公众所反映的政府形象缺乏一定的科学性和准确性。

二、危机状态下政府形象管理的对策

“冷静科学的分析形式，实事求是的估计危机状态的规模、形状、强度、发展趋

---

① 王轩．危机传播中不同社会组织与公众的互动．人民网．http：//media.people.com.cn/GB /40628/4079937.html.

② 刘卫．浅析影响政府形象管理的公众变量．理论界——管理研究，2005（3）.

③ 同上。

势，认清危机状态的导因和根源，找出损害政府形象的致命点”①，从而提出相应的对策。

图2②所表示的曲线描述的是，在危机各个时间阶段，公众对突发事件的恐慌程度和政府或组织在公众心中的地位、形象之间的关系。从图中可以看出政府形象与公众的恐慌度是负相关的。公众的恐慌程度越大，政府形象就越差；反之，公众的恐慌程度越小，政府形象就越好。而公众的恐慌度与政府措施、社会管理的能力和媒体介入的程度有很大关系。因此，危机状态下要实现政府形象管理目标，就必须采取相应的对策：首先要管理好政府的现实形象，集中表现在政府的危机管理能力上；其次，政府形象管理离不开媒体对公众的正确引导以及政府的媒体形象塑造；最后，政府形象管理离不开公众各方面的支持。因此，危机状态下的政府形象管理涉及政府、媒体和公众三个环节的管理。

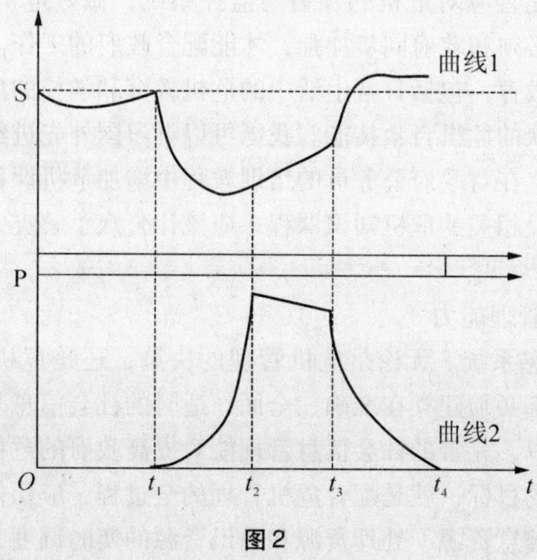

图2

（一）针对政府存在问题的对策

主持五大城市调查的南京大学社会学系系主任周晓虹教授指出：“非常时期各城市市民对政府信心指数的增减，与政府的危机反应能力和处理能力密切相关，宣传报道的

① 许文惠，张成福．危机状态下的政府管理．北京：中国人民大学出版社，1997：14．

② 林龙．政府公众媒体关系与新时期政府危机管理．政治学研究．2003（3）．曲线1反映的是危机各个时期，政府在公众心目中的地位、形象的变化。主要的衡量指标是公众对政府的支持度和对政府政策的接受度。曲线2表示的是社会恐慌度随危机不同阶段的变化。时间轴的阶段分别为危机的潜伏期（$0\sim t_1$）、爆发期（$t_1\sim t_2$）、延续期（$t_2\sim t_3$）、解决期（$t_3\sim t_4$）、t_4之后是危机处理的总结评估阶段。

及时性和真实性也是决定因素之一。"[①]可以看出，政府形象不是"设计"出来的，而是踏踏实实干出来的。危机状态下，政府的危机管理能力是政府形象管理的基础。公众对政府的评价标准是看政府到底干了哪些实事，是公众在日常生活中能直接接触到的，是公众能亲身感受到的，是关系到公众的切身利益的，公众会关注政府的各个举措，"观其行，听其言"，并做出反应和评价。因此，良好的政府形象是政府在实施行政行为的具体过程中产生的。

1. 培养危机与公关意识

《书经》有云："居安思危，思则有备，有备无患。"诚然，"危机意识是危机预防的起点"[②]，爱德华·L. 伯奈斯在《使公众舆论明确化》中忠告："对危机缺乏足够的准备，是引起混乱的导火索。"[③]危机观念对于一个国家和民族而言是必不可少的。一个负责任的政府及其领导人，应该有强烈的危机意识，未雨绸缪。在和平稳定时期，通过模拟危机事件，不断完善应对危机的预警与监控系统，做好危机防范的心理和物质准备。公众的危机意识必须和政府同步加强，才能配合政府的工作。地震多发的岛国日本很重视对公众的危机教育，包括日常生活中的危机教育和学校的危机教育，重视培养全民危机意识和训练公众的危机自救技能。我国可以学习国外先进经验，加大对公务员和公众危机教育的力度，在对政府公务员的培训教程中增加危机课程。危机意识应该从小培养，应该在学校开设相关的危机知识课程；应该让公众了解灾害，增强危机意识，掌握一定的防灾技巧。

2. 提高政府危机管理能力

（1）建设应急信息系统。无论是危机管理的决策，还是危机的预防、危机的处理以及危机后的重建，都必须建立在准确、全面、适时的社会信息基础之上，都要求社会决策系统的支持。所以，完善的社会信息管理能对提高政府的危机管理能力起到重要的作用。应急信息系统的目标，就是配合危机管理的全过程，应用信息技术，实现大面积的、跨专业和部门的信息资源、处理资源和通讯资源的实时调度，使应急指挥过程更加科学化和可视化。[④]应急信息系统把支持危机管理作为应急信息系统的目标，它是危机管理十分基础的工作，是应急管理的"大脑"，是传递应对突发事件中的各种信息、做出各种应急决策的关键所在，是建立危机预警机制的必要条件。

（2）大力发展电子政务。首先，要充分认识发展电子政务的重要性和紧迫性，从战略上高度重视电子政务的发展。其次，将建立电子政务与机构改革同步进行，真正做到电子与政务的结合，而不是简单的政务网络化。电子政务有利于提高政府的高效形

---

① 顾兆农．政府积极果断处理危机公众的信任度明显提高（专访）．人民日报，2003－05－23，第五版．
② 黄晓军．从非典事件看我国政府的危机管理制度创新．国家教育行政学院学报，2003（4）．
③（美）劳伦斯·巴顿著．组织危机管理．符彩霞译．北京：清华大学出版社，2002：63．
④ 地理信息系统论坛．http：//www. gisforum. net/show. aspx？id＝1661&cid＝32．

象，实现“无缝隙”政府，避免了各部门条块分割的弊端；有利于政府行为公开化，透明化，从而使公众从更多层面全面地知晓政府行为，更加客观地认知政府形象。

（3）完善危机管理机制。据2003年4月22日至23日对北京居民的调查显示，“调查让被访者对4月20日之前和之后政府防控SARS的表现打分，20日之前的得分为4.85分，之后上升到了7.41分，前后差距十分明显。从这些数字来看，坦诚的举措得到北京老百姓的肯定。”[①]可见，政府危机处理能力的强弱直接决定了政府形象的优劣，正所谓“疾风知劲草，危机考能力”。

首先，健全危机预警机制。在应急信息系统的基础上，完善各类危机事件的监测体系建设，加强监测信息的综合分析和评估，对可能发生的潜在危机事件，及时准确预警，避免危机的发生。危机发生时，政府应迅速启动相应的应急方案，在展开救援工作的同时，应及时组织人员运用有效的手段深入、全面地调查危机事件，了解危机各方面的情况。分析危机发生的原因、事态现状、损失程度以及可能的发展趋势和社会影响等，形成调查报告，为危机管理制定相应的对策及应急措施提供依据。

其次，建立危机应对机制，果断采取措施，有效制止危机的进一步扩散和蔓延。启动政府各部门的应急职能、协调各部门关系；动员和整合社会各方面力量共同处理危机，从人力、物力、财力等资源给予支持；及时组织救援工作，尽量控制事态的进一步发展；及时落实相关措施，保证公众的日常生活正常有序地进行。

最后，建立危机后的评估机制。危机消除后，政府的危机管理工作并没有结束，要及时进行危机总结，包括总结政府采取某些措施所造成的消极后果，避免重复同样的错误。政府要对危机带来的影响进行评估，包括物质、人员的损失，更要对政府形象进行再次评估，总结经验教训，一个“学习型”的政府，应该在危机中汲取经验教训。政府在危机后应该对公众进行心理治疗，危机对公众产生的心理后果有时可能不太明显，但它的潜在危害很大，消除难度也很大。要在一个较长的时期内，通过各种方式对公众进行正面的引导和教育，消除公众心理方面的不良后果。

3. 完善新闻发布制度

英国危机公关专家里杰斯特提出了著名的“三T”原则：第一，以我为本提供情况(Tell your own take)；第二，提供全部情况（Tell it all）；第三，尽快提供情况（Tell it fast)。政府面对危机发布信息时，应遵循这三个原则。

对上海市民对政府（媒体）是否应该及时而真实地公开信息所持的态度所做考察的结果表明，总体上有83.8%的受访者认为“政府应该及时公开信息，实事求是，相信民众自己会做出理性判断”，只有4.6%的人认为应该“少报损失，以稳定民心”。因

① 喻国明，靳一，张洪忠，张燕．信息透明化处理的传播效果——SARS事件中的民意调查及分析．中国新闻研究中心．http：//www.cddc.net/shownews.asp？newsid＝4617.

此，可以认为在危机传播中，“及时真实公开信息”才有助于危机的解决。[①]

突发事件的特点决定其新闻发布必须及时、准确、有序。首先，要尽快搜集到危机发生时的一切尽可能知道的事实真相，以便迅速评估政府对此危机事件的立场和反应方式。其次，第一时间公布真相。根据麦克圭尔的“预防注射理论”[②]，政府将与危机相关的信息预先告知公众，这样可以防止谣言的流传。再次，确定新闻发言人。新闻发言人是政府形象的象征，政府新闻发言人形象的优劣常常影响他所代表的政府形象的优劣。因此，新闻发言人在采访中要做到：形象控制力较好，态度诚实、给公众以信赖感。最后，有关危机方面的信息量很大，但并不是所有的信息都可以向媒体发布，筛选信息的标准是以有效的危机管理为指导，政府及其新闻发言人应是信息传播“把关人”的角色，对要发布的信息进行把关，目的是为了维护社会的稳定，以及维护良好的政府形象。

4. 健全危机中的法规制度

政府危机管理应该是有法律系统支持的管理。我国虽然已经制定和颁布了一些应对社会危机状态的法律和法规，但是尚不完善。为了使政府危机管理法制化，有必要加紧危机管理的立法，“把突发事件应急系统纳入法治化轨道是实施依法治国方略，全面推进依法行政和建设法治政府的需要”[③]。

首先，制定更加完善的法律法规。应尽快出台《紧急状态法》，应规定紧急状态下应急管理的基本准则、管理方法，应急预案及启动程序，政府发布紧急状态的权力及进入紧急状态的特别行政权等。其次，确保法律法规的有效执行。有法可依是基础，但执法要严是关键。1989 年我国就颁布并实施的《中华人民共和国传染病防治法》第二十三条中明确规定：“国务院卫生行政部门应当及时地如实通报和公布疫情，并可以授权省、自治区、直辖市政府卫生行政部门及时地如实通报和公布本行政区域的疫情。”但是 SARS 危机前期的情形表明这样的法规并没有被认真地执行。

（二）针对媒体存在问题的对策

危机状态下，媒体是协调政府和公众关系的“平衡器”。媒体对公众而言，是公众情绪的“稳定剂”[④]，是维护社会稳定的“稳压器”；媒体对政府而言，是政府的“危机信息代言人”[⑤]，“是政府的梳妆台”[⑥]，媒体具有美化政府形象和引导公众进一步认知政府形象的重要作用。

---

① 王轩．危机传播中不同社会组织与公众的互动．人民网 http：//media. people. com. cn/GB/40628/4079937. html.

② 吴宜秦．危机传播．苏州：苏州大学出版社，2005：69.

③ 邹东升．危机管理视角下的现代政府形象塑造．社会科学战线，2005（2）.

④ 姜帆．试论重大危机中的媒体作为．新闻前哨，2005（2）.

⑤ 姜帆．试论重大危机中的媒体作为．新闻前哨，2005（2）.

⑥ 彭步伟．信息时代政府形象传播．北京：社会科学出版社．2005：208.

1. 媒体引导舆论和舆论监督

美国传播学家 M. E. 麦库姆斯和 D. L. 肖以及后来的许多传播学学者研究发现：公众的注意力与大众传媒的报道有着密切的相关，传媒报道的侧重点决定了百姓注意力的主次。这项研究被概括为一种理论假设，即所谓“议程设置论”。在对传媒的话题设置和公众的话题设置进行比较后，他们还发现：公众对当前重要问题的判断与大众传媒反复报道和强调的问题之间，存在着一种高度的对应关系。也就是说，大众传媒作为“大事”加以报道的问题，同样也作为“大事”反映在公众的意识当中；传媒给予的强调越多，公众对该问题的重视程度也就越高。传媒的新闻报道，通过赋予各种“议题”不同程度的关注度，影响着人们对周围世界“大事”重要性的判断。①

危机状态下，媒体在满足公众信息需求的同时有责任保持社会正常运转。媒体的价值取向应当与社会利益、公众利益相一致，应该与政府的目标相一致。媒体传播什么，传播到什么程度，这些“度”很重要。这就要求媒体发挥“议程设置”的作用，在设置舆论焦点中引导舆论和舆论监督。

（1）第一时间发布正确的信息，引导舆论。当社会面临危机，公众的利益受到威胁时，公众为了缓解或消除心理上的紧张，必然要通过各种渠道去获知与危机有关的信息。信息化时代，封锁消息反而会为谣言的传播创造条件。另外，知情权是公众的基本权利和基本要求。尤其在危机状态下，公众对信息的需求往往更加迫切。

首先，媒体应在第一时间将新闻发布会发布的信息传递给公众。随着危机的发展，媒体要随时传播政府发布的权威信息，确保信息的准确性，起到上情下达的作用。媒体记者应该在新闻发布会上将公众最关心的问题提出来：“什么人、什么时间、什么地点、发生了什么事？原因是什么？以及怎样发生的？后果如何？已经采取了什么措施？政府对此态度如何？谁将为此负主要责任？如何避免类似事件再次发生？”②这些权威信息是防止出现负面舆论的最好对策。

其次，媒体要保证信息传播的全面性。施拉姆对“使用与满足”理论有一个形象而准确的比喻，认为“受众参与传播犹如在自助餐厅就餐，每个人都根据个人的口味及当天的食欲来挑选某些品种、某些数量的食物”③。作为消费者，当然希望自助餐厅可供挑选的食物越多越好。同样，公众也希望媒体提供更多、更全面的信息。从公众心理学看，片面的信息容易引起公众的反感、不信任。公众相信媒体传播信息的真实性是媒体进行舆论引导的关键。

一方面，应坚持多家媒体多种角度报道危机，有利于公众接受丰富的信息；另一方

① 陈力丹，李予慧. 谁在安排我们每天的议论话题？http：//academic. mediachina. net/academic_ zjlt_ lw_ view. jsp？ id =4565.

② 焦扬. 完善新闻发布制度，强化政府危机管理. 清华大学国际传播研究中心. http://www. media. tsinghua. edu. cn/data/2006/0225/article_ 49. html.

③ 李彬. 传播学引论（增补版第二版）. 北京：新华出版社. 2003：234.

面，媒体要学会平衡原则，在报忧的时候要报喜，在报喜的时候也要报忧，在尊重客观事实的前提下，尽可能从多个角度对危机进行完整报道。媒体要拒绝单一的声音，不断协调信息比例，引导公众理智面对危机。SARS 期间，4 月 20 日以后，媒体报道的质量和数量都有了很大提高，从报道的内容来看，疫情通报及相关情况反映、有关领导视察讲话、防治 SARS 科普知识、社论评论、政策报道、先进事迹等都占到一定比例，在正面宣传和客观报道两者之间找到了平衡（参见图 3）。①媒体传播逐步走向理性与客观，使公众对事实有了全面的认知，引导了正确的舆论，维护了社会稳定。

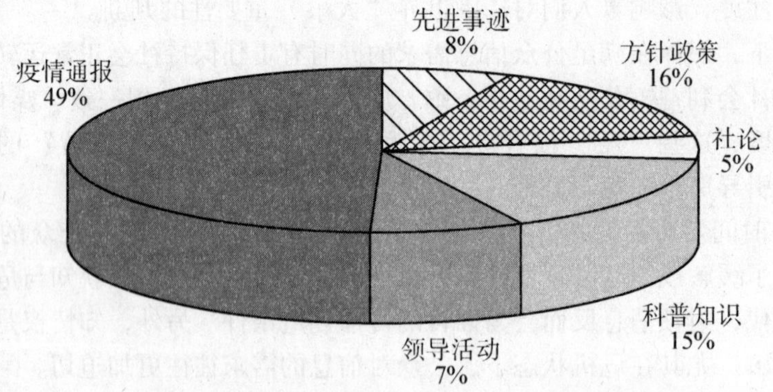

图 3　《人民日报》对 SARS 事件报道的内容结构

（2）强化正面舆论。危机时刻，公众需要的不仅仅是关乎自己切身利益的信息，更需要精神上的支持。媒体要给公众希望，把公众对危机的恐惧控制在一定的范围内，而不是扩大危机的影响力。媒体应该“着力报道典型人物及其事迹，弘扬各种积极的社会事件和奋斗精神，正面总结与宣传政府的政策努力与成就，以求达到稳定大局，激发公众抗击灾难的信心与决心的效果”②。榜样的力量是无穷的，能给公众一种感动，一种力量。SARS 期间，涌现了一些榜样，如医护战线上的叶欣，科学界的钟南山。他们用实际行动面对危机，增强了公众面对危机的勇气和战胜危机的信心。

充分利用媒体资源是强化正面舆论的重要手段。除了新闻，媒体还应充分发挥各种传播手段来缓解公众的压力，缓和社会氛围，弘扬民族精神。如 SARS 后期，在重要媒体的黄金时间段滚动播出公益广告，这些公益广告给公众很强的人文关怀。媒体还可以通过举办各种文艺晚会、大型宣传活动、赈灾募捐的演唱会等形式，唤起社会的爱心，

---

① 《人民日报》对 SARS 事件报道的内容结构．数据来源：根据人民日报电子版检索统计（4 月 3 日—4 月 23 日）．

② 中国社会科学院公共政策研究中心．香港城市大学亚洲管治中心合编．中国公共政策分析 2004 卷．香港城市出版社，2004：278.

温暖公众，感动公众；甚至可以制作一批相关的电视剧和电影，开辟相关的网站等形式安抚公众，鼓舞公众的士气，重新建立起公众对生活的信心和希望。众志成城，营造一种全民抗危机的决心和氛围，这是政府进行危机管理时最大的法宝。

（3）反映正确的公众舆论，舆论监督。政府通过媒体对公众进行舆论引导的同时，媒体也应该倾听公众的心声，对政府加强舆论监督。一方面，根据公众心理，如果媒体全是正面报道，会使公众产生逆反心理，信息的真实性受到质疑；另一方面，媒体需要及时反映、疏导公众的正确意见，起到下情上传的作用，使舆论监督成为促使政府行为优化的积极因素。

“舆论监督对塑造良好的政府形象之所以重要，就在于它直接反映了人民群众对政府的期望和要求。”①在危机这种非常状态下，政府的行为难免会出现一些瑕疵，如实施过程中政策和措施不到位，政府官员的地方保护主义，“政府官员不良行为严重损害了司法系统，并严重损害了党和政府在人民心目中的形象。各级政府要真诚接受人民的监督，媒介也要进一步发挥监督作用，反映民意”②。媒体舆论监督的威力在于通过“曝光”将问题公开，促使政府了解和听取公众的意见和需求，及时发现和改进危机管理中存在的问题，使政府的行为更加规范，更符合公众的需要。

（4）引导公众的行为。SARS 期间，盲目地吃蒜，盲目地喝板蓝根；据说白醋可以消毒，于是超市的白醋被哄抬到 50 元一瓶。“危机发生的时候，人们需要有人站出来领导，人们需要的是指示和命令。告诉我发生了什么，告诉我应该怎么做。人们需要指引如何理智地理解所发生的事，以及如何在感情上应对面临的威胁和不熟悉的现状。危机中的领导者的角色是：跟我来！（Follow me!）”③ 媒体在危机中承担了这一重要的角色。

危机状态下，媒体有责任向公众提供各类行为信息，如“应该做什么”、“怎样做”、“遇到情况采取什么措施”等方面的信息。“9·11”事件发生后，美国媒体除了探讨恐怖主义、政府的各项措施之外，更多的是传递这样的信息：“让您的钱仍然留在股市上”，“像平常那样出门、像平常那样给您的汽车加油”，呼吁公众尽可能地恢复正常生活。SARS 后期媒体传递了引导公众行为的信息：“怎样预防 SARS”，“怎样洗手”，“饮食方面注意哪些”，“外出要注意什么”，以及报道“法国总理坚持如期访华”，“纽约市长到中国城吃饭”。媒体把政府的政策，巧妙地转换成公众的日常行为，把公众对危机的感觉和认识引导到有利于解决危机的正确方向上来。这些信息对转移公众对危机的恐惧感，恢复理性行为，回到正常的生活状态中有重要的作用，从而维护社会的稳定。

---

① 袁曙宏．政府形象论纲．国家行政学院学报，2000（3）．

② 人民网英文频道报道关于朱镕基的会议讲话，原文见 1999 年 7 月 7 日．

③ 孙玉红等著．直面危机——世界危机案例剖析．王文彬等译．北京：中信出版社，2003：69．

2. 打造政府的“媒体形象”

政府的形象首先是“做”出来的，而不是“说”出来的，但是光做不说也不行。政府形象建设需要从“做”和“说”两个方面去进行。[①]“不要只说不做，也不能只做不说，政府业绩再好，要想在公众当中树立积极良好的政府形象，也必须依靠一定的舆论。”[②]因此，在危机中，媒体是“政府行为”的“扩音器”，政府应通过媒体告知公众，让更大范围内的公众知晓政府“面对危机时的态度”，“已经做了什么事”、“正在做什么事”、“下一步的计划是什么”以及政府做了“某事”已经产生的作用。因为“公众既可以通过直接与政府打交道来评价政府形象，同时也可以通过传媒对政府信息的报道，来评价政府形象”[③]。政府的媒体形象是政府形象的重要组成部分，是公众对政府深层次认识的途径。

（1）媒体是政府行为的扩音器。事实证明，政府的政策和行为越透明，就会给公众心理安慰，公众对于政府的行为也会比较理解与配合，就可以维护值得信赖的政府形象。相反，封锁信息，公众对政府行为的了解局限在一定的范围内，政府形象容易被异化。著名的危机公关专家迈克尔·里杰斯特指出：当组织面临危机时，与相关公众的沟通和传播会比往常任何时候都显得更为重要。若一个组织不能就其发生的危机与公众进行合适的沟通，不能告诉社会它面对灾难局面正在采取什么补救措施，不能很好地表现它对所发生事故的态度，这无疑将会给组织的信誉带来致命的损害，并甚至有可能导致组织的消亡。[④]

因此，当危机发生时，政府在进行政务公开、增强政府行为透明度的同时，媒体应积极配合政府行为，恰当的媒体报道策略将进一步增强政府行为的透明度。如增加传播政府决策、措施等方面信息的密度和频度，将政府的一言一行告知公众，一方面使政府的行为信息被更多的公众了解，另一方面使公众了解到政府更多的行为信息。如SARS后期，媒体为公众传递了这样的信息：政府高度重视抗击SARS；新闻发布会关注SARS的最新动态，媒体帮助政府传递信息，公布最新的疫情；各地政府采取了积极有效的预防和治疗措施；医护人员的敬业精神值得学习；免费医治感染SARS的公众；高度关怀受SARS影响的公众；以及采取各项措施确保公众的日常生活不受到SARS的干扰，恢复正常的生活状态。所有这些信息，都是政府在危机处理中的积极行为，这些行为通过媒体的传播，深深地印在了广大公众的心中，有利于树立责任型的政府形象。

（2）领导人形象的塑造。“在一般公众的心目中，政府官员是政府形象的缩影，他们的言行不仅代表他个人，而且代表政府。因此政府官员应该具备现代的形象意识和形

---

① 廖为建．谈谈政府形象的构成与传播．中国行政管理，2001（3）．

② 彭步伟．信息时代政府形象传播．北京：社会科学出版社，2005：106．

③ 同上书，第224页．

④ 程方炎．论政府公共关系管理的时机．地方政府管理，1998（5）．

象素质，包括生理形象、心理形象、行为形象、语言形象、职务形象、消闲形象等方面均应具备自己的独特魅力。”①

政府领导人良好的个人形象可以提升政府形象。尤其在危机状态下，领导人如果能够经常、广泛地接触公众，将政府的决策、方针、措施传递给公众，了解公众的生活状态，多为公众办实事，就会赢得公众的信赖和支持。SARS 期间，胡锦涛、温家宝等领导人多次通过电视媒体出现在抗 SARS 的第一线，多次深入疫区，与公众零距离接触，关心公众的安全和生活，同时把政府抗击 SARS 的决心和决策传递给公众，塑造了亲民的领导人形象。同时使公众感受到了一个责任政府的魅力。“温家宝总理到北京大学视察学校防‘非典’情况，并与学生共进午餐的新闻报道以后，网民赞赏政府的亲民做法的帖子数量出现急剧上升的情况。”②

（三）针对公众存在问题的对策

在加强对政府和媒体管理的同时，加强对公众自身行为的管理对于政府形象管理具有重要的意义。

首先，公众要加强自身的危机意识，提高危机应对能力。公众常常认为危机处理只是政府的事，与自己无关。其实只有增强公众的危机意识，才能动员全社会的力量处理危机。公众应通过各种途径加强对危机知识的了解，不能存在侥幸心理，增强危机中的心理承受度，掌握危机中的应对技巧，提高自身的危机应对能力。如：遇到特殊情况的自救和互救措施；以及懂得如何配合现场急救指挥、服从政府的统一安排，尽量减少由于配合不当而造成不必要的损失；等等。

其次，公众应有全局意识和责任意识。政府面对危机、处理危机、战胜危机，需要公众的理解和支持。在危机面前，要有个人利益服从全局利益的意识，不要像 SARS 期间的地方官员那样，只顾区域利益和局部利益，这种狭隘的地方保护主义思想不利于政府从全局统一协调管理。而某些公众只关心个人的利益，哄抢物品，甚至还出现大学生集体逃离学校的事情。这些行为无疑给政府的危机管理雪上加霜，扩大了危机本身的破坏力。

再次，危机对公众心理的影响是巨大的，尤其是那些受危机严重影响的人，他们需要周围公众的支持和关心。公众应积极奉献自己的力量和爱心，有钱出钱，有力出力。拒绝冷漠，少一份歧视、戒备、猜疑；多一份微笑、问候、关爱。齐心协力共抗危机，有利于为政府危机管理和政府形象管理营造一个健康和谐的公众环境。

最后，公众应提高自己的判断力。公众有责任去了解事件的关键信息，然后做出理智分析来改变自身的非理性行为，趋利避害。如果公众都有这种意识和判断力，事实上，很多隐患、危机都可以避免发生，或可以减弱危机的危害程度。

---

① 廖为建．论政府形象的构成与传播．中国行政管理，2001（3）．

② 彭步伟．信息时代政府形象传播．北京：社会科学出版社，2005：410．

公共危机中的领导者媒体形象建构效力指数评估体系初探

廖为建　徐　来*

【摘　要】公共危机中的领导者媒体形象建构评估，是对政府领导者在危机中的媒体形象建构绩效进行的评判。对危机中领导者媒体形象建构与建构绩效的评估，不但有利于公共危机管理的有效进行，而且有助于政府领导者及其他相关人员根据领导媒体形象建构的评估结果进行有效决策，改良建构策略，促进领导媒体形象建构成效的有效发挥。本文拟探讨危机中领导者媒体形象建构效力测评体系的建立途径与实施方法，为全面研究公共危机中的政府领导者媒体形象建构起到抛砖引玉的作用，也为各级政府领导者评估自身在公共危机中的形象建构成效提供一定的实践途径。

【关键词】公共危机　领导者媒体形象建构评估　领导者媒体形象建构效力测评体系

所谓评估，是指人们对某个特定客体的评判，是主观之于客观的认识活动。人类的评估活动与能力随着社会的发展进步而不断提高与完善。从经济学角度看，评估本身属于生产关系的范畴，但对生产力的发展具有促进作用。危机中的领导媒体形象建构评估，是对政府领导者在危机中的媒体形象建构绩效进行的评判。对危机中领导者媒体形象建构与建构绩效的评判，不但有利于危机管理的有效进行，而且有助于政府领导者及其他相关者根据领导媒体形象建构的评估结果进行有效决策，改良建构策略，促进领导媒体形象建构成效的有效发挥。在公共危机发展过程中，政府领导者应对自身媒体形象建构效果的走势有一个基本的认识和评估。

需要提出的是，按照斯蒂文·芬克（Steven Fink）的危机传播四段论模式①的划分，往往在危机突发期与蔓延期阶段，由于任务的紧迫性，领导者不可能对自身媒体形

* 廖为建，中山大学政治与公共事务管理学院公共传播学系教授；徐来，中山大学政治与公共事务管理学院行政管理专业政府公共关系研究方向2006届硕士研究生。

① 斯蒂文·芬克（Steven Fink）的危机传播四段论模式将危机依据其发生发展的生命周期划分为危机潜在期、危机突发期、危机蔓延期和危机解决期四个阶段。其中危机潜在期是危机处理最容易但却最不易为人所知的时期；危机突发期则是四个阶段中时间最短但是感觉最长的阶段，而且易对人们的心理造成最严重的冲击；此后便是危机的蔓延期，其间危机缩短的时间有赖于得力的危机管理；最后一个阶段即是危机的解决期，此时组织从危机影响中完全解脱出来，但是仍要保持高度警惕，因为危机仍会去而复来。

象建构效果进行系统的定量与定性相结合的分析与评估，只能大致借助较为简单易行的SWOT评估等模型对自己当下形象建构的比较优势与比较劣势、面临的机会（如危机中公众的依赖性增强）和威胁（如来自恐怖主义分子的媒体宣传战）等进行分析判断，迅速调整策略以保证危机传播的有效性。

据笔者了解，我国当前危机传播相关研究中，对政府领导者媒体形象或领导者公信力的效力测评研究较少，涉及危机传播中领导者媒体形象效果评估体系的研究更是寥寥。因此，本文希望为领导者媒体形象建构效力测评体系的建立起到抛砖引玉的作用，同时在研究建构危机中的政府领导媒体形象方面做一个稍为完整的尝试，为各级政府领导者评估自身在危机中的形象建构成效提供一定的实践途径。

一、危机中领导者媒体形象建构效力指数的定义

危机中的领导者媒体形象建构效力指数是指围绕政府领导者媒体形象建立起来的测评指数，它是建构领导者媒体形象的各种相关要素的有机合成，反映了危机中的政府领导者形象塑造和危机应对的综合能力。

客观来讲，公众对政府领导者的形象认识不是凭空而来的，它是通过对领导者的权力合法性、行政工作与效果乃至领导者外形的感知而根植于公众的心目中的。其中，领导者的权力合法性具有明显的象征意义，它不仅是领导行动的指南，而且是领导者媒体形象建构中确立的一面旗帜，是领导者媒体形象建构的本质特征。它告诉公众，领导者将要对社会、公众做什么和应该怎样去做。领导者的权力合法性通常是以思想形态的东西昭示于天下。首先，它提出的是领导行政决策和治国的根本原则和领导权力的来源；其次，它阐释政府领导者所应承担的管理职能和肩负的任务；最后，它表明了领导者应不断完善领导形象与素质以适应社会发展需要的能力。有鉴于此，领导媒体形象建构效力指数既应包括形成政府领导权力合法性的各种资源、机制，也涉及领导者在媒体形象建构过程中与媒体、公众之间的互动程度，以及公众对领导形象的认可和满意程度的评价状态。

所谓领导者媒体形象建构效力指数，就是对以上反映领导媒体形象建构成效的各种指标进行定性、定量研究而得出的综合测评结果，是对领导者媒体形象建构成效的综合、全面、高度的概括与评价。通过对领导者媒体形象建构效力指数的测评，可以清晰地看到政府领导者在危机中媒体形象建构方面的优势和不足，进而为下一阶段的领导者媒体形象建构制定可行策略、发挥领导者媒体形象建构效力提供理论依据。

二、危机中领导者媒体形象建构效力指数测评体系的建立原则

在对危机中领导者媒体形象建构效力指数进行测评时，首先应确立测评的指标体系。本文拟确立的指标体系主要遵循了如下原则：

• 目的性原则。即指标体系应是对危机中领导者媒体形象建构的本质特征、结构及

其构成要素的客观描述，并为测评的目的服务，为测评结果的判定提供依据。

• 科学性原则。即指标体系应围绕测评目的，指标概念正确，含义清晰，各指标之间不应有很强的相关性，尽可能避免显而易见的包含关系，对隐含的相关关系在处理时应尽量将之弱化消除。

• 系统性原则。即指标体系应全面反映危机中的领导者媒体形象建构的各个要素和整体情况，并从中抓住主要要素，保证综合测评的全面性和可信度。

• 有效性原则。即指标体系应合理构造层次数量和指标数量，能准确反映领导者媒体形象建构的效力，与测评对象无任何关系的指标不应被纳入到指标体系中，既要避免琐碎繁杂，又要避免过于粗略。

• 实用性原则。即指标体系的设计应考虑现实可能性，指标的数量尽可能地少而精、信息集中、数据资料易得，并且测评方法易于掌握，降低测评的负担。

• 静态与动态相结合的原则。静态指标反映的是危机发生当前一段时间的领导者媒体形象建构水平，主要依据的是显性指标。动态指标反映的是随着危机势态的发展领导媒体形象建构的发展趋势和挖掘潜力，主要依据隐性指标，它具有一定的预测功能。

• 定性与定量相结合的原则。对危机中的领导媒体形象建构效力指标的统计和推算，是一种定量的研究，但影响领导媒体形象建构的因素不一定是可以量化的，还需要进行定性的研究，因此本体系将结合使用两种方法。

三、危机中领导者媒体形象建构效力指数测评体系的建立

危机中的领导者媒体形象建构效力指数测评体系的建立过程应包括框架设计、指标选择、模型设计、数据采集与处理、测评结果表达等。根据领导者媒体形象的影响因素、内容和指标体系的构造原则，首先设计测评指标体系，然后向相关部门、专家与公众发放调查表，对回收的调查结果进行科学统计，确定指标权重，消除指标量纲，进行指标价值量化，然后引入数学模型，得到最后的测评结果。

由于危机中的领导者媒体形象建构测评并非几项指标、统计数据的简单组合，如何将分布在涉及形象的领导个人因素、媒体协作、公众认同等要素进行有效整合与综合测评是测评体系中的关键问题。因此，设计指标要从系统的角度来揭示领导者媒体形象建构测评体系的逻辑结构。本项研究最终确定的指标体系如表 1 所示，其中一级指标 5 个，二级指标 16 个。

表 1　危机中领导者媒体形象建构效力指数测评体系

权力合法性	1. 完备的规章制度 2. 健全的组织管理 3. 卓越的政府行政文化

续上表

领导者的危机应对能力	1. 领导的反应力 2. 决策能力 3. 统筹协调能力
领导者的外形设计	1. 领导者的外形 2. 领导者的个性化魅力 3. 不同危机情境下的领导形象把握
媒体运作能力	1. 对国内主流媒体的运作能力 2. 对国内非主流媒体的运作能力 3. 对国外媒体的良性信息传播能力
公众认同感	1. 对危机中领导者应对态度的满意度 2. 对危机中领导者应对能力的满意度 3. 对领导者本身形象的认同感 4. 危机中的公众安全感

具体含义如下：

• 权力合法性。作为执政的政府领导者，其权力合法性是领导形象最基本的组成部分。它的二级指标包括：完备的规章制度，健全的组织管理，卓越的政府行政文化。

• 领导者的危机应对能力。它的二级指标包括：危机中领导者的反应力、决策能力及统筹协调能力 。

• 领导者的外形设计。在此指标下有三个指标：领导者的外形，领导者的个性化魅力，不同危机情境下的领导形象把握。

• 媒体运作能力。即大众媒体在领导者媒体形象建构中的运用程度与效果。媒体的运作指标下包括：对国内主流媒体的运作能力、对国内非主流媒体运作的影响能力及其对国外媒体的良性信息传播能力三个二级指标。

• 公众认同感。这个指标是公众对危机中领导者媒体形象建构的评价。之下有四个二级指标：对危机中领导者应对态度的满意度，对危机中领导应对能力的满意度，对领导者形象本身的认同感，危机中的公众安全感。

本文将采用多级模糊测评方法①来构造危机中的领导媒体形象建构效力指数的模型，首先对模型的每个分支进行综合，然后将对每个子因素的评测综合成对主因素的测

① 诸克军，张新兰．Fuzzy AHP 方法及应用［J］．系统工程理论与实践，1997（12）：37—42.

评。具体地说，用层次分析法（Analytic Hierachy Process，简称 AHP）① 建立领导媒体形象的多指标体系，并计算各指标权重系数②，然后结合熵技术③对该权数进行修正，再采用模糊综合测评方法计算危机中的领导媒体形象建构效力指数。

（一）层次分析和权重计算

利用层次分析法，建立多层递阶结构模型，利用专家咨询构造两两比较判断矩阵，求矩阵向量和特征根，并进行一致性检验，得到各指标的相对权重，然后进行逐层的排序，最后得到总排序，即测评体系中的一级指标权重和项目权重。这个过程可以采用计算机分析软件进行。

同时，由于专家与公众在对领导者媒体形象打分时具有较强的主观偏好，故本文运用熵技术对由 AHP 方法计算出来的一级指标权重和项目权重进行修正。熵技术是一种确定权重的客观方法，二者结合使用，能够使指标的权重达到主观与客观的统一，既兼顾了主观偏好，又减少了随意性。

假设，如公式 1－1 所示，有 n 个指标 m 个方案的多指标决策问题的决策矩阵为：

$$x=\begin{bmatrix} x_{11} & x_{12} & \cdots & x_{1n} \\ x_{21} & x_{22} & \cdots & x_{2n} \\ \vdots & \vdots & \vdots & \vdots \\ x_{m1} & x_{m2} & \cdots & x_{mn} \end{bmatrix} \tag{1-1}$$

首先，计算第 j 个指标下第 i 个方案指标值的比重（见公式 1－2）：

$$p_{ij}=x_{ij}/\sum_{i=1}^{m}x_{ij},\ (1\leqslant i\leqslant m,\ 1\leqslant j\leqslant n); \tag{1-2}$$

其次，在公式 1－3 中，计算第 j 项指标的熵值：

$$e_j=-(\ln m)^{-1}\sum_{i=1}^{m}p_{ij}\ln p_{ij},\ (1\leqslant j\leqslant n),\ 0\leqslant e_j\leqslant 1); \tag{1-3}$$

然后，定义第 j 项指标的偏差度，如公式 1－4 所示：

$$g_j=1-e_{ij}; \tag{1-4}$$

g_1越大，指标越重要。假设对指标无明显偏好，则得修正的权重，见公式 1－5：

---

① 层次分析法为常用的多属性决策方法，用于指标测评时往往与模糊数学综合使用。这种方法将定性问题定量化，统一处理决策中的定性、定量因素，具有实用性、系统性、简洁性等优点。层次分析法的基本思路是：将所要分析的问题层次化，根据问题的性质和所要达到的总目标，将问题分解为不同的组成因素，并按照这些因素间的相互关联以及隶属关系将因素按不同层次聚集组合，形成一个多层次分析结构模型。最后将该问题归结为最低层相对最高层（总目标）的比较优劣的排序问题。

② 权重系数，是指一个整体被分解成若干因素（指标）时，用来表示每个因素在整体中所占比重大小的数。权重系数简称为权重。每个因素的权重表示了该因素在整体中的相对重要程度。

③ 熵是物质的参数状态，即物质状态一定时，物质的参数也一定。熵技术则是指对权重进行修正的计量方法。

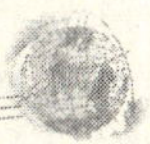

$$w_j = g_j / x \sum_{j=1} g_j \qquad \sum_{1}^{m} (1 \leqslant j \leqslant n) \tag{1-5}$$

（二）模糊综合评判

模糊综合评判是在模糊环境下，考虑了多种因素的影响，为了某种目的对一事物做出综合决策的方法。多层次综合的方法是先对模型的每一个分支进行综合，然后将对各个子因素的评判综合成对主因素的评判，具体方法如下：

首先，确定领导媒体形象建构成效评估的相关构成要素：

因素集：$X=(x_1, x_2, \cdots, x_m)$ 是一个由本文所设定的测评指标构成的指标集合。

评语集：$V=(v_1, v_2, \cdots, v_n)$ 是一个评语集合，评语分优、良、中、差四个等级；

权重集：$W=(w_1, w_2, \cdots, w_n)$ 是一个权重集合，w_i 用 *AHP* 和熵技术确定。

其次，从 X 到 V 的模糊关系，用公式 1-6 中的模糊测评矩阵 R 来描述：

$$R = \begin{bmatrix} r_{11} & r_{12} & \cdots & r_{1n} \\ r_{21} & r_{22} & \cdots & r_{2n} \\ \vdots & \vdots & \vdots & \vdots \\ r_{m1} & r_{m2} & \cdots & r_{mn} \end{bmatrix} \tag{1-6}$$

其中，r_{ij}表示对第 i 个指标作出评语 V_j 的隶属度，其取值是通过综合专家打分而得，见公式 1-7：

$$r_{ij} = v_{ij} / \sum_{j=1}^{m} v_{ij} \tag{1-7}$$

最后，利用模糊矩阵的合成运算，得到公式 1-8 中的综合测评模型。

$$B = \omega o R = (b_1, b_2, \cdots, b_n), \text{若} \sum_{j=1}^{n} b_j = 1, \tag{1-8}$$

则对 B 采取归一化处理。

危机中的领导媒体形象建构效力指数的计算：

设 $F=(f_1, f_2, ...f_j)$ 是分数集，f_j表示第 j 级评语的分数，利用向量乘积，计算出最终测评结果，即危机中的领导媒体形象建构效力指数 $Z=B \cdot F$。

具体应用详见附件中的领导媒体形象建构效力指数测评案例。

根据建立的测评方法的特点，可将危机中领导者媒体形象建构效力测评指数划分为四个区间，分别表示危机中领导者媒体形象建构效力测评结果的优、良、中、差。这四个区间为：

- 优：优势区间，建构效力综合测评指数在：$90 \leqslant Z < 100$；
- 良：良好区间，建构效力综合测评指数在：$70 \leqslant Z < 90$；
- 中：中等区间，建构效力综合测评指数在：$60 \leqslant Z < 70$；
- 差：劣势区间，建构效力综合测评指数在：$0 \leqslant Z < 60$。

由于此测评方法仅为对危机中领导者媒体形象建构评估体系的初步设想与探讨，还存在许多需要完善与改进的地方。然而，由此得出的大致的评估结果仍是对危机中领导者媒体形象建构具有一定的参考意义。在评估结果中，效力指数为优、良等级的领导者媒体形象是建构得较为成功的，而评估结果显现出中等乃至不及格的领导者媒体形象，则面临着领导者形象建构与民众认同上的潜在危机，应尽快进行危机形象修复，以挽回政府和领导者在危机中因公共形象建构不佳的“信任危机”。

【参考文献】

1. 中国现代国际关系研究所危机管理与对策研究中心．国际危机管理概论．北京：时事出版社，2003.
2. （美）戴维·奥斯本，特德·盖布勒．改革政府——企业精神如何改革着公营部门［M］．上海市政协编译组译．上海：上海译文出版社，1996.
3. 王乐夫．领导学：理论、实践与方法［M］．广州：中山大学出版社，1998.
4. 陶淑艳．现代领导形象设计［M］．北京：中共中央党校出版社，2005.
5. 康庆强．公共关系与组织形象塑造［M］．北京：学苑出版社，1996.
6. 郭钟琪，廖为建．行政过程中的传播要素分析［J］．中山大学学报：社会科学版，2002（1）.
7. 侯少文．提高处置危机的能力［J］．瞭望新闻刊，2003（11）.
8. 秦德君．把握时机提升领导形象［J］．决策．2005（5）.
9. 诸克军，张新兰．Fuzzy AHP 方法及应用［J］．系统工程理论与实践．1997（12）.
10. 郭斌，蔡宁．企业核心能力审计：指标体系与测试方法［J］．系统工程理论与实践．2001（9）.

危机情境下政府形象修护策略
——以松花江水污染事件个案为例

冯丙奇*

【摘　要】2005年底的吉林石化公司双苯厂爆炸，导致松花江水污染。本研究参照Benoit等的形象修护策略体系，对该事件过程中相关的政府机构所采取的形象修护策略进行分析，同时试图发现中国文化语境中，危机情境下政府机构所采取的形象修护策略与在西方文化语境中整理而成的形象修护策略体系的差异之处。研究发现，吉林、黑龙江与中央相关政府机构采取的回应策略存在一定的差异，主要原因是责任的归属不同；同时，本研究发现，该事件中相关政府机构还采取了特有的形象修护策略，即Benoit等的形象修护策略所没有涉及的，比如“强调他人态度”等。

【关键词】松花江水污染　政府　形象修护

2005年11月13日下午1时45分左右，中国石油吉林石化公司双苯厂发生着火爆炸事故，结果约100吨苯类污染物流入松花江水体。这首先是一次跨省污染事件，同时也是一次跨境污染事件，其跨境影响也值得关注。

随后的一段时间中，该事件的相关政府机构——哈尔滨市政府、黑龙江省政府、吉林市政府、吉林省政府、国家环保总局、国家安监总局、外交部等——都在不同程度上做出了回应。那么，各相关政府机构都采取了哪些回应策略呢？各种策略的效果又如何呢？本文仅从危机情境下组织的形象修护角度来分析这个问题。

一、形象修护文献探讨

目前比较完整的形象修护理论体系是由伯尼特（W. L. Benoit）经过综合分析之后提出的。1995年，其专著《说明理由、申辩与致谦——形象修护策略》在以往相关分散研究的基础上，第一次对危机情境下受到批评的个体或组织的修辞性回应策略进行了比较系统的分析与总结。①伯尼特最初将该理论称为“修复”，不过后来建议使用“修

---

* 冯丙奇，中国传媒大学广告学院讲师。

① Benoit, W. L. (1995). *Accounts, excuses and apologies: A theory of image restoration strategies.* *Albany*, NY: State University of New York Press.

护”，正如伯尼特本人所说：“实际上，我现在更倾向于使用‘修护’（repair）而不是‘修复’（restoration），因为‘修护’或许可以暗示形象已经被修补到其原先的状态。”①

这里应该特别强调的是，该理论体系关注的是危机情境下受批评者的修辞性言语回应策略。之所以强调“修辞性”，主要是强调危机情境下，受批评者回应时可以对自己的言语的各个方面进行有意识的组织，以便获得预期中的传达效果。这也正符合了伯尼特的说法：伯尼特在1995年的专著中开始说明这个理论之前首先强调，形象修护理论有两个假设，其一就是认为传播沟通都是由目标引导进行的行为；第二个假设就是认为传播沟通的关键目标就是维护积极的声誉。②

通过总结与分析，伯尼特提出形象修复策略的五大策略：否认（Denial）、推卸责任（Evasion of Responsibility）、降低外界攻击（Reducing Offensiveness of Event）、承诺进行修正行动（Corrective Action）、承认错误/道歉（Mortification）。③

表1　伯尼特的形象修护策略体系

策略	界定	子项目	界定
否认	否认受批评行为的发生或否认与受批评行为有关	简单否认 Simple Denial	简单否认受批评行为的发生
		转移责难 Shift the Blame	指出受批评行为的主体是谁，将罪责转移
逃避责任	无法否认时，逃避或者降低自己应负的责任	正当回应 Provocation	声明自己是对他人不正当行为的正当回应
		无力控制 Defeasibility	声明自己缺乏对重要因素的有关信息或者难以对该重要因素进行控制
		纯属意外 Accidents	强调受批评行为是意外
		动机良善 Good Intentions	强调自己的动机是好的

① Benoit, W. L. (2000). Another visit to the theory of image restoration strategies. *Communication Quarterly*, 48: 40—43.

② Benoit (1995), pp. 63—71.

③ Benoit (1995), pp. 63—95.

续上表

策略	界定	子项目	界定
降低事件损害程度	降低公众对自己的不良感受	道己之长 Bolstering	强调自己拥有的良好品质或者过去所做的良好行为
		淡化损害 Minimization	强调后果并没有那么严重
		差异化 Differentiation	将公众批评的行为与其他更加不合人意的行为区分开来
		转换框架 Transcendence	试图将公众批评的行为放在另外一个不同的（有利的）语境中
		反击批评者 Attack Accuser	受批评者反过来批评指控者
		补偿 Compensation	付给受害者酬劳以便抵消受害者的消极感受
开展修正行动		承诺（甚至发誓）要纠正问题	
认错/道歉		承认错误并请求谅解	

资料来源：Benoit, W. L. (1995). *Accounts, excuses and apologies: A theory of image restoration strategies.* Albany, NY: State University of New York Press. pp. 74 – 95.

在不断的研究过程中，相关的学者对伯尼特整理出的体系进行了补充；这里尤其指出的是黄懿慧①，其补充更加强调了对东方文化的关注，也为本研究打下了一个重要的基础。黄懿慧主要加入了四项策略。

1. 形式上致意

以“遗憾”、“痛心”等字眼，表达对事件的感觉，表达怜悯、关怀之意，但并非要负起责任。

2. 提供信息

向公众提供心理与行为层面的信息，可提供的信息包括三种：指示性信息、心理调节性的信息、事实性信息。指示性的信息指公众行动上可遵循的信息；心理调节性的信息是帮助公众进行心理调节或适应事件的信息；事实性信息是有关事件的相关信息。

提供信息的功能之一是可以让利益关系人感到宽心，同时让公众得到确定的信息，应该说一定程度上，这样的信息可以防止公众受到的影响继续恶化。

3. 建构新议题

通过创立新议题，试图分散公众关注的焦点。

---

① 黄懿慧．危机回应：浅谈形象修复策略．公关杂志，2001（42）：38—41.

4. 不作评论

对外不发表相关言论。

二、研究问题与研究概念说明

通过对以往的文献进行整理，我们可以比较明显地看到，无论从数量上、研究对象的范围上、研究问题的分布上，政府领域的研究尚值得进一步探索；同时，国内的相关研究，更存在大量空间。这些都说明了本研究的意义所在。

本研究的问题主要有两个：①分析松花江水污染事件过程中相关政府机构的修辞性回应策略并进行必要评估。②试图以此个案为例，分析危机情境下国内政府机构所采取的修辞性回应策略体系；与目前的形象修护策略体系相比，有哪些方面的调整或补充。之所以提出第二个问题，主要考虑的是文化因素对形象修护策略运用实践的影响，而且，伯尼特本人也同意文化因素会对形象修护策略产生影响。[①]

该事件发展过程存在一个重要转折点，即所谓“事件定性”，或者更准确地说是责任定性——2005 年 11 月 23 日国家环保总局向媒体作出的通报明确指出：受中国石油吉林石化公司爆炸事故影响，松花江发生重大水污染事件。该“定性”十分重要，因为正是依据这一定性，相关的政府机构才有针对性地采取了相应的回应策略。

三、吉林方面

(一) 吉林方面形象受损状态

吉林方面的责任是比较明显的，正如哈尔滨市政府新闻发言人在 2005 年 11 月 25 日的新闻发布会上所表示的：目前黑龙江省和哈尔滨市两级政府正在核算损失，准备向吉林石化索赔。

(二) 吉林方面形象修护策略

这里涉及吉林省及吉林市政府相关机构，其形象修护策略明显地经历了两个阶段。

1. 第一阶段（定性之前，2005 年 11 月 13 日—23 日）

(1) 否认。

1）简单否认。如，在 2005 年 11 月 14 日上午 11 时的新闻发布会上，吉林省吉林市一名副市长向媒体介绍，根据专家检测分析的结果，爆炸不会产生大规模污染，整个现场及周边空气质量合格，没有有毒气体，水体也未发生变化。[②]

2）转移责难。就没有尽早公布消息的问题，吉林市环保部门的工作人员解释说：

---

① Benoit 2006 年 10 月 13 日的回信："I agree with you that cultural background can influence image repair. We have done a couple of non-U. S. studies of image repair; if you haven't read these you might find them useful. However, I would not be surprised to learn that there is much more work that needs to be done concerning image repair and culture."

② 吉林市未及时公布水污染消息 寄希望放水稀释.

“这次和以往不同，新闻发布权不在我们（环保部门）手里，上面有明确规定。”“你找市委宣传部！”吉林市委宣传部一名副部长表示：“现在，相关采访需找省委宣传部。”吉林省委宣传部表示：“因是重大环境突发事件，相关内容的发布，需通过中央。”①

（2）降低事件损害程度——反击批评者。吉林市委宣传处一位人士表示，停水事件有可能是哈尔滨市在作水污染文章。②

2. 第二阶段（定性之后，2005 年 11 月 23 日之后）

（1）逃避责任——无力控制。吉化双苯厂所在的龙潭区环保分局的一位负责人承认，目前吉林市的地下管线缺乏长远规划，尤其是下水管道和污水管，长期以来就是线路错综复杂分不清楚，有时根本不知道是谁的管道。③

（2）降低事件损害程度——道己之长。2005 年 11 月 28 日上午，吉林省副省长李斌强调，事故发生后，省市有关部门和吉化公司在污染防控方面，做了大量工作，取得了积极的效果。④

（3）承诺采取修正活动。2005 年 11 月 23 日，吉林省副省长、中共吉林市委书记矫正中表示，下一步，吉林省将加强与黑龙江省政府的衔接与协力配合，加大小丰满水库的放流量，组织吉林省内有关专家加紧研究水污染处理相关对策并及时向黑龙江省政府通报。⑤

（4）承认错误并致歉。2005 年 11 月 23 日，矫正中专程来哈尔滨表示慰问和深深歉意。他表示，由于爆炸对松花江下游造成了污染，给哈尔滨市人民的生产生活带来极大的不便，为此，他代表吉林省委省政府、吉林市委市政府向哈尔滨人民表示诚挚的慰问和深深的歉意。⑥

（5）形式上关注。这里的“形式上关注”，是对黄懿慧“形式上致意”的发展。本研究发现，松花江水污染事件过程中，相关的政府机构多次使用“重视”等词汇，同时还多次表明应对事件、保障市民生活是“我们的责任”，使用“痛心”等词汇的现象基本没有出现；但同时需要看到的是，在使用“重视”等说法时，相关政府机构并不是在承担责任并道歉，而只是表达自己对事件的关注。

如，2005 年 11 月 23 日，矫正中向黑龙江省副省长申立国表示，吉林市位于松花江上游，与哈尔滨共饮一江水，维护松花江水质、保护水源是义不容辞的责任。⑦

（三）吉林方面形象修护策略效果

总体上看，吉林方面形象修护策略并没有完全达到目标，相关的报道实际上否认了

---

① 吉林市未及时公布水污染消息　寄希望放水稀释.

② 东北网，2005－11－23.

③ 吉化 你以何缄默?. 新闻晨报，2005－11－26.

④ 吉林副省长进一步部署爆炸事故污染防控善后工作. 吉林日报，2005－12－01.

⑤ 就吉化爆炸污染事件　吉林省领导专程来哈表示慰问和深深歉意. 黑龙江日报，2005－11－24.

⑥ 吉林市委书记向哈尔滨人民表达歉意. 新华社哈尔滨，11 月 24 日电.

⑦ 就吉化爆炸污染事件　吉林省领导专程来哈表示慰问和深深歉意. 黑龙江日报，2005－11－24.

吉林方面的策略。比如2005年11月26日的一则报道："事实上就在今天，我被一位知情者带到位于清源大桥附近、距松花江边约1000米的污水排放口，略呈黄色的污水直接流进松花江里，附近空气中弥漫着一股刺鼻的味道。这位知情者告诉我，这个污水口已经存在很长时间。而吉林市环保局龙潭分局的一位负责人承认该处的确是吉化厂的污水口，还表示吉化仍有一部分直接排入松花江中。"①

四、黑龙江方面

这里涉及黑龙江省政府以及哈尔滨市政府相关机构。

（一）黑龙江方面形象受损状态

应该说，黑龙江省相关方面的形象问题，或者应负的责任，主要有两个方面：

1. 两则公告前后不一

两则公告，一则将停水原因说为是管道检修，另一则则说是由于吉化爆炸。

2. 隐瞒情报

吉林省政府有关部门在2005年11月18日已将爆炸可能对松花江水质产生污染的信息向黑龙江省作了通报。"这意味着，黑龙江有关方面在五天前就已了解江水受污染的信息。"② 哈尔滨市退休工人刘珍英的话更直接："大家现在生活上没什么大问题。不过如果当初政府早点公布供水保障措施的话，我们就不会去抢着买水了。"③

（二）黑龙江省方面形象修护策略

1. 逃避责任——无力控制

这一项策略使用的不是很多。当使用时，相关政府机构主要强调危机的严重程度，以便说明政府机构面临着的困难之巨大，如黑龙江省省委常委、哈尔滨市委书记杜宇新的说法："这次我们哈尔滨市几百万人口的大城市所面临的严重水源污染，前所未有。"④

2. 降低事件损害程度

（1）道己之长。黑龙江省方面相关政府机构还在不同的场合多次强调自己已经采取的措施。比如，2005年11月23日下午，哈尔滨市政府副秘书长王正邦在新闻发布会上说，哈尔滨已经实行紧急状态下用水限制，所有浴池全部停止供水，所有洗车行全部停止营运。⑤

（2）差异化。如，2005年11月25日11时，哈尔滨市环境监测中心站副站长于桂云向媒体说明了一直没有接受采访的原因："吉林石化一发生爆炸，我们就立即投入了

---

① 吉化 你以何缄默?. 新闻晨报，2005－11－26.

② 吉林副省长赴哈尔滨道歉．东方早报，2005－11－24.

③ 我国首次在重大突发环境事件中启动应急机制．新华社哈尔滨，11月25日电.

④ 哈尔滨400万人断水114小时 应急处置全程回放．北方网，2005－11－28.

⑤ 黑龙江省全面启动应急预案应对松花江水污染．新华网哈尔滨，2005年11月23日电.

紧张的监测工作，确实没有时间接受媒体的采访。"①

3. 修正行动

黑龙江方面屡次强调自己将采取的实际行动。比如，哈尔滨市副市长史文清2005年11月22日说，市政府决定拨款100万元，用于救助社会弱势群体，保证弱势群体用水。除政府给予必要的资金支持外，还将动员社区开展救助活动，组织志愿者逐人逐户帮扶。②

4. 承认错误/道歉

黑龙江省方面主要承认了其对危机严重程度的估计不足，也就导致应急机制的不足。不过明确的道歉始终没有出现。如黑龙江省环保局发言人林强说："现在所有设备和人力都已满负荷运转。随着水污染带向下游移动，我们还需要增加更多的监测点并添置新设备。看来我们制订应急预案时对突发事件的严重程度估计不足。"③

5. 形式上关注

最明显的是相关高层领导人员的说法。如，2005年11月23日下午，王正邦在回答记者关于"政府两次通告为什么关于停水原因前后不一"的问题时表示："我们高度重视这个问题，我们是按照应急预案的程序进行的。"④

6. 提供信息

2005年11月24日，黑龙江省政府办公厅、省环保局、省政府新闻办公室联合发布——从24日至哈尔滨恢复供水前，每日定期向新闻媒体发布松花江水质信息。水质信息由省委宣传部和省环保局宣教处专人负责，每日15时前由省环保局宣教处将当日松花江水质信息报省委宣传部新闻处，每日15时30分，准时向新闻媒体发布。⑤ 该事件中，黑龙江省相关政府机构主要向公众提供了指示性的信息与事实性的信息。

7. 相关人员亲身试验

针对哈尔滨市市民对污染水过后所供水的水质产生的疑虑，黑龙江省省长张左己在2005年11月23日考察哈市饮用水生产时承诺："水利部门对其严密监测，一定在非常安全的情况下开始取水。4天之后，第一口水由我来喝。"⑥

8. 称赞他人

这一策略的名称（"praising others"）来自Massey对"9·11"之后美国航空公司

---

① 污染带数据检测精确到分．东方早报，2005－11－26.

② 哈市紧急拨款百万救助弱势人群吃水．黑龙江日报，2005－11－23.

③ 我国首次在重大突发环境事件中启动应急机制．新华社哈尔滨，11月25日电．

④ 吉林冲洗爆炸现场污染松花江．中国石化新闻网，2005－11－24.

⑤ 停水期间省政府将每日通报信息．黑龙江日报，2005－11－24.

⑥ 张左己考察哈尔滨市饮用水生产储备和水质监测等工作．东北网，2005－11－24.

采取的形象修护策略①，即赞扬事件过程中其他方面所采取的措施，意图是通过将该组织与受到利益关系人积极评价的符号关联在一起，以获得公众对组织的支持。本研究要强调的是，由于松花江水污染事件涉及的政府机构是多元的，彼此之间的互相称赞的行为应该可以在相关公众那里获得这样的认识：这些政府机构之间的关系是和谐的，是负责任的。

这样的例子如，2005 年 11 月 25 日，张左已表示：水污染事件发生后，党中央、国务院非常关心，国务院各部委和各省市区鼎力支持。张左已说，一方有难，八方支援，在我们全力应对松花江水污染事件，争分夺秒，抓紧恢复城市供水的关键时刻，来自全国各地的急救物资源源不断，雪中送炭，解燃眉之急，哈尔滨人民感谢你们，黑龙江人民感谢你们！这些支援和帮助给予了我们极大的鼓舞，进一步坚定了我们打赢这一仗的信心和勇气。②

9. 强调他人态度

这一项策略也是以往形象修护策略体系中所没有的，同时该策略与上面所说的“称赞他人”有所不同：称赞他人指简单表示对他人的赞扬，而“强调他人态度”则指突出指出他人对自己行为所表示的赞赏性态度。在该事件中，相关政府机构主要通过媒体向公众传达相关利益关系人的态度，来显示这些人对相关政府机构采取措施的赞赏，以试图降低相关公众对相关政府机构责任的指控。

如，2005 年 11 月 23 日，张左已在会见中国石油天然气集团公司党组成员、副总经理、大庆石油管理局局长曾玉康时表示：中石油陈耕总经理专门给我打来电话表示歉意并表示要全力支持省里工作。今天，玉康同志专程前来，足见中石油集团公司和大庆石油管理局对省里工作的重视和支持，体现了对全省人民的关爱。我代表省委省政府向中石油集团公司及大庆石油管理局表示感谢。③

（三）黑龙江方面形象修护策略效果

黑龙江省方面的形象修护策略实现了大部分的目的。不过，由于事件涉及不同的政府机构，不同方面的修辞性回应策略之间也存在着彼此矛盾的现象，因而也就互相抵消了部分效果。比如，2005 年 11 月 25 日，于桂云在新闻发布会上介绍，吉林石化发生爆炸后，监测站立即与上游的肇源、省环保部门、松辽委等部门取得了联系，随即启动了监测预案。15 日，在污染带到来前，就开始了勘查、设置监测断面，分别在松花江上游 158 公里处、73 公里处、32 公里处、16 公里处设置了监测断面，监测水样。④ 该

---

① Massey, Joseph Eric (2005). Public Relations in the Airline Industry: The Crisis Response to the September 11th Attacks. *Journal of Hospitality & Leisure Marketing*, Vol. 12. No. 1/2. pp. 97—114.

② 第一批恢复市区供水急需的 157 吨活性炭由唐山运抵哈尔滨市张左已等到入城口迎接. 黑龙江日报. 2005－11－25.

③ 张左已会见曾玉康 中石油对污染影响表歉意.

④ 数据，在争分夺秒中测出 哈市环境监测中心站揭开面纱.

说法进一步突出了黑龙江及哈尔滨相关方面隐瞒实情的现象。

五、中央相关政府机构

（一）中央相关政府机构形象受损状态

关于中央相关政府机构的消极信息不是非常多见，这里仅可以明确见到的是国家环保总局的责任。2005 年 12 月初中共中央办公厅、国务院办公厅就松花江水环境污染事件发出的通报指出，这起重大水环境污染事件发生后，国家环保总局作为国家环境保护行政主管部门，对事件重视不够，对可能产生的严重后果估计不足，对这起事件造成的损失负有责任。为此，解振华同志向党中央、国务院申请辞去国家环保总局局长职务，这一请求已经党中央、国务院批准。①

（二）中央相关政府机构形象修护策略

中央相关政府机构的修辞性回应策略也在“定性”前后经历了一个转折。

1. 第一阶段——简单否认与不回应

（1）国家环保总局——简单否认。当哈尔滨市政府 2005 年 11 月 22 日发布公告，明确称停水与吉林石化爆炸污染有关时，国家环保总局与中石油都指出“尚不能得出这个结论”。

（2）其他相关部门——不作回应。在“定性”之前，国家环保总局之外的其他相关政府机构（如后来进行回应的国家安监总局、外交部等）没有积极做出回应。

2. 第二阶段

（1）否认——转移责难。这种策略使用得十分少，同时也不十分直接。比如，2005 年 12 月 1 日，国家环保总局副局长王玉庆表示，当前，一些地方的盲目发展为保障环境安全带来了巨大压力。今年以来，一些地方相继发生安全生产事故，并引发了重特大环境污染事故，群体性事件增多，其主要原因是，一些地方没有高度重视对突发环境污染事故的防范工作，应对突发重特大环境事件的处置能力明显不足，应急信息的报告和反馈工作不力，环境应急监测能力不足。②

（2）逃避责任——无力控制。2005 年 11 月 24 日，国务院新闻发布会上，记者问道：“刚才张局长您说了吉林石化爆炸案的主要污染物是苯、苯胺、硝基苯，到底有多少污染物排放到松花江去了?”国家环保总局副局长张力军的回答是：“这个问题是问得比较专业了。根据专家的测算，专家给我们提供的数据是 100 吨左右。由于流速和河床的情况，从监测的角度看，我们国家环保总局现在还不能得到准确的数据，所以我们

---

① 中共中央办公厅国务院办公厅就松花江重大水环境污染事件发出通报强调切实把加强安全生产和应对突发公共事件的工作放在十分突出的位置来抓．中央电视台·新闻联播，2005－12－02.

② 我国进入环境污染事故高发期 环保总局研究对策．中新社北京，2005 年 12 月 1 日电.

现在只能给大家提供专家估算的数据。”①

（3）降低事件损害程度。（a）道己之长。2005年11月29日，外交部发言人刘建超表示，此次吉化爆炸并导致松花江污染之后，中方一直在密切跟踪并从22日开始向俄方通报有关情况。自24日起，中方每天定时向俄方通报污染河流的监测结果。他还说，中国环保总局副局长张力军28日晚从北京赶赴哈尔滨，并立即会见了由俄罗斯联邦自然资源部哈巴罗夫斯克边区环境保护局局长巴尔秋克率领的俄罗斯代表团，再一次就有关情况向俄方进行了详细通报，并向俄方赠送了一套快速监测苯类污染物的设备。②（b）淡化损害。2005年11月24日，张力军表示，松花江干流流经哈尔滨市后在同江汇入黑龙江，约有700公里。依照目前的江水流速，污水进入黑龙江约需14天时间。由于挥发、吸附等作用，污染物在下泄过程中浓度会逐渐下降。松花江哈尔滨以下河段，将汇入呼兰河、汤旺河、牡丹江等较大支流，江水流量逐渐增大，稀释作用更加明显，水中污染物浓度会进一步降低。③

（4）承诺开展修正活动。2005年11月24日，外交部发言人刘建超表示，中方正在积极采取各种措施，加强监控，加强治理，加强对水质的监测，以期能够使污染造成的危害缩小到最低程度。同一天下午，张力军也表示，环保总局将继续密切监控松花江及其下游河段水质变化，协助地方政府做好污染防控工作，并及时向媒体通报有关情况。④

（5）道歉。2005年11月28日，张力军在哈尔滨会见俄罗斯哈巴罗夫斯克边区代表团时，对由于中石油吉化公司双苯厂爆炸引起的松花江重大水污染对俄方造成的影响再次深表歉意。⑤

（6）形式上关注。该项策略即强调过去已经做出的回应策略。如，2005年11月24日，外交部发言人刘建超表示，中方“非常重视”这次污染可能给邻国俄罗斯带来的危害和影响。⑥

（7）提供信息。自2005年11月24日起，国家环保总局每天通报最新情况。同样，这里提供的信息主要也属于事实性与指示性的。

（8）称赞他人。2005年11月25日，由安全生产监管总局局长李毅中表示：面对这次由11月13日中国石油吉林石化公司双苯厂爆炸事故引起的松花江水环境污染事件，黑龙江省委、省政府和哈尔滨市委、市政府工作部署得当，措施有力，效果良好，体现了省委、省政府和市委、市政府把人民身体健康和生命安全放在首位。环

① 松花江污染属重大环境污染事件　吉化双苯厂负主责．新华网，2005-11-24.

② 外交部：中方不希望松花江污染损害中俄关系．新华社北京，2005年11月29日电.

③ 松花江流域污染物在下泄过程中浓度逐渐降低．新华社北京，2005年11月24日电.

④ 环保总局：吉化公司双苯厂对松花江污染事故负主要责任．新华网北京，2005年11月24日电.

⑤ 张力军28日会见俄罗斯哈巴罗夫斯克边区代表团．新华社哈尔滨，2005年11月28日电.

⑥ 我国政府积极审慎的处理松花江跨境水污染问题．新华社北京，2005年11月24日电.

保总局专家组、水利部专家组和建设部专家组做出了卓有成效的工作，武警战士关键时刻显示了人民子弟兵风采，奋战在一线，加上全市人民的努力，目前取得第一阶段的胜利。①

（9）强调他人态度。该策略使用频率明显比较高。如，2005 年 11 月 29 日，中方通知俄方，将向俄罗斯哈巴罗夫斯克边疆区和犹太自治州提供一定数量的水质检测仪和活性炭。12 月 1 日，外交部发言人秦刚对记者说，俄罗斯哈巴罗夫斯克边疆区负责人对此表示感谢，认为中方提供的援助非常及时和必要，表明中国政府的高效工作，也充分体现了中国人民对俄罗斯人民的友好情谊，以及中国政府言行一致、愿与俄方共同克服困难的诚意和决心。②

（三）效果评估

中央政府机构采取的回应策略的效果比较明显，不过仍存在一些捉襟见肘的地方。

比如，2005 年 11 月 24 日国务院新闻办公室召开的新闻发布会上，香港凤凰卫视记者问到：吉林方面受影响的情况怎样？在 22 号，记者曾向有关政府部门求证是不是受到污染的时候，也没有得到任何比较正面的或者说确切的答复，这里面有没有存在隐瞒的情况？如果存在的话，到底谁应该负这个责任？

张力军在回答这个问题时指出，吉林省政府在爆炸事故发生当天就启动了应急预案，部署了防控工作，并且于 11 月 18 号向黑龙江省政府通报了有关情况。在此期间，吉林省政府做的工作有：封堵了吉化的排污口，切断了污染源继续向江里排放，同时他们又通知了沿江的地方政府、企事业单位，包括居民，停止向松花江取生活用水。黑龙江省政府接到吉林省的通报后，也启动了应急预案，向沿江的市县政府做了通报，并且对黑龙江省的应急处置工作进行了全面的部署；环保部门也加大了监测的力度，增加了监测点位和监测频次。

在这个说法的基础上，我们可以得出这样的推论：

（1）强调吉林政府向普通居民通报，会反衬黑龙江省方面之后向社会通报情况的做法，更突出了黑龙江省在该方面的责任。

（2）实际上，吉化的排污口并没有完全封堵，后来的相关报道指出了这个事实，比如，记者李锐就指出，2005 年 11 月 26 日，他被一位知情者带到位于清源大桥附近、距松花江边约 1000 米的污水排放口，发现略呈黄色的污水直接流进松花江里，附近空气中弥漫着一股刺鼻的味道，同时那位知情者告诉记者，这个污水口已经存在很长时间，吉林市环保局龙潭分局的一位负责人也承认该处的确是吉化厂的污水口，还表示吉化仍有一部分直接排入松花江中。③

---

① 国务院工作组就处理松花江污染提出四条意见．新华社北京 2005 年 11 月 26 日电．

② 外交部网站，2005－12－01．

③ 吉化 你以何缄默？．新闻晨报，2005－11－26．

六、分析与总结

（一）总结

该研究发现之一是：危机情境下的国内政府机构所采取的回应策略与相关权威机构的“事件定性”关系紧密。比如，2005 年 11 月 26 日《新闻晨报》的记者就曾指出：“现在事故原因和责任认定虽然都清楚了，但我在采访吉化公司时困难重重，好不容易打通其相关部门负责人的电话时，对方却表示，松花江是否因其造成的污染，目前还说不清楚，最终要看国家环保部门的责任认定。”① 这种说法已经将相关方面对该事件的“定性”以及对将要采取的回应策略的“定性”的态度显示出来。2005 年 11 月 24 日的《东方早报》的一段话也比较有代表性：“这个通报（指 23 日的通报）意味着此前各方均不承认的原因终于有了权威的认定结果。”②

通过对该事件进行的个案分析，本研究发现相关政府机构所采取的回应策略一定程度上已经超出了目前的形象修护策略体系，但由于本研究仅是个案研究，这里很难说危机情境下的国内政府机构所采取的形象修护策略体系的具体内容，不过对于本研究上面提出的两大研究问题来说，这里还是可以进行明确回答的：

（1）松花江水污染事件过程中，相关政府机构所采取的形象修护策略如表 2 所示。

（2）处于危机情境时，国内政府机构实际采取的形象修护策略与以往文献中指出的策略体系并不完全相同，存在自己的独特之处。

表 2　松花江水污染事件中相关政府机构形象修护策略

政府机构	策略	子策略
吉林方面	否认	简单否认
		转移责难
	逃避责任	无力控制
	降低事件损害程度	道己之长
		反击批评者
	承诺采取修正活动	
	认错/致歉	
	形式上关注	

① 吉化 你以何缄默?. 新闻晨报，2005 - 11 - 26.

② 吉林副省长赴哈尔滨道歉. 东方早报，2005 - 11 - 24.

续上表

<table>
<tr><th>政府机构</th><th>策略</th><th>子策略</th></tr>
<tr><td rowspan="12">黑龙江方面</td><td>逃避责任</td><td>无力控制</td></tr>
<tr><td rowspan="2">降低事件损害程度</td><td>道己之长</td></tr>
<tr><td>差异化</td></tr>
<tr><td colspan="2">修正行动</td></tr>
<tr><td colspan="2">认错/道歉</td></tr>
<tr><td colspan="2">形式上关注</td></tr>
<tr><td colspan="2">提供信息</td></tr>
<tr><td colspan="2">称赞他人</td></tr>
<tr><td colspan="2">强调他人态度</td></tr>
<tr><td colspan="2">相关人员亲身试验</td></tr>
<tr><td rowspan="2">否认</td><td>简单否认</td></tr>
<tr><td>转移责难</td></tr>
<tr><td rowspan="12">中央方面</td><td>逃避责任</td><td>无力控制</td></tr>
<tr><td rowspan="2">降低事件损害程度</td><td>道己之长</td></tr>
<tr><td>淡化损害</td></tr>
<tr><td colspan="2">修正活动</td></tr>
<tr><td colspan="2">道歉</td></tr>
<tr><td colspan="2">形式上关注</td></tr>
<tr><td colspan="2">提供信息</td></tr>
<tr><td colspan="2">不作回应</td></tr>
<tr><td colspan="2">称赞他人</td></tr>
<tr><td colspan="2">强调他人态度</td></tr>
</table>

（二）启示

本研究发现，在这种多元主体的危机情境下，如果各主体之间存在十分密切的关联（如这里各个政府机构之间的复杂关联），那么这些主体之间确实应当确立一个可以统一控制整个事件的危机回应中心，以便协调各种主体之间的形象修护策略，只有这样才可能避免彼此之间所采取的策略互相抵消。

同时，跨文化组织处于危机情境时，的确应当对文化因素带来的必要的、微妙的影响加以关注。

我们也可以明显发现，每一方面的政府机构都综合采取了几种回应策略。那么，各种具体策略之间是互相增益，还是有可能互相抵消修辞性效果？这个问题还值得进一步进行思考，并最好有实证的调查数据来进行支持才能有比较合理的说明。

【参考文献】

1. 黄懿慧．危机回应：浅谈形象修复策略．公关杂志，2001（42）.
2. Benoit, W. L.（1995）. *Accounts, excuses and apologies: A theory of image restoration strategies.* Albany, NY: State University of New York Press.
3. Benoit, W. L.（2000）. Another visit to the theory of image restoration strategies. *Communication Quarterly*, Vol. 48.
4. Brinson, Susan L.; Benoit, William L.（1996）. Dow Corning's image repair strategies in the breast implant crisis. *Communication Quarterly*. Vol. 44.
5. Blaney, Joseph R. and Benoit, William L.（2001）. *The Clinton scandals and the politics of image restoration. Westport, Conn.: Praeger.*
6. Drumheller, Kristina and Benoit, William L.（2004）. USS Greeneville collides with Japan's Ehime Maru: Cultural issues in image repair discourse. *Public Relations Review*, Vol. 30, No. 2.
7. Zhang, J. & Benoit, W. L.（2004）. Message strategies of Saudi Arabia's image restoration campaign after 9/11. *Public Relations Review*, 30（2）.

论电子政府环境危机信息的公开与真实性

——以国家环境保护总局网站为例

卢秋颖*

【摘　要】当今世界环境危机问题突出，尤其在中国。祝光耀在发布他对中国环境现状的一份报告中用“严重的”来形容目前中国的环境危机。中国的环境破坏问题令政府几乎损失了国内生产总值（GDP）的10%。刚刚过去的2005年，损失接近2260亿美元。而环境危机信息的公开报道成为愈来愈多有责任感的国人关心的话题。本文选题意在于，对环境危机类报道而言，国家环保总局网站的信息公开个案有何特点（内容分析法），公布数据的真实性，以及缺漏的信息流公开渠道的探索做出进一步研究。

【关键词】环境危机　政府信息公开　环保总局网站

一、背景和问题的提出

如今，网络传播已成为我国政府信息公开的主要方式。①我国政府纷纷适时建立官方网站，在互联网上将政务信息公开告知公众，这给政府与公众的关系带来深刻而微妙的影响。根据测算，政府部门掌握着全社会信息资源的80%以上。②而且，政府所掌握的环境信息要远远多于企业及其他社会个体所拥有的环境信息。③这样一来，公众获取信息的资源多了一个相当重要的渠道。

但自见者不明，自是者不彰，其他国家政府网站也是同样背景。作者从政府在环境危机信息公开方面的状况入手，作了如下对比：分别在美国、澳大利亚、英国、加拿大、法国相关政府网站与中国国家环境保护总局网站搜索环境危机的信息、报道数量如下：

在“国家环境保护总局”网站站内搜索“环境危机”，共有报道65篇；

在美国“国家环境保护署”网站站内搜索“环境危机”，共有报道2863篇；

---

* 卢秋颖，中山大学政治与公共事务管理学院公共传播学系2005级硕士。

① 杨诚．论我国政府信息公开的网络传播应用．现代情报，2005（3）．

② 越正群．得知劝理念及其在我国的初步实践．中国法学，2001（3）．

③ 李艳芳．论公众参与环境影响评价中的信息公开制度．江海学刊，2004（1）．

在澳大利亚“国家环境与遗产署”网站站内搜索“环境危机”，共有报道500篇；

在英国“国家环境保护总署”网站站内搜索“环境危机”，共有报道38篇（均为学术论文，首页上有三个服务搜索，分别为当地环境监测搜索，选择水、大气土地等污染状况搜索，还有一个站内论文搜索）；

在法国“国家生态可持续发展部”网站站内搜索“环境危机（risques écologique）”，有相关报道1109篇；

在加拿大“国家环境署”官方网站站内搜索“环境危机”，共有相关报道2496篇，详见图1。

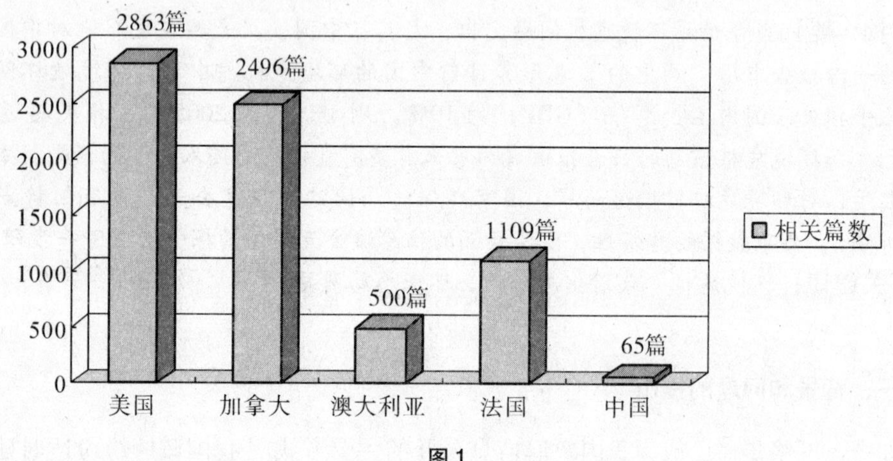

图1

注：由于搜索方式的差异，统计剔掉分类搜索的英国。

与其他国家相比，这种对环境危机的信息报道从数量上来说是悬殊的。中国关于环境危机的信息远远少于其他国家。

读此不禁疑问：是否是中国的环境质量优秀，污染极少，没什么显著之环境危机可公开报道？

于是笔者翻阅了相关的资料，以下是一些相关的数字：

2005年1月27日，评估世界各国（地区）环境质量的“环境可持续指数”（ESI）在瑞士达沃斯正式对外发布：在全球144个国家和地区中，芬兰、挪威、乌拉圭、瑞典和冰岛名列前5，而中国位居倒数第4；在2003年，中国位居第133位，全球倒数第12位；在2002年第一次发布该指数时，全球142个国家和地区中，中国居第129位，全球倒数第14位。①

严重的环境污染和生态破坏对经济社会发展带来了负面影响。我国专家20世纪90

① 原报道中为倒数第14位，属计算错误，后更正。

年代中期和2001年的研究表明，环境污染造成的经济损失约占当年GDP的3%—4%。世界银行1997年发表的报告预算，中国仅大气和水污染造成的损失就约540亿美元（以1995年计），占同期GDP的8%。

2004年，联合国发布公告，认为艾滋病、环境污染和男女比例（失调）是中国发展的三大障碍（《联合国说中国发展面临三大障碍》，载《参考消息》2004年2月27日）。

联合国早在2001年就发文警告亚洲：如不及早防范，将有环境危机。《联合国亚太地区经济与社会委员会五年报告》指出：亚洲正酝酿着一次新的地区危机，这次将是环境灾难，未来30年亚洲大约需要10万亿美元来维持生存的环境。贫穷与全球化正对环境造成巨大的压力。报告估计，未来30年亚洲城市地区为提供淡水、改善环境卫生、提供能源和便利交通条件就要花费大约10万亿美元。①

而中国在亚洲无论从人口还是地域都占了绝对的优势，没理由都是其他国家在制造污染而与中国无关。亚太地区经济与社会委员会执行干事金哈克·苏说："这就是新千年亚洲所面临的巨大挑战。警钟业已敲响，国际社会必须给予足够关注。"

相关数据还有很多，在此恕不赘述。通过以上数据和报道，我们不难发现，在我国，水污染、大气污染和土地资源的破坏都达到了非常严重的程度，环境危机成为诱发各种社会危机的一个源泉。②

本文以个案分析的手法，通过对国家环保总局网站公开危机信息的研究，对为何会产生此种差异，对环境危机类报道而言，国家环保总局网站的信息公开有何特点，公布数据的真实性，以及缺漏的信息流公开渠道的探索做出进一步研究。

二、网站环境危机信息的公开与真实性

让我们回过头来看看中国政府信息公开有哪些。

在中国国家环境保护总局的网站上，有一则这样的最新简短信息：

国家环保总局今日对外发布《2005年中国环境状况公报》（以下简称《公报》）。《公报》指出，2005年，国家环保总局共接到76起突发环境事件报告。其中，特别重大环境事件4起，重大环境事件13起，较大事故18起，一般事故41起，536人中毒（受伤）。与上年相比，事件总数增加了9起。这些污染事件都得到了处理。③

笔者对这一段话表示质疑。如果一个国家一年内一共才发生76起环境危机事件，而且"这些污染事件都得到了处理"（搜索也只有65篇，看来基本符合），相关报道真的按照如此所说，那么我们的环境危机怎么能够发展到如此严重的地步。反而在美国，

---

① http://www.sepa.gov.cn/eic/649096689457561600/20010619/1022287.shtml.

② 参见易正著．中国抉择——关于中国生存条件的报告．石油工业出版社，2001．曲格平著．关注中国生态安全．中国环境科学出版社，2004.

③ http://www.zhb.gov.cn/eic/649094490434306048/20060606/18531.shtml.

每年有成千上万的环境危机信息公开，如果说美国环境污染比中国严重的话，那这与联合国的调查数据也是相互矛盾的。

这种疑问让人自然推测，政府电子网站环境危机信息的公开是否存在刻意隐瞒，或是不能表述事实真相的行为。

于是笔者进一步研究，是否国家环保总局网站其他环境危机报道也是类似情况。对国家环境保护总局（以下简称“环保局”）搜索到的65篇报道环境危机的文章进行编码分析，基本如图2所示：

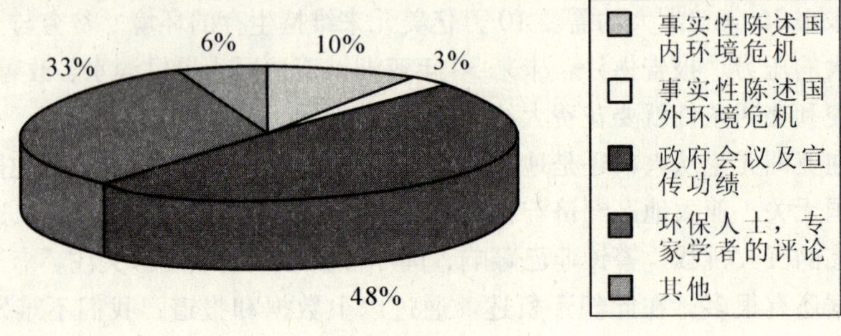

图2

事实性陈述环境危机（国内）有6篇，占10%；

事实性陈述环境危机（国外）有3篇，约占3%；

政府会议及宣传功绩有34篇，约占48%；

环保人士，专家学者的评论有23篇，约占33%；

其他有4篇，约占6%。①

事实性陈述的信息仅占了13%（包括国外环境危机信息），这是不符合受众理解信息的逻辑的；而最多的是政府会议的召开，取得了成效，采取处理措施这些内容，占48%；其次是专家学者提出的评论，占33%，这说明专家学者还是有一定的话语权的。

在对国内环境危机事实性陈述的6篇报道中，题目分别是：

01. “关注环境安全——中国科协2000年年会侧记”；

02. “躲不过去的沙尘暴”；

03. “冻土退化是黄河源区生态环境恶化的主要地质原因”；

04. “过度养虾引发海洋环境危机”（来自英国报告）；

05. “关注人类行为的致灾因素”；

06. “构建循环型农业体系　丰富生态省建设内涵——陕西省在2005中国生态省建设论坛上的发言”。

① 有5篇文章是在分类中重复统计的，故显示总数为70篇。因为有的是在会议工作上的专题发言（4篇）；也有先引用事实数据然后进行专业分析的（1篇）。

笔者注意到，2005 年 12 月 10 日是能搜索到的最早环境危机报道的日期，至于是在该日期开通了环保网站搜索功能或是删除了之前的环境危机报道，不得而知。不过根据各地纷纷开设电子政府和政务公开以及公众呼声的大环境，前者的可能性较大，我国环保网站的政务建设处于刚刚起步阶段。

也就是说，2005 年 12 月 10 日至 2006 年 6 月 21 日，半年的时间内，对国内环境危机的报道，只有 6 篇，包括其中有 1 篇来源自英国的报告，还有 1 篇是侧重于政府报告的功绩的（“构建循环型农业体系 丰富生态省建设内涵——陕西省在 2005 中国生态省建设论坛上的发言”）。也就是说，在这半年多的时间内，真正由政府网站公布的环境危机信息只有 4 篇！公布对比日益恶化的生存环境和国际不断的舆论谴责压力，这种信息的屏蔽程度是令人吃惊的。

4 篇报道中平均字数是 1700 字，属中篇报道；来自英国的报告字数约 580 字，属短篇报道。

笔者吃惊地发现，侧重于政府报告功绩的这篇报道，字数约 5900 字，属长篇字符报道，字数远远多于其他报道。且都是诸如山羊、奶牛的产量数量均居全国前列，“积极培育农业循环经济示范”，“点，线，面综合试点”，“坚持正确的政策指导方向”，“推动农业循环经济快速，健康发展”，“立足当前，着眼长远，扎实工作，稳步推进，坚持不懈的把工作落实到实处”，“陕西一定会更文明更富强”……基本上都是套话和一些空话，从这篇报道中勾画出来的陕西省的形象是美丽而富饶的；领导人是辛勤而先进的，几乎看不出这是一个历经沙尘暴，水土流失严重，气候干旱，自然灾害严重，农业落后，经济水平在全国偏低的西部省份。①

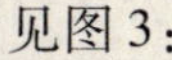
见图 3：

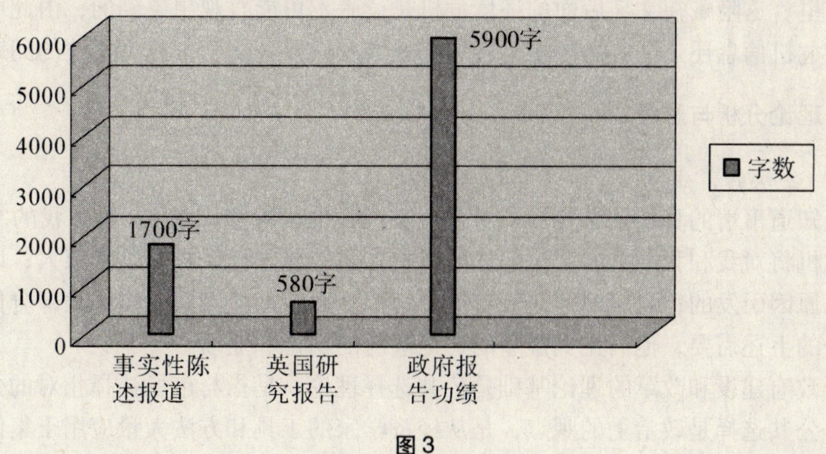

图 3

① http：//zhidao. baidu. com/question/11184212. html. 陕西省的人均 GDP 近年在全国 34 省份中排名均在 23—28 左右。

在对国内环境危机事实性陈述的6篇报道中，描述政府宣传功绩的报道篇幅最长，来自英国的关于中国环境问题的报告篇幅最短。

值得一提的是，在没有涉及环境危机信息的事实性陈述报道中，也隐藏着危机的信息。以一篇环境状况报道《各地发布环境状况公告2001年》为例①：

“去年，广东省环境质量有所好转，城市空气环境质量、主要江河和城市江段水质污染程度有所减轻”。

“2000年天津市环境状况公报显示，天津市饮用水质基本保持良好；近岸海域水污染有所减轻，影响天津市近岸海域的主要污染因子为无机氮、无机磷、石油类，与上年相比，无机磷、石油类、化学需氧量等污染指标均有不同程度好转。”

“最近公布的《2000年广西环境状况公报》表明，过去一年，广西不但控制了环境污染不断加剧的趋势，而且部分城市和地区环境质量有明显改善。”

“日前，海南省发布了2000年环境状况公报。公报显示，2000年，海南省水环境质量总体良好。地表水环境质量均达到或优于国家地表水三类标准。近岸海域水质总体良好，海域水质以一二类海水为主。大气质量保持优良。全省各大区域环境空气质量总体良好，二氧化硫、氮氧化物两项主要污染指标均符合国家环境空气质量一级标准，总悬浮颗粒物除西部区域符合二级标准外，其余区域符合一级标准。生态环境总体良好，生态保护和建设成效显著，热带天然林得到进一步恢复。”

仅从陈述的内容上来看，笔者一直都未有查到“热带天然林”是怎样被破坏的，而是一直不断地看到它“得到进一步恢复”。再如，“广东省环境质量有所好转”，那么，广东省的环境质量是如何恶化的，恕笔者在网站找不到任何相关报道。其他省份亦然。只说全国有三分之一的地区都降落酸雨，但是是哪些地区却闭口不谈，公众一样被蒙蔽在鼓里。这隐藏在文字后面的环境危机是读者不可能直观想象到的，由此可见，无论是环境危机信息还是事实性环境公告，普遍涉及误导公众和信息真实性的问题。

三、理论分析与思考

（一）公众的需要

公众知道事情的真相是必要的。对公众来说，他们希望知道②：我和我的家人是否安全，危机将对我和我的家人产生怎样的影响；我应该怎样保护自己和家人；以及危机是由什么原因引发的；政府部门是否有能力解决。而目前该网站提供的大部分信息无法满足公众的上述需要，他们见到最多的，是政府的功德和业绩。

电子政府建设和改革的理论基础是公共选择理论，是指与市场选择相对的公共领域的选择，公共选择是政治上的观点，是从经济学家的工具和方法大量应用于集体或非市

① 仅从陈述而不从事实上来说，这篇报告并不属于环境危机的文章，在统计之外。

② 参见史安斌著．危机传播与新闻发布．南方日报出版社，2004：90.

场决策而产生，公共选择实际上是经济理论在政治活动或政府选择领域中的应用和扩展。①根据公众所需来提供信息，才能让公众正确地面对危机，而这不仅对于个人的生存与发展至关重要，也是社会的稳定和政府的公共管理不可忽视的依据。

（二）正视危机

危机是一种社会的常态存在，根据海恩法则，通过发挥人的主观能动性，我们可以对绝大多数危机采取预防措施，防患于未然，减少危机的发生和危机造成的损害。②反之，对危机错误的认识会导致错误的行为并可能酿成严重后果。对各种危机持正确态度的人很少，追述我们的历史渊源，报喜不报忧一度成为中国媒体新闻报道的一个潜规则，③中国十年“文革”这种心态在如今仍然存在，我们经常看到一些地方官员以稳定或经济发展为借口来隐瞒危机或者对于危机的损害进行淡化处理的事例。④

危机的牵连性往往成为相关部门和官员隐瞒危机的理由，或者换一种说法是为了“维护某地一时脆弱的社会稳定或者保护地方经济”。隐瞒或是弱化危机报道是对经济效益或个人政绩的片面追求。更有甚者，危机爆发的时候，地方政府因为害怕影响自己的形象、政绩和仕途，还会动用各种组织力量来控制相关消息的披露。在上述研究中我们可以看到，仅有的4篇事实性环境危机信息的报道中，没有一篇涉及具体的省份、城市和确切的地方。报道中指出的都是地理区域，如“黄河源区”、“北方沙尘暴地区”、“亚洲地区”而不是划分的行政省份区域。但是现代社会，隐瞒尽管在短期内可能取得一点好处，但是从长远的角度来说往往会使政府失去诚信，而诚信是当今全球化背景下投资环境的一个重要指标和根本。

中山大学教授任剑涛说，中国政治存在着一种神经质。我想他指的是凡事都泛政治化的思维方式。在此笔者无意于政治的探讨，但是危机报道的信息基本上由各级宣传部门把握，而宣传部门的规定更多体现了长官意志⑤，牢牢地下达命令主导危机报道的方向，使媒体无法公正、客观报道危机信息，公众的知情权受到了抑制。从危机报道的角度来说，危机事件如果被认为是一个政治事件或者与政治挂钩，那么国家权力必然会过多介入新闻报道，而为了满足政治上的一致性要求，新闻报道必须服从国家的宣传纪律，这样一来对于危机报道的范围和时间的选择就会服从政治而不是新闻规律的需要。这就是为什么我们看到48%的报道是纯粹报道政府功德和业绩的，这在环境危机报道里占了最大的比例。

要正确认识危机，危机报道真正要遵循的并不是“舆论引导水平，政治敏锐性，

---

① Buchanan, James M. 1978. James. M. Buchanan 是一位美国经济学家，他所倡导的公共选择理论主要阐明个人偏好转化为社会决策的机制或程序的选择。

② 赵士林著．突发事件与媒体报道．上海：复旦大学出版社，2006：37.

③ 赵士林著．突发事件与媒体报道．上海：复旦大学出版社，2006.

④ 同上。

⑤ 赵士林著．突发事件与媒体报道．上海：复旦大学出版社，2006：139.

社会稳定，统一口径”，而是事实真相和新闻报道规律。[1]

（三）媒体的位置

有一段海外媒体直接的评论[2]：“祝光耀说有些当地官员拒绝——有时候甚至抵制——中央政府的那些环境保护措施。由于地方官员没有能够实施有关规定空气与水污染的环保法规，在超过25年的飞速发展之后，中国已经成为全球环境危机的一分子，而且还在继续恶化。”政府肩负着重要部分的责任，而媒体站在客观公正的位置报道政府亦非易事。

危机报道无论对公众个人还是社会都是必需的，政府需要正视危机，媒体和公众则是舆论监督不可缺少的一环。历史的经验证明，保密的政府行政腐败也多，受到公众监督的政府为公众服务的精神也好。[3]但我们看到，在样本中大部分的发稿主体都是政府，而公众的话语权很少。究其原因，就中国的新闻实践而言，长期以来媒体的舆论监督被认为是党政权力的延伸和补充，媒体坚持的是上级监督下级的原则。我国的新闻媒体都是“党的媒体”，这样导致舆论监督的主体公众的缺失。[4]媒体舆论监督功能不能正常发挥，媒体的危机报道也就无法正常进行，因为危机事件往往与官员的失职有着密切的关系，即使不涉及违法犯罪或者官员腐败，也会影响当地官员的“政绩”。而政绩是中国官员升迁的一个最重要的证明，许多官员难以摆脱政绩情结，导致发生危机事件时一个本能的反应就是“捂住”，而媒体即使知情也不能有所作为。事实上，媒体正常报道危机事件和舆论监督的正常开展是维护社会基本公平的平台，也是保障公众利益的有效手段（当然，媒体的基本立场是给政府提意见而不是反对它的社会和制度，这对促进整个社会整体健康是有益处的）。

这样，从媒体的角度来说，每一次爆发危机，媒体的舆论监督工作都会经受一次考验和良知的拷问，因为满足公众的知情权，是公众自我保护的前提条件，也有利于培养公众的危机意识，形成正视危机的良性循环。

图4便于我们更直观的理解。图4是根据分析当前的样本形象的危机信息流向。

---

① 参见孙玉胜．见证突发事件．新浪网，http：//cul. sina. com. cn/s/2003－11－10/45577. html.

② By THE ASSOCIATED PRESS.

③ 汪习根等．论知情权．法治与社会发展，2003（2）.

④ 赵士林著．突发事件与媒体报道．上海：复旦大学出版社，2006：146.

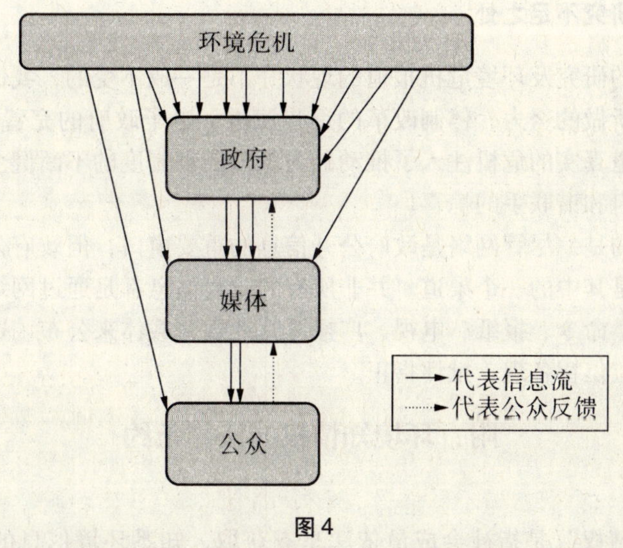

图 4

而图 5 是正常秩序的危机传播，是理想状态的信息流向。

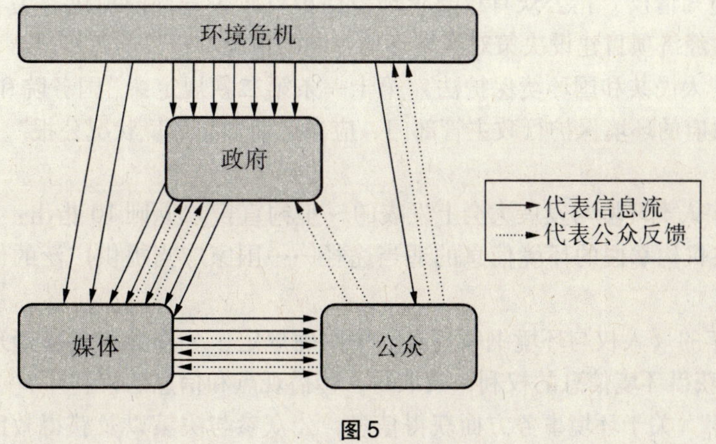

图 5

历史的经验证明，保密的政府行政腐败也多。受到公众监督的政府为公众服务的精神也好。[①]公开危机信息对政府来说，可以为政府决策提供信息，促进政府的廉洁高效，抑制腐败的滋生，维护政府形象。

---

① 汪习根等．论知情权．法治与社会发展，2003（2）．

四、声明及研究不足之处

笔者对上述的研究及环境危机报道的现状并不是一成不变的，我们也不能忽视政府在信息公开方面所做的努力，体制改革的逐步演进，电子政府的完善和发展与日俱新，这些都为公开报道真实的危机注入了推动的力量。随着制度的不断健全和改善，公众也期待着媒体和政府和谐联手的惊喜。

还需要说明的是，尽管网络是政府公开信息的重要窗口，但政府公布信息的渠道是多元的，网络只是其中的一个渠道。并非所有的政府信息都是通过网络形式公开的，也有通过下达文件、命令、报纸、电视、广播等其他媒介载体来公布。这也是本文研究的局限之处，愿各位仁智各现，批评指正。

附：环境知情权的法律条约

中国

• “环境知情权”是指社会成员依法享有获取、知悉环境信息的权利，它是知情权在环境保护领域里的具体体现，更是公民参与环境保护的前提条件、客观要求和基础环节。

• “环境知情权”指公众有权要求环境保护行政主管部门提供有关当地的环境状况和了解重大经济项目建设决策对区域环境影响的情况。

• 《中华人民共和国环境保护法》第十一条第二款规定：“国务院和省，自治区，直辖市人民政府的环境保护行政主管部门，应当定期发布环境状况公报”。

国际

• 1992 年人类环境与发展大会上发表的《里约宣言》原则 10 指出：“每个人都应享有了解公共机构掌握的环境信息的适当途径……国家应当提供广泛的信息获取渠道……”

• 1994 年的《人权与环境纲领宣言》中明确规定了公众参与环境管理的程序性权利应包括：“获得环境信息的权利，及取得，传播观点和信息的权利。”

• 1998 年《关于环境事务方面获得信息，公众参与决策以及获得救助的奥胡斯公约》对《里约宣言》原则 10 的内容进行了深入细化，要求各缔约国应保证公众在环境事务中获得信息，参与决策以及获得司法救济的权利。上述宣言及公约不仅为“环境知情权”的确立提供了有力的国际法依据，还为“环境知情权”的理论深化及其在各国环境法制中的运用奠定了深厚的基础。

【参考文献】

1. 易正著．中国抉择——关于中国生存条件的报告．北京：石油工业出版社，2001.
2. 曲格平著．关注中国生态安全．北京：中国环境科学出版社，2004.

3. 赵士林著．突发事件与媒体报道．上海：复旦大学出版社，2006.
4. 胡百精著．危机传播管理．北京：中国传媒大学出版社，2005.
5. 薛谰，张强，钟开斌著．危机管理——转型期中国面临的挑战．北京：清华大学出版社，2003.
6. 史安斌．危机传播与新闻发布．广州：南方日报出版社，2004.
7. 国家环境保护总局网站：http：//www. zhb. gov. cn/.
8. 美国国家环境保护署：http：//www. epa. gov/.
9. 澳大利亚环境与遗产署：http：//www. erin. gov. au/.
10. 英国国家环境保护署：http：//www. environment-agency. gov. uk/.
11. 法国生态可持续发展部：http：//www. ecologie. gouv. fr/sommaire. php3.
12. 加拿大环境署：http：//www. env. gov. bc. ca/.
13. 广东省环境保护局公众网：http：//www. gdepb. gov. cn/.
14. http：//zhidao. baidu. com/question/11184212. html.
15. 汪习根等．论知情权．法治与社会发展，2003（2）.
16. 郑如苹，许燕杰．关于完善我国环境保护公众参与机制的法律思考．中国环境管理，2004（12）.
17. 张紫宜，孙笑征．浅析环境知情权．行政与法，2004（6）.
18. 越正群．得知权理念及其在我国的初步实践．中国法学，2001（3）.
19. 李艳芳．论公众参与环境影响评价中的信息公开制度．江海学刊，2004（1）.
20. 杨诚．论我国政府信息公开的网络传播应用．现代情报，2005（3）.

公共危机中的媒体：问题与契机

传媒对公共情绪的宣导抚慰功能研究*

谭昆智**

【摘　要】每个群体和社会都生活在一个有意义的世界里，其中某些意义的被传递，都要依靠传媒。这些意义所涉及的物体、事件和人物超出了直接的经验范围，并且只是在有关他们的知识被其他人传达或媒介传达时才为人知晓。宣导抚慰功能是一把“双刃剑”，此功能发挥的好坏，直接影响社会政治经济的稳定和发展。而宣导抚慰功能的终极目标就在于要真正落实科学发展观，提高党的执政能力，建立一个和谐社会。

【关键词】传媒　公共情绪　宣导抚慰　和谐社会

传媒对公共情绪的宣导抚慰功能在国外已有研究，我国现在已经开始注重这个问题。目前，我国社会在政治、经济和文化等领域上取得了极大的发展和进步，使我国传播业发展成为了一个独立的产业，并变为了朝阳产业。传播学的发展为社会作出了重大贡献，其给人以鼓舞和信心，也担负着对大众解惑、说服的重任，作为社会环境的优化者、社会情绪的宣导体，传播的作用将日趋深化。

专业化的媒介组织加上先进的传播技术和产业化的手段，现代媒体的影响已经逐步渗透到我们生活的各个方面，但在媒体发挥其信息传播或者传道解惑等客观职能作用的同时，也起着对公众舆论或者情绪的引导作用。现代媒体很大程度上已不再是一个信息门户，而具有更多的社会职能，即其发展是与社会公众紧密联系的——这是一个基本的事实，但是往往被我们所忽视。

除了商业性质——例如迎合、炒作和代言等考虑，媒体的社会责任在客观上是不断增加的，与公共的互动也越来越密切。当某种原因引起意义或影响较大、范围较广的公共情绪时，媒体出于这种社会责任感便会发挥其宣导抚慰的作用。在这一刻，媒体改变了其大多数时候担任的契约信使角色，转而扮演起群体角色，发挥其民意代表的职能。

单纯的字面意义和阶段性理解，媒体宣导抚慰的作用可分成三个部分，即宣泄、引

* 本论文获2005年度国家社会科学基金项目“传媒对公共情绪的宣导抚慰功能研究”（05BXW010）资助。同时，获中山大学二期“985工程”公共管理与社会发展研究创新基地专项基金资助。

** 谭昆智，中山大学政治与公共事务管理学院公共传播学系副教授。

导和抚慰。这种阶段性的划分可以是基于同一事件的不同发展，也可以是对同一事件的不同反应。而按主动性的程度来看，宣泄是最基本的，引导和抚慰都只是进一步深入。

一、宣泄、引导和抚慰

（一）宣泄

当一种事件引发公众关注并形成公共舆论乃至公共情绪时，媒体或许并没有在一开始就这个事件予以关注，即当这种公共情绪引起他们兴趣的时候，他们才开始对这个事件进行深入的探究。当事件刚刚引起公共情绪的时候，媒体在并不了解整个事件的情况下，职能是什么呢？毫无疑问是被动的，现代媒体技术的发展，尤其是网络，已经很好地建立了这样一个平台，人们增加了许多发表言论，宣泄情绪的窗口。电视报纸等也开始把目光转向公众，尽可能多地去倾听公众的这种情绪。这个阶段，由于没有形成较多的相互联系和交流，会发生什么情况呢？社会心理学的研究认为，当社会不提供这样一个宣泄的窗口的时候，公众的情绪并没有减弱或消失，而是不断增强。在表面的风平浪静下，公众的情绪犹如暗涌集聚，最终会如火山爆发喷涌出来。现在对于义务教育和国有改制资产流失的争议就是如此。所以这种情绪的反应还是多元化的。在相互表达中存在着鉴别与筛选的过程，故不会引起较大的群体效应。此时的情绪可以简单地称为个人情绪或者集团情绪。

如果当一件被公众所关注的事情发生，公众急于寻找一种情绪宣泄的方式而得不到满足，某些地方政府的执政水准低下，管理者对先进的理论处于无知和不懂利用的状态，根据文艺学理论，媒体的宣泄有助于民众缓减对现实的不满，比如铺天盖地的反腐作品可以降低民众对腐败的厌恶感和抵触情绪，从而使腐败民俗化。“腐败民俗化”的核心，是对腐败价值评判的是非颠倒。但是非颠倒的根本原因，则是基于规则和体制所存在的漏洞。要遏制腐败的民俗化倾向，要害并不在于指责部分公众正义感的脆弱，而是在完善法治和强化权力制约机制方面迈出实际步伐，使显规则的力量得以彰显，潜规则失去市场。①

（二）引导

很多公众情绪在可得到宣泄的情况下减弱了其影响力，但是仍有一些由于观点的模糊或动人之处和意志性的因素而长期存在。这种情形下，宣泄的平台在某种程度上恰好又成了其蔓延滋生的土壤和有利条件。附和跟从乃至寻找志同道合的动机促使其很快发展成一个联盟并对社会施加影响，甚至改变政府政策。

这里要提到社会责任论。媒体应是自由而负责任的，媒体行为应以社会责任为规范，而使媒体成为社会公器。不否认媒体也有其价值取向，例如商业利益。在上述情况发生的时候，媒体由于其充分的信息量应具有一定的敏锐观察的能力和前瞻性。所以此

---

① 从“腐败游”看“腐败民俗化”. 山西晚报，2006－10－24.

时媒体更应主动地引导这种公共情绪的发展方向，从而尽可能减少其危害。

（三）抚慰

媒体的抚慰功能简而言之即是给公众心理的安慰作用。在事件得到引导的过程中，由于公众主观的原因和传播方式等客观原因的限制，肯定会造成许多误解和扭曲，产生这些误解和扭曲的可能只是少部分的公众。但从一开始公众对事件的绝对信仰，到突然明了后产生落差，让公众有许多失落感。这时媒体的抚慰功能，就是要减少或清除这些心理遗留的影响。

以上只是针对单个事件的发展来说，在现实生活中，我们可以看到对灾难性事件的报道，媒体在这个过程中实际上是有意无意地起着启发公众的作用。公众的情绪被这种广泛而深入的报道所引导，并最终产生关注和行动上的道义援助。公众情绪在媒体的抚慰作用下被尽情的发挥，“东南亚世纪大海啸 ”、“美国新奥尔良飓风”和“南亚大地震”，媒体就起到了这样的作用。

中国社会正处于转型期，发展、变动很快，面对现实生活，大众有着精神和心理慰藉的强烈需要。《钱江晚报》在2005年过年之前推出了真情演唱会，以“用歌声为民工追薪”的形式呼唤社会良知，并向全社会征集打工故事和民工演员的事情。《钱江晚报》这次真情演唱会，用主流媒体所具备的影响力，用艺术的形式，在整个社会营造一种提倡善待打工者、声讨欠薪等不良行为的舆论氛围，对那些为富不仁者、不尊重他人劳动的人形成无形的压力。这台演唱会，不仅给民工以精神上的援助，还能够在舆论上，给那些讨不到工钱而陷入惨淡困境的民工以关心和帮助。①

现在，欠薪等现象很多，民工受到很多委屈。社会该有很多良性的出口，帮助人们治疗不公待遇所带来的身心创伤。所以，媒体营造舆论氛围是非常重要的，这能够让辛酸的民工们感到有人关怀着自己，在面对欠薪的老板时，感觉背后有人为自己撑腰。这样一来，他们身处都市的孤独感不会那样突出，对于社会环境的安定也大有好处。

二、宣导抚慰功能是一把“双刃剑”

（一）宣导抚慰功能的积极影响

就整个社会而言，由于社会问题的存在，突发性和非突发性的社会事件每时每刻都在出现，它的到来有时十分突然，没有预期性，还具有明显的冲突性和敏感性，涉及许多人的切身利益，直接关系到国家、民族、社会的命运；而人们受到事件的刺激会产生惊异感，引起恐慌和思虑，激起众说纷纭，使许多人自觉或不自觉地卷入到事件中，不断引起社会的骚动。在社会问题没有得到恰当解决之前，不可避免地引起一部分人街谈巷议的“耳语运动”，并逐渐发展为整个社会范围的猜测和议论。在这种社会环境下，新闻媒体对公众的引导，不仅是媒体应主动承担的社会职责，也是公众想要知道事件真

① 屠晨昕．媒体，就该做些抚慰人心的事．钱江晚报，2005－12－05.

相和正确看待与理解事件的心理需要。一个负责任的新闻媒体应该从受众利益的角度考虑，提高公众对各种信息的鉴别和判断能力，用正确健康的观念去强化公众头脑中原有的那些积极认识，同时驱除和驳斥那些错误的、模糊的、落后的认识。

（二）宣导抚慰功能的消极影响

传媒为了让公众获得其应享有的知情权，可在新闻事件发生的同时让全世界知晓这条重要信息，这种全球的舆论压力可以推动当局采取行动，促使问题得以迅速解决。但同时，媒体也会扩大新闻事件的影响力，造成受众对新闻事件的日益恐惧、忧虑、愤怒等各种消极情绪，甚至做出过激行为，对社会造成危害。

在“9·11”的报道中，正在坍塌的世贸大厦占据了那段时间几乎所有新闻周刊的封面。而2003年5月，已被人们遗忘的口罩居然齐齐登上了各种报刊的版面，成为那个季节的主角。山西某个小县出现了毒酒，不久在传媒中就看到了“山西毒酒”的报道，造成山西全省毒酒盛行的误区。杨振宁教授与女硕士再婚的消息登陆全国各大传媒的主要版面，受到“多角度，全方位”报道的待遇。很多人都知道杨教授是华人诺贝尔奖得主，但又有多少传媒向公众诠释他的研究成果？直至82岁高龄，杨教授前所未有地同时现身我国各大传媒，导因却是他的感情生活。这不得不说是杨教授的悲哀，是我国传媒的悲哀。也许有人会说，传媒也只是“孙子”，只会投公众所好。然而，反过来说，传媒能对公众起到强大的引导作用，就应该有其相应的社会责任感。

美国是世界上传媒产业最发达的国家，传媒在美国的影响力难以估量。美国传媒无孔不入，小至穿衣戴帽，大至总统选举。从总体上说，官方与媒体在对外行动中通常相互取悦，立场基本一致，从而争取更多公众舆论支持。

“越战”是第一场得到电视实况转播的战争，新闻媒介，尤其是电视新闻对帮助美国公众了解“越战”，激起他们的反战、厌战情绪起到了很大的作用。但直到“越战”后期，媒体一直纵容、包庇政府的越南政策和军事行动。比如，新闻媒体从未公布美国以巨额费用暗中支持法国在越南的殖民统治，也没有质疑美国在越南扶植的右翼专制政权，而是出于“国家利益”的考虑，隐瞒或缩小战争升级的后果。除个别记者外，多数记者与军方基本上是合作的关系，新闻报道对美军许多罪行几乎只字不提。民众获得的真正震撼性的信息实际上多是从一些民间反战组织、地下报刊和大学的讲座中获得的。直到“越战”后期，《纽约时报》著名新闻人索兹伯里才深入“越战”现场，以真实的报道驳斥了政府散布的轰炸成功的谎言。但这场媒体与政府进行的“另一场越战”同样是出于维护国家利益的需要。

后“越战”时代，媒体成长为直接影响战争胜负的重要力量，公众已经习惯通过电视接受战争信息。海湾危机、伊拉克战争，媒体制造了大量丑化敌人的假新闻，以挑起公众的痛恨和反感，达到舆论支持出兵远征的目的。除了假新闻，电台和报纸更多的是报道一边倒或倾向性很强的消息，低调处理伊拉克遭受的战争灾难。处于国家利益和新闻自由夹缝中的新闻媒体，像一把双刃剑，提供给公众的信息不可避免地夹杂着有限、歪曲甚至错误的信息，从而把民意推向了政府一边。①

传媒是大众的传媒，所报道的事件，最基本的要求是真实。捏造的“事实”不是新闻，是假新闻。传媒作为公众了解真相的工具，必须有其应有的高度社会责任感，而不能利用公众对其的信任胡写乱作，愚弄公众。作为有社会责任感的传媒，应该客观公正地报道，而不能为了某集团的利益而有失偏颇，误导公众。现在很多媒体，追求经济利益而忽视社会公德，追求轰动效应的出位报道而不顾其真实性，更有“集体失语”、“有偿新闻”等传媒中的害群之马。在媒体置于市场竞争并且竞争日益激烈的环境下，追求经济利益本无可指责，但市场化并不代表无序，市场化并不是不需要道德，作为社会道德建设主力的媒体，更不应在自身道德上失去了社会的公信力。

三、正确运用传媒的宣导抚慰功能

传媒对公共情绪的宣传引导功能分析层面有：管理—制度层；生活与行为方式层；心理—观念层。所以，传媒对公共情绪的影响是非常大的，可起到巨大的作用。在经济全球化的背景下，一个国家，一个地区，甚至是一个人，都会对地球村产生巨大的影响和波动。因为信息技术的迅猛发展和媒体产业的日益发达，使每个具有“新闻价值”的问题，通过新闻报道的方式迅速传播开去。

（一）传媒应担当的文化安全责任

文化包括价值、规则、体制和在一个既定社会中历代人形成的思维模式，是社会发展进步的精神保障和精神动力。社会转型的平稳、有序、和谐，需要政治、经济、军事、文化等各个方面的良性协作和相互支撑。

1. 文化安全是国家安全体系的重要组成部分

文化是国家和民族生存、发展的基础，蕴涵着从过去走向未来的发展基因，还为一个国家的政治稳定和经济发展提供精神动力，为人民大众提供深厚的道德基础。文化安全就是以国家和社会意识形态为核心的民族凝聚力的安全。历史上，很多民族消亡了、沉沦了，不是因为其人种不行了，而是他们的文化灭亡了、落后了或屈从于其他文化了，从而导致凝聚国家和民族的基础坍塌，国家机器无法建立强大的国防和推进社会的发展。②

文化安全与政治安全、经济安全一样，是国家安全体系的一个重要组成部分，是国家安全的深层基石，是国家政权和社会制度得以建立和发展的精神支撑。现代社会，大众传媒是文化的主要承载者和传播者，其影响力遍布通都大邑和偏远地区，其穿透力深入社会生活的所有层面。社会主义制度下的大众传播媒介，应当也必须担负起维护文化安全的重大责任，这是社会主义的传媒特性和大众传媒自身的特点所决定的。

---

① 马文丽．伊拉克战争：公众舆论如何成为战争同谋．新闻传播研究，2003（12）．

② 赵飞鹏．文化安全：捍卫无形的国防．中国青年报，2005－03－19．

2. 文化的凝聚、引领和抚慰作用不可替代

文化所起的凝聚、稳定、动员、引领和抚慰作用不可或缺，也不可替代。传播媒介作为文化的构成者和建设者，对于文化传统的承继、弘扬和革新，对于国家文化安全的维系和护卫，承担着重要的历史和现实责任。面对外部战略目的明确的强力文化“渗透”，面对文化体系内部多元化、多样化情势的出现，传媒维护文化安全的必要性和迫切性日益凸显出来。传媒对文化安全的守护必须旗帜鲜明、坚强有力。正确的传媒管理策略，是实现这一目标的前提和保证。

当前，改革开放、社会转型进入攻坚阶段，和平崛起的国家战略逐步展开。文化整体品格的健康文明、积极向上，文化发展路向的坚定明确、锐意创新，密切关切着整个社会的政治和经济发展状况，是改革和社会转型成功的决定性条件。文化安全的重要性前所未有的显现在理论和实际工作者面前。

3. 传媒必须把社会效益放在第一位

传媒对利润的追求和经济的扩张，必须在保证社会效益的前提下进行。要用正确的舆论引导群众，把群众的思想、情趣和注意力引导到符合人民大众的根本利益的方向上来，引领到先进文化的发展方向上来，引领到社会主义前进的道路上来。所有制的性质、运作上的特点，决定了传媒必然成为社会主义事业和社会主义文化的有机组成部分，成为社会主义文化最为直接的建设者和文化安全的强力维护者。

大众传媒管理策略，即有效支配和协调传媒资源、实现传媒社会效益和经济效益的政策规定及实施办法。它规范着大众传媒的发展路向、行动空间和运作方式，对于大众传媒文化安全责任的履行，发挥着至为关键的作用。

（二）树立主流媒体的权威性

主流媒体靠什么与社会上的新兴媒体竞争？靠什么引导舆论？靠指导性、靠新闻针对性、靠主流媒体的权威性。[①] 根据传播学原理，传播源的可靠性、权威性会影响受众接受信息的忠诚度。即同一消息，公众从主流的权威性较高的媒体上获得，较之非主流的权威性较低的媒体，其接受程度、相信程度更高。而人的现代化提高，人们已经不仅仅满足于获知什么信息，更希望自己获得的信息是可靠的、权威的。但由于过去几年，媒体都一再坚持信息软化，走非主流的路线，特别是报纸，使新闻软化，其权威性相对薄弱。

在这种情况下，媒体要获得长足发展，必须打造完成从软性到硬性，从关注非主流到关注主流的转型，并在这一过程中成为具有权威性的意见领袖。邵志择教授认为，主流媒体就是“依靠主流资本，面对主流受众，运用主流的表现方式体现主流观念和主流生活方式”，在社会中享有较高声誉的媒体[②]。所以，要树立主流媒体的权威性就要

---

① 赵彦华．营建主流媒体的权威性品牌．新闻实践，2002（4）．

② 邵志择．关于党报成为主流媒体的探讨．新闻记者，2002（3）．

做到：

1. 报道重大事件，树立主流媒体形象

积极参加重大事件报道，关注政治经济国际问题，有利于扩大传媒自身的影响力，树立权威性。目前，这一认识已经在报业实践中操作。以广州报业市场为例，如，“两会”召开、伊拉克战争、非典型性肺炎，广州数家都市报都给予专版报道。同时，还专门派记者亲赴现场，每日发回真实、可靠的报道。在广州产生了不小的反响。报纸还把特派记者介绍给广大市民，以寻求真实感，这是典型的媒体公共关系行为，力图暗示读者：我是关注国际大事的，是主流的、权威的。

2. 加强连续报道，深度报道和评论

在新闻源极为有限的时代，新闻同质化已经是不可避免的现象，媒体很难凸现自己的特色。所以策划新闻，把新闻做深做广，加强深度报道、连续报道不仅是寻求媒体差异化和特色的重要手段，也是大造权威性的不二法门。另外，增加媒体的评论特色、发出媒体自己的声音也是一种趋势。目前，随着媒体发展的不断成熟，那种以软性信息为主的媒体一路走红的趋势已经不再明显，而关注主流、参与报道重大事件的媒体，已越来越成为显性趋势。

3. 建立合理成熟的媒体消息机制

媒体对公众的宣导、抚慰功能是十分重要的，尤其是在重大灾难和危机发生的时候，一个合理成熟的媒体消息机制是至关重要的，直接关系到社会的稳定。其中，树立媒体权威性是关键，在中国要做到这一点，政府要先行。首先，树立政府信用，改变信息不透明甚至向公众封锁消息的做法，主动承担事故责任，不逃避社会舆论，不压制言论。同时，政府适当放权，放松对传媒的过分控制，使传媒能从外部发挥监督和协调作用。

4. 确定团结、稳定和鼓劲的总方针

我国媒体进行舆论引导的总方针是团结、稳定和鼓劲，以正面宣传为主。新闻工作者必须站在正确立场，考虑公众情绪，将事实核实清楚。不要以偏概全，否定整体，需要解决什么问题就针对什么问题。这样才有说服力，能更好地反映舆论、引导舆论，对公众的情绪起到一个正确的宣导作用。

（三）思辨媒体要培养思辨公众

公众要了解的不仅是好消息，更要听真消息。因此传媒必须具备强烈的责任感，既要善于倾听来自公众的声音、反映民情，还要学会“治疗”，针对公众高度关注的问题事件进行解惑、正确地引导及抚慰，不仅要让人们在报道中看到真相、看到力量，更要让人们看到微笑。所以，一定要强调和尊重公众的知情权和知情同意权，只有思辨性的媒体才能培养出思辨性的公众。

1. 慎思明辨

要善于发掘社会热点问题，产生分析和联想。理论思辨的威力在于：抓住群众关注的社会焦点、热点问题，作深刻辨析和有说服力的解释，从而发挥释疑解惑、明辨是非的作用。在改革的进程中，各种各样的经济现象、社会现象变得扑朔迷离，人们如雾中看花，看不真切。由于新旧体制的转换，各种利益格局发生了变化，引发了生活中的矛盾和冲突，使一个个社会热点焦点问题冒了出来。

受众渴望新闻媒介对这些问题作出分析与解释，慎思明辨借助理论思维承担了这种职能。它不是简单地复述事物发展的结果，而是侧重于对热点问题成因与来龙去脉、发展过程的剖析，对受众发挥明事悟理、化解矛盾的作用；它不是用事实去论证某种现存的结论，而是敢于直面社会生活中交织的各种矛盾，并提出解决这些问题的思路与对策；它不是简单地罗列堆积种种热点现象，而是透过现象，抓住本质，下工夫把“质”分析好。分析得好，就引导得好。它不是“一边倒”式的肯定与否定，而是如实描绘改革中的曲折过程，既反映改革的成果得益与欢欣，又反映改革付出的代价失落与苦恼。这样，使受众感到：报道贴近实际、贴近生活和贴近自己。

2. 用事实说话

报道的事件真实、客观、全面、具体，是指这个报道做得客观的基础。因为“核心是报道事实，用事实说话，表达的常常是一种无形的意见”①。

“用事实说话”是一种有中国特色的进行客观性报道的新闻手段。同西方传媒标榜新闻报道纯客观、不掺杂传媒与传播人意见不同，它主张既要报道事实，又要传播思想。显然，它是依托于事实——即对事实进行事实求是的报道，但又不是西方那种“有闻必录”的报道方法，而是通过对事实的选择和运用，把传播者的态度和倾向体现在里面，同时在该说话的时候也要说话——表达自己的意见，加入适当的评论，引导舆论的导向。

3. 深度报道的透彻性

新闻是新近发生的事实的报道，深度报道也不能违背新闻的这个基本属性。什么叫深度报道？按《新闻学大辞典》的解释是：“运用解释、分析、预测等方法，从历史渊源、因果关系、矛盾演变、影响作用、发展趋势等方面报道新闻的形式。”简单地说就是深入揭示事物本质、把问题说透彻的报道。②

深度报道想吸引受众的目光，必须“缘事而发”，首先选择的题材是公众普遍关注的重大问题，要有丰富的新闻背景与大量的新闻事实，并以此为由头，在挖掘事物本来面目的深刻度、准确度上下工夫。同时，深度报道还要“寓事于理”，把理性思考融于新闻事实之中，充分摆事实讲道理，以事实的逻辑力量和理性魅力来征服受众。另外，深度报道要正确处理长与短的关系。由于深度报道反映的大都是社会重大问题，新闻事件复杂，因果关系错综，篇幅长也在所难免。但不能人为地拉长，似乎一定要拉开架势

---

① 甘惜分主编．新闻学大辞典．河南人民出版社，1993：152.

② 甘惜分主编．新闻学大辞典．河南人民出版社，1993：3.

写方过瘾，如空话套话连篇，深度报道没深度，致使新闻文章化、报纸杂志化，就令人生厌了。其实，深度报道不一定都得长篇大论，千百字的短文也能写得精彩。

（四）在利益时代中建立和谐社会

现代社会不仅是一个伦理共同体，同时更是一个利益共同体。利益在分化基础上形成多元结构，而多元结构的稳定性恰恰在于不同社会群体的利益均衡性，这种均衡性的实现，关键在于实现权利资源的平等分配。

1. 实现利益平衡，维护社会公正

只有利益分配公正，多元利益得以协调共存，才能为实现和谐社会奠定基础。然而，我国社会现存的贫富悬殊、高失业率、“三农”问题、腐败、教育不公、社会保障体系缺位等问题表明：利益协调机制并未完善，弱势群体利益依然被忽视和剥夺，致使社会利益分配格局失衡，成为社会不和谐的潜在威胁。

必须通过加强立法工作，提高弱势群体生存和发展的保障力；通过建立利益表达的制度化途径，通过完善社会分配机制，通过完善司法救助制度，完善社会保障体系，强化“社会安全阀”，保护弱势群体合法权益；通过完善监督体系，提供反腐措施，来维护利益分配的公正性，实现利益的协调和共存，以更好地构建和谐社会。因此，要建立和谐社会，必须首先解决利益协调和共存的问题，使有限的资源和利益在社会范围内达到较为平等的分配，实现利益格局的平衡化，维护社会的公正，并为建立和谐社会奠定基础。

2. 传播底线是形成利益表达的空间

传媒对公共情绪的宣导抚慰功能的终极目标在于建立一个和谐社会。和谐社会是一个有能力解决和化解利益冲突，并由此实现利益大体均衡的社会，我们必须正视建立利益表达和利益均衡传播的过程是一个挑战。可以说，传播底线是社会的稳定，上限是利益的表达，两者之间就是利益表达的空间。这时需要做的是用有效的传播沟通安排来容纳和规范利益表达。同时，从利益表达者的角度来说，提高利益表达的理性化程度也是至关重要的。

公共情绪和公共舆论其实是一脉相承的，沃尔特·李普曼在《公共舆论》一书里充分肯定了媒体塑造公共舆论的作用。[①] 公共情绪的产生本身也有其深刻的社会原因，从宏观上对媒体宣导抚慰功能的研究更应该考虑媒体和社会及公众之间的互动和联系。本文的意义主要在：传媒对公共情绪的宣导抚慰功能是传媒的众多功能中一个很重要的功能。此功能发挥的好坏，直接影响社会政治经济的稳定和发展。在舆论引导方面，媒体的作用不仅是“反映”、“传达”，更应该是能动的做出有意义的评价，以自身的立场和观点影响公众的立场和观点，此功能发挥得好，有利于真正落实科学发展观，提高党的执政能力，建立一个和谐社会。

---

① （美）沃尔特·李普曼．公共舆论．上海人民出版社，2002：261.

【参考文献】

1. 谭昆智著．组织文化研究．北京：中国教育文化出版社，2006.
2. 谭昆智主编．营销城市．广州：中山大学出版社，2004.
3. （美）汤姆森·斯迪克兰德著．战略管理．北京：北京大学出版社，2000.
4. 廖为建主编．公共关系学．北京：高等教育出版社，2000.
5. 谭昆智．东莞城市文化形象建设的战略思考．城市问题（北京），2003 增刊：54.
6. 廖为建，李莉．美国现代危机传播研究及舆论缓释作用．广州大学学报，2004（8）.

公共危机应对过程中媒体的社会责任与法律责任

莫于川*

【摘　要】作为现代信息社会中“第四种权力”的新闻媒体，扮演着重要的社会监督者角色，基本功能是沟通信息、提供帮助、表达民意、揭露真相、伸张正义、监督政府、社会监督、娱情教化等；媒体的自律非常重要，但往往存在局限性，包括媒体的竞争压力和利益冲动，信息不全、偏差和不对称，从业人员的道德修为和法律素质不足，等等；公共危机应对工作具有许多特殊性，包括存在高度风险，要求快速反应，以及权力运行、权利实现、心理感受的特殊性，等等；公共危机应对中，媒体承担着特殊而多样化的社会责任，并且应当为其侵权行为承担相应的法律责任甚至道义责任，这也是法治社会对于任何社会组织的基本要求，媒体工作者不可不察。

【关键词】公共危机　危机应对　媒体责任　社会责任　法律责任

一、问题的提出

自然灾害、事故灾难、突发公共卫生事件、社会安全事件等突发事件，具有非预期性、巨大的危险性、处置的紧迫性、发展的不确定性等特点，往往导致公共危机，造成巨大的生命、财产和秩序的损害与灾难，付出难以估量的社会成本，破坏社会有机体的健康和谐；而有效的危机管理和完善的应急法制，乃是有效应对公共危机、保障社会有机体健康和谐的保健因素。

危机管理和应急法制具有许多特点，但迄今为止人们对它的认识还远远不足，立法、建制过程中往往难求共识，建构难度极大。例如，《中华人民共和国突发事件应对法（草案）》于2006年6月经全国人大常委会第一次审议时，关于新闻媒体在公共危机应对过程中的行为责任条款，在常委会成员中和社会上就引起不小争论，人们见仁见智。笔者认为，这里姑且不论该草案有关条款的规定是否必要、科学，是否适当、粗疏，但有一些问题是有必要加以讨论的，例如公共危机应对过程中媒体的责任问题，特别是社会责任和法律责任问题。

---

* 莫于川，法学博士，中国人民大学教授、博士生导师，宪政与行政法治研究中心执行主任，中国行政法研究所所长。

二、公共危机应对工作的特殊性

同常规状态相比，在非常规状态下或曰公共危机的情况下，人们对于生命、健康、权利、信息、生活质量等等的感受是不一样的，对于法律秩序和政府服务的需求也是不一样的；同时，政府管理行为的法律依据、程序要求、行政成本等等，也与常规状态下有很大差别。因此，危机管理和应急法制又具有如下特点：①权力优先性。这是指在非常规状态下，紧急公权力具有某种优先性和更大的权威性，例如可以限制或暂停某些宪定或法定公民权利的行使。②紧急处置性。这是指在非常规状态下，即便没有针对某种特殊情况的具体法律规定，行政机关也可进行紧急处置，以防止公共利益和公民权利遭受更大损失。③程序特殊性。这是指在非常规状态下，紧急权力的行使过程中遵循一些特殊的（要求更高或更低的）行为程序，例如可通过简易程序紧急出台某些政令和措施，或者对某些政令和措施的出台设置更高（或更低）的事中或事后审查门坎。④社会配合性。这是指在非常规状态下，有关组织和个人有义务配合行政紧急权力的行使，并提供各种必要帮助。⑤救济有限性。这是指在非常规状态下依法行使行政紧急权力造成行政相对人合法权益的损害后，如果损害是普遍而巨大的，政府可只提供有限的救济，如适当补偿（但不得违背公平负担等基本原则）。

具有这些特点的应急法制，不言而喻也具有对公民权利造成严重伤害的可能性，与常规状态相比，在公共危机应对过程中行使紧急权力更易于给民众和社会带来伤害，更易于出现变相实行专制、公开谋取私利的现象，故须对紧急权力行使过程加以更有效的约束，对于公民权利提供特殊的法律保障。在这个方面，新闻媒体可以扮演社会监督者以及公众支持者、服务者的重要角色。

三、媒体的社会角色和自律的局限性

从公共管理和法律保障的视角来看，在信息社会中的新闻媒体是一支非常重要的社会监督力量，可谓是为民请命的“社会良心”。其基本功能是：沟通信息、提供帮助、表达民意、揭露真相、伸张正义、监督政府、社会监督、娱情教化等等。它在一定时间、环境等条件下可以表现得非常有力量，对国家机关和其他组织机构产生巨大压力和影响，被称为民主社会中的立法、行政、司法之外的“第四种权力”。我国近年来引起巨大反响的一些典型案（事）例，例如“广州打工青年孙志刚被殴打致死案件”、“延安夫妻看黄碟被刑事拘留案件”、“重庆彭水县公务员秦中飞编写短信息针砭时弊被刑事拘留案件”、“山西方山县城网吧被强行一律关闭事件”，几乎都是在媒体的大力介入和不懈努力下，才得以最终逆转和纠正，获得纠正是非、归还正义、补救权利、抚慰人心的较好结果。

当然，很多时候媒体也显得无能为力，批评监督言论可谓“说了也白说”。这方面的例子非常多，不用具体讨论。因为就连所谓“不怕书记来谈，就怕焦点访谈”的国内顶尖的CCTV监督栏目，也常有“舆论监督极为艰难”、“焦点访谈寡不敌众”的感受和苦恼。

媒体虽然在一定意义上可以说是“社会良心”，但它生存在社会中，“吃五谷、有七情、生百病”。与其他社会组织一样，媒体的社会行为要合法、合理、正当，就需要受到他律，还需要自律。但是，自律是需要自觉、动力和成本的。由于媒体也有许多的局限性，自律效果常常打折扣。日益增多、驳杂的各种媒体，在以“舆论监督”为名做出的行为中，常常出现许多不规范行为甚至侵权行为，给民众与社会带来伤害，也导致越来越多的侵权纠纷，此可谓“良心不良”。

举一个实例来说吧。著名经济学家吴敬琏先生不久前受到个别媒体严重侵权困扰（该媒体刻意伪造其观点再进行荒唐批判以吸引读者眼球）后生发的感慨值得人们深思：“大众传媒是社会的公器。然而最近几年某些媒体不负责任地，甚至有意识地传播捏造事实、误导读者的‘消息’和‘评论’的事件一再发生，却少有相关责任人对发生这样的事件表示歉意、或对此类随意歪曲他人观点的行为作反省的表示。”①

导致媒体自律存在局限性的原因有：媒体的竞争压力和利益冲动（例如追求眼球经济、追逐投资回报、扩大市场份额），信息不全、偏差和不对称，从业人员的道德修为和法律素质不足，等等。由于这些原因，作为社会监督者的媒体发生角色偏差、角色混淆甚至角色背离，出现“只图一己之利，不管别人死活”的侵害私益或公益的现象；形成习惯后，或者说存在这些诱因的情况下，即便在公共危机应对过程中的关键时刻，某些媒体仍会“只图一己之利，不管应急之需”。这在当下我国现实生活中不难找到实例。② 于是进而言之：媒体需要进行自律，也需要受到他律。社会责任兼具自律和他律的内涵，法律责任是典型的他律。

四、公共危机应对中媒体的社会责任和法律责任

由于媒体扮演着特殊的社会角色，它在公共危机应对过程中应当积极履行社会责任。公共危机应对过程中媒体的社会责任是一种积极责任，是指媒体在公共危机应对过程中，应当发挥社会监督作用、信息沟通作用、公众服务作用，展现出负责任的社会监督者的媒体形象。2003年SARS疫情危机期间，正是由于许多媒体的社会责任感和坚持精神，才使得一些地方、一些主管机关及其负责人的隐瞒真相行为大白于天下，及时受到了查处，及时纠正了错误，扮演了坚决说“不”的“吹哨人”角色，维护了人民群

---

① 吴敬琏．维权声明．财经，2006（19）：10.

② 例如，2006年2月19日，黑龙江省牡丹江市自来水公司的主要进水口（牡丹江段）大面积、大量出现黄白色黏性絮状物，堵塞了取水口和反应池隔栅，水量减少了1/5，导致饮用水危机；而当地一家通信公司（它具有新媒体功能，是公众信息重要来源之一），为抢时间、树形象、争客户，抢先向用户发出短信称本市将要停水三天，于是引起市民极大恐慌，小道消息铺天盖地，就连超级市场的饮用水、矿泉水也被抢购一空，引起了社会生活的严重不稳定。幸亏该市政府及时启动应急预案才控制住了局势，没有造成灾难性后果。

众的权益，最终也维护了人民政府的形象。可谓殷鉴不远，经验可贵。

在公共危机应对过程中，如果媒体违反一定位阶的法律规范和公共危机应对工作的重要原则、规则，也应当承担相应的负面后果，这是一种消极责任。媒体由于在公共危机应对过程中的违法不当行为而承担法律责任的方式，包括受到行政处罚、接受刑事制裁、承担民事责任等等。有人置疑道：我表达民意、监督政府，这有什么错？如果还要承担法律责任，今后谁还敢、还原意做这样的事情？此话不假，但法律面前，人人平等，我国宪法第五条明确规定："一切国家机关和武装力量、各政党和各社会团体、各企业事业组织都必须遵守宪法和法律。一切违反宪法和法律的行为，必须予以追究。任何组织或者个人都不得有超越宪法和法律的特权。"可见，即便是"天生"代表民意的人民代表大会，也必须遵守宪法和法律。媒体作为"吃五谷、有七情、生百病"的一类社会组织，当然也不得有超越宪法和法律的特权，在全社会应对公共危机的过程中，如果违反了应急法律规范，理应承担相应的法律责任。如果是出于不正当利益追求和主观上的重大过失，造成了损害国家、社会和个人利益的严重后果，那就更应承担法律责任。

不言而喻，在某些情况下，媒体在公共危机应对过程中的不良行为还应承担道义责任，受到社会舆论谴责和接受道义审判；也许，还难免因此承受市场评判和选择。道义责任和市场客观选择的后果，有时也是非常严重的，甚至会决定其生死存亡，不可不察，不可轻视，不可随意。

总之，公共危机是社会有机体的急病状态，需要全社会共同积极努力救治，才能有效应对危机，走出危机，由社会有机体的非常态转为常态。其中，媒体扮演着特殊的社会角色，它在公共危机应对过程中应当积极履行社会责任，并承担相应的法律责任。应当逐步完善我国的公共危机应对机制和应急法制，通过完善他律、强化自律，切实保证媒体有条件发挥沟通信息、提供帮助、表达民意、揭露真相、伸张正义、监督政府、社会监督、娱情教化等一系列功能特别是监督功能，并有效保障其合法权益，使其真正成为帮助改善公共危机管理、促进社会有机体健康和谐的重要因素。

突发公共事件应对中的新闻媒体作用

陈堂发*

【摘　要】新闻媒体在公共危机事件中功能的政策定位直接影响到它作为一种资源在危机处理中是否被充分利用。新闻媒体对公共危机事件介入必须充分考虑它可能产生不利舆论影响的传媒政策基调，使得媒体在危机应对中功能发挥必须谨慎。社会公众面对公共危机事件的归因心理与思考定势，要求政府以责任主体的身份与媒体保持通力合作关系，强化媒体作为公众信息通道的功能，确保媒体无障碍地快速获得有助于公众恢复对政府信任、与政府形成共识的全面信息。新闻媒体的显著功能在于化解或缓和公共危机事件，监督不履行应急处理职责的失职行为，对危机事件处理进行信息汇总与提供经验学习。

【关键词】新闻媒体　公共危机　功能定位　舆论压力

新闻媒体作为政府应对突发公共事件的一种重要资源，突发公共事件作为新闻媒体的重要新闻资源，新闻媒体与突发公共事件两者之间在形式上形成共生的关系。以追求职业价值的实现为形式，新闻媒体介入公共危机的程度，直接影响到它作为一种资源在危机管理中是否被充分利用。然而，在特定的新闻调控制度下，新闻媒体是否允许对危机予以及时、全面、准确和客观的报道，并以此方式对公共危机的应对产生何种作用，并不仅仅是一个技术性的问题，更大程度上则是政治理念与政治策略问题。

一、新闻媒体在公共危机事态中功能的政策定位

从新闻价值要素来看，自然灾害、事故灾难、公共卫生事件、社会安全事件等突发公共事件一般都具有显著的危害性、突发性、急迫性和公众性等特点，具有很强的新闻价值属性，成为新闻媒体着力关注的报道对象。而显在的新闻价值又使得这类题材的报道往往产生广泛的社会影响，并引发强大的公共舆论。正因为如此，政府对新闻媒体与突发公共事件两者之间关系的政策设定，为新闻媒体在公共危机管理中作用发挥的限度框定了边界。

突发公共事件应对意识在我国的形成虽然还只是近两三年来的事，但政府对新闻媒

---

* 陈堂发，复旦大学新闻学院博士后研究人员，南京大学新闻传播学院副教授。

体在突发公共事件中话语正当性的政策要求在20世纪80年代中后期就已经明确提出。面对已经逐渐开放的新闻传播环境，为了争取对突发事件舆论控制的主动权，1987年中共中央专门出台了《关于改进新闻报道若干问题的意见》，《意见》站在政治意识的高度，针对我国新闻机构在一些重大突发事件的报道上比境外媒体报道“慢三拍”和存在“出口转内销”的情况，就该类新闻报道的时效问题提出了原则性的改进意见：新闻机构对国内突发事件的报道，经过必要的请示后理应在西方新闻报道之前向国内外公布真相，争取主动，使读者、听众、观众不受或少受西方歪曲宣传的影响。突发事件凡外电可能报道或可能在群众中广为流传的，应及时做公开的连续报道，并力争在外电、外台之前。重大自然灾害和灾难性事故应及时作报道，如有些情况一时查不清，可先作简短客观报道，然后再作详细的报道。关于地震、气象、洪水等可能造成重大影响的预报或预测，一般不作公开报道；需要报道时，必须经国务院有关领导部门批准，由新华社统一发布。1989年，国务院办公厅、中宣部再次发布《关于改进突发事件报道工作的通知》，本着“提高开放程度，增大信息量”、“重大情况让人民知道”的精神，提出了继续改进突发事件报道工作的具体要求：报道突发事件要十分慎重，报道内容必须准确、真实，有利于安定团结，在这个前提下讲求时效，不得在事实未弄清或未按规定经有关领导批准的情况下抢发新闻。要充分考虑事件的复杂性、敏感性和报道后在国内外可能产生的影响，并据此决定是否报道、如何报道以及报道范围等；各种自然灾害，在事实准确的情况下，原则上可报道。重大自然灾害，由中央新闻单位请示国务院后向全国报道；恐怖主义行为及重大群众性骚动的报道，均须征求事件所在地的省、自治区、直辖市政府或主管业务部门的意见，并请示国务院领导批准后，由新华社、《人民日报》、中央人民广播电台、中央电视台进行报道；为了争取新闻报道的时效，要减少快讯送审层次。一般情况下，只在地方范围报道的，由省级新闻单位报省、自治区、直辖市政府审定。需在全国范围报道的，由有关省、自治区、直辖市新华分社、《人民日报》记者站、电台、电视台派记者采访，快讯稿经当地党或政府负责人核阅后即分别报新华社、《人民日报》、广播影视部，这类快讯是否需送国务院审定，由这三家中央新闻单位的领导视突发事件的不同性质和情况决定。为保证突发事件发稿时效，省、自治区、直辖市政府和国务院有关负责人对新闻单位送审的稿件，应随到随审，不要拖延，尽快退新闻单位；突发事件发生后，负责处理事件的中央主管部门或地方党政机关应立即组织新华社、电台、电视台及有关报纸的记者赴现场采访、摄影、拍电视，以便获得并保存有关事件的原始材料，及时进行公开的或内部的报道。负责处理事故或灾害的单位应指定专门的工作人员管理和协调记者采访事宜，并尽可能举行新闻发布会，及时向他们提供情况。有关主管部门在处理事件过程中，应及时提出新闻报道的原则和意见，重要的报中央和国务院确定，以统一报道口径，防止对同一事件发出相互矛盾的信息和评论，给工作造成被动；对直接涉及外国人、海外华侨、华人、港澳台同胞的突发事件，既要讲求时效，力争先于海外新闻机构发布消息，又要慎重，注意维护国家形象、民族利益并严格按照我涉外方针政策和国际法、国际通例，由新华社统一报道。

上述新闻宣传的政策规定更多地从新闻报道对突发事件的政治舆论影响出发，提出了媒体介入行为的正当性标准。虽然这些规定没有明确涉及媒体在突发事件本身处理中的地位与作用问题，但这些传媒政策显然已经给当前的有关媒体在危机处理中可以发挥作用的政策倡导设置了政治性原则和基本的政策精神，即新闻媒体对突发公共事件的介入是一项政治性极强的工作，必须充分考虑它可能产生的不利影响，只有在此前提下才可以促成媒体在危机应对中功能的强化。2006 年 1 月国务院发布的《国家突发公共事件总体应急预案》对大众媒体在应急体系中两个方面的作用予以明确规定，一是强调通过新闻媒体或新闻报道的形式发布突发公共事件处在不同阶段的信息，二是媒体需要承担有关突发公共事件应急方面的系统知识的宣传，便于社会提高危机应对能力。《预案》对媒体作用的政策认可显然是建立在已有的新闻宣传政策精神之上的，这也是我国新闻媒体在政府处理公共危机过程中作为相对独立的手段的自由度所在。

二、新闻媒体在突发公共事件应对中的策略

新闻媒介在政府处理公共危机中具有的重要功能不是人为赋予的结果，而是取决于新闻传播的自身特质，特别是新闻传播在时效上的及时性、信息收集与扩散的首要性、内容的广泛性、聚焦问题的深刻性、关注问题的持续性、受众接触媒体的便捷性、意见表达的低成本与公共性、报道与评价事实的相对客观性等。

社会公众对突发事件的一个重要反应就是要求政府承担责任。而现代政府是责任政府，政府应该为其工作的缺位或过失承担相应的责任。归因理论强调，人们面对负面事件时总会自然地对事件起因进行思考，人们渴望找到突发事件或失败的起因，以便有效地对付它们。[①] 这是一种普遍存在的社会心理。新闻传媒的报道在遵守有关政策精神的前提下，也应力求最大限度地满足这种社会心理需求。美国公共政策学者麦克阿雷、邓恩总结了人们给危机事件归因的四个方面因素：稳定性、外在控制力、个人控制力和地点因素。稳定性是关于事件发生的频率，如果某人反复地与危机事件有关，这就是稳定性，反之，就是不稳定。与不稳定事件相比，人们更习惯于把起因归结到稳定事件中的人物身上。外在控制力是指有没有其他人能够控制事件的起因。外在控制力越大，人们越不会把起因归到事件中人物身上。个人控制力是关于事件中人物能否控制事件的起因，个人控制力越强，人们越倾向于把起因归于事件中的人物。地点因素是指事件起因在于人物还是情境，当起因与事件中的人物有关时，地点就是内因；当与情境有关时，地点就是外因。作为内因的地点因素会导致人们强烈地将起因归于事件中的人物。[②]

---

① Coombs, W. Timothy (2001). *Crisis Management: Planning for the inevitable.* New York: American Management Association.

② Dunn, William N. *Pubüc Policy Analysis: An Introduction Prentice-Hall*, Inc., 1981.

“归因理论”有助于危机管理者预见利益相关公众对危机责任的归因。尽管公共危机本身总是体现出突发性与不可预测性，但有些“公共危机之所以发生，在某种程度上都是与政府提供公共物品和服务的缺失或质量的低劣有关”[①]。从某些危机事件的诱因看，危机事件的实质是潜在的各种社会矛盾与社会问题积聚激化后的表现形式，或者说是冲突的人群试图通过非常规的方式，促使有关政府部门解决没有预见或长期无力解决的问题。[②] 公共危机的背后总是潜藏了一些人为的涉及责任问题的因素。出于市场竞争的推动，总是寻求公众支持的大众媒体有可能以“公意”的名义，通过不断深入的系列报道逐步揭示出事件的起因。

而从政府建立健全公共危机应对机制这方面的要求出发，政府需要经由媒介渠道和公众社会就危机的起因问题进行有效沟通，不回避问题。这一点正是目前如何使媒体与政府在处理公共危机上建立良性互动关系所面临的一个主要问题。美国危机沟通研究的学者彼得·桑德曼认为，“危机”即危险与愤怒情绪的组合，公共危机不可避免地会导致社会情绪的淤积。[③] 媒体在为公众及时了解必要信息、稳定社会情绪，促进公众了解政府的态度与良好愿望，帮助政府减少舆论压力等方面具有重要作用。危机处理中的政府声誉与形象一方面取决于政府对危机的应对方式，是采取调和型还是辩护型，前者承认责任并采取补救行动，后者则强调没有严重问题或否认对危机的责任；[④] 另一方面则取决于政府对于媒体的沟通方式，政府与媒体沟通的主要目标就是证明政府的信心与信任。美国公共危机管理学者詹姆斯·格鲁尼格提出了危机传播沟通的四条原则：其一，组织在危机事件的利益相关公众的声誉状况直接影响到该组织处理危机的能力。如果组织拥有良好的声誉关系历史，“光环效应”有助于该组织应对危机。而良好的声誉关系历史源于组织与利益相关公众此前在危机处理中超出平常的互动行为。其二，尽管并不是自己的过错，该组织还是主张应该为危机承担责任。其三，当危机发生时，组织必须披露所知的有关危机或问题的所有信息。如果组织最初并不完全知道发生了什么，那它必须保证在获得进一步的消息时要毫无保留地进行披露。其四，危机发生后，组织必须至少将公众利益放在与自身利益同等重要的位置。危机发生时，组织除了与公众真诚对话和采取对社会负责的行为外，没有其他选择。[⑤] 危机事件中的媒体报道总是呈现一种规律，即危机得到妥善处理时，负面报道或有关不实传闻很快自行消失。处理不当时，

---

① 张国庆．公共政策分析．复旦大学出版社，2005：265.

② 薛澜等．危机管理——转型中国面临的挑战．清华大学出版社，2003：8.

③ Koch, William J. & McGee, Patrick A. (2002). Chaos and Crisis: Propositions for A General Theory of Crisis Communication. *Public Relations Review*, 28: 329 - 337.

④ Birkland, T. A. (1997). *After Disaster: Agenda Setting, Public Policy and Focusing Events.* Washington, D. C.: Georgetown University Press.

⑤ Coombs, W. T. (2004). Impact of Past Crisis on Current Crisis Communication: Insights from Situational Crisis Communication Theory. *Journal of Business Communication*, July, 2004: 265 - 289.

负面报道会延续较长时间。美国另一位危机沟通研究专家文森特·科维罗认为，有四种关键要素影响着政府的信心与信任：公众的同情心（50%），资格与专业知识（15%—20%），诚实与开放（包括倾听公众的意见、满足媒体的要求）（15%—20%），奉献与承诺（15%—20%）。① 所以，政府面对媒体舆论的压力如何解除，主动权掌握在政府手中。作为一种应对危机的策略，政府在处理危机事件时应该与媒体保持通力合作关系，而这种关系的建立有赖于媒体作为舆论工具的政策定位的某种调适，尊重媒体自身的规定性，强化作为公众信息通道的功能。媒体从政府有关组织或人员那里能够无障碍地快速获得有助于公众社会恢复对政府信任、与政府形成共识的全面信息，如哪个部门具体对危机事件负责、受害具体情况与相关人员是否得到有效救护、危机何时开始处理、控制与继续恶化情况、危机发生的人为原因或客观原因、政府是否在危机前有所作为等。

三、新闻媒体在突发公共事件应对体系中的作用

大众传播的实践反复证明，危机或突发事件发生后，最先做出强烈反应的是新闻媒体，新闻媒体的大规模或连续性报道会产生强大的舆论压力。不同特质的媒体在突发公共事件中的反应并不是被动的，网络作为危机事件的互动媒体，发挥聚集公众舆论的功能。广播电视在政策允许的情况下则扮演危机事件的同步媒体，而报纸杂志又可以成为危机事件的梳理媒体。② 政府是进行危机处理的当然主体，“政府的任务就是为所有公民提供生存、稳定以及经济的和社会的福利”③。而公共危机总是体现出一些特征，如突发性与不可预测性、利益牵涉的公共性、信息模糊与不足、事态逐步恶化与失去控制、舆论压力剧增、处理问题的短视行为等，所以政府不可能是公共危机应对或处理的唯一主体。政府虽然应该处于主导地位，但需要社会各方面的尽可能参与，包括重视与媒体之间形成合作协调的关系。媒体的如实报道，可以有助于危机的预防、应对和善后工作。有作为的媒体可以为决策者迅速提供准确全面的信息、集中社会智慧分析危机原因，提升政府控制和应对危机的政策活动能力与水平。

美国学者罗伯特·希斯认为，有效的危机管理包括：转移或压缩危机来源，提高危机初始管理的地位，改进对危机冲击的反应管理。④ 当危机处在潜伏期时，如果能够最大限度地广开媒体的信息反馈通道，收集尽可能详尽、准确的信息，及时掌握积聚中的各种诱因，及时披露突发事件隐患，就有可能把危机化解或消灭在萌生阶段。另一方面，对于大多数危机来说，初期都是由特定事件引起的，仅仅影响到特定范围的人群，

---

① Koch, William J. & McGee, Patrick A. (2002). Chaos and Crisis: Propositions for A General Theory of Crisis Communication. *Public Relations Review*, 28: 329 – 337.

② 董葵．突发事件与媒体未来格局．科学新闻·学术专刊，2005（3）．

③ （美）罗伯特·希斯．危机管理．王成等译．北京中信出版社，2001：17.

④ 郭惠民．危机管理的公关之道．复旦大学出版社，2006：137.

侵害程度也比较小。在这个阶段，如果信息被隔断，危害会更深、更广。而在危机预警阶段，媒体作为不需要支付成本的公共讨论平台，可以收集社会各方面的建议，对应对方案进行优化，对预防方案与演练进行有效的宣传，告知公众一些基本的避免危害和如何求助的知识。大众传媒的这一作用在《国家突发公共事件总体应急预案》中已有体现。

新闻媒体对公共突发事件处置工作的监督作用更为突出。出于种种原因，突发公共事件被隐瞒、缓报、谎报的情况并不少见，在突发事件处理中不履行应急处理职责的失职行为时有出现。媒体作为无处不在的“眼睛”，所开展的舆论监督可以及时帮助政府阻止危机事态进一步恶化的危险，促进危机应对工作的开展。另一方面，危机时期，政府的责任意识被高度强化，措施更加强硬，有关政策也在媒介舆论压力之下尽快地出台或得到执行。强有力的政策执行也需要媒体的解释，因为对于突发事件或临时危机，危机管理的主体往往来不及认定问题的性质，决策面临显著的时间压力和事态信息变化的不确定性压力，却又需要做出紧急的政策决断，决策过程又是非程序化的，此时的政策规定在价值表达上可能出现一定的模糊度，媒体的宣传与引导就直接影响到政府处理危机的能力。

在公共危机总结阶段，媒体通过多种方式向公众提供心理援助，抚慰受创心理，引导公众走上正常生活轨道，并培育公众社会抵抗灾害的健康心态。而媒体的环境监测功能和信息汇总功能便于危机决策者对以往的政策经验或其他地区的政策经验的学习与借鉴，避免危机重演或降低危机的灾害程度，提升政府管理公共危机的能力。

梯度发布：公共危机中新闻发言的策略研究

廖为建　李　莉*

【摘　要】本文从传播内容、传播对象、传播主体三维视角切入，着重分析了我国政府在公共危机中发布信息时存在的信息发布数量不均衡、信息发布对象错位、新闻发言层级不清等三大问题，建议政府建立"公共危机信息梯度发布机制"，均衡、逐级、真实地向公众及媒体传播公共危机信息，以达到新闻发言张弛有度、引导舆论、平息危机的目标。

【关键词】公共危机　新闻发言　公共信息　发布策略　梯度发布

一、引　言

在2003年SARS危机之前，尽管中国大陆改革开放后即已从国外引进新闻发言制度，但仅限于在国家外交等重要对外交往部门及部分沿海开放城市启用，总体上仍处于零星使用状态。SARS危机后，作为教训吸取（Lesson-drawing）的重要成果，新闻发言制度在全国各级政府及部门中广泛建立起来，意味着新闻发言制度作为一项重要政治设施正式在中国大陆全面施行。这无疑是政府具有比较强的学习能力的体现。但是，全面建立新闻发言制度，仅仅表明政府在公共危机中面对公众和媒体"愿意说"而已，却并不必然意味着政府在公共危机中面对公众和媒体懂得"怎么说"、"说什么"。而在信息传播无处不在的信息化时代和天灾人祸频仍的高风险社会，懂得"怎么说"、"说什么"恰恰是至关重要的。遗憾的是，由于引入和建立新闻发言制度的时间不长，中国大陆对政府新闻发言特别是在公共危机中"怎么说"、"说什么"的研究并不多，以至于严重影响和削弱了新闻发言的质量和效果，甚至适得其反，走向了新闻发言的反面。就在2005年底发生的松花江水污染事件中，我们发现政府在公共危机中的新闻发言仍然处处被动、毫无策略，由此引发了哈尔滨市民抢购饮用水等恐慌事件，甚至"城门失火、殃及池鱼"，使山水相连的中俄两国关系出现一定程度的紧张。由此可见，政府在面对公众和媒体"愿意说"之后，接踵而来的重要问题就是深入研究面对公众和媒

* 廖为建，中山大学政治与公共事务管理学院公共传播学系教授；李莉，中山大学政治与公共事务管理学院博士，公共传播研究所研究人员。

体“怎么说”、“说什么”的问题。换言之，加强公共危机中新闻发言的策略研究已经显得十分迫切。

根据传播学理论，任何一个完整的传播行为都由传播主体、传播内容（通过传播媒介传递）、传播对象三大基本要素组成；而任何一次成功的传播都离不开对这三大要素的妥善安顿。为此本文通过回顾SARS危机，结合松花江水污染事件，分别从传播内容、传播对象和传播主体三维视角切入，分析我国公共信息[①]发布机制与策略方面的存在问题，并提出了以建立公共信息梯度发布机制来化解这些问题的对策。

二、集体失声与狂轰滥炸

从传播内容上看，在公共危机中政府发布公共信息容易犯的第一个错误，就是公共信息的发布数量极不均衡，从而加剧了公众的猜疑、焦虑、恐慌、反感和抵触等一系列复杂社会心理，使公共信息的传播效果大打折扣，使公共危机的处理变得更加棘手。当我们拉开时间距离，再次回顾2003年的SARS危机时，对此会看得更加清楚。

在SARS危机[②]爆发期间，政府及其媒体[③]发布公共危机信息的数量演变轨迹，可以用两个图来表示（见图1、图2）。

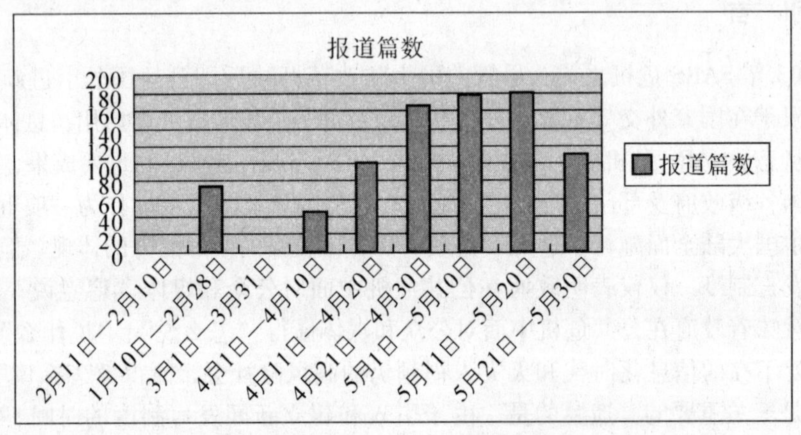

图1 《广州日报》2003年1月1日—5月31日关于疫情报道统计图

统计来源：《广州日报》电子版

① 在本文中，公共信息是指一切与公共事务、公共利益、公共事件密切相关的信息。

② SARS危机案例的资料来源于新浪网、大洋网、《南方日报》网站，http://www.sina.com.cn；http://dailynews.dayoo.com/；http://www.nanfangdaily.com.cn/southnews.

③ 在当前的新闻体制下，新闻媒体是“党和政府的喉舌”，媒体有关公共事件的信息主要来源于政府的新闻发言或新闻通稿，而二者都可以视作为政府的“声音”；《人民日报》和《广州日报》分别是中共中央和广州市委的机关报，是中央政府与地方政府传递官方“声音”的主要途径。因此，本文以这两份报纸有关SARS危机的报道为代表，对政府发布公共危机信息的机制和策略作出分析。

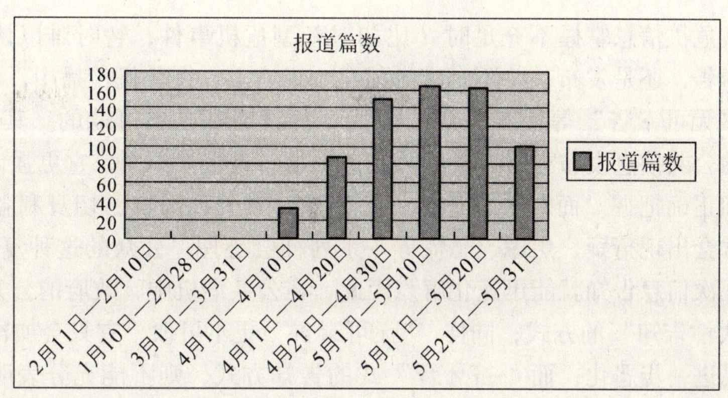

图2　《人民日报》2003年1月1日—5月31日关于疫情报道统计图

统计来源：《人民日报》电子版

从图中我们可以看到，政府及其媒体发布公共危机信息在数量上呈现出两个极端性特征：早期的“集体失声”与中后期的“狂轰滥炸”。

在2003年2月12日广州市政府召开新闻发布会之前，无论是从地方媒体《广州日报》还是从中央媒体《人民日报》，公众都无法获得任何有关SARS的官方信息，公共危机信息发布呈现集体失声状态。其结果是，2月8日春节上班后，大部分公众陷入手机短信息传播的流言恐慌之中，公众表现出强烈的猜疑、焦虑、恐慌等心理，继而发生抢购板蓝根等药品和油、盐、米等基本生活物品的社会恐慌行为。从2月12日起至2月底，公共危机信息报道量骤然大增，而整个3月份却一篇报道也没有（期间召开全国人大、政协“两会”）；从4月5日起，随着时任卫生部长张文康召开新闻发布会的“开声”，无论是地方传媒《广州日报》还是中央媒体《人民日报》，又都开始全面报道SARS，掀起报道狂潮，一直持续到5月底。从一开始的“沉默是金”、集体失声，到后来的“狮子怒吼”、狂轰滥炸，公众心理摇荡于“信息饥渴”与“信息暴食”的两极状态之中，其结果是政府公信力与媒体权威性的双重受损，以致当铺天盖地的信息完全占据了公众的信息空间时，很多公众甚至一看到报纸、网站上的SARS新闻就会产生厌烦情绪，一扫而过甚至拒绝阅读。显然，这种从“无”到“有”、从“集体失声”到“狂轰滥炸”的公共危机信息发布方式和策略，非但不是对公众知情权的合理满足，反而是对公众知情权的漠视和践踏。

既然畸轻畸重、骤冷骤热的公共危机信息发布方式极不可取，那么，在公共危机中政府发布公共危机信息究竟应当在数量上掌握怎样的“度”呢？当公共危机信息掌握比较充足时，是一次性全部对外公布，还是采取“挤牙膏”的策略①，一点一点地告诉

---

① “挤牙膏”是危机管理中的词语，意指组织的发言人回避问题的一种状态，每天像挤牙膏一样地一点一点地报出危机信息，而这更加剧了人们的恐慌。

公众？当公共危机信息掌握不充足时（比如对新型危机事件，暂时难以认识和了解），是干脆无可奉告，还是发布一些不真实的信息？事实上，在危机传播中，“和盘托出”、“挤牙膏”、“无可奉告”等面对公众“说话”的策略都是不可取的。其原因就在于，公共危机中的公共信息发布与常态下的公共信息发布有很大不同，它更强调对公众心理的敏锐认知和正确把握。面对公共危机，尤其是面对关系到自己切身利益的公共危机时，公众通常会出现猜疑、焦虑、恐慌等一系列社会心理。公众的这种复杂心理过程，不可能通过一次信息告知就能迅速化解。因此，在公共危机中，政府的公共信息发布不能采用“一次性告知”的方式；同样，“无可奉告”更不可取，它只会加剧公众的恐慌心理，使危机进一步恶化；而“挤牙膏”式的告知方式，则不能充分表明政府沟通的诚意，从而会削弱政府新闻发言的公信力，破坏政府的形象。其实，要从根本上解决公众的危机心理问题，最终还有赖于政府迅速发布公共危机事件的相关信息，与公众进行坦率、真诚的交流，减少政府与公众之间的信息不对称，以此来缓解公众的紧张、焦虑与恐惧心理，减少由“天灾”引发“人祸”的可能性，有序、有效、有力地引导公共危机向良性轨道发展演变，把公共危机带来的损失降到最低程度。

三、对“上”汇报与对“下”公布

在公共危机中，政府对危机的管理很大程度上是对公共信息的传播管理。[①] 根据传播学的一般原理，要进行有效的信息传播，首先要正确地选择和锁定传播对象。只有传播对象明确了，才能取得“有的放矢”、“立竿见影”的传播效果。那么，在公共危机中，如何选择和锁定传播对象呢？换言之，公共危机信息的传播对象应当是上级政府、传播媒体还是普通公众呢？不同的传播对象选择，将会带来迥然有异的传播效果。下面，我们再以 SARS 危机为例进行分析。

2002 年 12 月，广东河源出现 SARS 疑似病例；2003 年 1 月 16 日，中山市也出现一例与河源相同症状的病例，但当时相关政府均未公布任何信息。至 2003 年 2 月 11 日广州市政府公布相关信息的这一段时间内，政府向公众公布的信息处于“零”状态。但据一份材料显示，2003 年 1 月 21 日至 22 日，广东省卫生厅曾派遣专家组赴中山市，对该市三家医院收治的“非典型性肺炎”病人进行了现场调查，中国疾病预防控制中心也派专家到现场指导，专家组随后形成了一份调查报告。可惜的是，这份报告内容当时并没有向外界公布[②]。表面看起来，这场公共卫生危机就这样被行政传播通道内部“摆平”了。殊不知，这种对象错位背后的负面效应比危机本身更具有杀伤力。其结果是，2003 年 2 月 8 日—9 日广州市民在各种谣言、传言的包围中开始抢购板蓝根、醋等日常药品和食品。

---

① 廖为建，李莉．公共信息危机演变的过程、特点和规律——对 SARS 事件的再反思．待刊稿．

② http：//news. anhuinews. com/ahnews/article/20030213/20030200242839_ 1. html，2003 - 02 - 13，08：13.

危机爆发后，地方政府通过内部通报的形式将危机信息汇报给了上一级政府以及相关部门，但对于公众却缄默其口、无可奉告。究其根本，这是政府未能正确定位公共信息的传播对象的结果。那么，在公共危机过程中信息传播对象的错位为什么会对危机管理带来严重后果呢？

1. 从传播时机上看，危机管理强调的是第一时间告知公众，避免舆论危机。而一旦传播对象错位，就会延误面向公众“说话”的时机，易于发生谣言、流言等，从而造成民众心理恐慌，进而引发舆论危机。危机管理强调时效性，错失良机，就会引发更大的危机。各级政府在危机爆发后，对“上”汇报是不可避免的，这是行政层级管理所必需的；但如果以此代替及时对“下”公布，那么就是政府的严重失职了。

2. 从传播特点上看，危机管理中各级政府对“上”汇报与对“下”公布属于两种不同的传播方式和路径。对“上”汇报是一种纵向传播方式和路径，而对“下”传播则是一种横向传播结构。对“上”汇报实际上是地方政府按照行政体制内部的层级关系逐级层层汇报，这就增加了传播的时间，减缓了传播的速度。对“下”公布则是政府与公众之间的横向沟通，层级被扁平化，因而传播速度快。显然，对于常态事件中的政府而言，仅仅对“上”汇报，影响也许并不大；但在危机状态中，政府仅仅对“上”汇报就远远不能满足危机管理的需求，反而会因此延误时机，使政府和大众都陷入被动、尴尬之地。

3. 从本质上看，公共信息传播对象错位其实就是政府理念错位的体现。现代政府是责任政府，是服务政府，其一切工作的出发点和落脚点都应该是公众百姓。尤其在关乎民众生命财产的公共危机中，政府更应秉持“对公众负责、向百姓服务”的理念。相反，一切唯上级政府马首是瞻、以所谓的“政绩”为取向、以个人乌纱帽为追求的政府官员显然颠倒了“主人”的位置，搞错了“汇报”的对象。

由此可见，在公共危机管理中，政府发布公共信息的首要对象应当是公众，至少也应当同时对“上”汇报和对“下”公布，以及时安抚民心、稳定社会舆论，及时有效地解决危机带来的各种问题。

四、毫无章法与层次不明

据国务院新闻办数据，SARS危机之后，至2005年年底已有70多个中央国家机关部门和27个省区市建立了新闻发布和发言人制度。① 这仿佛已经解决了公共信息应该“由谁发布”即公共信息的传播主体的问题。其实不然，因为按照中国目前的行政架构，各级政府之间、政府及其职能部门之间都是层级节制的上下级关系，相应的，公共信息的发布权限也按层级节制原则安排。这样，在公共危机中，到底“谁”（哪一级政府或哪一个职能部门）应该站出来“说”的问题仍然悬而未决。而且，在跨地区性的

---

① 中国网．http：//www.china.com.cn/chinese/zhuanti/fyr/654335.html，2004-12-28．

公共危机中，各有关政府或部门应当独立发言，“各扫门前雪”，还是应当联合发言，“有难同当”，等等，都需要进一步予以明确。而选择不同的公共信息发布主体，意味着选择了不同的发布方式和发布策略，同时也意味着将会产生迥异的传播效果。下面，我们以松花江水污染事件加以说明。

2005年年底，吉林省爆发了因中国石油吉林石化公司双苯厂连环爆炸而造成的松花江水污染事件，这是一次典型的跨地区、跨条块、跨部门的公共危机。危机涉及吉林、黑龙江两个省份，同时还涉及国家环保总局。这就引发出危机中相关政府和职能部门由谁发布信息、如何发布信息的问题。按照我国已有的危机处理惯例，危机涉及的地区较为单一的，其信息都由当地政府以及相关部门发布。那么在松花江水污染这次公共危机中，信息又是由谁来发布的呢？回顾案例，我们发现2005年11月13日，吉林石化发生苯泄漏后，中国石化及吉林石化都没有及时发布信息；11月15日，吉林省环保局发布信息称松花江水未被污染；11月18日黑龙江省政府接到吉林省对该事件的通告，但并未就此发布信息；11月21日黑龙江省哈尔滨市政府发布“停水通告”；11月24日下午3时，国务院新闻办举行新闻发布会，国家环保总局副局长张力军担任新闻发言人。显然，在这几次仅有的公共危机信息发布中，发布信息者都是相对“独立”的，都在“各扫门前雪”。两个省之间没有共同应对危机的姿态与方案；中石化与地方政府也未共同担当起危机处理的责任；两省政府与国家环保总局也未制定联合策略、信息发布未能保持应有的连贯性与统一性，反而呈现出一副僵硬、呆板、割裂、被动的形象。事实上要想使所发布的信息为民众所接受、认可，就必须寻找到连接各方的“筋骨”。在我们看来，“筋骨”就是建立一套跨地区、跨条块、跨层级、跨部门的公共危机信息发布合作机制，彼此统一口径、联合发布，协调配合、有章有法。

五、梯度发布：公共危机信息的发布机制与策略

通过对传播内容、传播对象和传播主体的三维透视，我们对SARS、松花江水污染等重大公共危机中的信息传播过程进行了分析，发现政府在公共危机信息发布上存在的问题主要在于未能把握好说话的“度”，未能寻找到张弛有度的平衡法则与策略。据此，本文提出“梯度发布机制”，试图解决上述问题。

所谓“梯度信息发布”，就是政府遵从公众心理需求，依照信息发布的“梯度”原则，有计划、分步骤地进行信息发布。它不同于“挤牙膏”，没有信息数量的限制，而是依据信息发布对公众心理影响的程度来调整信息。这个所谓的“度”就是公共信息供给的平衡法则，就是如何在政府与公众、政府与政府、政府与部门、政府与媒体之间寻求公共信息供需的平衡状态，达到张弛有度的效果。

具体来看，公共信息梯度发布的内容包括三个方面：在传播内容上，政府发布的信息数量要均衡；在传播主体上，发言人级别要善于进行横向沟通与纵向沟通；在传播对象上，公共信息发布要层次分明、有章有法。

（一）公共信息发布内容要均衡分布

公共信息的发布是否遵从了“梯度”原则，可以从媒体的报道数量上看出来。在一般情况下，公众获取公共信息时主要是从版面位置、篇幅、数量等方面判断信息的重要程度，其中更为深层次的原因则是大众媒体要通过这些为公众设置议程。在危机过程中，公共信息发布量的多少直接影响公众的社会心理。如果政府在发布信息时能够遵循危机的发展规律，按照公众的心理承受能力分步骤、分阶段、可控制地发布信息，通常可以取得较好的传播效果。

在SARS危机中，我国政府的信息发布缺乏这种梯度发布策略，难以满足公众在危机不同阶段的信息需求。相比之下，境外的一些媒体所进行的公共危机信息发布就能够较好的体现梯度策略，不仅顺应了公众的心理需求，而且增加了公共危机信息的权威性与可信度，引导公众心理向良性轨道发展，避免“天灾”向“人祸”演变。下面以香港《文汇报》2003年1月1日—5月30日的报道为例具体说明。

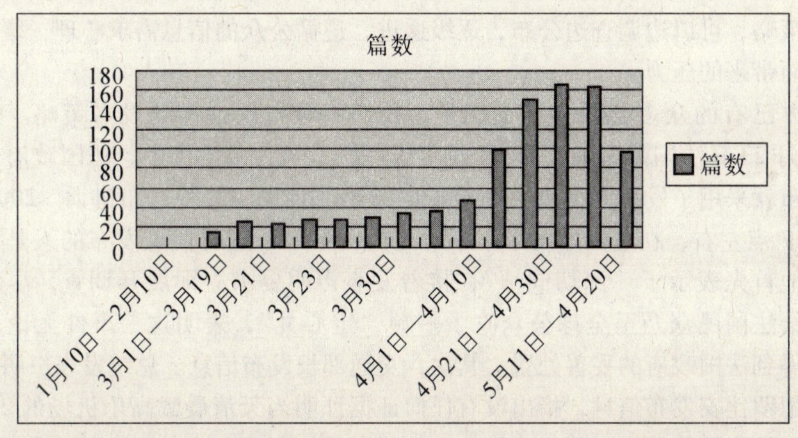

图3 香港《文汇报》2003年1月1日—5月30日疫情报道统计

统计来源：香港文汇报电子版

由图可见，在信息发布的数量上来看，香港政府通过媒体发布公共信息具有很强的连贯性。与此形成鲜明对比的是，在境内媒体2月底开始停止报道疫情信息时，香港媒体却一直连续报道，仅《文汇报》在3月份平均每天的疫情信息报道篇数就达24篇。之所以能够保持公共信息发布的连续性，就在于香港政府及媒体注重并善于运用梯度信息发布策略。

（二）公共信息传播主体要善于进行横向沟通与纵向沟通

对于梯度发布而言，所谓的横向沟通即指政府以及各职能部门能够协调配合、统一口径，跨地区、跨条块、跨部门地进行危机信息传播；而纵向沟通则指各级新闻发言人能够逐级递进或逐级递减，层次分明。

1. 协调好地方政府间、地方政府与中央政府、地方政府与中央职能部门间信息发布的关系。梯度信息发布机制要求地方政府在面临跨地区性的公共危机时能够协调好地方政府间关系，建立联合性的信息发布机构，制定联合信息发布策略；同时协调好地方政府与中央政府间关系，准确区分何时由地方政府发言，何时由中央政府发言，确保二者发言的统一性、连贯性、层次性；地方政府还需要同中央部委协调合作，以提供具备专业性、权威性的公共信息。

2. 发言人逐级递进或逐级递减，层次分明。公共信息梯度发布策略还强调发言人出场的发言次序应逐级递增或递减，由高到低或由低至高。这种安排可以使公众明确感受到政府公布的公共信息的重要程度，能满足公众对权威信息的需要，同时也可向公众展示政府对危机的控制能力，增强公众的信心。具体而言，在面对一些自然灾害、重大事故等原因易于调查的公共危机时，公共信息发布选取发言人级别由高到低的策略，可以第一时间明确政府的立场与姿态，为事件定性，安抚民心，稳定局面；当面临一些较为复杂的、事件原因短期不易调查清楚的公共危机时，公共信息发布选取发言人级别由低到高的策略，可以边调查边公布，逐级递进，遵循公众的信息需求心理，缓解因危机不确定性而带来的压力。

在西方已有的众多公共危机案例中，我们不难发现这样的发布策略。例如，在2004年5月23日法国戴高乐机场2E候机楼坍塌这场公共危机中，法国政府进行的公共信息发布就采用了发言人级别由高至低的策略。首先，总统发布讲话。2004年5月23日清晨7点左右，在危机爆发半个小时之内，第一个进行信息发布的人是法国总统希拉克，他首先表示了“深切同情”，接着发表声明要求立即展开调查，尽快确定原因。这就给法国民众乃至全球公众吃了一颗“定心丸”，表明这一事件无论是何种性质，都会得到法国政府的妥善处置。其次，交通部长发布信息。总统发表声明后，法国交通部长德罗比安发布信息，指出没有任何证据证明当天清晨戴高乐机场的2E候机楼部分坍塌事故为恐怖袭击事件。这进一步把此事件的不确定性大幅减少，消减了公众对事件不确定性的怀疑与恐惧。再次，戴高乐机场总裁召开新闻发布会。在当天事故发生两个小时内，法国巴黎戴高乐机场总裁比埃尔·格拉夫在戴高乐机场举行的新闻发布会上回答记者提问，宣布目前已发现遇难者6人，有关部门正在进行积极寻找和搜救。最后，机场设计师发布信息，公开致歉。2004年5月25日，机场设计师安德鲁发表声明，否认自己对这起事故负有责任，但同时对遇难者表示歉意。这样从高到低发布公共信息，就可以逐步消除公众的疑惑心理，并从政治责任逐步转入行政责任，从政治领域转入专业领域，使公众获取的公共信息渐趋明朗，使整个社会心理趋于平静、理性，不因此而发生恐慌，并理解和支持政府对危机的处理。

（三）公共信息发布要对象明确、有章有法

在公共危机信息发布的过程中，政府还要协调好对“上”汇报与对“下”公布之间的关系，避免传播对象错位。根据责任政府理念，公共危机信息关乎民众的切身利

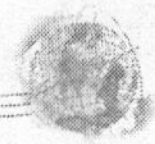

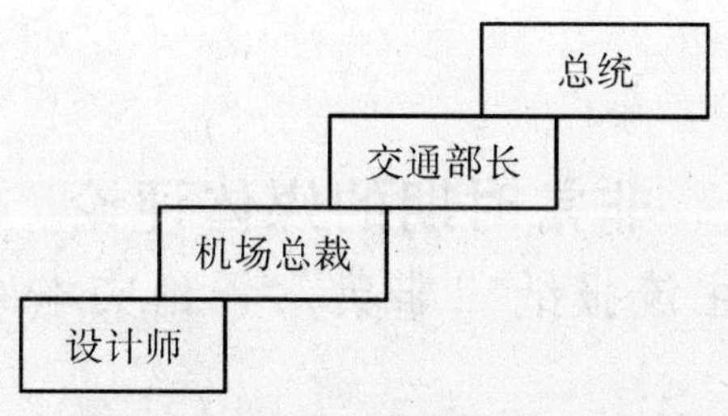

图4　公共信息发言人级别由高到低的发言梯度次序图

益，政府有责任及时、真实地提供一切公共危机信息。因此，在公共危机中，政府要将公众视为首要的传播对象；而鉴于我国行政体制的特点，各级地方政府又不可避免地需要对“上”汇报。这样，对“上”汇报与对“下”公布二者就存在一定的张力，需要制定相应的传播策略，协调二者关系。信息“梯度发布”机制主张针对不同的公共危机制定不同的发布标准，按照公共危机的不同性质将其相应的信息发布权授予不同层级的政府。比如，可以将一些地方性的、程度较轻的公共危机的信息发布权授予地方政府，而将一些情况比较复杂、后果比较严重的公共危机的信息发布权相对集中在省级政府或中央政府，甚至干脆由上级政府与下级政府共享。如此，就可以避免因对“上”汇报而错失对“下”发布的时机，影响到危机的有效管理。

六、结　语

从传播主体、传播对象、传播内容上看，公共危机中政府的发言策略实际上涉及的是政府、公众以及媒体之间的关系。梯度信息发布机制就是一种协调三者关系的新闻策略，它一方面能够满足公众的信息接收心理需求，另一方面能够缓解政府的舆论压力，从而有利于政府及时、高效、平稳地解决危机带来的各种问题；有利于政府提高公共管理能力，增强政府的权威，维护政府的政治合法性地位。

非常时期的媒体评论
——对京沪穗主流报纸"非典"评论文本的阶段性研究 *

孔祥军**

【摘　要】2003 年 4 月，抗击"非典"攻坚战进入了人们的视野。从人民生命安全和国家发展的立场看，这是一场空前的灾难。而从新闻人的专业视角看，灾难为新闻媒体的报道，尤其是新闻评论，打造了一个伸张功能的千载难逢的机遇平台；显然，能否有效地发挥新闻评论的功能，是对新闻媒体和新闻人的一场严峻的考验。本文就是在此背景下进行的一次实证研究。

【关键词】媒体评论　非典　主流报纸

一、研究概述

（一）研究背景

2003 年 4 月堪称中国的"新闻月"：进入 4 月下旬，牵动国际社会的伊拉克战争硝烟未尽，另一场没有硝烟的战争——中国社会的抗击"非典"攻坚战进入了人们的视野。从人民生命安全和国家发展的立场看，这是一场空前的灾难。而从新闻人的专业视角看，灾难为新闻媒体的报道、尤其是新闻评论，打造了一个伸张功能的千载难逢的机遇平台；显然，能否有效地发挥新闻评论的功能，是对新闻媒体和新闻人的一场严峻的考验。本次调研活动就是在此背景下进行的。

本课题的启动源于 2003 年 4 月 28 日复旦大学新闻学院 2002 级博士生一次以党报热点评论为主题的讨论课，因此其推进过程和最终结论的得出带有明显的学术探讨性质。同时，这也是一次紧密贴合当下社会进程的教学实践活动，因此，企望本调研的某些结论对当下以及未来主流媒体评论的有效运行产生参照价值——至少能获得来自媒体一线的回应，借以改善多年来一直存在的新闻理论与实践发展不均衡、关系不对等的局面。

---

* 本研究成果由孔祥军博士倡议、设计、执笔，在李凯、张健、魏金成、胡春阳、万珂等五位博士协助下，于 2003 年 5 月完成。成果中可能存在的错误或疏漏，以及由此可能产生的问题，由孔祥军负责。

** 孔祥军，青岛大学新闻学系教授。

本课题中使用的“主流报纸”概念指中央和省级党报、城市晚报以及拥有较大读者群的青年类报纸。

（二）研究目标

本课题组成员无疑是构成上述背景要素的异常活跃的社会“细胞”，虽然未曾像医护人员那样置身抗“非典”一线，但是出于对自身和人民生命安全的考虑，对抗击“非典”战役的进展始终给予高度关注。与此同时，作为读者，更作为专业新闻研究者，课题组成员对主流报纸的“非典”评论所给予的关注一点也不比自身生命安全来的要少。

这样一种特殊的社会角色地位，使得我们在关于报纸评论效果等问题的认识上，比之一线的医护人员和纯粹的读者群体，视野更开阔、判断更具理性；与新闻传播者群体相比，则立场更客观、更具前瞻性。以此为基点，设定了以下研究目标：

目标1：考察主流报纸评论在重大突发性事件面前的应变能力。

目标2：检讨主流报纸评论在“非典”主题上的价值取向及使命感。

（三）研究跨度（范围）

（1）时间跨度：2003年2—4月底。

选择此时间段的依据是：2003年2月中旬开始，广东报纸开始有零星的“非典”评论出现。进入4月下旬，在中央政府的促动和部署下，全国性抗击“非典”疫情的攻坚战全线打响。此时，媒体如火如荼的报道局面如期展开，媒体评论大规模铺开的机遇已经出现。因此，选取这个时间段最具典型意义。而“五一”过后，媒体评论仍在动态进行，但已基本进入惯性推进的平稳期，对本研究已不再具有典型意义。

（2）地域跨度：北京、上海、广东三地区。

这出于两方面的考虑：第一，此三个地区构成中国经济最具活力的大三角地带，注意力资源丰富，媒体最发达。第二，广东发现“非典”最早，北京疫情的严峻性“后来居上”，而上海以其人口多密度大而言，对疫情的控制最为得力。因此，三地报纸评论在抗击“非典”战役中的作为，理应引起更多的关注。

（3）报纸跨度：选择9家报纸，形成党报、晚报和青年报之间的跨度。

其依据为：三类报纸的发行对象构成了中国社会的主流读者群体。而报纸类型不同，承担的宣传职能和评论风格也有差异，这有利于进行对比研究。

其中，党报选择了《人民日报》、《北京日报》、《解放日报》、《南方日报》、《广州日报》。

晚报和青年类报纸各选择了两份：《新民晚报》和《羊城晚报》；《中国青年报》和《北京青年报》。其共性是：在与全国同类报纸的比较中，它们创刊较早，累积的传播效应也较大。

（4）文本范围：以报纸第一版、评论专版/栏和署名“本报评论员”的评论文本为基本选择对象。

依据是：新闻评论学认为，版面编排是一种编辑“语言”，即编辑部的价值取向。

而此三类文本代表了报纸编辑部对“非典”事件的基本价值取向，因而被认定具有研究价值。

（四）研究方法/方式

本课题属于纯文本研究，与实证研究形成互补，在方法论层面不可替代。其基本特征是它的封闭性，这与“非典”时期的特殊社会环境是相适应的：环境封闭，活动范围受限，条件不够完备。但在封闭的研究过程中，研究者只与文本“对话”，而较少受到外来因素干扰，这反而有利于作独立判断。本课题的主要研究方法为：

（1）对比研究。有时间、地域、形式、内容四个基本对比尺度。

（2）文本描述与理论分析相结合。即以报纸评论文本的框架描述为基础，对其作新闻评论学的话语解构。

（3）定量研究与定性研究相结合。指按上述尺度对选定的评论文本进行数量统计，然后对文本的属性意义作概念化解读。

二、主流报纸“非典”评论扫描

（一）“非典”评论的一般数据

表1显示，主流报纸最早对“非典”这一重大事件的评论是2003年2月13日，此时距《羊城晚报》2月10日首次发布“广东发现非典型性肺炎病例”的新闻已经过去3天。

表1　报纸“非典”评论文本概览

报纸名称	时间：起／迄	评论篇数	类型及分布
《人民日报》	4.14／4.30	26	中14、小12*
《北京日报》	3.31／4.30	9	中6、小3
《解放日报》	4.23／4.30	11	中6、小5
《南方日报》	2.14／4.30	5	中2、小3
《广州日报》	2.13／4.30	10	中7、小3
《新民晚报》	4.24／4.30	4	中0、小4
《羊城晚报》	4.9/4.30	12	中5、小7
《中国青年报》	4.21／4.30	21	中11、小10
《北京青年报》	4.12／4.30	8	中7、小1
Total	77天	106	中58、小48

*说明：“中”指中型评论，即评论员文章，《羊城晚报》的“新闻时评”（署名）等包含在内；“小”为小型评论，如“短评”、“今日谈”、“杂谈”等。

2月13日到4月30日，时间跨度为77天。期间，9家报社出版报纸总计大约为690期（份），共刊载“非典”评论106篇。以此推算，9家报社每天总计出评论1.5篇；平摊到每份报纸，为0.16篇/天，即1份报纸平均6天才推出1篇“非典”评论。而其中，属于重型炸弹的“社论”和编辑部文章没有出现；属于中型（一般性）的评论数量为58篇，约占总数的54%；属于媒体坊间的“街谈巷议”性质的短评、杂议等48篇，约占46%。

（二）以“4.21”为时间界线的前后对比

4月20日，北京迎战“非典”的转折点。当天中央政府对卫生部和北京市的人事进行重大调整的消息公开；北京公布的确诊病例达339例，而此前最近一次（4月15日）公布的数字为37例。是为全面抗击“非典”攻坚战的开始。表2显示，4月21日是主流报纸“非典”评论的一个分界线。之前，在长达67天的大时间跨度中，9家报纸的“非典”评论数量只有19篇，平均每3.6天推出1篇。平均到每份报纸，大约为每月1篇。说明“非典”这一举世瞩目的异常疫情基本未被纳入主流报纸评论的“议题”。之后10天，整体看评论数字明显增加，但绝对数值并不大，仅为87。平均每份每天0.96篇。其“涨幅”与“攻坚战”的氛围仍不相称。

表2同时显示，21日后，9家报纸之间的“非典”评论数值存在较大的反差：相对而言，中央级报纸明显加大了“非典”评论的力度，而地方报纸总体反应略差，广东和上海各有1份报纸发表了评论。其中尤以《北京日报》和《北京青年报》作为“局内人”的表现，格外引人关注：在21—23日，即中央宣布对北京市的主要领导进行调整后、北京疫情通报数字出现陡增的关键的3天内，北京报纸没有评论。

表2　报纸“非典”评论以4月21日为界线量化比较

报纸名称	21日前	21日（含）之后	其中21—23日
《人民日报》	5	21	3
《北京日报》	1	8	0
《解放日报》	0	11	2
《南方日报》	4	1	0
《广州日报》	4	6	2
《新民晚报》	0	4	0
《羊城晚报》	1	11	3
《中国青年报》	3	18	3
《北京青年报》	1	7	0
Total	19	87	13

（三）4月21—23日“非典”评论标题扫描

标题是评论的“眼睛”，是研究评论者心灵的窗口。表3显示，在全面抗击“非典”攻坚战开始后的头三天，总体阵容不整的报纸评论还是尝试着从不同的侧面进入“角色”。其中《人民日报》22日开始以正面强调的方式对中央的决定做出回应，在时间上迟疑了1天。这三天的评论中，价值比较大的是新开启的“非典”评论的两个主题。但其中之一是两家报纸转载的新华社评论员文章——“人命关天，不容懈怠”，《广州日报》以自己的评论作出了回应；之二为“弘扬民族精神，合力渡过危机”。该主题源于中华文化的核心价值观——合和精神，此前中央领导已开始倡导，而在报纸“非典”评论中阐发，则是《中国青年报》的贡献。

表3　4月21—23日主流报纸“非典”评论标题/类型

日期 报纸	21日	22日	23日
《人民日报》	尽量减少聚集活动/小	当前的一项重大任务/中 高度重视　沉重应对/中	加强领导 明确责任/中 我是党员，让我上/中
《北京日报》			
《解放日报》	人命关天 不容懈怠/中		转变一个观念/小
《南方日报》	《广州日报》	民比天大/中	上下一心　降伏病魔/小
《新民晚报》			
《羊城晚报》			崇高的“抗非”精神/中 公众信任是最大政绩/中
《中国青年报》	人命关天　不容懈怠/中		形成合力 共渡危机/中 百姓知情权/小
《北京青年报》			

（四）对“非典”评论文本内容属性的分析

表4所罗列的概念，是课题组对4月30日前9家报纸的“非典”评论文本进行解构后得出的。此种文本分类原无固定尺度，在具体操作中也难说精确。但是这些概念基本涵盖了主流报纸的诉求主张。其中位居前三位的分别为：

（1）号召全民在危机中弘扬团结合力的民族精神。

（2）倡导全社会增强责任意识，建立良好的行为规范。

（3）以科学精神和方法防治“非典”疫情。

另外值得关注的是青年类报纸较早地对因“非典”暴露出来的问题进行了反思。

例如，《中国青年报》于4月23日3版的“求实篇”中提出了“百姓知情权”的话题；25日和28日又分别在“法眼”栏目中提出了“危机中的代价与选择”和“‘非典’考验政府公信力”的尖锐话题。

另外，归在“其他”中的文本，有反“谣言”的，有批驳境外媒体将“非典”作“政治化”考量的，有对“就地免职”质疑的（《羊城晚报》）。其中，“非典”初期评论中的“乐观”情绪占有一定比例。例如，《广州日报》2月16的评论中有这样的表述：“原本并不那么可怕的疫情……”该报还有1篇评论的标题为：“这一仗真漂亮”。

表4 报纸“非典”评论文本内容的属性分析

报纸名称	人命关天	责任规范	科学防非	民族精神	批评反思	其他
《人民日报》	2	8	5	9	0	2
《北京日报》	1	3	1	4	0	0
《解放日报》	2	3	0	4	0	2
《南方日报》	0	0	1	2	0	2
《广州日报》	1	3	0	3	0	3
《新民晚报》	0	1	1	2	0	0
《羊城晚报》	1	3	2	2	1	3
《中国青年报》	1	6	1	4	7	2
《北京青年报》	0	0	2	2	3	1
Total（106）	8	27	13	32	11	15

三、问题与思考

（一）为什么要谈“问题”

以上是本课题组对4月30日前中央及三地主流报纸“非典”评论的扫描。进入5月份，尤其是5月下旬开始，“非典”疫情转入可控期。社会各界对“非典”的反思随之开始。正如人们所指出的，媒体在真正投入“非典”疫情的报道后，对沟通信息、稳定民心、督促抗非，弘扬民族精神等方面均起到了积极的作用。为此，广东省委宣传部在5月22日的电视电话会议中还通报表扬了《南方日报》、《羊城晚报》和《广州日报》等抗非宣传先进单位。但是，从全国的抗击“非典”形势看，这场战役远没有结束。直到5月25日，中央人民广播电台的“抗‘非典’攻坚战”节目还在热播中；《解放日报》在当天的一版位置发表了《抗击非典不能放松》的“本报评论员”文章。

而值得玩味的是，5月26日，被表扬单位之一的《南方日报》以《抗非未到庆功时》（时评）为题，转载新华社5月25日电讯：在加拿大多伦多市被WHO宣布取消其“非典帽”10天后，于5月22、23日又在一家医院发现5名疑似非典型性肺炎感染者。5月29日，全国防治非典型性肺炎指挥部举行第十次会议。会上传达了温家宝总理5月25日的重要批示：“要防止一些地方，特别是重点地区出现思想麻痹、工作松懈……愈是疫情趋缓愈要提高警惕，防止反复。”

显然，“抗非庆功会”要开，但为时尚早；“抗非反思会”更要开，却尚无踪影。而从专业评论的角度看，上述4月30日前的主流报纸在“非典”评论方面并不能算是令人满意。正如不能回避“非典”一样，我们不能回避问题。否则，“多难兴邦”就无从谈起，我们的民族就将白白经受了一次人命关天的考验：新中国历史上，枉交“学费”的事情我们已然经历得够多。

（二）主流报纸“非典”评论的问题在哪里

1. 报纸（评论）沉默与祸不单行

广东最早发现“非典”病例是在2003年春节前后。到2月10日《羊城晚报》首次发布“广东发现非典型性肺炎病例”新闻时，已是传闻蔓延，流言四起。而评论的沉默更多了些“耐性”。期间，按照广东省卫生部门统计的数字：在发病最高峰的2月份，全省日平均新发病例25例（据新华社5月25日报道）。而表1显示，“非典”评论最早的是《广州日报》，即2月13日该报1版“今日时评”栏目中的《平息谣言 恢复正常》。2月14日《南方日报》有《谣言止于智者》的署名评论。《广州日报》另有2篇分别于16日、17日出炉。然后报纸“非典”评论复归沉默。到4月9日，《羊城晚报》的“时评”——《“政治”文章 怪论站不住脚　“炒作”无据 很快烟消云散》——重新出现。包括发病率最高的2月的中下旬，和整个3月份，在长达50天的间隔期里，中央及三地报纸的“非典”报道时有所闻，却基本未见专门的评论文字出现。由此带来的后果是：小道消息一度仍在某些地区散播，人心莫衷一是。期间也曾发生过抢购板蓝根、甚至食盐、大米等医药和日常生活物资的现象。

尤为严重者，单就评论而言，由于它的“失语”，使大众和政府在应对疫情方面均无谓地增加了滞后决策的成本和操作的代价：长期以来习惯于接受媒体服务而形成事实上的对大众媒体依赖的大众，此时因媒体突然出现“观念信息”的真空而降低了判断力；政府则因事实上失去及时的舆论监督而难免放缓“治非”的节奏，甚至出现了对疫情的瞒报、不报现象。对于报纸来说，一方面，初期的报道在“放大”某些虚假信息和对疫情的盲目乐观情绪——例如，4月4日，多家报纸都不同程度地渲染了张文康部长“我负责任地说，在中国工作、生活、旅游是安全的”讲话和图片，另一方面，对随后出现的疫情蔓延的报道不做任何评论，这势必使大众对报纸的信任大打折扣。

2. 评论滞后与“灵魂”退守

整体看，媒体最后打破沉默而投入抗击“非典”疫情的攻坚战，仍属行动滞后。

而相对于报道的滞后，报纸评论的再度滞后更让人失望。评论在等什么呢？似乎在等中央表态。

而实际上，4 月 8 日到 15 日，李长春在重庆市和云南省考察调研宣传思想文化工作期间，已经有过重要讲话。李长春指出，把学习贯彻“十六大”精神引向深入，兴起学习“三个代表”重要思想新高潮，关键是在思想认识上要有新高度，在贯彻落实上要有新成效。李长春强调，要从贴近实际、贴近生活、贴近群众入手，加强和改进宣传思想工作。

李长春还指出，要按照党的“十六大”报告的要求，自觉地把思想认识从那些不合时宜的观念、做法和体制的束缚中解放出来，从对马克思主义的错误的和教条式的理解中解放出来，从主观主义和形而上学的桎梏中解放出来。一切妨碍先进文化发展的思想观念都要坚决冲破，一切束缚先进文化发展的做法和规定都要坚决改变，一切影响先进文化发展的体制弊端都要坚决革除。

然而，在中央如此鲜明的态度面前，直到 4 月 20 日，报纸“非典”评论的局面仍然没有大的改观。

问题的严重性在于：一向以媒体“旗帜”、“灵魂”自诩的新闻评论，严重的滞后无异于“灵魂”的观望和退守。与之相关联的问题是——

3. 批评功能的“滑坡”

表 3 显示，4 月 20 日卫生部和北京市重大人事调整后，在 23 日前《北京日报》和《北京青年报》作为“局内人”，未发评论。到 4 月 30 日，报纸“非典”评论虽然在数量上有了增加，但在调子上仍然是正面“鼓舞”多，而鲜见反面批评。

4. 思辨型评论的式微

表 4 显示，主要是两家青年类报纸和一家晚报对包括政府公信力、公共医疗制度以及公民卫生习惯等问题作了初步的反思，其他报纸并未及时跟进。

（三）“非典”评论问题引发怎样的思考

“‘非典’是进入 21 世纪以来中华民族面临的一大灾难、一大考验。困难见精神见风格，危险见能力见素质。这个考验是全方位的。事实已经证明，（现在）我们的国家、我们的人民有智慧也有实力战胜‘非典’。正视是战胜的前提，人民是战而胜之的主体。……这次疫情给我们上了生动的一课。执政为民，就必须取信于民，就必须尊重人民的知情权，就必须增加透明度。”（王蒙：《天灾与天启》，载 2003 年 5 月 19 日《解放日报》第 16 版。）

著名作家王蒙的这段话，代表的是民族的思考。将这种思考带入报纸评论的层面——

1. 知情权与舆论监督

“人民的知情权”、执政的“透明度”靠谁去落实？靠人民，靠法律，靠政府（的确，以北京的“非典”疫情报告为例，于危难中受命的王岐山代市长曾在记者会上说，

“现在的数字增长相对于过去信息不完整、数字不准确要好得多”)。但是归根结底靠媒体的觉悟，靠觉悟了的媒体的舆论监督：靠包括新闻报道和评论在内的传播行为去营造一种社会舆论氛围，并对人民的知情权之落实与否、对政府的决策过程之“透明”与否，进行直接的具体的实在的有力的舆论监督。

比之大众的分散的个体对自身权利的诉求，比之政府对自己的决策行为的自我监督(多数情况下是事后监督，“下不为例”)，比之法律约制过程中必须付出的高昂的运行成本，媒体的舆论监督最客观、最有效、最省力，因而是最明智的选择。

在疫情如火的北京，一向在媒体面前保持低调的王岐山说：“我需要媒体向我反映情况，我需要媒体把我的想法，实际上是把中央、北京市委市政府和我们广大干部现在日夜所做的这些事情，把真相告诉市民。”

试想，假如媒体也不去承担这个职能，或者承担的不好，这个职能将再交给“谁”去承担，又有“谁”会承担得更好些呢?

曾经沧海难为水。经历了反右、大跃进、“文革”，媒体曾经做过这样的反思吗?

重读毛泽东的《送瘟神》，我们祈盼着“非典”瘟神尽快被“纸船明烛照天烧”!“非典”过后，媒体会作这样的反思吗?

2. 客观性与主观性

在“非典”报道中，这对老矛盾再次凸显出来。就评论而言，它已经不仅仅表现为一个理论命题，它更是一个实践的课题和一个操作方式的选择问题。

半个多世纪前，刘少奇要求新华社的报道，不仅是真实的、客观的、全面的、公正的，而且还应当是有立场的。

评论是媒体的“灵魂”。媒体评论的“灵魂”要新闻人去守望，大众也一直在守望。面对“非典”肆虐，面对疫情如火，面对民心的恐慌，面对某些国民的无知，面对某些商家的不义，面对某些官员的冷漠，我们的媒体有“灵魂”吗?我们媒体的“灵魂”应当以怎样的立场和姿态去表达?

3. 评论“失语”中的价值追问

新闻媒体单位都有自己的立场，每个新闻媒体单位在重大问题上也都有自己的态度。立场和态度是外显的，通过新闻报道、尤其是评论反映出来。而其内在的支撑点则是媒体的价值观。

在对上述主流报纸“非典”评论的考察中，我们可以发现，有两种价值观同时存在：公共价值观和功利价值观(“功利”者，急功近利也)。表4显示，“人命关天”、“科学防非”、“民族精神”等作为媒体公共价值观的载体，构成了“非典”评论的主流。

而对报纸“非典”评论的功利价值观的考量，其或显或隐的两种表现颇发人深省。我们注意到，正当“非典”疫情甚嚣尘上的2月中旬，有评论员文章在匆匆忙忙地推销它的“正果”(《“反思”结“正果”》)；正当抗非攻坚战打响的4月下旬，有“评论员”在好心地安抚旅游“退团费”的受损者（《理性对待“退团费”》）。这当然只属于“其他”栏中的个别现象。但是，“危难见真情”，其功利性的价值诉求昭然若揭。

那么，另一种表现，即评论的“失语”现象，其中也包含着“功利”的成分吗？答案是肯定的。国人有“一言兴邦，一言丧邦”和“祸从口出”的古训。现实中，大事当前而“失语”，“事不关己，高高挂起”，明哲保身，退而避之，即是出于言语—功利关系的考虑。对弱势群体而言，甚至对普通的国人而言，这是不言而喻的，而且还是可以理解的。

然而，新闻媒体是社会公器，是社会的“舆论机关”，是党、政府和人民的喉舌，“苟利国家生死以，岂因祸福避趋之”，在事关国家和人民的福与祸面前，在趋与避之间，它有选择的余地吗？如果选择了“沉默以避‘祸’”，它能经得起“灵魂”的追问吗？

尤其令人匪夷所思的是，在疫情已经公开的情况下；在一场大规模的抗非攻坚战已然打响、需要媒体呐喊助威的紧要关头，对评论而言，实已无“祸”可言。然而，此时的报纸评论，要么普遍地长时间地沉默；要么身在疫情重灾区而仍然“失语”。作为报纸的“旗帜”、“灵魂”，其选择退守观望，它所持守的是什么样的功利观呢？它能经得起价值的追问吗？

4. 新闻体制层面的反思

新闻事业具有经济基础和上层建筑的二元属性。在中国，新闻事业的上层建筑属性更明显、更直接。正因如此，人们似乎特别关注新闻的政治性。而一沾上政治的边，人们就特别小心翼翼，生怕犯政治错误，怕“祸从口出”。这既是新闻理念的误区，也是新闻人的一种思维定式；进一步说——说穿了，是个胆识问题。它妨碍了新闻评论的发展。

事实上，近20年来，如同政治体制一样，中国的新闻体制一直处在渐变的改革过程之中。这为新闻报道以及评论提供了或正在提供着创新发展的动力。

现在需要反思的，一是在现有的新闻体制框架内，新闻评论是否仍然可以有大的作为？二是新闻评论在体制框架内的大胆创新是否可以反过来推动新闻体制的创新步伐？

对于第一个问题，上述李长春的讲话已经作出回答。同时，一个显见的现实是：在同样的体制蓝天下，有的媒体的新闻评论不仅操作得好，而且创出了名牌栏目，如中央电视台的“焦点访谈”、中央人民广播电台的“早7点—晚7点——新闻纵横”、新华社的“新华视点”以及《中国青年报》的“冰点”。而多数新闻媒体，新闻评论要么忽冷忽热，要么不温不火，要么干脆“熄火”。

对于第二个问题，课题组认为，新一届党中央领导专门就突发性事件的报道提出了及时报、客观报、充分报的要求。这无异于说明：关于“非典”的报道和评论已经没有什么“禁区”可言。尤其是，2002年11月结束的党的“十六大”，在其政治报告中已经出现了“政治文明”的提法，这在中国共产党文献中是史无前例的。这既可以理解为政治体制改革事实上已经纳入了我国整体改革的轨道，也意味着新闻体制改革将会有一个更宽松的政治环境。对新闻人来说，现在需要以高度的政治敏感和崇高的理论勇气去指导自己的实践，通过大胆探索和创新实践，去推动新闻体制改革向更深更广的领域进军。这无疑是新时期新闻人的重大使命所在。

而反观主流报纸在“抗非”关键当口的评论实践，新闻人以莫名其妙的意识滞后和思想“失语”，而无谓地放弃了一次重大机遇。这当然是一次重大失误。即使我们看到进入5月后，情况发生了可喜的变化，都仍然无法掩盖这个失误造成的损失。

作为“亡羊补牢”，课题组只能通过这个研究报告提醒新闻界同仁进行真正意义上的反思。而最不可取的是惯常的“劈柴斧子——两面砍”做法：一面“侃”成绩经验津津若干，一面“砍”失误教训寥寥平淡。

（四）简短的结语：对评论功能滑坡的新闻—社会学解读

时事如梭，恍如隔世。人们曾经给予了评论太多的期待和厚望：反右、大跃进、“文革”大批判、真理标准问题的大讨论、“潘晓”的青春人生意义探索、“姓资姓社”的讨论……厚望意味着责任、意味着重荷。评论没有老，也不会就此变得老迈。但是它在当下似乎已感到不堪重负。尤其是，今天的现状预示着它正在自我“减负”吗？

而从另外的视角——社会转型的视角看，进入改革开放时期，中国社会正面临着转型。学界将社会转型界定为一种整体性社会结构变迁。新闻转型理所当然地被纳入了社会转型的范畴，而且它正在进入轨道。

新闻转型带来的评论的变化是：评论正在“分流”。

(1) 媒体转型——三大媒体向四大媒体（包含因特网）、五大媒体（包含手机短信）转型。这次“非典”疫情传播和观点传播的实践提供了有力的佐证。

(2) 中心转型——“传者为中心”向“受众为中心”转型。媒体在重大问题上提供及时足量的信息，编辑部施以画龙点睛的观念引导，然后让受众自己去判断、去阐发。

(3) 形式的转型——从界限分明的评论文体向文体流变、融合的方向转型。中央电视台的“东方时空”板块、《羊城晚报》的“观点新闻”专版等正在引起人们的关注。

(4) 理念转型——新闻专业主义向“专业—专家主义”的转型。伊拉克战争期间，广播电视媒体的“主持人—专家嘉宾”的二元组合，以及《解放日报》“观点”专版的问世，正在回答这个问题。现实证明，新闻学上的专业主义理念应当得到充分的肯定，但是实践中不能以“我”排他。新闻人需要有像医生、律师那样一种对自己职业精神和专业标准的持守，他/她经过学科专业（如经济学、社会学）的学习和新闻实践的锤炼，也可以在分类新闻（如经济新闻、社会新闻）领域获得足够的发言权。但是，在对重大问题上的观念引导方面，他/她还不敢自诩，大众也还不能认可他/她的专家地位。由此，“专业—专家主义”应被认为是公正、省力而“讨巧”的明智选择。

总而言之，课题组认为，无论新闻评论往哪个方向“转型”，都只应意味着它的运行空间的扩大，而在功能层面不应由强转弱，尤其不应人为地任其“滑坡”。在像“非典”这样的重大公共危机事件面前，尤其如此。

公共危机中新闻媒体的传播策略

蒋晓丽　张　杰*

【摘　要】20 世纪 90 年代以来，洪水、地震等自然灾害，飞机失事、矿井塌方等人为事故，以及病毒传染、恐怖袭击等公共危机事件发生的频率越来越高，引起了全世界各国和社会的广泛关注。全球传播时代，开放的信息环境与畅通的资讯渠道，使得新闻媒体对各种危机的报道，可以在极短的时间内迅速传遍世界的每一个角落。本文根据危机事件发生的时间先后，将其分为潜伏期、初发期、持续期和消退期，重点阐述了在不同阶段新闻媒体相应的传播策略，指出新闻媒体面对公共危机时应该发挥主观能动性，以满足公众信息需求为第一要务，巧妙设置议程，引导社会舆论。这既包括在危机的潜伏期要未雨绸缪，做好预警式传播，也要在危机发生后第一时间开展告警式传播，及时报道有关信息；更需要在危机持续期对信息进行全面梳理与整合，进行导引式传播，疏导民意，避免出现公众过激行为；此外，危机消退后则要完成抚慰式传播，想方设法帮助受众消除心理阴影，重建社会秩序。新闻媒体在不同阶段采取适当的传播策略，不仅有利于树立自身的权威性与公信力，而且有益于更好地维护社会的稳定和秩序。

【关键词】公共危机　新闻媒体　传播　策略

进入 21 世纪以来，人类社会遇到了一系列重大公共危机："9·11 事件"、"非典"、"伊拉克战争"、"印度洋海啸" 等等。危机事件发生后，普通公众获得相关信息的主要途径，甚至很多情况下的唯一途径就是新闻媒体。新闻媒体能否及时、客观、准确报道，不但关乎政府的统治权与公民的知情权，更直接关系到社会的稳定与健康发展。

公共危机的发生发展是一个过程，美国学者芬克（Steven Fink）在其论文集《危机管理：为不可避免的灾难做筹划》（*Crisis Management*：*Planning for the Inevitable*）中借用医学术语，将危机分为征兆期、爆发期、持续期和痊愈期。危机管理专家米特罗夫（Ian Mitroff）则从管理的角度将危机分为信号侦测、探测和预防、控制损害、恢复和学习五个阶段。本文认为公共危机以某一突发事件为爆发点，之前的酝酿阶段可以称之为

---

* 蒋晓丽，四川大学文学与新闻学院教授；张杰，四川大学文学与新闻学院研究生。

潜伏期；而初发期是指危机爆发后的一段时间，并逐渐过渡到持续期，这两个阶段时间有长有短且没有严格的界限；最后按照事物发展的一般规律，危机进入消退期。针对公共危机在不同发展阶段的不同特征，新闻媒体遵循其本身的传播特点，采取相应的传播策略，才能更好地维护社会秩序和稳定。

一、危机潜伏期：预警式传播

美国著名报人普利策曾经说过，新闻工作者是社会这条大船上的“瞭望者”，瞭望的对象正是行进过程中海面上的旋涡、台风，海水中的暗礁、冰山等不利于大船顺利行驶的事物。公共危机就像是社会前进中的障碍，新闻媒体的职责之一即是要具有居安思危的意识，对人们生活的环境进行守望，提前预警，未雨绸缪。这里的环境是指广义的范畴，除自然环境外，还包括人们生存的社会政治、经济、文化环境等。新闻媒体应该具有长远的眼光，以一种负责任的态度、理性的逻辑和冷静的思维，对社会前进中的障碍有所警觉，并提醒公众注意，为大船的平安前行保驾护航。

（一）树立危机意识，预报危机信息

危机管理的一个基本前提是认为危机是可以认识的，任何一次危机在爆发之前都会有各种各样的征兆出现。新闻媒体必须树立危机意识，在危机发生之前，依靠自己的敏锐观察、理性判断，通过新闻报道提醒公众危险的临近，从而使得整个社会（个人和政府管理机构）能够及时采取对策，以避免危机的爆发或减轻危机的危害。

新闻媒体树立危机意识、及时预警危机，有利于保障个人及政府的利益。对于个人而言，细致的社会分工、爆炸般增长的信息使得人的注意力成为一种稀缺资源，精力有限的人们主要是通过新闻媒体了解生存的环境，尤其是环境变化的信息。在这种变化尚处于酝酿阶段时，媒体的危机报道是个人在危机发生时采取自我保护措施的一个必要条件，如果报道与现实状况一致并且能够正确反映事件的发展进程，那么人们就能对危机事件形成正确的看法并由此采取相应的行动，从而消除危机的危害并有可能在此基础上获得发展，反之则会深受其害。

对于政府而言，媒体危机报道的预警功能也在很大程度上影响着政府的决策。当危机临近的时候，政府所做的每一项决策都必须建立在及时、全面、真实的信息基础上，但传统的政府内部信息传播机制在本质上是多级传播，一级一级的信息传递不仅造成时间滞后，也增加了信息变形的可能性。尤其是当危机负面影响涉及本地区、本部门利益时，变形的可能性几乎是百分之百，这样造成了政府最终管理部门，特别是一些领导决策的偏颇与失误。而现代社会的大众传播媒介高度发达，遍及社会各个阶层和行业，传递信息可以不经中间环节直接传达到社会的每一个人，因此新闻媒体的危机预警信息可以成为政府决策的一个重要来源。

（二）建立报道机制，有序开展工作

“凡事预则立，不预则废。”对公共危机的新闻报道也是如此。新闻媒体应该建立

完善的危机报道机制，这样当事件发生后，相关部门才能立即调集人手、设置方案，采取行动报道危机。

日本由于地理位置的原因，是一个地震、海啸等自然灾害多发国，日本的新闻媒体为此建立了一套完整的危机报道机制。以电视报道为例，日本各家电视台均以NHK的自然灾害报道机制为蓝本，建立了紧急特别报道机制。NHK作为政府指定的唯一公共放送机关，在其《日本放送协会防灾业务计划》中，就灾害报道的诸多事项制定了极其周密的实施细则。这个紧急特别报道机制包括“放送机关的特殊运作”和“节目编成”两大部分，并设立“灾害对策总部”，以便于发出紧急预报信息、制作播出相关新闻、解析防灾政策、安定民心教育和娱乐节目制作播出等等。日本一些大型新闻传媒集团如NHK等，利用高科技不断完善紧急特别报道机制，使突发灾害报道从“结果型”逐渐转变为“预报重视型”，减少了灾害造成的损失。①

此外，一套完善的危机报道机制还应该注意平时对参与报道危机的新闻工作者进行培训，包括政治素质、身体素质以及业务素质（如对新机器设备的使用）等，以便在危机发生时刻能够迅速开展报道工作。

二、危机初发期：告警式传播

危机的发生是因为人们生活的恒常状态出现了断裂，而又缺乏相关的变化信息。在危机初发期，新闻媒体必须临危不乱，及时发布可靠信息稳定民心。英国危机公关专家里杰斯特提出了危机处理的“三T”原则，强调了危机时期信息发布的重要性，即：①Tell your own tale（以我为主提供情况）；②Tell it fast（尽快提供情况）；③Tell it all（提供全部情况）。② 公共危机发生后，由于受客观因素的限制，新闻媒体的首要报道任务不在求全而在求快。

（一）及时报道，止谎止慌

信息学理论告诉我们，人的所有决策都涉及信息的输入、处理和输出。时期不同，人们对信息的需求程度也不同。当所处环境变化剧烈，不确定性比较高时，人们急于通过尽可能真实完整的信息以把握环境、摆脱恐慌、做出决定，因而此时对信息的需求最为强烈。危机发生后，新闻媒体的职责就是要告诉受众“应知欲知而未知”的信息，如：危机本身的状态，人员伤亡的状况，已经采取的应对措施，“我”的利益会否受到危及，政府的积极作为，等等。

2001年“9·11”事件爆发后，美国的绝大多数新闻媒体都第一时间进行了现场追踪报道。在最初的时候，他们多采用的是一种叙述性的报道方式，告诉民众美国世贸大厦遭飞机撞击。十几分钟后，当形势显示事件是有计划的恐怖行为后，媒体立即用

① 宋晓阳．日本电视新闻报道机制．电视研究，2004（7）．

② 薛澜、张强、钟开斌．危机管理——转型期中国面临的挑战．清华大学出版社，2003：371．

"恐怖主义袭击美国"来描述。在这次危机爆发的初期，新闻媒体高度协调，快速、及时地将美国政府对事件的定位与定性传递给民众，既提醒民众注意安全，也更好地将人民团结在政府周围，以采取相应的措施。

发生公共危机后，第一时间采访权威信源显得尤其重要。如果事关政府，那么官员的声音将是新闻媒体对民众进行安抚，防止出现大规模社会恐慌的"良药"。尽早与政府工作人员——无论是现任还是以前的政府雇员，也不管是文职官员还是军方官员——沟通联系，听取他们的反应与意见。2005 年 12 月 11 日凌晨 6 点多，英国伦敦附近的邦斯菲尔德油库发生大爆炸，酿成"二战"以来欧洲最大的火灾。事发后不到一小时，英国的天空卫视、BBC 等新闻媒体即开始现场报道。据统计，英国新闻媒体就这次大火从 11 日至 17 日的报道总量来看，信源基本上以政府为主（对政府要员、警察、消防局以及卫生部门的有关人员的采访及其他政府信息占 80% 左右），为事件的平稳解决创造了顺畅、透明的舆论和心理环境。①

公共危机发生后，新闻媒体及时发布权威信息有利于制止谣言的扩散、传播。在 2003 年春广州发生的"非典"疫情中，"广州发生鼠疫"、"一种怪病潜入广州，一天发病，当天死亡，无药可治"、"'非典'就是禽流感"等传言，通过手机短信息迅速在全市蔓延。据广州移动的统计，仅 2003 年 2 月 8 日一天，短信流量就达到 4000 万条，2 月 9 日达到 4100 万条，2 月 10 日则高达 4500 万条。流言的广泛传播在一定程度上加剧了社会的恐慌。而对于 5 月份出现在一些"非典"疫情不是很严重地区的流言，如"某某人原来是个哑巴，却忽然开口讲话说出防'非典'秘方"，喝绿豆汤、燃放鞭炮可以防"非典"，等等，由于社会正常信息渠道畅通，新闻媒体及时予以揭露和解释，流言才在没有形成气候之前就被抵制住了。

（二）以人为本，表达同情

一些危机的灾难性后果容易对社会的公共安全构成威胁，因而新闻媒体报道危机，应该更多的以人为本，表达同情。

印度洋海啸是人类在 21 世纪遇到的第一场巨大的自然灾难，造成近 30 万人死亡，其中绝大多数为当地居民，他们在海啸来临时遭遇了怎样惊心动魄的劫难，今后又如何继续生活等等都是人们关心的问题。因此很多新闻媒体都重点报道了这次海啸危机中人物的命运，CNN 曾在一篇报道中记录了斯里兰卡当地一位在海啸中失去七位家人的渔民的生活和感受。国内很多媒体的记者也从不同侧面记录了灾区志愿者和难民们的生活。通过这样的报道，受众感受到的是新闻媒体对于不幸遇难者的深切同情和对幸存者的积极抚慰。

媒体报道新闻坚持以人为本，就必须尊重他人，既要尊重个人的名誉和隐私，不能恶意诽谤和造谣中伤；也要尊重民族风俗和社会公德，尤其要注意保护易受伤害的特殊

① 马建国．迅速反应　有序跟进——英国媒体如何应对伦敦油库爆炸事件．中国记者，2006（1）．

人群等。例如在报道一些传染性疾病危机时，无论是疑似、确诊病患还是康复人员，都应注意尽量不暴露他们的个人身份，如果需要出镜，应让其坐在屏风后面只出声音，或采取技术手段处理（如在人物面部打上“马赛克”等）。新闻媒体不应该为了满足微小的知情需要，而去侵害他人的隐私。

但有些新闻媒体在对这类事件的报道处理上却不太注意细节，反而极尽渲染之能事，影响非常恶劣。当浑身是血的受害者的尸体照片映入眼帘时，当满是弹孔的阵亡士兵的头部特写出现在荧屏上时，我们不禁要问：媒体想传达给受众的究竟是什么？血腥、恐怖、死亡？还是刺激、震撼、折磨？这样的照片、这样的镜头，带给受害者家属的又是怎样的伤害！因此，新闻媒体报道危机，除必须及时、客观、真实传达事件的基本信息外，还应该对危机引发灾难后果带给人们心灵上的创伤感同身受，尽量避免血腥感染，体现人文关怀。

当然，这里强调在初发期及时报道的公共危机，必然是在国家宪法、法律允许范围内的，如果事件本身涉及国家机密、军事情报等内容，会产生危害国家安全、危及社会公众利益的严重后果，新闻媒体则必须从大局出发，缓报或不报，以维护国家安全和社会稳定。

三、危机持续期：导引式传播

如果说在危机初发期，由于客观因素的限制，新闻媒体无法做出详细全面的报道是可以原谅的话，那么当公共危机进入持续期时，还语焉不详、挂一漏万地进行报道，则是极不明智的一种做法。在这个阶段，新闻媒体应该致力于报道有广度、有深度的新闻内容。面对危难，积极通过各种手段疏导民意，引导舆论，寻求社会发展的新契机。

（一）全面报道，解释危机

危机爆发初期，新闻媒体为了争取在第一时间报道新闻，可能会出现一些片面甚至错误的信息，随着事件的发展，调查的深入，危机背后的一些特征逐渐清晰，媒体要更正前期的失误报道。同时，还要积极利用多信源，进行集纳式报道，力求客观公正。我国的很多新闻单位在对2003年伊拉克战争的报道过程中，广开信源，除报道新华社、《人民日报》、中央电视台、中国国际广播电台等国内信源采集的信息外，也采用了境外媒体的一些内容。例如中央电视台就既使用了美联社、路透社、CNN等西方通讯社和媒体的现场信号，也大量使用了卡塔尔半岛电视台、阿布扎比电视台、阿拉伯卫星电视台、伊拉克国家电视台等来自阿拉伯国家、代表阿拉伯世界声音的现场电视信号。通过这种方式，把战争双方的各种事实信息在进行了集纳、整合之后直接呈现给观众，将思考与判断的权利归还给观众，完全改变了以往报道的主观化倾向。

此外，新闻媒体还可以通过链接相关背景资料，主动策划一些有意义的选题，来增加报道的范围，拓宽信息的广度。当2003年我国东北齐齐哈尔发生侵华日军遗弃毒剂泄漏的“8·4”事件后，新闻媒体不但报道了此次泄漏造成人员伤亡和中日两国政府的处理措施，更进一步将日军侵华的事实，尤其是“731”、“516”这样防化部队的丑恶罪行公之于众，同时还有医疗专家谈“毒气之王”芥子气的相关知识，也报道了战争受害者在日诉讼的相关事宜等。这样将整个危机的前因后果与未来发展都呈现在受众眼前，极大地缓解了当地百姓的焦虑心理，不但实现了信息的深度挖掘，而且很好地起到了稳定民心的作用。

（二）适度报道，把握平衡

公共危机中的新闻报道应该有度，这里的“度”既包括前面提到的广度、深度，同时也有适度的含义。传播学研究规律告诉我们，新闻媒体作为“大事”加以报道的问题，同样也作为“大事”反映在公众意识当中；媒体越强调，公众越重视，媒体能在一定程度上放大或缩小某事的重要性。

这一点从国内2003年4月、5月间，媒体对“非典”危机铺天盖地的报道可以得到证明。“非典”病毒作为一种人类尚未完全了解，不能准确治疗的新型病毒，具有传染性强、死亡率高的特点，这种病毒在我国很多省市的蔓延，引起了从中央到地方全国人民的普遍关注。新闻媒体报道这次危机本无可非议，但有些媒体的做法却背离了事实本身。在“非典”报道的高峰时期，什么“非典型爱情”、“非典型游戏”等字样频频见诸于媒体。对于媒体在“非典”时期的这种做法，有专家撰文指出，“媒体已经把人们对这场公共卫生突发事件的恐惧推向了前所未有的高度，现代媒体技术对病毒危险的扭曲型放大，致使恐惧本身成了另一种公害……究竟是什么东西引起非典恐慌的？是非典本身，还是充斥媒体的戴口罩的人？非典时期的媒体在向公众出售科学还是恐惧？”①

新闻媒体从大局出发，保证及时报道危机的同时，还需要提供危机事件以外多方面信息，适当转移受众注意力，把握整体平衡。“美国的《纽约时报》以‘刊载一切适合刊载的新闻’作为自己的报道理念，即使是在‘二战’和越南战争这样的非常时期，《纽约时报》也没有放弃对国内劳工问题、基金交易黑幕问题的调查。这也是《纽约时报》始终成为全世界主流报纸的典范的重要原因。”② 新闻媒体要有长远的眼光，在危机时期尤其要坚持平衡报道的原则。

（三）上下沟通，引导舆论

一方面，我国的新闻媒体作为党和政府的“喉舌”，在危机发生的持续阶段，要肩负起上情下达的重大责任，不断将政府的决策信息传达出去，引导社会舆论。

公共危机发生后，如果新闻媒体只是被动追随着受众需求，受众的恐慌状况就可能被媒体的报道夸大和延长，也会形成不利的社会舆论；相反，如果新闻媒体发挥自身优势，利用各种手段将政府/组织的危机处理信息公开，在尊重受众信息要求的基础上，有意识地对信息进行编排组合，阐发观点意见，则可以发挥积极的引导作用，促使受众

① 李希光．恐惧来自何方——关于非典报道的媒体批判．新民周刊，2003（21）．

② 马瑞洁．从SARS报道反思灾难新闻的社会责任．中国记者，2003（6）．

不断调整面对危机的心态，逐步从未知走向已知，从慌乱走向稳定，能动地引导社会舆论回归到理性的空间。

2006年夏天，我国四川、重庆等地发生罕见的特大旱灾。灾情发生后民间议论纷纷，一种猜测不胫而走，认为原本富饶的巴蜀大地，是因为三峡工程的修建才导致气候异常。对于民间的这种传言，国内各大新闻媒体都对此做了针对性的报道。通过采访国家气象局、气候中心的一些专家教授，指出是由于环流异常等原因才导致川渝两地气候失常，而与三峡蓄水无关。通过这种权威解读，帮助民众打消顾虑，保持了社会的正常稳定。

另一方面，新闻媒体也是整个社会的“喉舌”，要将处于整个社会舆论结构下层，具有自发性、盲目性的公众舆论反馈给政府部门，以便进行积极有效地引导，在公共危机中尤其如此。公众在危机初发期，由于不了解情况，自保是第一位的，当人们平静之后，就会产生一些想法、意见和建议，进而形成公共舆论。新闻媒体要及时反映出现的重要民情和重大社会问题，担负起下情上传的重任，推动社会矛盾的解决。同时新闻媒体面对社会激荡的舆论，要帮助民众合理宣泄情绪，通过多种方式反映民情、疏导民意。

四、危机消退期：抚慰式传播

随着时间的推移，公共危机也进入了消退期。但消除危机对公众造成的心理影响，说服他们尽快恢复生产生活，帮助受众反思事件、重建社会秩序的工作才刚刚开始。

（一）实施心理援助，提高承受能力

新闻媒体在公共危机发生过程中，总是想方设法为受众提供直接、全面、大量的信息报道，他们唯恐公众对危机不了解，担心报道不能吸引受众的注意，但却对危机的灾难性后果，尤其是一些血腥、恐怖、暴力的画面对受众的心理影响估计不足，给许多人留下了持久的心理阴影，这在未成年人身上表现得尤为明显。大体说来，危机爆发带给人们的心理震荡会导致在生理、认知、情感及人际关系等多方面不同的症状，如失眠、易怒、社交恐惧、工作和学习上的退步、对他人的言行过多的猜忌等等。

对于上述症状如果没能采取有效措施缓解，那么危机结束后，仍然会有很多人无法摆脱危机带来的消极影响，这就是心理学上所说的“后危机综合征”（PTSD）。据统计，有4%—30%的人会患上“后危机综合征”，持续时间至少一个月以上。① 缓解公众这种“一朝被蛇咬、十年怕井绳”的心理，既需要政府部门采取措施，同时也需要新闻媒体的帮忙。2006年2月2日至3日午夜时分，一艘载有近4000人的埃及“和平98”号客轮发生沉船，1000多条生命在不到10分钟的时间内远去，不但给死者的家属带来了巨大的悲痛，也让埃及整个社会情绪都处于极度压抑的气氛中。2月10日晚，

---

① 史安斌．危机传播与新闻发布．清华大学出版社，2003：22.

埃及国家队在非洲杯足球赛决赛中捧得冠军，对于痴迷足球的埃及民众来说，这无异于是个天大喜讯。埃及的新闻媒体抓住时机，对这次胜利进行了大量报道，2 月 12 日出版的《共和国报》在头版头条用“胜利减轻了沉船事件的痛苦　喜悦充满全国”的红字标题进行报道。此后，埃及民众逐渐从悲痛中走出来。①

新闻媒体要在力所能及的范围内，对公众实施心理援助，帮助人们消除危机造成的阴影，提高危机心理承受力。比如纸质媒体和网络媒体可以为某个心理医生开辟专栏，邀请其定期撰写一些相关文章；电子媒体可以直接请相关专家出镜，解答受众的心理困惑。对于有条件的新闻媒体而言，还可以开设经常性的心理医生咨询热线，为受众提供有针对性的服务。

（二）总结经验教训，重建社会秩序

危机事件终于离我们远去了，它已不再是公众关注的焦点，也不是新闻媒体报道的热点。但是并非所有的人都能够清醒、系统地认识危机本身并从中吸取经验教训，新闻媒体要帮助受众反思危机，展开教育、普及报道，完善人们对危机的认识结构，以避免危机发生或在危机发生时可以采取有效措施，防止悲剧再次重演。《中国青年报》早在 20 世纪 80 年代我国东北大兴安岭发生火灾后，就做了题为《红色的警告》、《黑色的咏叹》、《绿色的悲哀》的深度报道，从不同侧面对这次事件进行反思，至今仍被业内人士称道。

危机发生时期新闻媒体的信息传播，引起了没有遭受危机侵害的更多其他地区民众的同情和资助，他们积极地通过捐款捐物、协助救灾等多种形式，尽力帮助受害者早日渡过难关。而当危机过去后，政府部门、相关组织及社会各界的援助会逐渐减少，这时新闻媒体的工作重点就在于引导公众尽快恢复生产，走上正常生活。

在“9·11”事件发生后，美国的新闻媒体除了讨论恐怖分子是谁、政府是否要报复、报复的程度如何等问题之外，还呼吁公众尽可能地恢复正常生活，认为这是对恐怖活动做出的应有回答的一部分。一些报纸号召民众从自己做起，做好身边的事情，比如“让您的钱仍留在股市上”、“像平常那样给您的汽车加油”、“购物，不管多小的东西，尽量买东西”、“悬挂美国国旗”、“像平常那样从银行取钱”、“遵守机场和其他公共场所的新安全措施，不要抱怨”等等。媒体把政府的政策，巧妙地转换成公众的日常行为规范，既起到了政策的解释作用，又引导了公众的日常行为，对危机的解决起到了积极的作用。②

本文中关于危机事件潜伏期、初发期、持续期和消退期四个的阶段划分并不是完全绝对的，新闻媒体的报道策略也只是围绕公共危机在不同时期相对有所侧重，它们之间并不存在严格的界限，每个阶段新闻媒体的相关做法在其他阶段依然可以展开。例如在

① 辛俭强．埃及主流媒体如何报道海难．中国记者，2006（3）．

② 韩书．灾难事件三个环节中的媒介运用．中国记者，2004（10）．

条件具备的情况下，媒体可以在危机初发期和持续期就开展宣传，对公众实施心理援助；而在新闻报道中以人为本、体现同情的原则应该贯穿整个危机报道中；引导舆论是新闻媒体的一大重要职责，在危机发生时期需要，在非危机发生的和平时期同样不能掉以轻心……这些相关传播策略之间密切联系，相互渗透，是一个统一的整体。

公共关系视野中的公共危机传播管理

周永康　秦启文*

【摘　要】公共危机管理的核心是传播管理。不论是危机前的信息预警、危机爆发后的新闻发布和公众沟通，还是危机后期的形象修复等，无一不需要调动一切信息传播手段来进行。危机传播是公共关系的一项非常重要的工作。有效地运用公关的理念或视野如形象理念、关系协调理念、双向沟通理念等来统摄公共危机传播管理，是政府可以认真考虑的应对公共危机的一种新的思路或途径。

【关键词】公共关系　公共危机　传播管理　政府形象

一

公共危机是来自社会运行过程内部的不确定性及由此导致的各种危机。或者说它是这样一种紧急事件或者紧急状态，它的出现和爆发严重影响社会的正常运作，对生命、财产、环境等造成威胁、损害，超出了政府和社会常态的管理能力，要求政府和社会采取特殊的措施加以应对。而“公共危机管理”也称“突发事件应对机制”或“紧急状态管理”，一般指以政府为主体，对公共危机的减缓、预警、化解和恢复等全过程的应对安排。公共危机管理的核心是危机传播管理。所谓危机传播管理是指针对社会的危机现象如何采取大众传播及其他手段，对社会加以有效控制的信息传播活动。它的目的在于按照社会传播和新闻传播的规律，对危机处理过程进行干预和影响，促使危机向好的方向转化。

尽管危机现象古已有之，但是危机管理作为一门科学则是在第二次世界大战后的美国开始萌芽，其发端可以说始于1962年古巴导弹危机。但之后的很长时间里，危机管理并没有受到很大的重视。直到20世纪80年代后，一些学者开始关注频繁发生的危机事件，但多数是集中在个案研究。在整个20世纪90年代，危机管理的研究迅速发展起来，并且由最初的个案研究开始进行综合理论研究和模式建构。研究者除了管理学者，更多的是公共关系和传播学的教授或学者，所以美国有关危机管理的研究，更多的是使

* 周永康，西南大学文化与社会发展学院老师；秦启文，西南大学文化与社会发展学院教授。

用危机传播（crisis communication）这个概念。英国学者迈克尔·里杰斯特指出，只有进行有效的传播管理，才能进行有效的危机管理。不论是危机前的信息预警、危机爆发后的新闻发布和公众沟通，还是危机后期的形象修复等，无一不需要调动一切信息传播手段来进行。

科学技术的高速发展，经济发展的全球化，政治、文化的多元化，是当代社会危机频繁发生也是危机传播研究快速发展的最深层次的原因。有两个因素促使学者对危机进行更加深入的研究。一是现实生活中人们更加需要了解如何应对和管理危机的基本知识。面对各种公共危机，国家和政府都极其希望减少危机造成的损失与危害。危机传播研究的责任就在于帮助提供危机应对计划、媒体协作、缓解公众心理压力、树立良好的政府形象等。二是对危机的认识也要从另外一个新的视角来看待。以前，人们更多地从危机的负面影响和破坏性上来研究，探讨如何减少损失、追究责任等。但是，危机最根本的功能是改变组织结构、社会关系和人们的信念体系，所以危机其实也提供了树立政府形象、进行社会变革与关系调整的一种机会。

从以上两个方面，我们可以看出：在公共危机传播管理实践和研究层面，人们都开始注意引入公共关系或危机公关的理念或视野。公共关系是一个社会组织与社会公众之间建立的全部关系的总和，是一个社会组织为塑造良好形象以争取内外公众认同、支持，通过传播、沟通等手段而开展的各种活动。该定义的内涵实质是就是传播信息、协调关系、树立形象、谋求发展。危机公关是指当政府或企业遇上信任、形象危机或者某项工作产生了失误时，政府或企业通过一系列的活动来获得社会公众的原谅理解，进而挽回影响的一项工作。

引发公共危机的因素有自然环境的因素，也有社会环境的因素。但不管是哪种原因，它都可能导致人与人、人与政府、人与社会之间正常的、固有的关系和秩序的破坏。而其中起决定作用的是社会公众与政府关系的破坏。从这个意义上讲，公共危机在很大层面上是关系危机，而且主要是政府公共关系危机。公共突发事件引发的政府公共关系危机主要包括三个方面：一是政府形象受损；二是公众与政府的关系受到破坏；三是政府公信力和权威下降。其中，由于政府对危机传播管理不当引发政府公共关系危机又是最为突出而致命的因素。如在2003年“非典”危机中，政府在早期明显地出现了危机传播管理不当的情况，信息公布不及时、不准确，后续措施没有章法，导致“非典”流行面扩大，使中国政府的形象在国内和国际上都受到了不利影响，国内人民产生了严重的心理恐慌、还出现了抢购风，对政府产生不信任感；国际上，90多个国家限制中国人入境，《华尔街日报》甚至提出了“隔离中国”，国际足联还取消了中国女足世界杯举办权。又如2005年12月松花江水污染事件，也是由于当地政府早期的危机传播管理不当，致使人们人心惶惶，各种小道消息、流言四处传布，社会秩序一度混乱，人们对政府的作为失去信心甚至产生怀疑，俄罗斯也一度要求中国政府进行赔偿。

无论是“非典”时期弥漫在京穗两城的非典型恐惧，抑或是松花江水污染事件中哈尔滨市民对纯净水源的焦灼，犹自历历在目，日新月异的媒介技术承载着信息时代的全球化传播，使得今日频生的公共危机事件，传播速度更快，影响范围更广，政府该如何应对危机？又该如何进行危机传播管理？这已经成为摆在政府面前亟待解决的问题，从某种意义上说，能否妥善的应对公共危机，已经不仅仅是国家的内政，还涉及国家的形象，甚至是国家的“软实力”。而公共关系恰恰是从危机传播管理角度来切入的。在公共关系中，危机传播被认为是一项非常重要的工作，它指企业、组织或政府面对危机事件所采取的旨在减少危机损坏程度的沟通信息、树立形象的公关策略。在现代社会，公共危机所产生的影响在时间上和空间上大大扩大了。公共危机的爆发会导致社会脱离正常轨道而陷入危机的非均衡状态，极易威胁社会公共安全，影响社会稳定。无论是经济危机、社会危机还是政治危机，如果在危机爆发初期没有及时予以控制，就有可能意味着更大危机的爆发。随着经济全球化进程的加速，转轨时期的公共危机日益具有全球化的特征。全球化不仅加速了公共危机的传播，而且会增加控制危机的难度。在这样一种新型危机状态底下，发挥公共关系在危机传播管理中的作用就显得越来越重要。但如何发挥，又确实是一个很新的议题。西方在这方面积累了一些丰富的经验，值得我们借鉴。如“9·11”事件发生时，尽管美国政府声称为了国家安全起见，需要隐瞒总统的行踪，但是布什的身影还是时常在媒体中出现，一会儿“离开佛罗里达，正在空军一号”，一会儿“将前往路易斯安娜的空军基地发表讲话”，一会儿出现在教堂，一会儿出现在救灾现场。布什政府深知运用公共关系进行危机传播管理的精髓，随时通过媒体把自己的形象展现在公众面前。这样的精心设计，获得了极好的传播效果。据调查，91%的美国公众认为，布什在美国遭受袭击后领导美国作出反应的表现良好，而在恐怖袭击发生之前，只有51%的美国人认为布什的表现良好。又如在“非典”事件不断升级，引起了中央政府的高度重视之后，政府采取了定时向社会发布各地疫情信息等措施，敢于公开信息，体现了一个负责任的政府能力和信心。胡锦涛总书记亲自赴广东疫区考察，以及温家宝总理到北京大学和学生一起进餐的镜头出现在媒体上，很快形势就发生了改变，使全国人民和全世界看到了中国政府应对此次危机的决心，树立了中国政府崭新的形象，再次赢得了主动。这就是运用公关进行危机传播管理成功的经典案例。

总之，有效地运用公关的理念或视野来统摄公共危机传播管理，是政府可以认真考虑的应对公共危机的一种新的思路或途径。而且，它对于政府有效的化解危机，协调政府与公众的关系，塑造政府形象，打造“软实力”，既是必然，更是必需。

二

2003年的“非典”事件对我们中国政府的公共信息传播机制应该说是非常严峻的一个挑战。在“非典”初期，为什么会出现那么大的社会心理恐慌，如广东、北京民众的抢购现象？如果我们从公关的视角来看这个问题，就会很清楚，那就是政府在危机

传播管理中公共关系理念或视野的缺失，其中有三个基本方面：形象理念、关系协调理念、双向沟通理念。

（一）形象理念与公共危机传播管理

在公共危机传播管理中树立形象观念或意识，就是要从长远的角度来认识政府与公众之间的关系。政府在防范并化解社会危机方面处在关键地位，发挥主导作用，是事关政府危机管理成败的一个重要因素。在风险社会里，政府的生存与发展很大程度上取决于其抵抗风险、化解危机的能力。由于危机本身同时也意味着机遇与危险，政府如能抓住这一时机，有效应对和化解危机，则会巩固自己的统治地位。而只有诚实、透明与负责任的政府才能领导、动员群众共渡难关。在公共危机传播管理中，就是要通过有效的传播沟通策略，向社会公众展示政府的诚信形象、责任形象、服务形象。

对于政府而言，公共危机的实质就是形象危机、信任危机。在重大灾难事件特别是突发事件来临时，公众历来十分关注政府的信息。政府越是遇事掩盖、隐瞒，就越会丧失公信力。一个政府一旦丧失公信力，那么即使它后来向社会公告的是千真万确的事实，公众依然会心存疑虑，猜测不已。“非典”事件初期，部分地方政府采取隐瞒疫情、对内压新闻的做法，使民众对地方政府信任度下降，大众传媒的公信力下降。

因此，在危机中，要积极通过采取积极的传播管理策略来塑造政府的诚信形象。首先，危机发生后，一方面应以最快速度派出得力人员调查事故起因，安抚受害者，尽力缩小事态范围；另一方面应主动与新闻媒介，尤其是与具有公正性和权威性的传媒联系，说明事实真相，尽力取得传媒的支持和谅解。从危机管理的视角评判，最有效的危机管理必须在第一时间、第一空间发表第一声音。政府以最快速的反应实践了危机管理中的时机意识，不仅把危机造成的损失减少到了最低限度，同时政府也以自己的身体力行有效地提升了形象。要建立这样一种制度：当公共危机发生后，各政府机关、事业单位及社会组织要在最短的时间内作出反应，主动积极介入，将危机造成的影响和损失最小化。同时，危机发生后，要主动慰问受害者，查明事故，向公众公开事实真相，而一切归根到底都要求具有主动负责的精神。对于政府来说，公众就是上帝，没有公众，政府的存在就没有任何意义。公众利益受损之后，政府应以最大的主动性负起责任；如果计较双方责任的大小，只会加深矛盾和分歧，导致公众和舆论的反感和抵制。另外，真诚是危机公关的绝对前提，“以诚相待”的公关才是取信于民、转危为安的最佳公关。面对社会舆论的批评，应采取“淡化矛盾”、“虚心让人”的策略，强硬的态度只能导致公众对抗的升级。如要保证信息公开，是政府的基本义务，人们有权利要求获得及时真实的信息。政府是信息沟通和管理机制的领导者和指挥者。政府部门的高度关注、及时解释和公开相关的准确信息将会有利于危机事件向好的方面转化，公众在了解真相后会更多地表现出宽容和理解，这对危机的控制有至关重要的作用。政府进行开诚布公的对话与合作，有利于塑造诚信形象。其次，要通过指挥和组织处理危机来塑造政府服务形象，并通过媒体向公众进行宣传；要建立预警机制和危机识别体系，及时收集各种信息，并对信息进行分析、辨别，对危机的后果事先加以估计和准备，有效察觉潜伏的危机，敏锐地洞见危机中隐藏的机遇，为危机处理赢得主动。同时，要建立快速反应机制，强化危机发生后政府处理危机的能力，把人民群众的损失降到最低限度。及时掌握危机信号，分析事故原因，果断地采取措施，实施应变方案，明确指挥、协调和控制的组织与责任，实施危机评估，落实资源保障措施，强化沟通与媒体管理，从经济、社会、国际、国内等各方面减少危机的负面影响，并在危机处理过程中不断完善解决方案，尽可能把危机造成的损失控制在最小的范围内，树立全心全意为人民服务的政府形象。

同时，在危机结束后，也要通过有效的传播管理策略来恢复或巩固政府形象。危机后，公共形象塑造的前提是充分了解政府在危机中原有公众形象的现状。公共形象的走势取决于危机发生的原因、类型、公众态度和政府危机管理的方式、结果等，主要包括：一是危机发生前，政府具有良好的公共形象；二是危机前政府公共形象已经处于下滑趋势；三是危机中，由于政府的管理能力和社会效果卓著，政府良好的公共形象得到大幅度提高；四是危机后政府在公众心目中的地位下降；五是危机后政府的公共形象遭到致命性的损害。不管怎样，危机突发期后，政府必须首先对自己现有的形象状况有一个基本的认识。政府的形象设计与建设不可能停留在政治理念的层面上，要使公众支持政府的政策和行动，必须首先使公众了解、理解政府的政策导向和意图。因此，政府要采取积极的公共关系活动，建立起政府与公众沟通的桥梁。政府公关的主要方式有：通过媒体宣传政府的政治理念和行动方针，提供给公众政府解决社会问题的具体典型性事例，加强公众对政府工作的理解；通过媒体开辟公众对政府活动进行参与和社会监督的渠道；政府部门召开专家、学者、群众的民主座谈会，广泛听取他们对政府工作的意见和建设；表现出政府领导者的能力素质和在公开场合中恰如其分的言行举止，确立他们在公众中的良好形象。公众的态度是树立政府新形象的基本出发点。公众的态度分为积极的态度和消极的态度。前者是指公众对政府危机管理的积极肯定的态度，采取赞同、欢迎、支持的态度，对此政府主要是通过卓有成效的公关传播，使这种积极态度得到巩固和发展。不过更多情况下，公众对危机管理往往是批评得多，追求精益求精。此时，政府的危机恢复阶段就要通过更为有效的公关传播把公众的消极态度转化为积极态度，使政府形象得到重新树立。

（二）关系协调理念与公共危机传播管理

我们的政府在进行公共危机传播管理时，很容易停留在传播的技术层面，而忽视关系协调的一面。协调关系是公共关系的基本职能之一。一个政府要实现其治理的合法性、有效性和长期性，就必须搞好与公众的关系。从这个角度讲，公共危机传播管理的实质就是关系管理。在关系管理里面，关系也有它的管理规律，像关系一开始的建立，到最后它的发展，到它的维系，到它的终结，也有它的一些过程。那么，危机应该说在这里面，好像是意外，又是其中之一，在关系发生到一定的时候不平衡，利益的不平衡，信息不对称，信息沟通不足，都会引起它的冲突或危机。因此，公共突发事件引发公众与政府的对立、冲突，有时是难以避免的。而且有的冲突反映的是公众与政府长期存在的矛盾的集中爆发。其中的核心是利益需要问题，也就是说，关系协调主要是公共关系双方的利益协调。政府在公共危机中要与公众建立起一种良性的互动关系，就必须注意满足公众的基本利益需要，从而争取公众的认同和支持，共抗危机。在公共危机中，公众的基本利益需要是什么呢？首先是知情权的需要，其次是尽快摆脱危机、恢复正常社会秩序的需要。

现代公关理论认为，公众对于现代的政府信息、社会信息享有当然的知情权。漠视公众的知情权，一方面会导致公众对社会信息产生不当理解；另一方面，更为严重的是会导致公众对公共管理者的严重不信任。对公众知情权的忽视，造成了群众对政府的信任危机，使社会整体心理产生了相当的混乱，进而引发了更大的社会危机。当危机传播处理不当时，很有可能会引发针对整个社会制度的全面危机。在没有官方的权威解释下，使公众只能轻信传言，以“最坏的结果”做“最坏的打算”，从而导致了更大的混乱。危机公关最忌讳的就是信息不透明或者说是故意隐瞒信息。在“非典”时期，我国政府依法每天及时公布“非典”疫情信息，这一做法从根本上讲，是政府对社会公众知情权的尊重和保护。媒体予以大量的采访报道，也是基于对社会公众知情权的尊重和保护，并履行其应尽的权利和义务。“非典”在让人们重新审视生命意义的同时，也让人们比以前更热切呼唤信息公开、知情权的实现。从这场突如其来的灾难中获得的最大启迪，就是证明了民知多而不乱。按照原先的政府管理思想，认为民众知道多了，就会引起社会不稳定。结果证明，民众知道越多，行为越理性。“非典”期间，人们看到政府信息一步步走向“阳光”。事实证明，因为公开，民众对“非典”高峰期每天攀升的病例并没有表现出太大的恐慌，而且对政府的信赖度渐渐回升。

在公共危机传播管理中，要满足公众尽快摆脱危机和恢复社会秩序的需要，主要办法就是通过媒体展示政府领导公众战胜危机的必胜信念和能力以及实际的作为。面对公共危机，政府的领导和指挥是至关重要的。“非典”时期，在政府及主流新闻媒体强有力地介入并公开疫情信息后，民众起初由于不知情而产生的恐慌很快平息下来，对政府在抗击“非典”中的表现给予了积极评价。数据分析表明，在突发事件发生的非常时期，公众对政府信任指数的增减，主要与政府的危机反应能力和处理能力密切相关，宣传报道的及时性和真实性也是决定因素之一。“非典”危机初期，一些地方政府反应的迟缓以及应对措施的不力，加之对疫情的隐瞒封锁，造成了公众对政府的猜忌和不信任，并酿成对“非典”的社会性恐慌，严重影响了社会的稳定，政府的形象和威望也受到极大的损害。“非典”事件幸亏党中央、国务院及时发现，果断决策，使危机事件的发展出现转机。此次疫情采取的危机传播形成了政府与社会的良性互动，缓和了政府与公众之间的紧张关系，还极大地提升了政府的形象与威望，增强了政府在公众中的凝聚力和美誉度。

（三）双向沟通理念与公共危机传播管理

“双向对称”的沟通模式是公共关系专家卡特利普和森特于1952年提出的。双向沟通模式是对单向沟通模式的完善。所谓单向沟通模式，即缺乏反馈的传播沟通模式。双向沟通模式显示出公共关系双方社会组织与公众之间在公开、公平、公正的前提下，相互依赖、相互协调的合理关系。从单向沟通模式与双向沟通模式的比较中，我们可以看出，在这两种沟通模式中沟通双方的地位是不同的。以政府与社会公众之间的关系为例，在单向沟通模式中，政府与公众关系不平等、不平衡。政府常常利用其高高在上的优越地位与权力，采取强制的方式实施传播。这很容易造成对公众权利的无视与损害。公众常常有苦难言，或干脆有苦不言，导致一种不公平、不合理、缺乏协调的传播沟通局面。可是在双向沟通模式中，政府与公众的地位是平等的。公众的权利受到更多的保护，其地位也大大提高。随着社会的发展，政府原有的一些权力优势逐渐丧失。与此相反，公众的地位在逐渐提高。为此，政府不得不矫正自己的位置，与公众处于平等协商对话的地位上。这样，政府与公众就成了双向沟通模式中的沟通主体与沟通客体。只有这样，二者才能处于一种合理的关系中。这种关系的存在非常有利于社会的稳定和发展。双向沟通模式集中体现在现代公共关系原则中。公共关系的基础原则是互惠互利、真诚合作。政府与公众只有在利益共享的基础上真实地传播信息、协调沟通，才能实现公共关系状况的良性循环。也就是说，政府必须平等地对待公众，主动、热情地对公众传播消息以寻求合作，而公众需要自觉配合政府的信息反馈和协调沟通，以此使自己的需要得到充分、高质量的满足。所以说，政府与公众的关系是一种在平等基础上双向互动的关系。这就是公共关系双向沟通模式的内涵。

在公共危机中实现双向沟通，就是要使政府和公众在互动中实现意见整合和舆论一致。管理者和公众之间的平等互动，特别是直接对话，一方面能快速掌握公众观点变化和公众情感变动情况，另一方面能够有效地消除传播中的屏障。

三

用公关理念或视野统摄公共危机传播管理，就是要从维护政府形象、协调政府与公众关系、实现双向沟通的原则思路出发，来形成公共危机传播管理的有效途径或办法。

（一）政府应建立完善的信息传播系统与机制

世界各国应对危机的经验教训表明，控制危机的最低成本手段就是制定详尽的危机应对机制，这其中就包括了危机传播机制。西方发达国家的危机应对机构往往都有一个重要的部门——新闻中心，专门负责危机信息的对外发布工作。

首先是应该建立一整套的危机传播预警、应急机制，这是由危机的突发性和不可预见性所决定的。“凡事预则立，不预则废。”危机传播预警，指识别和描绘可能出现的危机，发出警报。虽然从我国政府处理“非典”危机的措施看，基本是成功的，有效地维护了政府在国内和国际上的公信力。但是在“非典”危机初发期，本来是解决危机的最容易的时期，但是由于政府的危机传播预测和反映不够准确及时，导致了危机爆发期的恐慌和持续期的高代价。

其次要建构全面整合的政府公共危机信息管理系统。全面整合的公共危机信息管理系统必须以全流程的危机信息管理和全方位的危机信息通讯为基础和支持。同时，还需要结合国家公共危机管理的机构职能设置，纳入公共危机信息的管理机制，整合成为国家的公共危机信息管理系统。国家危机管理信息系统国际上一般由国务院层级的危机管理委员会牵头，整合中央政府各个危机管理职能的部委办的信息系统为国家危机管理信息系统，突破“数据孤岛”的弊病。该系统在国家层级上统一指挥和协调具有危机管理职能的部门执行任务和开展日常管理。国家危机管理信息系统由信息化的硬件和支持软件、信息通讯系统、应用软件构成。

（二）建立新闻发言人制度

西方国家无论是企业，还是政府机构，在其危机传播管理中，都包括一项重要的内容：确定新闻发言人。新闻发言人是政府公共关系框架的重要组成部分，是政府调节社会公共关系的重要手段之一。在突发事件爆发这种特殊时期，新闻发言人的作用更为重要。通过新闻发言人这种直观的、人性化的方式，向媒体和社会公众传达事件的即时信息，政府的态度，采取的措施，解决的程度，满足公众趋利避害的需求，缓和公众的紧张情绪，取得公众的理解和支持，可以有效地调节公共关系，树立责任政府的良好形象。在2003年“非典”危机中，我们有的地方政府缺乏应对传媒的培训，再加上某些官员的“官本位”思想，使得一些官员在电视的直播镜头前表现很不得体。目前，我国多个省市政府或国务院机构都开始设立新闻发言人，相信这些措施能有效地改变地方政府新闻发言制度的某些不足。在这方面，我们也可以从西方的政府新闻发言制度得到一些启示。美国在“9·11”后，启动了反恐战争，作为国防部长的拉姆斯菲尔德在媒体曝光的频率非常高，几乎每天都要向全国通报战争进展情况。拉姆斯菲尔德个性突出，在媒体前表现出强烈的个人风格，不仅敢于用富有感情色彩的词汇表达个人爱憎，还善于以坦率简明的对答驾驭记者和采访现场的气氛，涉及机密的问题又滴水不漏，《纽约时报》称其为政府在战争中的“首席发言人”，其自信、有理、有原则的形象，也给曾受恐怖打击后的美国民众带来很大的安慰和鼓舞。

（三）加强整合传播

整合传播是以追求传播效果最大化和劝服功能最大化为目标，巧妙设置现代社会各种媒介资源的传播议程，促进媒介资源传播效力的优势组合，形成信息和意见的系统化、集束性、多层次、快反馈、强互动传播的传播活动。各国政府的危机公关普遍采用这种方式。

整合传播的理论基础是营销学中的整合营销传播理论。它的内涵是，以消费者为核心重组企业行为和市场行为，综合协调地使用各种形式的传播方式，以统一的目标和统一的形象，传递一致的产品信息，实现与消费者的双向沟通，迅速树立产品品牌在消费者心目中的形象和地位，建立产品品牌与消费者长期密切的关系。整合传播，就是将传播主体的信息和意见作为输出产品，而以公众接受行为作为营销目标，在传播者与受众的双向互动中实现传播效益增值的理论模型。整合传播并不是现代各种单媒体的简单迭加，也不是传媒无序的狂轰滥炸，它是着眼于最佳效果的各种传播力量的有效动员和配置。

在危机公关中，有五种力量是传播的主导力量：主体行为，意见领袖，大众传媒，公共组织，社会公众。整合传播中，政府就要最大限度地整合这五种传播力量，同时还要利用其他传播途径和渠道，共同致力于危机公关，实现公关目标。

政府在危机公关的整合传播实践中，要切实遵循整合传播的原则行事，才能最大限度地收取公关实效。一是恪守传播的时效性，抢抓传播展开的先机，占据传播制高点。当危机事件发生时，由于其巨大的不确定性，使各种真真假假的信息、流言、谣言不断产生，导致人心浮动。随着时间的推移，很可能导致“涟漪效应”，产生新的危机。政府应尽可能快地将真相告知公众，廓清谣言，稳定人心。二是确保共时信息的同一性，避免信息混淆。政府组织必须在充分掌握大量信息的基础上，对已经明了的情况及时给出确定不变的信息；对尚未清楚的情况，作出合理的解释说明。信息同一性原则要求政府组织的危机公关决策核心对于一些敏感或棘手的问题，必须及早作出分析判断，形成一致的理解看法，为传播提供足够的资料。三是营造各种传播力量的协同性，实现共时传播效力最大化。协同优势能够产生聚合效应，就是各种媒介资源同时对危机事件信息和意见进行传播，最大限度地扩大现实的受众群，缩小潜在的受众群，让危机事件信息和主流意见在最短时间内覆盖全社会的公众。

（四）建立政府、媒体、公众之间的良好互动关系

政府运用公共关系进行危机传播管理，还要注意与媒体、公众之间的良好互动。我们可以看到，在公共危机中，政府、公众和传播媒体存在一种相互依存的关系。政府依赖媒体将信息通告给公众和引导公众，公众依赖媒体传播的信息来了解紧急情况的各方各面以及相关的所有信息，而媒体则依赖公众的反应来强化自己对解决公共危机的影响，并依赖政府获得自己难以得到的消息来满足公众的需要。2003 年“非典”危机中，从疫情公开到首例病例公开，政府和媒体的积极表现向民众展示的是一个高效、负责任的政府和务实、理性的媒体。大众媒体是政府在危机公关时最为重要的助手。政府部门在进行危机公关时应该把相当大的一部分精力放在与传媒的沟通和协调上。在“非典”事件谣言盛行时，广东的市民几乎每天都要买上几份报纸，关注主流媒体在第一时间发布的消息，这说明民众对于政府和主流传媒是非常信赖的。如果当时政府能及时和传媒沟通，通过传媒引导民众从错误信息中摆脱出来，那么很可能就不会引起后来更大范围的恐慌。除此之外，政府应该想方设法地吸引民众加入到解决危机的行列中来。一般情况下，在危机发生时，政府最担心的是民众情绪狂热，但事实上民众情绪过于冷漠也不

利于危机的解决，因为情绪冷漠的民众很有可能会抗拒政府的行为。吸引民众的参与危机解决，既可以使政府的决策和信息更顺畅的传达下去，使公众能更快的了解到事实真相，稳定社会秩序；而且由于民众的配合与支持，还可以降低政府的危机解决成本，增强民众的凝聚力和对政府的信任度。

（五）积极关注互联网时代的公共危机传播管理面临的机遇与挑战

传媒技术特别是互联网技术的飞速发展，给公共危机传播管理带来了机遇，也带来了挑战。互联网已成为当今民意表达最汹涌的场所，这一点已成为不争的事实。广大网民能够通过新闻跟帖、论坛上贴等方式在网上迅速形成舆论。在近年的危机中，网络传播和传统的人际传播一起成为传播谣言的主渠道之一，有相当多的人，都是通过网络获取信息。在网络的影响下，公众正逐渐改变信息获取的方式，虽然网络的公信力一直受到质疑，但在信息“认知”这个层面，网络的影响力不容忽视，这也使网络成为各种小道消息特别是谣言传播的温床。新的媒介技术传达着新的讯息形态，在新技术背景下，危机的爆发速度将愈来愈快，这也对危机传播管理提出了新的挑战。

同时，互联网还因其独特功能，在危机管理中发挥着越来越重要的作用。台湾学者孙式文曾对台湾“9·21”地震中互联网的功能做过深入研究。他检索了世界近年来灾难事件中互联网的使用。1995 年美国俄克拉荷马市爆炸案，1997 年 4—5 月间的北美洲红河泛滥成灾，1999 年土耳其大地震三则案例显示网络已逐渐在社会灾难事件中负起提供资讯、协调救灾的功能。他分别论述了三种类型的网站在灾难事件中的独特作用：新闻网站利用所依托的新闻媒体在灾区采访记者多的优势，大量发布现场新闻，并在网上提供“伤亡名单”、“亲友协寻”等服务；商业网站利用其灵活运作特点，提供信息搜索等功能；非营利组织的网站则是社会福利机构提供社会服务如心理抚慰、发布消息的重要工具。总之，我们要充分利用互联网的优势，发挥其应对危机事件的积极作用。

【参考文献】

1. 许文惠，张成福．危机状态下的政府管理．北京：中国人民大学出版社，1998.
2. 吴宜蓁．危机传播．台北：台湾五南图书公司，2002.
3. 朱德武．危机管理：面对突发事件的抉择．广州：广东经济出版社，2002.
4. 罗伯特·希斯．危机管理．北京：中信出版社，2001.
5. 诺曼·R. 奥古斯丁．危机管理．北京：中国人民大学出版社，2001.
6. 丹尼斯·麦奎尔．大众传播模式论．上海：上海译文出版社，1987.
7. 程曼丽．公关传播．北京：中国国际广播出版社，1994.
8. 居延安．公共关系学．上海：复旦大学出版社，2001.
9. 胡宁生．中国政府形象战略．北京：中共中央党校出版社，1998.
10. 迈克尔·里杰斯特．危机公关．上海：复旦大学出版社，1995.
11. 郭惠民．当代国际公共关系．上海：复旦大学出版社，1995.
12. 康庆强．公共关系与组织形象塑造．北京：学苑出版社，1996.

13. 秦启文 . 现代公共关系学 . 成都：西南师范大学出版社，1995.
14. 秦启文 . 突发事件的管理与应对 . 北京：新华出版社，2004.
15. 胡爱敏 . 试论社会公共危机管理中政府的角色地位 . 济南行政学院学报，2003（3）.
16. 薛澜，张强，钟开斌 . 防范与重构：从 SARS 事件看转型期中国的危机管理 . 改革，2003（3）.
17. 任兆璋，李鹏 . 论 SARS 事件对危机管理的启示 . 华南理工大学学报：社科版，2003（2）.
18. 沈毅 . 信任危机：非典的社会后果 . 天府新论，2003（4）.
19. 张成福 . 公共危机管理：全面整合的模式与中国的战略选择 . 中国行政管理，2003（7）.
20. 魏雪 . 谈政府危机管理体系的建立决策探索 . 2003（10）.

政府议题管理之媒体关系管理

聂静虹*

【摘　要】加强媒体关系管理，合理运用新闻和信息是政治成功的关键，也是新闻执政的基础。媒体关系的有效管理建立在对媒体运作机制的充分把握与对公众权益的充分尊重之上，体现在日常的行政理念中，体现在行政行为机制的建立中。它既不是简单地靠行政指令来控制本地媒体，靠设置种种障碍以抵制外来媒体的监督而完成；也不是凭借简单的言说技巧以屏蔽公众与媒体的视线。对媒体的有效管理是在尊重新闻工作规律的基础上，适当地利用传播技巧完成的。

【关键词】议题管理　媒体关系　议题设置

加强议题管理，是现今政府因应执政环境变化，强化自身执政能力，塑造效能、责任、回应、服务形象的必然选择。现代传播技术日新月异的飞速发展展现了大众媒体无限的魔力，它在设置议题、影响公众舆论、塑造形象方面所发挥的作用足以令每个政府侧目。在民主社会里，有效运用新闻来提高政府部门的执政形象、执政公信和执政的合法性已是大势所趋。它是决定政府成功的关键所在。这是新闻执政出现的话语背景。

加强媒体关系管理，合理运用新闻和信息是政治成功的关键，也是新闻执政的基础。鉴于媒体在现实政治生活中的强大影响力，关注媒体关系管理就成为题中应有之义了。

一、媒体关系管理的必要性

加强对媒体关系的管理，既是由媒体作为公关客体呈现出来的特点决定的，也跟目前政府行政的新传播环境有关。

（一）媒介公众的两重性特点决定了它在政府公关中的重要地位

在政府公共关系中，媒介公众是各类公关对象中最敏感、最重要的一部分。这是由其两重性的特点决定的：一方面新闻媒介是组织与广大公众沟通的重要中介；另一方面新闻界人士又是需要特别争取的公众对象。媒介与公众对象的合一，决定了新闻媒介关

* 聂静虹，中山大学政治与公共事务管理学院公共传播学系副教授。

系是一种传播性质最强、公共关系操作意义最大的关系。[①] 与新闻媒体良好关系的构建，既是有效运用大众传播手段的前提，也是形成良好社会舆论、增强政府合法性及塑造良好形象的基础。

众所周知，媒体有建构现实的重要功用。传播技术学派的领军人物麦克卢汉曾以一句人们耳熟能详的“媒介即人体的延伸”流芳于世，是因为他精辟地指出了媒体之于现实的关联度。由于个体感知信息的局限性，媒介将那些我们“不可触、不可见、不可闻”的事件以特定的方式呈现在我们面前。但这种呈现是一种有选择的呈现，是新闻流通中各种“把关人”合力选择的一个结果。他们将那些自认为是重要的、有趣的、值得人们关注的社会事件挑出来重新连缀，构造出了我们所理解的这个世界。我们就在媒体为我们构建的新现实环境里边繁衍生息，解读社会，阐释意义。这就是李普曼为我们描述的“拟态环境”。这位美国著名的新闻工作者早在20世纪20年代就认识到媒介提供给我们的信息环境并非是显示环境的“镜子”式的再现，而是传播媒介通过对象征性事件或信息进行选择和加工、重新加以结构化以后向人们提示的环境。他同时指出：“我们必须特别注意到一个共同的因素，这就是在人与他的环境之间插入了一个拟态环境，他的行为是对拟态环境的反应。但是，正因为这种反应是实际的行为，所以它的结果并不作用于刺激引发了行为的拟态环境，而是作用于行为实际发生的现实环境。”[②] 换而言之，我们对于周围世界的感知、评判以及我们之后所采取的行为本身，都是与媒体的报道息息相关的。

既然舆论可因媒体的报道而生，那具体从事新闻采写的新闻工作者的态度及价值取向必是不可忽视的了。因为，“纯客观的新闻报道始终只存在一个理想的层面”。

（二）媒体关系管理的重要性也跟政府所处的新的传播环境有关

诚然，媒体在形成舆论、引导舆论的过程中所扮演的重要角色不容我们忽视。但在新形势下，我们探讨此问题更有其紧迫性。在政府行政的传播环境发生改变的情况下，假使我们固守着以往的传播观念、传播模式，势必导致一系列的问题。

首先，社会越来越开放，信息越来越透明，使得对信息的屏蔽越来越难。当今社会是一个民主化程度不断加深、利益分化不断加剧的社会。在这个社会里，公民的主体意识与权利意识越来越强。而同时，国外媒体在我国的相继落地，传播科技的不断向前推进，都为公民提供了接收信息的更多选择。如果说政府对传统媒体的控制尚能通过行政手段有效进行的话，那么对于国外媒体、新兴媒体如互联网、手机短信之类的信息传播恐怕就难以奏效了。新闻的“出口转内销”、危机出现时刻的谣言漫天飞无一不是有力的例证。

---

① 王乐夫．公共关系学概论．高等教育出版社，1997：102.

② Lippmann，Walter. *Public Opinion*. Macmillsn，New York，1956：15．转引自郭庆光著．传播学教程．中国人民大学出版社，1999.

其次，来自传统媒体新变化的挑战。随着传媒生态环境的变化，我国的传统媒体也在悄然而变，以在新的传媒格局中赢得一席之地。目前，“作为精神产品的生产者，新闻媒介既属于上层建筑范畴，又属信息产业”[①]，这双重属性的界定体现在我国新闻事业中即为“事业性质、企业管理”。事业性质决定了传媒要坚持党性原则，而企业管理又将媒体推到了市场竞争的风口浪尖。面对国外媒体对中国市场的“虎视眈眈”，新兴传播媒体的强劲发展势头，均在无形中加大了传媒生存的压力。如何在激烈竞争的传媒市场中分得一杯羹，赚取丰厚的利润就成为他们首要思考的问题。于是，市场导向下的媒体出现了一道道新的景观：为了吸引公众的眼球注意力，“星、性、腥”充斥荧屏，也成为各大报纸版面争相报道的内容，媒体娱乐化现象有增无减。即便是向以严肃、公正、客观著称的新闻节目，鲍德里亚也认为“透过大众传媒，各类新闻中的伪善煽情都用种种灾难符号（死亡、凶杀、强暴 、革命）作为反衬来颂扬日常生活的宁静。而符号的这种冗长煽情随处可见：对青春和耄耋的称颂，为贵族婚礼而激动不已的头版头条，对身体和性进行歌颂的大众传媒——无论何处，人们都参与了对某些结构的历史性分解活动，即在消费符号下以某种方式同时庆祝着真实自我之消失和漫画般自我之复活。”[②] 如果说媒体娱乐化媚俗化开启了在传播链条中特别关注受众从而将原本只是被动接受信息的对象提升为独立自主按自己喜好来选择媒体的先河的话，那出现在人们视野之中的民生新闻无疑又往前迈进了一步。以民本思想为基点，以平民视角关注和表现普通百姓的生命、生存、生活等内容的民生新闻虽与之前的新闻形态描述的是一样的世界，“但其不一样的观点和解释的方式，使它的价值取向有所不同”[③]。这不一样的视角与价值表现使我们听到了区别于官方的来自草根阶层的声音。虽然，也有学者尖锐地指出民生新闻的出现只是政府与媒体的一种合谋，但这不同声音的出现毕竟在一定程度上实现了百姓的话语权。不同的声音加之个体化媒介的传播，有别于政府传播意愿的信息便会在社会中广泛流通。面对如此的情形，如果政府还是一味高高在上，简单进行信息屏蔽来控制信息流通，可能就会流于形式。虽然还有报道壁垒，但走向市场、回归民本的媒体会进行有效变通，“跨地域监督”就是一个典型的例子。而且，对于新媒介互联网，政府如果不进行主动传播，就会为谣言的传播提供市场，导致社会不和谐事件的发生。近期发生在四川的16岁少女死亡就是例证。[④]

二、政府媒介关系管理现状

进行媒介关系管理，是现代政府有效运用媒介了解舆情、引导舆论增强其执政能力

---

① 李良荣．新闻学导论．高等教育出版社，2000：29.

② 让·鲍德里亚．消费社会．南京大学出版社，2001：100.

③ 陈青等．我们理解的民生新闻．中国广播电视学刊，2005（1）.

④ 四川大竹“1·17事件”的政府教训——“轮奸致死”传言点燃不满情绪．南方都市报，2007-02-04，A16.

的一个重要前提。但在现实生活中，政府尤其是地方政府的媒介关系管理状况实不容乐观。这点我们可从地方政府对待媒体舆论监督的态度中得到注解。

综观政府之于媒体开展舆论监督的态度，我们可将其分为两大类别。

（一）积极支持：此以吕日周执政时的山西长治市为代表

2001年3月31日，吕日周曾经在《长治日报》发表自己的“批示”，点名批评分管教育的副市长秦来英，被称为长治舆论监督史上的一道分水岭，全市哗然——因为在此之前，当地新闻媒体的舆论监督不监督在职主要官员。在吕日周的领导下，长治市委牢牢抓住市委机关报《长治日报》，紧密配合市委的中心工作，大力开展新闻舆论监督，对失职、渎职和违法、违纪的官员开展尖锐的批评，进行有效的监督，为长治市的建设和发展扫清了障碍，取得了十分成功的经验。

据报道，从2000年吕日周担任长治市委书记起，《长治日报》先后发表了600多篇批评文章，涉及上至副市长在内的本地各级领导干部800多人。新闻舆论监督的范围之广，力度之大，从这些数字可见一斑。传媒成了治市的利器，成了治市的功臣。长治的经验为人们所称道，也为人们所羡慕。

（二）阻挠或变相阻挠：这是政府对待媒体舆论监督的更为常态的一种表现

每年发生在全国各地的新闻记者采访被打事件层出不穷，去年发生的广州8记者采访遭十余治安员围殴就是其中一例。[①] 而于2006年12月7日刑满释放的反腐斗士高勤荣因说真话所付出的高昂代价更是一有力例证。如果说野蛮对抗记者采访是之前政府常采用的手法的话，那么时间进入2006年后，在共建和谐社会的主题之下，随着民主法制观念的进一步深入人心，地方政府对待媒体的态度也有所改变。先是安徽省的人事机关弄出了一个新闻从业人员评职称的规定，要求申报高级职称的人必须在“中央主要新闻媒体刊播正面宣传报道安徽的稿件”若干篇；继而安徽枞阳县又推出了一份“若干意见”，规定将对新闻媒体的采访实行“首问责任制”，但凡有新闻媒体采访，被采访单位首先接触记者的人为首问负责人，必须热情接待，并负责联系有关人员，及时向单位主要负责人报告，“全程陪同采访”，严禁有意回避或拒见记者，不得推诿和敷衍。接踵而来的是湖南郴州市《关于进一步支持新闻媒体工作的意见》，设立“舆论监督奖”“专门奖励主动把舆论监督线索交给郴州调查处理或通过舆论监督对郴州工作产生了重大推动作用的中央、省级媒体记者”。换句话说，如果中央、省级媒体记者将手中的“舆论监督线索”交给了郴州自行处理而不是通过媒体公之于众，或者通过舆论监督对郴州工作产生了“重大推动作用”而不是“重大的负面影响”，方可赢得此奖。从安徽人事厅的职称评定要求，到枞阳县的“全程陪同采访”，再到湖南郴州的“舆论监督奖”的设置，彰显了政府之于媒体重要性的深化认识，但另一面呈现出来的是政府对媒体的种种误读。

---

① 南方都市报，2006-09-26，A05版.

三、媒介关系管理的加强

加强媒体关系管理，在传播技术的发展日新月异、公众知情权意识不断高涨的情境下，势必要更新观念，在行为表现中尊重新闻规律、切实重塑与媒体的新型关系才可。

（一）更新观念，重塑形象

计划经济时代，人们习惯了将传媒看成是党和政府的传声筒，重宣传而非信息。但如今的政府行政环境面临着来自多个方面的挑战，如此的情势之下，我们必须要更新观念：一方面，我们要意识到，在传播技术不断发展、整个世界变成“地球村”的情况下，想要垄断新闻资源、隐瞒新闻事件的做法只能是枉然。“当真理还在穿鞋的时候，谣言已走到千里之外。”[①] 对百姓关注的事件，政府的主流媒体的“失语”只能为谣言提供传播的空间。而新媒体的不断涌现更会为谣言的传播插上翅膀。因此，现代政府要十分明确：新闻传播中最可怕的不是记者抢发新闻，而是记者抢发的不是出自政府发布的新闻。在第一时间及时告知公众消息而非想方设法隐瞒信息，这是至关重要的。另一方面，要对处在新竞争环境下的媒体有更深刻的认识。由于信息全球化的程度越来越高，处在激烈竞争中的媒体生存压力越来越大，此时的媒体不得不越来越多地考虑或迎合公众的需求与喜好，在此过程中，媒体价值的天平开始不断向公众那方倾斜（异地监督、民生新闻的出现即是例证）。此时，更强有力的媒体管理可能不是靠简单的行政指令，而是需要更高超的传播技巧与沟通艺术来完成。因此，面对媒体，政府要做的是，在第一时间发言，而且是有艺术的发言，发言的内容不只是政府要宣传的，而是公众想知道的信息。

（二）实践中，政府要切实尊重媒体，善待媒体

尊重媒体，善待媒体是政府媒体关系管理的核心内容。尊重新闻规律是尊重媒体、善待媒体的关键，这就要求政府应充分满足媒体人的采访权、编辑权、人身安全保护权等各项权利，不设屏障（涉及国家安全或有违法行为的除外）、不人为制造麻烦，主动配合记者对事实真相的探询。在这个过程中，政府对媒体的管理主要通过设置议题、涵化议题来完成。

（1）设置议题。所谓设置议题，就是政府从自身的立场出发，根据国家、公众以及政治运作的需要，设定议程，以此影响媒体报道，最后将其设定为公众的议程。[②]“在许多场合，报刊在告诉人们应该‘怎样想’时并不成功，但是在告诉读者‘想什么’方面，却是惊人地成功的。”[③] 媒体对大众所产生的影响来自于其议程设置机制功能的发挥，如果政府能以主动的新闻发布的姿态，成功地将政府议题转化为媒体议题与

---

① 刘建明．新闻发布概论．清华大学出版社，2006：204.

② 引自刘建明．新闻发布概论．清华大学出版社，2006：227.

③ Cohen，Bernard. *The Press and Foreign Policy*. Princeton University Press，1963：13.

公众议题的话，它所释放出来的增大政府的合法性基础，提升责任、回应、民主良好政府形象的威力是无穷的。有效的媒体传播在很大程度上取决于政府能否成功地将自己所设定的议题成功地转化为媒体议程与公众议程，这是媒体关系管理的重点和难点，也是西方政府常用的影响媒体的一招。“你不能让媒体来设定议程……媒体喜欢决定哪些是重要的，哪些是不重要的。如果你任由他们这么做，那你的总统宝座就被毁了。”美国副总统切尼曾如是说。

（2）涵化议题。所谓涵化议题，就是政府在发布信息的时候，秘而不宣地通过一定的方式将自身的立场、观念传递给新闻媒体，以起到框架事实、定义事件的作用。在公共危机中，涵化手段还表现为把握好新闻信息的密度、政府声音的强度、对难点关注的热度，随着危机发展的不同阶段进行动态调节。由此，政府的引导舆论就有效地完成了。

总之，政府的新闻发布不仅描述新闻事件的发生，还可透过对新闻事件的诠释与评论，与记者共同成为事件的塑形者。如果在事件发生的第一时间就出来“说话”，政府就可充分地占有说话的主动权，不但可决定“说什么”或“说多少”，更能决定“怎么说”，拥有切实的信息解释权。

（三）在媒体关系的管理中，要切忌作“秀”

在大众传播时代，“秀”已然成为一种文化。它不仅出现在我们的社会娱乐生活中，更出现在严肃的行政文化中。从成都龙池镇政府和龙池景区为猴子们制定的著名的“礼貌山猴行为准则”到江苏某地用“超女”PK的方式来评招商办副主任，从四川省政府出台的男领导不许配女秘书到重庆某地法院制定的法官夫人做丈夫的廉洁机监督员等，不一而足。这些“秀”场的背后，可能蕴涵有多重意味，但“上媒体”、被媒体报道的政绩观无疑是一大诱因。“成也媒体，败也媒体”，一度流行在娱乐圈的媒体观被用到政治领域后，这种为在媒体上露面而出现的行政娱乐化现象就可理解了。策划新闻一旦成为地方政府部门的常规，行政的严肃性与权威性在无形中就被消解了。“秀”给媒体看的媒体关系倾向是新行政环境下的另一畸态。围绕“新闻性”来制定政策，固然容易赚取媒体的注意力，但良好政府形象的树立并非有了频频的媒体曝光率即可完成。须知，在信息传受的整个链条里，媒体能够为公众决定的只是“想什么”，对新闻事件的阐释则更多取决于公众的主观性解读，与其经验范畴有关。就此而言，意识到媒体的重要性、重视媒体传播的政府首先要做的可能是保证自己所做决策的相对科学性与民主性，看似无伤大雅的政府“秀”场带来的效应决非民间或个人的做“秀”那么简单。

总之，现代传播技术的飞速发展与密集化形态的构成，将我们带进了一个崭新的传媒政治时代。在新的传媒政治时代里，政府行为过程的广延性大为拓展，媒体形象的空间效应尤为突出。在公共生活的各个方面，“媒体逻辑”无所不在。传媒政治时代给主导公共生活的各级政府提出的一项新课题是，政府不仅要有过硬的品质和领导力，更要有出色的驾驭新闻的能力，这就需要其具备良好的传媒素养与传媒表现。

论公共危机中的信息传播“失衡”现象

——关于“公共危机”研究的一种传播学视角

连水兴*

【摘　要】近年来，由于“公共危机”的频频出现，“公共危机”的研究成为政治学、社会学、管理学等领域的重要课题。本文试图从传播学的角度入手，探讨“公共危机”中信息传播“失衡”的现象。文章探讨了信息传播“失衡”的几种模式，产生的原因，以及解决信息传播失衡的对策。

【关键词】公共危机　信息传播　失衡　传播学

关于“公共危机”，许多学者从不同方面下了各种定义，一般认为，“公共危机”是指发生比较突然，并可能造成或者造成重大人员伤亡、财产损失、生态环境破坏等危及社会公共安全的紧急事件。在这篇文章中，我们关注的不是公共危机如何产生和管理的问题，而是公共危机发生后，当事件本身成为一个传播学意义上的“信源”时，信息将如何传播，以及将对危机本身产生什么样影响的问题。

一、公共危机研究的传播学视角

从传播的角度介入公共危机的研究，并不是一个令人陌生的视角，已经有不少中外学者尝试着从传播的角度介入公共危机的研究。比如，英国学者迈克尔·里杰斯特就指出：“只有进行有效的传播管理，才能进行有效的危机管理。”① 美国学者费姆·邦茨将危机传播定义为“在危机事件发生之前、之中以及之后，介于组织和其公众之间的传播”②。中国学者廖为建等则更为直接地指出：“在深具传播学知识背景的学者看来，危机传播（或危机管理）不过是人类传播过程中的一种特殊形式，因此对其理解和研究均可运用传播学研究方法，重点研究危机传播过程中的传播效果、媒介、受众等变量。”③ 这种观点肯定了直接从传播学的角度介入公共危机研究的可能性。当然，目前

---

* 连水兴，武汉大学新闻与传播学院博士生，兼任《东南传播》杂志主编助理。

① （英）迈克尔·里杰斯特．危机公关．陈向阳，陈宁译．复旦大学出版社，1995：30.

② 转见廖为建、李莉．美国现代危机传播研究及其借鉴意义．广州大学学报：社会科学版，2004（8）.

③ 廖为建、李莉．美国现代危机传播研究及其借鉴意义．广州大学学报：社会科学版，2004（8）.

大多数学者关注的是危机事件本身的管理问题，而不是把公共危机本身作为一个“传播事件”，从“信息”传播这一层面进行研究。

西方危机研究专家罗森塔尔认为：危机就是对一个社会系统的基本价值和行为准则架构产生严重威胁，并且在时间压力和不确定性极高的情况下，必须对其做出关键决策的事件。[①] 在这里，我们所关注的不是如何对危机进行管理的问题，而是罗森塔尔研究“危机”时所采用的视角：以整个“社会系统”为参照系进行“危机”研究。这无疑给了我们这样一个启示：有必要采用一种整体的、系统的眼光介入这个问题的研究。在社会学领域，结构功能理论把社会设想成为一个有机体，它的各个部分（政治、经济、文化）组成互相依存的体系，其中每一部分都为该体系的平衡作出贡献。而公共危机的出现，意味着在社会结构体系中出现了某种冲突和矛盾，影响到整个社会体系的平衡状态。当我们把研究的视角从社会学转到传播学时，同样可以这样设想，整个社会存在着一个多重结构的信息传播系统。在正常情况下，这个系统相对稳定和平衡，而公共危机的出现，意味着在这个信息传播系统内部出现了不和谐的“信源”，并将对整个信息传播系统形成某种冲击和干扰，从而导致信息传播的失衡。

就传播学理论而言，早在20世纪中期，美国著名的传播学学者赖利夫妇就提出了一个影响深远的传播系统模式，他们认为，任何一种传播过程都表现为一定的系统的活动，而多重结构是社会传播系统的本质特点：①从事传播的双方即传播者和受传者都可以被看做是一个个体系统，这些个体系统各有自己的内在活动，即人内传播；②个体系统与其他个体系统相互连接，形成人际传播；③个体系统不是孤立的，而是分属于不同的群体系统，形成群体传播；④群体系统的运行又是在更大的社会结构和总体社会系统中进行的，与社会的政治、经济、文化、意识形态的大环境保持着相互作用的关系。以报刊、广播、电视为代表的大众传播，也是现代社会各种传播系统中的一种。从这个模式中我们可以看到，社会传播系统的各种类型，不管是微观的、中观的还是宏观的系统，每个系统既具有相对的独立性，又与其他系统处于普遍联系和相互作用之中。每一种传播活动，每一个传播过程，除了受到其内部机制的制约之外，还受到外部环境和条件的广泛影响。这种结构的多重性和联系的广泛性体现了社会传播是一个复杂而有机的综合系统。[②]

在正常情况下，社会各种传播系统处于一种相对平衡的状态：人内传播处于一种隐形的状态，主要是社会个体的思想、意识、情绪以及思维方式等方面的波动；人际传播和群体传播则是一种民间意义上的信息传播方式，指信息在民众个体或者团体之间的流动，尽管这两种传播模式在人们的日常生活中占据着相当重要的方式，但影响范围和效果相对有限，如果没有特殊情况，很难成为整个社会的主流思想；而大众传播一般借助

---

① 参见中国现代国际关系研究所危机管理与对策研究中心．国际危机管理概论．时事出版社，2003.

② 参见郭庆光．传播学教程．中国人民大学出版社，1999：65.

于现代传媒技术，在某种权力组织控制下运行，是现代社会中最直接、最强大的传播系统。信息在这几种不同的传播系统中有着相对的独立性和稳定性，并通过某些方式和渠道进行沟通和交流，这样整个社会传播系统处于一种相对平衡的状态。然而，公共危机的发生，在破坏整个社会的结构功能的同时，也往往导致了各种信息传播系统的紊乱。

在这里，我们可以把公共危机事件构成的“信源”称为“信息风暴”。由于这种“信息风暴”具有超常的能量和破坏力，因而试图对其进行压制或者规避是很难的，但是，如何对这种“信息风暴”进行有效的预测、跟踪、防范乃至于疏导，则对公共危机事件本身有着重要的意义。

二、公共危机中信息传播失衡的几种模式

在人类历史上，社会公共危机的出现是难于计数的，而且危机的形态和方式也各有不同，这必然导致公共危机中信息传播模式存在着巨大的差异。尽管如此，如果我们对国内外发生的公共危机事件进行考察，还是可以发现，在公共危机中，信息传播的失衡主要有以下几种模式。

一是在公共危机中，大众传播系统过度“喧哗”，生产出超强的“信息流”，在整个信息传播系统中处于垄断地位，淹没了其他信息传播系统的声音，从而导致信息传播的失衡。

在很多情况下，大众传播媒介的过分渲染或者误导，很容易造成公共危机的扩大化。传播学学者崔保国指出：“传播媒介和传播者的权力和意志是那么强大，个人的声音和力量相对说来是如此微弱，无法与之比拟，更难以与之抗衡。”① 这在某种程度上揭示了不同信息传播系统之间能量和影响力的差异。1938 年，奥森·威尔斯的广播剧《火星人入侵地球》给美国人带来的极度恐慌。危机发生后的第二天，这个节目成了报纸的头版新闻，各大报纸充满了如下标题：电台制造战争，惊动全国；电台宣布“火星人进攻地球”；全国大恐慌，有如狂潮突起。据普林斯顿大学事后调查，整个国家约有 170 万人相信这个节目是新闻广播，约有 120 万人产生了严重恐慌，要马上逃难。很显然，在这次公共危机中，当时处于强势地位的大众传媒——广播，在信息传播中占据了绝对主导的地位，虚假信息的“泛滥”掩盖了其他的信息传播系统的声音。应该说这是一次比较典型的大众传播系统过度“喧哗”引起的社会公共危机。就近的事件而言，2005 年在中国闹得沸沸扬扬的“高露洁”牙膏致癌事件，一件本来子虚乌有的事情，经过大众传媒的误读和渲染，演变成一次影响巨大的商业公共危机。而处于危机中心的主角往往一时百口莫辩，他们与大众传媒之间同样形成了难于跨越的信息传播失衡现象，从而导致了商业公共危机的进一步扩散。

二是大众传播系统在某种外力的干预下出现集体“沉默”或者“失语”现象，与

① 崔保国．媒介变革与社会发展．南京师范大学出版社，1999：130.

此同时，人际传播系统、群体传播系统的信息传播功能突然“爆发”，导致了信息在不同的传播系统中的失衡。

在这里，我们可以以“非典”危机作为案例进行考察。“非典型性肺炎”出现于2002年11月，2003年1月在广东省部分地区悄悄流行，2月份情况已经相当严重，截至2月11日，广东已有305例“非典”病例。但是广东媒体保持沉默。直到2月中旬，才有广东媒体做了简略的报道。北京的媒体和中央级大报甚至连最简单的消息都没有。《中国青年报》整个3月份没有报道；《人民日报》在4月3日才有首条有关“非典”的消息；央视4月1日前没有报道。直到4月20日，北京市市长孟学农和卫生部部长张文康被免职，“非典”报道才完全放开。① 与大众传播系统的集体沉默相比，人际传播和群体传播系统则发挥了十分积极主动的功能。2003年2月8日，“广州发生致命流感”就是以手机短信和口头传播形式迅速传播开来。人们通过人际传播和手机短信的方式传递该消息，使得该信息短短2天内在广州不胫而走，引起恐慌，波及邻近省份。据广州社情民意调查中心数据，2月10日前，8成市民从手机短信获得关于“非典”的信息。据广东移动短信流量数据统计的短信发送量：2月8日，4000万条；9日，4100万条；10日达到4500万条。② 类似的信息传播失衡，在中国近年来几次社会公共危机中都可以看到，比如“艾滋病村”事件、哈尔滨“停水”事件等等。

三是空间意义上的信息传播失衡。对于同一公共危机事件，不同地域、不同国家的传播系统可能在不同层面、程度和立场上进行信息传播，从而造成信息传播的不平衡现象。

传播学的集大成者施拉姆指出：信息不仅在国家间流动失衡，在国家内的流动也很不平衡。③ 特别是在公共危机发生时，信息在不同地域传播的失衡表现得更为突出。“非典”期间，在国内主要媒体集体沉默的时候，外国新闻媒体却进行了大量的报道，从而造成了国内外信息传播的极度不平衡。国情专家胡鞍钢曾对对西方四大主流媒体《华盛顿邮报》、《纽约日报》、CNN、BBC关于中国“非典”疫情的报道作了初步统计。其数据显示，在2003年3月31日至4月12日的202条新闻报道中，负面报道132条，占总报道数的65%；其中公开对中国政府和政治体制进行指责的恶意报道46条，占总数的23%；而正确报道只有1条。从而对中国政府的公信力和国际形象造成了严重的负面影响，其破坏性不亚于一场“软战争”。④ 而在同一个国家内部，由于各地区之间信息传播“失衡”引起的公共危机及其扩散也不少见。

---

① 夏倩芳、叶晓华．从失语到喧哗：2003年2月~5月国内媒体“SARS危机”报道跟踪．新闻与传播研究，2003（3）．

② 杜骏飞．流言止于传媒的公信．新闻记，2003（3）．

③ 参见 Schramm, W.（1964）. *Mass Media and National Development*. The Stanford University Press & UNESCO.

④ 胡鞍钢、胡琳琳．对SARS事件的初步评估和应对之策．原载新华网2003年5月8日，学术交流网（www. annian. net）2003年5月10日转发．

四是时间意义上的信息传播失衡。在理论上，一般认为公共危机发生的过程包括以下几个阶段：危机前，危机中，危机后。在危机传播的不同阶段，信息传播的强度和信息量的大小可能存在着严重的不平衡。

比如在“非典”发生初期，主流媒体的报道掩盖了疫情严重的真实情况，虽然暂时缓解了民众的恐慌，却导致警觉放松，也是造成后来疫情向其他地区迅速扩散的原因。但在4月20日后，“非典”报道突然之间铺天盖地而来，呈现出“失控”的状态，引起公众的高度恐慌。这就是严重的时间意义上的信息传播失衡现象。

此外，不容忽视的是信息在不同的社会阶层、群体之间传播的失衡现象。显然，同样面对某种公共危机时，处于社会中上层的群体，比如政府官员、商界名流、高级知识分子等，更容易得到有关危机的各种信息；处于社会底层的大多数人，比如农民、普通工人等，则处于一种严重的信息“不对称”状态中。这种社会阶层、群体之间的信息传播失衡现象，也很容易导致危机的进一步加深或者产生新的社会危机。

中国学者王德海在研究中指出：“由于一些政治结构的原因，使得人们接触大众传媒的机会不平等，特别是那些生活在发展中国家的边远地区的人们。这样便造成了农村中的贫困阶层由于得不到应有的机会而越来越穷，而那些较富裕的人由于有大众媒体的帮助使他们如虎添翼，这样使贫富差别越来越大。”① 因此，段京肃认为，“不仅是在农村，在社会的其他地区中，因信息的占有不同而造成的贫富差别也是存在的”，“其负面的影响是全社会性的，是许多国家和地区社会动荡的重要原因”。② 由此可见，空间意义上的信息传播失衡，也很容易引起公共危机的进一步扩散。

以上我们总结了公共危机中信息传播失衡的几种模式，当然，这并不是说所有的公共危机中信息传播都遵循这几种模式，因为整个社会的信息传播系统是一个庞大而复杂的体系，而且信息本身也是瞬息万变的。即使在同一场社会公共危机中，这几种导致信息传播失衡的模式也可能同时出现，使整个信息场域变得更为纷繁复杂。但是，我们的总结无疑有利于人们更清晰地认识公共危机中信息传播的方式及其影响。

三、公共危机中信息传播失衡的原因、后果及对策

在公共危机中，信息传播失衡的原因是多方面的，在这里，我们将以传播学理论为基础，从传播主体、传播过程、传播制度、传播受众等几个方面进行考察。从某种意义上说，在传播过程中，信息传播失衡的这几个因素，不仅仅是其原因，同时也是进一步扩大危机的影响因素。

第一是公共危机中信息传播主体的错位。在信息传播的过程中，传播效果的形成必然受到多种因素和条件的影响和制约，但在这一过程中起主导作用的无疑是作为传播主

---

① 王德海主编．发展传播学．中国农业科学技术出版社，2003：290.

② 段京肃．社会发展中的阶层分化与媒介的控制权和使用权．中国新闻研究中心.

体的传播者。传播者不仅掌握着传播工具和手段，而且在很大程度上决定着信息内容的取舍。因此，在公共危机中，什么样的个体或者组织掌控着信息传播的主导权，将对公共危机的发展趋向产生重要的影响。一般而言，面对关系到国计民生的公共危机问题，以政府为主要代表的权力组织应该在信息传播过程中起主导作用，充当传播主体的角色。但是，在我国发生的一系列公共危机中，政府组织及其控制下的大众传播媒介却往往处于缺席的状态。这就意味着国家权力组织主动放弃了对信息源的掌控和发布，同时也放弃了自身本来应该担当的责任和义务。而处于民间的某些个体和群体，或者境外的某些媒体，则有意无意地担当起信息传播主体的角色。信息传播主体的错位，可能导致这样的后果：一是信息内容的失真，留言四起，导致广大民众无所适从；二是权力组织的责任感、权威性和可信度受到民众的质疑。这必然导致信息传播失衡的加剧。

传播学学者程曼丽指出："危机状态下的政府传播，是一种特殊的信息传播，传播主体——政府的权力和职责是法律赋予的，包括大众传媒在内的其他任何传播主体都不享有这个权力，而只能在政府权威信息框架内进行辅助式的传播。"① 因此，在公共危机中，政府积极主动地承担起信息传播的主体作用，不仅能够有效减小或者避免信息传播的失衡，而且能够树立起一个有责任感、有威信的政府形象。

第二是公共危机中信息传播过程的失控。研究危机的先驱 C. F. 赫尔曼曾经对"危机"下过一个经典的定义："危机是威胁到决策集团优先目标的一种形势，在这种形势中，决策集团作出反应的时间非常有限，且形势常常向令决策集团惊奇的方向发展。"② 由此可见，即使政府确立了在公共危机中的信息传播主体地位，如果不能对信息传播过程进行有效的控制，仍然难以解决信息传播失衡的问题。比如在松花江被污染时，吉林省政府和哈尔滨市政府采取了种种措施试图缓解和控制危机的传播，然而由于采取了瞒报和谎报等不恰当的方式，导致了危机中信息传播进一步失控。政府公告一发出，各种怀疑、猜疑和谣言就不断提出怀疑，如："零下 10 度，寒冷的冬天维修管道，根本没有可操作性"；"现在正是供暖期，维修 4 天，让百姓生活在冰窖里，稍有理性的人也不会这样做，除非发生重大事件"；"管道维修从来都是一段一块进行的，全市停水，而且是 4 天，损失有多大，难以估量，这不符合常规"；等等。网上流传的关于停水原因的说法有两种：饮用水网中被投入了可以导致 2 亿人死亡的剧毒氰化钾及氰化金钾；吉林的水源头被有毒的苯污染。与此同时，地震的谣言也疯传开来，出现市民储藏食物、夜间不敢睡觉、搬家躲避的现象。③ 显而易见，在这场危机中，作为权力组织的政府已经在很大程度上失去了对信息传播过程的有效控制，而公共危机也因此进一步扩散。因此，在公共危机中，政府组织必须以一种对公众负责的态度，迅速、公开、透明

---

① 程曼丽．论"非典"时期的政府传播．北京大学文科通讯，总第十一期，转见新华网．

② 喻国明．变革传媒：解析中国传媒转型问题．华夏出版社，2005：235．

③ 参见陈力丹、陈俊妮．松花江水污染事件中信息流障碍分析．新闻界，2005（6）．

地向公众传播真实的信息，才能获得公众的信任，从而实现对信息传播的有效控制。

第三是公共危机中信息传播制度的缺失。与欧美许多国家相比，我国还没有制定出积极有效的危机传播制度，这也是我国在面对公共危机时往往反应迟钝、措施不力的原因。以公共卫生事件的信息监测和控制为例，我国尚未形成反应灵敏、运转协调、信息完备的完整体系。“非典”危机爆发后，卫生部门没有及时对全国的疫情制定统一的收集、汇总、报告制度；个别地方在信息统计、监测报告追踪调查等方面机制不健全，疫情统计存在疏漏、不准确、不全面；有一些卫生机构信息化建设落后，上报疫情和临床诊断数据都是记录在纸面上，全部手工操作，极易造成数据的不准确或延误信息的报告。当然，公共卫生事件方面的信息制度缺失，可以说只是我国当前危机信息传播制度不健全的一个缩影，在政治、经济、文化等方面也存在着类似的缺失。

欧美的许多国家在经历了种种社会公共危机之后，大都建立了比较完善的信息传播制度。以美国为例，美国的危机信息网络系统由国土安全控制中心和联合地区信息交换系统构成，将各个部门和地区整合起来，该信息网络支持安全邮件、地图、语音、图片和互动工具。在此基础上，各相关地区和部门提供实时部分类基础信息的传递，并对各种危机信息进行加工分类，提交基于各时间段、空间地区和主题的报告和预警，对于各种危险信号进行数据结构划分，并提交高水平的分析报告。这种危机信息的整合加工机制大大提高了对于危机决策的预防保护能力，也增强了对于危机发生后的反应和恢复能力。① 与之相比，不管是在技术层面上，还是在经验层面上，与西方国家完整、严密的信息管理系统相比而言，我国在危机传播的信息管理上还存在着很大的差距，这更说明了我国制定危机信息传播制度的必要性。

第四，处于公共危机中的受众很容易出现“中弹即倒”的现象，进一步导致信息传播的失衡。所谓“中弹即倒”，是指传播媒介具有不可抵抗的强大力量，它们所传递的信息在受众身上就像子弹击中躯体一样，可以引起直接速效的反应。它们能够左右人们的态度和意见，甚至直接支配他们的行动。尽管这种传播观点一直遭到反驳和诟病，但公共危机中，我们却常常看到这种“中弹即倒”的受众。因为在危机中，公众处于一种更为紧张、惊恐、压抑、茫然的社会氛围中，很容易丧失了理性判断的能力，迷失在失控的信息“旋涡”中。不管是对于处于主流地位的大众传播系统，还是处于民间的人际传播、群体传播的信息，也不管是对本国、本地区的传播媒介，还是外国或者其他地区的传播媒介的信息，他们都处于一种无所适从的状态中。在这种无序的状态下，信息传播失衡的状况也必将进一步加剧。

在传播学领域里，信息传播的对象又被称为“受众”，关于受众对信息的接受，有着不同的理解和认识。一般认为，传播媒介对受众的行为和观念可能产生直接的影响，同时，受众自身又有识别和判断的能力。因此，如果对受众进行必要的培训和教育，就

---

① 参见贺剑．充分发挥信息传播在危机管理中作用的研究．大连理工大学硕士学位论文．

能够提高他们对信息的辨别能力，减少流言飞语的产生和传播，避免在信息传播中出现"中弹即倒"的现象。

四、结语

以上我们从传播学的角度研究了公共危机中的信息传播失衡现象，对信息传播失衡的模式及其原因、结果、对策等做了初步的研究。总体来看，我国在面对公共危机时的表现是不尽如人意的。但是，在经历了一次次公共危机之后，公共危机的管理问题已经引起了我国政府的高度重视。2006 年 1 月，国务院颁布了《国家突发公共事件总体应急预案》（以下简称《预案》），其目的在于："提高政府保障公共安全和处置突发公共事件的能力，最大程度地预防和减少突发公共事件及其造成的损害，保障公众的生命财产安全，维护国家安全和社会稳定，促进经济社会全面、协调、可持续发展。"① 显然，这意味着我国在处理公共危机方面的巨大进步。

对于公共危机中信息传播问题，《预案》同样做了明确的规定。在其运行机制方面写明了公共危机事件中信息发布的有关规定："突发公共事件的信息发布应当及时、准确、客观、全面。事件发生的第一时间要向社会发布简要信息，随后发布初步核实情况、政府应对措施和公众防范措施等，并根据事件处置情况做好后续发布工作。信息发布形式主要包括授权发布、散发新闻稿、组织报道、接受记者采访、举行新闻发布会等。"② 应该说《预案》的出台，不管是对公共危机管理本身，还是解决危机中的信息传播失衡，都有明显的作用和意义。③

当然，《预案》的出台并不意味着我国已经建立起了完善的危机信息传播体系，至少在技术层面和实际操作中还存在着种种困难和缺陷。因此，如何解决公共危机中信息传播失衡问题，我们还有很长的路要走。

---

① 新华网，2006－10－29.

② 新华网，2006－10－29.

③ 新华网，2006－10－29.

媒介关系管理对基层政府危机应对的影响
——以广州市荔湾区政府为例

黄小熳*

【摘 要】本文从关系管理的视角出发，以广州市荔湾区政府为例，对基层政府危机前与媒介关系程度对于危机沟通效果的影响这一问题进行初探性研究。本文以个案分析与深度访谈作为分析方法，与荔湾区委宣传部的官员以及负责荔湾区新闻报道的跟线记者进行访谈。经过多方访谈后得出初步结论：第一，荔湾区政府通过其党委宣传部与媒介基于各自的利益需求建立了良好的“交换关系（exchange relationship）”；第二，荔湾区政府与媒介平时建构并维持的良好关系对其突发公共事件发生时的危机应对有一定的积极意义，主要是由于宣传部与媒介频繁接触，熟知了媒体操作流程；第三，荔湾区政府危机前的关系管理对危机应对是否有积极意义还取决于其关系建构的层次与危机所涉议题的类型。基于以上结论，文章尝试着建构了基层政府与媒体关系管理对危机沟通成效的影响模式。

【关键词】关系管理　媒介关系　基层政府　危机沟通成效

一、研究缘起及研究问题

“这是一个危机环伺的时代。由于环境变动快速而带来高度不确定性与复杂性，所有的组织型态，包括政府机构、政党、企业、医院、学校、社会福利团体，甚至是宗教组织，只要是与外界环境有所互动，就随时处于危机的威胁当中（Barton，2001）。”①伴随着这种危机四伏与危机事件频发的状态，危机管理与危机传播的相关研究也成为社会与学界的热门话题。在许多危机事件的处理当中，大众传播扮演着越来越重要的角色。清华大学教授李希光曾经提出，当代社会的许多危机其实是“媒介危机”——是由大众传播引发的，而不是由于事件本身的危害性造成的。不论这种说法是否受到广泛认同，毋庸置疑的是，信息传播管理是危机应对的关键所在，研究危机中的信息传播也成为危机管理的重要内容。

* 黄小熳，中山大学政治与公共事务管理学院公共传播学系2005级硕士研究生。

① 转引自吴宜蓁．危机传播：公共关系与语艺观点的理念与实证．苏州大学出版社，2005：3.

一般而言，危机管理涉及的是危机策略的设计、危机管理小组的建立、环境监测、偶发性的规划（contingency planning）以及与特定危机有关的管理措施；危机传播是为影响大众对组织的形象与认知所做的努力，目的在于沟通与形象维护。可以说，危机管理重视危机管理策略规划的过程，其目的在于危机损害的控制；危机传播则着眼于危机事件之前到之后，组织与公众之间的沟通过程，目的在于组织形象的维护。然而，有效的危机管理应该涵盖良好的危机传播过程。① 也有学者认为，危机传播是危机管理的次一级研究领域，危机管理中的信息搜集、分析、处理以及沟通传播等管理内容都属于危机传播的范畴。在危机传播研究中，有两个最具代表性的研究观点——语艺批评与公共关系。语艺批评的研究主要是探讨危机发生后组织的形象管理与辩解（apologia）策略及危机反应策略（crisis response strategies），希望了解组织决策者如何运用各种符号资源，也就是危机应言说（crisis discourse），来解决危机和挽救组织形象。而公共关系取向的研究重点则在于观察组织的危机沟通策略（尤其是媒体沟通）以及这些沟通策略对危机处理的成效。② 从公共关系角度对危机传播所进行的探讨已经开始逐步延伸到危机预防的范畴，强调危机前的预防以及相关议题的监测与管理。另一方面，近年来许多公共关系学者将研究兴趣转移到关系管理（relationship management）取向，探讨组织与公众之间的关系建构与维系。在此情况下，关系管理的观点也自然被引入危机传播的研究中。许多学者开始探寻危机前的关系管理对组织危机应对的影响。③

对于政府机构而言，良好的关系管理对其突发公共事件的应对同样具有不容忽视的重要意义。我国目前正处于社会变革期，政府决策环境中的不确定因素增加，民众的风险承受心理尚未成熟，而由于网络、手机等新媒体技术的出现，信息传播管理则遇到了前所未有的挑战。近年来的“非典”、哈尔滨“停水”事件、禽流感等突发性公共事件让政府的危机管理能力经历了严峻的考验。在此危机多发的情况下，如何防患于未然，如何恰当地应对各种类型的突发公共事件，将损失降至最低，成为民众十分关注的问题。而政府的应变能力与危机沟通、处理能力也成为民众对政府信任度的标准，直接影响到政府形象。而关系管理讲求的是组织与公众，尤其是与利益关系人间建构并维持良好的关系，这种良好的关系状态相信对于危机预防与危机应对会有着积极的影响。关系管理的重要性也可以用“民意与危机”的概念来解释。危机事件如果涉及民众利益，则一定会造成民意波动。有些危机可能获得民众的支持，这意味着组织虽然遭受危机事件的伤害，但是有民意作后盾。相反的，有些危机直接损害民众权益，民意一边倒地批评组织，则组织的形象可能在一夕之间瓦解，必须经过一番补救措施才能重新获得信任。所谓“民意的后盾”，经常是因为某组织平时具有良好的形象（尤其是公益形象），

---

① 吴宜蓁．危机传播：公共关系与语艺观点的理论与实证．苏州大学出版社，2005：7.

② 吴宜蓁．危机传播：公共关系与语艺观点的理论与实证．苏州大学出版社，2005：10.

③ 吴宜蓁．危机传播：公共关系与语艺观点的理论与实证．苏州大学出版社，2005：63.

民众对其有一定的信任与肯定，在危机事件发生时，民意可能会出现支持、谅解甚至同情的情况。[①] 因此，在政府的突发公共事件应对当中，关系管理同样可以起到至关重要的作用。

在关系管理当中，媒介关系是极为重要的一部分。正如前文所言，危机应对的关键在于对信息流通恰当管理。良好的媒介关系相信对于此是有积极意义的。而在我国的传播体制之下，媒体是党和政府的“喉舌”。各级媒体需要接受其同级党委宣传部的领导与宏观调控。然而，“根据我国目前实际，媒体的主办机构一般是中央、省、地级市和县一级政府，换句话说，不同媒体的管理权限分别属于中央、省、地级市和县一级政府。根据《关于进一步加强和改进新闻出版的若干意见》（中办发〔2002〕19 号）文件要求，市辖区政府既无权开办报纸、广播、电视等媒体，也无行政管理权。所以，从严格意义上分析，媒体的喉舌功能仅体现在对具有开办权的政府和上级政府的传播管理方面，对城区政府而言，只能通过协调沟通的手段，争取媒体的关注和支持。城区政府在国家行政权力架构体系中的定位，也就决定了其与媒体的平等地位，而不是领导与被领导的关系。”[②] 在此情况下，对于城区一级的基层政府而言，建构并维持与媒体良好关系的重要性更是不言而喻了。

基于以上的理论及现实背景，本文选择从关系管理的视角出发，以广州市荔湾区政府为例，对基层政府危机前与媒介关系程度对于危机沟通效果的影响这一问题进行初探性研究。

二、相关研究的文献回顾

国内目前对于关系管理的研究绝大部分集中于市场营销领域，称为客户关系管理（CRM），而公共关系视角的关系管理研究，尤其是危机传播领域的关系管理研究，大都只能在国外的文献中找到。下面将对所搜集到的相关文献进行大致的梳理。

（一）公共关系研究中关系管理取向的发展

公共关系研究中关系管理取向的引进，开始于 1984 年学者 Ferguson 在全美新闻与大众传播学会所宣读的一篇论文中的呼吁，她指出，公关研究的分析单位不应该是组织、公众或是沟通的过程，而应锁定在组织与公众之间的“关系”上面。[③]

而后，关系管理的研究取向通过教科书广泛地从关系视角对公共关系进行定义而发

① 吴宜蓁．危机传播：公共关系与语艺观点的理念与实证．苏州大学出版社，2005：63.

② 齐俊桥．城区政府与媒体关系研究——以荔湾区政府新闻宣传为个案．中山大学 2005 届 MPA 硕士学位论文.

③ 吴宜蓁．危机传播：公共关系与语艺观点的理念与实证．苏州大学出版社，2005：63—64.

展起来。[1] 关系管理取向此后逐渐成为公共关系学术研究中的重要领域。[2] Ledingham & Bruning 对关系管理进行了持续的研究，他们界定了组织—公众关系的各个维度（Ledingham & Bruning, 1998a），将关系管理的视角引入各种议题中，比如顾客满意（consumer satisfaction）、竞争性选择（competitive choice）、媒介关系（media relations）等（Ledingham & Bruning, 1998b, 1998c, 1998d）。[3]

Ledingham & Bruning 还将多年来关于关系管理的研究论述编辑成 *Public Relations as Relationship Management: A Relational Approach to the Study and Practice of Public Relations* 一书。[4] 该书分为三大部分。第一部分为"组织—公众关系研究的现状（The State of Organization-Public Relationship Research）"；第二部分为"关系视角的应用（Applications of the Relational Perspective）"。该部分的第一章中，Timothy Coombs 将关系管理引入危机管理，认为建立与培养与利益关系人的关系能够减少危机爆发时所带来的影响；接下来的一章中，Janet Bridges & Richard Nelson 指出将关系管理纳入为议题管理过程中；第三部分为"关系视角的意义（Implications of the Relational Perspective）"。这本书

---

① 譬如 Cutlip, Center & Broom 合著的教科书。他们认为，关系管理视角下的公共关系是"建立并维持组织与决定其成败的公众之间互利关系的管理职能"（Cutlip, Center & Broom, 1994）。

② 譬如，Broom & Dozier（1990）认为应该通过测量组织—公众关系（organization-public relationships）来评估公共关系活动，而不是通过传播功效（communication efficiencies）。J. E. Grunig（1992）强调与那些影响组织目标实现的公众建立良好关系的重要性。Ehling（1992）认为从"民意操控（manipulation of public opinion）"转变到以"关系"为中心的取向，是公共关系基本使命的重大改变。Wilson（1994）则在社会责任的视角上关注企业与社区（corporation and community）之间的关系。Dozier（1995）呼吁将沟通作为一种战略管理功能，来帮助建立及管理与影响组织使命、目标的公众的关系。Broom, Casey & Ritchey（1997）在回顾总结研究文献的基础上，从人际传播、大众传播、社会心理学等多领域的角度出发，构建了一个关系管理理论发展的模型，其核心在于认识到确定组织—公众关系的历史、现状及结果的这种需要。

③ Bruning, Stephen D. & Ledingham, John A. *Public Relations as Relationship Management: A Relational Approach to the Study and Practice of Public Relations.* Lawrence Erlbaum Associates, 2000.

④ Bruning, Stephen D. & Ledingham, John A. *Public Relations as Relationship Management: A Relational Approach to the Study and Practice of Public Relations.* Lawrence Erlbaum Associates, 2000.

对2000年之前的关系管理研究进行了梳理，在此之后，该取向的研究趋势更加强了。①

目前，关系管理取向已经被广泛地应用于各种研究中，“有成为公关研究显学的趋势”②。

（二）关系管理取向对于危机传播的影响

与此同时，关系管理的研究取向也被引入危机管理、危机传播的领域。

在 Ledingham & Bruning 的 *Public Relations as Relationship Management: A Relational Approach to the Study and Practice of Public Relations* 中就有一篇是讨论关系观点对于危机管理的启示的，这便是 Coombs 的 Crisis Management: Advantages of Relational Perspective。Coombs 认为危机之前必须持续与利益关系人进行关系的维系，以积累形象资产，预防危机爆发时突然的信任度崩溃。③ 对于危机前关系管理（pre crisis-relationship）的强调以危机是发生于组织及其利益关系人（stakeholders）之间的假设为基础的。

Coombs & Holladay 2001 年的研究是将关系管理的观点带进危机情境与反应策略的模式当中，以了解组织与利益关系人的既有关系如何影响“情境—策略”的相关性。④ 通过实验设计，他们发现既有的关系史确实影响民众对危机情境的认知，包括危机责任归属以及组织形象评价。不过这种影响只发生在负面关系层面。Coombs & Holladay 称此效果为“魔鬼毡效果（Velcro effect）”。

Coombs & Holladay 2006 年的最新研究延续了这方面的探讨。在 *Unpacking the halo effect: reputation and crisis management* 一文中，他们通过一系列研究证明危机前组织形象

---

① 譬如 John A. Ledingham（2001）的 Government-community relationships: Extending the relational theory of public relations 研究了政府与公民的关系，发现：首先，公共关系有利于社区建设；其次，Bruning-Ledingham Relationship Scale 是测量关系程度及预测公民行为的有效工具；再者，在关系管理中，社会交换论可以用以解释人们的行为；最后，他的研究显示了关系视角是公共关系研究的有效范式。详细请见原文 Ledingham, John A. Government-community relationships: Extending the relational theory of public relations. *Public Relations Review*. Greenwich: Fall, 2001. Vol. 27, Iss. 3; pg. 285.

又如 Chun-ju Flora Hung（2005）在 Exploring Types of Organization-Public Relationships and Their Implications for Relationship Management in Public Relations 中对中国大陆以及台湾9个城市的36家跨国公司进行了访谈，发现了组织与其中国公众之间多种类型的关系，并发现其中的 covenantal relationships 最有利有达到双赢结局，而 mutual communal relationships 对跨国公司最有利。详细请见原文 Hung, Chun-ju Flora. Exploring Types of Organization-Public Relationships and Their Implications for Relationship Management in Public Relations. *Journal of Public Relations Research*. Mahwah: 2005. Vol. 17, Iss. 4; p. 393.

又如 Sung-Un Yang & James E. Grunig（2005）在 Decomposing organizational reputation: The effects of organization-public relationship outcomes on cognitive representations of organizations and evaluations of organizational performance 中对5个不同类型的韩国组织进行深入调查，发现良好关系能够带来组织的良好表现，也能带来对组织表现的正面评价。详细请见原文：Decomposing organizational reputation: The effects of organization-public relationship outcomes on cognitive representations of organizations and evaluations of organizational performance. Sung-Un Yang & James E. Grunig. Journal of Communication Management; 2005; 9, 4; ABI/INFORM Global.

② 吴宜蓁．危机传播：公共关系与语艺观点的理论与实证．苏州大学出版社，2005：63.

③ 吴宜蓁．危机传播：公共关系与语艺观点的理论与实证．苏州大学出版社，2005：64.

④ 吴宜蓁．危机传播：公共关系与语艺观点的理论与实证．苏州大学出版社，2005：457.

的晕轮效应确实存在，并探讨它是如何保护组织形象的。①

Marra 的 *Crisis public relations: A theoretical model* 则通过深入分析美国电信电话公司（AT&T）以及马里兰大学（University of Maryland）发生的危机事件，指出组织与各种利益关系人的关系本质（包括正负面关系与关系的亲密度）是组织危机管理成功与否的重要指标。②

（三）关系评估的维度

关系管理的核心在于建构与维持组织与公众之间的关系，那么如何测量组织—公众关系呢？许多研究者提出了不同的维度。

Wood（1995）提出了测量关系的 4 种维度：investment，commitment，trust，comfort with relationship dialectics。此后，有学者又提出测量组织—公众关系强度的 8 个维度：trust，credibility，predictability，mutual interest，mutual gratification or benefit，proximity，spillover，immediacy of collective need（Wilson，1996）。

而 Ledingham & Bruning 通过对本地电话用户的调查研究确定了影响良好关系的几项因素：trust，openness，involvement，investment，commitment。

James E. Grunig 和 Yi-Hui Huang 在 *From Organizational Effectiveness to Relationship indicators: Antecedents of Relationships, Public Relations Strategies, and Relationship Outcomes* 中提出了测量组织与公众关系程度的 4 项维度：信赖（trust），满意（satisfaction），承诺（commitment），相互控制（control mutuality）。③ 吴宜蓁在介绍关系管理时则提出，有五个指标可以检视关系程度，除了上述 4 项之外，还有一项很重要的是“良好关系”。这是 Grunig（2000）特别看重的概念。④

在 Mary Welch（2006）的 *Rethinking relationship management: Exploring the dimension of trust* 中提出，除了之前所论述的测量关系管理的指标外，还应加上“不信任（distrust）”这一维度。关系管理学者都将“信任（trust）”这一因素作为重要的衡量指标，但是在实际的关系当中，“信任”与“不信任”两者是同时存在的。⑤

Marra 则在研究 AT&T 的断讯危机时指出，AT&T 在危机发生前与媒体记者的互动关系就被评定为仅次于 IBM，其指标包括诚实、开放、反应快速、与记者保持良好的人

---

① Coombs, W. Timothy & Holladay, Sherry J. Unpacking the halo effect: reputation and crisis management. *Journal of Communication Management*. London: 2006. Vol. 10, Iss. 2; p. 123, 15 pgs.

② 吴宜蓁. 危机传播：公共关系与语艺观点的理论与实证. 苏州大学出版社，2005：407.

③ From Organizational Effectiveness to Relationship indicators: Antecedents of Relationships, Public Relations Strategies, and Relationship Outcomes. In Bruning, Stephen D.; Ledingham, John A. *Public Relations as Relationship Management: A Relational Approach to the Study and Practice of Public Relations*. Lawrence Erlbaum Associates, 2000

④ 吴宜蓁. 危机传播：公共关系与语艺观点的理论与实证. 苏州大学出版社，2005：64.

⑤ Welch, Mary. Rethinking relationship management: Exploring the dimension of trust [J]. *Journal of Communication Management*. London: 2006. Vol. 10, Iss. 2; p. 138, 18 pgs.

际关系和电话互动等。①

（四）对关系管理取向的质疑

对于关系管理研究取向的兴起，也有学者提出了批评。其中最主要的是来自于对如何测量关系程度的质疑。譬如 Steve Mackey 的 *A Critique of Public Relations as "Relationship Management"* 便认为所谓的关系测量维度都是十分抽象的，难以实际操作。②然而，对于关系管理取向的质疑也为关系管理理论的进一步完善提供了启示。

由以上对关系管理相关文献的大致梳理可以看出，目前国外的研究大都以实证的方式对组织与公众间或者组织与其利益关系人间的关系进行测量，由此探寻这种关系本质对组织行为（包括危机管理行为）的影响。本文将借鉴各种关系测量方法，对基层政府与媒体的关系程度进行衡量，并以此探析基层政府与媒体之间关系管理的特点、模式对其危机应对有何影响。

三、概念界定与分析方法

（一）概念界定

1. 关系管理与利益关系人

关系管理（relationship management）是指"建立并维持组织与决定其成败的公众之间的互利关系"（Cutlip，Center & Broom，1994）。组织—公众关系（organization-public relationships）是关系管理的核心概念，对它的界定一般都集中于关系形成的过程，或是组织与其公众关系建立的成效。本文取 Broom，Casey & Ritchey 的定义，组织—公众关系是指组织与其公众之间的相互作用（interaction）、交流（transaction）、交换（exchange）与联系（linkage）。利益关系人（stakeholder）是关系管理中的另一个重要概念，是指建立、维持组织—公众关系时所要着重考虑的那部分公众。James E. Grunig 对利益关系人的定义是"那些给组织提供最大的威胁或是机会的内外部公众"。③组织通常是通过各种议题来确定其利益关系人的。

本文将以广州市荔湾区政府为例，分析城区一级基层政府与媒体（主要指负责荔湾区新闻的跟线记者）的关系。因为在中国，城区一级基层政府没有媒体管制权力，与媒体间的关系管理成为其宣传工作、与公众沟通以及危机应对处理的重要内容。可以

① 吴宜蓁．危机传播：公共关系与语艺观点的理论与实证．苏州大学出版社，2005：407.

② Mackey，Steve. *A Critique of Public Relations as "Relationship Management"*. Deakin University，Australia Paper to：Current Debates and Issues in Public Relations Research and Practice. A conference at Bournemouth University，10 - 12 April 2003. 文中以 Ledingham & Bruning 所提出的这些维度为例，提出质疑：信任（trust）——关于什么？为了什么目的？开放（openness）——在什么方面？有哪些企业和政府是完全开放的？卷入度（involvement）——什么样的卷入情况是恰当、或是不恰当的？投资（investment）——谁的时间与精力？为了什么目的？承诺（commitment）——在什么方面？为了什么目的？

③ Grunig，James E. Theory and Practice of Interactive Media Relations. *Public Relations Quarterly*，Fall，1990.

说媒介是基层政府最重要的利益关系人。机构与机构的联系在实际动作中是通过人与人的联系来完成的。根据实际的运作情况，每个媒体都设有专人负责每个城区、包括荔湾区的新闻报道，这些记者可称为“跟线记者”。而代表基层政府与“跟线记者”联系的是其党委宣传部。以荔湾区政府为例，“根据《中共广州市荔湾区委宣传部职能配置、内设机构和人员编制规定》（荔编字〔2001〕22号）文件，荔湾区委宣传部负责全区宣传信息和新闻宣传工作，负责基层新闻通讯员队伍建设，政府新闻发言人和新闻秘书设在区委宣传部”[①]。由此可见，基层政府与媒体的关系管理在实际运作中是通过其党委宣传部与“跟线记者”的接触来展开的。因此考察基层政府与媒体之间关系的建构与维持，可以通过考察宣传部与“跟线记者”的关系状况来进行。

2. 关系测量维度

本文以 Hon. L. & James E. Grunig 的四指标来测量基层政府与媒体间的关系程度[②]。在此进行详细的界定：

• 信任（Trust）——双方对彼此所拥有的信心程度，以及对对方开放自己的意愿；

• 承诺（Commitment）——双方相信并认为彼此间的关系值得花费精力来维持及促进的程度；

• 满意（Satisfaction）——由于对彼此间关系的正面期望值增加，双方对彼此互有好感的程度；

• 相互控制（Control mutuality）——双方同意对方拥有影响彼此的权力的程度。

在进行访谈时，每一项指标还有详细的描述以提供具体衡量标准，请参见附录1。

（二）分析方法

本次研究以荔湾区委宣传部与媒体的沟通为案例，通过个案分析与深度访谈的方法来进行。

首先，将与荔湾区委宣传部的官员，以及负责荔湾区新闻报道的跟线记者进行访谈。了解基层政府与媒体之间的关系管理情况，并请他们根据上述的测量维度对彼此间的关系程度做出描述与评估。此外，就荔湾区政府的危机沟通能力对记者进行访谈。

四、研究结果

（一）荔湾区政府的媒介关系管理状况

如前文所述，考察基层政府与媒体之间关系的建构与维持，可以通过考察其党委宣传部与“跟线记者”的关系状况来进行。

---

① 齐俊桥．城区政府与媒体关系研究——以荔湾区政府新闻宣传为个案．中山大学2005届MPA硕士学位论文．

② Hon. L. & Grunig，James E.（1999）. Guidelines for Measuring Relationships in Public Relations. *The Institute for Public Relations*，Gainesville，FL.

荔湾区委宣传部的官员在接受访谈时均表示，与媒介的关系管理对于其日常工作的开展，以及突发公共事件中的危机应对都有着积极的意义。与媒介建立并维持长期的良好沟通，是区委日常工作的重要内容。在这样一个资讯发达的信息时代中，绝大部分人都无法回避传播而存在，政府的对社会公共事务的管理更是如此。可以说，公共管理需要借助传媒的力量，也包括了传播管理的过程。因此，无论哪一层级的政府与媒体，都有着天然的本质联系，双方建立并维持良好关系也是必然且必须的。此外，作为没有媒体管制权的城区一级基层政府，荔湾区委宣传部不能对任何一家媒体的报道进行行政干预。因此，在突发公共事件发生之际，诸如荔湾区政府的城区一级基层政府阻挡不了媒体在遵循新闻价值规律之下对事件的介入与报道。于是，如何处理突发公共事件，如何采用恰当的媒介沟通策略，是对基层政府危机应对能力货真价实的考验。荔湾区委宣传部的官员坦承，在此情况下，与媒介关系管理的意义便尤为凸显了。并且，与媒介的关系管理是一个贯穿工作始终的理念，不会有任何懈怠。与不同媒体的关系表面上也不会有亲疏之分。可以说，建立良好的媒介关系是一个工作宗旨，而不是在危机发生时“临时抱佛脚”式的应对。

而对于媒体的跟线记者而言，获取政府提供的公共信息，以及报道相关的各种新闻，是其工作职责。并且，记者需要建立广泛的人脉关系，保证有足够的多方的消息来源。而基层政府作为相对权威的消息来源，与其保持长期的互动与合作也是必需的。

荔湾区委宣传部与媒介的关系管理多是在工作交往中完成的，接受访谈的跟线记者坦承，在刚接手荔湾区这一部分业务，还是个新手时，私下也许会积极地与其宣传部人员联系，以尽快建立起良好的合作关系。但在对业务日渐熟悉之后，双方之间的关系建构与维持大部分是通过工作交往完成的。当然，私人关系有时也是十分重要的。譬如宣传部宣传科科长曾在广州一家知名报社做过多年的记者，积累了相当的媒介从业经验与人际关系。这些都为荔湾区委宣传部的媒介关系管理提供了许多便利。荔湾区委宣传部将其媒介资源整理成为一个数据库，其实也是关系管理的资料库（如表1所示）。

表1　荔湾区委宣传部媒介关系表①

媒体名称	记者姓名	所属部门	部门负责人	分管领导
《人民日报》记者站	陶小淳	经济部	张乐人	/
《南方日报》	严丽君	广州新闻	姚伟新	姚燕永
《羊城晚报》	周乐瑞	政法部	李宜航	刘源陵

① 齐俊桥. 城区政府与媒体关系研究——以荔湾区政府新闻宣传为个案，中山大学2005届MPA硕士学位论文.

续上表

媒体名称	记者姓名	所属部门	部门负责人	分管领导
《南方都市报》	郑小敏	广州新闻	谢　冰	黄　均
《新快报》	陈琦钿	广州新闻	/	/
《广州日报》	张　影	政文部	江小川	黄卓坚
《信息时报》	成小珍	政文部	/	梁建中

这个资料库显示了荔湾区委宣传部媒介关系管理工作的细致、周全。更重要的一点，是显示了其媒介关系管理的层次。由跟线记者至部门负责人，再到分管领导，甚至直至主编，都是关系建构与维持的对象。毕竟，对报道活动及新闻稿件掌握着生杀予夺大权的是编辑，乃至主编，而非跟线记者。

接受访谈的荔湾区委宣传部官员与跟线记者根据信任（Trust）、满意（Satisfaction）、承诺（Commitment）、相互控制（Control mutuality）这四个测量维度，对双方的关系做出了评估，并对彼此关系的本质作出描述。结果如表2所示：

表2　荔湾区委宣传部官员与跟线记者对双方关系的评估表

	Trust（信任）	Satisfaction（满意）	Commitment（承诺）	Control mutuality（相互控制）	关系本质（交换/共生关系）
荔湾区委宣传部官员	4.27	4.57	4.38	4.00	交换关系
跟线记者	2.90	4.28	3.50	3.43	交换关系

由表2可见，荔湾区委宣传部人员与荔湾区跟线记者所给出的分数依次分别为4.27、4.57、4.38、4.00与2.90、4.28、3.50、3.43（采用5级量表评分，5分为最佳，1分为最差，详细请参考附录1）。由此表明，荔湾区委宣传部与媒体均相信并认为彼此间的关系值得花费精力来维持及促进，对彼此间关系的正面期望值较高，也有一定的影响对方的欲望。在对彼此的信任程度上，跟线记者对荔湾区委宣传部的信心相较而言要低一点。对于目前的关系状况，宣传部人员显然要比记者要乐观一些。但无论如何，访谈中双方都认可目前的关系本质是良好的，且他们均把彼此间的关系定位于“交换关系（exchange relationship）”，而非“共生关系（communal relationship）”。正如上文所述，基层政府与媒体双方是由于互有需求而进行了关系建构与维持。双方的交往是建立在追求各自利益的基础上，而未达到乐于为对方提供帮助而不求回报、有着共同

利益追求的“共生关系”层次。

（二）媒介关系管理对荔湾区政府危机沟通成效的影响

由荔湾区委宣传部与跟线记者对彼此间关系状况所作出的评估可知，双方维持着良好的合作关系。而这良好的关系状况对于荔湾区政府对突发公共事件的危机应对是否有积极的意义呢？首先需要考察在突发公共事件当中，荔湾区政府的危机沟通成效怎样。在与荔湾区委宣传部的官员进行初步访谈之后，确定了他们所认为的近年来威胁性较大的两起突发性公共事件，即2005年6月的广东省农业生产资料公司所属塞坝口2号、3号仓库失火①以及2006年3月的人感染禽流感事件②为例来考察荔湾区政府的危机沟通成效。“媒体对于危机事件处理的评价也会建构社会大众对于组织危机处理能力的认知与态度。”由此推知，“大众媒体的危机报道内容应该可能当作危机沟通效果的一个指标”。台湾学者吴宜蓁便以“媒体效能”的概念来代表危机沟通成效③。并且，本文探讨的是媒介关系管理是否对危机应对有积极的影响。因此，在此通过分析媒体关于这两起突发公共事件的报道来考察荔湾区政府的危机沟通成效。2005年6月17日，广东省农业生产资料公司所属塞坝口2号、3号仓库发生大火，此后两天内，广州媒体关于此次大火的报道共有五篇，其中纯粹描述事件的文章有两篇，另外三篇文章中对政府的危机应对措施都给予了正面评价。关于禽流感事件，从2006年3月5日卫生部公布广州荔湾一名疑似人感染高致病性禽流感患者2日经抢救无效死亡，到3月14日人禽流感疫情Ⅲ级应急响应宣告结束，广州发行量最大的三份报纸《广州日报》、《南方都市报》

---

① 该事件发生在当时芳村区管辖范围之内。2005年9月，芳村区与荔湾区合并，此次接受访谈的官员有的是来自于原芳村区，有的是来自于原荔湾区。由于这两起事件都可以反映出城区一级基层政府的危机应对情况，因此将其都作为分析案例。2005年6月17日下午6时许，位于珠江边上的广东省农业生产资料公司所属塞坝口2号、3号仓库发生大火。着火仓库冒出大量有毒浓烟，农药的气味在一公里范围内四处弥漫，公安消防干警紧急疏散附近居民。调查显示，发生火灾的3号仓库有800平方米，存放有30吨乐果、50吨—60吨敌敌畏、80吨草甘膦。2号仓库有700多平方米，存放有10吨达科灵、10吨多菌灵、20吨酰甲胺。由于事发当时疏散及时，并没出现有居民因吸入过多有毒浓烟需送院治疗情况。但浓烟及污水都波及大坦沙岛区域。

② 2006年3月5日，新华社发布消息，卫生部5日通报，广州一名疑似人感染高致病性禽流感患者2日经抢救无效死亡。患者为劳某某，男，32岁，家住广州市荔湾区。2月22日，劳某某发病，出现头痛、发热症状，起初自行服药，24日到医院门诊，25日气促入院，经诊断为“双下肺炎、左下肺为主、I型呼吸衰竭”，入院后病情仍迅速发展，27日诊断为“重症肺炎、急性呼吸窘迫综合征、多器官功能障碍综合征”。广州市卫生局组织的专家组诊断，结果为高致病性人禽流感预警病例。广东省卫生厅专家组随即将其诊断为高致病性人禽流感疑似病例。据报道，3月3日上午，广州市卫生局召开人禽流感应急处理领导小组紧急会议，决定按照《广州市人禽流感疫情应急处理预案》，人禽流感疑似病例所在的荔湾区启动卫生系统Ⅲ级应急响应。3月14日，124名曾与人禽流感死者劳某密切接触的人员全部解除医学观察。广州人禽流感“风波”才暂时告一段落。

③ 台湾危机传播学者吴宜蓁将“媒介效能”的指标分为三个面向：①危机管理机构被引为主要消息来源的程度；②媒体报道给予危机管理机构的正面或负面评价；③媒体记者个人对危机管理机构的整体评价。详见吴宜蓁著. 危机传播：公共关系与语艺观点的理念与实证. 苏州大学出版社，2005：47.

与《羊城晚报》[①] 上共有有关禽流感的报道 77 篇。由于禽流感是一起较大的突发公共卫生事件，因此危机应对的主体除了荔湾区政府外，更为重要的是广州市政府。因此媒体也大都把关注点聚焦于广州市政府如何应对此次危机，报道中涉及荔湾区的并不多，仅有 6 篇。在这 6 篇文章中，两篇为事实陈述，介绍荔湾区发现禽流感患者的相关情况，另外四篇为正面评价，对荔湾区政府的应急措施给予积极的评述。这或许可以在一定程度上显示，荔湾区政府在这两起突发公共事件中的危机沟通还是具有一定成效的。

那么，荔湾区政府在突发公共事件应对中的危机沟通成效是否受到了媒介关系管理的影响呢？访谈中，荔湾区委宣传部官员与记者双方持不同的观点。区委宣传部人员认为，与媒介的良好关系对其危机应对有着积极的意义。在这两起突发公共事件应对当中，其媒介沟通策略可归结为以下几点：第一，掌握消息发布的主动权，争取成为权威消息源。在农业资料生产公司仓库发生大火之后，荔湾区政府启动了突发性环境污染事故应急预警机制，在发现人感染禽流感疑似个案之后，荔湾区政府于 3 月 2 日晚召开紧急会议，部署相关防治禽流感措施。在政府启动应急预案之时，宣传部的工作便是向突发事件中的各方了解信息，与各个相关部门协调，在危机应急小组所提供的资料基础上综合写成通稿，再将通稿交给上级部门，获得批准后，向各个媒体的跑线记者发出。媒体的文章署名中有"通讯员"的，多半是宣传部提供给媒体的通稿。与媒介关系管理的效果便在此体现出来。通过与跟线记者联系，荔湾区政府可以争取在危机应对中成为权威消息源。第二，对外发布的信息保持统一。譬如，荔湾区人禽流感危机时期，记者向各个部门（如新闻报道中所出现的新闻来源：荔湾区疾控中心、卫生局、卫生监督所等）了解到的信息其实都是在应急会议上由宣传部统一发布的信息，内容大致相近。第三，重新设置议题。据媒体报道，在当时召开的荔湾区十四届人大二次会议上，"区长刘平向区人大代表通报了广州首例禽流感病例的情况，并表示，禽流感的感染源并不在荔湾区内。"患者其实是"在市区 6 个农贸市场做调查，才感染上禽流感，而这 6 个农贸市场均不在荔湾区内"。通过这样的解释，荔湾区努力去重新设置媒介议题，将关注点从荔湾区本身转移到别处。而这些沟通策略与媒体沟通的技巧，正是在与媒体建构并维持良好关系的过程中学习到的。一言以蔽之，荔湾区委宣传部官员认为关系管理对于危机沟通最大的积极意义体现在于良好的关系使他们熟知媒介操作流程。在与媒体建立并维持良好关系的过程中，宣传部的工作人员也对新闻采编过程、媒介报道惯例，甚至于报社内部的关系有了一定的了解。因此，在突发公共事件爆发之际，宣传部知道如何及时联系媒体，如何向记者解释事情的缘由及相关事宜，如何让媒体接受宣传部提供的解释，同时也了解如何将通稿写得符合新闻价值，以便更有效地将权威信息传播出去。再者，关系建构虽是与跟线记者进行，与突发新闻报道的记者平时并不交往，但他

① 根据《中国新闻出版统计资料汇编 2005 年》，《广州日报》发行量为 165 万份，《南方都市报》发行量为 140 万份，《羊城晚报》发行量为 131 万份，位居广州报纸发行量排行的前四位。

们毕竟处于同一报社，多少会有些相互间的影响力。且在与媒介保持良好关系的过程中，他们也会注意关系建构的层次，尽量能够与媒体编辑、总编保持良好关系。如此，层次越高，危机中对媒介的影响力也相对越大，能为其危机应对提供一定的便利。

而接受访谈的跟线记者则认为，双方的良好关系无法对荔湾区政府的危机应对有何明显的影响。原因在于，获得突发公共事件新闻来源的一般是负责跑突发新闻的记者。按照媒介组织的惯例，跟线记者与跑突发新闻的记者工作上不会有直接接触。由于体制上的这种安排，跟线记者认为，其基本上不可能接触到突发公共事件的新闻。而区委宣传部与媒介的关系又是通过跟线记者建立而非突发新闻记者。于是，荔湾区政府与媒介危机前所建立的良好关系此时无法发挥明显的积极意义。

鉴于双方意见相左，笔者又与一位跑突发新闻的记者做了一次深度访谈。他指出，当突发公共事件发生时，一般而言，最早接触事件、进行报道的是突发新闻记者。在实际操作中，可分为四种情况：①对于大型突发公共事件，报社编辑乃至主编进行协调，由突发新闻记者与跟线记者组成小组参与报道；②由突发新闻记者首先报道，再由跟线记者跟踪报道；③突发新闻记者报道的同时，宣传部联系跟线记者给予通稿，由编辑整合；④如果是资深的跟线记者，有时可以以自己的资历让突发记者放弃报道，但这种情况甚为少见。

综上所述，荔湾区与媒介平日所建构并维持的良好关系对于其危机应对有一定的积极意义，体现在其对媒体操作流程的熟悉，而非晕轮效应（halo effect）的作用。所谓晕轮效应，是指当认知者对一个人的某种特征形成好或坏的印象后，他还倾向于据此推论该人其他方面的特征。Coombs & Holladay 通过实验设计，发现既有的关系史确实影响民众对危机情境的认知，包括危机责任归属以及组织形象评价。不过这种影响只发生在负面关系层面。Coombs & Holladay 称此效果为“魔鬼毡效果（Velcro effect）”，其定义便类似于“晕轮效应”[①]。而荔湾区媒介关系管理对其危机应对的影响并非缘于这种心理上的作用，而是由于在关系管理的过程中熟知了媒介操作流程，因此懂得在危机应对当中如何使用恰当的媒介沟通策略。此外，媒介沟通能力与个人素养也有很大联系。荔湾区委宣传部的科长以前做过多年记者，对媒体报道规律、媒介组织动作方式等都有深刻的了解。因此其媒体沟通能力较佳。但其他区委宣传部的情况不一定如此，如果是长期处于公务员队伍，对媒介报道的相关事宜不甚了了的话，其沟通能力也许会差些。也因此，媒介关系管理显得尤为重要。

（三）基层政府的媒介关系管理模式初探

经过多方印证后，本文在此得出初步结论：第一，荔湾区政府通过其党委宣传部与媒介基于各自的利益需求建立了良好的“交换关系（exchange relationship）”；第二，荔湾区政府与媒介平时建构并维持的良好关系对其突发公共事件发生时的危机应对有一定

---

① 吴宜蓁．危机传播：公共关系与语艺观点的理论与实证．苏州大学出版社，2005：457.

的积极意义，但主要是由于宣传部与媒介频繁接触，熟知了媒体操作流程，而 Coombs & Holladay 所提出的“魔鬼毡效果（Velcro effect）”，无论是在正面关系层面还是负面关系层面，均尚未有明显的体现。第三，荔湾区政府危机前的关系管理对危机应对是否有积极意义还取决于其关系建构的层次与危机所涉议题的类型。基于以上结论，本文将尝试着建构基层政府与媒介关系管理对危机沟通成效的影响模式，如图 1 所示。

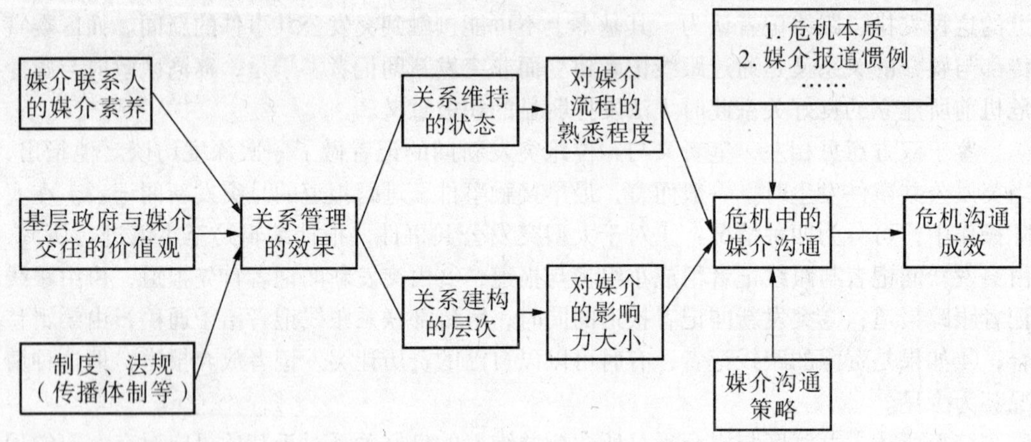

图 1　基层政府与媒介关系管理对危机沟通成效的影响模式

“媒介联系人的媒介素养”、“基层政府与媒介交往的价值观”、“制度、法规”这三项因素影响到了基层政府媒介关系管理的效果。媒介联系人的媒介素养愈高，关系管理的效果一般而言会愈明显。此外，“与媒介交往的价值观”决定了基层政府会否主动积极地与媒介建构及维持良好关系，这自然也影响到关系管理的效果。在访谈中发现，荔湾区委宣传部的官员均认为，在与媒体的工作接触中，他们应该保持弱势的姿态。媒体记者认为，之所以会有这样一种心态，是他们与媒体相处的理念策略所致。城区一级基层政府没有媒体监管权力，而他们又希望可以借助媒体力量宣传自己，因此会在媒体面前显示出弱势的地位，积极地与媒介维持良好关系。而在中国的传播体制之下，政府与媒体的关系处于微妙而复杂的状态。虽然对于城区一级的基层政府而言，它们不具备媒体管制权限，在地位上与媒体处于平级关系，交往中还倾向于将自己摆在弱势地位。但是，中国的传播体制决定了无论哪一层级的政府，与媒体的关系都不可能太糟糕。

关系管理又包括了两项考察指标——“关系维持的状态”与“关系建构的层次”。前者指关系的正负性质及关系的亲密度；后者指关系建构对象在媒介组织内部的影响力和决策力大小。“关系维持的状态”决定了基层政府对媒介操作流程的熟悉程度；而“关系建构的层次”则决定了基层政府对媒介影响力的大小。这二者与其他一些因素——譬如危机本质、媒介报道惯例、媒介沟通策略等共同作用，影响了基层政府的危机沟通成效。

五、讨论与总结

本文从关系管理的视角出发，以广州市荔湾区政府为例，通过深度访谈的方法，考察了城区一级基层政府的媒介关系管理对其危机应对是否存在影响，以及如何影响。最后得出结论，荔湾区政府与媒介平时建构并维持的良好关系对其突发公共事件发生时的危机应对有一定的积极意义，主要是由于宣传部与媒介频繁接触，熟知媒体操作流程。

但是本次研究是对荔湾区政府的个案分析，研究结论是否能适用于其他城区一级政府，还需进一步的研究来证明。此外，由于能力所限，尚未设计出准确地测量双方关系的方法，只是通过深度访谈来获知双方对彼此关系的感知与描述。虽然文中根据 James E. Grunig 提出的四项维度对双方关系进行测量，但由于客观条件所限，参与此次评分的只有数人。因此，测量所得的数据也只能作为研究的参考，而不具有统计学意义。

本文尝试着从关系管理的视角来考察基层政府在突发公共事件中的危机应对，在研究方法设计及理论阐释方面仍有许多不成熟之处，敬请指正。

【参考文献】

1. 吴宜蓁．危机传播：公共关系与语艺观点的理论与实证．苏州：苏州大学出版社，2005.
2. 史安斌．危机传播与新闻发布．广州：南方日报出版社，2004.
3. 柯惠新，祝建华，孙江华编著．传播统计学．北京：北京广播学院出版社，2003.
4. Bruning, Stephen D.; Ledingham, John A. *Public Relations as Relationship Management: A Relational Approach to the Study and Practice of Public Relations.* Lawrence Erlbaum Associates, 2000.
5. Ledingham, John A. Government-community relationships: Extending the relational theory of public relations. *Public Relations Review.* Greenwich: Fall 2001. Vol. 27, Iss. 3; p. 285.
6. Hung, Chun-ju Flora. Exploring Types of Organization-Public Relationships and Their Implications for Relationship Management in Public Relations. *Journal of Public Relations Research.* Mahwah: 2005. Vol. 17, Iss. 4; p. 393.
7. Yang, Sung-Un & Grunig, James E. Decomposing organizational reputation: The effects of organization-public relationship outcomes on cognitive representations of organizations and evaluations of organizational performance. Journal of Communication Management; 2005; 9, 4; ABI/INFORM Global.
8. Coombs, W. Timothy; Holladay, Sherry J. Unpacking the halo effect: reputation and crisis management. *Journal of Communication Management.* London: 2006. Vol. 10, Iss. 2; p. 123, 15 pgs.
9. From Organizational Effectiveness to Relationship indicators: Antecedents of Relationships, Public Relations Strategies, and Relationship Outcomes. In Bruning, Stephen D.; Ledingham, John A. *Public Relations as Relationship Management: A Relational Approach to the Study and Practice of Public Relations.* Lawrence Erlbaum Associates, 2000.
10. Welch, Mary. Rethinking relationship management: Exploring the dimension of trust. *Journal of Communication Management.* London: 2006. Vol. 10, Iss. ; p. 138, 18 pgs.

11. Bruning, Stephen D.; Castle, Janessa D.; Schrepfer, Erin. Building Relationships between organizations and publics: Examining the Linkage between organization-pubic relationships, evaluations of satisfaction, and behavioral intent. *Communication Studies.* West Lafayette: Fall 2004. Vol. 55, Iss. 3; p. 435, 12 pgs.

12. Mackey, Steve. A Critique of Public Relations as 'Relationship Management' Deakin University, Australia Paper to: Current Debates and Issues in Public Relations Research and Practice A conference at Bournemouth University, 10 - 12 April 2003.

13. Grunig, James E. *Theory and Practice of Interactive Media Relations.* Public Relations Quarterly Fall, 1990.

14. Coombs, W. Timothy. *Impact of Past Crises on Current Crisis Communication: Insights from Situational Crisis Communication Theory.* The Journal of Business Communication. Urbana: Jul 2004. Vol. 41, Iss. 3; p. 265.

15. Falconi, Toni Muzi. FERPI. Integrating Real and Virtual Environments in Stakeholder Relationship Management.

16. Rhetorical public relations and issues management strategies of social movement organizations: The communication of values and policy preferences by Ferguson, Denise Perry, Ph. D., Purdue University, 1999, p. 293; AAT 9951950.

17. Hon. L., Grunig, James E. (1999), Guidelines for Measuring Relationships in Public Relations. *The Institute for Public Relations*, Gainesville, FL.

18. Grunig, James E. Qualitative Methods for Assessing Relationships Between Organizations and Publics.

19. Lindenmann, Walter K. Measuring Relationships Is Key To Successful Public Relations.

20. Jo, Samsup; Hon, Linda Childers; Brunner, Brigitta R. Organisation—public relationships: Measurement validation in a university setting. *Journal of Communication Management*, Vol. 9 (1): 14 - 27.

21. Broom, Glen M.; Casey, Shawna and Ritchey, James. Toward a Concept and Theory of Organization-Public Relationships. *Journal of Public Relations Research*, 9 (2): 83 - 98 Copyright ? 1997, Lawrence Erlbaum Associates, Inc.

附录1①：关系评估量表

（请问您同意下列的说法吗？请在相应的格内划“√”）

Trust 信任	完全不同意	不太同意	说不准	比较同意	完全同意
1. 媒体（政府②）对待我们较为公正、公平	1	2	3	4	5
2. 当媒体（政府）做出相关决定时，我们认为他们会考虑到我们的相关利益	1	2	3	4	5

① Hon. L, Grunig, James E. (1999), Guidelines for Measuring Relationships in Public Relations. The Institute for Public Relations, Gainesville, FL

② 本次研究中特指没有媒体监管权力的城区一级基层政府，下同。

续上表

Trust 信任	完全不同意	不太同意	说不准	比较同意	完全同意
3. 媒体（政府）总是信守他们的承诺	1	2	3	4	5
4. 当媒体（政府）做出相关决定时，会考虑到我们的意见	1	2	3	4	5
5. 对媒体（政府）的影响力非常有信心	1	2	3	4	5
6. 媒体（政府）有能力去实现他们所做出的承诺	1	2	3	4	5
7. 媒体（政府）的行为有较为合理的准则约束着	1	2	3	4	5
8. 媒体（政府）没有误导我们	1	2	3	4	5
9. 我们非常乐意让媒体（政府）做出与我们相关的决定	1	2	3	4	5
10. 我们不信任媒体（政府）（reverse）	1	2	3	4	5
11. 媒体（政府）的行为一般都能达到其目标	1	2	3	4	5

Commitment 承诺	完全不同意	不太同意	说不准	比较同意	完全同意
1. 我们觉得媒体（政府）会努力维持与我们的长期关系	1	2	3	4	5
2. 我们可以看到媒体（政府）在实践中努力地维持与我们的关系	1	2	3	4	5
3. 媒体（政府）与我们存在着长期的关系	1	2	3	4	5
4. 与其他组织相比，与媒体（政府）的关系对于我们而言更重要	1	2	3	4	5
5. 我们乐于与媒体（政府）合作	1	2	3	4	5
6. 我们根本不愿意与媒体（政府）保持关系（reverse）	1	2	3	4	5
7. 我们对媒体（政府）不怎么关心（reverse）	1	2	3	4	5

Satisfaction 满意	完全不同意	不太同意	说不准	比较同意	完全同意
1. 我们对于媒体（政府）比较满意	1	2	3	4	5
2. 我们与媒体（政府）双方都从与彼此的关系中获利	1	2	3	4	5
3. 我们中的大部分人在与媒体（政府）的互动中比较开心	1	2	3	4	5
4. 总体来说，对于双方目前的关系状况比较满意	1	2	3	4	5

续上表

Satisfaction 满意	完全不同意	不太同意	说不准	比较同意	完全同意
5. 我们都很享受与媒体（政府）交往的过程	1	2	3	4	5
6. 媒体（政府）无法满足我们的需求（reverse）	1	2	3	4	5
7. 我们对于媒体（政府）是重要的	1	2	3	4	5
8. 总体而言，我们与媒体（政府）的关系价值不大（reverse）	1	2	3	4	5

Control Mutuality 相互控制	完全不同意	不太同意	说不准	比较同意	完全同意
1. 媒体（政府）与我们都会关注彼此的言行	1	2	3	4	5
2. 媒体（政府）认为我们的意见是有效的	1	2	3	4	5
3. 媒体（政府）在与我们的交往中会有些仗势欺人	1	2	3	4	5
4. 媒体（政府）真正倾听了我们的意见	1	2	3	4	5
5. 媒体（政府）的决策过程给予我足够的话语权	1	2	3	4	5
6. 当有机会与媒体（政府）互动时，我们感觉到对情况拥有一定的控制力	1	2	3	4	5
7. 我们对媒体（政府）的决策者具有一定的影响力	1	2	3	4	5

附录2：访谈提纲

一、记者访谈提纲

1. 请问您与荔湾区委宣传部平时的接触频繁吗？双方是否长期维持着良好的关系？

2. 请问您，在双方的合作当中，哪一方占据相对主导的地位？或是互有需求，平等相处？

3. 荔湾区委宣传部虽然对媒体没有管制权力，但其与媒体理应是平级的关系。可是荔湾区委宣传部的部长与科员都认为，在与媒体的工作接触中，他们应该保持弱势的姿态。请问您对此如何看待？

4. 请问荔湾区委宣传部与媒体的关系建构与维持是通过什么方式来完成的？（比如是私人交往，或是工作联系等。）

5. 请问您是否报道过关于荔湾区的突发公共事件？如果有的话，请问是哪几起事件？

6. 请问在突发公共事件发生时，一般是由您负责报道，还是由跑突发新闻的记者负责报道？或是由宣传部提供通稿？

7. 请问您觉得与荔湾区委宣传部所维持的关系是否会影响您对其突发公共事件的报道？如果有影响的话？主要体现在哪些方面？

8. 请问您觉得荔湾区政府的突发公共事件应对能力怎样？

9. 请问您觉得与荔湾区委宣传部所维持的关系是否影响到您对其突发公共事件应对能力的评价？

二、宣传部官员访谈提纲

1. 请问荔湾区委宣传部是否与媒体保持着良好的关系？您认为关系管理有意义吗？

2. 请您对荔湾区政府与媒体的关系做出描述。

3. 请问荔湾区委宣传部与媒体的关系程度是否有阶段之分？与不同媒体的关系是否有亲疏之分？

4. 请问您，在双方的合作当中，哪一方占据相对主导的地位？或是互有需求，平等相处？

5. 请问您认为媒介关系管理对危机应对有何影响？如何影响？

6. 请问危机（以禽流感为例）发生时的应对程序是怎样的？对媒介采取了什么样的策略？

7. 请问您认为影响危机中与媒体沟通的因素是什么？

公共危机中的公众：认知与沟通

公共危机事件中的政府新闻发言：一种议题管理的视角*

张　宁**

【摘　要】政府新闻发言在公共危机事件的传播管理过程中意义重大，具有安定社会，引导社会舆论，强化社会管理等重要意义。政府新闻发言是一种议题传播管理行为，这种议题管理包括政府对公共危机事件传播过程中的议题设置、议题培养和议题转移等多种传播管理行为。政府新闻发言在公共危机事件中可以通过议题设置，实现政府对公共危机事件的传播管理。积极有效的政府新闻发言体现了政府作为公共管理机关应该承担的公共信息告知，保证公众对公共危机事件的知情权，稳定社会，引导社会舆论，强化社会管理的职能。

【关键词】公共危机事件　政府新闻发言　议题管理

一、公共危机事件中的政府新闻发言

政府新闻发言是指由政府指定人代表政府对某个事件或问题告知相关信息，表明政府立场，说明对策，并作评论和总结的信息传播行为。在公共危机事件的传播过程中，最为重要并具有传播意义的政府行为之一就是政府新闻发言。一般来说，政府机构会在公共危机事件发生或者面临重大社会问题，以及政府认为有必要的时候，通过政府官员、新闻发言人或者其他指定代表在大众传播媒体面前进行发言，通过信息传播起到安稳社会、引导社会舆论、强化社会管理等重要作用。

政府新闻发言可以看成是一种政府议题的传播管理行为，这种行为具体包括政府对公共危机事件传播过程中的议题设置、议题培养和议题引导等多种管理方式，这些管理行为与公共危机事件或社会危机事件中的信息传播和危机应对的效果是密切相关的。公共危机事件中政府通过发言人在大众媒体上发言，对事件进行定义定位，说明事件的性质和对社会的影响，指导社会成员如何对应处理，这是议题设置。

同时，在公共危机事件的整个过程中，政府议题虽然从传播角度讲属于比较强势的

---

* 基金项目：中山大学二期“985 工程”公共管理与社会发展研究创新基地专项基金项目“社会协调发展研究”（90008－3173220）.

** 张宁，中山大学政治与公共事务管理学院公共传播学系副教授，博士。

议题，但是公共危机事件发生时社会传播环境的纷繁复杂和真假信息鱼目混珠的状况也需要政府不断对自己的议题进行维护和培养，通过各种事实信息的传播人让特定的政府议题不断壮大，在多个社会议题中成为公众认可的主流议题，这就是议题培养。

更重要的，从公共危机事件发生到结束的过程中，会有各种社会议题涌现，有时会与政府议题产生对立和抗衡的状况，政府新闻发言人通过媒体不断地对事件的发展、应对和处理进行解释和说明，维护政府议题的正当性，更正不当谣言，引导社会舆论的风潮朝符合公共利益的方向发展，让社会成员关注应该关注的问题，具有识别和拒绝不正议题的意识，这是议题引导。

通过政府新闻发言，政府在公共危机事件中可以做到对政府议题的设置、培养和引导，实现政府机构对公共危机事件的传播管理。政府新闻发言体现的是政府作为公共管理机关应该承担的公共信息告知，保证公众对公共危机事件的知情权，稳定社会，引导社会舆论，强化社会管理的职能，这种职能在公共危机事件发生时尤为重要。同时，重要政府官员或发言人在媒体面前的信息发布和立场表明，也是一种领袖人物和政府机构的形象建设活动。

我国政府在近年来开始逐步重视政府公共信息的发布和管理，尤其是突发公共事件发生后的政府信息发布活动。例如在过去的一年里，公共危机事件应对法草案被提交人大常委会审议，这表明政府对公共危机事件应对管理制度化的重视。公共危机事件管理的政府行为中危机传播管理是很重要的一部分，这个草案的多个要点也涉及公共危机事件的传播管理手段问题。但是总的来说，我国政府面向公众发布公共危机信息的积极性和主动性尚不够，也缺乏全面的管理意识。具体表现在以下几个方面：

第一，主动发言的意识不够。政府在公共危机事件发生时或其他社会问题显现的时候没有主动的发言意识，无法显现政府作为社会管理者在危急时刻的精神主导作用，政府的态度和立场如果不公开不明朗就不能保证各方面的危机信息包括虚假信息不会乘虚而入，使社会舆论更加复杂化。尤其是危机时刻，政府有责任保证公众对危机事件的知情权，也应该通过及时的信息发布来稳定社会情绪，实现社会管理。

第二，政府新闻发言太慢导致议题不明朗，引起社会成员的盲目猜测，导致社会舆论的不安定和复杂化。

第三，政府新闻发言不适当或错误会导致虚假议题和媒体自立议题的产生，如松花江水污染事件后当地政府“善意的谎言”的发言和教育部发言人“大学有如超市”的发言①，都适得其反地引起媒体和公众的议论和批评。

第四，政府在纠正上述不恰当发言时如果不彻底则会导致更多新的分支议题出现。

---

① 周之南．清华北大是办给富人的？［N］．新快报，2006－03－07.

二、政府新闻发言的传播学原则

从传播学角度来看，公共危机事件中的政府新闻发言涉及三个原则，即传播者需要有主动的发言意识，发言内容的合理设计，以及有效把握发言时机的问题。

积极主动的发言意识非常重要，这既关系到政府对公共信息公开和公众知情权重视与否的问题，也关系到树立政府议题的时间性问题。从信息传播效果的角度来看，公共危机事件发生后公众对危机信息有迫切的需求，第一时间出现的议题会给公众留下深刻印象，这些信息对危机性质的定位起决定性的作用。但是，因为公共危机事件发生时事件的具体状况往往不明朗，政府机关往往不愿意在这种环境下面对公众发言。而正是这种“害怕说错话”或者“担心引起社会混乱”的意识让政府在公共危机发生后公众最需要相关信息的时候“失言”，失去设置政府议题的最佳时机，而给其他媒体议题或社会议题乘虚而入的机会。公共危机事件发生后政府及时的发言表态是否会导致社会不安，关键在于政府新闻发言和表态的内容中是否设置了告知危机事件的概况和稳定民心的政府议题。

政府新闻发言的内容设计是一个非常重要的问题。政府新闻发言是一种信息传播行为，发言信息应该围绕本次危机事件作具体设计，并明确体现政府对公共危机事件的观点与对策。一般来说要顾及到发言基调、发言主题、理解框架和传播渠道的合理设置。①

第一是发言基调设计，即结合当前的危机事件表明政府的相关政策或决策，需要发言者表明对具体问题的清晰观点和立场。发言基调尽量要考虑到当前公众的关心所在，而且要贯穿整个危机传播过程的多次政府新闻发言中，需要较为全面的视角，这个基调还要明显反映在发言信息的标题或导语中。

第二是发言主题和关键词的设计。政府新闻发言是通过大众传播媒体表明政府对一个问题的原则或观点，这些原则和观点往往比较宏观，难以被理解和记忆，这就需要发言信息有一个简明的主题和一两个容易被记忆的关键词，这是考虑到传播过程中的媒体处理技术和公众的信息阅读接受心理。一般来说，简明的主题比较适合现代大众传播媒体的传播活动规律，因为简明的主题不但易于传播而且容易被媒体再加工。②

第三是发言信息的理解框架的设计。所谓信息理解框架是指每个信息中所含有的问题定位，观点立场的表明，原因分析和对策的明确，以及带有方向性的评论所构成的理解结构。③ 每个信息中都含有这样的理解结构，只是以往的政府新闻发言信息中这种结

---

① 邓聿文．哈尔滨供水危机是如何变成地震谣言的［N］．中国青年报，2005－11－25.

② 玛格莱特·苏丽文著，董关鹏译．政府的媒体公关与新闻发布 一个发言人的必备手册．清华大学出版社，2005：3—4.

③ Gans，H. *Deciding Whats news. A study of CBS evening news，NBC nightly news，Newsweek，and Time.*［M］. New York：Vintage Books，1979.

构带有较为浓厚的"官本位"意识或官方色彩，不容易被公众所接受和理解。政府新闻发言信息的框架设计要具有公众本位意识，设计容易为公众所接受和理解的信息框架。

第四是发言传播渠道的设计。政府新闻发言信息应该通过多渠道进行传播，对于危机事件的发言信息更应该挑选适合的传播媒介，以求达到较好的传播效果。在挑选传播渠道时首先应该对发言信息的目标公众有一个明确的定位，了解他们经常接触和喜爱的传播媒介，并且按照这些媒介的传播特点设计发言信息的具体内容，使信息符合媒体的新闻价值的要求。

三、政府新闻发言如何有效设置政府议题

有了积极主动的发言意识和科学的内容设计之后，如何把握发言时机也是不得不重视的问题。从传播学的媒体议题设置理论角度出发，政府应该按照公共危机事件发展的不同阶段来实施政府新闻发言，达到有效设置政府议题的目标。这种重视政府议题设置的政府新闻发言步骤应该包括从告知发言到总结发言六种不同的发言方式。

表1　政府新闻发言与议题设置的方法

发言步骤	发言的形态	发言的内容和作用	发言要求	使用传播形式	对应公共危机事件发展的阶段
1.	告知发言	●表明关注，基本立场和宏观原则 ●设置议题	迅速，主动	新闻发布会，记者招待会，媒体新闻通稿	刚刚发生时
2.	观点发言	●表明具体立场，事件定位，对应原则 ●在媒体和社会舆论中培养政府议题	明确，公正，准确，慎重	媒体访谈，媒体新闻通稿	发生后较短时间内
3.	正式发言	●强调政府观点立场 ●强调政府议题	明确，公正，准确，慎重，	新闻发布会，记者招待会，媒体新闻通稿	公共危机事件状况明朗化后
4.	追加发言	●对正式发言的补充，回应歪曲议题 ●纠正负面议题	具有针对性，相关数据准确	媒体访谈，媒体新闻通稿，新闻发布会，记者招待会	公共危机事件对应处理过程中

续上表

发言步骤	发言的形态	发言的内容和作用	发言要求	使用传播形式	对应公共危机事件发展的阶段
5.	评论发言	•评论媒体议题和社会舆论，对公共危机事件处理方式的评价，对不同立场不同声音的回应 •引导媒体和公众关注政府议题	公正，客观，全面，实事求是，	对负责人，专家的访谈，媒体采访	公共危机事件的处理接近尾声时
6.	总结发言	•形成多数意见和社会舆论，总结与展望 •强化政府议题	全面，公正	新闻发布会，记者招待会，媒体新闻通稿	公共危机事件处理告一段落后

首先，当危机事件发生后，政府应该主动、迅速地进行告知发言，表明政府对事件的关注，向公众告知目前为止政府部门获知的基本信息，以及政府的基本立场和宏观原则。由于危机事件刚刚发生时，事件的状态往往不明朗，所以告知发言的信息不能太复杂，表明政府的宏观立场即可，不需要联系事件作详细的说明和分析。信息量也要适当，避免过多地涉及未确定消息和传闻。这个阶段的政府新闻发言以时效性取胜，主动、迅速的发言表明政府职能的到位和政府对公众知情权的尊重，所以应该以易于体现主动性和便于信息发布方控制的新闻发布会及记者招待会为主，也可以通过主要大众传播媒体发布政府新闻通稿。

其次，当危机事件的状态初步明朗，有较为明确的相关信息被主管部门所掌握时，就应该进行初步的观点发言。这一步骤的作用是表明政府对危机事件的具体立场，对事件进行定位，告知政府的危机应对原则和手段，在大众媒体上树立政府的议题，适当引导社会舆论。本阶段的政府新闻发言重点在于对危机事件的定义定位，发言信息需要具体化，如对危机事件发生的准确时间、地点、状态和应对经过作陈述，需要相关数据和具体说明。这是对上一步初步发言的补充和明确，要结合事件的性质具体解释政府立场和观点。但是导致危机事件的原因调查往往需要较长时间，而且也是公众最为关心的问题之一，对此的发言需要慎重，对尚未能明确的要素不要做肯定和详细的说明。观点发言的信息和态度都要求明确、公正、准确和慎重，发言议题少而精，避免产生歧义和误解的解释，最好使用媒体通稿的发布形式。

再次是正式发言。在公共危机事件状况明朗化，相关原因的调查有了结果后，政府部门需要通过发言来引导媒体报道和社会舆论。正式发言应该由相关政府部门的负责人或这个部门的新闻发言人进行，发言信息包含对危机事件的概况和社会影响的概述，以及对诱发危机事件原因的分析。正式发言的信息既要强调政府的宏观方针也要详细说明具体对策，应该通过影响力较大的主要传播媒体进行发布，这是突发事件传播管理过程中最为重要的一次发言。

追加发言是对正式发言的补充，一般来说在危机事件引起了各种社会传闻和流言飞语，或者媒体的不适当报道引起社会较大反响时进行。目的是通过政府新闻发言回应媒体上的不适当议题，或者社会上出现的歪曲议题。追加发言要求针对相关话题或当前的某种现象表明政府观点和立场，运用相关事实和数据来说明情况。

评论发言则是政府在必要的时候针对危机事件处理过程中出现的有争议性的问题进行评论，例如对媒体的相关报道和引起社会讨论和争议的焦点，再次表明政府的立场和对公共危机事件处理方式及结果的评价，也是对危机处理过程中社会上不同立场不同声音的回应。评论发言要求公正、客观、全面，有理有据，实事求是。

最后是总结发言，这是政府在危机事件处理完毕或者告一段落时所作的总结和展望，主要目的是总结危机处理的经验，发现问题，表彰在危机处理过程中有突出贡献的团体和个人。同时也能起到团结社会力量，形成多数意见和社会共识的作用。总结发言要求全面和公正，一般由职位较高的政府官员或其委托的新闻发言人进行发言。

在以上六步的政府新闻发言步骤中，告知发言、正式发言和总结发言是必需的，其他的发言步骤应该按实际情况适当增减或作前后调整。例如，追加发言可以在社会舆论呈不安定状态的时候实施，他可以放在告知发言和总结发言之间的任何一个必要的阶段中。

四、树立政府新闻发言的议题管理意识

近几年我国的公共危机事件较多，我国政府在促进危机处理机制和防范机制的建设方面成果显著，与过去相比，危机传播的方式和主动性也有较大的改善和提高。但是危机传播过程中的政府新闻发言行为还不规范，还属于“摸着石头过河”的探索阶段，大部分的政府新闻发言信息还是缺乏整合设计意识，官方语言和政府公文色彩浓厚，缺乏对传播过程和效果的调控管理意识。主要原因应该是政府部门的信息发布者尚未认识到公共危机事件中政府新闻发言行为的重要性，也未掌握有效的传播方法和实践操作能力。

对此，我国政府部门的信息传播者应该首先认识到信息社会里政府信息传播的重要意义，尤其是危机发生时政府新闻发言的重要性。针对公共危机事件的政府新闻发言是为了使公众更快更好地接受和理解政府的危机处理的立场和对策，这是政府尊重公众的知情权、更好地为公众服务的一种方式。

作为社会管理者的政府在公共危机事件发生时，首要的职责是满足公众对公共危机事件的信息需求和维护社会的稳定，这两者并不是矛盾的，关键在于政府新闻发言、新

闻发布会、记者招待会等政府机关的危机信息传播活动能不能及时有效地树立政府议题，让公众了解危机状况，舒缓不安，得到安抚，更快更好地接受和理解政府的危机处理立场和对策。这正是政府新闻发言要重视设置政府议题的意义所在。而政府新闻发言的议题设置效果需要在时间、内容和方式上给予科学的把握，尤其在方式上，由于公共危机事件的种类和性质不尽相同，政府信息传播者应该在理论上有所理解，在现实中不断实践，积累经验并且规范化。

同时，政府新闻发言更是一种需要科学传播手段辅助的传播行为。科学有效的政府传播行为首先要树立整合传播观念，从政府新闻发言的主动性、内容设计和传播时机上都要体现整合意识和科学性。政府新闻发言的步骤也应该从议题管理的角度出发，重视对整个传播过程的时效、手段和效果的控制。信息化社会中政府的各种职能都与传播行为有关，一次有效的政府传播行为往往能起到意想不到的社会效果。政府新闻发言行为是政府各种传播行为中较为重要的一种，应该从整合传播的角度对方式方法和过程效果给予重视和科学调控，对发言信息的结构和传播过程都要有整合意识，这样才能取得好的传播效果。

信息化社会中政府的各种职能都与传播行为有关，一次有效的政府传播行为往往能起到意想不到的社会效果。政府新闻发言行为是政府各种传播行为中较为重要的一种，应该重视公共危机事件中政府议题的及时有效的设置和传播，对政府新闻发言的信息和传播方式要有整合意识，以保证有效的传播效果。

【参考文献】

1. 周之南．清华北大是办给富人的？［N］．新快报，2006－03－07.
2. 邓聿文．哈尔滨供水危机是如何变成地震谣言的［N］．中国青年报，2005－11－25.
3. 玛格莱特·苏丽文著．政府的媒体公关与新闻发布　一个发言人的必备手册．董关鹏译．清华大学出版社，2005.
4. Gans，H. *Deciding Whats news. A study of CBS evening news*，*NBC nightly news*，*Newsweek*，*and Time.*［M］. New York：Vintage Books，1979.
5. Gamson，W. A. *News as Framing*［J］. American Behavioral Scientist，1989.

企业引起的危机和媒体的社会责任
——以日本为例

游川和郎*

【摘　要】本文通过对日本"危机管理"以及企业危机案件的介绍来阐述日本的媒体社会责任，本文认为自然灾害或大事故发生时，媒体应该迅速、及时地报道灾情，提供准确信息，以便协作救助、防止扩大损害、调动各种资源。此外，公众也应承担监督媒体的责任，这样才能更好地监督媒体，保护自身的利益。

【关键词】危机管理　企业危机　媒体责任

一、日本"公共危机"概念

在日本一般不使用"公共危机"的词语，而"危机管理"的使用在社会上很普遍。"危机管理"包括地震、台风、海啸、洪水等自然灾害，流行病以及突发事件、恐怖活动、周边的军事行动等国家安全问题。这些危机跟中国的公共危机概念比较相似。

但是在日本"危机管理"主要是以企业为主体的概念。企业面临的危机主要是产品引起的安全事故、产品质量和恶劣服务问题、忽视企业社会责任、管理机制的严重漏洞等等。

和中国不同的是，日本已经度过高成长、矛盾频发期，处于成熟稳定期。政府危机发展到真正危机的可能性不很大。社会上对公共危机的意识比较淡薄。但是企业活动中一发生突发事件，就影响到企业的生存。所以企业和社会都对企业危机非常敏感。

二、在日本发生的企业危机案

过去几年，涉及人命的企业危机案如下：

- 雪印奶业（牛奶中毒）；
- 三菱汽车（隐瞒召回、卡车脱轮）；
- 森大厦（回转门事故）；
- 松下电器（煤油暖房器的煤气中毒）；

* 游川和郎，北海道大学国际广报媒体研究科。

- 百乐满（煤气热水器的煤气中毒）；
- 迅达电梯（安全系统保养问题）；
- 西日本铁路（列车脱轨）。

其中，雪印奶业中毒事件是典型的企业危机案。雪印奶业于1925年创业，是日本奶业界的三大企业之一。2000年，由于卫生管理的漏洞，发生广范围的中毒事故。受害者14780名。公司不成熟的管理机制、不诚实的应对方式、干部不负责任的发言引起了消费者的强烈反感，严重损害了企业形象。2002年，子公司又发生诈骗收取补贴案。消费者进行抵制行动，陷入清算处理。

雪印事件留下的教训是什么？企业突发事件影响到企业的生存。产品的质量问题次于危机管理问题。企业应该重视预防危机管理机制，重新认识"公关"的关键作用。

三、媒体在危机发挥的作用和任务

发生危机时，媒体该发挥哪些作用？自然灾害或大事故发生时，媒体应该迅速、及时地报道灾情，提供准确的信息，以便协作救助、防止扩大损害、调动各种资源。灾害告一段落后，反复论证危机的根本原因和监督政府的应对机制。政府自然受媒体的监督。

在发生企业产品事故时，媒体及时报道事故情况，提醒该产品的危害性。然后追踪报道企业采取的措施，以便论证原因和预防重演事故。同时揭发企业的怠慢行为，监督企业的社会责任。

表1　危机管理的对象和媒体的作用

	政府的危机	企业的危机
对　象	自然灾害、安全事故、流行病、突发事件等国家安全问题	产品质量问题、恶劣的服务、忽视企业社会责任、管理机制的严重漏洞等
媒体的作用	发生时 • 迅速、及时报道灾情 • 提供准确信息，协作救助，防止扩大损害，调动各种资源 事后 • 论证危机的根本原因和监督政府的应对机制	发生时 • 及时报道事故情况 • 提醒该产品的危害性 事后 • 追踪报道企业采取的措施 • 论证原因和预防重演事故 • 揭发企业怠慢，监督企业社会责任

四、谁来监督媒体的权力

忽视企业社会责任、管理机制存在严重漏洞等时候，企业会面临危机。雪印事件留下的教训是危机管理问题的重要性。不管事故的严重程度如何，处理善后问题的好坏都关系到危机的最后结果。在此，媒体有力量能够终结企业生命。企业应当认识危机时的媒体作用，谨慎对待媒体的权力。

另一方面，媒体往往“炒作”企业危机，过度指责企业，产生不良倾向。媒体也应当自觉担负本身的社会责任，慎防滥用权力。

那么，最后应该谁来监督媒体的权力？答案不是政府，而是公众。监督媒体权力的关键在于公众的素质。媒体的水平最终一致于公众的水平。公众对有秩序的社会应当尽责任。

把握化解社会矛盾的警策

段华明*

【摘　要】当今社会矛盾的种种表现，有些是可以预料的，有些是难以预见的，即使我们各项工作都做出了很大努力，也不可能完全避免突发事件和预料之外的情况。我们要认真研究社会矛盾的特点和规律，积极理性地把握化解现阶段社会矛盾的警策：因势利导，化危为机；处变不惊，坚定不移；程序规范，机制体现；吃透下情，积极主动；见微知著，防微杜渐。

【关键词】社会矛盾　化解　警策

一、社会阶层结构发生重大变化，各种社会矛盾集中显露

在改革和发展的双重推动下，我国社会正处在重新分化、组合、构造之中的社会转型时期。这一时期是改革开放取得较大效果的时期，也是社会阶层激烈分化的时期，整个社会结构逐步分化为若干个阶层，这些阶层都有了自己特殊的利益和获得这种利益的渠道，产生了维护自身利益的政治诉求，出现了复杂的利益关系和内部矛盾。就整个改革的过程来说，利益矛盾最尖锐的就是这个时期。合理协调阶层利益关系，是社会转型时期的关键。

广东改革开放先行一步，经济转轨和社会转型较早，利益分化更加明显，是我国社会结构变动最为剧烈的省份之一。笔者作为负责人之一完成的广东省政府重大决策咨询课题《广东社会结构变动趋势研究》（2005 年 5 月），以在业人员的职业结构为划分基础，以社会成员对于组织资源、经济资源、文化资源的占有关系为基本依据，分析广东的社会结构现状，认为改革开放至今，广东社会结构发生了重大变化，已经演化为六大社会阶层。这就是：国家机关、党群组织、公有制企业、事业单位负责人阶层；私营企业主阶层；中间人员阶层（含专业技术人员、国家机关、党群组织工作人员、受雇于外商、私营企业的技术人员和管理者、自由职业者、个体工商业者等）；工商企业职工阶层（商业、服务人员和生产、运输设备操作人员及有关人员、商业服务业员工）；农业劳动者阶层；城乡无业、失业、半失业者阶层。

---

* 段华明，广东省委党校现代化战略研究所所长、教授。

广东社会阶层结构变化的特征是：农民群体不断分化；私营企业主阶层形成；中间人员阶层迅速扩大；工商企业职工阶层重构和壮大；城乡失业、半失业者阶层开始出现。工商企业职工阶层和农民劳动者阶层比重占70%左右，中间人员阶层比重仅占18%。广东社会结构的变迁，尤其是呈现上小下大“洋葱头”状的社会阶层结构，使广东各种社会矛盾暴露得较早、较集中。

一是随着贫富差距的拉大，会使一部分低收入群体诱发对旧体制的眷恋情绪，他们会怀旧，觉得今不如昔。这种眷恋情绪一旦蔓延开来，很可能同由于改革开放深化和不断取得成效而沉寂下来的极“左”思潮相结合，一些抱有极“左”主张的人，可能会打着“维护人民群众根本利益”的旗号，改头换面地贩卖“左”的一套，使改革的舆论环境呈现出错综复杂的局势。

二是各社会阶层的代表不可避免地会提出所代表的特殊阶层利益的理论表达，使改革开放的环境趋于复杂，以致影响到决策，在实际操作层面的协调之外，增加了思想层面的协调负担。这也就是这一时期党中央强调坚持正确舆论导向，在解放思想中统一思想，在统一思想中深化改革的原因所在。

三是由于改革开放处在攻坚阶段，情况相当复杂，各项改革措施牵一发而动全身，系统性非常明显。不像改革开放初期那样，出台一项改革措施，就能带来实实在在的效果，社会成员普遍能够受惠。如今改革的成本增大，使得改革难以一时取得突破性进展，这就容易使人们总感到现行的改革措施不过瘾，产生激进情绪。

四是社会转型时期最大的危险在于，在经济高速增长条件下可能出现的社会失调。事实上，困难条件下出现的一些社会失调，在中外政治史上是比较好应付的。比如20世纪60年代初的我国三年困难时期，从领袖到老百姓，全国上下同心同德，共度时艰，比较顺利地走出了困境。但是，经济增长、甚至繁荣时期出现社会失调，则难以对付。美国独立战争、英国革命、法国大革命、俄国革命即十月革命，这是历史上著名的四大革命，它们发生的前夜都是经济高速发展和繁荣时期。因为人们的欲望激发出来了，又出现很大的不平衡，所以会起来闹事。在社会转型期，由于利益矛盾非常复杂，尽管经济在高速发展，而一旦出现社会失调，那是格外严峻的挑战和风险。

二、认真研究社会矛盾的特点和规律，把握化解的警策

当今社会矛盾的种种表现和问题，有些是可以预料的，有些是难以预见的，即使我们各项工作都做出了很大努力，也不可能完全避免突发事件和预料之外的情况。我们要认真研究社会矛盾的特点和规律，积极理性地应对。这里提出化解现阶段社会矛盾的几点警策。

警策之一——因势利导，化危为机

大量的社会矛盾属于人民内部矛盾，这应是我们的一个基本认识。有些“意外事件”实际上只是与我们的陈旧观念相冲突罢了，用过去的观念衡量似乎是不可思议，

但以现代眼光来观察却是题中应有之义。毛泽东同志就曾指出："在我们这样大的国家里，有少数人闹事，并不值得大惊小怪，倒是足以帮助我们克服官僚主义。"[①] 各种突发事件实际上也暴露了我们体制上的某些不完善之处，或与社会发展的不适应之处。一些群众为何要"闹事"？尽管他们中可能会夹杂着不良、不正确的因素，也可能有个别害群之马。但就多数人而言，确实是为自己的权益而来，为自己的不平而呼。因此，当事情和问题出现的时候，党政官员要冷静思考，换位思维，将心比心，这样才能抓住问题的关键，较有利于化解矛盾，并善于化被动为主动，把处理社会矛盾的过程变为改革领导体制的契机，化危为机，除弊兴利。

以往的实践表明，每当社会矛盾引发大的事件时，很容易导致政策上的大幅度摇摆，造成不必要的社会紧张，严重时还会出现暂时的倒退。这说明，我们领导体制的应变能力还不足以恰当地处理社会事态的非常发展。在社会矛盾甚多，社会风险几率增加，比以往更带有连锁反应特点的环境下，提高党政领导体制的适度反应能力显得尤为重要，以期在面对可能的和已经发生的各类事件时，能够保持实事求是和积极向上的精神状态，沉着有序，因势利导；否则，就很难对事态作出恰如其分的分析，也就有可能作出过度反应。

警策之二 ——处变不惊，坚定不移

任何处置社会矛盾的措施，都不得危及改革开放的基本国策，都不能改变以现代化建设为中心的基本路线，这是基本的原则。我们务必始终牢记党的经典性论断：发展是硬道理，发展是执政兴国的第一要务。

处置社会矛盾的举措不能影响改革和发展的进程，这是我们的基本前提。向前进势必会有风险，但停顿是没有出路的，裹足不前要不得。正确的选择是，不管风吹浪打，都坚定不移地推进改革开放，决不为一时情势所迫而朝令夕改。要使党政领导体制的应变能力与整个社会的承受能力相适应，有力而恰当地控制整个社会的发展方向、速度和重点，保持和创造有利于改革和发展的大气候，形成和维系现代化建设的社会环境。

我国正当结构转型和改革攻坚之际，根据社会政治学的观点和世界现代化的历史经验，难免会出现这样那样的问题，今天大门被围，明天交通堵塞，其实都是比较正常的。我们应当临危不惧，处变不惊，学会在游行示威声中、在请愿上访声中深化改革，加快发展。只有这样，才能赢得持久的稳定。否则，那种表面的、被动的稳定，迟早会出大问题。不断深化改革和推进发展，方为缓解社会矛盾的灵丹妙药。

警策之三 ——程序规范，机制体现

新中国成立标志着人民当家作主。较长一段时期里，我们是由党来代表人民管理一切事务，搞计划经济，其范围无所不包。人们视这种"代替型"民主为理所当然——共产党能为群众流血牺牲，还有什么可怀疑的？即便发生失误，群众也能够谅解。

---

① 毛泽东文集．第7卷：237.

今天，我们转型到市场经济，人们自主自立意识增强，“代替型”民主就不够了，光凭简单的行政命令也不行了。有些事，群众会希望党和政府给自己提供良好条件；但另一些事，群众则希望自己来解决。如果还要大包大揽，群众就会反感，就会不满意，还会产生逆反心理。政府做对了，那是应该的；一旦做错，则会怨声载道。

市场经济是法制经济，讲究规则和程序。联系到村民自治的情况看，农民群众更注重直选的形式，先看是不是符合程序，是不是公开、透明。不然的话，明明推荐的候选人不错，可他就是不投你的票。正如张德江同志针对征地补偿所讲的：“有些工程图省事，把钱给县里，县里跟乡里谈，乡里跟村里谈，村里再给老百姓，过程不透明，即使没有‘猫腻’，农民也认为有‘猫腻’。”

在新时期、新形势下，各级党委、各级领导干部的执政能力，更多地体现为遵守规范和程序，“如果图省事，反倒惹麻烦。”（张德江）实事求是地说，这种规范和程序我们是缺乏的，因为我们搞政治建设的注意力长期没有往这上面放，而时下社会矛盾的大量问题都与此有关。比如农民对征地有不同意见，相当一部分以上访、匿名信、告状甚至群体性事件这种畸形的方式表现出来。所以，各级党委、各级领导干部的执政能力，需要用精巧、科学的体制和机制体现出来，以保障尽可能不出事，或不出大事，即使出事也能及时解决。

警策之四——吃透下情，积极主动

因征用土地而引发农民上访是社会矛盾的突出问题之一。张德江同志把这个问题看得很重，他指出：“一定要到被征地农民中去做好思想宣传工作。与农民一户一户地谈，把群众的工作做好了，才能开工。”“我们现在好多事情，问题就出在没有进村入户，没有跟群众说清楚。形势变了，我们的工作方法一定要跟上去。”这些话很重要，有老话，也有新话。

群众工作是党同人民群众保持联系的一个基本渠道，现在这个问题让人担忧。就干部来讲，成天忙于文山会海和各种应酬，有多少时间在联系群众？群众工作的薄弱环节是农民。农民在想什么，他们的愿望是什么，出现了问题怎么去教育引导？不可等闲视之，需要认真研究。共产党要长期执政，没有农民的支持，得不到农民的理解和拥护，巩固执政地位，保持国家长治久安，就会流于空话。在市场经济、联产承包、村民自治条件下，要积极主动而不是被动应付，不是停留在口号和一般要求上做农民群众的工作。

做群众工作，要善于发现问题和解决问题。一些干部没有问题意识，不善于发现问题，眼睛看不到情况，头脑没有分析，手里没有措施，以至于小事闹成了群体性事件。因此，各级党政领导干部一定要有问题意识，特别是在形势好的时候、发展快的时候，要看到存在的问题，密切关注社会问题。在此时此刻这样一个矛盾凸显期，更要注意综合分析情况，吃透上情，吃透下情，吃透省情，吃透党情，吃透人情，善于发现问题，妥善解决问题，从发现问题入手维护稳定，从解决问题入手促进发展。

警策之五 ——见微知著，防微杜渐

任何社会矛盾引发的事故总有征兆，不仅要居安思危，把隐患消灭在萌芽状态，而且要善于从其他事故中汲取教训，一叶落而知秋。

中外一些闹事风波，一开始常常只有少数人，由于疏于监察和防范，后来才发展到难以收拾的地步。2005 年法国巴黎骚乱蔓延，是一名内政部长不假思索地称弱势群体为“暴民”，侮辱性词汇激化了矛盾，使主谋者煽动其他阶层人员加盟，也使同情者倒向与政府对立，使看热闹者转化为参与者。

起因微不足道，最终却导致矛盾激化，时有发生。有的是一时难以化解的矛盾与感情纠葛，领导与群众、同事之间一点小小的误解摩擦；有的是一个漫不经心的举动，偶然事件激发了不满情绪；同样一件事，在这群人里没什么反应，在另外一群人里就会闹事；有时看似不相干的原因，如街头纠纷，也会导致矛盾激化。2004 年重庆万州事件，起因是有人路上打了人并自称是什么公务员，由此聚集了上十万人，发生焚烧警车、打砸政府办公楼以及哄抢物品的事件。近来一些较大规模的群体事件，多是由于地区和部门的领导干部警惕性不高，工作不深入，失职渎职，形式主义、教条主义和官僚主义，一些群众的不满情绪不能及时发现，一些不稳定苗头不能及时化解，酿成不该发生的事端和风波。

气象学家洛伦兹提出，一只南美洲亚马逊河流域热带雨林中的蝴蝶，偶尔扇动几下翅膀，导致其身边空气系统发生变化，引起四周其他系统相应变化，可能两周后在美国得克萨斯引起一场龙卷风。蝴蝶效应发人深省：小事或小处不注意，就会酿成大祸或造成严重损失。

战国时宋玉《风赋》曰：“风起于青萍之末，侵淫溪谷，盛怒于土囊之口。”是说风从地上产生出来，开始时先在浮萍草头上轻轻流动，接下来吹遍河流山谷，最后聚集在山口，成为盛怒的飙风了。还有古话说的“失之毫厘，差以千里”、“患生于所忽，祸起于细微”、“千丈之堤，以蝼蚁之穴而溃”等等，这些防范风险的中国古典智慧，对于化解现阶段的社会矛盾有着规律性启示：未雨绸缪，曲突徙薪，见微知著，防微杜渐，先下手为强，防患于未然。

日资企业引发的公共危机与网络议题管理

张 宁[*] 黄小熳

【摘 要】长久以来，在中国公众，尤其是网络公众心中一直存在着一种“反日情结”。而日资企业在华发展的历程中，存在着重视政府公关、忽视顾客公关，重视传统媒体、忽视网络媒体，重视产品信息传播、忽视企业形象信息传播的特点，这种特点导致其面临着一些潜在公关危机的威胁。当其由于产品质量、文化冲突等原因爆发企业危机时，极易触动中国公众的“反日情结”，引发大规模的反日行为，从而导致危机范围延伸到公共领域，演变成一场公共危机。这种现象给政府的公共危机管理提出了新的课题——如何妥善地应对日资企业引发的公共危机，本文认为，进行网络议题管理是防范、解决这种危机的有效方法。

【关键词】日资企业 公共危机 网络媒体 议题管理

近年来，与日资企业有关的话题频频成为媒体报道的热点，其中负面报道较多。例如东芝笔记本电脑、索尼电视机等产品质量问题，丰田“霸道”汽车广告引发公众抵触情绪，以及2005年在我国几个大都市里发生的抵制日货和涉日游行的民众行为，这些问题既可以看成是日资企业的公共关系危机，也可以说是一种由日资企业引发的公共危机，因为在这种危机中不但有成千上万的人上街示威，伴有过激行为，事后还导致了中日关系的紧张。事件的形成和日资企业的对策既反映了目前外资企业在华公关的现状和问题，也反映了我国公共管理领域中一种新的危机形态，提示我们重视由日资企业引发的公共危机，并重视网络媒体的传播管理。

一、日资企业引发公共危机的原因

（一）日资企业在华公关的特点

日本国际协力银行2005年5月的一个调查反映了大型日本企业选择中国的理由，70%的企业同意“中国是很有魅力的投资地区”，而“成本低廉”和“市场越来越有前景”则是日本企业选择中国的首要理由。日资企业在资本进入中国、开发中国市场的

---

* 张宁，中山大学政治与公共事务管理学院公共传播学系副教授，日本筑波大学传播学博士；黄小熳，中山大学政治与公共事务管理学院公共传播学系硕士研究生，广州体育学院体育艺术系助教。

同时也开展了面对中国市场的公关活动，最为显著的特点是积极的政府公关、大面积长时间的商品广告和各种社会公益活动，这样的公关活动使日资企业在中国的市场开发相对来说比较顺利。但是，日资企业的在华公关活动也正是因为这样的特点而导致了一些潜在公关危机的产生。

第一，日资企业比较重视在华政府公关。一般的大型日资企业在进入中国市场前都会对中国的政治和经济制度作深入的研究，不少大型企业提供研究经费给一些经济研究所，专门研究日资企业如何在中国站稳脚跟，其结果都会把公关的重点放在政府关系上面，例如日立公司公关部门的名称为“政府事务与市场战略部”，可见其公关的定位是在政府和市场这两个要点上。与当地政府保持良好的关系，支持当地政府的管理措施，因此也在发展方面得到地方政府的支持，这些都是日资企业做得比较好的地方。

但是公关的重点被放在政府关系上，往往会忽视同样重要的顾客公关。这是第二个特点，即相对政府公关来说，日资企业的顾客公关很不到位。在这方面日资企业的做法可谓“广告第一，公关第二”，商品广告美轮美奂，铺天盖地，占据了大城市最瞩目的地段和视野，在媒体的黄金时段反复播放。这种做法在一段时间内确实能起到被关注、被认识的作用，但是无法打动人心，反而会因“财大气粗”而导致消费者的反感。而且一些广告和顾客公关活动中也有“文化失策”现象。日资企业由于对中国的国情民声和历史文化缺乏深入了解，与消费者之间缺乏足够的交流平台，诉诸人心的公关活动少，而广告也曾因为触及中国消费者的民族文化情感而导致危机。譬如2003年的丰田“霸道”广告危机，在《汽车之友》杂志所刊登的“霸道”车广告上，两只石狮蹲居路侧，其中一只伸出右爪向“霸道”车做敬礼状，广告文案为“霸道，你不得不尊敬”。由于石狮是我国传统民族文化的代表之一，而且有读者认为广告画面上的石狮子让人联想起卢沟桥，蕴涵着太浓的政治象征意义。2003年12月4日，《解放日报》以“日本丰田汽车霸道广告有辱民族尊严”为题报道了该事件，同日几大门户网站及相当多的媒体进行了转载，大规模地触动了国人敏感的民族情绪，引起轩然大波，对丰田汽车的指责与声讨不断。

第三，在大众媒体的传播方面，日资企业的重点在于商品信息的大量深入传播，而忽视企业形象建设，可谓商品公关先行，企业形象落后，消费者可能喜欢其商品，但是对生产商品的企业无多大好感或印象，这可谓一种公关不平衡，一种公关失策。其实，日资企业也有做得好的公关活动，这就是热心社会公益活动的社区公关。他们进行社区公关的主动意识和长期意识比较强，当所处社区发生自然灾害和突发事件时，日资企业会积极捐款，他们还比较重视环境保护和教育活动，参与当地环保教育活动的日资企业为数不少。但是，从公关角度来看，日资企业很少在媒体上对外传播自己的社区公关活动信息，只有部分企业在自己的主页上发布相关信息，在大众媒体上则显得发信力不足。

第四，日资企业在公关传播方面存在重视传统媒体、忽视网络媒体的现象，这正是本论文准备深入探讨的问题。纵观改革开放后日资企业来华发展的历史，出现过几次较大的日资企业信誉危机，如东芝笔记本电脑、三菱帕杰罗越野车、松下手机、日航事件、丰田汽车广告事件和朝日啤酒事件；此外，中日两国的政治纷争所引发的网络反日风潮无一例外地会波及日资企业，“抵制日货”一直是中国公众反日言论中的不减的呼声。这些事件的舆论形成场所和扩散源头大多是网络媒体，而日资企业恰恰忽视了网络媒体的议题管理这一课，所以会时时遭遇在华信誉危机。

日资企业重视政府公关而在某种程度上忽略顾客公关，在公关传播方面较为重视传统媒体以及商品信息的传播而相对忽略了网络媒体及企业形象信息的传播，这种公共关系活动特点导致了日资企业面临着一些潜在公关危机的威胁。而当这些危机真正爆发之时，又由于中国人心中积蓄已久的反日情绪而导致了危机的扩大，甚至引发一些大规模的反日言论与行为，演变成一种公共危机。日资企业的在华公关有意无意地忽视了我国公众、尤其是网络公众的心理特点。

（二）中国人的反日心理

在中国公众当中，“日本”从来都是一个敏感的符号，中日关系也是一个极具争议性的话题。日资企业在中国发展的过程当中，稍有不慎便极易“点燃”国人的“反日”民族主义情绪。我国公众的反日情绪根源于日军侵华的历史，而日本政府，尤其是日本右翼势力的种种不负责任甚至挑衅的行径，将这个历史重负愈压愈重。反日，成为中国人“最强大、最广泛的政治激情”。据《中国青年报》的调查表明，99.4%的中国青年认为必须牢记日本的罪恶史，95%以上的人认为绝不能容忍日本右翼分子美化罪恶，毒化日本下一代，80%以上的人认为日本正走向军事化的危险道路，认为日本对亚洲以及世界和平构成威胁。在对日本民族的性格评估中，半数以上的人选择了“残忍”作为主要特征。而近年来，国人的反日情绪更是伴随着日资企业危机事件或是中日政治问题纠纷阶段性地出现高潮。正如有位网友针对反日情绪所评论的：在中国青年一代中，弥漫着一种强烈的仇日情绪，这种情绪并没有伴随着日本文化（流行乐及其他）进入中国而有实质的改变，却在互联网越来越普及的背景中发展壮大了。

中国民众的反日心理是十分复杂的。在大多数国人心中，由汉唐开始，日本便是在中华庇荫下生存的一个小国，中华文明对于日本的影响也是毋庸置疑的。而中国近代史上最大的耻辱竟是受自于原本臣服于自己的日本。因此，对于日本，中国人的情感一直都是复杂而敏感的。日本政府对于中日间的历史问题向来的表现缺乏足够的善意，这更激化了中国民众本就挥之不去的反日情绪。绝大部分的中国人对于“日本”这个符号已经有了心理暗示，在接受关于日本的任何信息之前已经主观假定了“日本”这一属性是邪恶的，这是一种短期内无法改变的预存立场。

中国公众的反日心理可大致分为两种主要类型：极端反日与理性反日。理性反日者反对的是日本右翼，而不是口号式的无差别的反日。这一类型的反日者是难得的拥有平和心态的网民，有较强的辨识能力，不易受狂热情绪所感染与左右。而极端反日者则反对范围较广，一切与日本相关的事物都是他们反对的对象，在谈论起中日关系时都是群情激昂地讨伐日本，倡议抵制日货，甚至有部分人会采用大而化之的口号以及谩骂的形式来宣泄对日本的不满。相对于理性反日者而言，极端反日者更容易将日资企业危机放大，上升到民族情感层次，甚至引发大规模的反日行为；此外，也更容易将政治问题引发的"反日激情"指向日资企业。

这种个体的极端反日情绪在遭遇群体时，则演变成一种广泛的反日舆论。法国社会心理学家古斯塔夫·勒庞在其传世名作《乌合之众——大众心理研究》一书中，极为精致地描述了群体心态。他指出："约束个人的道德和社会机制在狂热的群体中失去了效力。""群体是个无名氏，因而也不必承担责任"；"在群体中，个人易于接受暗示，每种感情与行为都有传染性，其程度足以使个人随时准备为集体利益牺牲他的个人利益。"而"在群情激奋的气氛中的个人，会进入一种特殊状态，类似于被催眠的人在催眠师的操纵下进入的迷幻状态"。极端反日情绪的弥漫与极端反日舆论的形成契合了这样的群体心理状态。

在这种极端反日的群体心理状态下，日资企业的危机十分容易被放大，且远远超出其本身的危害范围，甚至导致反日游行及一些过激行为，严重者影响中日两国国家关系，形成一种公共危机。

二、网络媒体与日企引发公共危机的过程

（一）网络反日议题的传播

由于中日之间的战争历史，日资企业在华发展始终存在着一个特殊的环境公关的课题，例如多年来中国社会的反日舆论时涨时落，形势不容乐观，这种局面是日资企业必须面对的。应该看到，这个特殊的环境公关的课题与网络媒体密切相关。最近几年，中国的网络媒体处于急速成长的阶段，网络媒体对中国的社会舆论和动向的影响也越来越明显，同时，网络使用者的阶层有一种由精英阶层向大众阶层扩散、年轻的网络使用者不断增多的趋势。

具体地说，日资企业在华公关的状况与新浪、搜狐、网易等大型网站发布日企信息有很大的关系。这些网站的新闻发布量远远超过大型的印刷媒体，与日本有关的新闻信息可以说是大型印刷媒体的四倍，网站新闻还可以设立专题专集，供有兴趣者集中阅览。从报道内容上看网络媒体的新闻与传统媒体相比更偏向于负面要素，例如对2005年4—8月新浪网有关日本的报道共有433篇，其中正面报道占7%，负面报道占45%，而且比2004年负面报道的比率有上升趋势。[①]

由于大型网络媒体具有这样报道特征，它也成为近年来反日舆论的形成地和信息扩散地，2005年4月的反日游行就是通过网络媒体的传播而组织实施的。新浪网在3月

---

① 北京世研信息咨询有限公司的相关统计报告．中国的日本企业印象．

组织了反对日本加入联合国常任理事国的签名运动，随后搜狐和网易也参加进来，据说后来的签名达到4000万个，由此可见网络媒体传播效力的巨大。除此之外，新浪等大型网站还承担了反日游行信息的传播和组织的职能，网上的信息发布和游行动员比其他媒体和社会组织有更大的自由度，其受众多为青年人，号召力和影响力也更大。

日企舆论危机的形成地确切地说应该是网络论坛，网络论坛是事件的发信源和扩散源，扩散途径是先由网络媒体树立传播议题（前期传播）和扩大议题（中期传播），再由传统媒体向非网络传播范围扩散议题（后期传播）的传播方式，其特点是中期和后期传播的速度极快，传播范围包含网络与非网络的各阶层受众，由于事先已有网络媒体上的铺垫，非网络阶层的受众多少有些听闻，所以在信息接收方面已有主动性，影响力较大。

在“网络论坛—网络新闻—传统媒体”这样的传播结构中，可以认为网络媒体的传播作用尤其是议题设置作用是与传统媒体相匹敌甚至超过传统媒体的。如果日资企业的公关活动只重视传统媒体，而忽视了能一石激起千层浪的网络媒体，对网络媒体上大量的负面报道及其议题设置作用也置若罔闻的话，难免会时时遭遇媒体舆论危机。

网络媒体上的反日情结的显现可谓所有媒体中最多最明显的。中国人心中“强大而广泛”的反日激情在传统媒体上通常没有办法得到完全的表达。而伴随网络的出现，传统媒体的信息垄断和独裁被彻底打破。网络中，媒体的把关人作用被大大削弱，任何一个人，只要有硬件支持，便可以成为信息发布者。无数个体化的传播主体的出现，使网络舆论的形成当中，网民的议程设置权限扩大，使得网络上的议题更接近于网络受众的内心意愿，国人的反日情绪也在网络媒体上得到了充分的表达空间。而同时，从某种角度来说，网络媒体上“沉默的螺旋”作用同样存在。网络较低的准入门槛为大众发表多样的意见提供园地，网民可以依据自己的兴趣喜好，自由选择发表言论的空间，自由选择与之交流的网友。因此，具有相似立场、怀有同样好恶的网民很容易聚集在一起，形成某种强势意见。当某种意见占据主导地位时，通常是由于网民受了人们主体意识是否认可的影响。而不同意见者或者迫于寻求社会认同的群体压力而保持缄默，或者发言但遭遇到猛烈的攻击，或者表达的不同看法湮没在众多相同的观点中而被忽略，又或者转战网络论坛上的其他地方以寻求相同意见者。此方意见的沉默造成彼方意见的增势，循环往复，便形成了一方声音越来越大而另一方声音越来越弱的“沉默的螺旋”。由此形成了一个庞大的网络反日群体，表达着强烈的网络反日情绪。当日资企业由于在华公关不当，或是产品质量等问题而爆发危机时，这些危机事件极易成为中国网民表达反日情绪的机会与载体。

（二）朝日啤酒事件与网络议题的传播

导致2005年部分都市涉日游行的源头是朝日啤酒事件，这也是日资企业在华遭遇的一次舆论危机。分析这次媒体舆论危机的传播过程可以看到，网络媒体的传播往往会将事件危机化，而传统媒体的跟进传播又将事件危机化的进程加快。

最先报道“朝日啤酒赞助右翼教科书出版”消息的是2005年3月25日的《国际先驱导报》，当天的头版头条登载了《朝日啤酒赞助歪曲历史教科书》的消息，这条消息见报后并未有大的反响，但是在28日新浪、搜狐、网易三大网站一起报道了这个消息后，立刻引起各大都市印刷媒体的热切关注，29日《新文化报》，30日《世界新闻报》和《新京报》，31日《华商晨报》的报道使这个事件转眼间成为一件全国性新闻，之后还有《羊城晚报》、《法制日报》和《北京青年报》等报的跟进报道，范围几乎涵盖国内各大都市。4月1日，中国连锁经营协会在自己的主页上登载一份提议书，建议全国抵制以朝日啤酒为主的10家日资企业的产品。可以看到，这次传播的受众对传播内容的反馈和回应也是通过网络媒体来实现的。

这个事件的传播过程可分四步（如图1所示）。

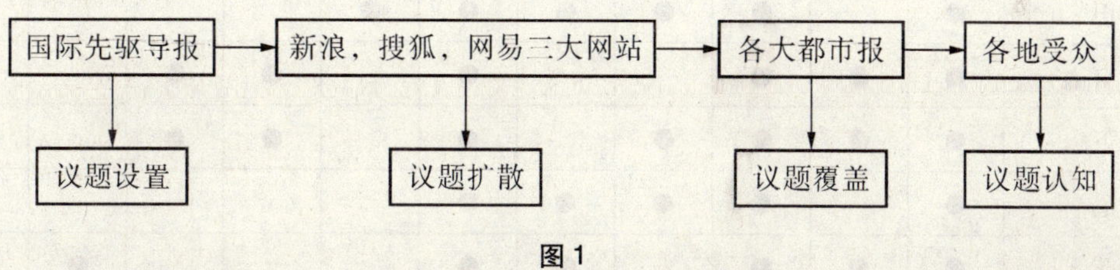

图1

其中网络媒体还是起着决定性的议题扩散的作用，如果说《国际先驱导报》的报道尚是“星火”阶段的话，那么三大网站的一同报道就是一种促使这种火花“燎原”的作用了，这种作用正是将事件危机化的关键因素。

那么相关的日资企业又是如何对应这次媒体危机的呢？从25日到29日，《国际先驱导报》、新浪等三大网站和《新文化报》报道了相关事件，但是被涉及的日资企业都没有回应。29日，三菱重工在自己的中文主页上发布简短声明，表明“报道无事实根据”。30日朝日啤酒发布声明，表明“没有给歪曲历史教科书的编辑会提供资金援助”。4月4日，味之素在自己的中文主页上声明“没有给歪曲历史教科书编辑会提供支持或资金”。从这三家日资企业的对应上看，其危机意识还比较强，危机对应也比较快。但是，被涉及的10家日资企业里只有3家企业作了对应，而且只是使用单项媒体，发出的声音显得比较薄弱。

笔者在7月对10家在华大型日资企业的中文主页作了概略性的浏览和统计，希望能从日资企业的中文网页上分析他们的对华公关意识（见表1）。10家大型日资企业的中文网页大致可分为11项内容，如商品信息、售后服务、企业文化、社会服务、人才招聘等。10家企业都高度重视并尽力建设的网页内容是商品信息、企业文化和企业新闻，比较重视的有售后服务、顾客服务和人才招聘三项内容，而比较忽视的则是顾客互动和媒体互动这两项。其中售后服务和顾客服务只是提供相应的销售维修地点和联络方式，企业文化部分的信息比较固定，信息量大且经常更新的是商品信息和企业内部新闻，但是所有主页都未提及不久前发生的涉日事件。

由此统计可见，日资企业还是比较重视商品公关和企业公关，但是他们的公关传播方式的重点在于企业信息的发布，如新商品、企业内部活动等，不太关心企业与消费者和媒体之间的互动，所发布的信息往往显得与周围的环境和时局脱节，这样就形成了一种不太平衡的信息传播局面，企业发布的信息不为消费者和媒体所关注和理解，成了单向传播，其传播效果不容乐观。

表1　在华10大日资企业中文网页内容统计

日资企业	商品信息	售后服务	企业文化	社会服务	人才招聘	企业新闻	环境理念	顾客互动	广告片	集团刊物	记者专区
丰田	●		●	●	●	●	●				
马自达	●	●	●			●		●	●		
松下	●	●	●	●		●		●	●		
索尼	●		●	●	●	●					
东芝	●	●	●		●	●				●	
日立	●		●	●		●					
本田	●	●	●			●		●			●
富士通	●		●	●	●		●				
夏普	●	●	●	●	●	●	●				
三菱汽车	●	●	●			●		●	●		

由此可以看出，日资企业在华发展需要不断重视网络媒体上的公关对策。

中国网络媒体的迅速成长已得到国际关注，网络媒体对中国社会的影响力也不断被事实所证明。在华发展的日资企业在注重传统媒体公关的同时，更应该重视网络媒体上公共关系建设，注重由网络媒体和传统媒体共同营造和引导的社会舆论氛围及动向，这种社会舆论氛围较大程度地影响着外资企业尤其是日资企业在中国市场的举动。

所谓网上公关是指利用网络媒体进行公关传播，关注网络媒体传播的社会效果并及时开展企业公关传播的活动。日资企业的网上公关首先应该关注网络论坛的相关议题，关注敏感议题的形成和传播方向，实行有效的网络议题管理。当面临突发危机时，企业的媒体应对应该面向网络媒体和传统媒体。

日资企业还应该积极开展网络媒体上的企业公关，利用网络媒体发布企业信息，重视与网络受众的沟通和互动，中文主页的内容设置应该注重公关传播的均衡性。同时，要了解网络受众的一般特点，如年轻化、知识化、情绪化等，在发布企业信息时重视国情和民情。

三、由日资企业引发的公共危机管理课题

如前文所述，中国公众对于日本一直存在着抵触甚至仇恨的心理。这种反日心理是由历史、政治、文化等多方面的原因造成的。

中日两国间的恩怨由来已久，历史上的中国与日本之间基本上没有过真正意义上的平等交往。宋朝以前，日本称臣于中国，中国人毫无保留地传授文化与技术。尤其在唐朝，日本多次派人到中国求学，而中国也有像鉴真般东渡日本传播文化的使者。这一历史阶段，中国以强者的姿态受到了日本的推崇与学习。从明朝开始，则是日本人对中国不断侵略、破坏，不断残杀中国人的历史。《明史》记载倭人“载方物戎器，出没海滨，得间则张其戎器而肆侵掠，不得则陈其方物而称朝贡”。从此，“反日”、“抗日”成为了中国民间一股未曾衰竭的精神力量。

在文化方面，日本文化与中国文化又有着千丝万缕的联系。唐朝时期，日本多次派遣唐使到中国，学习制造工艺、建筑美术、典章制度等等。日本的文字、服饰等至今仍体现着中华文化的深厚影响。不可否认，大部分中国人对于日本在潜意识中有一种极大的文化优越感。这种深层的自豪感却由于如今中日两国的实力——尤其是经济实力——的差异而无法得以完全展现，因而变得敏感而脆弱。而日本民族是崇拜强者且善于学习的民族，积贫积弱的中国是无法得到他们尊敬的。由于地理环境所限而与生俱来的危机感，强大之后的日本民族的扩张欲望便不断膨胀，衰落的中国成为其征服的对象。最终于1937年发动了全面侵华战争，在此后长达八年的战争中，日本将其民族性格中残暴的一面展示得淋漓尽致。这一段惨痛岁月成为中国人民心目中永远挥之不去的阴影。中日两个民族的恩怨纠缠至今，只要轻微的摩擦便足以引燃两国人民的对抗情绪。

而多年以来，日本政府在战争问题上缺乏承认错误与表示忏悔的诚意，以致两国人民之间的心结没有解开反而积怨愈深。多种原因综合作用，以致中国民间一直弥漫着一种“反日”的民族主义情绪。

日资企业在中国发展中的一些问题很容易引发国人的“反日情结”，当这种情绪遭遇群体狂热的支持时，则极易导致大规模的极端反日行为，对于公共秩序与国家外交产生一定程度的负面影响，从而导致公共危机。近年来这种事件在网络媒体上形成苗头的案例比较多。譬如丰田汽车“霸道”广告风波在网上引发的大规模反日言论，朝日啤酒等企业赞助歪曲历史日本教科书的消息在网络上的迅速传播，等等。

由此可见，日企在华危机虽然是企业危机，但由于极易触动中国人的“反日情结”，危机范围很可能扩大，甚至延伸至公共领域，譬如引发一些极端反日行为，影响中日两国外交等。这给政府相关部门的公共管理提出了一个新的课题，即如何应对日资企业所引发的公共危机。

由上文分析可知，网络是反日舆论形成的主要阵地。网络媒体是公共管理中把关较松的部分，容易形成危机的火苗。危机的扩散途径是先由网络媒体树立传播议题和扩大议题，再由传统媒体向非网络传播范围扩散议题。因此，要妥善地应对日资企业引发的公共危机，最有效的做法是重视这方面的信息管理，重视网络议题的形成、设置和引导，即进行网络议题管理。

所谓议题管理，是指一个组织对于可能引起公众关注和争议的问题进行确认、分析、评估，并有效地引导舆论，对其发展趋势施加影响，捕捉机遇，防范危机。对于中国公众尤其是网络公众心中持久以来的反日情绪保持适当的关注是必须的，这其实是一种危机的潜伏因素。

当日资企业触动了这种“反日情结”，引发了反日议题在网络上树立与扩散时，政府相关部门的议题管理工作包括：首先，确认议题，了解导致该反日议题的导火索是什么具体事件，其来龙去脉是什么，当前处于怎样的发展状况；其次，分析该反日议题的影响程度，譬如反日舆论的强度与表达方式，理性的反日言论居多还是极端、偏激的反日言论居多，倘若是极端的反日言论居多，那诱发一些偏激行为的可能性也相对大一些；最后，尽量引导反日舆论朝理性的方向发展，如果政策、法律等条件允许的话，可采取一些相关措施解决日资企业的问题，以助于极端反日舆论的平息，譬如可在权限范围内下令停播一些伤害国人民族情绪的日企广告等。

而当网络反日议题开始扩散到传统媒体甚至全社会，乃至引发反日游行时，应对的措施则复杂得多，在保证社会正常公共秩序的同时，又要避免伤害国人特别是年轻人的爱国情感。因此，相关部门可采取相对低调、而不是高调干预的议题处理方式，一方面迅速调动相关资源，保证有足够的警力、物力维持反日游行的正常进行，避免一些过激行为的发生；另一方面，通过媒介宣传，引导反日舆论的理性化，但不能强行压制反日舆论，否则会激起公众更大范围的反弹，甚至使部分公众将矛头指向政府，指责政府忘却历史仇恨，从而导致更大规模的公共危机。因此，舆论引导的“度”的把握是十分重要的。比如，2005 年 4 月 30 日前后，针对社会上流传的北京市“五一”期间将有反日游行的传言，北京市公安局在利用电台、电视台、网站、报纸进行广泛宣传政府公告的同时，利用中国联通的短信平台 10010 和中国移动 1860 短信平台向北京市的近 900 万手机用户发了如下内容：“北京市公安局提醒您，不信谣，不传谣，理性表达爱国热情，不参加非法游行活动!”[①] 该短信体现了政府部门对于反日舆论所持的态度及其措施，即保卫公众自由表达反日情绪的同时，引导公众理性地反日。这种议题处理方式更有利于对这种反日危机事件的处理。

---

① 赵尚．中国新闻史上专门发布重大突发事件信息的三种媒体．人民网－传媒频道．http://media.people.com.cn/GB/22114/44110/75857/6538629.html.

【参考文献】

1. （日）安田玲美．中国的日本企业印象调查报告．北京世研信息咨询有限公司，2005.
2. 黄晋．新时期跨国公司在华公关策略．国际公关，2005（10）.
3. 渡边浩平．日资企业在中国应该如何传播企业信息．国际广告媒体（北海道大学出版），2003（1）.
4. 杜骏飞．网络传播概论．福州：福建人民出版社，2005.
5. （法）古斯塔夫·勒庞．乌合之众——大众心理研究．北京：中央编译出版社，2007.
6. （日）竹内郁郎编．大众传播社会学．张国良译．上海：复旦大学出版社，1989.

试论恶意短信传播引起的公共危机及其应对策略

叶　莉　景庆虹*

【摘　要】短信媒体因其新特征业已成为具有强大传播力量的新型媒体。由于目前我国对短信媒体的监管机制尚不完善，使得恶意信息得以通过短信媒体迅速传播，对公共安全形成威胁。对此，我国公共管理部门应加强对短信媒体的监控，并借由短信媒体的传播力量加强与公众之间的沟通。

【关键词】淡水鱼霍乱事件　短信媒体　短信传播　恶意短信　公共危机

2006年8月，北京的福寿螺事件让大众又将注意力更多地转移到公共卫生安全上来，福寿螺事件尚未平息，社会上又开始盛传"北京有霍乱流行，提醒别吃淡水鱼"，在市民中引起了一定的恐慌。该消息最先是被编辑成短信，在手机用户中广泛转发流传开来的。对此，8月26日北京市卫生局与中国移动通信运营商合作，向常用手机号段发出100万条辟谣短信，告知公众北京没有霍乱流行，也没有因食用淡水鱼引发的霍乱病例，请市民不必恐慌。这是北京市卫生局首次以短信形式向市民进行辟谣宣传。这一措施及时制止了谣言的散播，有效地避免了公众因恐惧而引发的危机事件，同时也进一步塑造了政府在市民中的良好形象。

由此可见，短信媒体作为一种新兴的传播媒体已经开始对我们的公共管理造成越来越多的影响，并且日益成为危机处理过程中不可小觑的重要因素。

一、短信媒体传播的特征

与传统媒体相比，手机短信作为新兴的传播手段，有着自己的特点。

（一）载体众多

目前我国民众的手机拥有量约为4.5亿，同时每年以6000万—7000万的增量在迅猛增长，这就意味着全国有超过1/3的人口拥有手机，作为手机通讯的基本项目，短信传播业已成为国内的主要通讯手段之一，以短信为载体的信息流量更是以惊人的速度递增。

---

* 景庆虹，北京林业大学人文社会科学学院教授；叶莉，北京林业大学公共关系文化传播方向2005级硕士研究生。

据信息产业部发布的统计数据显示，2000 年我国手机短信的发送量为 10 亿条，2001 年达到 189 亿条，2002 年上升为 900 亿条，2003 年高达 2000 亿条，2004 年移动、联通两大移动运营商短信发送量达到一个天文数字——2800 亿条。根据信息产业部最新公布的信息，2006 年春节期间全国短信发送量超过 2005 年的 110 亿条，达到创下新纪录的 120 亿条。

巨大的信息流量，使得短信的社会传播力量不可小觑。

（二）费用低廉

目前我国电信的市话固话资费前三分钟 0.30 元，以后每分钟 0.10 元，长途话费 0.30 元左右；移动的通讯市话通话资费每分钟 0.20 元左右，长途 0.35 元左右，部分地区接打双向收费。而我国目前的三大移动运营商——中国移动、中国联通、小灵通每条短信的资费均为 0.10 元，每条短信限 70 个字。低廉的资费吸引了大批用户，尤其在需要沟通的信息量较小、信息即时度要求不高的情况下，这种使用便利、费用低廉的特性自然成为选择短信通讯最重要的原因之一。

（三）传递迅捷

短信的转发功能在很大程度上节省了编辑短信的时间。当机主收到某条信息，需要将此信息传达给他人的时候，他只需要启用转发功能，输入接受方手机号码即可。加上短信的群发功能，更加速了信息的传播速度。

我们假设转发一次短信的时间为 20 秒，一次群发给 3 个未曾收到过该条短信的手机用户，接收者接收到短信的同时继续转发。则从理论上讲，该条短信到达全国所有 4.5 亿手机用户仅需要进行 18 层传播，耗时仅 6 分钟（建立方程式 $3+3^2+3^3+\cdots+3^n=4.5\times10^9$，得出 $n\approx18$，即可以算出，传播层数为 18）。

（四）定向传收

从传播对象的角度看，手机短信是一种针对性很强的定向传播活动。这种定向性是通过两个方面实现的：首先，传播者在发送手机短信时有明确的目标对象，即这条短信是要发给谁的；其次，在接收信息时，只有目标对象的手机会接收到此条信息，而并非所有的手机用户，这与传统媒体的信息接收方式形成了鲜明的对比。在传统媒体上，无论传播者的主观意愿如何，信息一旦发出，拥有接收设备的受众都可以分享它，这样很难保证信息传达的针对性。

（五）第一话语

传统的传播方式，信息的发布者将信息首先发布给媒体记者，经过媒体记者的语言组织再将信息见诸信息载体。这是一个信息的二次传播过程，信息发布者是第一话语人和第一信息把关人，媒体记者是第二话语人和第二信息把关人。由于是二次传播，第二话语人也就有机会掌握一定的话语权，如果第一话语人和第二话语人间的沟通出现问题，则会导致信息传播出现偏差。

短信媒体可以使信息发布者越过第二话语人，与信息接收者之间直接沟通，确保了信息的准确、及时。

（六）集中有效

信息的传播行为是一种主体性的实践活动，在这个过程中，无论是发信者还是收信者都是一种具有自我意识的主体性存在，因而传播效果的优劣最终将取决于传授双方的互动程度。手机短信类似于人际传播的双向传播模式，使传授主体发生了深刻的变化，它改变了传统媒体单向传播的弊端，使信息传播具有双向交流的性质，从而提高了信息传播活动的质量。

此外，由于短信不用第一时间阅读，即接收者可选择在自己方便的时间阅读，大部分手机用户在不知道短信内容的情况下都有打开阅读的欲望。短信接收环境相对单纯，每接收一条短信，用户只能逐行阅读，用户注意力相对集中，且短信可以反复被阅读，提高了信息的有效阅读率。高质量的阅读保证了信息传播的质量。

（七）高度隐秘

短信的点对点传播方式决定了其是高隐私性的传播。信息文本在传播过程中只在服务器上有很短暂的停留，不易被中途窃取；信息抵达接收方后，手机用户在完成信息阅读之后即可立刻删除，除非机主愿意公开短信内容，否则他人很难查阅到其手机上的信息。

二、恶意短信传播引起公共危机

短信的这些特征都给了某些恶意信息通过短信媒体，传播危害公共安全的信息提供了便利。短信低廉的费用降低了恶意短信传播的成本；短信媒体载体众多、传递快捷为恶意短信在最短的时间里覆盖最大面积受众提供了可能；定向传收、集中有效的特性提高了短信的传播质量；短信传播中信息高度隐秘的特征使得恶意短信在传播过程中很难被监控。

以“淡水鱼霍乱事件”为例，其借由当时北京受人瞩目的“福寿螺事件”为引子，利用市民关注公共卫生的心态，编辑成的短信：“近期千万别在任何一家餐厅吃螺类水产，已有多人吃螺类水产得了管源线虫引起的脑膜炎。另注意别吃淡水鱼类！北京刚刚检验出霍乱菌。特别注意啊！”在极短的时间内通过北京市民的转发，迅速流传开来，由于大部分市民是从家人、朋友处获取的信息，对信息的内容信任度高，而传播初期的时候并没能引起卫生部门和其他相关部门的重视，一时间造成北京市水产品市场的滞销，更是严重影响了公众对公共卫生安全的信心。

类似的情况，早在2003年“非典”期间就曾经出现过，夸大疫情资讯的短信在市民中引起了很大的恐慌。这类谣言短信迅速传播有一个重要原因：在中国早期的公共管理中，对于突发事件，为避免在市民中产生恐慌而采取一定程度的隐瞒，侵害了公众的知情权，也影响了公众对官方信息的信心。“非典”以后，虽然公共管理部门已经加大了公共信息的透明度，但公众已经对官方信息的可信度产生了怀疑，因而对社会上流传的非官方信息抱着“宁可信其有，不可信其无”的心态，不自觉地成为谣言的传播者。从而影响了公共管理部门的正常工作，也给一些肇事分子提供了恶意传播的空间。此外，这种谣言短信在语言上有隐蔽性，仍以“淡水鱼霍乱”短信为例，短信编辑以人文关怀的文字进行信息传播，降低了接收人对短信内容的防范心理，增大了其再以人文关怀的心态转发给下一层传播接收者的可能性。相较于谣言的口口传播模式，短信传播几何增长的传播速度，使得通过短信传播的谣言信息具有更大的破坏力。

除谣言短信外，垃圾短信、虚假广告短信、欺诈短信等恶意短信也在极大地威胁着我们的公共安全。这些短信一般是不法分子通过特定的手机号和手机群发软件，大面积发送含有黄色淫秽语言、虚假广告信息、欺诈信息的短信，其语言极具欺骗性和诱惑性。例如去年比较猖獗的银行卡欺诈短信：“××银行通知：贵用户取款卡刚刚在×××刷卡消费××××元，已授权通过，授权码1658。如有疑问请拨×××—××××××××管理部查询。”在接收者对该类信息甄别能力不高，又缺乏防范意识的情况下，很容易陷入肇事分子的陷阱。据公安部统计，不法分子群发10000条欺诈短信，至少会有7—8人上当受骗。

由于目前我国手机账号的管理尚没有与用户身份建立有效的联系，恶意信息的发布和恶意传播分子可以在目的达成以后很方便地舍弃原有账号，并能很方便地以低廉的价格获取新账号再次进行恶意传播行为。这给案发后公安部门的追查行动带来了极大的不便。

三、对恶意短信传播引起的公共危机的应对策略

由此可见，公共管理部门应该对短信媒体的监控、管理重视起来，以降低恶意短信传播引起公共危机的可能性，并能在恶意短信传播引发公共危机时做出及时、正确的应对措施。

（一）建立良好的短信媒体的监控机制，降低恶意信息传播的可能性

首先，加大技术研发力度，过滤恶意短信。由中国移动和中国联通设置安全警戒线，对每条手机短信的内容进行过滤，尽可能消除或减少恶意短信。中国移动、中国联通目前只能对同一部手机在短时间内突然大量发送信息等非正常情况，以及个别的关键词进行跟踪和监控。由于成本太高，有损于公民的通信自由，得不到法律的支持，延迟短信发送时效等原因，目前对数以亿计的短信全部过滤尚不可行。因此，公共管理部门应鼓励各运营商加大对短信监控技术的研发，在得到法律允许和保证时效的前提下，通过技术创新将恶意短信拒之网外。

其次，建立手机实名制。短信谣言、骚扰、欺诈并非中国特色。2005年7月罗马一条城市供水系统遭到污染的手机短信曾闹得罗马人心惶惶，罗马市政当局不得不在27日出面辟谣。几年前韩国手机刚刚普及时，也面临严重的欺诈短信入侵问题。从2001年起，韩国采取一户一网、机号一体的手机号码入网登记制，并制定法律条规规

范手机商业广告市场，此后恶意短信案件大为减少。建立手机实名制，是对短信媒体进行安全监控最行之有效的手段。一机一号一户，将手机 ID 与实体个人联系起来，有利于安全部门在案发后对恶意短信的发布者进行追查，也势必增加肇事者发布和传播恶意短信的顾虑。

最后，制定相关法规，惩处恶意短信的发布和传播者。发布和传播恶意短信虽违反了法律精神和市场法则，但由于我国还没有相关的短信法规，也就无法对此种行为进行法律定性和处罚。只有制定相关法规，规范短信业务和群发工具的使用范围，对相关行为进行违法认定，并严格实施惩处措施，才能有效遏制形形色色的恶意短信。当务之急要以政策或立法的形式，明确恶意短信的概念，按性质不同分类根治、分类管理。

（二）在恶意短信传播期间，主动与公众沟通，进行宣传教育，提高公众的甄别能力

“真话若不能及时公之于众，谎言就势必蛊惑人心”这句话很好地表明了沟通在公共管理中的重要性。

在“淡水鱼霍乱”事件中，北京市卫生局在监测到危机后及时地与移动通信运营商合作，向常用手机号段发出 100 万条辟谣短信，告知公众北京没有霍乱流行，也没有因食用淡水鱼引发的霍乱病例，请市民不必恐慌，并同时间在电视、广播、官方网站上公开辟谣，在很短的时间内有效控制了谣言的扩散。

在恶意短信传播期间，公共管理部门通过官方途径，结合传统传媒和移动运营商，可以形成强势宣传，使公众了解真相，降低恶意短信接收者再次转发的可能性。同时，公共管理部门还可以就当下比较猖獗的恶意短信为提醒案例，对公众进行甄别恶意短信的教育，树立官方信息的权威性。

（三）积极利用短信媒体的优势为公共管理服务

北京市卫生局 100 万条辟谣短信的显著效果证明：短信媒体凭借其他媒体不可比拟的优势，可以成为公共管理沟通职能的新手段。那些与公众日常生活联系甚密的公共管理部门利用短信媒体平时发送一些与公众时下生活密切相关的资讯，可以加强与公众的沟通，也有利于塑造其良好的组织形象。

目前中国移动、中国联通和小灵通三大移动运营商覆盖了国内所有的手机用户，并且都是按地区进行手机号段管理，这为公共管理的集中沟通提供了很好的条件。公共管理部门只要联合三大运营商通过对特定号段短信的发送，便可以确保该区域的在线手机用户第一时间得到官方信息。

“交管部门提示：今晨，东三环京广桥东南角辅路污水管发生漏水事故，东三环京广桥附近实行交通管制，请车辆绕行。”这是 2006 年 1 月 3 日北京市交管局联合移动 1860 客服向北京市民发送的预警短信，这是北京市初次采用短信预警，市民的积极配合给交管部门的危机处理工作带来了很大便利。

目前，公共管理部门的官方短信多与移动运营商合作，用他们的客服账号（如中国移动的 1860、中国联通的 10010）发送。短信接收者需在阅读了消息后才能知道短信

的发送者是谁，且不利于信息的反馈和互动。针对此，笔者建议一些与公众生活联系紧密的公共管理部门都能建立识别度高的固定账号（如公安部门可以设立账号110，卫生部门设立账号120），作为发布信息的官方渠道，同时接收公众的信息反馈，加强与公众的信息沟通，为其工作的顺利开展及各项服务的实施提供便利。

随着网络技术、通信技术的发展，各种新媒体不断涌现，传统的传播方式受到了极大的挑战。我们的公共管理部门应该重视新媒体在信息传播活动中的作用，尽早对新媒体进行有效监督管理，防止肇事者利用新媒体传播恶意信息危害公共安全，并积极运用新媒体的各种优势特性为公共管理工作服务。

【参考文献】

1. 冯惠玲．公共危机启示录对SARS的多维审视．中国人民大学出版社，2003.
2. 李延英．整顿手机短信，刻不容缓 经营与管理，2006（1）.
3. 王洪涛，李新颖．试论短信媒体的传播特性、现状及发展趋势．学术交流，2006（6）.
4. 徐龙建．短信预警亮相城市应急．互联网周刊，2006－01－09.
5. 朱海松．第五媒体——无线营销下的分众传媒与定向传播．广州：广东经济出版社，2005.

异识型对峙危机中的政治沟通

张茜茜*

【摘　要】随着社会主义市场经济体制改革的不断深入，和百姓维权意识的增强，利益集团的对峙甚至群体性事件发生的频率和程度有不断严重的趋势。特别是由价值观相悖引发的冲突（异识型冲突），处理不好就会转化为行动上的对抗，对社会安定和政治稳定形成冲击和危机。政府（尤其是与群众有着密切联系和接触的基层政府）如何处理异识型对峙危机、化解冲突，成为一个急需探讨的问题。

本文以2005年广州市天河区清坟行动为例，探讨政府运用传播沟通手段解决由价值观差异引起的对峙冲突的部分成功经验，希望能为面对异识型冲突的管理者提供一些启发。

【关键词】异识型对峙危机　整治沟通　清坟行动

一、前言

社会冲突是人类社会普遍存在的社会现象。随着社会主义市场经济体制改革的不断深入和百姓维权意识的增强，利益集团的对峙甚至群体性事件发生的频率和程度有不断严重的趋势。特别是与过往相比，各种利益群体与政府之间的冲突明显增加，且规模和影响不断呈上升趋势。政府（尤其是与群众有着密切联系和接触的基层政府）如何处理对峙危机，化解冲突，成为一个亟须探讨的问题。综观目前国内有关危机管理、危机传播的理论和著作，绝大部分是研究由事故、灾难等情况所引发的混乱、失序、矛盾，以及如何恢复系统的稳定有序。但对于由价值观相悖引发的冲突（异识型冲突），却少见有论文专著进行专门论述。

异识型冲突如果处理不好就会转化为行动上的对抗，对社会安定和政治稳定形成冲击和危机。从实践上说，我国政府在宣传动员、思想工作方面积累了丰富的实践经验。本文通过案例分析，探讨政府运用传播沟通手段解决由价值观差异引起的对峙冲突的部分成功经验，希望能为面对异识型冲突的管理者提供一些启发。

---

* 张茜茜，中山大学政治与公共事务管理学院公共传播学系2005级硕士研究生。

二、事件回顾

广州市天河区自全面推行遗体火化以来，取得了显著的成绩。但在部分城乡结合部的村，骨灰存放设施滞后，骨灰二次土葬问题尚未解决，清理坟墓的任务仍然十分艰巨。

为使该区跟上广州市率先基本实现社会主义现代化、建设现代化中心城市的发展步伐，为贯彻落实国家、省、市殡葬管理的有关规定，2005 年天河区以“坚持以邓小平建设有中国特色社会主义理论和江泽民总书记‘三个代表’的重要思想为指导，结合天河区实际，全面推行火葬，节省殡葬用地，破除封建迷信，提高丧葬新风尚，为加快我区经济建设和社会主义精神文明建设服务”为指导思想，根据国务院《殡葬管理条例》、《广州市殡葬管理规定》和《广州市殡葬管理工作“十五”计划》的要求，全面清理所辖范围内的坟墓，以达到无坟化要求，全面恢复绿化。

清坟工作主要是在天河区清坟办公室的指导下，以街道为单位组织展开。清理坟墓的做法主要有两种：一是启坟迁走，启出的骨殖（灰）寄放在公益性骨灰楼或公墓内，原坟地平整复原。二是平坟绿化。即就地深埋骨殖（灰）、平毁坟头、不留标记、植树（草）绿化。采取何种迁坟方法，由各街道根据实际情况自定。各有关街道可依据实际情况自行组织清坟队伍清理或委托殡葬公司清理，要签订相应的清坟协议。同时允许墓主自行迁坟，街、村要注意掌握迁出的骨殖（灰）去向，严禁第二次土葬，违者将按有关规定严肃处理。清理历史遗留坟墓是政府行为，政府只负担清理坟墓工程费用，费用标准是：石坟每座 400 元，草坟每座 200 元，对坟主无补偿。

天河区作为一个新发展起来的城区，存在不少城乡结合的村，而本次行动的主要清理对象就是当地村民的坟墓。由于传统观念的影响，相关群众对此次行动感情上非常抵制，加上农村中固有的宗族体系，农民很容易就集结起来，为维护祖坟而采取行动。在行动筹备期间，不断有村民以个人或集体的名义，通过电话、信函、上访等方式，向各街道主管部门提出抗议，反对这项“惊扰先人”的行动，希望政府取消行动，保持现状，“让先人入土为安”。在动员村民配合行动的过程中，有的村民以冷漠、厌恶、戏谑、不耐烦等各种各样的态度回避问题，有的则试图以“不知情”、“不能做主”等借口进行推搪，也有的明确表态不会配合政府行动，还不时有情绪激动的村民向工作人员挑起冲突，轻则恶语相向，重则武力威胁甚至发生肢体碰撞，有村民甚至在公开场合扬言：“要是敢动我的祖坟，我就杀了你们迁坟办负责人 ×××!”“你看我敢不敢铲平镇政府!”在行动实施阶段，小部分宣传力度不够或封建思想特别顽固的村，村民还自发组织起来，或集结于政府门前拦截相关负责人员，争取最后的交涉和讨价还价，或持械镇守于村口、上山的主要道路，阻止清坟队伍进场，或在清坟现场与清坟队伍发生冲突，阻挠清坟工作进行。据不完全统计，清坟期间，村民集体与政府清坟人员对抗的群体性事件共约 10 起，涉及数百人，打伤工程人员 6 人以上，治安拘留 2 人以上。

面对群众普遍的抵制情绪，天河区下属各街道迁坟办开展了一系列的政策宣传推广活动，有效地与相关利益主体沟通，动之以情、晓之以理，并妥善处理群体性事件，最终令工作得以完满完成。

三、利益群体分析

“利益”指主体对满足自己需要的稀缺资源的占有程度。[①] 而依赖于一定的相同利益关系而结合在一起的群体，就是所谓的“利益群体”。政策的本质是对社会利益的权威性分配。[②] 在本次清坟行动中，这种社会利益就是土地的使用权。当土地以坟墓的形式出现时，它是只属于坟主的，带有某种神圣意味的“私人领地”，即使在法律上未必有这种所属关系，但从传统上和心理上还是有一定的不可侵犯性；可是当坟墓被迁走或就地深埋，政府会根据市政建设的需要进行绿化建设，改善市容市貌，土地就变成了“公用绿地”。政府和村民之间利益的不一致性，引发了一系列的矛盾和冲突。具体来说，本次事件中存在以下三个利益群体：

（一）村民

村民在迁坟过程中处于被动、从属的地位，他们是国家土地征用权的承受者。对村民来说，迁坟意味着经济上和感情上的损失，因此他们对迁坟的态度是十分不情愿的。

从经济上来看，由于该项行动是政府行为，政府只承担基本的清理工程费用，其他花销都是要村民自己解决的，如果要搞得体面，更是所费不菲。不过，村民对迁坟的抵制更多地是来自于感情上的难以接受。其一，中国传统思想认为，人死后要“入土为安”，即使多年来政府大力提倡火葬，在广大农村，土葬、或者是火化以后再入土建坟，仍然是十分普遍的做法。所以，很多具有传统思想的人都认为，把先人的遗骨供奉在骨灰楼是“不孝”，至少是“失礼”的。其二，中国人历来信奉“风水”，而祖坟的风水至关重要，因为人们相信它会影响到后代的发展，很多人不惜花费大量人力物力，只为求得一块“风水宝地”安葬先人，好庇佑子孙。而政府规划出来的公墓，面积小，“风水”自然也不及自己选的地方好，因此把坟迁至公墓也不是好的选择。其三，中国人对先人十分敬畏，打扰先人的安息被视为“大不敬”，而被别人“挖祖坟”就更是奇耻大辱，所以，村民既不愿自己动手迁坟，也不愿意政府派人来清坟。

从以上的分析可以看到，由于传统思想根深蒂固，很多村民在心理上十分抵制清坟行动，感情上的抗拒演变成为政策执行的主要阻力，这是本案例的一大特点。

有着共同利益的村民们通常以宗族的名义组织起来。大体上说，“宗”指祖先，“族”指族属，宗族合称，是为同一祖先传下来，聚居于一个地域而以父系相承的血液

---

① 丁煌、定明捷、吴湘玲．“上有政策、下有对策”的博弈缘由探析．科技进步与对策，2004（7）．

② 丁煌、定明捷、吴湘玲．“上有政策、下有对策”的博弈缘由探析．科技进步与对策，2004（7）．

团体。[①] 传统中国社会基本上是一个宗法社会[②]，在现阶段，宗族的势力在广大农村不仅仅存在着，而且有时还会表现出强大的影响力[③]。宗族对族员所具有的强大文化凝聚力，主要是以血缘为纽带进行联结的。所以，祭祖往往成为整个宗族最为重要的事件。通过祭祖，整个宗族的成员都获得了一种抽象的共同感，作为部分的个人和作为整体的宗族有了统一的根源。[④] 因此，在宗族观念较强的农村，对共同的祖先的敬畏更是一种获得和维持族员身份的方式。

在处理内部关系上，宗族法规往往会强调和睦乡邻、规避词讼、防止冲突，然而当利益冲突上升到宗族整体的程度，宗族作为一种保护性的制度就必须捍卫其整体的权利。因此，宗族组织由于先天的封闭狭隘性质，极易演变为以谋取、维护家族利益为目的的社群，他们有意无意地以宗族组织的利益划界，对与本族利益相抵触的事物予以抵制。[⑤] 在清坟行动中，单个的村民是被动的、无力与政府抗衡的，然而他们以宗族的形式聚集起来，通过宗族的力量，通过维护整体的利益来保护自己的利益。

（二）政府

国家要建设城市，完善城市功能，进行城市空间资源的合理配置，因而展开了清坟行动。这一行动主要从两个方面促进了公共利益：一是破除封建迷信，倡导文明、简朴、节俭办丧事的新风尚，为加快我省经济建设和社会主义精神文明建设服务；二是节省殡葬用地，全面恢复绿化，优化城区环境，促进城市建设。

以发展经济学的视角来看，政府也是一类经济组织，是经济生活中的一个特定主体，政府与一般经济组织的区别在于其具有普遍性和强制性两大特征。所谓普遍性是指人们和所有社会组织之间可以相互选择，但不可离开政府；所谓强制性是指政府拥有合法的强制权力，而一般社会组织则没有这一权力。基于政府所具有的这两大权力，它就能够直接体现国家利益和发展目标。[⑥] 也正是因为这个原因，在政府和村民的对峙过程中，两者的地位并不平等，政府代表的是国家利益，国家利益至高无上的原则使其颁布的政策具有明显的强制性，国家既是“参与者”又是“管理者”，[⑦] 清坟与否由政府说

---

① 蒋伟、戚干舞．族员与公民：村民自治语境下农村权利结构调整中的角色冲突．内蒙古社会科学：汉文版，2005，26（2）．

② 赖小燕．转型期中国农村群体性事件分析——以社会冲突理论为视角．中共中央党校政治学硕士学位论文，2005．

③ 蒋伟、戚干舞．族员与公民：村民自治语境下农村权利结构调整中的角色冲突．内蒙古社会科学：汉文版，2005，26（2）．

④ 蒋伟、戚干舞．族员与公民：村民自治语境下农村权利结构调整中的角色冲突．内蒙古社会科学：汉文版，2005，26（2）．

⑤ 赖小燕．转型期中国农村群体性事件分析——以社会冲突理论为视角．中共中央党校政治学硕士学位论文，2005．

⑥ 张侠，赵德义，朱晓东，彭补拙．城中村改造中的利益关系分析与应对．经济地理，2006，26（3）．

⑦ 姜英．城市建设征地利益冲突问题的研究．贵州师范大学自然地理学硕士学位论文，2005．

了算。村民只有参与或阻挠两种选择。

（三）村民中的意见领袖

在清坟行动中，除了村民和政府，还有一类特殊利益群体应该受到关注，那就是村民中的意见领袖，主要包括各村、生产队领导人、党员、团员，以及在村民中威望较高的人。这类人群之所以归为单独的一个利益群体，在于他们有着双重的身份：一方面，他们作为村民的一分子，对清坟行动抱有一定的抗拒心理，并且作为村民的领导人，更有责任维护本村的利益；另一方面，作为党和国家的代表，他们又肩负着传达、拥护、执行政府决定的重任。因此，既是村民代表又是政府代表的双重身份，令这个群体在迁坟活动中扮演了举足轻重的角色。由于该群体在村民群体中有较高的号召力和影响力，如何实现他们思想上的转变，并发挥其意见领袖的作用，影响广大村民，成为政府宣传动员工作中的一个重头戏。

（四）矛盾的界定：异识型对峙危机

异识型冲突

达伦道夫把冲突分为两类：一是对资源争取所引发的冲突，称之为共识型（Consensual）冲突，假若冲突对一方而言，对方的获利是以其利益的牺牲为代价，则此即构成共识型冲突的基础；二是对他方所抱持的冲突有所敌意，例如意识形态、宗教所引起的冲突，即异识型（Dissensual）冲突，这是关于冲突团体对其欲求的目标观点相互不一致，即当某些群体彼此的价值不同，又希望将其本身价值加诸他人之上，此即构成异识型冲突的客观条件。①

有学者认为，观念和价值观差异引起的冲突比实际利益引起的冲突层次更深，更难以解决。并且，在某些特定的冲突中，亦可能同时存在共识型与异识型的冲突，并且相互转化。在本案例中，矛盾起源于村民的传统封建思想与新时代精神文明之间的冲突，以及村民感情归属上的需求和国家现代化建设的需求之间的冲突。在此基础上，结合一定的经济利益矛盾，最终引发了村民与基层政府之间的对峙行动。由于本事件问题的最终根源在于价值观念的冲突，因此笔者把事件首先定性为异识型冲突。

"对峙"是广义的冲突。"冲突"的定义可以分为狭义和广义两种。狭义的冲突是指"只有靠损害他人利益才能取胜的现实斗争"，公开的斗争被视为冲突的决定性属性，冲突的起点是双方公开而直接的对立与互动，本质上是指对立双方在行为上的激烈对抗。广义的定义把冲突理解为一个过程，即主体之间目标存在不兼容差异的一切关系都是社会冲突关系。在广义的理解中，强调冲突的决定性心理因素，"冲突"不再特指行为冲突、暴力对抗，而是以差异、不同、抵触、紧张、竞争为起点，是一个从不激烈

---

① 李琼．冲突的构成及其边界——以湖南省S县某事件研究为中心．上海大学社会学博士学位论文，2005．转引自 Ralf Dahrendorf. Out of Utopia: Toward a Reorientation of Sociology Analysis. American Journal of Sociology 64, 1958.

到激烈、从矛盾到争夺和战斗的展开过程。广义的冲突可以包括诸如竞赛、竞争、辩论、紧张等社会现象，狭义的冲突是广义冲突下的一种集中表现形式。

本文采用冲突的广义定义，并将村民思想上的抵制和言行上的冲突甚至暴力对抗（表现为群体性事件）统称为与政府的“对峙”。

Lerbinger 指出，对峙危机通常循着五个阶段发展，呈现出“对峙的动力（dynamics of confrontation）”：①抱怨或需求出现；②由社会团体代表出面施压；③出现被政治化的公众；④采取某些手段，从传统的说服到政治法律途径，一直到非法的暴力诉求，都是抗争团体常有的手段；⑤吸引媒体主意，用以提高正当性，吸引更多人加入。在这个案例中，由于对峙情况较及时得到缓解，加上政府对媒体的有力控制，该危机只经历了三个阶段，即①、②、④阶段。

在谈到对峙危机的处理时，Lerbinger 建议组织视对方的情况决定是主动迎击还是避免对峙。如果是下列五种情况，则应避免对峙：①对方具有强势地位；②争议话题相当复杂，无法简单向外界说明；③本机构卷入纷争将偏离其他更重要的目标；④对方想借此机会曝光、募款或吸收新血；⑤当组织拥有压倒性的资源，没有与之妥协（对峙）的必要。Lerbinger 这些建议是针对企业组织而言的，应用在本案例政府与农民的对峙中，就比较接近③和⑤的情况。若政府与人民群众对抗，将会影响其稳定、发展的大方针，同时政府拥有绝对的资源，包括宣传手段、政治权力、警力支持等，可以通过适当的策略调整，消除对峙。

综上所述，2005 年广州市天河区清坟事件中的矛盾，主要是由于观念上的差异引起的。在此基础上，再伴随一定的经济利益因素，就出现了村民和政府之间的一系列冲突和对抗。因此，解决问题的关键在于思想上的转变。如何消除封建意识的束缚，用党和国家的政策方针对村民进行正确的引导，增加他们对市政建设需要和精神文明建设需要的理解和支持，缓解对抗，争取合作，令清坟活动得以顺利开展，成为基层政府动员工作的重中之重。

（五）政治沟通[①]

如上文所述，解决异识型对峙危机的关键在于消除意识形态、信仰、价值观等方面的差异，寻求共识。在本案例中，对政府而言，做好政策宣传、思想教育和群众动员工作，实现认识上的转变，对清坟行动的顺利展开有着至关重要的意义。在这个过程中，基层政府所采取的政治沟通起了极大的推动作用。

政治沟通（Political Communication）指的是一切有关政治的信息、思想和态度在整个社会系统中的输入、交换、反馈和输出的过程。政治沟通主要包括：①拥有政治资源的政治主体获得政治信息，进行信息处理，以特定的符号形式（如发布决议、命令、

① 关于政治沟通的相关理论，主要参考武雨南川．我国弱势群体沟通机制研究．重庆大学行政管理硕士学位论文，2005.

指示等）发送信息，政治沟通的受众接受政治信息并向政治信息的发送者反馈政治信息、形成新的决策的过程；②政治沟通包括国家与社会的沟通，执政党与人民的沟通，执政党与国家权力机关、行政机关之间的沟通，各社会团体之间的沟通，等等。实践表明，畅达互动的政治沟通，有利于社会稳定，有利于国家的长远发展，有利于整个政治系统的良性运转，也有利于消除社会矛盾，避免矛盾的激化。

政治沟通的渠道主要有内部沟通、外部沟通、正式沟通和非正式沟通。内部沟通即政治系统内部各机构、组织、部门和层级之间横向和纵向的信息传播和交流活动。通常采用的形式包括行政指令、层级指示、层级传达、会议布置、宣传动员、文件发放、宣传单页、电话会议、现场办公会等。

外部沟通是指政治主体与其他国家机关、社会组织及社会公众之间的信息交流。外部沟通的具体形式有社区活动、公众集会、政策演讲、宣传队、报告会、名流座谈会、政策听证会、新闻发布会、市长信箱、政策热线、来访接待日、表演队、宣传口号、大众传媒、政策海报等。

适度的非正式沟通能弥补正式沟通的不足，但由于它完全按个人意愿行事，不受控制和监督，容易产生社会不稳定因素。因此，在政治沟通过程中，非正式沟通不能过于活跃，不能放任自流，要巧妙地加以引导和监控。政策制定者必须充分利用正式沟通渠道，保持正式沟通渠道畅通，让社会公众的舆论和看法尽量通过正式渠道反映出来。

（六）清坟行动中的政治沟通

1. 政府内部的沟通

政治沟通中的内部沟通是指政治系统内部各机构、组织、部门和层级之间横向和纵向的信息传播和交流活动。在行动筹备和执行阶段，各级政府通过一系列的内部沟通，既确保了行动的政策、方针、宗旨等得以准确地传达到基层的执行部门，又能让基层政府及时向上级反映群众的情况和意愿、要求，帮助管理者对政策做出适时的、必要的调整，以推动清坟行动更顺利地展开。

具体来说，这些政府的内部沟通主要包括：各级行政机关间会议的召开，确保行动宗旨、政策、方针的传达；各街道办分别成立专门清坟工作领导小组，任命行动负责人，明确分工，制定行动进度计划；制定宣传推广的政策方针和具体实施方法，制定群体性事件预防措施及处理办法；建立预警系统，利用村民中的信息员，随时关注村民动态，采取相应措施防患于未然。

2. 言行抵触阶段

（1）通过权威命令，增加政府公信力，宣传政策的合法性。本次的清坟工作属于政府行为，具有强制性，各个坟主都应无条件配合执行。为了避免坟主对这一政策认识不充分而产生的阻力，政府用了相当的力度，通过各种传播渠道，向群众宣传清坟行动的合法性和强制性，通过政府的公信力，强化群众对政策合法性的认识，争取群众配合，如有个别人不听宣传教育，蓄意阻挠清坟工作，打骂有关工作人员造成触犯刑律的，将由公安机关立案处理。具体宣传手段包括：在报纸上发布政府通告，通过政府命令的权威性，让群众明确清坟行动的方针、政策；在各村委会办公地点和人流量较大的地点场所张贴政府通告；另外，还通过派发传单、公告栏粘贴公告、在各村街道拉横幅、在政务公开网上发布消息、人际传播等手段，宣传政策的合法性，并让群众对清坟行动的具体范围、措施、安排、要求等有清晰的了解。

（2）双向沟通，增加双方信任，宣传政策的合理性。本次清坟行动，一方面旨在破除迷信，提倡丧葬新风尚，加快社会主义精神文明建设，另一方面通过全面清理辖区范围内的坟墓，以达到无坟化要求，全面恢复绿化，美化社会环境，跟上广州市率先基本实现社会主义现代化、建设现代化中心城市的发展步伐。因此，从社会发展和精神文明建设两方面来讲，全面清理坟墓达到无坟化都是势在必行的，而且美化城市环境，提升城市形象，对提高群众生活质量有着十分重要的意义。从长远来讲，各坟主都将是该行动的受益者。政府宣传行动的重点，除了要教育群众政策的合法性和强制性，更重要的是帮助群众认识到，清坟行动既是社会主义物质文明和精神文明建设的需要，又能优化城市生活环境，使所有公民受益，可谓是功在当代利在千秋，应该大力支持和配合。

具体来说，在宣传清坟政策的合理性的过程中，主要使用了以下传播手段：

1）入户耐心沟通。由于传统观念根深蒂固，村民的思想并不是都想通了。因此，除了广泛的宣传之外，还组织人员进入各家各户，积极耐心做工作。对于封建迷信束缚而造成思想上的障碍，工作人员进行耐心的宣传教育，动之以情，晓之以理，消除传统思想的障碍，让他们明白配合政府行动是大势所趋，利国利民。而对于有实际困难的村名，则倾听他们的困难和想法，并想办法帮助解决，通过简化手续、用各种途径帮助降低清坟费用等方式，减少村民执行政策的阻碍，以促使他们配合行动的展开。

2）开通咨询和投诉电话，由专人负责回答村民关于政策、措施的疑问，解决因对政策不了解造成误会而导致的不合作行为，并处理村民的投诉和抱怨，积极耐心教育、引导，争取村民的理解和支持。

3）充分发挥意见领袖的作用。意见领袖在一般公众中具有相当大的影响力，其态度、认知、立场和做法往往会成为一般公众效仿的对象。如前文所述，在清坟行动中，村民中的意见领袖对改变村民的观念、促使村民配合政策执行起了举足轻重的作用。这些意见领袖主要包括各村各生产队领导人、党员、团员，以及在村民中威望较高的人。一方面，他们作为村民的一分子，对清坟行动抱有一定的抗拒心理，并且作为村民的领导人，更有责任维护本村的利益；另一方面，作为党和国家的代表，他们又肩负着传达、拥护、执行政府决定的重任。由于该群体在村民群体中有较高的号召力和影响力，如何实现他们思想上的转变，并发挥其意见领袖的作用，影响广大村民，成为政府宣传动员工作中的一个重头戏。

具体而言，主要的沟通手段包括：召开各村党员、团员大会，宣传政策的合法性和合理性，充分利用党员、团员思想上的先进性，做好动员工作，发挥他们的带头示范作用；召开村、生产队各级领导人座谈会，宣传有关政策和要求，通过他们的配合，带头移风易俗；在村民中招聘若干支迁坟施工队，要求由群众威信高、熟悉当地情况、工作认真负责的村民组成，通过其他村民对这些执行人员的信任和感情上的联系，降低政策执行阻力，同时也让村民感觉有一定的自主性，是“自己办自己的事”。

3. 暴力对抗阶段（群体性事件）

在准备阶段，政府进行了大量的宣传动员工作并取得了良好传播的效果，绝大部分的群众积极配合了政府的行动，主动把先人的骨殖移到骨灰楼或公墓，或是协助清坟队伍就地深埋骨殖（灰）、平毁坟头，植树（草）恢复绿化。但是由于某些街、村的部分群众封建思想根深蒂固，坚决拒绝提供合作，甚至出现了辱骂、殴打清坟人员和小规模的群体性行动以阻挠清坟行动的进行。面对部分村民的对抗行动，政府采取以下两个措施：

（1）积极沟通，缓和对立情绪。由相关行动负责人在现场重申党的政策，陈明利害，耐心劝导、安抚，平息群众愤怒；主动耐心沟通，找出村民坚持不配合的症结所在，能当场解决决不拖延；发挥意见领袖的作用，让村领导或德高望重的人对闹事村民进行劝说，缓和人群情绪，化解冲突；针对骚动人群的领袖做工作，通过教育这些“带头人”并软化他们的态度，实现群体性事件的和平解决。

（2）运用政府权威震慑个别带头扰乱秩序的顽固分子。如有个别人不听宣传教育，蓄意阻挠清坟工作，打骂有关工作人员造成触犯刑律的，由公安机关立案处理。

【参考文献】

1. 郭朝阳．冲突管理：寻找矛盾的正面效应．广州：广东经济出版社，2000.
2. 汪明生．冲突管理．北京：九州出版社，2001.
3. 吴宜蓁．危机传播．苏州：苏州大学出版社，2005.
4. 胡百精．危机传播管理．北京：中国传媒大学，2005.
5. 廖为建．公共关系学．北京：高等教育出版社，2000.
6. 居延安．公共关系学．上海：复旦大学出版社，2001.
7. 丁煌，定明捷，吴湘玲．“上有政策、下有对策”的博弈缘由探析．科技进步与对策，2004（7）.
8. 蒋伟，戚干舞．族员与公民：村民自治语境下农村权利结构调整中的角色冲突．内蒙古社会科学：汉文版，2005，26（2）.
9. 赖小燕．转型期中国农村群体性事件分析——以社会冲突理论为视角．中共中央党校政治学硕士学位论文，2005.
10. 张侠，赵德义，朱晓东，彭补拙．城中村改造中的利益关系分析与应对．经济地理，2006，26（3）.
11. 姜英．城市建设征地利益冲突问题的研究．贵州师范大学自然地理学硕士学位论文，2005.
12. 李琼．冲突的构成及其边界——以湖南省S县某事件研究为中心．上海大学社会学博士学位论文，2005.
13. 武雨南川．我国弱势群体沟通机制研究．重庆大学行政管理硕士学位论文，2005.

情境危机传播理论的借鉴意义及其思考

李 枚*

【摘　要】情景危机传播理论（Situational crisis communication theory，简称 SCCT）是美国著名危机管理专家库姆斯（W. Timothy Coombs）于2002年提出，该理论吸收了其他学者对危机情景和危机分类的研究，首次将情景理论与危机类型的研究结合起来，提出了应该针对不同的危机类型选取相应的危机战略，以及组织在选取危机应对战略以保护组织声誉时应该考虑的变量、假设和关系，等等。由于该理论提出的时间较短，国内缺少对其仔细地介绍的相关文献。所以，本文将展开篇幅对该理论进行系统、全面介绍，并在此基础上，进一步总结其对危机应对的实践有何开创性的意义。同时，针对理论本身，以及理论应用于实践中的缺陷，提出本人的见解，希望能对该理论的进一步发展起到一点作用。

【关键词】情境危机　危机传播　理论

一、情境危机传播理论提出的背景介绍

情境危机传播理论（Situational crisis communication theory，简称 SCCT）由美国著名的危机管理专家库姆斯（W. Timothy Coombs）于2002年提出，该理论最先阐述了组织在选取危机应对战略以保护组织声誉时应该考虑的变量、假设和关系。

该理论的建构和发展基于前人的研究之上。根据危机情境来选择危机应对的战略，简单地说，就是危机发生后，组织应该说些什么，以及做些什么来保护组织的声誉。最早提出情境理论的是美国学者 Benson（1988）①，他认为不同危机的类型（或情境）会影响危机应对战略的选择。他进一步提出，应该尽可能地识别危机的类型以及应对战略，并且要解释危机的类型如何影响应对战略的选择。1995年到1999年间，相继有 Benoit、Coombs 和 Hearit 对 Benson 的观点作了进一步的验证。

同时，学者也在对各种危机的类型进行研究，并归纳出不少危机分类的维度，但

---

* 李枚，中山大学政治与公共事务管理学院公共传播学系2005级硕士研究生。

① Benson, J. A. (1988). Crisis revisited : An analysis of the Strategies Used by Tylenol in the Second Tampering Episode. *Central States Speech Journal*, 38: 49 - 66.

是，这些研究都没有与相应的危机应对战略结合起来，这使得危机管理者即使掌握了危机可能发生的类型，但也无法选取相应的应对措施。

有学者（e. g. Benoit，1995；Sellnow，Ulmer & Snider，1998）采取了初步的尝试，提出了高度适应性战略（highly accommodative strategies），认为在任何危机发生时都应该采取道歉的方式。但是，这种高度适应性战略在各种危机中的广泛运用也存在着一定的问题。道歉就意味着组织公开承认了自己犯的错误，并承担起了危机引起的所有责任，这种太过于低调的态度，会使组织在诉讼中处于不利的地位（组织在一定程度上放弃了自己应有的权利）。

班尼特于1997年提出了“形象修复理论”。他把危机传播模式分为五个大的战略方法，其中很多又可细分为不同的战术差异。第一个战略是否认。班尼特把否认分为简单否认和转移视线两种。转移视线的好处在于它可以把个人或组织描绘成不公正环境的牺牲品，以引起人们对替罪羊的直接责问。第二个战略是逃避责任。这是最复杂的策略。这个策略有四个方面的战术差异：①不可能性。在危机状态发生，由于信息不对称，并不是由组织内部自身的原因而导致危机的发生。②刺激行为。因有害因素的出现而发生，这种行为天生具有防御性。③偶发性。危机发生时往往不被人注意，总存在缓和敌对行为的可能。④良好意图。坏的事件发生，但它总预示着好的真挚的解决意图。第三个战略是减少敌意。他提出六个战术方法，以使组织减少其责任，保护其声誉和形象。这六种战术是：援助、最小化、区分、超脱、反击、补偿。援助是指为了补偿受害者的损失而采取的救助措施；最小化包括减少或者轻描淡写错误行为，以使负面影响降到最低；区分是指把人为错误与社会大环境的深层次矛盾区别开来；超脱是指向人们描绘一种美好前景或新的发展机会，而不是局限于危机事件；反击法就是进行申辩和分散公众注意力；补偿包括直接向受害者提供帮助，以减轻其痛苦。总而言之，第三个战略就是从各个方面减少错误行为传播的范围和程度。第四个战略是亡羊补牢。这种战略是通过制定相关法律、规定来减少以后类似事件的发生。这种亡羊补牢式的做法，与上面提到的补偿的区别，在于它是针对未来的，而补偿则针对当前的损失。塞农（Sellnow，1998）认为亡羊补牢法应该和其他改善形象的战略共同使用，如否认、援助等，以促进组织重建，维护其合法性。第五个战略是自责。这项战略包括道歉、忏悔和寻求公众的宽恕。班尼特认为，其他战略必须相互信赖，而这项战略可以单独发挥作用。

SCCT吸收了其他学者对危机情境和危机分类的研究，并对高度适应性战略进行了改进，首次将情景理论与危机类型的研究结合起来，提出应该针对不同的危机类型选取相应的危机战略。

库姆斯最早提出情境危机传播理论是在1995年①，此后，他又于2000年、2002

---

① Coombs，W. T.（1995）. Choosing the Right Words：The development of Guidelines for the Selection of the “Appropriate” Crisis Response Strategies. *Management Communication Quarterly*，8.

年、2005 年对该理论进行改进和做进一步的验证，使该理论成为一个系统的理论体系。

二、情境危机传播理论的研究架构

（一）理论假设

国外一项危机管理文献的调查显示，从宏观上来看，危机传播领域的研究有两种基本的思路：其一，危机具有破坏组织正常运转的潜力，这种潜在性意味着如果能够采取迅速的行动就会阻止危机发挥其全部影响。其二，危机威胁组织的声誉，这是一种"摸不着、看不见"但又实实在在地存在的影响。SCCT 就是遵循后者的研究思路。①

假设一　情境危机理论是建立在这样一个假设上：组织的声誉会受到危机的威胁，通过评估危机情境，并根据该情景选择危机传播应对战略，能够在最大限度上保护组织的声誉。当然，还有比组织的声誉更重要、更应该强调的是公众的利益，而该理论也认为危机发生时，组织应该尽可能地提供公众需要知道的信息，特别是保护他们自己不受到危机损害的信息。但是，SCCT 关注的重心还是如何帮助组织保护其受到危机损害的声誉。

假设二　危机中组织应承担的责任与组织的声誉这两个要素之间是否存在密切的关系？这种关系又是否广泛地存在于一系列的危机类型中？

（二）理论中涉及的变量及其关系

该理论中有三个主变量：组织的控制能力（Personal control）、危机中组织承担的责任（Crisis responsibility）和组织的声誉（Organizational reputation），以及两个子变量：危机的严重程度（Severity）和组织的发展史（Performance history），包括危机史和关系史。如图 1 所示：

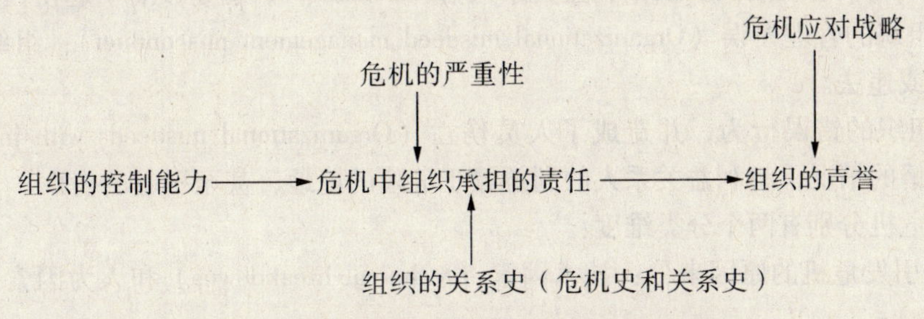

图 1　危机情境理论中的变量及其关系示意图

组织对危机的内在控制程度愈高，公众愈会认为其应负担较大的危机责任，二者呈

① 转引自廖为建、李莉．美国的现代危机传播研究及借鉴意义．广州大学学报：社会科学版，2004（8）．

现正相关。

组织被认定的危机责任越高，对组织的声誉认知越不利，二者呈现负相关。

危机的严重性程度越高，组织应该承担的责任越大，两者呈正相关。

组织的过去表现（包括危机史和与公众关系史），都会影响公众对组织责任以及形象的评价，其中关系史比危机史更为重要。

（三）该研究中的危机类型

1. 谣言（Rumor）：到处散布的有意陷害组织的虚假信息。

2. 自然灾害（Natural disaster）：由于自然因素引起的威胁到组织的突发事件。

3. 恶意的产品破坏（Malevolence product tampering）：外界的组织或机构针对组织的有敌意的事件。

4. 工作场所的暴力事件（Workplace violence）：组织的员工或被解雇的员工在工作场所内引发的暴力事件。

5. 挑战（Challenge）：股东或股民声称组织的管理措施不当。

6. 技术事故（Technical breakdown accident）：由技术失误或仪器的故障引起的工业事故。

7. 技术因素造成的产品回收（Technical breakdown product recall）：由于技术失误或仪器故障造成的产品回收。

8. 大规模的破坏（Megadamage）：技术事故引起的大范围的、严重的环境破坏。

9. 人为因素引起的事故（Human breakdown accident）：人为失误引起的工业事故。

10. 人为因素造成的产品回收（Human breakdown product recall）：由人为失误引起的产品回收。

11. 组织的错误行为引起的无伤亡的事故（Organizational misdeeds with no injuries）：组织有意识地在管理层面上欺骗利益关系人（stakeholder），但是没有引起伤亡。

12. 组织的管理失误（Organizational misdeed management misconduct）：组织明目张胆地违规或违法。

13. 组织的错误行为，并造成了人员伤亡（Organizational misdeeds with injuries ）：组织在知情的情况下将利益关系人的利益置于危险的境地，甚至引起的伤亡。

这些危机分别有两个分类维度：

1. 按引发危机的原因来分：技术因素（technical breakdowns）和人为因素（human breakdowns）；

2. 按损失的严重程度来分：涉及伤亡、无伤亡、涉及违规或违法。

这13种危机类型又可以分为五大属性、九大类，并且以按照组织应担负责任的程度来排序，如从谣言——组织担负的责任最小，到组织有意识的错误行为——组织担负的责任最大。

表1　危机情境理论中的危机类型分类

1. 谣言	利益关系人散布关于组织的虚假信息	
2. 自然灾害	由自然因素引起的诸如洪水、龙卷风等危及组织的自然灾害	
3. 恶意破坏	外界机构引起的有意破坏组织的恶性行为	
4. 突发事件	技术事故	技术失误引起的问题
	工作场所的暴力事件	组织的员工或被解雇的员工在工作场所内引发的暴力事件
	挑战	股东或股民声称组织的管理措施不当
	大规模的环境破坏	技术事故引起的大范围的、严重的环境破坏
5. 错误行为	人为失误	人为失误引起的工业事故
	组织的错误行为	组织管理行为在知情的情况下违规或违法，将利益关系人的权益置于危险境地

识别了危机的类型，在采取应对措施之前，应该对组织在这次危机中应该承担多大的责任进行一项初步的评估。当然，评估的过程中要有相应的、适当的调整（adjustment），这种调整要考虑两个因素：危机的严重程度（severity）和组织的过往表现（performance history）。其中，后者又包括组织以往发生过的危机的情况（crisis history）和公司以往与利益关系人的关系如何（relationship history）。所以，SCCT认为，危机的严重程度加剧以及公司以往的关系史不佳的情况下，公众会更多地迁怒于组织，认为组织应该承担更大的责任。举例来说，同类型的危机发生在不同的组织时，如果A组织的危机程度不严重，而且与利益关系人的关系良好，公众会认为该组织承担的责任相对较小；相反，如果发生危机的B组织的危机程度严重，并且该组织与其利益关系人的关系不良，那么公众会认定该组织应该在此次危机中承担更多的责任。

（四）危机应对战略（Crisis Response Strategies）

在识别了组织面对的危机，以及对组织在此次危机中应担负的责任有了初步的评估后，组织可以选取相应的应对战略。

表2　危机情境理论的危机应对战略

1.	攻击谣言制造者	组织与宣称组织存在危机的个人或组织当面对质
2.	否认	
	简单否认	组织宣称不存在危机
	否认、解释	组织否认存在危机，并做出进一步解释

续上表

3.	托词 否认组织的意图 否认组织的控制力 澄清 转移责任 自己也是受害者	组织采取办法尽量减少对责任的承担 宣称突发事件的发生，组织不是有意的 宣称组织无法控制突发事件的发生 澄清关于组织的虚假信息 宣称危机事件发生的原因在于某人或某组织——在内部或者外部寻找替罪羔羊（scapegoat） 组织把自己描述成一个受害者，真正的起因源于某人或者某组织
4.	辩解、阐述正当理由 最小限度 超脱行为	组织采取办法减少危机引发的危害 否认危机的严重性 把危机定义成：组织为获得更大更重要的目标而付出的暂时的牺牲
5.	逢迎、讨好 赞扬 吹嘘	组织寻求公众的支持 恭维组织的重要利益关系人 组织提醒利益关系人过去曾为他们所做的贡献
6.	采取补救措施 补偿 修复 整顿	组织采取补救措施减少危机的损害 组织愿意向受害者提供补偿 采取修复措施使组织回到危机发生前的状态 采取行动以避免危机的再次发生
7.	道歉	组织承担危机引起的一切责任，并向利益关系人道歉期望得到他们的原谅

这七种危机应对战略可以分成四类：防卫、组织利益优先、适应和改进、公众利益优先。

七种危机应对战略反映了这样一个排列顺序：“防卫型—适应型（defensive-accommodative）”，相对应的战略是：从“攻击谣言散布者”，代表了最大限度上的防卫战略，到“（诚恳地）道歉”，代表了大程度上的适应性战略。

防卫型的战略重点在于保护组织，而适应型的战略重点在于保护受害者。“攻击谣言散布者”的战略最富攻击性防御性，因为它不仅否认了危机的存在，而且会无形地伤害到受害者。

“托词”战略承认有受害者，但是不对他们负责。

“辩解”战略试图减少危机造成的伤害。

“逢迎”战略中积极因素稍微多一些，但与危机本身无关，目的是修补因违纪造成的组织与股东、股民之间受到损害的关系。

“补救行动”战略集中于修补危机造成的损失，因此在一定程度上重视受害者的需要。

“道歉”战略意味着组织主动地承担责任，寻求受害者的原谅，更多的关注股民的利益。这是适应性最强的战略，因为它将公众的利益置于组织的利益之上。

（五）危机类型与应对策略的结合

通过对危机类型进行分类，以及对照相应的应对战略，组织的管理者可以根据不同的危机以及危机中组织应承担的责任来采取相应的应对战略。

组织承担的责任越大，越应该采取适应型的、改进的策略，两者成正相关。

根据这一原则：

在危机不是由组织引起的情况下，组织承担的责任也最小，如自然灾害、工作场所的暴力事或者谣言的危机情境下，组织所需要做的仅仅是提供一些通告，告知人们如何保护自己不受危机的影响。

组织对危机负最低限度的责任甚至中等程度责任的情况下，如突发事件（包括技术事故、挑战、大规模的环境破坏等），组织适宜采用中等程度防卫措施，如托词、找借口。

危机完全是由组织自身引起的，对危机负全部责任的情境下，如由组织的错误行为引起的危机等，要求组织采取强有力的适应性战略，如采取及时地补救措施，以及诚恳的道歉。

详见表3：

表3　危机应对战略

危机类型	危机原因	危机应对战略
谣　言	有确切的谣言散布者 无确切的谣言散布者	攻击谣言散布者并加以解释 解释或简单地否认
自然灾害	严重的损失 轻度的损失	否认组织有控制力或无应对战略 采取措施减少损失
恶性事件	严重的损失 轻度的损失	组织是受害者、补救、修复 采取措施减少损失
挑　战	引起了强烈的反响 引起强烈的反响并造成财政损失 微弱的反响，以及可确认的指责者 微弱的反响，没有可确认的指责者	补救措施，声称组织的无意图 否认组织有控制能力 攻击指责者，并加以解释 解释

续上表

危机类型	危机原因	危机应对战略
突发事件	轻度的损失	否认组织的意图，否认组织有控制能力，将损失最小化
	严重的损失，以前有过类似的危机，财政受到影响	补救措施，否认组织有控制能力，否认组织有意图
	严重的损失，以前有过类似的危机，财政没有受到影响	补救措施，道歉
违规、违法	无确切证据，财政受到影响，损失严重	补救措施，解释
	确切的证据，财政没有受到影响，但其他方面损失严重	补救措施，道歉
	确切的证据，财政受到损失，但其他损失程度小	补救措施，将损失最小化
	确切的证据，财政未受损，但其他损失严重	补救措施

三、情境危机传播理论的借鉴意义

情境危机理论最大的特点在于“情境”二字，顾名思义，该理论强调的前提根据不同的危机情境选取危机传播对策。这种观点与管理学中“权变理论”的“权变”思想有异曲同工之处。权变管理理论不仅看重具体的管理方法，更看重管理所面临的“情境”、“条件”，主张根据企业所处的内外条件随机应变，不认为存在普遍适用的最好的管理理论和方法。一句话，权变管理理论强调管理者在实践中要根据特定的环境采取相应的管理理论、方法和技术。显然，库姆斯把“权变原则”的思想融入对该理论的建构中，他广泛地借鉴了其他学者的危机分类标准，集中地归纳了最常见、最普遍的危机情境。危机情境不同分类的周详考虑，为制定和选择相应的危机应急机制奠定了基础。理论最大的价值是指导实践，情境危机理论对危机传播应对机制的研究没有停留在泛泛的讨论上，而是提出了一套切实可行的应急方案。

对组织来说，危机一旦爆发，其破坏性的能量就会被迅速释放，并呈快速蔓延之势，如果不能及时控制，危机会急剧恶化，使组织遭受更大的损失。而且由于危机的连锁反应以及新闻的快速传播，如果给公众留下反应迟缓、漠视公众利益的形象，势必会失去公众的同情、理解和支持，损害组织的声誉。因此对于危机处理，可供做出正确抉择的时间是极其有限的，而这也正是对决策者最严峻的考验。情境危机理论将不同危机类型和相应的应对战略一一对应，制作成表格，清楚明了，让人容易理解，使危机管理者在危机发生时这种争分夺秒的情况下，有了一个清晰的危机应急预案的参照物，减少了管理者做出反应和思考的时间，也避免了因意见不一而产生的冲突。

危机情境理论的变通性不仅体现在对不同危机情境的归纳和总结，还表现在，引入了危机严重性和组织的关系史这两个变量。提醒管理者在选取危机应对战略时，不仅要考虑具体的危机情境，还要考虑危机的严重程度以及组织以往的关系史，包括危机史和公众关系史。因为危机的严重程度越高，组织要承担的责任就越大，反之亦然。另外，组织过去的表现（危机史和公众关系史），则会影响公众对组织责任以及形象的评价：危机史方面，如果组织以往甚少发生过危机事件，留给公众的良好印象有利于组织顺利渡过难关，相反，万一组织发展过程中多次经历各种类型的危机，会给公众留下一个不佳的印象，并逐渐失去公众的信任，这样，无疑给危机中的组织雪上加霜；公众关系史方面，同样的危机事件发生时，相对于一个公众关系史不佳的组织，一个与各界公众保持着良好关系的组织更容易得到公众的谅解，这是毋庸置疑的。如果说危机情境的考虑和针对不同分类制定不同的应对战略这两个方面是库姆斯借鉴于其他学者的基础上，那么，危机严重性和组织的关系史这两个变量则是他的一个显著创新点。

库姆斯着重从主观层面来界定危机情境，主张对情境的认定需要从社会公众的感知着眼。他认为危机情境是随着人们对危机的归因情况而定，如果人们认为危机是外在原因造成的，组织对其发生的控制力小，而且这种危机发生概率小，那么公众所认定的组织承担的责任程度会相对降低。反之，人们对组织责任的要求越高，则危机事件对之所造成的形象伤害也就越大。

四、危机情境传播理论的不足之处

从理论框架上看，二维关系（IF-THEN）的分析框架是对现实的简化。

危机情境传播理论一方面认为管理是复杂的、多变的，可是另一方面却应用二维的函数关系来分析和解决问题，呈现一种“如果……，那么……”的简单的一对一的应对关系。这种应对关系的简化至少会带来以下几个问题：第一，现实社会的危机呈现复杂化的趋势，通过大量的个案研究发现，组织中常见的危机是由多种因素造成的，必须进行全盘性、系统性分析；第二，危机的形式也越来越呈现复合型危机的趋势，即一个危机会表现在谣言、人为过失、技术过失等多种危机结合在一起。危机诱因的复杂性和危机形式的复合性，都给危机情境理论中一一对应的危机应对方式提出了新的考验。

从理论的具体内容上看，危机情境传播理论以组织的内外环境作为自变量，而把应对的策略、方法作为因变量，即认为凡危机发生时都以内外环境为“先动”。它虽然承认危机应对的重要性，却更多地强调危机传播要“顺从”环境，轻视了组织的主观能动性。

危机发生的原因复杂多样，类型不同，其发展也往往呈现不同的生命周期，表现出随环境变化而不同的危机态势，因此，危机本身也是不断发展变化的。也许，危机在潜在期并没有引起人们的重视，其特征表现也不明显，尚难以对其进行归因，危机在突发期表现出几种类型的复杂混合体，这时，恐怕采用某一种单纯的传播策略都难以奏效。

应该说，库姆斯的危机情境传播理论的危机情境与策略对照模式具有很强的实用性和启发意义，可以使我们针对不同的危机类型采用不同的传播策略。但是，也应该看到，这一模式提出的时间较晚，仍有很多需要深入探讨之处。尽管如此，库姆斯提出的这一模式，仍有极大的启发意义。

【参考文献】

1. Coombs, W. Timothy & Holladay, Sherry J. Helping Crisis Managers Protect Reputational Assets. *Management Communication Quarterly*, 2002, Nov. . Vol. 16.

2. Coombs, W Timothy. Designing Post-crisis Messages: Lessons for Crisis Reponse Strategies. *Review of Business*, Fall, 2000, Vol. 21.

3. Sheth, Amy. Impact of Past Crisis on Current Crisis Communication: Insights From Situational Crisis Communication Theory. Feb. 2005. Vol. 52.

4. 廖为建，李莉．美国现代危机传播研究及借鉴意义．广州大学学报：社会科学版，2004（8）.

5. 高世屹．美国危机传播研究初探．中国公关网．http：//www. chinapr. com. cn. 2003－03.